Schwerpunkt Wirtschaft & Verwaltung

Fachoberschule Wirtschaft Hessen
Fachoberschule und
Höhere Berufsfachschule Rheinland-Pfalz

Hans-Peter von den Bergen
Uta Eichborn
Kai Franke
Ariane Hoffmann
Alexander Rauch
Petra Walenciak
Gisbert Weleda
u. a.

in Zusammenarbeit mit der Verlagsredaktion

Dieses Buch wurde erstellt unter Verwendung von Materialien von: Volker Brettschneider, Roland Budde, Norbert Damke, Oliver Dillmann, Peter Engelhardt, Markus Fleitmann, Christian Fritz, Marita Herrmann, Markus Hillebrand, Hans-Peter Hrdina, Ludger Katt, Jost Knapp, Antje Kost, Claudia Lang, Antje Licht, Ute Morgenstern, Klaus Otte, Michael Piek, Roswitha Pütz, Dorothe Redeker, Ekkard Schenkewitz, Dr. Volkmar Schmechel, Rolf Schöwe, Heike Scholz, Alfons-Steffes-lai, Insa Wenke, Ralf Wimmers, Carsten Zehm

Wir weisen darauf hin, dass die im Lehrwerk genannten Unternehmen und Geschäftsvorgänge frei erfunden sind. Ähnlichkeiten mit real existierenden Unternehmen lassen keine Rückschlüsse auf diese zu. Dies gilt auch für die im Lehrwerk genannten Kreditinstitute, Bankleitzahlen und Buchungsvorgänge. Ausschließlich zum Zwecke der Authentizität wurden insoweit existierende Kreditinstitute und Bankleitzahlen verwendet.

Soweit in diesem Lehrwerk Personen fotografisch abgebildet sind und ihnen von der Redaktion fiktive Namen, Berufe, Dialoge und Ähnliches zugeordnet oder diese Personen in bestimmte Kontexte gesetzt werden, dienen diese Zuordnungen und Darstellungen ausschließlich der Veranschaulichung und dem besseren Verständnis des Inhalts.

Sämtliche Personenbezeichnungen in diesem Band (z. B. „Schüler", „Lehrer") gelten selbstverständlich für beide Geschlechter.

Verlagsredaktion:	Peter Sander
Bildredaktion:	Gertha Maly; Christina Scheuerer, Rohrbach
Außenredaktion:	Veronika Kühn, Köln
Layout und Umschlaggestaltung:	sign, Berlin
Technische Umsetzung:	vitaledesign, Berlin
Titelfoto:	Shutterstock/Shutterstock

www.cornelsen.de/cbb

Die Webseiten Dritter, deren Internetadressen in diesem Lehrwerk angegeben sind, wurden vor Drucklegung sorgfältig geprüft. Der Verlag übernimmt keine Gewähr für die Aktualität und den Inhalt dieser Seiten oder solcher, die mit ihnen verlinkt sind.

Dieses Werk berücksichtigt die Regeln der reformierten Rechtschreibung und Zeichensetzung. Ausnahmen bilden Originaltexte, bei denen lizenzrechtliche Gründe einer Änderung entgegenstehen.

1. Auflage, 2. Druck 2018

Alle Drucke dieser Auflage sind inhaltlich unverändert und können im Unterricht nebeneinander verwendet werden.

Druck und Bindung: Livonia Print, Riga

ISBN 978-3-06-451261-0
ISBN 978-3-06-451262-7 (E-Book)

PEFC zertifiziert
Dieses Produkt stammt aus nachhaltig bewirtschafteten Wäldern und kontrollierten Quellen.

www.pefc.de

PEFC/12-31-006

Vorwort

Liebe Auszubildende,

herzlich willkommen zu W plus V, Schwerpunkt Wirtschaft und Verwaltung!

Das Lehrwerk ist optimal abgestimmt auf die zehn Pflichtthemen- und -aufgabenfelder (TAFs) des **hessischen Lehrplans für die Fachoberschule (FOS)**, Fachrichtung Wirtschaft, Schwerpunkt Wirtschaft und Verwaltung, der Jahrgangsstufen 11 und 12 (TAF 11.1 – 11.4, 12.1 – 12.6). Das Lehrwerk ist auch gut geeignet für den Einsatz in der **rheinland-pfälzischen FOS** Wirtschaft, Schwerpunkt Wirtschaft und Verwaltung. Denn die gedruckte Version deckt vollständig die Pflichtinhalte von fünf der sieben Pflichtlernbereiche ab; darüber hinaus können im Webcode-Bereich des Lehrwerks notwendige Vertiefungen zu den Themen Personalwirtschaft und Leistungserstellung im engeren Sinne (Produktionswirtschaft) heruntergeladen werden. Zudem enthält die Reihe **zentrale Lernbereiche verschiedener Fachrichtungen der rheinland-pfälzischen Höheren Berufsfachschule**. Damit ist die Reihe perfekt für die Schulbuchausleihe geeignet.

Das Lehrwerk besteht aus der vorliegenden Fachkunde für beide Jahrgangsstufen der FOS (Gesamtband 11/12) und je einem Arbeitsbuch mit „Lernsituationen" pro Jahrgangsstufe.

Handlungs- und Kompetenzorientierung: Die **Lernsituationen** steuern das Lernen in berufstypischen Alltagssituationen: Ausgehend von einem Handlungsanlass mit Problemcharakter eignen Sie sich mithilfe der **Fachkunde** die fachlichen Grundlagen möglichst eigenständig an. Danach können Sie das gewünschte Handlungsprodukt erarbeiten (z. B. eine Präsentation halten, eine Entscheidung treffen). Ihre Lehrerinnen und Lehrer moderieren diesen selbstgesteuerten Lernprozess. So bleibt ihnen Zeit, Schwächere zu fördern und Leistungsstarken weitere fordernde Aufgaben zu übertragen.

Die Kapitel der **Fachkunde** beginnen meist mit einem Beispiel aus dem betrieblichen Geschehen der Fly Bike Werke GmbH, dem zentralen **Modellunternehmen** des Lehrwerks. Daran schließt sich die strukturierte und verständliche Darstellung der notwendigen Fachinformationen an. Die Kapitel enden jeweils mit einer Zusammenfassung, die die wesentlichen Inhalte übersichtlich wiederholt.

In den **Arbeitsbüchern** finden Sie passend zu den Kapiteln der Fachkunde handlungsorientierte **Lernsituationen**. Aktivierende Arbeitsaufträge zu den Lernsituationen unterstützen die Vermittlung beruflicher und privater Entscheidungs- und Handlungskompetenz. Die sich anschließenden Arbeitsblätter und Aufgaben dienen der Lernerfolgssicherung. Durch die Kombination aus problem- und handlungsorientierten Lernsituationen im Arbeitsbuch und der entsprechenden Fachsystematik in der Fachkunde wird eine enge Verzahnung theoretischer Inhalte und ihrer praktischen Umsetzung erreicht.

Durch folgende Bestandteile bereitet das Lehrwerk bestens auf Klausuren und die Abschlussprüfungen vor, insbesondere auf die **zentralen** Abschlussprüfungen in der FOS Hessen:
- Wiederholungs- und Verständnisfragen (Alles klar?) am Ende jedes TAFs der Fachkunde
- umfangreicher Übungsapparat in den Arbeitsbüchern (Aufträge, Arbeitsblätter und Aufgaben); benutzt werden die „Operatoren" (Verben), die für die zentralen Abschlussprüfungen der FOS Hessen vorgeschrieben sind
- Selbsteinschätzungskataloge am Ende jedes TAFs in den Arbeitsbüchern („Ich kann ...")
- zwei Musterprüfungen am Ende von Arbeitsbuch 12 und im Webcode-Bereich zu Arbeitsbuch 12

Im zu dieser Fachkunde gehörenden Webcode-Bereich finden Sie allgemeine Dokumente (z. B. Lehrpläne), zusätzliche Lehrtexte und Lernsituationen zu den Themenbereichen **Methoden**, **Leistungserstellungsprozesse** und **Personalwirtschaftliche Prozesse** sowie zusätzliche Übungsaufgaben und Arbeitsblätter zu **allen** anderen Themen- und Aufgabenfeldern. Nähere Informationen zum Webcode-Bereich erhalten Sie auf der letzten Seite.

Viel Spaß und Erfolg bei der Arbeit mit W plus V, Schwerpunkt Wirtschaft und Verwaltung! Wir freuen uns über jegliche konstruktive Kritik und Anregungen (bitte an service@cornelsen.de).

Autoren und Redaktion

Inhaltsverzeichnis

Jahrgangsstufe 11

TAF 11.2 Bereitstellung und Verkauf von Produkten und Dienstleistungen

Folgende Lernsituationen finden Sie in den Arbeitsbüchern:

LS 9   Leistungsbewertung in Schule und Betrieb

LS 10   Bezugsquellenermittlung und Anfrage

LS 11   Angebot und Angebotsvergleich

LS 12   Auftragsbearbeitung

LS 13   Allgemeine Geschäftsbedingungen

LS 14   Ein Verkaufsseminar bei der Fly Bike Werke GmbH

LS 15   Mangelhafte Lieferung

LS 16   Lieferungsverzug

LS 17   Zahlungsverzug

LS 18   Annahmeverzug

TAF 11.3 Erfassen von Geschäftsprozessen

TAF 11.4 Beziehungen zwischen eigenem Handeln und gesamtwirtschaftlichen Grundzusammenhängen

Folgende Lernsituationen finden
Sie in den Arbeitsbüchern:

LS 44 Einen Unternehmensauftritt in einem sozialen Netzwerk gestalten

TAF 12.2   Projektplanung und -durchführung

LS 45 Projekte planen und durchführen

TAF 12.3   Rechnungswesen als Grundlage betriebswirtschaftlicher Entscheidungen

LS 46 Materialeinkauf mit Bezugskosten und Nachlässen buchen

Inhaltsverzeichnis

TAF 12.5 Prozesse der Leistungserstellung im Industrie- und Dienstleistungsbereich

Folgende Lernsituationen finden Sie in den Arbeitsbüchern:

LS 54 Rechtsformen vergleichen und auswählen

LS 55 Kapitalbedarf ermitteln und Finanzplan aufstellen

LS 56 Mit kurzfristigen Krediten finanzieren

LS 57 Mit langfristigen Krediten finanzieren

LS 58 Kreditaufnahme beim Kauf und Leasing vergleichen

LS 59 Einen Jahresabschluss auswerten

LS 60 Produktionsprogramme gestalten

Inhaltsverzeichnis

TAF 12.6 Gesamtwirtschaftliche Entwicklungen und deren Auswirkungen auf die Beschäftigung

Folgende Lernsituationen finden Sie in den Arbeitsbüchern:

LS 71 Personalbedarf planen und Personalbeschaffung durchführen

LS 72 Ziele der Wirtschaftspolitik

LS 73 Ziel 1: Wirtschaftswachstum

LS 74 Ziel 2: Hoher Beschäftigungsgrad

LS 75 Ziel 3: Stabiles Preisniveau

LS 76 Einkommens- und Vermögensverteilung – Das Geld in Deutschland gerecht verteilen

LS 77 Arbeitslosigkeit – Folgen für den Sozialstaat erkennen

LS 78 Umweltpolitik – Externe Effekte ermitteln und die Kosten verteilen

LS 79 Konjunkturzyklus – Das Auf und Ab der Wirtschaft beschreiben

Folgende Lernsituationen finden Sie in den Arbeitsbüchern:

Staat oder Markt – Angebots- und nachfrageorientierte Politik beurteilen — **LS 80**

Die Geldpolitik der EZB und ihre Auswirkungen analysieren — **LS 81**

Internationale Bestandteile des Handels erkennen und analysieren — **LS 82**

Den Außenwert des Geldes bestimmen – Der Big-Mac-Index — **LS 83**

Globalisierung – Chancen und Risiken erkennen — **LS 84**

11.1 Orientierung in Schule und Betrieb

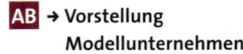 **AB** → Vorstellung Modellunternehmen

AB → Lernsituation 1

1 Organisation des Praktikums

Beispiel Melanie Klein und Deniz Özal haben beide einen Praktikumsplatz bei der Fly Bike Werke GmbH bekommen, einem Hersteller hochwertiger Sport- und Freizeitfahrräder. Melanie und Deniz haben auf verschiedenen Wegen ihren Praktikumsplatz gefunden. Melanie hatte sich schon frühzeitig informiert und beworben. Sie überlegt, später einen kaufmännischen Beruf auszuüben, und wollte die Möglichkeit haben, verschiedene kaufmännische Abteilungen kennenzulernen. Deniz Özal hat sich von seinem Onkel, der einen Friseursalon betreibt, den für die Fachoberschule benötigten Praktikumsvertrag unterschreiben lassen. Die zuständige Abteilungsleiterin in der Berufsschule hatte den Praktikumsplatz allerdings nicht akzeptiert, weil er ungeeignet sei und nicht zum Berufsfeld Wirtschaft und Verwaltung gehöre. Der Vater von Deniz hatte ihm dann den Platz bei der Fly Bike Werke GmbH verschafft. Hier muss er den ganzen Tag Waren verpacken. In der ersten Schulwoche berichten beide von ihren Erfahrungen. Melanie ist begeistert von ihrer Tätigkeit im Einkauf. Deniz sieht keinen Sinn in seinem Praktikum – schließlich will er später auch kein Lagerarbeiter werden. Er fragt sich, warum er das Praktikum überhaupt machen muss.

In der Fachoberschule findet in der Jahrgangsstufe 11 grundsätzlich nur an zwei Tagen in der Woche Unterricht statt. An den anderen drei Tagen sind die Schüler als Praktikanten im Praktikumsbetrieb tätig. Praktikanten sollen dabei **unterschiedliche Erfahrungen** in **verschiedenen kaufmännischen Arbeitsbereichen** sammeln und in der Schule erworbene Kenntnisse praktisch anwenden.

Rechtliche Regelungen zum Praktikum (Urlaub, Pausen usw.), vgl. **2**

Jahrgangsstufe 11
zwei Tage pro Woche Schule
+ drei Tage Praktikum

Jahrgangsstufe 12
Schule in Vollzeit

Das Praktikum in der Fachoberschule ist für alle Schüler **verpflichtend**. Erst der erfolgreiche Abschluss des Praktikums ermöglicht eine Versetzung in die Jahrgangsstufe 12 der Fachoberschule. Hier werden die Erfahrungen aus dem Praktikum zum Verständnis des weiteren Fachunterrichts benötigt.

Das allgemeine **Ziel von Praktika** ist es:
- auf das Berufsleben, speziell in mittleren oder gehobenen Positionen, vorzubereiten,
- eigene Interessen zu erkennen und die richtige Berufswahlentscheidung zu ermöglichen oder abzusichern,
- eine Orientierung für ein mögliches Studium zu bieten.

Praktikanten müssen für ihre Tätigkeiten **nicht entlohnt werden**, weil während des Praktikums das Lernen und das Sammeln von Erfahrungen im Vordergrund stehen. Dazu gehört auch, dass es im Betrieb die Möglichkeit geben muss, den Praktikanten in verschiedenen Tätigkeitsbereichen einzusetzen. Was und wie viel jeder Praktikant dabei lernt, hängt dabei auch stark von ihm selbst ab.

Beispiel In der Fly Bike Werke GmbH gibt es die Möglichkeit, die Praktikanten z. B. in der Buchhaltung, im Beschaffungswesen, im Marketing, in der Produktionsplanung oder im Personalwesen einzusetzen.

Ob eine Praktikumsstelle grundsätzlich **geeignet** ist, wird bereits vor Beginn des Praktikums durch die Schule geprüft. Dabei werden besonders die Anforderungen betrachtet, die sich aus der „**Verordnung** über die Ausbildung und Abschlussprüfung an Fachoberschulen" (FOSVO), zuletzt geändert durch Verordnung vom 12.11.2012, ergeben. Die für das Praktikum wichtigsten Regelungen sind:

Verordnung
eine durch eine Regierung oder Verwaltungsstelle erlassene rechtlich verbindliche Richtlinie

Auszüge aus der FOSVO von 2011

§ 3 FOSVO Organisationsformen und Struktur

(2) (...) Im ersten Jahr findet in der Regel an zwei Wochentagen Unterricht statt. An den anderen Tagen wird ein einschlägiges gelenktes Praktikum absolviert. Der Unterricht und das gelenkte Praktikum können auch in Blockform organisiert werden. (...)

§ 4 FOSVO Stellung der Schülerin oder des Schülers im gelenkten Praktikum

(1) (...) Das Praktikum kann sowohl **in Industrie-, Handwerks- oder Dienstleistungsbetrieben** als auch in **öffentlichen Verwaltungen, Behörden** oder Institutionen, in sozialen oder gemeinnützigen Einrichtungen sowie in besonders begründeten Ausnahmefällen in der Schule absolviert werden. Die Schule soll darauf achten, dass die Praxiseinrichtungen geeignet sind. Das Praktikum soll Einblicke in unterschiedliche Bereiche und Hauptfunktionen, Überblicke über **fachrichtungsspezifische** Zusammenhänge, Mitarbeit in jeweils typischen Arbeitsabläufen sowie das Kennenlernen und Erproben vielfältiger Arbeitsmethoden bieten.

(2) Die Schülerinnen oder Schüler des ersten Ausbildungsabschnitts sind zugleich Praktikantinnen oder Praktikanten. Sie schließen einen **Vertrag** mit einer Praxiseinrichtung und erhalten dort ihre fachpraktische Ausbildung. Gegenstand und Durchführung des Praktikums werden von der Fachoberschule **im Einvernehmen** mit der Praxiseinrichtung festgelegt. Die Vereinbarung (**Praktikumsplan**) bedarf der Schriftform.

(3) Die wöchentliche Arbeitszeit der Praktikantinnen und der Praktikanten in der Praxiseinrichtung richtet sich (...) nach den gesetzlichen und tariflichen Bestimmungen.

(4) Das Praktikum dauert **vom 01. August bis zum Ende der vorletzten Woche vor den Sommerferien**, sofern es nicht in Blockform organisiert ist. Den Praktikantinnen und Praktikanten steht Jahresurlaub nach den gesetzlichen und tariflichen Bestimmungen zu. Der **Jahresurlaub** ist in den Schulferien in Anspruch zu nehmen. In der Zeit, in der während der Schulferien kein Urlaub in Anspruch genommen wird, wird an drei Tagen in der Woche das Praktikum durchgeführt. (...)

(5) Die Praktikantinnen und Praktikanten fertigen mindestens **zwei Tätigkeitsberichte** an. Diese sind der Ausbildungsleitung des Betriebes und der Schule vorzulegen.

(6) Nach Beendigung des Praktikums erstellt der Betrieb eine Bescheinigung und ein **Zeugnis**, das neben der fachlichen Qualifikation auch Aussagen zu Folgendem enthalten soll: Präsenz- und Leistungsbereitschaft, selbstständiges Arbeiten und kreatives Problemlösungsverhalten, Kooperations- und Teamfähigkeit, Verantwortungsbewusstsein und Verantwortungsbereitschaft.

genaue rechtliche Regeln zum Praktikum (z. B. Arbeitszeiten), vgl. **2.2**

Musterbeispiel einer Beurteilung, vgl. **8.3.1**

1.1 Praktikumsstelle und Praktikumsplan

In vielen Betrieben gibt es für die verschiedenen Stellen genaue Arbeitsplatzbeschreibungen. Dort werden die Anforderungen, Aufgaben und Kompetenzen einer bestimmten Arbeitsstelle eindeutig festgelegt. Da diese Beschreibungen i. S. d. „Allgemeinen Gleichbehandlungsgesetzes" (AGG) nicht auf einzelne Personen, Geschlechter oder sonstige Zugehörigkeiten zugeschnitten sein dürfen, können sie auch als Grundlage für entsprechende Stellenanzeigen dienen.

Die Entscheidung für eine bestimmte **Praktikumsstelle** hängt davon ab, wie man sich die zukünftige Arbeit vorstellt. Bevor ein Praktikumsvertrag zustande kommt, sollten sich der Praktikant und der Praktikumsbetreuer deshalb über den zu erwartenden zeitlichen Ablauf und die Inhalte des Praktikums einig sein. Dies ist ebenso wichtig wie die Einigung über eine mögliche Bezahlung.

Der Betrieb hat einen **Praktikumsplan** zu erstellen, der Bestandteil des Praktikumsvertrages wird. Der Praktikumsplan zeigt die genaue zeitliche und inhaltliche Gliederung des Praktikums. Er dient der Klarstellung der Organisation des Praktikums und beugt Missverständnissen und Enttäuschungen vor. Hier lohnt es sich, auch noch nach Beginn des Praktikums genauer nachzufragen und eventuell sogar nachzuverhandeln.

Einen **einheitlichen Praktikumsplan** für alle Fachoberschüler im Bereich Wirtschaft und Verwaltung kann es **nicht** geben, denn die Betriebe, in denen die Praktika absolviert werden können, sind sehr verschieden. Als Orientierung können verschiedene Ausbildungspläne, hier speziell das erste Ausbildungsjahr, für kaufmännische Berufsausbildungen dienen (z. B. Kaufleute für Büromanagement).

Fly Bike Werke GmbH

Praktikumsplan der Fly Bike Werke GmbH
Für: *Melanie Klein*

Zeitliche Gliederung des Praktikums

Zeitraum	Abteilung bzw. Tätigkeitsschwerpunkt	Inhalte
01.08.–15.09.	Orientierung im Betrieb	1, 2
15.09.–30. 11 .	Beschaf fung und Bevorratung	3
C1.12.–28.02.	Buchhaltungsvorgänge	4
01.03.–30.04.	Personal	5
01.05.–31.07.	Marketing und Absatz	6

Sachliche Gliederung der Berufsausbildung

Lfd. Nr.	Fertigkeiten/Kenntnisse
1	**Der Praktikumsbetrieb** • Geschäftsfelder des Betriebes sowie Produkte und Dienstleistungen beschreiben • Aufbau- und Ablauforganisation sowie Zuständigkeiten im Betrieb erläutern • Regelungen zum Datenschutz und zur Datensicherheit erläutern
2	**Bürowirtschaftliche Abläufe** • Posteingang bearbeiten, Postverteilung durchführen und Postausgang bearbeiten • Unterlagen sammeln, aufbereiten und auswerten • Besprechungen vorbereiten; Vorlagen und Berichte erstellen.
3	**Beschaffung und Bevorratung** • Bezugsquellen ermitteln und Angebote einholen und vergleichen • Bestellungen bei Lieferanten vorbereiten • Vorratsbestände erfassen und kontrollieren
4	**Buchhaltungsvorgänge** • Belege sortieren und sachgerecht erfassen • Überweisungen vorbereiten
5	**Personaldienstleistungen** • Bewerbungen unter Anleitung bearbeiten • Positionen einer Gehaltsabrechnung beschreiben
6	**Marketing und Absatz** • Kundengespräche vorbereiten und durchführen • Verfahren der Preisbildung anwenden und Rechnungen erstellen

1.2 Praktikumsbericht

Im Verlauf des Praktikums müssen von jedem Praktikanten mindestens **zwei schriftliche Tätigkeitsberichte** (Praktikumsberichte) angefertigt werden. Die Praktikumsberichte müssen, bevor sie bei der Schule abgegeben werden, vom Praktikumsbetrieb gegengezeichnet werden.

Das Anfertigen der Praktikumsberichte dient dazu, dass der Praktikant sich seine erworbenen Kenntnisse noch einmal verdeutlicht und die gemachten Erfahrungen überdenkt. Zudem ist der Praktikumsbericht neben der eigentlichen Tätigkeit Grundlage für die Beurteilung der Praktikumsleistung durch den Praktikumsbetrieb und die Schule. Es gilt also, in Praktikumsberichten immer auch Werbung in „eigener Sache" zu machen. Häufig ebnet ein gelungenes Praktikum bereits den Weg zur künftigen Ausbildungsstelle – der erbrachte Einsatz kann sich also durchaus lohnen.

Deswegen ist es wichtig, dass der Praktikumsbericht im Hinblick auf Form, Inhalt, Rechtschreibung und Gestaltung korrekt erstellt wird. Grundsätzlich gibt es zwar keine Vorschriften für den Praktikumsbericht, aber einige Schulen erteilen Vorgaben, z. B. zu Gestaltung, Umfang oder Inhalt. Hier einige wichtige Hinweise zu gängigen Anforderungen:

Aufbau von Tätigkeitsberichten

Tätigkeitsberichte bestehen aus einem Deckblatt, einem Inhaltsverzeichnis, dem eigentlichen Tätigkeitsbericht und den Anlagen (z. B. ergänzende Informationen, Literaturverzeichnis und eidesstattliche Erklärung).

Beim **ersten Bericht** soll der Schwerpunkt auf der Vorstellung des Praktikumsunternehmens, seiner Geschäftsfelder und der eigenen Tätigkeiten liegen.

Deckblatt
Inhaltsverzeichnis

1 Meine Erwartungen an das Praktikum
2 Vorstellung des Betriebes
2.1 Branche, Produkte und Dienstleistungen
2.2 Firmenphilosophie
3 Struktur und Organisation im Unternehmen
3.1 Ausbildungsberufe im Unternehmen
3.2 Aufgaben der Angestellten
4 Meine Tätigkeiten im Praktikum
4.1 Meine Abteilung
4.2 Mein Arbeitsplatz
4.3 Meine Aufgaben
5 Beschreibung eines typischen Tagesablaufs bzw. einer typischen Tätigkeit
6 Stellungnahme
6.1 Warum habe ich das Unternehmen ausgewählt?
6.2 Haben meine Erwartungen sich erfüllt?
6.3 Welche positiven/negativen Erfahrungen habe ich gemacht?

Anhang
Literaturverzeichnis
Eidesstattliche Erklärung

Beispielgliederung für den ersten Tätigkeitsbericht

Nur die Hauptkapitel in der Gliederung, hier im Beispiel Kapitel 1–6, bekommen Seitenzahlen. Deckblatt, Inhaltsverzeichnis, Anhang und eidesstattliche Erklärung nicht.

Beim zweiten Tätigkeitsbericht soll die Reflexion des Praktikums im Vordergrund stehen. Wurden Ihre Erwartungen erfüllt? Wäre dieser Beruf für Sie geeignet? Wie haben Sie sich innerhalb des Praktikums verändert? Welche besonderen Kenntnisse und Fertigkeiten haben Sie erworben? Welche wichtigen Erfahrungen haben Sie gemacht? Was schließen Sie daraus? Und so weiter.

vgl. **9** und **9.1**

Beispielgliederung für den zweiten Tätigkeitsbericht

Deckblatt
Inhaltsverzeichnis

1 Einleitung
2 Die Reflexion der Praktikumszeit
2.1 Habe ich die richtige Branche gewählt?
2.2 Wie war der Umgang mit den Kolleginnen und Kollegen?
2.3 Bin ich mit den mir gestellten Aufgaben zurechtgekommen?
2.4 War das Praktikum mit Blick auf meine Zukunft nützlich?
2.5 Wurden meine Erwartungen an das Praktikum erfüllt?

Anhang
Literaturverzeichnis
Eidesstattliche Erklärung

Bestandteile der Tätigkeitsberichte

Für eine ansprechende Optik empfiehlt es sich, ein separates **Deckblatt** zu erstellen. Dies sollte die folgenden Informationen beinhalten:

- Name der Schule
- Schulform
- Schwerpunktfach
- Nummer des Tätigkeitsberichts
- Unternehmen/Firmenname
- Ansprechpartner
- Anschrift des Unternehmens
- Name der Verfasserin bzw. des Verfassers
- Klasse und Schuljahr
- Beginn und Ende des Praktikums
- Abgabetermin
- Foto oder Logo vom Unternehmen

Das **Inhaltsverzeichnis** wird in schriftlichen Arbeiten auch als „Gliederung" bezeichnet. Es gehört auf eine eigene Seite.

Der **Hauptteil** ist die inhaltliche Ausarbeitung der Gliederung. Hier ist besonders darauf zu achten, dass nur die Dinge in die einzelnen Teilkapitel und Absätze geschrieben werden, die auch einen Sinnzusammenhang bilden. Man sollte sich folglich vorher Gedanken machen, welche Informationen am besten in welchen Teil des Berichtes passen.

Aber Achtung: **Nicht jede Quelle ist seriös.** Das gilt vor allem für das Internet. Achten Sie auf die Verlässlichkeit der Quellen, die Sie verwenden!

Im **Literatur- oder Quellenverzeichnis** gibt man genau an, woher alle verwendeten Informationen stammen (z. B. aus Büchern, Broschüren, von Webseiten, selbst geführten Gesprächen mit Kolleginnen und Kollegen). Die verwendeten Quellen werden in alphabetischer Reihenfolge nach dem **Familiennamen des Verfassers** aufgeführt. Außerdem werden (Erscheinungs-)**Jahr, Titel, Auflage, Ort, Seitenzahl und Verlag angegeben.**

> **Beispiel** für eine Quellenangabe
> von den Bergen, Hans-Peter; Eichborn, Uta; Franke, Kai; Hoffmann, Ariane u. a. (2017):
> WplusV – Schwerpunkt Wirtschaft & Verwaltung, 1. Aufl., S. 317, Berlin: Cornelsen
> Verlag.

In den **Anhang** gehört alles, was zwar erwähnenswert oder vorgeschrieben ist, aber nicht wirklich in die oben genannten Abschnitte passt. Dies sind z. B. Informationsmaterialien aus dem Praktikumsbetrieb oder dort gemachte Fotos – bitte holen Sie vor der Verwendung unbedingt die Erlaubnis des Betriebes ein. Auch Tabellen, Abbildungen oder passende Zeitungsartikel zum Thema gehören in diesen Abschnitt.

In der **eidesstattlichen Erklärung** versichern Sie, dass Sie alle Leistungen des Tätigkeitsberichts selbst erbracht und alle verwendeten **Quellen korrekt angegeben** haben.

Richtig zitieren – Plagiate vermeiden

> **Beispiel** Ex-Bundesverteidigungsminister Karl-Theodor zu Guttenberg musste im Februar 2011 zurücktreten, da er in seiner Doktorarbeit ganze Passagen aus anderen Werken übernommen hatte, ohne sie zu kennzeichnen. Die zuständige Universität Bayreuth erkannte ihm den Doktortitel ab.

Plagiat (vom lat. „plagium") bedeutet in der Übersetzung „Menschenraub". Damit ist das gemeint, was man umgangssprachlich „Abschreiben" nennt – das heißt, das Kopieren aus fremden Werken, ohne die entsprechenden Stellen als Zitate zu kennzeichnen. Richtiges Zitieren ist Pflicht – auch in schulischen Facharbeiten und Referaten. Grundlage hierfür ist das Urheberrecht. Geschützt sind auch Veröffentlichungen aus dem Internet. „Copy und Paste" – ausschneiden und in die eigene Facharbeit hineinkopieren – ist nicht erlaubt.

Direkte und indirekte Zitate

Bei der **direkten Zitation** übernimmt man Textstellen wörtlich, dann müssen die Zitate gekennzeichnet und die Quellen benannt werden. Wörtliche Zitate gehören in Anführungszeichen. Der Text muss originalgetreu übernommen werden. Das heißt: Lässt man etwas aus oder fügt etwas hinzu, muss das kenntlich gemacht werden. Auslassungen kennzeichnet man durch Punkte in eckigen Klammern [...]. Ergänzt man etwas, macht man das deutlich, indem man eine Anmerkung in eckigen Klammern [*hier die Anmerkung d. Verfassers einsetzen*] einfügt. Der Sinn darf aber nicht verfälscht werden.

Indirekte Zitation: Auch wenn man nur Gedanken oder Argumente anderer übernimmt, müssen die Passagen als Zitat ausgewiesen werden. Es reicht also nicht, einfach nur ein wenig „umzuschreiben" und die Ausführungen in eigene Worte zu fassen. Meistens leitet man indirekte Zitate mit Sätzen wie „Nach Meinung von Dr. Schmitt ..." oder „Autor Linnenbrink betont, dass ..." ein.

Früher hat man die Zitate häufig in den Fußnoten belegt. Heute geht der Trend zum sogenannten „Harvard-Beleg". Dabei schreibt man einen Kurznachweis direkt in Klammern hinter das Zitat. Dazu gehören der **Autorennachname, das Erscheinungsjahr und die Angabe der Seiten**. Also zum Beispiel: (Schlüter, 2008, S. 3). Bei indirekten Zitaten wird die Abkürzung „vgl." für „vergleiche" vorangestellt. Die genauen Angaben der zitierten Werke listet man dann im Literaturverzeichnis auf.

AB → Lernsituation 2, 3

2 Rechtliche Regelungen von Praktika

Der Praktikant ist rechtlich gesehen kein Arbeitnehmer, hat aber weitestgehend die gleichen Rechte und Pflichten. Die hier für den Arbeitnehmer beschriebenen Regelungen gelten daher auch für Praktikanten. Ein wesentlicher Unterschied zum Arbeitnehmer ist allerdings, dass der Praktikant nicht entlohnt werden muss.

> **Beispiel** Als die FOS-Schüler Melanie Klein und Deniz Özal ihr Jahrespraktikum bei der Fly Bike Werke GmbH beginnen, lesen sie in ihrem Praktikumsvertrag: „Arbeitsbeginn: 8:00 Uhr, Arbeitsende: 17:00 Uhr"; „Pausen können von 10:00 bis 10:15 Uhr und von 12:30 bis 13:15 Uhr genommen werden."; „Die Urlaubsdauer beträgt 13 Tage." Melanie und Deniz fragen sich, ob alle Vereinbarungen gesetzlich zulässig sind.

Der Arbeitnehmer befindet sich im Vergleich zum Arbeitgeber in der schwächeren Position, da er auf seinen Arbeitsplatz angewiesen ist. Auch Praktikanten sind von einem Praktikumsplatz abhängig, um die Fachhochschulreife zu erlangen. Um dieses Machtungleichgewicht auszugleichen, gibt es Gesetze zum Schutz der Arbeitnehmer. Die Arbeitgeber müssen bestimmte Mindeststandards einhalten. Außerdem können sich Arbeitnehmer auf ihre Rechte berufen und sie notfalls auch einklagen. Aus diesen Gründen sollten Arbeitnehmer die für ihren Schutz bedeutsamsten rechtlichen Regelungen kennen.

Die **wichtigsten Rechtsquellen** für Praktikumsverhältnisse sind das Arbeitszeitgesetz, das Jugendarbeitsschutzgesetz, das Bundesurlaubsgesetz, das Bürgerliche Gesetzbuch sowie die jeweils für den Praktikumsbetrieb geltenden **Tarifverträge** und **Betriebsvereinbarungen**.

Dabei dürfen Sie nicht vergessen, dass es sich bei den rechtlichen Regelungen nur um **Mindeststandards** handelt. Für den Praktikanten günstigere Regelungen zu Arbeitszeiten, Urlaub usw. dürfen vereinbart werden. Solche und andere betriebsspezifische Regelungen beinhaltet der Praktikumsvertrag.

Tarifverträge bestehen i. d. R. zwischen Gewerkschaften und einzelnen Arbeitgebern. Sie können Vereinbarungen z. B. über die Lohnhöhe enthalten. Sie gelten i. d. R. für die Unternehmen einer bestimmten Branche, die Mitglied in einem Verband sind.

Betriebsvereinbarungen werden zwischen dem Betriebsrat und einem einzelnen Arbeitgeber ausgehandelt und gelten nur in diesem Betrieb.

2.1 Rechte und Pflichten von Praktikumsbetrieb und Praktikant

Der Fachoberschüler bzw. seine Erziehungsberechtigten und der Praktikumsbetrieb schließen einen Praktikumsvertrag miteinander. Ein Vertrag ist verbindlich und beinhaltet Rechte und Pflichten für beide Vertragsparteien. Die folgende Tabelle zeigt die verschiedenen Pflichten der Vertragspartner. Die Pflichten des einen sind automatisch die Rechte des anderen.

Pflichten des Praktikumsbetriebs	Pflichten des Praktikanten
– Einsatz des Praktikanten gemäß der Praktikumsziele – Bestimmen eines geeigneten Praktikumsanleiters – Überprüfen und Gegenzeichnen der Praktikumsnachweise und -berichte – Einhalten der Arbeitnehmerschutzgesetze und der Gesetze zum Jugendarbeitsschutz – Zusammenarbeit mit der Schule – Ausstellen einer Jahrespraktikumsbescheinigung gegen Ende des zweiten Halbjahres – Erstellen eines Zeugnisses zum Ende der Praktikumszeit	– Beachten der betrieblichen Ordnung, der Unfallverhütungsvorschriften und des Datenschutzes – Schweigepflicht – Wahrnehmung der Ausbildungsmöglichkeiten – Befolgen der Anweisungen von Weisungsberechtigten im Rahmen des Praktikums – Benachrichtigen des Betriebes im Krankheitsfall gemäß den betrieblichen Richtlinien und den schulischen Regelungen – Anfertigen von zwei Praktikumsberichten – Führen des Praktikumsnachweises

2.2 Arbeitszeiten

Zu lange Arbeitszeiten, zu kurze Pausen oder zu wenig Freizeit führen zu Überforderung und Stress. So kann es zu gesundheitlichen Schäden und Ausfallzeiten kommen. Auch die Arbeitsergebnisse werden meist schlechter. Um Praktikanten und „reguläre" Arbeitnehmer vor zu langen Arbeitszeiten zu schützen, wurde für volljährige Arbeitnehmer das **Arbeitszeitgesetz** eingeführt.

Für **minderjährige** Arbeitnehmer, Auszubildende und Praktikanten gelten zusätzlich die strengeren Bedingungen des **Jugendarbeitsschutzgesetzes**.

JArbSchG, vgl. 2.2.2

2.2.1 Arbeitszeitgesetz (ArbZG)

Das Arbeitszeitgesetz enthält die wichtigsten Regelungen zur Arbeitszeit für **volljährige Arbeitnehmer**. Danach darf die tägliche Arbeitszeit grundsätzlich nicht länger als acht Stunden dauern. Die **tägliche Arbeitszeit** ist die Zeit vom Beginn bis zum Ende der täglichen Beschäftigung ohne die Ruhepausen. Sie darf bis zu zehn Stunden betragen, wenn innerhalb von sechs Monaten nicht länger als durchschnittlich acht Stunden gearbeitet wird.

§§ 2, 3 ArbZG

Generell gilt für alle Praktikanten in der FOS-Ausbildung: Die tägliche Arbeitszeit an den drei Praktikumstagen beträgt i. d. R. **acht Stunden**.

 Beispiel Der volljährige Deniz Özal arbeitet von 8:00 bis 17:00 Uhr. Abzüglich 60 Minuten Pause beträgt die tägliche Arbeitszeit 8 Stunden.

Bei zu kurzen täglichen Arbeitszeiten des Praktikanten kann die Anerkennung des Praktikums durch die Schule verweigert werden.

Die **Ruhepause** beträgt bei einer täglichen Arbeitszeit von mehr als 6 bis 9 Stunden mindestens 30 Minuten; bei einer Arbeitszeit von mehr als neun Stunden beträgt sie mindestens 45 Minuten. Die Arbeitnehmer dürfen nicht länger als 6 Stunden ununterbrochen arbeiten. Ruhepausen dürfen in mehrere Abschnitte aufgeteilt werden. Jeder dieser Abschnitte muss mindestens 15 Minuten lang sein.

§ 4 ArbZG

 Beispiel Deniz Özals Pausenzeit beträgt am Vormittag 15 Minuten und am Mittag 45 Minuten. Jeder Abschnitt dauert mindestens 15 Minuten und insgesamt hat er 60 Minuten Pause.

Nach ihrem Arbeitstag müssen Arbeitnehmer mindestens 11 Stunden **Ruhezeit** bis zum Beginn des nächsten Arbeitstages haben.

§§ 5, 9 ArbZG

 Beispiel Deniz Özal arbeitet bis 17:00 Uhr. Der nächste Praktikumstag beginnt um 8:00 Uhr.

Arbeitnehmer dürfen i. d. R. **nicht an Sonn- und Feiertagen** arbeiten. Für bestimmte Branchen bestehen aber Ausnahmeregelungen.

2.2.2 Jugendarbeitsschutzgesetz (JArbSchG)

Minderjährige müssen besonders geschützt werden. Deswegen gelten für sie **strengere Regelungen** in Bezug auf die Arbeitszeiten.

§ 1 JArbSchG Geltungsbereich

(1) Dieses Gesetz gilt für die Beschäftigung von Personen, die noch nicht 18 Jahre alt sind,

1. in der Berufsausbildung,

2. als Arbeitnehmer (...),

4. in einem der Berufsausbildung ähnlichen Ausbildungsverhältnis (...).

§ 8 JArbSchG Dauer der Arbeitszeit

(1) Jugendliche dürfen nicht mehr als acht Stunden täglich und nicht mehr als 40 Stunden wöchentlich beschäftigt werden.

(2a) Wenn an einzelnen Werktagen die Arbeitszeit auf weniger als acht Stunden verkürzt ist, können Jugendliche an den übrigen Werktagen derselben Woche achteinhalb Stunden beschäftigt werden.

§ 11 JArbSchG Ruhepausen, Aufenthaltsräume

(1) Jugendlichen müssen im Voraus feststehende Ruhepausen von angemessener Dauer gewährt werden. Die Ruhepausen müssen mindestens betragen:

1. 30 Minuten bei einer Arbeitszeit von mehr als viereinhalb bis zu sechs Stunden.

2. 60 Minuten bei einer Arbeitszeit von mehr als sechs Stunden.

Als Ruhezeit gilt nur eine Arbeitsunterbrechung von mindestens 15 Minuten.

(2) Die Ruhepausen müssen in angemessener zeitlicher Lage gewährt werden, frühestens eine Stunde nach Beginn und spätestens eine Stunde vor Ende der Arbeitszeit. Länger als viereinhalb Stunden hintereinander dürfen Jugendliche nicht ohne Ruhepausen beschäftigt werden.

§ 13 JArbSchG Tägliche Freizeit

Nach Beendigung der täglichen Arbeitszeit dürfen Jugendliche nicht vor Ablauf einer ununterbrochenen Freizeit von mindestens 12 Stunden beschäftigt werden.

§ 14 JArbSchG Nachtruhe

(1) Jugendliche dürfen nur in der Zeit von 6 bis 20 Uhr beschäftigt werden.

(2) Jugendliche über 16 Jahre dürfen

1. im Gaststätten- und Schaustellergewerbe bis 22 Uhr, 2. in mehrschichtigen Betrieben bis 23 Uhr, 3. in der Landwirtschaft ab 5 Uhr oder bis 21 Uhr, 4. in Bäckereien und Konditoreien ab 5 Uhr beschäftigt werden.

§ 16 JArbSchG Samstagsruhe

(1) An Samstagen dürfen Jugendliche nicht beschäftigt werden.

(2) Zulässig ist die Beschäftigung Jugendlicher an Samstagen nur (...)

2. in offenen Verkaufsstellen, in Betrieben mit offenen Verkaufsstellen, in Bäckereien und Konditoreien (...),

3. im Verkehrswesen (...) Mindestens zwei Samstage im Monat sollen beschäftigungsfrei bleiben.

(3) Werden Jugendliche am Samstag beschäftigt, ist ihnen die Fünf-Tage-Woche durch Freistellung an einem anderen (...) Arbeitstag derselben Woche sicherzustellen.

§ 17 JArbSchG Sonntagsruhe

(1) An Sonntagen dürfen Jugendliche nicht beschäftigt werden.

Beispiel Die minderjährige Melanie Klein arbeitet von 8:00 bis 17:00 Uhr. Abzüglich 60 Minuten Pause beträgt die tägliche Arbeitszeit 8 Stunden. Die tägliche Pausenzeit beträgt 60 Minuten, wobei jede Teilpause mindestens 15 Minuten andauert.

2.3 Urlaub

Jeder Arbeitnehmer und jeder Praktikant hat Anspruch auf Urlaub. Gemäß **Bundes-urlaubsgesetz** beträgt dieser Anspruch mindestens 24 Werktage. Ein minderjähriger Arbeitnehmer bzw. Praktikant hat gemäß **Jugendarbeitsschutzgesetz**, je nach Alter, einen höheren Urlaubsanspruch.

Die Angabe „**Werktage**" bezieht sich auf eine Sechs-Tage-Woche (Montag bis Samstag). In Arbeitsverträgen wird der Urlaubsanspruch meistens in **Arbeitstagen** angegeben. Diese Angabe bezieht sich auf eine Fünf-Tage-Woche (Montag bis Freitag). Da ein FOS-Praktikant nur an drei Tagen in der Woche in seinem Praktikumsbetrieb ausgebildet wird, muss sein Urlaubsanspruch für eine Drei-Tage-Woche berechnet werden.

Mindesturlaubsansprüche für voll- und minderjährige Praktikanten

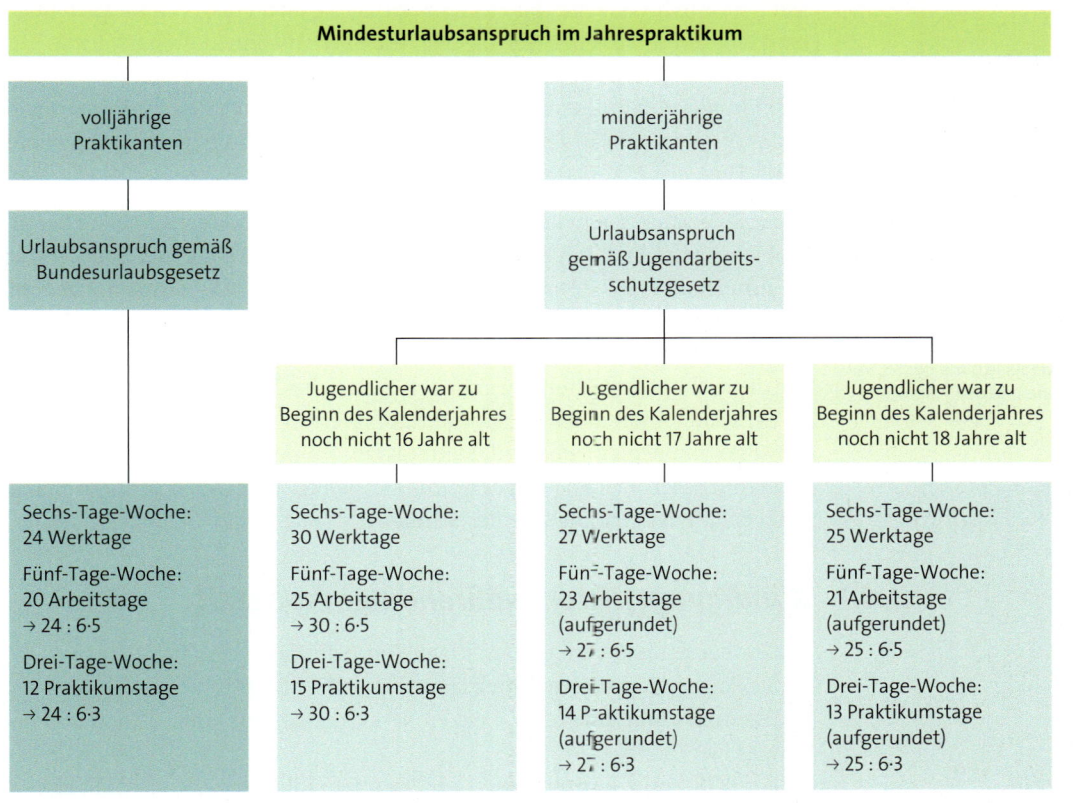

Auch **während der Schulferien** müssen die Praktikanten an drei Tagen in den Praktikumsbetrieb gehen. Natürlich kann ein Praktikant in den Ferien einige Urlaubstage nehmen. Pro Woche werden drei Urlaubstage abgezogen.

 Beispiel Melanie Klein nimmt in den Herbstferien zwei Wochen Urlaub. Sie verbraucht 2 · 3 = 6 Urlaubstage.

Hinweis: Die Schule kann bei einer zu hohen Zahl an Urlaubstagen die Anerkennung des Praktikums verweigern!

Der Urlaub sollte zusammenhängend in den Schulferien genommen werden, damit sich die Praktikanten ausreichend erholen können.

Den **Zeitpunkt des Urlaubs** bestimmt der Praktikumsbetrieb. Dabei soll er die Wünsche des Arbeitnehmers bzw. Praktikanten berücksichtigen. Allerdings stehen manchmal die Interessen eines Arbeitnehmers mit denen anderer im Widerspruch.

Wird man während eines Urlaubs **krank** und weist dies durch eine ärztliche Bescheinigung nach, zählen die Krankheitstage nicht als Urlaub.

 Beispiel Melanie hat von Montag bis Mittwoch drei Tage Urlaub genommen. Sie erkrankt am Dienstag und reicht eine Arbeitsunfähigkeitsbescheinigung für Dienstag und Mittwoch ein. Melanie bekommt nur einen Tag Urlaub angerechnet.

2.4 Kündigung

Mit dem Abschluss eines Praktikumsvertrages gehen Praktikumsbetrieb und Praktikant einen verbindlichen Vertrag ein. Beide Seiten können diesen Vertrag nur unter bestimmten Umständen **schriftlich** kündigen. Regelungen zur Beendigung eines Praktikumsverhältnisses dienen dem Schutz des Praktikanten, da er auf seinen Platz angewiesen ist, um in den zweiten Ausbildungsabschnitt versetzt zu werden und schließlich den FOS-Abschluss zu erlangen.

Konfliktlösung, vgl. **6**

Wird ein Praktikumsverhältnis beendet, muss der Praktikant unverzüglich mit der Suche nach einem neuen Praktikumsplatz beginnen.

Aber: Eine Kündigung des Praktikumsplatzes ist oft eine vorschnelle Lösung. Viele Probleme können durch ein **Gespräch** gelöst werden. Manchmal ist auch ein Wechsel **innerhalb** des Unternehmens möglich. Vor jeder Kündigung sollte sich der Praktikant zunächst durch den Klassenlehrer oder den Praktikumsbetreuer **beraten lassen**. Schließlich braucht der Praktikant zwingend ein lückenloses Jahrespraktikum, um die Fachhochschulreife zu erlangen. Sollte eine Kündigung unausweichlich sein, ist es ratsam, sofort einen neuen Praktikumsvertrag abschließen zu können. Wer seinen Praktikumsplatz wechselt, sollte darauf vorbereitet sein, dass in zukünftigen Bewerbungsgesprächen nach den Gründen gefragt wird. Auch der neue Praktikumsplatz bedarf der Zustimmung der Schule!

2.4.1 Kündigungsfristen während der Probezeit

Die Probezeit dient dem gegenseitigen Kennenlernen.
- Sie dauert für **Arbeitnehmer** längstens sechs Monate.
- Für **Auszubildende** beträgt die Probezeit mindestens einen Monat und höchstens vier Monate.
- Für **FOS-Praktikanten** dauert die Probezeit üblicherweise vier Wochen (28 Tage).

Praktikanten können in dieser Zeit für sich entscheiden, ob sie sich im Betrieb wohl fühlen; und der Betrieb kann sich einen ersten Eindruck über die Eignung und Zuverlässigkeit der Praktikanten verschaffen. Gibt es schon zu Beginn des Praktikums erhebliche Probleme, kann eine der beiden Vertragsparteien das Praktikumsverhältnis sofort ohne Angabe von Gründen beenden. Dies muss schriftlich erfolgen.

2.4.2 Kündigungsfristen nach der Probezeit

Gemäß § 622 BGB kann ein Arbeitsverhältnis nach der Probezeit mit einer Frist von vier Wochen zum 15. oder zum Ende eines Monats gekündigt werden (**ordentliche Kündigung**). Für Arbeitnehmer verlängern sich die Kündigungsfristen bei ordentlichen Kündigungen durch den Arbeitgeber mit der Dauer der Betriebszugehörigkeit.

§ 622 BGB

Tarifverträge können abweichende Kündigungsfristen vorsehen.

Auch eine **außerordentliche (fristlose) Kündigung** ist von beiden Seiten möglich, wenn wichtige Gründe vorliegen. Alle Kündigungen, die nach dem Ende der Probezeit ausgesprochen werden, müssen unter Angabe des jeweiligen Grundes erfolgen.

Kündigungsfristen

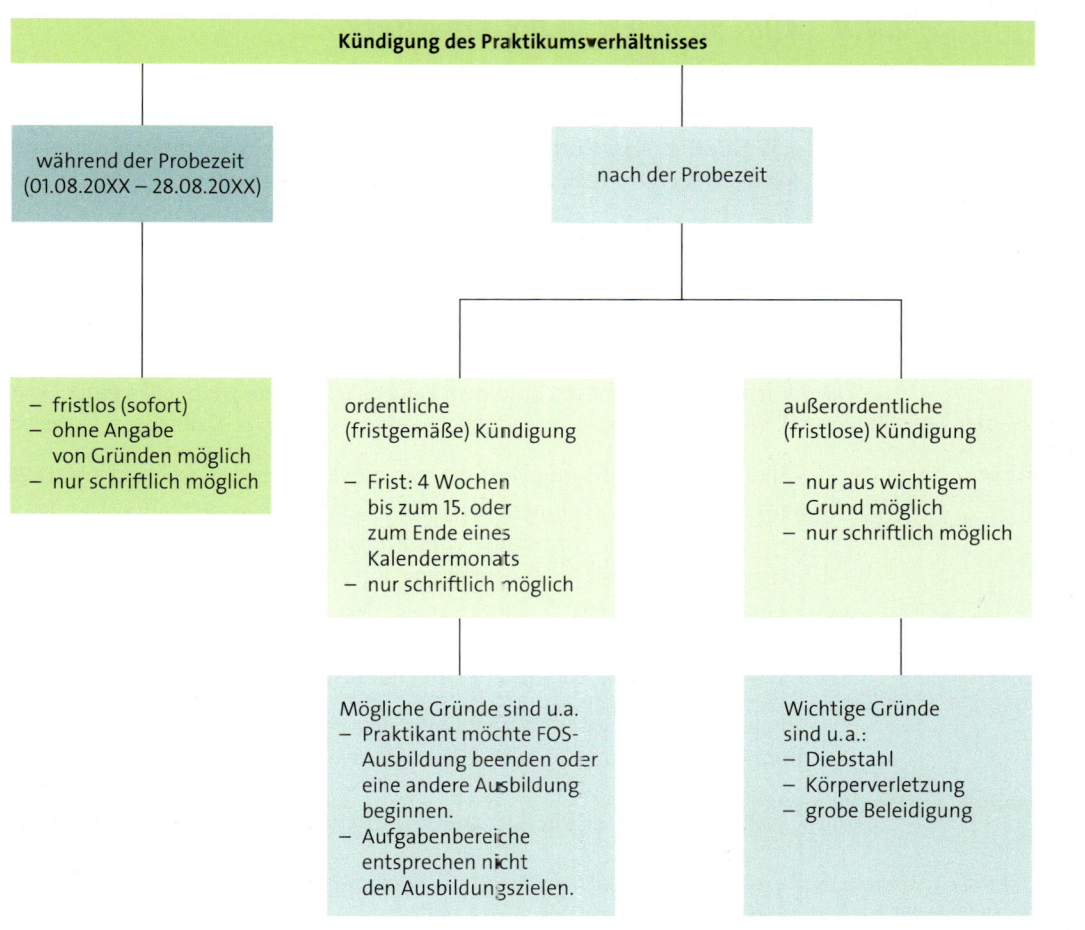

Entsprechend dem Mustervertrag aus der „Verordnung über die Ausbildung und Abschlussprüfung an Fachoberschulen" unterliegen Praktikanten einem **besonderen Kündigungsschutz**. Eine ordentliche Kündigung durch den Praktikumsbetrieb ist demnach nicht möglich. Allerdings verwenden Praktikumsbetriebe auch eigene Vertragsunterlagen. Es lohnt sich in jedem Fall, den eigenen Vertrag genau zu lesen!

2.4.3 Versicherungsschutz während des Praktikums

Sozialversicherung, vgl. TAF **12.3**, **2**

Praktikanten unterliegen während ihres Praktikums nicht der Sozialversicherungspflicht. Alle Praktikanten sind während ihres Praktikums jedoch über das Land Hessen bei der Sparkassenversicherung haftpflichtversichert. Privat abgeschlossene Haftpflichtversicherungen müssen vorrangig in Anspruch genommen werden.

Der Versicherungsschutz deckt jedoch keine Schäden ab, die durch die Benutzung von motorisierten Fahrzeugen entstehen. Praktikanten dürfen deshalb während ihres Praktikums für ihre Betriebe keine Autofahrten übernehmen, außer der Praktikumsbetrieb versichert die Praktikanten für diesen Fall zusätzlich.

2.4.4 Allgemeiner Kündigungsschutz

Arbeitnehmer, die länger als sechs Monate in einem Betrieb mit mehr als zehn Arbeitnehmern beschäftigt sind, unterliegen dem Allgemeinen Kündigungsschutz gemäß **Kündigungsschutzgesetz**. Dies bedeutet, dass Arbeitnehmern nur aus einem der drei folgenden Gründe gekündigt werden kann:

- **betriebsbedingte Gründe**, z. B. aufgrund von Auftragsrückgängen oder der Schließung eines Unternehmensteils
- **personenbedingte Gründe**, z. B. aufgrund chronischer Krankheit, die das Ausüben der Arbeit nahezu unmöglich macht
- **verhaltensbedingte Gründe**, z. B. aufgrund häufiger Unpünktlichkeit oder mehrmaligen unentschuldigten Fehlens trotz einer zuvor erfolgten Abmahnung.

Unter einer **Abmahnung** versteht man den Hinweis des Arbeitgebers auf ein Fehlverhalten des Arbeitnehmers. Bevor eine Kündigung aus verhaltensbedingten Gründen ausgesprochen wird, muss eine Abmahnung erfolgen. Eine Abmahnung gilt daher auch als Vorstufe der Kündigung. Eine Abmahnung muss enthalten: eine Darstellung des konkreten Verstoßes gegen den Arbeitsvertrag, einen Hinweis des Arbeitgebers, dass er diesen Fehler nicht mehr dulden wird, sowie den Hinweis, welche Maßnahme er im Wiederholungsfall ergreifen wird (z. B. die Kündigung).

Weitere Kündigungsschutzregelungen gibt es für **besondere Arbeitnehmergruppen**, z. B. für Schwangere, Schwerbehinderte oder Mitglieder von Betriebsräten.

Übersicht: **Die wichtigsten rechtlichen Regelungen zum FOS-Praktikum**

Zum Schutz der Arbeitnehmer gibt es Gesetze, die größtenteils auch für Praktikanten gelten. Diese Gesetze stellen Mindeststandards dar. Für Praktikanten günstigere Regelungen sind möglich.

Praktikanten, Erziehungsberechtigte und Praktikumsgeber schließen einen Praktikumsvertrag, der für beide Vertragsparteien Rechte und Pflichten bedeutet.

Das Arbeitszeitgesetz gilt für volljährige Praktikanten und sieht eine tägliche Regelarbeitszeit von acht Stunden vor.

Der volljährige Praktikant hat einen Mindesturlaubsanspruch von zwölf Tagen pro Jahr.

Für minderjährige Praktikanten gelten die Regelungen des Jugendarbeitsschutzgesetzes zu Arbeits-, Ruhe- und Urlaubszeiten.

In der Probezeit können Praktikant und Betrieb das Praktikumsverhältnis fristlos und ohne Begründung beenden.

Nach der Probezeit kann das Praktikumsverhältnis von beiden Seiten nur noch aus besonderen Gründen gekündigt werden.

3 Struktur des Praktikumsbetriebes

AB → Lernsituation 4

Beispiel Bei einem Betriebsrundgang haben Melanie Klein und Deniz Özal verschiedene Abteilungen kennengelernt und sich dort den Mitarbeitern vorgestellt. Von den vielen Eindrücken sind sie regelrecht erschöpft. Die Hierarchien und Strukturen in den verschiedenen Abteilungen konnten die beiden bei dem Rundgang aber nicht erschließen. Damit das Chaos in ihren Köpfen eine Ordnung erhält, fordert Frau Nemitz-Müller sie auf, sich mit der betrieblichen Organisation zu befassen.

Aufbauorganisation der Fly Bike Werke GmbH, vgl. **AB**

Unternehmen sind in der Praxis sehr unterschiedlich strukturiert und organisiert. Die Einzelheiten hängen von Faktoren wie der Größe des Betriebes, der Mitarbeiterzahl, der Rechtsform und dem Tätigkeitsbereich ab. Eine gute betriebliche Organisation dient einem reibungslosen Geschäftsablauf. Die Geschäftsleitung hat die grundsätzliche Entscheidung darüber, wie die Organisation aussehen soll. Man unterscheidet die **Aufbauorganisation**, welche die Betriebshierarchie festlegt und die **Ablauforganisation**, die den Arbeitsablauf regelt.

Die Aufbauorganisation gibt die hierarchische Gliederung wieder, die Ablauforganisation regelt die betrieblichen Abläufe.

3.1 Aufbauorganisation

Als Aufbauorganisation bezeichnet man den hierarchischen Aufbau eines Betriebes durch Aufgliederung der Tätigkeitsbereiche und die Bildung von **Stellen** und **Abteilungen**. Die betriebliche Aufbauorganisation lässt sich in einem **Organigramm** abbilden.

In der Regel weisen Organigramme eine vertikale Struktur auf. Die Weisungsbefugnis nimmt von oben nach unten ab. Unter Weisungs- oder Führungsbefugnis versteht man das Recht eines Vorgesetzten, untergeordneten Mitarbeitern Anweisungen geben zu können, denen diese im Arbeitsleben Folge leisten müssen. Sind im Organigramm Positionen auf einer Ebene angeordnet, so sind diese gleichberechtigt und haben gegenseitig keine Weisungsbefugnis.

Stelle
kleinste organisatorische Einheit eines Betriebes, die entsteht, wenn Teilaufgaben für einen Aufgabenträger zusammengefasst werden

Innerbetriebliche Arbeitsteilung, vgl. **TAF 11.4**, **2.2**

Abteilung
mehrere Stellen unter einer gemeinsamen (Abteilungs-) Leitung

Organigramm
grafische Darstellung einer organisatorischen Einheit sowie deren Aufgabenverteilung und Hierarchieform

Instanz
Stelleninhaber mit Weisungsbefugnis

Grundstruktur der Aufbauorganisation

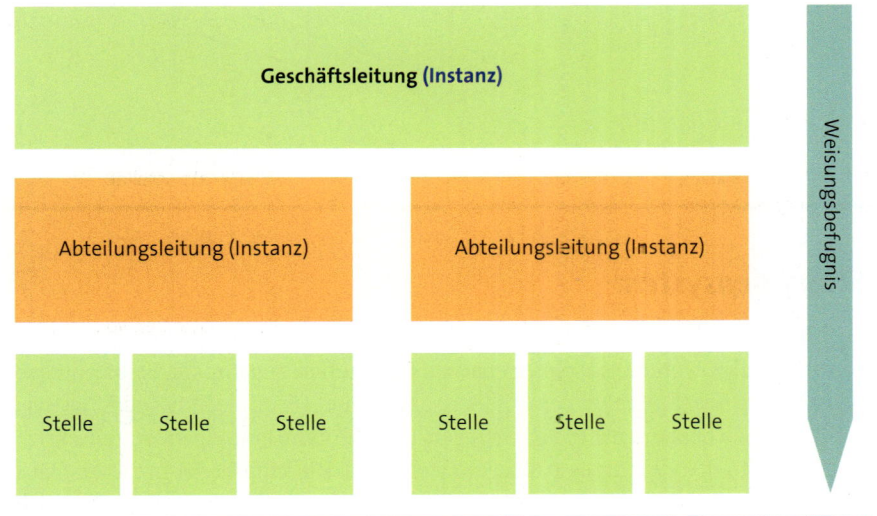

3.1.1 Einliniensystem

Das Organigramm weist beim Einliniensystem eine **klare Struktur** auf. Alle Mitarbeiter sind in einen einheitlichen Weisungsgang eingegliedert. Es existieren keine Verbindungen zu anderen Abteilungen und niemand ist mehreren Vorgesetzten unterstellt. So erhält jeder Mitarbeiter nur von seinem unmittelbaren Vorgesetzten Anweisungen und kann umgekehrt Meldungen und Vorschläge nur bei ihm vorbringen.

Einliniensystem

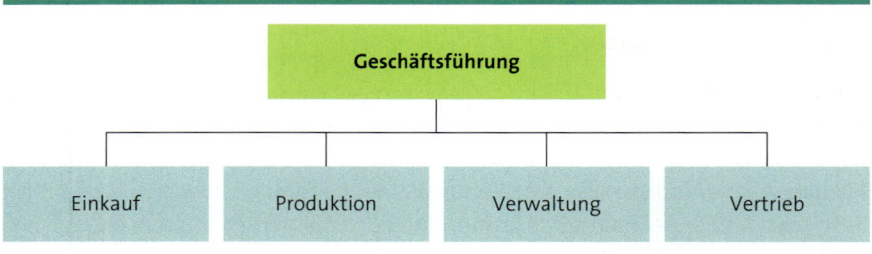

3.1.2 Mehrliniensystem

Das Mehrliniensystem bezeichnet man auch als „Funktionalsystem".

Beim Mehrliniensystem kann ein Mitarbeiter von **verschiedenen Vorgesetzten** Weisungen erhalten. Charakteristisch für dieses System ist die Strukturierung nach Funktionen. Die einzelnen Entscheidungsträger sind Spezialisten auf ihrem Gebiet und geben dieses Fachwissen an untergeordnete Mitarbeiter weiter.

Mehrliniensystem eines Elektrogroßhandels

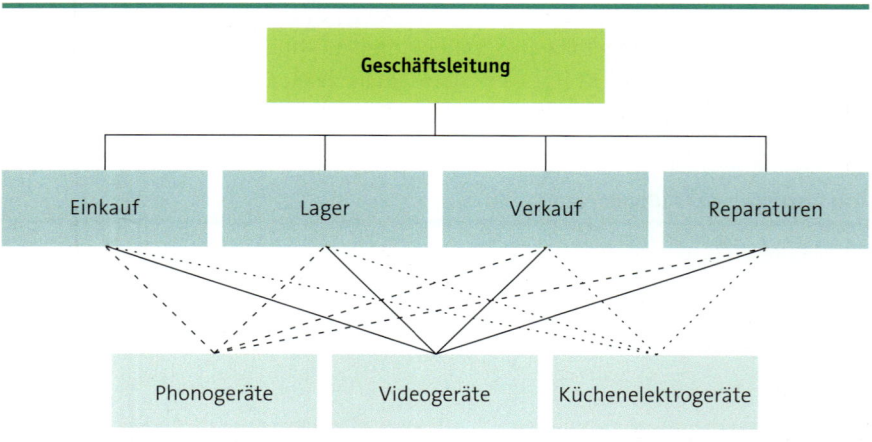

3.1.3 Stabliniensystem

Das Stabliniensystem ist ähnlich wie das Einliniensystem aufgebaut. Den oberen Leitungsstellen werden jedoch sogenannte **Stabstellen** zugeordnet. Stabstellen verfügen häufig über Spezialwissen. Ihre Aufgabe besteht darin, die Entscheidungsträger fachkundig zu beraten, z. B. in Rechtsfragen. Ein Stab kann eine eigene Abteilung (z. B. Rechtsabteilung) oder nur eine einzelne Stelle sein. Die Mitarbeiter in diesen Stäben können selbst keine Entscheidungen treffen oder Anordnungen erteilen. Dies bleibt den oberen Entscheidungsträgern vorbehalten.

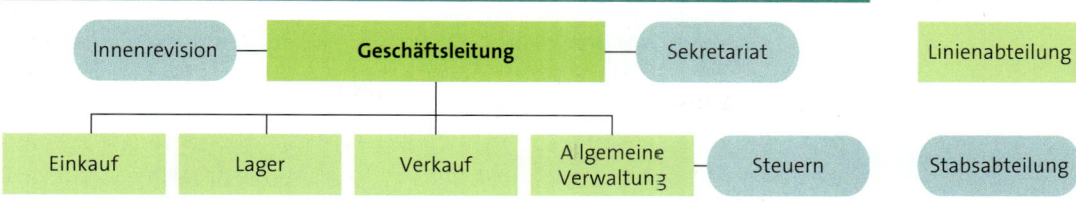

Stabliniensystem

3.1.4 Matrixorganisation

Bei der Matrixorganisation werden **zwei Leitungssysteme** miteinander kombiniert. Ein Mitarbeiter untersteht dabei mehreren Instanzen.

> **Beispiel** Seinen Urlaub muss ein Mitarbeiter beim Personalvorgesetzten beantragen, während er sich bei objektbezogenen Fragen (z. B. Rahmenfertigung eines neuen Fahrradrahmens) an den Projektmanager wendet.

Matrixorganisation eines Softwareherstellers

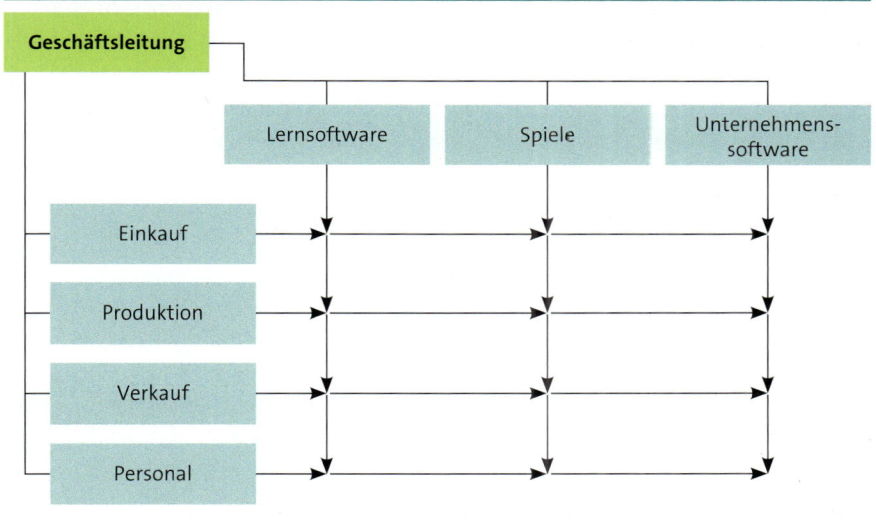

3.1.5 Spartenorganisation

Kennzeichnend für die Spartenorganisation ist, dass ein unübersichtlicher und schwer zu steuernder Betrieb in **mehrere Geschäftsbereiche**, sogenannte Sparten oder **Divisionen**, untergliedert wird. Diese Sparten wirtschaften praktisch unabhängig voneinander, sind aber einer gemeinsamen Geschäftsleitung untergeordnet. Sparten werden nach dem sogenannten Objektprinzip gebildet, d. h., sie sind für einzelne Produktgruppen, Kundengruppen oder Absatzgebiete zuständig, die sich oft stark voneinander unterscheiden.

Die Spartenorganisation bezeichnet man auch als „divisionale Organisation".

> **Beispiel** Zum Dienstleistungsangebot der Fly Bike Werke GmbH zählt die Vermittlung von Fahrradreisen. Hierfür könnte eine eigene Sparte eingerichtet werden, da das Produkt Besonderheiten hat, wie etwa einen eigenen Vertrieb.

Spartenorganisation eines Automobilhändlers

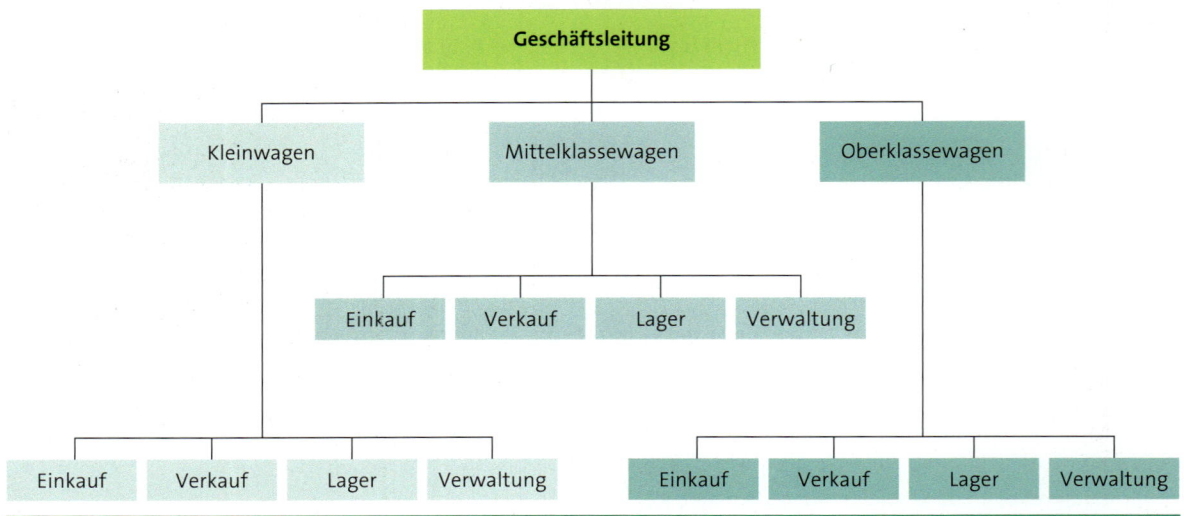

Leistungsangebot, vgl. **3.3**

Jede Organisationsform hat Vor- und Nachteile. In Abhängigkeit von der Größe des Betriebes und seinem Leistungsangebot sind bestimmte Organisationsformen mehr und andere weniger geeignet. Zudem hat sich in der Praxis eine Vielzahl von Mischformen herausgebildet, um sich den betrieblichen Gegebenheiten anzupassen.

Übersicht: Leitungs- und Weisungssysteme

Einliniensystem	Jeder Mitarbeiter hat einen direkten Vorgesetzten.
Mehrliniensystem	Ein Mitarbeiter kann von verschiedenen Vorgesetzten Weisungen erhalten.
Stabliniensystem	Den Leitungsstellen werden Stäbe zugeordnet.
Matrixorganisation	Je nach Anliegen untersteht ein Mitarbeiter einem projektbezogenen oder funktionsbezogenen Vorgesetzten.
Spartenorganisation	Einer gemeinsamen Geschäftsleitung sind wirtschaftlich selbstständige Sparten unterstellt.

3.2 Ablauforganisation

Eine optimale Ablauforganisation minimiert die Zeit, die zur Herstellung eines Produktes oder einer Dienstleistung benötigt wird, und lastet die Sachmittel und die Arbeitskräfte dabei optimal aus.

Die Ablauforganisation baut auf der gewählten Aufbauorganisation auf und nutzt diese. Ihre Aufgabe ist es, die Arbeitsabläufe in **einzelne Arbeitsschritte** zu zerlegen, deren zeitliche und räumliche Reihenfolge festzulegen und die notwendigen Sachmittel hierfür zu organisieren.

Beispiel Die Fly Bike Werke GmbH bezieht regelmäßig Stahlrohre. Frau Nemitz-Müller aus der Abteilung Einkauf ermittelt Unternehmen, die als Lieferanten in Betracht kommen, und verschickt Anfragen. Sie vergleicht Angebote und nimmt bei dem geeignetsten Lieferanten eine Bestellung vor. Herr Özal nimmt die Ware entgegen und prüft zunächst, ob es sich bei der Lieferung tatsächlich um die bestellten Rohre handelt und ob die Umverpackung unversehrt ist.

3.3 Leistungsangebote in Industrie-, Handels- und Dienstleistungsbetrieben

Industriebetriebe sind Unternehmen, die materielle Güter herstellen oder weiterverarbeiten. Dies geschieht in Fabriken unter Zuhilfenahme von technischen Anlagen. Charakteristisch für den Produktionsprozess ist ein hoher Grad an Mechanisierung und Automatisierung sowie die Massenfertigung für einen anonymen Markt. Das Leistungsangebot eines Industriebetriebes wird als **Produktionsprogramm** bezeichnet.

Automobilindustrie

> **Beispiel** Das Produktionsprogramm der Fly Bike Werke GmbH umfasst zurzeit nur die Produktart „Fahrräder". Es handelt sich um ein schmales Produktionsprogramm. Sollten in Zukunft auch Fahrradanhänger, Fitnessgeräte und Motorroller produziert werden, so nimmt das Produktionsprogramm in der Breite zu.

Handelsbetriebe kaufen Produkte von verschiedenen Herstellern, stellen sie zu einem Sortiment zusammen und verkaufen sie weiter. Das Leistungsangebot eines Handelsbetriebs wird als **Sortiment** bezeichnet. Man unterscheidet Großhandels- und Einzelhandelsbetriebe. Der Großhandelsbetrieb verkauft seine Waren in größeren Mengen an andere Unternehmer oder Dienstleister. Der Einzelhandelsbetrieb kauft seine Waren beim Großhandel oder beim Hersteller und verkauft sie in kleinen Mengen an den privaten Verbraucher.

Handelsbetrieb: Einzelhandel

Dienstleistungsbetriebe bieten eine **Dienstleistung** (Arbeitsleistung) an. Charakteristisch für eine Dienstleistung ist, dass sie nicht lagerfähig und nur schwer übertragbar ist. Zudem ist sie auf die konkrete Person des Kunden und seine individuellen Bedürfnisse ausgerichtet (z. B. Beratung, Taxifahrt). Dienstleistungsanbieter können die unterschiedlichsten Betriebe sein, wie Kreditinstitute, Gastronomie, Versicherungen. Es gibt Unternehmen, die sowohl als Produzenten als auch als Dienstleister auftreten.

Dienstleistungsbetrieb: Café

Übersicht: Leistungsangebote

Industriebetrieb	Das Produktionsprogramm umfasst die Produkte, die ein Industriebetrieb herstellt.
Handelsbetrieb	Die Waren und Dienstleistungen, die ein Handelsbetrieb anbietet, werden als Sortiment bezeichnet.
Dienstleistungs-betrieb	Hier wird eine immaterielle Leistung, die Dienstleistung, angeboten.

AB → Lernsituation 5

4 Datensicherheit und Datenschutz

> **Beispiel** Ein Mitarbeiter der Fly Bike Werke GmbH hat eine scheinbar private E-Mail mit einem lustigen Bild im Anhang von einem unbekannten Absender bekommen. Beim Öffnen des Anhangs wurde ein Programm gestartet. Einen Tag lang konnte die Lieferantendatei nicht genutzt werden und es ist nicht sicher, ob vielleicht Kundeninformationen an unbefugte Personen gelangt sind. Jetzt dürfen die Mitarbeiter E-Mail und Internet nicht mehr privat nutzen.

Kundendateien, Lieferantendateien, Lagerverzeichnisse und verschiedene Informationen zu Gehaltsabrechnungen der Mitarbeiter sind nur einzelne Beispiele für verwendete Daten zur Geschäftsabwicklung in einem Betrieb. Der Verlust oder die Verfälschung dieser Daten kann für ein Unternehmen eine Katastrophe sein und extrem hohe Kosten verursachen. Beispielsweise wird der Ruf des Unternehmens leiden, wenn dieser Vorgang publik wird. Kunden können sich abwenden und Aufträge ausbleiben. Ausstehende Zahlungen von Kunden können aufgrund fehlender Rechnungsdaten nicht mehr eingefordert werden.

Datensicherheit
ist das Ziel von Maßnahmen, die Daten vor Verlust, Verfälschung, Zerstörung oder Spionage schützen.

Betriebe müssen deshalb eine Vielzahl technischer und organisatorischer Maßnahmen treffen, um die Sicherheit der Daten zu gewährleisten. Die **Datensicherheit** wird vorwiegend gefährdet durch:
- höhere Gewalt (z. B. Feuer, Blitzschlag),
- fehlerhafte Bedienung durch die betrieblichen Anwender sowie
- Phishing.

Durch erfolgreiche Angriffe entsteht sowohl im privaten als auch im beruflichen Kontext täglich großer Schaden.

Phishing ist der Versuch, mithilfe von gefälschten Nachrichten (z. B. in E-Mails oder in Posts in sozialen Netzwerken) und darin enthaltenen gefährlichen Links Schadsoftware (z. B. Viren) zu verbreiten oder an sensible Daten (z. B. Passwörter oder Kreditkartendaten) zu gelangen.

Die „Sieben Grundregeln" stammen von der Forschungsgruppe SECUSO (Security, Usability and Society) der Technischen Universität Darmstadt. Weitere Informationen wie Poster, Flyer, Schulungsunterlagen und ein Online-Training finden Sie unter: www.secuso.informatik. tu-darmstadt.de/de/secuso/

Sieben Grundregeln:

1. Überprüfen Sie eine URL, bevor Sie darauf klicken. Vorsicht: Die **tatsächliche URL** kann von der in der Nachricht angezeigten URL abweichen. Die tatsächliche URL erfahren Sie, wenn Sie mit dem Mauszeiger (an mobilen Geräten mit dem Finger) über der URL verweilen. Das tatsächliche Ziel des Links (die URL) wird dann entweder in einem Infofeld direkt neben dem Mauszeiger/Finger oder in der Statusleiste der Nachricht angezeigt.

2. Achten Sie bei der Überprüfung der URL nur auf den sogenannten **Wer-Bereich**. Der Wer-Bereich besteht immer aus den letzten beiden Begriffen vor dem ersten alleinstehenden „/" (in diesem Fall facebook.com) einer Webadresse.

   https://www.**facebook.com**/login/
   Wer-Bereich (unternehmen.standort)

3. Geben Sie bei **IP-Adressen** keine Daten ein:
   ✗ https://95.130.22.98/google.de.secure-login.de

4. Lassen Sie sich nicht von Phishing-URLs **in die Irre führen**, bei denen der Name der Institution außerhalb des Wer-Bereichs steht:
   ✗ https://www.amazon.de.shoppen-im-web.de/
   ✗ http://shoppen-im-web.de/https://www.amazon.de

5. Prüfen Sie den Wer-Bereich in Bezug auf **Tippfehler und Buchstabendreher**:
   ✗ https://www.immobiliennscout24.de/

6. Prüfen Sie den Wer-Bereich genau hinsichtlich der Verwendung von **ähnlich aussehenden Zeichen und Zahlen**:
   ✗ https://www.mediarnarkt.de/

7. Prüfen Sie, ob der Wer-Bereich nur **eine Abwandlung** des Ihnen vertrauten Wer-Bereichs ist. Bei Unsicherheit benutzen Sie eine Suchmaschine.
   ✗ https://de-de.facebook-secured.com/

4.1 Maßnahmen zur Datensicherheit

Eine absolute Sicherheit von Daten gibt es nicht. Der Aufwand für die Datensicherung muss sich daran orientieren, wie hoch der mögliche Schaden sein kann. Zudem sind einige Maßnahmen zur Datensicherung gleichzeitig mit Einschränkungen bei der Datennutzung verbunden. Die folgenden sinnvollen Maßnahmen stellen deshalb nur eine Auswahl dar:

- Regelmäßig Sicherungskopien auf anderen Speichermedien erstellen
- Antiviren-Software verwenden und regelmäßig aktualisieren
- Firewall einrichten
- Verschlüsselung sensibler Daten
- Abschalten sogenannter aktiver Inhalte, z. B. Java oder Flash (das Abschalten verhindert, dass auf Internet-Seiten automatisch Dateien ausgeführt werden, die ein Risiko darstellen können)
- Sensibilisierung und Schulung von Mitarbeitern (z. B. auch in Bezug auf die Wahrung von Betriebs- und Geschäftsgeheimnissen)
- Benutzerrechte den Aufgaben entsprechend einschränken (z. B. Installation von Programmen nur durch autorisierte Mitarbeiter)

> **Beispiel** In manchen Unternehmen wird den Mitarbeitern der Internetzugang komplett gesperrt. Dadurch wird einerseits verhindert, dass Viren über das Internet eingeschleust werden, andererseits können Mitarbeiter dann auch nicht einfach Informationen aus dem Internet für ihre Arbeit nutzen.

4.2 Datenschutz

Neben dem Schutz der Daten vor Zerstörung oder Veränderung spielt der Schutz **personenbezogener Daten** vor Missbrauch in der öffentlichen Diskussion eine immer größere Rolle. Dies liegt nicht zuletzt an einigen öffentlich gewordenen Pannen und Skandalen beim **Datenschutz**.

Personenbezogene Daten
persönliche oder sachliche Informationen zu bestimmten oder bestimmbaren Personen

Datenschutz
Schutz personenbezogener Daten vor Missbrauch

> **WhatsApp gibt Daten an Mutterkonzern Facebook weiter**
> Im August 2016 kündigte WhatsApp an, künftig Daten seiner Nutzer, wie bspw. deren Telefonnummern oder deren Gewohnheiten bei der Verwendung des Kurzmitteilungsdienstes, an Facebook weiterzugeben. Ziel ist wohl die Verwendung der Kundendaten für die Personalisierung von Facebook-Werbung. Johannes Caspar, Hamburgs Datenschutzbeauftragter, hatte Facebook dieses Vorgehen bereits mit einer Verwaltungsanordnung untersagt, da auch langjährige WhatsApp-Nutzer keine Möglichkeit hätten, dem Datenaustausch zu widersprechen. Facebook solle den geplanten Datenaustausch mit WhatsApp unterlassen.

Menschen hinterlassen in einer digitalen Welt ständig Spuren. Über jeden Menschen ist eine unglaubliche Menge an Daten in Computern gespeichert. Im digitalen Zeitalter sind die Möglichkeiten, personenbezogene Daten zu ermitteln, zusammenzuführen und zu verarbeiten, technisch fast unbegrenzt.

Beispiel
- Krankenversicherungen speichern unsere Arztbesuche einschließlich der erfolgten Behandlung für ihre Abrechnungen.
- Internet-Shops, wie z. B. Amazon, speichern unsere Suchbegriffe und empfehlen uns entsprechende Produkte.
- Arbeitgeber können die besuchten Internet-Seiten speichern.
- Die Telefongesellschaften können jedes eingeschaltete Handy lokalisieren und erlauben damit sogar ein Bewegungsprofil.
- Die Bank speichert, an wen wir Geld überwiesen haben und wie viel wir überwiesen bekommen.

Es gibt noch viele weitere Beispiele. Alle Daten über eine Person zusammengenommen böten ein aussagekräftiges Profil der Person und ihrer Gewohnheiten. Diese Informationen sind für Unternehmen interessant, da dadurch zum Beispiel gezielt und somit kostengünstig Werbung gemacht werden kann. Personenprofile aller Bürger wären aber auch für den Staat und seine Behörden von Nutzen, zum Beispiel um Steuerhinterziehung oder Schwarzarbeit aufzudecken.

Allerdings gibt es für den Umgang mit personenbezogenen Daten Regelungen zum Schutz der Privatsphäre der Menschen. Nach der Rechtsprechung des Bundesverfassungsgerichtes hat jeder Einzelne, hergeleitet aus dem Grundgesetz, das Recht auf **informationelle Selbstbestimmung**.

Informationelle Selbstbestimmung
Recht des Einzelnen, grundsätzlich selbst über die Preisgabe und Verwendung seiner eigenen Daten zu bestimmen.

Artikel 1 Abs. 1 Grundgesetz
Die Würde des Menschen ist unantastbar. Sie zu achten und zu schützen ist die Verpflichtung aller staatlichen Gewalt.

Artikel 2 Abs. 1 Grundgesetz
Jeder hat das Recht auf freie Entfaltung seiner Persönlichkeit, soweit er nicht die Rechte anderer verletzt und nicht gegen die verfassungsmäßige Ordnung oder das Sittengesetz verstößt.

4.3 Bundesdatenschutzgesetz

Auf Bundesebene regelt das Bundesdatenschutzgesetz (BDSG) den Datenschutz für Bundesbehörden, Wirtschaftsunternehmen sowie Privatpersonen. Daneben gibt es zusätzlich weitere Datenschutzregelungen der Bundesländer. Dabei wird versucht, die Privatsphäre des Einzelnen nur soweit einzuschränken, wie es für die Aufgabenerfüllung des Staates und der Unternehmen notwendig ist. Selbstverständlich gilt das Datenschutzgesetz somit auch an **Schulen**. Dabei werden sowohl die personenbezogenen Informationen der Schüler als auch die der Lehrpersonen geschützt.

Beispiel Das Klassenbuch darf nicht für alle einsehbar herumliegen, damit z. B. die Fehlzeiten nicht öffentlich werden. Sensiblere Daten, wie z. B. vertrauliche Entschuldigungsgründe, müssen sogar separat aufbewahrt werden.

Folgende **Grundprinzipien** gibt das BDSG für die Erhebung, Verarbeitung und Nutzung personenbezogener Daten vor. Von diesen scheint der **Zwang zur Einwilligung** der Betroffenen am besten geeignet, das Recht auf Privatsphäre zu gewährleisten.

Grundprinzip	Erläuterung
Zulässigkeit	Die Erhebung, Verarbeitung und Nutzung personenbezogener Daten ist **nur zulässig**, **wenn** eine Rechtsvorschrift (z. B. das Sozialgesetzbuch) die Datensammlung erlaubt oder **der Betroffene schriftlich eingewilligt hat** oder die Daten zur Erfüllung eines Vertragsverhältnisses mit dem Betroffenen notwendig sind.
Zweckbindung	Personenbezogene Daten dürfen grundsätzlich nur für den Zweck verarbeitet oder genutzt werden, für den sie erhoben wurden.
Transparenz	Betroffenen muss ersichtlich sein, welche ihrer personenbezogenen Daten zu welchem Zweck, von welcher Stelle erhoben, verarbeitet oder genutzt werden. Zu Sicherstellung dieses Grundsatzes muss der Betroffene über erstmalige Datenspeicherungen informiert werden. Zusätzlich hat er jederzeit ein Auskunftsrecht über seine gespeicherten Daten.
Korrekturrechte und Kontrolle	Betroffene haben in Bezug auf die über sie gespeicherten Daten das Recht auf Berichtigung, Sperrung, Widerspruch oder Löschung. Das Recht auf Löschung kann nur gelten, wenn kein Gesetzt die Speicherung vorschreibt – z. B. im polizeilichen Strafregister.
Schadensersatz und Sanktionen	Erleidet ein Betroffener durch Verstöße gegen den Datenschutz einen Schaden, so muss der Verursacher Schadensersatz leisten. Zusätzlich kann ein Verstoß auch mit einer Geldbuße bis 250.000 EUR oder einer Freiheitsstrafe bis zu 2 Jahren geahndet werden.
Datensicherung	Stellen, die personenbezogene Daten erheben, verarbeiten oder nutzen, müssen die technischen und organisatorischen Maßnahmen zur Datensicherheit treffen.
Datenvermeidung	Es sollen so wenige personenbezogene Daten wie möglich erhoben, verarbeitet oder genutzt werden. Für Forschungen zum Beispiel sollen Daten möglichst anonymisiert werden.

4.4 Umgang mit eigenen Informationen im Web 2.0

AB → Lernsituation 6

Internet-Anbieter stellen den Nutzern heute Plattformen zur Verfügung, auf denen Nutzer selbst Inhalte (z. B. Bilder, Texte) veröffentlichen können. Mit dieser neuen Art der Nutzung, auch Web 2.0 genannt, ist die Verantwortung für Nutzer gestiegen. Jeder muss bei der Veröffentlichung von Texten, Bildern oder Videos das Urheberrecht sowie den **Datenschutz für eigene und fremde Daten** beachten.

Auf Portalen wie Facebook, YouTube oder MyVideo werden jedoch mit dem Gefühl, Mitglied einer „vertrauten Gemeinschaft" zu sein, viele private Informationen und Bilder ins Netz gestellt. Auch Chat-Portale wie WhatsApp, die häufig über Smartphones genutzt werden, erfreuen sich großer Beliebtheit. Jeder sollte vorsichtig abwägen, welche Informationen er veröffentlichen will, denn auch wenn die EU-Kommission ein „Recht auf Vergessen" plant, besteht ein **Risiko**. Besonders da bisher gilt: „Das Internet vergisst nie". Ob ein „Vergessen" technisch überhaupt umgesetzt werden kann, ist fraglich, denn einmal eingestellte Bilder und Texte können längst von anderen auf neuen Seiten veröffentlicht oder von Archivierungsdiensten gespeichert worden sein.

Beispiel Das Foto von der Party, auf der man angetrunken auf dem Tisch tanzte, könnte einem in einigen Jahren genauso unangenehm sein wie der eigene Kommentar „Schule war heute wieder echt Mist".

5 Aufbau der Schule und schulische Gremien

Die Organisation einzelner Schulen ist unterschiedlich. Das hessische Kultusministerium gibt den rechtlichen Rahmen für die Struktur der Schule, die schulischen Gremien und die zu vermittelnden Inhalte vor. Die konkrete Ausgestaltung an einzelner Schulen ist z. B. abhängig von deren Größe und den dort unterrichteten Schulformen und Berufen.

5.1 Aufbau der Fachoberschule

Fachoberschulen bauen auf dem mittleren Abschluss auf und führen in Kombination mit einem betrieblichen Praktikum (Form A) oder nach einer passenden beruflichen Qualifikation (Form B) zur **Fachhochschulreife**. Fachoberschulen gibt es für verschiedene Fachrichtungen (Technik, Wirtschaft, Gestaltung, Gesundheit, Sozialwesen). Innerhalb der Fachrichtungen können Schwerpunkte gebildet werden.

Die **Organisationsform A** der Fachoberschule dauert zwei Jahre. Im **ersten Ausbildungsabschnitt** wird in Teilzeit unterrichtet. Der Unterricht findet i. d. R. an zwei Wochentagen statt, während an den drei anderen Wochentagen ein berufliches Praktikum in geeigneten Betrieben oder gleichwertigen Einrichtungen absolviert wird. Im **zweiten Ausbildungsabschnitt** erfolgt Vollzeitunterricht. Je nach Fachrichtung können weitere Eignungsvoraussetzungen erforderlich sein.

Unabhängig von der Organisationsform muss zum Erreichen der Fachhochschulreife am Ende der Fachoberschulzeit eine Prüfung bestanden werden.

Beispiel Deniz Özal hatte eine Ausbildung zum Altenpfleger begonnen, die er aus gesundheitlichen Gründen abbrechen musste. Aufgrund seiner guten Noten im Abschlusszeugnis der Realschule erfüllte er die Aufnahmebedingungen für die Fachoberschule in der Form A und strebt nun die Fachhochschulreife an.

In die **Organisationsform B** kann aufgenommen werden, wer den Nachweis über eine erfolgreiche Abschlussprüfung in einem der Fachrichtung zugeordneten Ausbildungsberuf erbracht hat. In der **einjährigen** Organisationsform B wird der Unterricht in Vollzeitform oder ausbildungsbegleitend angeboten.

5.2 Schulische Gremien

Die **Schulleitung** trägt die Verantwortung für einen ordnungsgemäßen Dienstbetrieb (gleichmäßiger Einsatz der Lehrkräfte, geregelter Stunden- und Aufsichtsplan) und vertritt die Schule nach außen. Zudem nimmt sie vielfältige weitere Aufgaben wahr (Ausübung des Hausrechts, Einberufung und Leitung der Gesamtlehrerkonferenz usw.). Die Ziele der Schule sind in einem Schulprogramm festgelegt.

Erweiterte Schulleitung (Stellvertretende Schulleitung und Abteilungsleitung): Für Schulen gibt es einen Plan, der den Mitgliedern der erweiterten Schulleitung Aufgaben und Zuständigkeiten zuordnet. Häufig übernehmen die Abteilungsleitungen z. B. die Aufnahme von neuen Schülern und die Einteilung der Klassen.

Als **Kollegium** bezeichnet man die Gesamtheit der Lehrerinnen und Lehrer an einer Schule. Für bestimmte Fragestellungen gibt es einzelne Lehrkräfte als Ansprechpartner; sie kümmern sich z. B. um die Betreuung von Praktikanten in der Jahrgangsstufe 11 oder sind Vertrauenslehrer oder Sucht- und Drogenbeauftragte.

Schülerschaft: Die Schülerinnen und Schüler sind als Lernende die Personengruppe innerhalb der Schulorganisation, um die sich alles dreht.

Schülervertretung: Zu Beginn eines Schuljahres werden aus der Gruppe der Schüler einer Klasse in einer demokratischen Wahl ein **Klassensprecher** und ein stellvertretender Klassensprecher gewählt.

Im beruflichen Schulwesen sind Schüler oft nur an einzelnen Wochentagen in der Schule. Diese Teilzeitschüler wählen dann einen Tagessprecher und dessen Vertreter. Wichtigste Aufgabe dieser gewählten Vertreter ist es, dass sie Ansprechpartner bei klasseninternen Anliegen oder bei Konflikten mit Lehrern sind. Die Klassensprecher und die Tagessprecher bilden gemeinsam die Schülervertretung (SV) einer Schule. Aus ihrer Mitte werden ein **Schulsprecher** und dessen zwei Stellvertreter gewählt. Der Schulsprecher ist der Vorsitzende der Schülervertretung. Zu seinen Aufgaben gehören die Organisation der Schülervertretung, das Vermitteln zwischen Schülern, Lehrern und Eltern und die Interessenvertretung der Schüler gegenüber anderen schulinternen Gremien (z. B. der Schulleitung). Dazu hat er besondere Rechte und darf z. B. an der Gesamtlehrerkonferenz teilnehmen.

Schulelternbeirat: Von den Eltern der Schüler einer Klasse können Klassenelternbeiräte gewählt werden. Alle Klassenelternbeiräte gemeinsam bilden den Schulelternbeirat. Er kann über sein Informations- und Initiativrecht Ideen zur Gestaltung der Schule beitragen.

An manchen Schulen gibt es eine **Schulkonferenz**. Sie setzt sich aus dem Schulleiter, gewählten Vertretern des Kollegiums, gewählten Vertretern der Eltern und gewählten Vertretern der Schüler zusammen und bietet die Chance, in Zusammenarbeit die Schule zu gestalten.

Übersicht: *Aufbau der Fachoberschule*

Organisationsform A	Im Anschluss an den mittleren Bildungsabschluss kann nach zwei Jahren die Fachhochschulreife erlangt werden.
Organisationsform B	Zugangsvoraussetzung für die einjährige Organisationsform B ist der Nachweis über eine erfolgreiche Abschlussprüfung in einem der Fachrichtung zugeordneten Ausbildungsberuf.

AB → Lernsituation 7

6 Strategien der Konfliktbewältigung

Beispiel Melanie wird ständig gebeten, Kaffee zu kochen. Seitdem auch Deniz lächelnd Kaffee bei ihr bestellt, hat sich ihr Verhältnis zu ihm deutlich abgekühlt. Davon, dass die nächste Klassenarbeit um eine Woche vorverlegt wurde, hat sie ihm nichts erzählt.

6.1 Einen Konflikt erkennen und wahrnehmen

Was ist ein Konflikt?

Ein Konflikt liegt vor, wenn zwischen zwei oder mehr Beteiligten eine Unvereinbarkeit von Zielen, Interessen oder Bedürfnissen wahrgenommen wird und die Beteiligten ein verschärftes Verhalten (z. B. Konkurrenzdenken, Aggressivität, Gewalt) zeigen. Dabei stellt sich bei den Konfliktparteien eine rechtfertigende Haltung zu dem Konflikt ein, gleichzeitig wird die andere Partei bewertet (z. B. Feindbild). Nicht jede Auseinandersetzung ist also mit einem Konflikt gleichzusetzen!

Konflikte gehören zum Alltag.

Überall dort, wo Menschen aufeinandertreffen, können Konflikte auftreten. Sie sind nicht grundsätzlich negativ zu bewerten, denn sie fördern die Kommunikation, machen auf Probleme aufmerksam und können die Standpunkte der Beteiligten klären. Konflikte können die soziale Ordnung stören, wenn sie unterdrückt, verdrängt oder unnachgiebig ausgetragen werden; sie können sogar in Drohungen und Gewalt gipfeln. Daher kann es nicht Ziel sein, Konflikte abzuschaffen, sondern es gilt, Möglichkeiten zu finden, sie gewaltfrei auszutragen.

Eisbergmodell nach Sigmund Freud

Ähnlich wie bei einem Eisberg ist bei einem Konflikt zunächst nur ein kleiner Teil offen wahrnehmbar, während der wesentlich größere Teil verborgen ist. Dieser verborgene Teil bestimmt jedoch maßgeblich den Verlauf eines Konfliktes.

Der kleine sichtbare Teil des Eisbergs dient der Veranschaulichung der **Sachebene**. Hier werden Daten, Fakten oder Zahlen kommuniziert und die Körpersprache und das Verhalten der Beteiligten direkt wahrgenommen.

Nicht wahrnehmbar „unter der Wasseroberfläche", sind vielfältige Informationen auf der **Beziehungsebene**. Diesem nicht sichtbaren Teil des Eisbergs sind die Botschaften zugeordnet, die Gefühle, Bedürfnisse, Werte und Erfahrungen transportieren. Sie bleiben häufig unausgesprochen. Störungen auf der Beziehungsebene wirken sich fast immer auch auf der Sachebene aus. Je stärker ein Konflikt eskaliert, desto mehr gewinnt in der Regel die Beziehungsebene an Gewicht. Dies kann dazu führen, dass der Konflikt die Sachebene gänzlich verlässt.

6.2 Kommunikationsprobleme als mögliche Konfliktursache

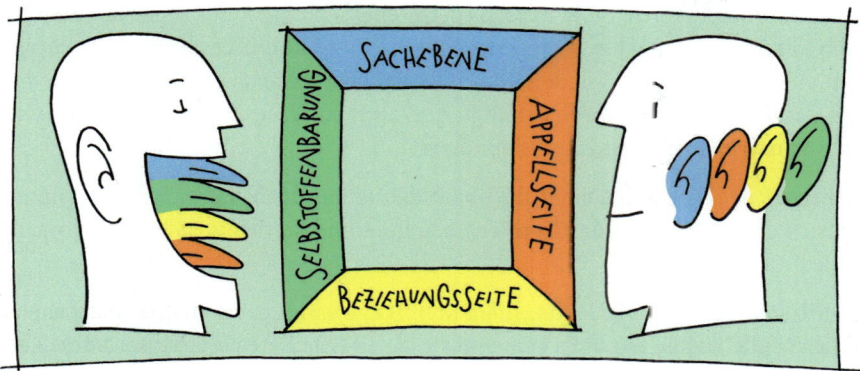

Vier-Ohren-Modell nach Friedemann Schulz von Thun

Der Grundvorgang der Kommunikation besteht darin, dass ein **Sender** einem **Empfänger** eine Nachricht übermittelt. Dabei können allerdings vielfältige Störungen auftreten. Wenn wir eine Nachricht genau betrachten, erkennen wir, dass sie gleichzeitig verschiedene Botschaften enthalten kann.

Beispiel Als Melanie Klein das Büro ihres Chefs betritt, sagt dieser: „Ein Kaffee wäre jetzt toll!" – Was verbirgt sich hinter dieser Nachricht, was hat der Chef bewusst oder unbewusst ausgedrückt und was kann Melanie dieser Nachricht entnehmen?

Beispiel: Eine Nachricht – vier Botschaften	
Sachebene (Worüber der Sender informiert)	Zunächst enthält die Nachricht die Sachinformation, dass der Chef jetzt gerne einen Kaffee trinken würde.
Selbstoffenbarung (Was der Sender von sich selbst offenbart)	In fast jeder Nachricht stecken auch Informationen über die Person des Senders. Wir erfahren, dass sich Melanies Chef im Moment nach einer Tasse Kaffee sehnt und sich vielleicht eine Pause im Arbeitsalltag wünscht.
Beziehungsseite (Was der Sender und der Empfänger voneinander halten und wie die beiden zueinander stehen)	Hier fühlt sich der Empfänger als Person angesprochen, evtl. auch kritisiert. In dem gewählten Beispiel gibt der Chef unter Umständen zu erkennen, dass er Melanie als abhängige Arbeitnehmerin sieht, die die Pflicht zu erfüllen hat, für das Wohlbefinden ihres Chefs zu sorgen. Auch ein geschlechtsspezifisches Rollenverständnis kann hier zum Ausdruck kommen.
Appellseite (Was der Sender von dem Empfänger erwartet und was der Empfänger hört)	Viele Nachrichten beinhalten eine Aufforderung (Appell). Der Sender versucht, auf den Empfänger Einfluss zu nehmen. Dieser Versuch kann mehr oder minder versteckt sein. Auf das Beispiel bezogen kann das bedeuten, dass Melanie ihrem Chef einen Kaffee kochen soll.

Jede an eine andere Person gerichtete Äußerungen enthält, ob man es will oder nicht, gleichzeitig die vier voran erklärten Botschaften. Dadurch wird zwischenmenschliche Kommunikation spannend, aber auch spannungsreich und störanfällig, wenn es zu Missverständnissen oder Kommunikationsproblemen zwischen Sender und Empfänger kommt.

6.3 Konflikte bewältigen durch gelungene Kommunikation

Konflikte durchlaufen i.d.R. verschiedene Entwicklungsstufen und **verschärfen sich zunehmend**. Gerade in den ersten Phasen eines Konfliktes kann noch verhältnismäßig leicht Einfluss auf den Konfliktverlauf genommen werden. Dies setzt voraus, dass der Konflikt von den Beteiligten erkannt und zum Anlass genommen wird, eine **konstruktive** Lösung herbeizuführen.

konstruktiv
(lat.) fördernd, entwickelnd

Ansprechpartner in Schule und Betrieb, vgl. **7**

Gelingt es den Beteiligten nicht, die Konfliktsituation eigenständig zu lösen, können sie sich an **entsprechende Gremien** in Schule und Betrieb wenden und dort um Hilfe bitten.

Konfliktfähig zu sein bedeutet, einen Konflikt gewaltfrei auszutragen, mehrere Lösungsmöglichkeiten zu entwickeln und die für die Beteiligten beste auszuwählen. Im Idealfall gibt es keine Verlierer, sondern alle Parteien gewinnen.

Regeln für eine gelungene Kommunikation in Konfliktsituationen
Signalisieren Sie Ihrem Konfliktpartner Gesprächsbereitschaft und versuchen Sie, eine anspannungsfreie Atmosphäre zu schaffen!
Bewahren Sie eine wertschätzende Grundhaltung gegenüber Ihrem Gesprächspartner (keine Abwertung, Drohung, Gegenaggression).
Hören Sie Ihrem Gesprächspartner aktiv zu. Schenken Sie ihm volle Aufmerksamkeit und halten Sie Blickkontakt!
Lassen Sie Ihren Gesprächspartner ausreden!
Beschreiben Sie mit eigenen Worten, was Sie verstanden haben. Fragen Sie nach, ob das so richtig ist. Vermeiden Sie es unbedingt, das Gehörte zu bewerten!
Versuchen Sie, sich auch in die Situation des Gesprächspartners hineinzuversetzen!
Verwenden Sie „Ich"-Formulierungen, wenn Sie Ihre Meinung, Ihren Standpunkt, Ihr Gefühl formulieren.

Übung zur Formulierung von „Ich"-Botschaften, vgl.
AB → **Lernsituation 7**

 **Beispiel** Nachdem Deniz unvorbereitet an der vorverlegten Klassenarbeit teilnehmen musste, plagte Melanie ein schlechtes Gewissen und sie sprach Deniz am nächsten Tag im Betrieb an. Beide erkannten, dass zwischen ihnen ein Konflikt entstanden war, und sie wollten auf jeden Fall vermeiden, dass sich die Situation weiter zuspitzte. Melanie lud Deniz nach Feierabend in ihr Lieblingskaffee ein und schilderte ihre Sicht der Situation. Anschließend hörte sie aufmerksam zu, was Deniz zu sagen hatte. Lächelnd verabschiedete sich Deniz später: „Ab Morgen koche ich dir an jedem zweiten Tag im Betrieb den Kaffee!"

Übersicht: *Konflikte bewältigen*

Konflikte gehören zum Alltag.

Ziel ist es, sie zu erkennen und für möglichst alle Konfliktparteien gewinnbringend zu lösen.

Kommunikation verhindert die Eskalation von Konflikten und verhilft zu einem angenehmen und konstruktiven Miteinander in Beruf und Schule sowie im privaten Umfeld.

7 Ansprechpartner in Schule und Betrieb

7.1 Ansprechpartner in der Schule

Konflikte scheinen selbstverständlicher Bestandteil des Schulalltags zu sein. Hier können sowohl Lehrer als auch Schüler Ansprechpartner in Konfliktsituationen sein. Voraussetzung ist allerdings ein vertrauensvoller Umgang mit diesen Personen.

Betrifft ein Problem die gesamte Schulklasse, kann es sinnvoll sein, eine **Klassenkonferenz** einzuberufen. Dabei setzen sich alle Mitschüler einer Klasse zusammen und besprechen sämtliche Details des Problems ohne Anwesenheit einer Lehrkraft. Eventuell können Mitglieder der Schülervertretung helfen, die Klassenkonferenz zu moderieren. In einigen Schulen gibt es ausgebildete **Streitschlichter** (Mediatoren). Das sind Schüler oder Lehrer, die gelernt haben, professionell mit Konflikten umzugehen und bei Streit weiterzuhelfen. **Verbindungs- oder Vertrauenslehrer** stellen eine Verbindung zwischen Schülern und Lehrern her und können zur Vermittlung beitragen.

7.2 Ansprechpartner im Betrieb

AB → Lernsituation 8

In einem Betrieb können sich Arbeitnehmer und Auszubildende wegen einer Auskunft oder Beschwerde an Vorgesetzte oder an zur Ausbildung beauftragte Personen wenden sowie – falls vorhanden – an den **Betriebsrat** und an die **Jugend- und Auszubildendenvertretung**. Diese Gremien können auch für die Interessen von Praktikanten eintreten.

Arbeitnehmervertretung in privatwirtschaftlichen Unternehmen

Vergleichbar mit Arbeitnehmervertretungen in privatwirtschaftlichen Betrieben existieren **Personalvertretungen** (Personalräte) für die Beschäftigten von Dienststellen der öffentlichen Verwaltung (in Bund, Ländern, Gemeinden, sonstigen Körperschaften und Anstalten des öffentlichen Rechts, z. B. Schulen). Rechtliche Regelungen hierfür findet man in den **Personalvertretungsgesetzen** des Bundes und der Bundesländer.

Arbeitnehmervertretung in der öffentlichen Verwaltung

7.2.1 Der Betriebsrat (BR)

Der Betriebsrat vertritt die Interessen aller Arbeitnehmer eines Betriebes und ist ein wichtiger Ansprechpartner bei arbeitsrechtlichen Problemen. Er stellt die gewählte Vertretung der Arbeitnehmer eines Betriebes gegenüber dem Arbeitgeber dar. Die Wahl und die Aufgaben eines Betriebsrates sind im **Betriebsverfassungsgesetz** (BetrVG) geregelt. Ein Zwang zur Wahl besteht jedoch nicht. Der Betriebsrat kann in Betrieben mit mindestens fünf wahlberechtigten Arbeitnehmern gewählt werden, von denen drei wählbar sein müssen. Alle Arbeitnehmer, die das 18. Lebensjahr vollendet haben, sind wahlberechtigt. Wählbar sind alle wahlberechtigten Arbeitnehmer, die dem Betrieb seit mindestens sechs Monaten rechtlich angehören (also keine Leiharbeiter). Die Betriebsratswahlen finden alle vier Jahre in der Zeit zwischen dem 1. März und dem 31. Mai statt. Die Zahl der Betriebsratsmitglieder steigt mit der Zahl der Arbeitnehmer eines Betriebes.

Werden Arbeitnehmer eines anderen Arbeitgebers zur Arbeitsleistung überlassen (Leiharbeiter), so sind diese wahlberechtigt, wenn sie länger als drei Monate im Betrieb eingesetzt werden.

Allgemeine Aufgaben des Betriebsrates

- Der Betriebsrat hat darüber zu wachen, dass die zugunsten der Arbeitnehmer geltenden Gesetze, Verordnungen, Unfallverhütungsvorschriften, Tarifverträge und Betriebsvereinbarungen eingehalten werden.
- Zu den Aufgaben des Betriebsrates gehört es, sich um benachteiligte Arbeitnehmer zu kümmern und die Eingliederung schwerbehinderter, ausländischer und älterer Arbeitnehmer zu fördern sowie die Gleichberechtigung der Geschlechter und die Vereinbarkeit von Familie und Beruf und den Umweltschutz im Betrieb voranzutreiben.
- Er soll gegenüber dem Arbeitgeber Maßnahmen beantragen, die dem Betrieb und der Belegschaft dienen, und deren Beschäftigung sichern und fördern.
- Der Betriebsrat hat die im Betriebsverfassungsgesetz festgelegten Mitwirkungs- und Mitbestimmungsrechte in **sozialen, personellen und wirtschaftlichen Angelegenheiten** wahrzunehmen.
- Er hat die Wahl einer Jugend- und Auszubildendenvertretung (JAV) vorzubereiten und durchzuführen.

Personelle Angelegenheiten berühren einzelne Arbeitnehmer, z. B. Versetzung, Kündigung einzelner Mitarbeiter.	**Soziale Angelegenheiten** betreffen eine Vielzahl von Arbeitnehmern, z. B. Regelungen der betrieblichen Ordnung, allgemeine Urlaubsgrundsätze.	**Wirtschaftliche Angelegenheiten** umfassen Entscheidungen, die wirtschaftliche Folgen für den gesamten Betrieb nach sich ziehen, z. B. Verlegung von Betrieben.

Der Betriebsrat kann verlangen, dass er vom Arbeitgeber über bestimmte betriebliche Vorgänge informiert wird.

Die Rechte des Betriebsrates sind bei Entscheidungen, die die Arbeitnehmer berühren, abgestuft und reichen von der bloßen Information über das Widerspruchsrecht bis zur gleichberechtigten Mitbestimmung. Am schwächsten ausgeprägt sind die Rechte bei wirtschaftlichen Fragen, am weitesten gehen sie in sozialen Angelegenheiten.

Anhörung
Der Betriebsrat trägt dem Arbeitgeber seine Argumente vor.

Mitwirkung des Betriebsrates bedeutet: Er hat ein Recht auf Information, **Anhörung** und **Beratung**. Die Befugnisse des Betriebsrates sind hier auf ein Minimum beschränkt.

Beratung
Arbeitgeber und Betriebsrat tauschen in einem beratenden Gespräch neben Informationen auch Argumente unterschiedlicher Sichtweisen aus.

> **Beispiel** Der Geschäftsführer der Ruhrwerke GmbH unterrichtet den Betriebsrat rechtzeitig und umfassend über eine geplante Betriebsverlegung und berät sich mit ihm. Über die Verlegung entscheidet der Geschäftsführer jedoch allein.

Ein **Widerspruchsrecht** hat der Betriebsrat bei personellen Einzelmaßnahmen. Er kann seine Zustimmung verweigern und so der Maßnahme widersprechen. Der Arbeitgeber darf dann die Maßnahme nicht durchführen, kann aber beim zuständigen Arbeitsgericht die fehlende Zustimmung des Betriebsrates ersetzen lassen.

Mitbestimmung ist dann gegeben, wenn Arbeitgeber und Betriebsrat nur gemeinsam entscheiden können. Die fehlende Zustimmung des Betriebsrates kann auch durch gerichtliche Entscheidung nicht ersetzt werden. In Fragen der Mitbestimmung kann der Betriebsrat ein Initiativrecht wahrnehmen, d. h., er kann dem Arbeitgeber eigenständig Vorschläge unterbreiten, auf die der dann schriftlich eingehen muss.

> **Beispiel** Eine Taschenkontrolle auf dem Betriebsgelände wird nur dann wirksam, wenn sie schriftlich mit dem Betriebsrat vereinbart wurde.

7.2.2 Die Jugend- und Auszubildendenvertretung (JAV)

Die **Jugend- und Auszubildendenvertretung** (JAV) ist ein geeigneter Ansprechpartner bei Anregungen, Fragen und Problemen rund um Arbeit und Ausbildung. Voraussetzungen für die Gründung einer Jugend- und Auszubildendenvertretung sind, dass in dem Betrieb

- bereits ein Betriebsrat besteht,
- mindestens fünf Arbeitnehmer beschäftigt sind, die das 18. Lebensjahr noch nicht vollendet haben **oder** sich in der Berufsausbildung befinden und das 25. Lebensjahr noch nicht vollendet haben.

Diese beiden Personengruppen sind zur Wahl der Jugend- und Auszubildendenvertretung berechtigt. Wählbar sind **alle** Arbeitnehmer, die das 25. Lebensjahr noch nicht vollendet haben. Mitglieder des Betriebsrates dürfen nicht in die JAV gewählt werden. Die Wahlen müssen in der Zeit vom 1. Oktober bis 30. November durchgeführt werden. Die Amtszeit der JAV beträgt zwei Jahre.

Zu den **Aufgaben** der JAV gehört es,

- auf die Einhaltung der einschlägigen Vorschriften (Gesetze, Schutzvorschriften, Tarifverträge, Betriebsvereinbarungen usw.) zugunsten der jugendlichen Arbeitnehmer und Auszubildenden zu achten,
- Anregungen und Beschwerden von Jugendlichen und Auszubildenden entgegenzunehmen,
- beim Betriebsrat Maßnahmen zu beantragen, die den Jugendlichen und Auszubildenden zugute kommen.

Im Gegensatz zum Betriebsrat ist die JAV **kein unabhängiges Organ** mit eigenständigen Rechten. Vielmehr ist sie dem Betriebsrat nachgeordnet und kann nur durch dessen Vermittlung auf den Arbeitgeber einwirken. Damit die JAV ihre Aufgaben erfüllen kann, ist der Betriebsrat verpflichtet, sie rechtzeitig und umfassend zu informieren. Er muss ihr die erforderlichen Unterlagen zur Verfügung stellen. An allen Sitzungen des Betriebsrates kann ein Mitglied der JAV ohne Stimmrecht teilnehmen. Werden auf der Betriebsratssitzung Jugend- und Ausbildungsfragen erörtert, sind alle Mitglieder der JAV teilnahmeberechtigt. Bei Beschlüssen des Betriebsrates über betriebliche Maßnahmen, die Jugendliche oder Auszubildende betreffen, haben die Vertreter der JAV darüber hinaus volles Stimmrecht. Die **Größe der JAV** wächst mit der Anzahl der Jugendlichen und Auszubildenden im Betrieb.

Übersicht: *Ansprechpartner in Schule und Betrieb*

Ansprechpartner in der Schule	
Streitschlichter (Mediatoren)	Sie sind Vermittler in einem Kommunikationsprozess und helfen professionell, Konflikte in der Schule oder dem Betrieb zu lösen.
Ansprechpartner im Betrieb	
Betriebsrat (BR)	Er ist die von den Arbeitnehmern eines Betriebes gewählte Arbeitnehmervertretung und setzt sich für deren Belange ein.
Jugend- und Auszubildendenvertretung (JAV)	Sie ist die gewählte Vertretung der Jugendlichen unter 18 Jahren und der Auszubildenden unter 25 Jahren in einem Betrieb und setzt sich für deren Interessen ein.

AB → Lernsituation 9

8 Leistungsbewertung in Schule und Betrieb

8.1 Grundgedanken zur Leistungsbewertung

Leistungsbewertungen in Schule und Betrieb drücken sich i. d. R. in Zeugnissen aus. Bewertet werden dabei verschiedene **Kenntnisse** und **Fähigkeiten**, wie z. B. Mathematik- oder PC-Kenntnisse oder die Fähigkeit zur Teamarbeit. Welche Kriterien bei einer Bewertung im Vordergrund stehen, hängt von der jeweiligen Aufgabenstellung ab. Wichtig ist die Arbeit am eigenen Leistungsvermögen. Entscheidend ist aber die Bereitschaft, die erworbenen Kenntnisse und Fähigkeiten in den Arbeitszusammenhang einzubringen.

Bewertungen erfüllen dabei vor allem drei Funktionen:

- **Kontrollfunktion**: Mithilfe von Bewertungen stellt man fest, ob jemand eine gewünschte Leistung erbracht hat.
- **Selektionsfunktion:** Bewertungen vereinfachen die Auswahl unter mehreren Bewerbern.
- **Lenkungsfunktion:** Bewertungen zeigen z. B. an, ob jemand für den eingeschlagenen Weg geeignet ist.

Eine Leistungsbewertung kann sich an verschiedenen **Maßstäben** orientieren, die man als „Bezugsnormen" bezeichnet:

Bezugsnorm	Erklärung	Beispiele
Sachliche Bezugsnorm	orientiert sich an einem gewünschten Ergebnis	– „Schülerin A kann diese Gleichung ohne Mängel lösen." – „Kollege X hat das Projekt termingerecht abgeschlossen."
Soziale Bezugsnorm	ist ein Leistungsvergleich zwischen Schülern	– „Schülerin A ist in Mathe besser als Schüler B." – „Kollege X kann diese Aufgabe schneller erledigen als Kollegin Y."
Individuelle Bezugsnorm	zeigt die Entwicklung eines Schülers	– „Schüler B hat im letzten Halbjahr enorme Fortschritte gemacht." – „Kollegin Y ist in der letzten Präsentation über sich hinaus gewachsen."

Es ist sehr hilfreich, wenn Schule und Betrieb die Grundlagen ihrer Bewertung am Anfang des Schuljahres mit Ihnen besprechen. Fragen Sie nach den jeweiligen Bewertungskriterien, falls diese nicht bekannt gegeben werden. Viele Missverständnisse lassen sich dadurch vermeiden.

Bewertungen sind ein besonders **sensibler Bereich**, denn die fachliche und persönliche Beurteilung einer Person kann, wenn sie positiv ausfällt, Leistungssteigerung und Arbeitsfreude bewirken. Fällt sie dagegen negativ aus, kann sie demotivieren oder sogar zu „innerer Kündigung" führen.

Umso wichtiger ist es, dass Leistungsbewertungen, wie auch immer sie im Einzelnen aussehen, möglichst nachvollziehbar und gerecht sind. Ganz objektiv ist die Einschätzung einer Leistung in der Realität jedoch selten. Sie hängt stark auch vom sogenannten **subjektiven Faktor** ab, also davon, wer zu beurteilen hat, wie seine Einstellungen sind und welche Interessen er verfolgt.

Kein Wunder, dass Schüler mit der Bewertung ihrer Leistung nicht immer zufrieden sind. Dennoch können Leistungsbewertungen durchaus **hilfreich** sein:

- Bewertungen machen die eigenen Stärken und Schwächen deutlich.
- Sie helfen so dabei, ein realistisches Selbstbild aufzubauen.
- Außerdem gewöhnen sie an Leistungsvergleiche.

8.2 Leistungsbewertung in der Schule

Beispiel Am Ende des ersten Halbjahres gibt es in der FOS Zeugnisse. Wie die Noten in Mathe, Deutsch, Englisch und Politik zustande kommen, ist Melanie Klein ziemlich klar. Aber bei den Themen- und Aufgabenfeldern (TAF) des Schwerpunktfaches und des Wahlpflichtbereichs fällt es ihr schon schwerer, zu verstehen, welche Noten mit welcher Gewichtung im Zeugnis berücksichtigt werden. Ihr Lehrer hat ihr das zwar erklärt, aber so ganz verstanden hat sie es nicht ...

8.2.1 Notenfindung

Die Grundlagen für die Leistungsbeurteilung in Hessen sind im Hessischen Schulgesetz (HSchG) festgelegt:

> **§ 73 Abs. 2 HSchG Bewertung der Leistungen und des Arbeits- und Sozialverhaltens**
> Grundlage der Leistungsbeurteilung sind die mündlichen, schriftlichen, praktischen und sonstigen Leistungen, die die Schülerin oder der Schüler im Zusammenhang mit dem Unterricht erbracht hat. (...)

§ 73 Abs. 2 HSchG

Der Gesetzgeber bleibt mit dieser Formulierung sehr unbestimmt, deshalb wird sie durch gesetzliche Verordnungen und Beschlüsse der Schulen ergänzt und konkretisiert. Eine der wichtigsten Verordnungen ist § 26 der **Verordnung zur Gestaltung des Schulverhältnisses**:

> „Leistungsfeststellung und -bewertung beziehen sich auf die gesamte Lernentwicklung der Schülerin oder des Schülers [...] und umfassen sowohl die fachlichen Fähigkeiten, Kenntnisse und Fertigkeiten sowie die Leistungsbereitschaft, als auch Aussagen über das Verhalten der Schülerin oder des Schülers, wie es sich im Schulleben darstellt."

§ 26 Satz 3 VO zur Gestaltung des Schulverhältnisses

Das heißt, dass nicht nur beurteilt wird, inwieweit es dem Schüler gelungen ist, die fachlichen Fähigkeiten, Kenntnisse und Fertigkeiten zu erwerben. Auch der Verlauf der **Lernentwicklung** ist bei der abschließenden Leistungsbewertung zu berücksichtigen. Dies soll der Schülerin oder dem Schüler eine ermutigende Perspektive für ihre oder seine weitere Entwicklung eröffnen. Soziales Engagement in der Schule fließt ebenso in die Note ein.

In die Notenfindung fließt auch die Lernentwicklung mit ein.

Die schriftlichen Leistungsnachweise machen etwa die Hälfte der Gesamtnote aus; sie wird jedoch nicht rein schematisch errechnet, sondern der Lehrer hat **Bewertungsspielräume**. Vor den Zeugniskonferenzen sollen die Noten von den Lehrkräften dem jeweiligen Schüler gegenüber begründet werden.

Notenfindung sollte immer begründet werden.

8.2.2 Gewichtung der Leistungen im Schwerpunktfach

Bei den Themen- und Aufgabenfeldern des beruflichen Bereichs werden am Ende des Schuljahres alle Einzelnoten zu einer Gesamtnote zusammengefasst. Die **Gewichtung** richtet sich nach dem Stundenumfang des Lehrplans.

Themen- und Aufgaben- felder (TAF)	TAF 11.1 Orientierung in Schule und Betrieb	TAF 11.2 Bereitstellung und Verkauf von Produkten und Dienstleistungen	TAF 11.3 Erfassen von Geschäfts- prozessen	TAF 11. 4 Beziehungen zwischen eige- nem Handeln und gesamtwirt- schaftlichen Grundzusam- menhängen	Gesamtnote beruflicher Bereich
Stundenumfang = Gewichtung	40 Std. = 1	40 Std. = 1	40 Std. = 1	40 Std. = 1	160 Std. = 4
Zeugnisnoten des I. Ausbil- dungsabschnitts (Beispiele)	2	3	2	4	3
Berechnung	2 · 1 = 2	3 · 1 = 3	2 · 1 = 2	4 · 1 = 4	11 : 4 = 2,75

8.3 Leistungsbewertung im Praktikumsbetrieb

Beispiel Melanie Klein arbeitet zurzeit im Beschaffungswesen. Nächste Woche hat sie einen Termin mit ihrer Betreuerin Frau Nemitz-Müller, um ihren Beurteilungsbogen durchzusprechen. Ein solches Gespräch findet in der Fly Bike Werke GmbH vor jedem Wechsel in eine andere Abteilung statt.

Die Praktikumsbetriebe können relativ frei wählen, welche **Kriterien** sie zur Beurteilung von Praktikanten heranziehen.

Formen der Leistungsbewertung im Betrieb

Für die Form der Beurteilung kommen infrage:
- Eine **persönliche Einschätzung** durch die Betreuungsperson. Sie besteht häufig nur aus Aktennotizen, die in ein Zeugnis münden können.
- Eine einfache **Bescheinigung** über ein erfolgreich absolviertes Praktikum, eventuell mit einer kurzen Beschreibung der Tätigkeitsfelder.

Beurteilungsbogen, vgl. 8.3.1

- Sehr ausdifferenzierte **Beurteilungsbögen**, mit denen verschiedene Kriterien bewertet werden.

Auf welche Form die Wahl fällt, hängt von verschiedenen Faktoren wie z. B. der Größe des Betriebes ab. Häufig stellen die Schulen auch Formulare für die Beurteilung zur Verfügung, die die Betriebe dann verwenden sollten.

Bitte bedenken Sie: Je besser der **Eindruck** ist, den Sie im Praktikumsbetrieb hinterlassen, desto größer ist die Chance, dort später einen Ausbildungsplatz oder einen Ferienjob zu bekommen. **Nur ein erfolgreich absolviertes Praktikum führt dazu, dass Sie in den zweiten Ausbildungsabschnitt (Klasse 12) versetzt werden.**

8.3.1 Beispiel eines betrieblichen Bewertungsbogens

Der folgende beispielhafte Bewertungsbogen zeigt, auf welche Kenntnisse und Fähigkeiten Praktikumsbetriebe Wert legen:

Beurteilung der Lernergebnisse	
Fachliche Qualifikation Verfügen über die für den Ausbildungsabschnitt geforderten Kenntnisse	Verfügt über besonders umfangreiche Fachkenntnisse und erkennt sicher Zusammenhänge.
	Verfügt über umfangreiche Fachkenntnisse. Kann Zusammenhänge herstellen.
	Besitzt die erforderlichen Fachkenntnisse, um die übertragenen Arbeiten zufriedenstellend ausführen zu können.
	Die erforderlichen Fachkenntnisse sind nicht immer vorhanden. Fehlendes Wissen erschwert den Arbeits- und damit auch den Ausbildungsablauf.
	Verfügt kaum über die erforderlichen Fachkenntnisse. Ist häufig auf Erklärungen, Hilfen und Ratschläge angewiesen.
Beurteilung ausbildungs- und berufsrelevanter Verhaltensweisen	
Selbstständigkeit Sicherheit und Schnelligkeit beim Erfassen von Lerninhalten und -situationen, im Begreifen von Zusammenhängen	Auch schwierige Sachverhalte werden schnell begriffen, Zusammenhänge klar erkannt, Einzeldaten gewichtet und zugeordnet.
	Schnelle Auffassung. Der Kern einer Sache wird rasch begriffen. Ist in der Lage, Wesentliches vom Unwesentlichen zu unterscheiden.
	Inhalt und Bedeutung eines Sachverhalts werden erfasst. Das Begriffene wird sachlich richtig eingeordnet.
	Anleitungen bzw. wiederholte Erklärungen sind notwendig, damit Lerninhalte und -situationen verstanden werden.
	Lerninhalte und -situationen werden selbst nach eingehender, wiederholter Erklärung nur unvollkommen verstanden.
Leistungsbereitschaft Interesse an der Aufgabe und Initiative, Gelerntes und eigene Fähigkeiten in der Praxis einzusetzen	Zeigt außergewöhnliches Interesse. Besonders ausgeprägte Initiative. Scheut auch vor schwierigen Aufgaben nicht zurück. Sehr zielstrebig.
	Zeigt Interesse und Initiative. Beteiligt sich an der Lösung auch schwieriger Aufgaben.
	Ist interessiert und aufgeschlossen. Setzt Fähigkeiten effektiv ein. Braucht nur selten Anregungen bei schwierigen Aufgaben.
	Zeigt nicht immer Interesse und Initiative. Bedarf der Anregungen.
	Zeigt kaum Interesse und Initiative. Meidet schwierige Aufgaben. Bedarf ständiger Anregungen.
Kooperations- und Teamfähigkeit Verhalten im Kontakt mit Kollegen und Vorgesetzten. Fähigkeit zur Zusammenarbeit, Hilfsbereitschaft und Unterstützung anderer	Zeigt besonderes Einfühlungsvermögen im Umgang mit anderen. Gute Zusammenarbeit und Hilfsbereitschaft.
	Hat gutes Einfühlungsvermögen im Umgang mit anderen. Ist hilfsbereit und fähig zu guter Zusammenarbeit.
	Zeigt in der Regel Einfühlungsvermögen im Umgang mit anderen. Hat den Wil-

Pünktlichkeit, Höflichkeit sowie ein dem Betrieb angemessenes Äußeres werden im vorgestellten Bewertungsbogen nicht extra erwähnt, denn sie werden in jedem Betrieb vorausgesetzt.

8.3.2 Das Arbeitszeugnis

Ein Praktikumszeugnis sollte einem knappen qualifizierten Zeugnis entsprechen. Ein solches Zeugnis macht sich gut in Ihren Bewerbungsunterlagen. Bewahren Sie es sorgfältig auf und legen Sie es künftigen Bewerbungen bei.

Wie alle Arbeitnehmer haben auch Praktikanten mit dem Ende des Praktikums Anspruch auf ein Arbeitszeugnis, in Ihrem Fall das **Praktikumszeugnis**. Man unterscheidet dabei zwischen dem einfachen und dem qualifizierten Zeugnis:

- **Einfaches Zeugnis:** Es muss Angaben enthalten über Art, Dauer und Ziel des Praktikums sowie über die erworbenen Fertigkeiten und Kenntnisse des Praktikanten.
- **Qualifiziertes Zeugnis:** Wird das einfache Zeugnis um Angaben über Führung, Leistung und besondere fachliche Fähigkeiten ergänzt (siehe folgende Tabelle), spricht man von einem qualifizierten Zeugnis. Es ist üblich, das Gesamturteil auch in eine Schlussbemerkung einfließen zu lassen.

Leistungsteil (Beurteilung der Leistung und des Erfolges)	Führungsteil (Beurteilung des Sozialverhaltens)	Schlussbemerkung
– Lern- und Arbeitsbereitschaft – Lern- und Arbeitsbefähigung – Fertigkeiten und Kenntnisse – Lern- und Arbeitsweise – Lern- und Arbeitserfolg – besondere fachliche Fähigkeiten – zusammenfassendes Urteil	– Verhalten gegenüber Vorgesetzten und Mitarbeitern – Verhalten gegenüber Kunden – sonstiges Verhalten/Ergänzungen	– Dank für die geleistete Arbeit – Bedauern über den Weggang – Wünsche für die Zukunft

Lesen Sie Ihr Zeugnis sorgfältig. Entspricht es nicht Ihren Erwartungen, sollten Sie ein Gespräch mit Ihrem Vorgesetzten suchen.

Alle Angaben im Arbeitszeugnis müssen der Wahrheit entsprechen. Dabei ist der Arbeitgeber aber auch zu „verständigem Wohlwollen" verpflichtet; das Arbeitszeugnis darf nichts enthalten, was die berufliche Zukunft erschwert. Dies hat in der Praxis zu speziellen Formulierungen in Arbeitszeugnissen geführt, den sogenannten **Bewertungs-Codes**. Die enthaltenen Zensuren sind nicht immer auf den ersten Blick zu erkennen, ihre Abstufung entspricht aber der standardisierten Notenskala:

Bewertungs-Codes in Arbeitszeugnissen	
„Die Praktikantin hat unseren Erwartungen in jeder Hinsicht und in besonderer Weise entsprochen." „Ihre Leistungen haben unsere besondere Anerkennung gefunden." „Mit den Arbeitsergebnissen waren wir stets und in jeder Hinsicht vollauf zufrieden."	Sehr gut
„Mit den Arbeitsergebnissen der Praktikantin waren wir stets zufrieden."	Gut
„Die Praktikantin hat unseren Erwartungen voll entsprochen."	Befriedigend
„Die Praktikantin hat unseren Erwartungen entsprochen."	Ausreichend
„Die Praktikantin hat im Großen und Ganzen unsere Erwartungen erfüllt."	Mangelhaft

Übersicht: Leistungsbewertung in Schule und Betrieb

Leistungsbewertung hängt immer ab von den zugrunde gelegten Kriterien, deren Gewichtung, dem Vergleichsmaßstab und dem subjektiven Faktor.

In der Schule wird Leistung in Form von Zeugnissen bewertet.

Im Betrieb wird Leistung häufig in Form von standardisierten Bewertungsbögen oder Arbeitszeugnissen bewertet.

9 Reflexion von Praktikumserfahrungen

> **Beispiel** Melanie Klein und Deniz Özal haben ihr Praktikum fast beendet. Für die Schule sollen sie nun einen Bericht schreiben, in dem sie ihre Erlebnisse während dieses Jahres reflektieren. Beiden hat das Praktikum in der Fly Bike Werke GmbH überwiegend gefallen. In die Textverarbeitung und in den Umgang mit Tabellen sind beide nun eingearbeitet. Auch das weitgehend selbstständige Arbeiten in der Finanzbuchhaltung haben sie gut gemeistert. Alles in allem sind sie stolz auf sich. Aber was gehört nun in eine solche Reflexion?

Mit Reflexion ist das **Nachdenken über eine vergangene Situation** gemeint. Man nimmt sich die Zeit, die Situation noch einmal von allen Seiten zu beleuchten, um sie besser zu verstehen und aus ihr zu lernen.

9.1 Ziele und Methoden der Reflexion

Reflexion hat immer auch zum Ziel, sein zukünftiges Verhalten an den gewonnenen Erkenntnissen zu orientieren. Ziele der Reflexion Ihrer Praktikumserfahrungen können im Einzelnen sein:

- **Erkenntnisse sichern:** Die Reflexion des erworbenen fachlichen Wissens hilft dabei, das Gelernte besser im Gedächtnis zu behalten.
- **Sich der eigenen Gefühle bewusst werden:** Damit kann man sich besser kennen lernen und das eigene Handeln in Zukunft besser steuern.
- **Handlungsmöglichkeiten erweitern:** Aus der Beobachtung, welches Verhalten eher zu einem Erfolg geführt hat und welches eher hinderlich war, können Sie Schlüsse für Ihr zukünftiges Handeln ziehen.
- **Selbstwertgefühl erhöhen:** Die Reflexion kann bewusster machen, dass man sich im Umgang mit Inhalten und Situationen sicherer fühlt als vor dem Praktikum. Die Identifikation mit dem Geleisteten erhöht den Selbstwert.
- **Realistischeres Selbstbild entwickeln:** Auch ein realistischeres Selbstbild kann das Ergebnis einer Reflexion sein. Vor allem dann, wenn Fremdwahrnehmung und Selbstwahrnehmung nicht ganz übereinstimmen.
- **Berufliche Orientierung unterstützen:** Die Reflexion der Praktikumserfahrungen hilft bei der beruflichen Orientierung.

Die folgenden **Reflexionsschritte** können hilfreich sein, wenn konkrete Lösungen oder Strategien für ein Problem gesucht werden:

1. *Description*: Beschreiben Sie detailliert die Situation. (Wo, wer, warum, was?)
2. *Feelings*: Beschreiben Sie die Gefühle, die mit der Situation einhergegangen sind.
3. *Evaluation*: Beurteilen Sie die Situation. (Was war gut, was war schlecht?)
4. *Analysis*: Beobachten Sie die einzelnen Komponenten der Situation und analysieren Sie sie.
5. *Conclusion*: Fragen Sie sich, welche Einflussfaktoren hätten geändert werden können, um das Ergebnis positiv zu beeinflussen.
6. *Action Plan*: Beschreiben Sie konkret, wie in zukünftigen ähnlichen Situationen vorzugehen ist.

Modell des *Reflective Cycle* nach G. Gibbs

Methoden zum Ausdrücken und Verarbeiten des Erlebten

Es gab im letzten Jahr sicher viele Situationen, in denen Sie darüber nachgedacht haben, woran es lag, dass Sie z. B. mit bestimmten Aufgaben nicht so gut zurechtkamen oder dass Ihr Chef Sie so selten gelobt hat und Ihnen so wenig zutraute. Je nach Typ haben Sie diese Probleme eher mit sich alleine ausgemacht oder mit anderen (Freunden, Kollegen, Eltern, Lehrern) besprochen. Manchmal haben die Kommentare und Anregungen anderer Personen geholfen und neue Handlungsmöglichkeiten aufgezeigt. Hilfreich kann auch das Führen eines **Tagebuchs** sein. Darin können Sie Ihre ganz persönlichen Gedanken und Ihre positiven und negativen Gefühle zum Ausdruck bringen und verarbeiten.

9.2 Dokumentieren und Präsentieren der Erfahrungen

Methodentrainer/
Vortrags- und
Präsentationstechniken

Immer wenn Sie das Ergebnis Ihrer Überlegungen für Dritte dokumentieren und präsentieren müssen, sind Sie dazu gezwungen, Ihre Gedanken viel stärker zu systematisieren und zu präzisieren. Zur strukturierten Dokumentation und Präsentation Ihrer Praktikumsergebnisse eignen sich als Hilfsmittel das Portfolio, der abschließende Tätigkeitsbericht und die Präsentation vor Publikum.

Ein **Portfolio** ist eine zielgerichtete und systematische Zusammenstellung aller Bescheinigungen, die Ihre Lern- und Persönlichkeitsentwicklung dokumentieren. Es ist aber ungeeignet für die Verarbeitung von Gefühlen und Misserfolgen, da nur Erfolge festgehalten werden.

Der **abschließende Tätigkeitsbericht** dient dazu, Ihre Zeit im Praktikumsbetrieb am Ende noch einmal zu reflektieren. Das Ergebnis ist ein Baustein der schulischen Leistungsbewertung bzw. der Einschätzung Ihrer Person. Von Ihrer Reflexionsfähigkeit kann eine Note oder die Zusage für einen Ausbildungsplatz abhängen. Die Struktur für einen solchen Bericht könnte so aussehen:

Gliederungspunkte	Leitfragen
Angebote des Betriebes	– Wurden Sie gut eingearbeitet und betreut? – Mit welchen Aufgaben wurden Sie betraut? – Waren die Aufgaben vielfältig und herausfordernd? – Welche Materialien wurden Ihnen zur Verfügung gestellt?
Soziale Struktur im Betrieb	– Wie war die Atmosphäre in Ihrem Betrieb? – Waren Ihre Kollegen hilfsbereit? – Wie verhielten sich Ihre Vorgesetzten? – Waren Zuständigkeiten klar definiert?
Persönliche Faktoren des Praktikanten	– Was fiel Ihnen leicht bzw. was fiel Ihnen schwer? – Wie sind Sie mit Herausforderungen umgegangen? – Wie waren Ihre Gefühle in bestimmten Situationen? – Wurden Ihre Erwartungen erfüllt? – Können Sie sich vorstellen, künftig in einem derartigen Betrieb eine Ausbildung zu machen bzw. zu arbeiten?

Die **Präsentation** Ihrer Erlebnisse vor der Klasse stellt eine ganz andere Art der Herausforderung dar. Die Zuhörer wollen wissen, wie es Ihnen im Vergleich zu ihnen im Praktikum ergangen ist und wie Sie schwierige Situationen gemeistert haben. Ihre Erlebnisse müssen für die Zuhörer ansprechend aufbereitet werden.

Alles klar?

1 Formulieren Sie mindestens fünf Kriterien, die Ihrer Ansicht nach einen qualitativ hochwertigen Praktikumsbetrieb bzw. ein Praktikum dort ausmachen. Diskutieren Sie Ihre Ergebnisse in der Klasse.   Kapitel 1

2 Beschreiben Sie, welche Stellen in einem Referat oder in einer Facharbeit als Zitat gekennzeichnet werden müssen.

3 Erläutern Sie den Unterschied zwischen direkten und indirekten Zitaten.

4 Sammeln Sie in Kleingruppen Formulierungen, die auf indirekte Zitate hinweisen (z. B. „Der Autor meint, ...").

5 Erklären Sie den „Harvard-Beleg". Schreiben Sie einen kurzen Text zu einem Wirtschaftsthema Ihrer Wahl, indem Sie aus einem Buch zitieren. Kennzeichnen Sie die direkten und indirekten Zitate mit dem „Harvard-Beleg".

6 Benennen Sie fünf besondere Schutzrechte für Arbeitnehmer und Praktikanten, die das 18. Lebensjahr noch nicht vollendet haben. Beziehen Sie sich hierbei auf das Jugendarbeitsschutzgesetz (JArbSchG).   Kapitel 2

7 Geben Sie für die nachstehenden Fälle die korrekte Zahl der gesetzlich vorgegebenen Mindesturlaubstage für das Gesamtpraktikum an. Der Rechenweg vom Jahresurlaub bei einer Fünf-Tage-Woche (Schule + Betrieb) zum jeweiligen Gesamtpraktikumsurlaub muss nachvollziehbar sein. Nennen Sie auch das jeweils für die Person passende Gesetz.
  a Lisa / Alter: 15 Jahre / Praktikumstage pro Woche: drei / Praktikumszeit: 12 Monate
  b Hans / Alter: 19 Jahre / Praktikumstage pro Woche: drei / Praktikumszeit: 10 Monate
  c Doris / Alter: 17 Jahre / Praktikumstage pro Woche: drei / Praktikumszeit: 11 Monate

8 Vergleichen Sie die ordentliche mit der außerordentlichen Kündigung. Wann genau können diese ausgesprochen werden und welche Fristen sind hierbei einzuhalten?

9 Was versteht man unter dem Begriff Hierarchie?   Kapitel 3

10 Vergleichen Sie die Begriffe Aufbau- und Ablauforganisation. Nennen Sie Beispiele.

11 Beschreiben Sie die Hauptmerkmale der nachstehenden Formen von Aufbauorganisationen.
  a Einliniensystem
  b Mehrliniensystem
  c Matrixorganisation
  d Spartenorganisation

12 Bei welchen der in Aufgabe 11 genannten Organisationsformen unterstehen die Angestellten mehreren Vorgesetzten? Welche Probleme können hieraus entstehen?

13 Grenzen Sie die Begriffe Produktionsprogramm und Sortiment voneinander ab.

14 Unterscheiden Sie Dienstleistungen von Handelswaren.

Kapitel 4 **15** Warum ergreifen Unternehmen heutzutage derart aufwendige und kostspielige Maßnahmen zum Schutz ihrer Netzwerke und Daten? Welche Vor- und Nachteile entstehen durch diese Schutzmaßnahmen?

16 Recherchieren Sie im Internet, welche Daten Social-Media-Dienste über Sie speichern. Welche Folgen sehen Sie für sich persönlich?

17 Berücksichtigen Sie hier die bei Frage 16 gewonnenen Erkenntnisse:
  a Welchen Stellenwert hat der Schutz Ihrer Daten für Sie?
  b Fühlen Sie sich durch die Weitergabe Ihrer Daten persönlich beeinträchtigt?
  c Wenn ja, sehen Sie Ihre Daten durch die aktuelle Gesetzgebung ausreichend geschützt?

Kapitel 5 **18** Unterscheiden Sie die beiden Organisationsformen der Fachoberschule.

19 Welche schulischen Gremien sind Ihnen bekannt? Welche Funktionen erfüllen sie?

Kapitel 6 **20** Was ist ein Konflikt? Welche Konfliktebenen können betroffen sein?

21 Entwerfen Sie in Partnerarbeit ein eigenes Beispiel für die vier unterschiedlichen Botschaften, die eine Nachricht enthalten kann (Bezug: Vier-Ohren-Modell von Schulz von Thun).

22 Was ist bei der Kommunikation im Konfliktfall zu beachten?

Kapitel 7 **23** Welche Aufgaben erfüllen der Betriebsrat und die Jugend- und Auszubildendenvertretung?

24 Grenzen Sie die Begriffe Mitwirkung, Anhörung und Beratung voneinander ab.

Kapitel 8 **25** Welche Funktionen erfüllt die Leistungsbewertung? Erklären Sie diese.

26 Was sind typische Kriterien, nach denen Ihr Praktikumsbetrieb Sie beurteilen könnte?

27 Welche Probleme können daraus entstehen, dass Arbeits- und Praktikumszeugnisse mit „verständigem Wohlwollen" formuliert werden sollen?

Kapitel 9 **28** Was ist zu beachten, wenn Sie im Rahmen einer Präsentation oder Ihres Abschlussberichts die im Praktikum gemachten Erfahrungen reflektieren und darstellen sollen?

11.2 Bereitstellung und Verkauf von Produkten und Dienstleistungen

AB → Lernsituation 10

1 Beschaffung von Produkten und Dienstleistungen

1.1 Bezugsquellenermittlung

> **Beispiel** Die Fly Bike Werke GmbH bezieht regelmäßig Stahlrohr in unterschiedlichen Maßen und Legierungen für die Fertigung ihrer Fahrradrahmen. Von Zeit zu Zeit will sich die Einkaufsabteilung einen Überblick über die Situation am Markt verschaffen. Frau Nemitz-Müller aus der Abteilung Einkauf ist zuständig für die Disposition. Sie wird damit beauftragt, die bestehenden Konditionen zu überprüfen und mögliche neue Bezugsquellen für Stahlrohre zu ermitteln.

Frau Nemitz-Müller informiert sich zunächst mithilfe der **betriebsinternen** Bezugsquellen über bestehende Lieferanten von Stahlrohren. Aus der Artikeldatei erfährt sie z. B., dass die Stahlrohre für das Modell Trekking Light von der Mannes AG in Bochum bezogen werden. Da ihr die Bezugspreise dort recht hoch erscheinen, beschließt sie, auch bei anderen Lieferanten die Konditionen (Bedingungen) für den Kauf einer größeren Menge an Stahlrohr anzufragen.

Die betriebsintern gewonnenen Informationen ergänzt Frau Nemitz-Müller mit **außerbetrieblichen (betriebsexternen)** Informationen über mögliche Bezugsquellen.

betriebsinterne Informationsquellen	betriebsexterne Informationsquellen
– Artikeldatei – Lieferantendatei – Berichte von Reisenden – Preis-, Einkaufs- und Absatzstatistiken	– Adress- und Branchenbücher (z. B. Gelbe Seiten) – Besuch von Fachmessen – Vertreterbesuche – Berichte und Annoncen in Fachzeitschriften – Online-Recherche: z. B. www.wlw.de (Wer liefert was?), Branchenverzeichnisse und Homepages von Anbietern – usw.

www.wlw.de

Für die Industrie ist es von großer Bedeutung, stets über eine Vielzahl von möglichen Bezugsquellen zu verfügen. Die schnelle Entwicklung in fast allen Branchen der Industrie erfordert eine konsequente Nutzung aller grundsätzlich vorhandenen Bezugsmöglichkeiten. So können durch die zunehmende Globalisierung und den Abbau von Handelsschranken (z. B. Zöllen) Lieferanten interessant werden, die in der Vergangenheit erst gar nicht in die nähere Auswahl für eine Bestellung gekommen wären. Hierbei können mittlerweile sogar Hersteller aus anderen Teilen der Welt in Betracht kommen. Auch der unvorhergesehene Ausfall eines Lieferanten kann durch das Vorhandensein von Alternativen im Bereich der Bezugsquellen besser aufgefangen werden.

1.1.1 Interne Informationsquellen

Ein Industrieunternehmen agiert in einer sich ständig verändernden Umwelt, wobei vielfältige Beziehungen zu Kunden, Lieferanten und anderen Gruppen aufgebaut und gepflegt werden müssen. Kunden entwickeln neue Bedürfnisse, neue Produkte erscheinen auf dem Markt, geeignete Lieferanten müssen gefunden und Neukunden überprüft werden, um nur einige Aufgaben zu nennen, mit denen sich das Industrieunternehmen auseinandersetzen muss. Um am Markt erfolgreich auftreten zu können, ist es deshalb notwendig, ständig Informationen über Absatz- und Beschaffungsmärkte, Mitbewerber und die gesamtwirtschaftliche Lage zu sammeln, zu aktualisieren und auszuwerten. Hierzu stehen verschiedene Quellen zur Verfügung.

Interne Informationsquellen greifen auf Informationen zurück, die bereits im eigenen Unternehmen existieren. Hierzu gehören z. B. Lieferanten-, Artikel- und Kundendatei.

Lieferantendatei

Lieferantendateien geben Auskunft über den bestehenden Lieferantenstamm. Neben Anschrift, Telefonnummer und Ansprechpartner kann man dieser Datei auch einen Überblick über das Sortiment sowie die Liefer- und Zahlungsbedingungen der Lieferanten entnehmen. Besonderer Vorteil von Lieferantendateien ist die Möglichkeit, Bemerkungen über die Zuverlässigkeit des entsprechenden Lieferanten festzuhalten.

Artikeldatei

In der Artikeldatei findet sich das gesamte Sortiment des Industrieunternehmens, üblicherweise unterteilt nach Warengruppen. Die Artikeldatei gibt Auskunft über Lieferanten, Bestellnummer, Listeneinkaufspreis und Listenverkaufspreis des jeweiligen Artikels.

Lieferantendatei eines Warenhauses

Kundendatei

Neben allgemeinen Angaben wie Anschrift, Telefonnummer und Ansprechpartner bieten Kundendateien einen Überblick über Umsätze, bevorzugtes Sortiment und Zahlungsmoral vorhandener Kunden. Diese Informationen sind wichtige Entscheidungshilfen z. B. für die Frage, ob und in welcher Höhe Rabatte eingeräumt und welche Zahlungsbedingungen gewährt werden. Außerdem können Kunden gezielt auf neue Sortimente und Sonderangebote hingewiesen werden.

1.1.2 Externe Informationsquellen

CeBit Hannover (15.03.2016). Die CeBit in Hannover oder die Buchmessen in Frankfurt/Main und Leipzig gehören zu den bekanntesten Messen, die auch der Öffentlichkeit zugänglich sind.

Nicht alle notwendigen Informationen lassen sich mithilfe der internen Informationsquellen ermitteln. Um Informationen über Konkurrenten oder die Entwicklung des Marktes zu erhalten, ist es notwendig, Informationsquellen außerhalb des eigenen Unternehmens in Anspruch zu nehmen. Auch hierzu stehen verschiedene Quellen zur Verfügung.

Informationen über den Markt und die Konkurrenz

Viele Informationen kann man in Katalogen und Prospekten anderer Unternehmen finden. Diese geben sowohl einen Überblick über deren Sortiment als auch über deren Preispolitik. In diesem Zusammenhang nehmen Fachmessen und Ausstellungen eine herausgehobene Stellung ein.

Informationen über ein einzelnes Unternehmen

Handelsregister, vgl. **TAF 12.4**, **1.4.5**

Benötigt man spezifische Informationen über ein anderes Unternehmen, so kann man sich neben den oben genannten Quellen einen grundsätzlichen Überblick durch einen Auszug des Handelsregisters verschaffen, das von dem Amtsgericht am Geschäftssitz des entsprechenden Unternehmens geführt wird. Das Handelsregister ist für alle öffentlich zugänglich und informiert z. B. über Geschäftssitz, Geschäftsgegenstand, Inhaber und Geschäftsführung. Werden weitergehende Informationen benötigt, so kann eine Auskunftei beauftragt werden, die entgeltlich Informationen z. B. über Verschuldung, Liquidität, Zahlungsverhalten und Ruf eines Unternehmens zur Verfügung stellt. Viele Unternehmen weisen die Qualität ihrer Produkte und Dienstleistungen mittlerweile über eine **Zertifizierung** nach der DIN EN 9000 ff. nach. Sie wird z. B. durch den TÜV oder die DEKRA vorgenommen. Dies erleichtert die Auswahl neuer Lieferanten, da eine gewisse Qualität bereits nachgewiesen wurde.

abconline.de
www.gelbeseiten.de

Zertifizierung
(lat.) certe = sicher, gewiss; facere = schaffen, machen; Verfahren, mit dem nachgewiesen wird, dass bestimmte Anforderungen erfüllt wurden

Allgemeine Informationen

Eine wichtige Quelle für Informationen jeder Art ist das Internet. Es bietet über Suchmaschinen eine Vielzahl von Informationen, setzt jedoch voraus, dass die Suche durch genaue und treffende Suchbegriffe eingegrenzt wird, da ansonsten eine unüberschaubare Menge an Informationen geliefert wird.

Branchenbücher wie das „ABC der deutschen Wirtschaft" und die „Gelben Seiten" bieten einen Überblick über Unternehmen in unterschiedlichen Wirtschaftszweigen. Auch aus Fachzeitschriften können Adressen und Tätigkeitsfelder anderer Unternehmen entnommen werden. Weitere Informationsquellen sind Berichte von Kreditinstituten, statistische Berichte und Jahrbücher. Behörden wie das Statistische Bundesamt, Wirtschaftsinstitute und Verbände, Industrie- und Handelskammern stellen ebenfalls Informationen zur Verfügung.

1.2 Anfrage

Bei der Anbahnung eines Kaufvertrages verfolgt man mit einer Anfrage das Ziel festzustellen, ob und zu welchen Bedingungen mögliche Lieferer die Waren, die beschafft werden sollen, in ihrem Programm führen. Durch Anfragen bei verschiedenen möglichen Lieferern soll die geeignetste Bezugsquelle ermittelt werden. Anfragen sind **rechtlich unverbindlich**, d. h. aus einer Anfrage ergibt sich keine Verpflichtung zum Kauf.

Fly Bike Werke GmbH

FBW GmbH • Rostocker Str. 334 • 26121 Oldenburg

Stahlwerke Tissen AG
Karl-Kleppe-Str. 19
40474 Düsseldorf

Ihr Zeichen, Ihre Nachricht vom	Unser Zeichen, unsere Nachricht vom	Telefon, Name	Datum
	nem	04418 85-77 Frau Nemitz-Müller	27.05.20XX

Anfrage nach Stahlrohr, 34 mm x 2 mm
Rundrohr, CrMoB – Chrom-Molybdän-Legierung

Sehr geehrte Damen und Herren,

für die Fertigung unserer Fahrradrahmen benötigen wir Stahlrohr der o. a. Spezifikation.

Wir gehen zunächst von einer Bedarfsmenge von 4.000 m aus. Bitte senden Sie uns zeitnah ein Angebot unter Angabe Ihrer Zahlungs- und Lieferungsbedingungen.

Mit freundlichen Grüßen

Fly Bike Werke GmbH

i. A. *Nemitz-Müller*

Nemitz-Müller

Fly Bike Werke GmbH
Rostocker Str. 334
26121 Oldenburg
www.flybike-werke.de
mails@flybike-werke.de

Geschäftsführer
Hans Peters
Tel. 0441 885-0
Fax 0441 885-9211

Bankverbindungen
Oldenburg-Bank
IBAN DE86 2804 0114 0112 3264 44
BIC OLBADEOL261

Handelsregister
HR Oldenburg B 2134
Amtsgericht Oldenburg
Steuer-Nr. 112/8870/0057
USt-Id.-Nr. DE236667691

Anfragen sind **an keine Form gebunden**, d. h., sie können schriftlich, mündlich, telefonisch oder auch per E-Mail abgegeben werden.

Man unterscheidet unbestimmte Anfragen, mit denen man sich über allgemeine Liefermöglichkeiten informieren will, und bestimmte, spezielle Anfragen. Bei **unbestimmten Anfragen** fordert man ohne feste Kaufabsicht Kataloge, Muster, Prospekte, Preislisten oder einen Vertreterbesuch an. **Bestimmte Anfragen** dagegen sind konkreter gehalten und beziehen sich auf bestimmte Waren.

Ein Anfrageschreiben sollte den Grund der Anfrage sowie die Angabe der benötigten Ware mit der gewünschten Qualität und Menge enthalten. Weiterhin sollten die Preise sowie die Zahlungs- und Lieferungsbedingungen angefragt und auf den gewünschten Liefertermin hingewiesen werden.

Arten von Anfragen	
Anfrage	– dient der Ermittlung von Bezugsquellen – ist eine Aufforderung, ein Angebot abzugeben – hat keine rechtliche Bindung – bedarf keiner bestimmten Form
unbestimmte Anfrage	fordert allgemeine Informationen über das Angebot des Adressaten
bestimmte Anfrage	enthält konkrete Angaben für die Erstellung eines Angebots

Geschäftskorrespondenz

DIN-Normen werden vom Deutschen Institut für Normung e.V. herausgegeben.
www.din.de

Die Schreib- und Gestaltungsregeln für Geschäftsbriefe sind in der Norm **DIN 5008** festgelegt. Die DIN 5008 regelt verbindlich, wie ein anerkannter Geschäftsbrief auszusehen hat, in welchen Zeilen also was zu stehen hat. Die DIN 5008 wird in bestimmten Abständen aktualisiert, sodass man sich über etwaige Änderungen auf dem Laufenden halten sollte.

Auf der folgenden Seite finden Sie einen Geschäftsbrief der Fly Bike Werke GmbH nach DIN 5008 (zum Teil vereinfacht dargestellt). Sie finden weiterhin entsprechende Anmerkungen zur Briefgestaltung. Dabei ist zu beachten, dass jede Leerzeile mit einem Punkt markiert ist.

Wenn Sie einen Geschäftsbrief schreiben,
- beachten Sie die Zeilenanzahl der DIN 5008 streng,
- schreiben Sie keinen zu langen Brieftext und
- gliedern Sie Ihren Brieftext übersichtlich durch Absätze.

Die Normen und Publikationen können über den Beuth Verlag (www.beuth.de) bezogen werden.

Falls Sie direkt auf einen eingegangenen Geschäftsbrief antworten, ist es üblich, den zu verfassenden Brief mit einem Dank für das erhaltene Schreiben zu beginnen. Wird der Geschäftsbrief mithilfe eines Textverarbeitungsprogramms erstellt, so ist ein Zeilenabstand von 1 bis 1,5 üblich. Als Schriftart wird in der Regel Times New Roman oder Arial in der Schriftgröße 12 pt verwendet.

Fly Bike Werke GmbH

FBW GmbH • Rostocker Str. 334 • 26121 Oldenburg

•

•

•

Wohnungsbaugesellschaft
Meyer & Meyer GmbH
Parkweg 22
12568 Berlin

•

•

Ihr Zeichen, Ihre Nachricht vom	Unser Zeichen, unsere Nachricht vom		
mm	CS/ef	0441 885-36	15.11.20XX
		Herr Steffes	

•

Kündigung des Mietvertrages

•

•

Sehr geehrter Herr Meyer,

•

hiermit möchte ich im Namen der Fly Bike Werke GmbH die Lagerhalle in der Marxstraße 18 fristgemäß zum 31.12.20XX kündigen.

Nachdem wir unsere Umbaumaßnahmen abgeschlossen haben, benötigen wir das Außenlager in der Marxstraße nicht mehr.

Ich danke Ihnen für die vertrauensvolle Z

•

Mit freundlichen Grüßen

•

Fly Bike Werke GmbH

•

i. A. *C. Steffes*

•

C. Steffes

•

Anlage
Kopie des Mietvertrages

Das Anschriftenfeld besteht aus 9 Zeilen:
1.–3. Zusatz- und Vermerkzone, z. B. Info für die Post, Einschreiben, Werbesendung, Drucksache
4. Empfängerbezeichnung/Anrede, z. B. Firmenbezeichnung oder Frau/Herr
5. Empfänger: Vor- und Nachname, ggf. mit akademischem Grad oder Titel
6. Postfach mit Nummer oder Straße mit Hausnummer
7. Postleitzahl und Bestimmungsort (Postleitzahl wird ohne Leerstelle geschrieben)
8. Bestimmungsland
9. Leerzeile

Die **Bezugszeile** dient der Orientierung des Briefempfängers und des Absenders:
1. Kurzzeichen für Namen werden kleingeschrieben
2. Für das Datum existieren zwei mögliche Schreibweisen
a) Jahr-Monat-Tag, z. B. 2009-07-18
b) Tag. Monat. Jahr, z. B. 18.07.2009

Betreff
Stichwortartige Inhaltsangabe des ganzen Briefes. Sie dient dazu, dem Leser auf den ersten Blick eine Orientierung zu geben. Der Betreff wird ohne Schlusspunkt geschrieben, er kann z. B. durch Fettdruck hervorgehoben werden.

Anrede
Ist der Empfänger bekannt, so wird dieser mit seinem Namen angesprochen. Ansonsten formuliert man allgemein (z. B.: Sehr geehrte Damen und Herren). Nach der Anrede steht ein Komma.

Gruß
Der Geschäftsbrief wird mit einem Gruß abgeschlossen. Üblich ist: „Mit freundlichen Grüßen" oder „Mit freundlichem Gruß". Als distanzierte Grußformel, meist im Rahmen von Mahnungen eingesetzt, gilt die Formulierung „Hochachtungsvoll".

Wiederholung der Firma

Unterschrift
Für die Unterschrift werden in der Regel 3 Zeilen reserviert. Ist der Unterzeichner (wie im Beispiel) nicht Inhaber des Unternehmens, so gibt ein Kürzel vor der Unterschrift die entsprechende Vollmacht des Unterzeichners an.
ppa. (per Prokura) = Prokura
i. V. (in Vertretung) = Handlungsvollmacht
i. A. (im Auftrag) = Einzelvollmacht

maschinenschriftliche Namenswiederholung des Briefverfassers

Anlagenvermerk
Wenn dem Brief eine Unterlage beigefügt ist, wird ein Anlagenvermerk gemacht und die beigefügte Unterlage aufgezählt. Aus Platzgründen kann der Anlagenvermerk auch rechts neben dem Gruß stehen.

Fly Bike Werke GmbH
Rostocker Str. 334
26121 Oldenburg
www.flybike-werke.de
mails@flybike-werke.de

Geschäftsführer
Hans Peters
Tel. 0441 885-0
Fax 0441 885-9211

Bankverbindungen
Oldenburg-Bank
IBAN DE86 2804 0114 0112 3264 44
BIC OLBADEOL261

Handelsregister
HR Oldenburg B 2134
Amtsgericht Oldenburg
Steuer-Nr. 112/8870/0057
USt-Id.-Nr. DE236667691

AB → Lernsituation 11

1.3 Angebot

Beispiel Als Reaktion auf ihre Anfrage erhält die Fly Bike Werke GmbH folgendes Angebot.

Stahlwerke Tissen AG

Tissen AG · Karl-Kleppe-Str. 19 · 40474 Düsseldorf

Fly Bike Werke GmbH
Rostocker Str. 334
26121 Oldenburg

Ihr Zeichen, Ihre Nachricht vom	Unser Zeichen, unsere Nachricht vom	Telefon, Name	Datum
nem/ 27.05.20XX	sgr	02 21 4 58 99 9-17 Herr Greiner	28.05.20XX

Angebot über Rohre in den Maßen 34,00 mm x 2,00 mm
Artikel-Nr. 1034020: Rundrohr CrMoB

Sehr geehrte Damen und Herren,

wir danken für Ihre Anfrage und unterbreiten Ihnen folgendes Angebot:

Unser Listenverkaufspreis für Rohre der o. a. Spezifikation beträgt 4,00 €/m. Ab einer Menge von 2.000 m gewähren wir 15 % Rabatt, da Sie ein langjähriger Kunde sind. Ab einem Auftragswert von 5.000,00 € erfolgt die Lieferung frei Lager. Die Lieferzeit beträgt vier Tage, das Zahlungsziel beträgt acht Tage.

Die Lieferung erfolgt unter Eigentumsvorbehalt; Erfüllungsort und Gerichtsstand ist für beide Vertragspartner der Ort des Lieferers. Im Übrigen gelten die Bestandteile unserer Allgemeinen Geschäftsbedingungen.

Für Rückfragen stehen wir Ihnen jederzeit gerne zur Verfügung.

Mit freundlichen Grüßen

Stahlwerke Tissen AG

i. A. *Stefan Greiner*

Stefan Greiner

Willenserklärung, vgl. 2.2

Ein Angebot ist eine **an eine bestimmte Person gerichtete** Willenserklärung des Verkäufers, unter bestimmten Bedingungen einen Kaufvertrag abzuschließen. Als Grundlage für einen Kaufvertrag sollte daher bereits das Angebot vollständig und eindeutig formuliert sein. Das Angebot ist an keine bestimmte Form gebunden, jedoch ist eine schriftliche Bestätigung bei mündlichen oder fernmündlichen Angeboten zu empfehlen.

Formvorschriften, vgl. 2.3

Bindung an den Antrag, vgl. § 145 BGB

Unter rechtlichen Gesichtspunkten gilt ein Angebot als **Antrag**, an den der Antragende gebunden ist, es sei denn, dass er die Gebundenheit ausgeschlossen hat. Bietet jemand die Ware anders an, als er sie später tatsächlich herausgibt, kann er vom Käufer haftbar gemacht werden.

Zustandekommen eines Kaufvertrages, vgl. 1.6

Die Bindung an ein Angebot kann durch sogenannte **Freizeichnungsklauseln** ganz oder teilweise ausgeschlossen werden. Gänzlich unverbindlich wird ein Angebot z. B. durch den Zusatz „Angebot freibleibend" oder „ohne Gewähr". Mit Zusatz der Klausel „nur solange der Vorrat reicht" ist nur der Preis, nicht aber die Menge verbindlich. Der Hinweis „Preis freibleibend" bindet den Anbieter umgekehrt an die Menge, nicht aber an den Preis seines Angebotes.

Ein unverbindliches Angebot ist kein Antrag.

Der Anbieter kann für die Gültigkeit seines Angebotes eine Frist setzen. Nach Ablauf dieser Frist ist er an das Angebot nicht mehr gebunden.

Bestimmung einer Annahmefrist, vgl. § 148 BGB

Wird einem Kaufinteressenten in dessen **Anwesenheit** ein Angebot unterbreitet, ist es nur für die Dauer des Gesprächs bindend. Anwesenheit bedeutet dabei, dass Kunde und Verkäufer persönlich oder telefonisch miteinander sprechen.

Annahmefrist, vgl. § 147 Abs. 1 BGB

Wird einem Kunden dagegen in dessen **Abwesenheit** ein Angebot unterbreitet, gilt es nur so lange, wie der Empfänger unter gewöhnlichen Umständen braucht, um es auf gleichem Wege zu beantworten. Übliche Fristen sind z. B. für Briefe sieben Tage und für Faxe zwei Tage.

Annahmefrist, vgl. § 147 Abs. 2 BGB

Es besteht somit **keine Bindung** mehr an ein Angebot, wenn

verspätete und Annahme, vgl. § 150 Abs. 1 BGB

- das Angebot nach Ablauf der gesetzten Frist angenommen wurde, da die verspätete Annahme als neuer Antrag gilt,
- das Angebot abgeändert oder erweitert wurde, da dies ebenfalls als neuer Antrag gilt,

abändernde Annahme, vgl. § 150 Abs. 2 BGB

- das Angebot rechtzeitig widerrufen wurde. Dieser Widerruf muss dem Empfänger vor oder spätestens gleichzeitig mit dem Angebot zugehen, um wirksam zu werden.

Keine Angebote im rechtlichen Sinne sind unverlangte Preislisten, Werbeanzeigen, Proben und Schaufensterauslagen; sie richten sich an die Allgemeinheit und gelten nur als Aufforderung zum Kauf. Sie werden auch **Anpreisungen** genannt. Hierbei fordert der Anbietende den potenziellen Kunden auf, seinerseits einen Antrag zu unterbreiten.

Aufforderungen zum Kauf sind keine Angebote.

Arten von Angeboten	
Angebot	– an eine bestimmte Person gerichtete Willenserklärung (Antrag)
	– bedarf keiner bestimmten Form
	– rechtlich bindend (Ausnahmen: Freizeichnungsklausel, Fristsetzung, gesetzliche Annahmefristen)
unverbindliches Angebot	– kein Antrag, keine rechtliche Bindung
	– Aufforderung an den Empfänger, einen Antrag abzugeben

Bei der **Zusendung unbestellter Waren**, die als Angebot anzusehen ist, muss man unterscheiden, ob der Empfänger der Ware ein Kaufmann oder ein Nichtkaufmann ist, da so entweder das BGB oder das HGB Anwendung findet. Für den Adressaten der unbestellten Leistung besteht weder eine Annahme- noch eine Rücksendepflicht für die Ware. Ist der Empfänger der Ware ein Nichtkaufmann, ist sein **Schweigen als Ablehnung** des Angebotes zu interpretieren. Bei einem Kaufmann mit bereits vorhandenen geschäftlichen Kontakten zum Absender gilt **Schweigen als Annahme** des Angebotes. Der Kaufmann muss das Angebot unverzüglich ablehnen und die Ware auf Kosten des Absenders aufbewahren. Die Pflicht, die Ware zurückzusenden, entfällt. In jedem Fall ist bei der Zusendung unbestellter Ware zu prüfen, ob es sich um sittenwidrige Geschäfte handelt.

*BGB Bürgerliches Gesetzbuch,
HGB Handelsgesetzbuch,
vgl. **2.2***

*Schweigen auf ein Angebot,
vgl. § 241a BGB,
vgl. § 362 HGB*

1.4 Inhalte des Angebotes

Vor Vergabe eines größeren Auftrages werden in der Wirtschaft meist mehrere Angebote eingeholt. Dies geschieht, um die Leistungen, Kosten und Bedingungen verschiedener Anbieter zu vergleichen. Hierbei ist einiges zwischen den potenziellen Vertragspartnern zu regeln.

1.4.1 Art, Güte und Beschaffenheit

Die Anbieter liefern Informationen über die **Eigenschaften** ihrer Produkte:

- Die **Art** der Ware ist deren genaue Bezeichnung, ggf. mit Artikelnummer.
- Die **Güte** beschreibt die angebotene Qualität.
- Die **Beschaffenheit** hingegen erhält man durch Prüfung des wahren Zustands der gelieferten Produkte durch Messen, Wiegen oder andere Verfahren.

Umweltzeichen (Ökolabel)

 **Beispiel** für Qualitätsbeschreibungen:
- Einteilung von Produkten (z. B. frischem Obst und Gemüse) in Güte- (Handels-) Klassen einheitlicher Qualität
- Prüfsiegel wie TÜV-Siegel oder RAL-Testat für geprüfte Qualität
- Warenkennzeichnung aufgrund gesetzlicher Normen und Verordnungen: DIN, Lebensmittelkennzeichnungs-VO (z. B. Mindesthaltbarkeitsdatum), ISO usw.
- Ökolabel, z. B. Öko-Tex-Standard 100, das auf schadstoffarme Textilien hinweist

Wird gleichartige Massenware angeboten, so spricht man von **Gattungsschulden**. Hier schuldet der Anbieter ein Handelsgut mittlerer Art und Güte, das nur der Klassifizierung entsprechen muss.

 **Beispiel** Ein Beton der Klasse F1 z. B. eignet sich aufgrund seiner Steifigkeit zum Setzen von Randsteinen, fließfähig ist Beton der Klasse F6.

Bei **Stückschulden** hingegen werden spezielle Waren geschuldet.

Beispiel Ein ganz bestimmtes Gemälde, z. B. das berühmte Selbstportrait des Malers van Gogh, nachdem er sich ein Ohr abgeschnitten hatte, ist ein Stückgut.

1.4.2 Lieferbedingungen

Wenn keine speziellen Lieferbedingungen in den **AGB** oder im Kaufvertrag vermerkt werden, gelten die gesetzlichen Regelungen:

- **Transportkosten:** Waren sind nach der gesetzlichen Regelung **Holschulden**; dies bedeutet, dass der Kunde sie eigentlich auf eigene Kosten abholen müsste. In der Praxis wird er oft Paketdienste, Speditionen oder andere Dienstleister, z. B. die Deutsche Bahn, mit der Abholung beim Verkäufer beauftragen; die hierfür anfallenden Kosten muss er selbst tragen.

- Auch die Kosten für das notwendige **Transportverpackungsmaterial** trägt nach den gesetzlichen Regelungen der Käufer.

- Die Kosten für die **Lagerung** bis zur vereinbarten Abholung sowie für das **Abmessen** und **Verpacken** (nicht aber das Verpackungsmaterial) trägt der Verkäufer.

Natürlich kann die Aufteilung von Lager-, Versand-, Verpackungs-, Versicherungs- und sonstiger Kosten vertraglich frei vereinbart werden.

Die folgende Tabelle zeigt häufige Klauseln zu den Beförderungskosten:

Vertragsklausel	Wirkung
ab Werk	Kunde trägt komplette Transport- und Nebenkosten.
Rollgeld bis Versandstation	Verkäufer trägt Kosten bis zur ersten Verladestation (z. B. Bahnhof, Hafen usw.) an seinem Ort.
Rollgeld bis Empfangsstation	Verkäufer trägt Kosten bis zur letzten Verladestation (z. B. Bahnhof, Hafen usw.) am Ort des Käufers.
frei Haus	Verkäufer trägt komplette Transport- und Nebenkosten.

Sollte keine konkrete **Lieferzeit** in den AGBs oder im Angebot vermerkt sein, so gilt die gesetzliche Regelung: Die Ware muss dem Kunden sofort bereitgestellt werden. Aber auch die Lieferzeit können Käufer und Verkäufer vertraglich frei vereinbaren; gängige Varianten sind hier die folgenden Vertragsklauseln:

Vertragsklausel	Wirkung
keine	Lieferung muss sofort, d. h. ohne zeitliche Verzögerung, erfolgen.
innerhalb einer bestimmten Frist	Ware kann an beliebigen Zeitpunkt, spätestens aber bei Fristablauf (z. B. bis 04.08.20XX) geliefert werden.
Fixgeschäft	Ware muss genau am vereinbarten Zeitpunkt geliefert werden (z. B. Hochzeitsbuffet am 04.08.20XX um 18.00 Uhr).
Kauf auf Abruf	Kunde lässt Teil- oder Komplettbestellung innerhalb eines vereinbarten Zeitraumes, spätestens aber bis zu dessen Ablauf liefern (üblich bei Großbestellungen, z. B. von Bau- oder Produktionsmaterial).

AGB
Allgemeine Geschäftsbedingungen, vgl. **2.4**

Holschulden
Der Gläubiger (Kunde) muss die Sache beim Schuldner (Lieferanten) abholen, vgl. **2.6**.

§ 448 BGB

§ 448 BGB

§ 271 BGB

Im Zusammenhang mit Lieferbedingungen kann das **Fixgeschäft** (die Lieferung zu einem bestimmten Termin) auch als Termingeschäft bezeichnet werden.

1.4.3 Zahlungsbedingungen und Preisgestaltung

Wenn keine konkreten **Zahlungsbedingungen** in den AGB oder im Angebot vermerkt sind, gilt die gesetzliche Regelung: Die Ware muss sofort bei Übergabe voll bezahlt werden („Zug-um-Zug-Geschäft"). Auch hier können Käufer und Verkäufer andere Regelungen treffen, gängige Varianten sehen Sie in der folgenden Tabelle:

Zahlungsbedingung	Wirkung
Anzahlung/Vorkasse	Ware muss vor Auslieferung ganz oder teilweise bezahlt werden.
Zahlung bei Lieferung (gesetzliche Regelung)	Ware muss sofort bei Übergabe bezahlt werden (z. B. Barzahlung im Markt).
Zahlung auf Ziel	Ware muss innerhalb eines vereinbarten Zeitraumes, spätestens bis zu dessen Ablauf, bezahlt werden (Zahlung bis zum 04.08.20XX).

Je nach Bedeutung des Kunden für einen Lieferanten bzw. dessen Status können unterschiedliche **Preisnachlässe** vertraglich vereinbart werden:

- **Skonto:** Der Kunde erhält einen Nachlass für die frühzeitige Bezahlung der erhaltenen Waren (z. B. Zahlung wahlweise bis zum 15.07.20XX mit 2 % Skonto oder bis zum 04.08.20XX voll). Zahlt der Kunde erst nach Ablauf der ersten Frist (hier 15.07.20XX), aber spätestens zum Ablauf der zweiten Frist (hier 15.08.20XX), so nimmt er einen sog. **Lieferantenkredit** in Anspruch.
- **Bonus:** Hierbei handelt es sich um eine **nachträglich** gewährte Preisermäßigung, z. B. für das Erreichen einer bestimmten Umsatzgrenze bis zum Jahresende.
- **Rabatte** sind Preisnachlässe, die ein Lieferant im Gegensatz zum Bonus seinen Kunden **vor dem Kauf** zusagt; die folgende Tabelle zeigt die wichtigsten Rabattarten:

Lieferantenkredit
Der Lieferant gewährt dem Kunden einen Kredit, indem er ihm einen längeren Zahlungszeitraum als den eigentlich gewünschten einräumt. Dieser Kredit ist aber im Vergleich zu einem kurzfristigen Kontokorrentkredit (Überziehungskredit der Hausbank) in de+r Regel sehr teuer, vgl. **TAF 12.4**, **4.3.2**.

Art	Wirkung
Mengenrabatt	Preisnachlässe nach Absatzmenge gestaffelt
Treuerabatt	Stammkunden erhalten die Waren günstiger (Treuerabatte ähneln dem Bonus).
Saisonalrabatt	Zum Ende beispielsweise einer Jahreszeit werden Warenüberhänge günstiger verkauft (z. B. Sommerschlussverkauf).
Personalrabatt	Mitarbeiter eines Unternehmens erhalten die Waren günstiger.
Sonderrabatte	Bei Firmenjubiläen, Sortimentswechseln oder Schließungen wird Ware vergünstigt abgegeben.

Des Weiteren können im Rahmen einer Geschäftsbeziehung die folgenden Bedingungen geregelt werden (ansonsten gelten die gesetzlichen Bestimmungen):

Erfüllungsort, Erfolgsort, Gefahrenübergang, Gerichtsstand, vgl. **2.6**

Leistungsgefahr
Gefahr, beim Untergang einer Ware erneut liefern zu müssen

- **Erfüllungsort** (Ort der Leistungshandlung)
- **Erfolgsort** (Ort des Leistungseintritts)
- **Gefahrenübergang** (Ort, an dem die **Leistungsgefahr** auf den Kunden übergeht)
- **Gerichtsstand** (wo muss im Falle einer Nicht- bzw. Schlechtleistung eines der Vertragspartner Klage eingereicht werden?)

1.5 Angebotsvergleich

> **Beispiel** Frau Nemitz-Müller hat auf Basis der betriebsintern und -extern gewonnenen Informationen insgesamt vier Unternehmen ermittelt, die als Lieferanten für Stahlrohr infrage kommen. Anschließend hat sie entsprechende Anfragen an diese Unternehmen verschickt. Kurz darauf erhält sie die gewünschten Angebote.

Immer wenn Unternehmen neue bzw. bisher noch nicht gelistete Ware beziehen, sollten sie einen Angebotsvergleich durchführen. Da die Lieferanten eventuell neu oder ihre Konditionen für das Produkt andere als bisher bekannte sind, schaffen sich Unternehmen durch einen Angebotsvergleich die Möglichkeit, das für sie beste Angebot zu ermitteln.

1.5.1 Quantitativer Angebotsvergleich

Beim quantitativen Angebotsvergleich richtet sich die Kaufentscheidung nach **messbaren Größen** wie dem Listeneinkaufspreis der Ware, der Höhe der Preisnachlässe, den Beförderungs- und Verpackungskosten (Bezugskosten).

> **Beispiel** Aus den vorliegenden Angeboten werden Preise und weitere Konditionen für die geplante Bestellmenge entnommen und zum Vergleich tabellarisch gegenübergestellt.

Artikel 1034020	Stahlrohre, Außendurchmesser 34 mm, Wandstärke 2,00 mm für Eigenfertigung			
Lieferanten-Nr.	–	–	60002	60001
Lieferant	Frankenstahl GmbH & Co. KG	Metallwerke GmbH	Mannes AG	Stahlwerke Tissen AG
Listeneinkaufspreis	3,70 €/m	3,90 €/m	3,80 €/m	4,00 €/m
Menge	4.000 m	4.000 m	4.000 m	4.000 m
Lieferantenrabatt	ab 1.000 m 12 %	ab 1.000 m 3 %, ab 2000 m 11 %	ab 1.000 m 5 %, ab 2.000 m 10 %	ab 2.000 m 15 %
Zahlungskonditionen	innerhalb von 10 Tagen 3 % Skonto, Ziel 30 Tage	innerhalb von 14 Tagen 2,5 % Skonto, rein netto 30 Tage	innerhalb von 10 Tagen 3 % Skonto, Ziel 30 Tage	Zahlungsziel 8 Tage, kein Skonto
Bezugskosten	Transportkostenpauschale 1.200,00 €	Transportkostenanteil 5 % vom Zieleinkaufspreis	Anlieferungspauschale 1.000,00 €	ab 5.000,00 € Auftragswert Lieferung frei Lager
Lieferfrist	7 Tage	4 Tage	6 Tage	4 Tage
weitere Kriterien aus den internen Dispositionsunterlagen	keine Erfahrungswerte	keine Erfahrungswerte	hohe Qualität, sehr zuverlässig	hohe Qualität, sehr zuverlässig

Bei einem Angebotsvergleich sind verschiedene vorliegende Angebote nach festgelegten Bewertungskriterien zu vergleichen. Grundsätzlich ist der Bezugspreis als quantitatives Kriterium ein zentraler Entscheidungsfaktor für oder gegen ein Angebot. Hierbei ist eine exakte **Bezugskalkulation** für die benötigte Menge durchzuführen. Mithilfe der Bezugskalkulation werden die verschiedenen Angebote nach einem bestimmten Kalkulationsschema miteinander verglichen.

Lieferant	Frankenstahl GmbH & Co. KG	Metallwerke GmbH	Mannes AG	Stahlwerke Tissen AG
① Listeneinkaufspreis	14.800,00 €	15.600,00 €	15.200,00 €	16.000,00 €
– Lieferantenrabatt	1.776,00 €	1.716,00 €	1.520,00 €	2.400,00 €
② = Zieleinkaufspreis	13.024,00 €	13.884,00 €	13.680,00 €	13.600,00 €
– Lieferantenskonto/ Lieferantenbonus	390,72 €	347,10 €	410,40 €	kein Skonto
③ = Bareinkaufspreis	12.633,28 €	13.536,90 €	13.269,60 €	13.600,00 €
④ + Bezugskosten	1.200,00 €	694,20 €	1.000,00 €	keine Bezugskosten
⑤ = Bezugspreis/ Einstandspreis	13.833,28 €	14.231,10 €	14.269,60 €	13.600,00 €
Lieferzeit	7 Tage	4 Tage	6 Tage	4 Tage

Ergebnis: Der preisgünstigste Anbieter ist die Stahlwerke Tissen AG.

Erläuterungen

① Der Listeneinkaufspreis ist ein Nettobetrag ohne Umsatzsteuer.

② Enthält das Angebot sowohl Rabatt als auch Skonto, wird zunächst der Rabatt vom Listeneinkaufspreis abgezogen, da er vertraglich vereinbart ist. Das Ergebnis ist der Zieleinkaufspreis.

③ Danach wird der Skonto vom Zieleinkaufspreis abgezogen. Das Ergebnis ist der Bareinkaufspreis.

④ Die Bezugskosten werden zum Bareinkaufspreis hinzugerechnet. Dabei ist die Berechnung der Bezugskosten immer abhängig von den Kaufvertragsbedingungen. Bezugskosten können als prozentualer Zuschlag auf den Listeneinkaufspreis oder auf den Zieleinkaufspreis vereinbart werden. Häufig werden Verpackungskosten als Bestandteil der Bezugskosten, aber auch als Pauschalbeträge in Abhängigkeit von der Einkaufsmenge angegeben.

Versandkosten sind häufig nicht nur von der Einkaufsmenge (Volumen, Gewicht), sondern auch von der Transportentfernung abhängig. Grundsätzlich ist zu prüfen, wer diese Kosten übernehmen muss (Lieferbedingungen beachten). Eventuell werden Verpackungskosten und Transportkosten vom Lieferanten übernommen, wenn die Bestellung mengen- oder wertmäßig bestimmte Grenzen überschreitet. Hinsichtlich der Skontoabzugsfähigkeit von in Rechnung gestellten Transport- oder Verpackungskosten sind ebenfalls die Vereinbarungen im Kaufvertrag zu beachten. Meist bezieht sich das **Skonto nur auf den Zieleinkaufspreis**, nicht aber auf die Transportkosten.

⑤ Die Summe aus dem Bareinkaufspreis und den Bezugskosten ergibt den Bezugs- oder Einstandspreis.

1.5.2 Qualitativer Angebotsvergleich

Beispiel Die Fly Bike Werke GmbH erhält ein Angebot von zwei Lieferanten, die sich hinsichtlich des Bezugspreises nur um wenige Euro unterscheiden. Frau Nemitz-Müller überlegt nun: Nach welchen anderen Kriterien neben dem Bezugspreis sollte sie eine Entscheidung für oder gegen eines dieser Angebote treffen?

Das Angebot mit dem günstigsten Bezugspreis muss nicht unbedingt gleichzeitig das beste sein. Wenn z. B. der Lieferant mit dem günstigsten Bezugspreis nur minderwertige oder mangelhafte Qualität liefert, können dem Betrieb hohe Kosten durch Produktionsstockungen und Kundenreklamationen entstehen. Bei einem Angebotsvergleich müssen also neben dem Preis weitere Aspekte berücksichtigt werden.

Qualität des Materials

Ein Produkt ist nur verkäuflich, wenn es den Qualitätsansprüchen der Kunden entspricht. Ist der Kunde von der Qualität des Produktes enttäuscht, bleibt dieses liegen oder wird beanstandet. Außerdem wird das Image eines Unternehmens unter häufigen Reklamationen leiden. Sollte das Material den Qualitätsansprüchen nicht genügen, kann es außerdem passieren, dass die anderen im Produktionsprozess verwendeten Materialien in Mitleidenschaft gezogen werden und im schlimmsten Fall die Produktion gestoppt werden muss.

Umweltverträglichkeit der Ware

Kein Betrieb kann sich heute der Verantwortung für die Umwelt verschließen. Je nach Unternehmensziel und Sortiment erhält die Umweltverträglichkeit der zu beschaffenden Materialien und deren Verpackung eine unterschiedliche Gewichtung.

Lieferbedingungen

Ein Betrieb ist davon abhängig, dass die Produkte pünktlich und mangelfrei geliefert werden. Fehlendes Material kann die Produktion verlangsamen, dies kann zu Lieferungsverzögerungen und Imageschäden und somit zu Kunden- und Umsatzverlusten sowie Gewinneinbußen führen.

Von Interesse bei der Lieferantenauswahl ist auch,
- innerhalb welcher Frist der Lieferant liefern kann,
- welche Mengen vorrätig sind,
- ob Mindestbestellmengen vom Lieferanten vorgegeben werden und
- wie flexibel er auf Sonderwünsche reagiert.

Zahlungsbedingungen

Neben den Preisnachlässen, die im quantitativen Angebotsvergleich berücksichtigt werden, ist der Zahlungszeitpunkt wesentlich für die Kaufentscheidung. Bietet ein Lieferant ein Zahlungsziel an, kann es für den Betrieb vorteilhaft sein, dieses auszunutzen, um seine **Liquidität** zu erhalten.

Serviceleistungen des Lieferanten

Wichtige Entscheidungskriterien sind die **Kulanz** eines Lieferanten in Reklamationsfällen und der Umfang der gewährten Garantieleistungen. Ausschlaggebend können auch Zusatzleistungen des Lieferanten sein, wie z. B. Beratung, Schulungen des Verkaufspersonals, der Einsatz von Werbefilmen, Flyern und anderen Werbemitteln.

Liquidität
Fähigkeit eines Unternehmens, seine Zahlungsverpflichtungen fristgerecht (durch Bargeld oder Bankguthaben) zu erfüllen.

Kulanz
ohne gesetzliche Verpflichtung

Um die qualitativen Aspekte verschiedener Angebote miteinander vergleichen zu können, ist es sinnvoll, eine **Nutzwertanalyse** durchzuführen. Hierbei werden ausgewählte Leistungen der Anbieter mit einem Punktesystem bewertet. Diese Bewertung erfolgt mithilfe einer Entscheidungstabelle. Zur besseren Übersichtlichkeit sollen nur beispielhaft einige Kriterien zum Vergleich herangezogen werden.

Vorgehensweise/Ablauf der Nutzwertanalyse

1. Die ausgewählten Leistungskriterien der verschiedenen Lieferanten wie z.B. Qualität, Lieferfrist und Umweltverträglichkeit haben für jedes Unternehmen unterschiedliche Bedeutung. Die Qualität der Ware wird hier mit dem Gewichtungsfaktor 5 als wichtiger eingestuft als die Lieferfrist (Faktor 3) und die Umweltverträglichkeit, die mit dem Faktor 2 gewichtet wird.
2. Die Leistungen der verschiedenen Lieferanten werden nach einer Punkteskala von 1 bis 9 bewertet. So erhält der Lieferant 1 für die Qualität der Waren 5 Punkte, für die Lieferfrist 7 Punkte und für die Umweltverträglichkeit 4 von jeweils 9 möglichen Punkten.
3. Die Bewertungspunkte werden mit dem Gewichtungsfaktor multipliziert.
4. Das Gesamtergebnis für die einzelnen Lieferanten ergibt sich aus der Addition der gewichteten Bewertungen.
5. Das beste Gesamtergebnis hat der Lieferant mit der höchsten Punktzahl.
6. Allerdings kann es auch Ausschlusskriterien geben, die das Berechnen einer Punktzahl im Einzelfall überflüssig machen. Benötigt ein Unternehmen z.B. binnen der nächsten fünf Tage sein Material, so scheiden alle potenziellen Lieferanten aus, die diese Frist nicht einhalten können, wie günstig sie im Vergleich auch sein mögen.

Kriterien	Gewichtungsfaktor	Leistungen Lieferant 1		Leistungen Lieferant 2		Leistungen Lieferant 3	
		Punkte	Punkte x Faktor	Punkte	Punkte x Faktor	Punkte	Punkte x Faktor
Qualität der Ware	5	5	25	7	35	6	30
Lieferfrist	3	7	21	8	24	5	15
Umweltverträglichkeit	2	4	8	4	8	2	4
Gesamtwert	10		54		67		49

Ergebnis: Das beste Gesamtergebnis unter qualitativen Gesichtspunkten hat der Lieferant 2 mit 67 Punkten.

1.6 Bestellung und Bestellungsannahme

FBW GmbH · Rostocker Str. 334 · 26121 Oldenburg

Stahlwerke Tissen AG
Karl-Kleppe-Str. 19
40474 Düsseldorf

Ihr Zeichen, Ihre Nachricht vom	Unser Zeichen, unsere Nachricht vom	Telefon, Name	Datum
sgr, 28.05.20XX	nem, 27.05.20XX	04 41 88 5-77 Frau Nemitz-Müller	30.05.20XX

Bestellung Nr. 146 über Stahlrohr, 34 mm x 2 mm
Art.-Nr. 1034020: Rundrohr CrMoB

Sehr geehrte Damen und Herren,

wir beziehen uns auf Ihr Angebot vom 28.05.20XX und bestellen:

4.000 m Stahlrohr der o. a. Spezifikation

Ihre Zahlungs- und Lieferungsbedingungen haben wir zur Kenntnis genommen. Auch mit den Bestandteilen Ihrer Allgemeinen Geschäftsbedingungen sind wir einverstanden. Bitte legen Sie Ihrer Lieferung das entsprechende Qualitätszertifikat nach ISO 9001 bei. Wir bitten Sie, die Lieferzeit von vier Tagen einzuhalten, und hoffen auf weiterhin gute Geschäftsbeziehungen.

Mit freundlichen Grüßen

Fly Bike Werke GmbH

i.A. *Nemitz-Müller*

Nemitz-Müller

Mit Abgabe der Bestellung erklärt sich der Käufer bereit, die Waren zu den im Angebot genannten Bedingungen abzunehmen. **Die Bestellung ist rechtlich verbindlich**. Die Bestellung ist an keine Formvorschrift gebunden, wird jedoch zur Vermeidung späterer Schwierigkeiten meistens in schriftlicher Form aufgegeben. Bei eventuell auftretenden Rechtsproblemen dient sie als Beweis für die getroffenen Vereinbarungen. Die Bestellung wird in dem Augenblick wirksam, in dem sie beim Lieferer eintrifft. Soll eine aufgegebene Bestellung widerrufen werden, so muss dieser Widerruf vor bzw. spätestens gleichzeitig mit der Bestellung beim Lieferer eintreffen. Hinsichtlich der rechtlichen Wirkung unterscheidet man zwischen der

Wirksamwerden der Willenserklärung, vgl. § 130 BGB

- **Bestellung als Annahme eines Antrages:** Folgt die Bestellung in allen Punkten einem vorausgegangenen verbindlichen Angebot, so kommt durch die Bestellung ein Kaufvertrag zustande.

Angebot, vgl. 1.3

- **Bestellung als Antrag:** Die Bestellung erfolgt mit abgeänderten Angebotsbedingungen, nach Ablauf der Angebotsfrist, ohne vorheriges Angebot oder auf ein unverbindliches Angebot hin. In diesen Fällen sollte die Bestellung alle üblichen Bestandteile eines Angebotes enthalten. Sie gilt als Antrag des Käufers, der Verkäufer kann sie durch Auftragsbestätigung („ausdrückliche Äußerung") oder Lieferung der bestellten Ware („schlüssiges Handeln") annehmen.

Zustandekommen eines Kaufvertrages

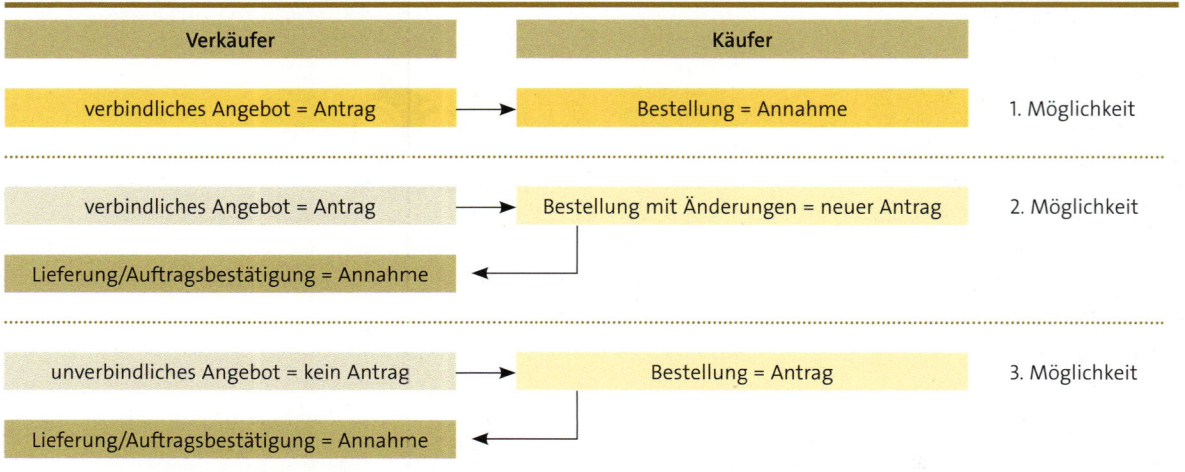

Verkäufer	Käufer	
verbindliches Angebot = Antrag →	Bestellung = Annahme	1. Möglichkeit
verbindliches Angebot = Antrag →	Bestellung mit Änderungen = neuer Antrag	2. Möglichkeit
Lieferung/Auftragsbestätigung = Annahme ←		
unverbindliches Angebot = kein Antrag →	Bestellung = Antrag	3. Möglichkeit
Lieferung/Auftragsbestätigung = Annahme ←		

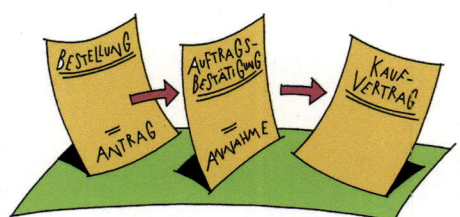

Auftragsbestätigung muss erteilt werden

Auftragsbestätigung sollte erteilt werden

Eine Auftragsbestätigung **braucht nicht** erteilt zu werden, wenn durch die Bestellung ein Angebot unverändert angenommen wurde.

Eine Auftragsbestätigung **sollte** erteilt werden, wenn
- der Lieferzeitpunkt sich verzögert,
- eine mündliche oder telefonische Bestellung wiederholt werden soll, um Missverständnissen vorzubeugen,
- ein Kunde erstmals bestellt,
- die Bestellung sehr umfangreich ist,
- der Kunde ausdrücklich eine Bestätigung wünscht.

In diesen Fällen werden Irrtümer im Vorfeld vermieden.

Eine Auftragsbestätigung **muss** erteilt werden, wenn
- das Angebot abgeändert wurde (§ 150 (2) BGB),
- das Angebot verspätet angenommen wurde (§ 150 (1) BGB),
- das Angebot freibleibend war (§ 145 BGB),
- der Käufer nach einem Widerruf des Angebotes bestellte.

In diesen Fällen waren die Bestellungen nur Anträge.

Die Bestellungen werden in der Verkaufsabteilung mit laufenden Nummern versehen und in der Datei für offene Bestellungen gespeichert. Dies dient der späteren Terminüberwachung.

Bestellung, Auftragsbestätigung, Kaufvertrag	
Bestellung	– Willenserklärung des Käufers – rechtlich bindend (Antrag oder Annahme) – bedarf keiner bestimmten Form
Bestellungsannahme (Auftragsbestätigung)	– Willenserklärung des Verkäufers – bedarf keiner bestimmten Form – nur unter bestimmten Voraussetzungen zwingend
Kaufvertrag	– kommt durch zwei übereinstimmende Willenserklärungen (Antrag und Annahme) zu Stande

2 Der Kaufvertrag und andere Vertragsarten

AB → Lernsituation 12

Beispiel Die Fly Bike Werke GmbH schließt mit ihren Kunden und Lieferanten regelmäßig Kaufverträge. Dabei tritt sie sowohl als Verkäufer als auch als Käufer auf. Im betrieblichen Alltag werden regelmäßig noch eine ganze Reihe anderer Verträge geschlossen. Erst kürzlich hat die Fly Bike Werke GmbH eine neue Sachbearbeiterin im Einkauf eingestellt. Die neue Mitarbeiterin soll bereits in vier Wochen anfangen, allerdings sind die räumlichen Kapazitäten noch begrenzt. Bis zur Umstrukturierung soll sie in einem angemieteten Büro in einer gegenüberliegenden Spedition untergebracht werden.

Bei der Vielfalt der Verträge des Privat- und Wirtschaftslebens ist allen gemeinsam, dass sie durch übereinstimmende Willenserklärungen (Antrag und Annahme) zu Stande kommen. Die Rechte des einen Vertragspartners sind dabei jedes Mal die Pflichten des anderen und umgekehrt.

Übersicht: Wichtige Vertragsarten

Art des Vertrages	Vertragsinhalt	Vertragspartner	gesetzliche Grundlagen
Kaufvertrag	Veräußerung von Sachen oder Rechten gegen Entgelt	Verkäufer – Käufer	§§ 433–480 BGB, §§ 373–382 HGB
Mietvertrag	entgeltliche Überlassung einer Sache oder eines Rechtes	Mieter – Vermieter	§§ 535–580 BGB
Pachtvertrag	entgeltliche Überlassung von Sachen oder Rechten zum Gebrauch und Genuss der Früchte gegen einen vereinbarten Pachtzins	Verpächter – Pächter	§§ 581–597 BGB
Berufsausbildungsvertrag	vergütete Ausbildung für eine Berufstätigkeit	Auszubildender – Ausbildender	Berufsbildungsgesetz; §§ 3 ff. BBiG
Arbeitsvertrag	Leistung von Diensten als Arbeitnehmer gegen Entgelt	Arbeitgeber – Arbeitnehmer	§§ 611–630 BGB, §§ 59 ff. HGB, Arbeitsgesetze
Werkvertrag	Herstellen eines Werkes, Veränderung einer Sache, Herbeiführen eines bestätigten Erfolges gegen vereinbarte Vergütung	Unternehmer – Besteller	§§ 631–651 BGB
Gesellschaftsvertrag	Regelung der Zusammenarbeit von Personen zur gemeinsamen Erfüllung eines gemeinsamen Zwecks	Gesellschafter	§§ 705–740 BGB, § 16 AktG, § 2 GmbHG, § 109 HGB, § 6 GenG
Versicherungsvertrag	Ersatz eines Vermögensschadens (Schadensversicherung) bzw. Zahlung eines vereinbarten Kapitals oder einer Rente nach Eintritt des Versicherungsfalls bei vorheriger Prämienzahlung	Versicherer – Versicherungsnehmer	§ 1 Gesetz über den Versicherungsvertrag
Leasingvertrag	Gebrauchsüberlassung eines Investitionsgutes auf Zeit gegen Entgelt	Leasinggeber – Leasingnehmer	§§ 535 ff. u. a. BGB (keine einheitliche gesetzliche Regelung)

2.1 Geschäftsfähigkeit

Voraussetzung für das Zustandekommen von Verträgen ist die Geschäftsfähigkeit der Vertragspartner. Darunter versteht man die Fähigkeit, Rechtsgeschäfte selbstständig und rechtsgültig abzuschließen durch die Abgabe oder den Empfang einer rechtsgültigen **Willenserklärung**.

Willenserklärung
Äußerung des Geschäftswillens,
vgl. **2.2**

Kinder, Jugendliche und auch bestimmte andere Personengruppen sollen vor den Rechtsfolgen unüberlegt abgeschlossener Geschäfte geschützt werden. Deshalb ist die Geschäftsfähigkeit u. a. von Altersstufen abhängig. Die verschiedenen Stufen der Geschäftsfähigkeit werden in den §§ 104 bis 113 BGB geregelt.

2.1.1 Geschäftsunfähigkeit

Willenserklärungen Geschäftsunfähiger sind nichtig.

> **§ 104 BGB Geschäftsunfähigkeit**
> Geschäftsunfähig ist:
> 1. wer nicht das siebente Lebensjahr vollendet hat,
> 2. wer sich in einem die freie Willensbestimmung ausschließenden Zustand krankhafter Störung der Geistestätigkeit befindet, sofern nicht der Zustand seiner Natur nach ein vorübergehender ist.

Die Willenserklärungen Geschäftsunfähiger sind nach § 105 BGB **nichtig**, d. h. von vornherein ungültig. Ebenfalls nichtig sind Willenserklärungen, die im Zustand der Bewusstlosigkeit o. Ä. abgegeben werden. Für Geschäftsunfähige handelt ausschließlich der gesetzliche Vertreter.

> **Beispiel** Ein fünfjähriger Junge kauft sich ein Spielzeugauto. Auf Verlangen der Mutter muss der Spielwarenhändler das Auto zurücknehmen und das Geld zurückgeben.

Ein Rechtsgeschäft mit einem Geschäftsunfähigen kommt jedoch zu Stande, wenn der Geschäftsunfähige als Bote auftritt und nicht seine eigene, sondern die Willenserklärung eines Geschäftsfähigen überbringt.

> **Beispiel** Die vierjährige Hannah kauft im Auftrag ihrer Mutter Kuchen beim Bäcker.

2.1.2 Beschränkte Geschäftsfähigkeit

§§ 106–109, 111 BGB

Minderjährige zwischen dem 7. und dem vollendeten 18. Lebensjahr sind beschränkt geschäftsfähig. Von beschränkt Geschäftsfähigen abgeschlossene Rechtsgeschäfte erhalten nur dann Gültigkeit, wenn die gesetzlichen Vertreter (das sind in der Regel die Eltern) vorher ihre **Einwilligung** oder nachträglich ihre Genehmigung erteilen. Erfolgt dies nicht, kommt das Rechtsgeschäft nicht zu Stande. Bis zur Genehmigung oder Ablehnung ist das Rechtsgeschäft **schwebend unwirksam**. Schweigt der gesetzliche Vertreter, gilt die **Genehmigung** als nicht erteilt und das Rechtsgeschäft ist von Anfang an nichtig.

Einwilligung
vor dem Rechtsgeschäft

Genehmigung
nach dem Rechtsgeschäft

> **Beispiel** Ein 14-Jähriger kauft sich einen MP3-Player. Wenn die Eltern damit einverstanden sind, kommt der Kaufvertrag damit zu Stande.

In bestimmten **Ausnahmefällen**, die im Gesetz genau festgelegt sind, kann ein beschränkt Geschäftsfähiger wie ein voll Geschäftsfähiger handeln:

Erlangung eines lediglich rechtlichen Vorteils

§ 107 BGB

Erhält z. B. ein achtjähriges Kind zum Geburtstag 50,00 €, bringt ihm das lediglich einen rechtlichen Vorteil. Das Kind darf das Geld daher auch ohne Zustimmung der Eltern behalten. Dagegen beinhaltet das Geschenk eines Haustieres Verpflichtungen, z. B. Kosten für Futter. Hier ist die Einwilligung der Eltern notwendig.

Taschengeldparagraf

§ 110 BGB

Geschäfte, die ein beschränkt Geschäftsfähiger mit seinem Taschengeld begleicht, sind rechtsgültig. Das gilt aber nur für Geschäfte, die sofort beglichen werden, nicht für Ratenkäufe. Über zukünftiges Taschengeld kann nicht verfügt werden.

Selbstständiger Betrieb eines Erwerbsgeschäfts

§ 112 BGB

Ein Minderjähriger betreibt mit Erlaubnis seiner Eltern und mit der Zustimmung des Vormundschaftsgerichts einen Online-Bestellshop für Computerzubehör. Er kann die im Rahmen dieses Betriebes anfallenden Geschäfte (z. B. Warenein- und -verkauf, Anmieten von Lagerräumen) selbst tätigen.

Dienst- oder Arbeitsverhältnis

§ 113 BGB
§ 56 HGB

Ein Jugendlicher kann sich von seinem Gehalt ein Moped kaufen, um seinen Arbeitsplatz besser erreichen zu können. Dies bedeutet jedoch nicht, dass er über sein Gehalt frei verfügen darf. Ein 17-jähriger Auszubildender im Industriebetrieb kann eigenmächtig Waren an einen Kunden verkaufen. Hierbei sind folglich nur die Rechtsgeschäfte abgedeckt, die in direktem Zusammenhang mit dem Dienst- oder Ausbildungsverhältnis stehen; hierzu zählen auch das Einreichen von Urlaub oder die Kündigung.

2.1.3 Volle Geschäftsfähigkeit

Unbeschränkte (volle) Geschäftsfähigkeit besitzen alle **juristischen Personen** (z. B. Kapitalgesellschaften) und alle natürlichen Personen über 18 Jahre, sofern sie nicht unter Betreuung stehen. Mit der vollen Geschäftsfähigkeit erwerben sie die Fähigkeit, sich rechtsgeschäftlich zu verpflichten oder Rechte zu erwerben.

Juristische Personen
in besonderer Form organisierte
Personenvereinigungen

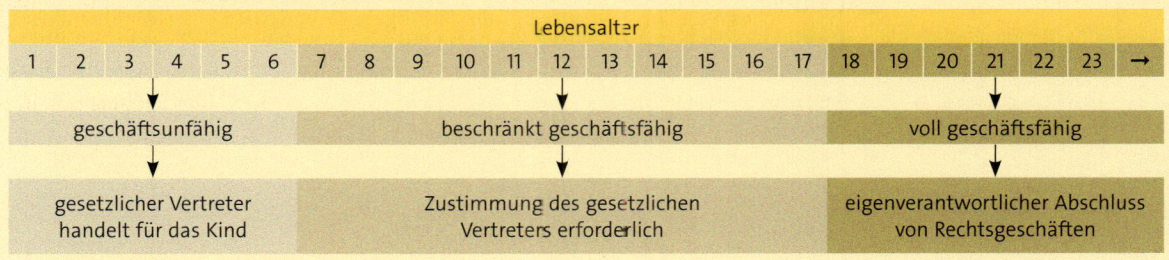

Übersicht: **Geschäftsfähigkeit**

	Lebensalter	
1 2 3 4 5 6	7 8 9 10 11 12 13 14 15 16 17	18 19 20 21 22 23 →
geschäftsunfähig	beschränkt geschäftsfähig	voll geschäftsfähig
gesetzlicher Vertreter handelt für das Kind	Zustimmung des gesetzlichen Vertreters erforderlich	eigenverantwortlicher Abschluss von Rechtsgeschäften

2.2 Zustandekommen von Verträgen

Ein Vertrag ist eine Vereinbarung, durch die sich die beteiligten Personen (Vertragspartner) zum Austausch von Leistung und Gegenleistung verpflichten.

> **Beispiel** So verpflichtet sich die Stahlwerke Tissen AG (Verkäufer), dem Käufer Fly Bike Werke GmbH Stahlrohre zu einem bestimmten Preis zu liefern und das Eigentum daran zu verschaffen, während die Fly Bike Werke GmbH (Käufer) den Preis vollständig und pünktlich zu zahlen und die Stahlrohre abzunehmen hat.

übereinstimmende Willenserklärungen

Verträge sind **mehrseitige Rechtsgeschäfte**, die durch zwei oder mehr miteinander übereinstimmende Willenserklärungen zu Stande kommen. Eine Willenserklärung ist die Äußerung, ein Geschäft rechtskräftig abschließen zu wollen.

Eine Willenserklärung kann mündlich, schriftlich, durch schlüssiges Handeln (z. B. Einsteigen in die U-Bahn) oder stillschweigend (z. B. Verzicht auf termingerechte Kündigung eines Zeitschriftenabonnements) erfolgen.

> **Beispiel** Vertragspartner 1 bietet Vertragspartner 2 die Schließung eines Vertrages an und dieser akzeptiert den Antrag. Mit der Annahme des Antrags kommt der Vertrag zu Stande (§ 151 Satz 1 BGB). Die zeitlich zuerst abgegebene Willenserklärung bezeichnet man als Antrag (in der Wirtschaftssprache häufig als Angebot), die zeitlich später abgegebene Willenserklärung als Annahme.

Zustandekommen von Verträgen

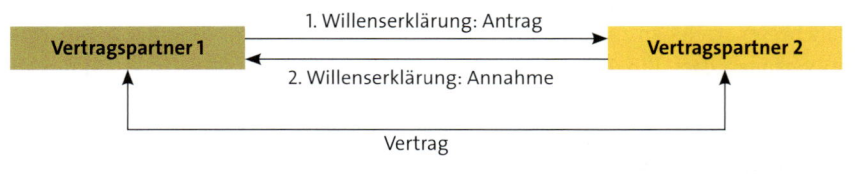

Für das Zustandekommen eines Vertrages sind Fristen zu beachten.

Annahmefristen, vgl. § 147 BGB

- Ein gegenüber **Anwesenden** gemachter Antrag muss sofort angenommen werden.
- Gegenüber **Abwesenden** gemachte Anträge können nur bis zu dem Zeitpunkt angenommen werden, in welchem der Antragende den Eingang der Antwort unter regelmäßigen Umständen erwarten darf.

Angebot, vgl. 1.3

> **Beispiel** Die Verkaufsabteilung der Fly Bike Werke GmbH erstellt ein schriftliches Angebot. Eine Antwort auf das Angebot wird spätestens nach Ablauf der üblichen Postlaufzeiten (ca. vier Tage) erwartet.

Die Vertragschließenden werden, je nachdem in welcher Eigenschaft sie sich gegenübertreten, entweder als Verbraucher oder Kaufmann bezeichnet. **Verbraucher** ist jede natürliche Person, die ein Rechtsgeschäft zu einem Zweck abschließt, der weder ihrer gewerblichen noch ihrer selbstständigen beruflichen Tätigkeit zugerechnet werden kann. **Kaufmann** ist, wer ein Handelsgewerbe betreibt (§ 1 HGB). Kleingewerbetreibende und freie Berufe (z. B. Rechtsanwälte, Ärzte) sind in der Regel keine Kaufleute.

Handeln beide Vertragspartner als Verbraucher, so spricht man von einem bürgerlichen Rechtsgeschäft bzw. bei Kaufverträgen vom **bürgerlicher Kauf**. Hier finden die allgemeinen Vorschriften zum Kaufvertrag (§§ 433 ff BGB) Anwendung.

Ist nur eine Vertragspartei Kaufmann und ist der Vertragsabschluss für sie ein Handelsgeschäft, so liegt üblicherweise ein **einseitiger Handelskauf** vor. Sind dagegen beide Vertragsparteien Kaufleute, besteht ein **zweiseitiger Handelskauf**.

Ist bei einem einseitigen Handelskauf der Käufer ein Verbraucher und handelt es sich bei dem Kaufgegenstand um eine bewegliche Sache, so liegt ein **Verbrauchsgüterkauf** vor. Zum Schutz des Verbrauchers gelten hier verschiedene Besonderheiten, z. B. hinsichtlich seiner Gewährleistungsansprüche.

HGB
Handelsgesetzbuch, enthält Rechtsvorschriften für Kaufleute, vgl. **TAF 12.4**, **1.3.2**

BGB
Bürgerliches Gesetzbuch, enthält Rechtsvorschriften für Privatpersonen

Gewährleistung, vgl. **3.1**

Bürgerlicher Kauf, Handelskauf und Verbrauchsgüterkauf

Käufer ist Verkäufer ist	Verbraucher	Kaufmann
Verbraucher	bürgerlicher Kauf	einseitiger Handelskauf
Kaufmann	einseitiger Handelskauf und Verbrauchsgüterkauf (falls bewegliche Sache)	zweiseitiger Handelskauf

Bürgerlicher Kauf – Einkauf auf dem Flohmarkt

Verbrauchsgüterkauf – Einkaufen im Supermarkt

2.3 Vertragsfreiheit und Formvorschriften

Vertragsfreiheit

nachgiebiges Recht
von den Beteiligten
abänderbares Recht

Da die Vorschriften des BGB und des HGB weitgehend **nachgiebiges Recht** sind, herrscht im Rechtsverkehr in hohem Maße Vertragsfreiheit, d. h., die Vertragspartner können grundsätzlich ihre Verträge nach ihrem Willen gestalten. Der Grundsatz der Vertragsfreiheit beinhaltet die Abschluss-, die Inhalts- und die Formfreiheit.

Kontrahierungszwang
Zwang, einen Vertrag
abzuschließen

Die **Abschlussfreiheit** stellt es jedem frei zu entscheiden, ob und mit wem er einen Vertrag abschließen will. Eine Ausnahme bildet der sogenannte **Kontrahierungszwang**, durch den man z. B. verpflichtet wird, Leistungen der örtlichen Wasserversorgungsunternehmen zu beziehen.

Die **Inhaltsfreiheit** besagt, dass die Parteien den Inhalt der Verträge und die damit verbundenen Verpflichtungen frei aushandeln können, solange sie nicht die Rechtsordnung verletzen, d. h., dass sie weder gegen konkrete Gesetze noch gegen die guten Sitten verstoßen.

Nach dem Grundsatz der **Formfreiheit** sind Willenserklärungen zur Herbeiführung von Rechtsgeschäften im Allgemeinen an keine besondere Form gebunden.

Formvorschriften für Rechtsgeschäfte

Schriftform,
vgl. § 126 BGB

elektronische Form,
vgl. § 126 a BGB

Textform,
vgl. § 126 b BGB

öffentliche Beglaubigung,
vgl. § 129 BGB

notarielle Beurkundung,
vgl. § 128 BGB

Abweichend vom Grundsatz der Formfreiheit wird jedoch für einige Rechtsgeschäfte die Einhaltung einer bestimmten Form gesetzlich vorgeschrieben (Formzwang). Wird die Form – obwohl vom Gesetz verlangt – nicht eingehalten, so ist das Rechtsgeschäft nichtig.

Die Formvorschriften haben verschiedene Funktionen zu erfüllen. Sie dienen dem Schutz der Beteiligten vor übereilten Vertragsabschlüssen; die schriftliche Niederlegung erleichtert im Streitfall die Beweisführung.

Gesetzliche Formvorschriften sind:

Die gesetzliche Schriftform, wobei die Erklärung schriftlich abgefasst und vom Aussteller eigenhändig unterschrieben werden muss. So müssen z. B. Ausbildungsverträge, arbeitsrechtliche Kündigungen, Bürgschaften sowie Abzahlungsgeschäfte (Darlehensverträge) schriftlich festgehalten werden. Privattestamente müssen sogar handschriftlich abgefasst und unterschrieben werden.

Die öffentliche Beglaubigung, bei der die Erklärung ebenfalls schriftlich abgefasst und die eigenhändige Unterschrift von einem Notar oder einer zuständigen Behörde beglaubigt wird. Öffentlich beglaubigt werden müssen z. B. Anmeldungen zum Handelsregister und zum Grundbuch.

Die notarielle Beurkundung, die eine vom Notar abgefasste öffentliche Urkunde darstellt. Die notarielle Beurkundung ist die strengste Form der Festlegung vertraglicher Abmachungen. Hier wird nicht nur die eigenhändige Unterschrift bestätigt, der Notar muss auch sicherstellen, dass der Inhalt des Vertrages den Beteiligten bekannt ist. Notariell beurkundet werden müssen Grundstückskaufverträge (§ 873 BGB), Erbverträge, Schenkungsversprechen und Eheverträge sowie Beschlüsse der Hauptversammlung einer AG.

2.4 Allgemeine Geschäftsbedingungen (AGB)

Um die Abläufe des täglichen Geschäftsverkehrs zu vereinfachen und Zeit zu sparen, erstellen Unternehmen „allgemeine Geschäftsbedingungen" (kurz: AGB). Diese sind vorformulierte Vertragsbedingungen (Klauseln), z. B. zu Leistungsort, Leistungszeit, Eigentumsvorbehalt und Zahlung. Individuelle Absprachen zwischen Käufer und Verkäufer haben aber stets Vorrang vor den Regelungen in den AGB (§ 305 b BGB). Theoretisch könnte der Käufer die AGB ablehnen oder **abändern**, dann stünde es aber wiederum dem Verkäufer frei, den Vertrag nicht abzuschließen.

Um Verbraucher als Käufer besonders zu schützen, ist die Verwendung von AGB beim **Verbrauchsgüterkauf** in folgender Weise eingeschränkt:

Damit das „Kleingedruckte" überhaupt Bestandteil des Vertrags wird, müssen nach § 305 Abs. 2 BGB folgende Bedingungen erfüllt sein:
- Der **Unternehmer** muss auf die AGB hinweisen (z. B. schriftlich auf dem Angebot oder mündlich: „Es gelten unsere AGB.").
- Der Käufer muss die Möglichkeit haben, in zumutbarer Weise die AGB bei Vertragsschluss zur Kenntnis zu nehmen (z. B. Aushang in den Geschäftsräumen in angemessenem Umfang, angemessener Länge und ausreichender Schriftgröße).
- Der Käufer muss mit der Geltung der AGB einverstanden sein. Dazu muss keine ausdrückliche Erklärung erfolgen, es reicht aus, wenn der Käufer nach Hinweis auf die AGB und der Möglichkeit der Kenntnisnahme den Vertrag abschließt.

Klauseln, die „ganz und gar ungewöhnlich" sind (**Überraschungsklauseln**), werden nicht Vertragsbestandteil (§ 305 c Abs. 1 BGB), auch wenn die oben genannten Bedingungen erfüllt sind.

Sollten die AGB Vertragsbestandteil geworden sein, ist zu prüfen, ob einzelne verwendete Klauseln unwirksam sind. § 309 BGB enthält eine Aufzählung mit fünfzehn Klauseln, die bei Verbrauchsgüterkäufen „automatisch" unwirksam sind. Zum Beispiel werden Regelungen in den AGB zu **kurzfristigen Preiserhöhungen** ausgeschlossen.

Ergänzend gilt beim Verbrauchsgüterkauf § 476 BGB, wonach Klauseln, die das Recht des Verbrauchers bei einer **mangelhaften Lieferung** einschränken, unwirksam sind.

Oft wird in den AGB festgelegt, dass das **Gericht** am Sitz des Verkäufers bei Streitigkeiten zuständig ist. Diese Regelung ist z. B. bei zweiseitigen Handelskäufen möglich, bei einem Verbrauchsgüterkauf unwirksam (§ 38 Abs. 1 Zivilprozessordnung). Zuständig ist hier immer das Gericht am Wohnsitz bzw. Geschäftssitz des jeweils Beklagten.

Im Falle des § 308 BGB sieht der Gesetzgeber eine Wertungsmöglichkeit durch ein Gericht vor. Hier muss im Einzelfall entschieden werden, ob der Verbraucher unangemessen benachteiligt wird. So werden z. B. Regelungen in den AGB zu langen Lieferzeiten nicht grundsätzlich ausgeschlossen. Hier muss ein Gericht über die unangemessene Länge der Lieferzeit je nach Kaufgegenstand entscheiden.

Der § 307 Abs. 1 BGB enthält eine **Generalklausel**, wonach jede Klausel überprüft werden kann, ob sie den Käufer unangemessen benachteiligt. Der Gesetzgeber spricht hier von **Treu und Glauben**, den der Unternehmer an den Tag legen sollte.

Bei **zweiseitigen Handelskäufen** wird die AGB-Verwendung dagegen nur durch die Regelung zu den **Überraschungsklauseln** (§ 305 c Abs. 1 BGB; s. o.) und durch die **Generalklausel** (§ 307 Abs. 1 BGB; s. o.) eingeschränkt.

abgeänderte Annahme, vgl. **1.6**

Verbrauchsgüterkauf, vgl. **2.2**

Im Gesetzestext heißt der **Unternehmer** „Verwender".

mangelhafte Lieferung, vgl. **3.1**

Gerichtsstand, vgl. **2.6**

Treu und Glauben: Verhalten eines redlich und anständig handelnden Menschen

zweiseitiger Handelskauf, vgl. **2.2**

AB → Lernsituation 14

2.5 *Verhandeln und verkaufen*

> 🚲 **Beispiel** Die Fly Bike Werke GmbH betreibt einen Messestand auf einer über-
> regionalen Freizeitmesse. Dort stellt sie ihre neuesten Fahrradmodelle vor. Es
> finden erste Verkaufsverhandlungen mit Fachhändlern statt.

Dem erfolgreichen Abschluss eines Kaufvertrages geht zumeist ein Verkaufsgespräch voraus, sei es persönlich oder telefonisch. Bei dieser Form der Kommunikation gibt es einiges zu beachten:

Begrüßung

Die Begrüßung und die Kontaktaufnahme mit dem Kunden sind für den weiteren Verlauf des Verkaufsgesprächs von entscheidender Bedeutung. Nehmen Sie Ihren Kunden zur Kenntnis, d. h., nehmen Sie bewusst Blickkontakt mit ihm auf! Damit signalisieren Sie dem Kunden, dass Sie ihn willkommen heißen und ihn gern beraten. Sprechen Sie ihn mit freundlicher und kräftiger Stimme an.

Bedarfsermittlung

Offene Fragen
("W-Fragen") sind Informations-
fragen: Wer? Wie? Wo? Was?
Wann? Wozu? Warum? Wie
viel? Welche?

Geschlossene Fragen
sind Kontrollfragen.
Vorsicht: Geschlossene Fragen
können das Gespräch abrupt beenden, da der Kunde nichts zu
seinem Kaufwunsch äußern
muss und dem Verkaufsge-
spräch aus dem Weg gehen
kann.

Sollte der Kunde nicht unaufgefordert seinen Wunsch äußern, versuchen Sie seine Wünsche zu ermitteln. Bei der **direkten Bedarfsermittlung** wird der Kunde durch **gezielte Fragen** dazu animiert, sich möglichst genau zu seiner Vorstellung von der Ware zu äußern. Dies hat den Vorteil, dass Sie dann zügig die passende Ware anbieten können. Nutzen Sie zu Beginn des Verkaufsgesprächs die offene Frageform. **Offene Fragen** dienen der Informationsbeschaffung und fordern Ihren Kunden zu einer aus-führlichen Antwort auf. Versuchen Sie, etwas über den Verwendungszweck und das Kaufmotiv Ihres Kunden zu erfahren. Haben Sie den Kaufwunsch Ihres Kunden ein-gegrenzt oder ist von vornherein klar, was Ihr Kunde sucht, dann stellen Sie ihm eher **geschlossene Fragen**. Diese kann der Kunde einfach mit „Ja" oder „Nein" beantwor-ten. Sie lenken seine Gedanken damit in eine bestimmte Richtung und ersparen ihm das manchmal mühevolle Formulieren seiner Vorstellungen.

Bei der **indirekten Bedarfsermittlung** legen Sie Ihrem Kunden ein „Testangebot" vor. Sie konfrontieren ihn also probeweise sehr schnell mit der Ware. Dies setzt vor-aus, dass der Kunde Sie mit einem gezielten Wunsch angesprochen hat.

Verkaufsargumentation

Vier mögliche Schritte einer kundenbezogenen Argumentation:

Warenmerkmal
Eigenschaft der Ware =
warenbezogene Aussage

Schritt 1: Warenmerkmale nennen
Die Argumentationsphase eines Beratungsgesprächs beginnt mit einer Aussage über die **Merkmale** der Ware. Sie beziehen sich z. B. auf das Material, die Zusammenset-zung, die Verarbeitung oder auf technische Eigenschaften.

> 🚲 **Beispiel** Warenmerkmale des Trekkingrades 202 Modell Free: Hochwertiger
> Aluminiumrahmen, 27-Gang-Tamino-Kettenschaltung, 28-Zoll-Continent-Be-
> reifung, einstellbare, weich abgestimmte Federgabel, gefederte Sattelstütze.

Schritt 2: Warenvorteile beschreiben

Ob das Rad eine Federung bietet, ist für den Kunden nur dann von Bedeutung, wenn er weiß, welche **Vorteile** mit diesen Merkmalen verbunden sind. Nennen Sie Warenvorteile, aus denen der Kunde erkennt, welche Verwendungsmöglichkeiten der von Ihnen empfohlene Artikel bietet.

> **Beispiel** Der bequeme Sattel und die gefederte Sattelstütze federn Stöße optimal ab.

Warenvorteil
Begründung, warum ein Warenmerkmal für den Kunden vorteilhaft ist = verwendungsbezogene Aussage

Schritt 3: Kundennutzen ableiten

Es kommt zu einem Kaufabschluss, wenn der Kunde überzeugt ist, dass der vorgelegte Artikel für ihn einen persönlichen **Nutzen** hat. Stellen Sie bei der Argumentation einen konkreten Bezug zwischen den genannten Warenvorteilen und dem Nutzen für den Kunden heraus. Greifen Sie den Kundenwunsch in Ihrer Formulierung wieder auf, damit für den Kunden sichtbar wird, dass Sie sich mit seinen Problemen befasst haben. Sollten Sie dem Kunden ein Produkt anbieten, dessen Hersteller ein besonders gutes Image besitzt, so sollten Sie auch dieses hervorheben, da das für viele Menschen ein starkes Kaufargument darstellt.

Kundennutzen
Verbindung zwischen Warenvorteil und Kundenwunsch herstellen = kundenbezogene Aussage

consumer benefit,
vgl. **TAF 12.1, 3.1**

> **Beispiel** Die gute Federung der Sattelstütze macht sich insbesondere auf längeren Touren auf Waldwegen und Landstraßen bemerkbar. So schonen Sie Ihre Wirbelsäule!

Schritt 4: Behandlung von Kundeneinwänden

Schon aus Erfahrung wissen Verkäufer um mögliche Kundeneinwände. Sie nehmen diese Einwände im Verkaufsgespräch vorweg und signalisieren ihrem Kunden Verständnis und Offenheit. Allein dadurch verliert der Einwand an Bedeutung und der Verkäufer steuert das Gespräch.

Strategien bei der Preisnennung

Solange ein Kunde noch nicht über die Vorzüge einer Ware Bescheid weiß, erscheint ihm der Preis häufig zu hoch. Um den Kunden nicht ohne Informationen zur Ware zu verschrecken, indem man ihm nur den „nackten" Preis nennt, gibt es unterschiedliche Möglichkeiten.

Die Sandwichmethode

Hier wird die Nennung des Preises in die Verkaufsargumentation verpackt. Bevor der Verkäufer einen Preis nennt, erklärt er gezielt die Vorteile und Eigenschaften der Ware, um nach der Preisnennung damit fortzufahren. Der Kunde nimmt also nicht den „nackten" Preis zur Kenntnis, sondern verbindet ihn mit den genannten Warenvorteilen.

Sandwichmethode

Die Vergleichsmethode

Ohne genauere Informationen über die Qualität der Ware ist für Kunden der Preis oftmals nicht einsichtig, sodass es zu Einwänden gegen den aus ihrer Sicht hohen Preis kommen kann. In diesen Fällen ist das Herausstellen der Vorzüge der Ware gegenüber einer preiswerteren Vergleichsware besonders wichtig. Hierdurch gewinnt der Kunde den Eindruck, eine besonders hochwertige Ware vorliegen zu haben.

Vergleichsmethode

2.6 Verpflichtungs- und Erfüllungsgeschäft

Beispiel Durch die bei der Stahlwerke Tissen AG eingegangene Bestellung ist ein Kaufvertrag geschlossen worden, denn ihr Angebot (Antrag) und die Bestellung der Fly Bike Werke GmbH (Annahme) stellen zwei übereinstimmende Willenserklärungen dar. Hierdurch ergeben sich sowohl für die Stahlwerke Tissen AG als auch für ihren Kunden, die Fly Bike Werke GmbH, Verpflichtungen, die zur Erfüllung des Vertrages eingehalten werden müssen.

Bestellung und Bestellungsannahme, vgl. **1.6**

Der Kaufvertrag besteht aus zwei Teilen, dem Verpflichtungs- und dem Erfüllungsgeschäft. Das **Verpflichtungsgeschäft** wird durch die Übereinstimmung der Willenserklärungen von mindestens zwei Parteien begründet. Dadurch übernehmen Verkäufer und Käufer die folgenden Pflichten (§ 433 BGB):

Der Verkäufer verpflichtet sich	Der Käufer verpflichtet sich
– zur Übergabe einer Ware frei von Sach- und Rechtsmängeln, – zur Übertragung des Eigentums, – den vereinbarten Kaufpreis anzunehmen (also beizubehalten).	– zur Zahlung des Kaufpreises, – zur Abnahme der Ware.

Platzkauf
Der Erfüllungsort für Käufer und Verkäufer ist identisch.

Zug um Zug
Käufer und Verkäufer erfüllen ihre Pflichten gleichzeitig, z. B. im Supermarkt.

Die Erfüllung der im Verpflichtungsgeschäft eingegangenen Pflichten erfolgt im **Erfüllungsgeschäft** (z. B. die konkrete Lieferung und anschließende Bezahlung des Kaufgegenstandes). Sehr häufig fallen Verpflichtungs- und Erfüllungsgeschäft zeitlich zusammen wie bei einem **Platzkauf** oder einer Zahlung **Zug um Zug**.

Erfüllungs- und Erfolgsort

Bei Vereinbarungen hinsichtlich des Leistungsortes ist zwischen Erfüllungsort und Erfolgsort zu unterscheiden:

Der **Erfüllungsort** *wird auch* **Leistungsort** *oder* **Ort für die Leistung** *genannt.*

Der Kunde überweist z. B. den Kaufpreis an seinem Wohn-Sitz (Erfüllungsort). Der Geldeingang auf dem Konto des Lieferanten erfolgt aber erst am Sitz von dessen Bank (Erfolgsort).

- Der **Erfüllungsort** ist der Ort, an dem der Schuldner die Leistungshandlung vorzunehmen hat, an dem also z. B. der Lieferant die Kaufsache übergeben muss.
- Der **Erfolgsort** ist der Ort, an dem die Erfüllungswirkung (z. B. beim Kaufvertrag der Eigentumsübergang der gekauften Ware) für den Gläubiger eintritt.

Der Ort bezeichnet den Wohnsitz bzw. den Sitz der gewerblichen Niederlassung. Je nachdem, um welche Art von Schuld es sich handelt (Hol-, Bring-, Schickschuld), können Erfüllungs- und Erfolgsort an einem Ort oder an unterschiedlichen Orten liegen. Oft werden im Kaufvertrag Erfüllungs- und Erfolgsort vertraglich festgelegt.

	Holschuld	Bringschuld	Schickschuld
Pflichten von Schuldner und Gläubiger	Der Gläubiger muss die Sache beim Schuldner abholen.	Der Schuldner muss die Sache dem Gläubiger bringen.	Der Schuldner muss die Sache dem Gläubiger schicken (zusenden).
Wo liegen Erfüllungs- und Erfolgsort?	Erfüllungs- und Erfolgsort befinden sich am (Wohn-)Sitz des Schuldners.	Erfüllungs- und Erfolgsort befinden sich am (Wohn-)Sitz des Gläubigers.	Erfüllungsort ist der (Wohn-)Sitz des Schuldners. Erfolgsort ist der (Wohn-)Sitz des Gläubigers
Beispiel	Alltägliche Warenschulden sind oft Holschulden, z. B. beim Kauf von Kleinmöbeln in einem Selbstbedienungsmöbelgeschäft.	Beim Kauf größerer Möbel wird oft Lieferung durch das Möbelgeschäft vereinbart. In diesem Fall liegt meist eine Bringschuld vor.	Beim Versendungskauf (z. B. Online-Kauf) sind Warenschulden Schickschulden. Der Händler leistet an seinem Ort (gibt Ware an Transporteur); der Erfolg (Eingang der Ware) tritt am Ort des Käufers ein.

Wird der Leistungsort nicht vereinbart, kann er sich aus den Umständen ergeben.

> **Beispiel** Ute Vogt bestellt in einer Bäckerei 40 Brötchen für ein Frühstück mit Freunden. Über den Erfüllungsort wird nicht gesprochen. Aus dem Umstand, dass es sich bei der Bäckerei um ein übliches Ladengeschäft handelt, ergibt sich, dass Ute Vogt die Brötchen in der Bäckerei abholen muss (Holschuld) und nicht damit rechnen kann, dass ihr die Brötchen geliefert werden (keine Bringschuld).

Nur wenn der Erfüllungsort auch auf diese Weise nicht zu bestimmen ist, greifen gesetzliche Vorschriften. Die allgemeine gesetzliche Regel in § 269 BGB lautet: Der „Ort für die Leistung" (Erfüllungsort) ist der (Wohn-)Sitz des Schuldners. Danach sind z. B. Warenschulden **Holschulden** und Geldschulden **Schickschulden**.

§ 269 BGB

Holschulden bei Waren: Der Käufer muss die Ware abholen oder auf eigene Kosten abholen lassen (vgl. auch **1.4**).

Der Erfüllungsort ist insbesondere für folgende Fragen relevant:

- Ist dem Käufer die Ware ordnungsgemäß, also u. a. am richtigen Ort, angeboten worden und ist er mangels Abnahme in **Annahmeverzug** geraten?
- Sofern es sich nicht um einen **Verbrauchsgüterkauf** handelt: Ist die Gefahr, den Kaufpreis trotz zufälligen Untergangs der Sache zahlen zu müssen (Preisgefahr) beim Versendungskauf auf den Käufer übergegangen?

Schickschulden bei Zahlungen: Der Käufer muss den Kaufpreis überweisen.

Verbrauchsgüterverkauf, vgl. Kap. **2.2**

Gefahrenübergang

Eine geschuldete Ware kann beim Transport ohne Verschulden des Verkäufers oder des Käufers abhandenkommen oder beschädigt oder zerstört werden. Muss dann der Verkäufer die Ware erneut liefern oder muss der Käufer die Ware bezahlen, obwohl sie nicht bei ihm angekommen ist? Darüber entscheidet der Gefahrenübergang. Wird im Vertrag dazu nichts vereinbart, gelten die folgenden gesetzlichen Regelungen:
- Mit der Übergabe der Kaufsache an den Käufer am Erfüllungsort (bei einer Holschuld am Sitz des Verkäufers, bei einer Bringschuld am Sitz des Käufers) geht die Gefahr grundsätzlich auf den Käufer über (§ 446 BGB). Diese Regelung ist vor allem beim Kauf unter Eigentumsvorbehalt von Bedeutung: Der Käufer trägt das Risiko des zufälligen Untergangs der Sache, sobald er sie in Besitz genommen hat.
- Vorverlagert wird der Gefahrübergang im Falle des Versendungs- und Platzkaufs (§ 447 BGB), sofern es sich nicht um einen Verbrauchsgüterkauf handelt (§ 474 Abs. 2 BGB). In diesem Fall trägt der Käufer die Gefahr bereits dann, wenn der Verkäufer die Sache an die Transportperson ausgeliefert hat.

Auch eine Geldschuld kann „abhandenkommen", z. B. wenn ein Geldbote ausgeraubt wird oder im Fall einer Überweisung die Bank insolvent wird. Hier trägt allerdings der an seinem Wohn- oder Unternehmenssitz (Erfüllungsort) überweisende Geldschuldner (bei einem Kaufvertrag der Käufer) die Gefahr, erneut zahlen zu müssen, bis das Geld am Erfolgsort übergeben oder auf dem Konto des Verkäufers gutgeschrieben wird. Man nennt Geldschulden daher auch **qualifizierte Schickschulden**.

Gerichtsstand

Welches Gericht ist für einen konkreten Rechtsstreit sachlich und örtlich zuständig, z. B. bei einer Klage wegen Nichtzahlung? **Eingangsgericht** ist immer ein Amts- oder Landgericht. Ob ein Amts- oder ein Landgericht **sachlich** zuständig ist, richtet sich in Zivilsachen nach der Art der Streitsache sowie nach der Höhe des Streitwertes.

Klage und **Mahnverfahren**, vgl. **3.4**

Eingangsgericht Gericht erster Instanz

Vor welchem Amts- oder Landgericht das Verfahren durchzuführen ist, ist dagegen eine Frage der **örtlichen Zuständigkeit**:
- Kaufleute vereinbaren oft im Kaufvertrag oder in den AGB Gerichtsstände (z. B. „Gerichtsstand ist für beide Teile Berlin").
- Wenn nichts vereinbart wird, gilt meist der **allgemeine** Gerichtsstand gemäß §§ 12 und 13 der Zivilprozessordnung: Danach ist eine Klage bei dem Gericht zu erheben, in dessen Bezirk der Beklagte seinen (Wohn-)Sitz hat.

Für zivilrechtliche Streitigkeiten (also z. B. bei normalen Kaufverträgen) mit einem Streitwert bis einschließlich 5000,00 € ist z. B. das Amtsgericht zuständig, mit einem Streitwert über 5000,00 € das Landgericht.

AGB, vgl. **2.4**

2.7 *Lieferung der Ware und Warenannahme*

Der Verkäufer erfüllt seine Verpflichtung aus dem Kaufvertrag mit der Lieferung der Ware. Um dem Kunden die Wareneingangskontrolle zu ermöglichen, wird der Ware ein **Lieferschein** beigefügt, auf dem zumindest Art und Menge der Ware, Lieferscheinnummer, Datum sowie Kunde und Verkäufer vermerkt sind.

Kontrolle des Wareneingangs

Beispiel Am 2. Juni trifft das bestellte Stahlrohr in der Fly Bike Werke GmbH ein. Der Lagerist, Herr Özal, überprüft zunächst, ob Adressat und Lieferzeitpunkt stimmen - dies bildet die Grundvoraussetzung zur Annahme der Ware. Danach erst wird abgeladen und in Anwesenheit des Überbringers (Spediteurs) kontrolliert, ob es sich bei der Sendung tatsächlich um die bestellten Rohre gemäß Lieferschein handelt und ob die Mengenangaben korrekt und die Umverpackungen unversehrt sind. Eventuelle Abweichungen sind auf dem Lieferschein oder einer Tatbestandsmeldung festzuhalten und von beiden Seiten per Unterschrift zu bestätigen. In diesen Fällen kann die Annahme der Ware verweigert werden.

Die Lieferpapiere sind in Anwesenheit des Spediteurs zu prüfen.

Kontrolle der Ware

Beispiel Herr Özal stellt fest, dass 4000 m Stahlrohr geliefert wurden. Dies entspricht der Bestellung. Er öffnet einige Bündel und kontrolliert so stichprobenartig die Qualität der Ware.

Unverzüglich nach Annahme der Ware werden Warenart, Menge und Qualität geprüft und mit der Bestellung verglichen. Die Ware wird auf Mängel untersucht.

Bei zweiseitigen Handelskäufen besteht für den Käufer die Pflicht, die Ware unverzüglich, d.h. ohne schuldhaftes Verzögern, zu prüfen und dem Lieferer eventuelle Mängel binnen sieben Tagen anzuzeigen. Nur dann können Gewährleistungsrechte in Anspruch genommen werden. Versteckte Mängel, die nicht sofort, sondern erst bei Verwendung der Ware erkennbar werden, müssen unverzüglich nach Entdecken gerügt werden.

Gewährleistungsrechte bei mangelhafter Lieferung, vgl. **3.1**

Erfassung des Wareneingangs

Manuell	1. Eingabe der Bestellnummer und Übernahme der Daten aus der Bestelldatei in das Wareneingangsprotokoll
	2. Bei Abweichungen der Lieferscheindaten von der Bestellung: manuelle Eingabe der Daten aus dem Lieferschein
Automatisch	1. Automatische Erhöhung des Lagerbestandes
	2. Druck des Wareneingangsscheins
	3. Die Warenlieferung wird gebucht.
	4. Aktualisierung der Liste offener Bestellungen

Kontrolle und Erfassung der Eingangsrechnung

Beispiel Mit der Warenlieferung haben die Fly Bike Werke GmbH die Rechnung der Stahlwerke Tissen AG erhalten. Frau Nemitz-Müller kontrolliert zunächst, ob die Eingangsrechnung sachlich und rechnerisch richtig ist.

Nach der Kontrolle durch die Sachbearbeiterin wird die Rechnung per Hauspost an die Finanzbuchhaltung weitergeleitet. Dort wird die Verbindlichkeit der Fly Bike Werke GmbH gegenüber dem Lieferanten gebucht. Zweimal wöchentlich druckt der Buchhalter eine Zahlungsvorschlagsliste mit den fälligen Verbindlichkeiten aus, die er dem Rechnungsleiter vorlegt. Wenn dieser die Zahlungen freigegeben hat, werden sie per Überweisung beglichen.

3 Kaufvertragsstörungen

AB → Lernsituation 15

3.1 Mangelhafte Lieferung

Fehlen einer maßgeblichen Eigenschaft?

Sachmangel, vgl. § 434 BGB

Der Kaufvertrag verpflichtet den Verkäufer, dem Kunden eine mangelfreie Ware zu übergeben (**Gewährleistungspflicht**). Tut er dies nicht, hat er nicht ordnungsgemäß geleistet, es liegt eine mangelhafte Leistung (Schlechtleistung) vor. Dem Kunden stehen dann verschiedene Ansprüche (**Gewährleistungsrechte**) zu.

Ein **Mangel an der Kaufsache** liegt vor, wenn ihr tatsächlicher Zustand zum Zeitpunkt der Übergabe von der Beschaffenheit abweicht, die Verkäufer und Käufer im Kaufvertrag vereinbart haben. Wurden keine Vereinbarungen getroffen, so muss die Ware die übliche Beschaffenheit aufweisen. Hierzu zählen auch Eigenschaften, die der Käufer nach öffentlichen Werbeaussagen erwarten durfte.

Der Käufer kann seine Gewährleistungsansprüche nur innerhalb einer bestimmten **Frist** geltend machen. Dabei ist zu unterscheiden, ob es sich um einen Verbrauchsgüterkauf oder um einen zweiseitigen Handelskauf handelt.

Beweislastumkehr bei Verbrauchsgüterkäufen

Gefahrenübergang, vgl. **2.6**

Die **Gewährleistung beim Verbrauchsgüterkauf** gilt grundsätzlich für zwei Jahre. Tritt der Mangel innerhalb von sechs Monaten nach Übergabe auf, wird zu Gunsten des Käufers gesetzlich vermutet, dass er bereits bei Gefahrenübergang vorlag. Der Verkäufer muss dann beweisen, dass diese Vermutung nicht stimmt. Nach sechs Monaten liegt die Beweislast allerdings beim Käufer, d. h., dieser muss nachweisen, dass der Mangel bei der Übergabe des Kaufgegenstandes schon vorlag. Die meisten Händler verzichten aus Kulanz die gesamten zwei Jahre auf diesen Beweis.

Rügepflicht bei zweiseitigen Handelskäufen, vgl. § 377 HGB

Bei **zweiseitigen Handelsgeschäften** muss die Ware nach Erhalt unverzüglich, d. h. ohne schuldhafte Verzögerung (also binnen sieben Tagen), geprüft werden. Bei größeren Liefermengen genügen Stichproben. Anhand der Wareneingangsmeldungen und der Waren- bzw. Materialkontrolle sind aufgetretene Mängel festzustellen und zu reklamieren. Wird bereits bei Übergabe ein Mangel festgestellt, kann die Annahme der Ware verweigert werden.

Wareneingangskontrolle, vgl. **2.7**

Die Gewährleistungsfristen können bei zweiseitigen Handelsgeschäften **reduziert** bzw. die Gewährleistung kann gänzlich ausgeschlossen werden. Dies muss jedoch einzelvertraglich ausdrücklich vereinbart werden; eine Klausel in den AGB ist nicht wirksam. Der **Gewährleistungsausschluss** ist ferner nicht wirksam bei Übernahme einer Garantie oder arglistig verschwiegenen Mängeln.

Offene Mängel werden bei Prüfung der Ware sofort sichtbar und sind unverzüglich zu rügen.

Versteckte Mängel werden erst nach Verwendung der Ware entdeckt. Sie müssen unverzüglich nach Entdeckung, aber innerhalb der Gewährleistungsfrist gerügt werden.

Allgemeine Gewährleistungsfristen	
2 Jahre	Regelmäßige kaufrechtliche Verjährungsfrist für Mängel, die mit der Ablieferung beginnt
3 Jahre	Frist bei arglistig verschwiegenen Mängeln, die am Ende des Jahres beginnt, in dem der Mangel entdeckt wurde
5 Jahre	Frist bei Bauwerksmängeln, die mit der Übergabe beginnt
30 Jahre	Frist bei Mängeln als dingliches Recht eines Dritten, aufgrund dessen Herausgabe der Kaufsache verlangt werden kann, sowie bei im Grundbuch eingetragenen Rechten

Steht die Fehlerhaftigkeit der Ware fest, so hat der Käufer gegen den Verkäufer verschiedene Rechte. Zunächst hat er Anspruch auf **Nacherfüllung** (vorrangiges Recht). Er kann wahlweise **Nachbesserung** (z.B. Reparatur) der fehlerhaften Sache oder **Ersatz** verlangen. In Bezug auf § 439 Abs.

Gewährleistungsrechte des Käufers, vgl. § 437 BGB

Nacherfüllung, vgl. § 439 BGB

3 hat es sich allerdings durchgesetzt, dass ein Händler grundsätzlich erst zwei Mal nachbessern darf, bevor der Kunde Ersatz verlangen kann. Erst wenn diese Nacherfüllung scheitert, weil sie unmöglich bzw. unverhältnismäßig ist oder wenn eine dem Verkäufer gesetzte Frist erfolglos abläuft, kommen weitere (nachrangige) Ansprüche in Betracht:

- **Rücktritt** bedeutet die Rückgängigmachung des Kaufvertrages. Ware und Geld werden also jeweils an die andere Partei zurückgegeben. Ein Rücktritt ist nur möglich, wenn der **Mangel erheblich** ist. Ein erheblicher Mangel liegt vor, wenn die Ware nur noch eingeschränkt oder gar nicht mehr verwendet werden kann.
- **Minderung**, d.h., anstelle eines Rücktritts wird der Kaufpreis herabgesetzt.
- Der Käufer kann **Schadensersatz statt der Leistung** verlangen. Voraussetzung ist, dass der Käufer durch Verschulden des Verkäufers einen Schaden erlitten hat und die Ware erhebliche Mängel hat. Das Rücktrittsrecht wird dadurch nicht ausgeschlossen.
- Der Käufer kann anstelle des Schadensersatzes statt Leistung auch den **Ersatz vergeblicher Aufwendungen** fordern. Dies sind Kosten, die dem Käufer dadurch entstanden sind, dass er auf die (mangelfreie) Warenlieferung vertraut hat.

Nachrangiges Recht:
· Rücktritt, vgl. § 323 BGB
· Minderung, vgl. § 441 BGB
· Schadensersatz, vgl. §§ 280, 281 BGB
· Ersatz vergeblicher Aufwendungen, vgl. § 284 BGB

Gewährleistungsrechte des Käufers

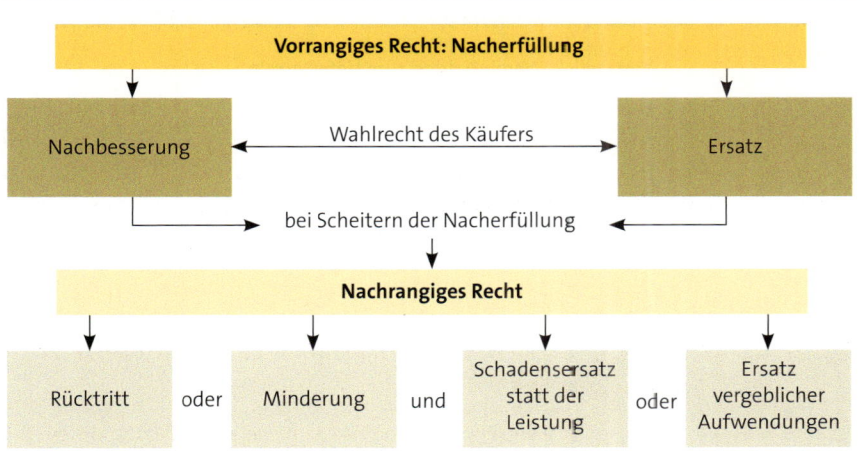

Die **Gewährleistung entfällt**, wenn der Käufer den Fehler bei Abschluss des Kaufvertrages kannte oder infolge grober Fahrlässigkeit nicht kannte. Eine Ausnahme von diesem Grundsatz besteht allerdings, wenn der Verkäufer den Mangel arglistig verschwiegen oder eine ausdrückliche Garantie für eine bestimmte Beschaffenheit der Sache übernommen hat.

AB → Lernsituation 16

3.2 *Lieferungsverzug*

Aufgrund des Kaufvertrages ist der Verkäufer zur **rechtzeitigen Lieferung** verpflichtet. Tut er das nicht, gerät er in Lieferungsverzug. Wird eine Bestellung nicht rechtzeitig geliefert, kann dies für den Käufer schwerwiegende Konsequenzen haben.

Zunächst muss geprüft werden, ob sich der Lieferer tatsächlich in Verzug befindet. Dies ist der Fall, wenn
- der Lieferzeitpunkt eingetreten (**fällig**) ist,
- der Lieferer die Verspätung zu verantworten (**vertreten**) hat und wenn
- der Käufer die Lieferung **angemahnt** hat bzw. eine Mahnung (dringende Aufforderung zur Lieferung) entbehrlich war.

Kalendermäßig bestimmbare Liefertermine
· Lieferung am 11. Mai
· Lieferung im Mai
· Lieferung 5 Tage nach Bestellung

Wurde im Kaufvertrag ein Liefertermin angegeben, der **kalendermäßig bestimmt** werden kann, ist die Lieferung zu diesem Zeitpunkt fällig bzw. der Lieferer mit Ablauf dieses Datums automatisch in Verzug. Hier spricht man von einem **Fixkauf**. Dann entfällt die Notwendigkeit der Mahnung. Gleiches gilt, wenn der Lieferer **sich selber in Verzug setzt**, also erklärt, nicht liefern zu können oder zu wollen.

Eine Mahnung ist außerdem entbehrlich, wenn es sich um einen **Zweckkauf** handelt. Bei einem Zweckkauf entfällt nach einem bestimmten Termin das Interesse des Käufers an der Ware, z. B. an einem kalten Buffet für eine Jubiläumsfeier. Teilt der Verkäufer von sich aus mit, dass er nicht liefern wird, setzt er sich selbst in Lieferungsverzug. Auch dann ist eine Mahnung des Käufers unnötig.

Wurde im Kaufvertrag **kein Liefertermin** vereinbart, ist die Lieferung sofort nach Vertragsabschluss fällig. Erfolgt diese nicht umgehend, muss der Lieferant gemahnt und ihm eine angemessene Nachfrist gesetzt werden. Erst nach deren Ablauf gerät er in Lieferungsverzug. Eine Mahnung unterliegt keinen Formvorschriften. Es empfiehlt sich aber aus Beweisgründen, sie schriftlich abzufassen. Mit dem Zugang der Mahnung gerät der Verkäufer dann in Lieferungsverzug.

Voraussetzungen für den Lieferungsverzug

Mahnung, vgl. **3.4**

Leistungszeit, vgl. § 271

Verzug des Schuldners, vgl. 286

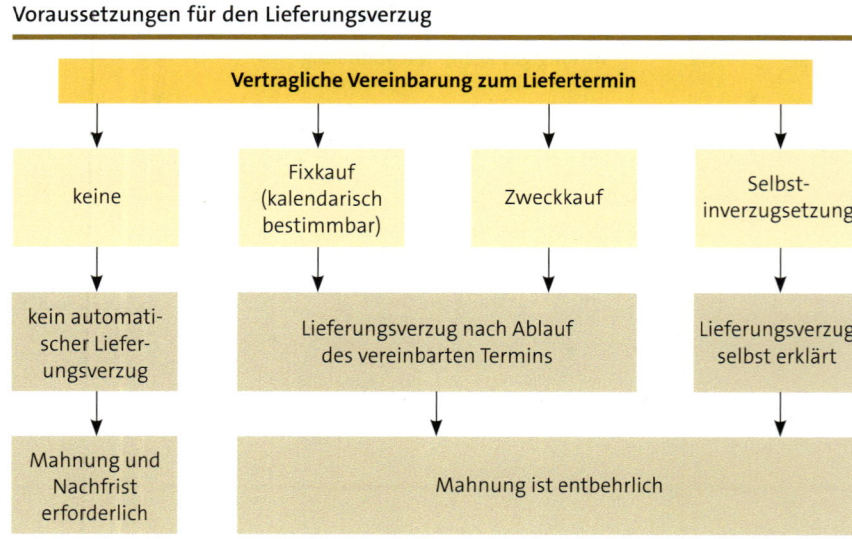

Vertragliche Vereinbarung zum Liefertermin			
keine	Fixkauf (kalendarisch bestimmbar)	Zweckkauf	Selbstinverzugsetzung
kein automatischer Lieferungsverzug	Lieferungsverzug nach Ablauf des vereinbarten Termins		Lieferungsverzug selbst erklärt
Mahnung und Nachfrist erforderlich	Mahnung ist entbehrlich		

Sind die Voraussetzungen für den Lieferungsverzug erfüllt, stehen dem Käufer verschiedene Rechte zu. Der Käufer hat **sofort** das Recht,

- die Lieferung weiterhin zu fordern. Das ist aus Sicht des Käufers sinnvoll, wenn er die Ware anderswo nicht oder nur zu einem höheren Preis beschaffen kann.
- Schadensersatz (Verzögerungsschaden) zu verlangen. Voraussetzung dafür ist, dass den Verkäufer ein **Verschulden** trifft und dem Käufer durch den Lieferungsverzug tatsächlich ein nachweisbarer Schaden entstanden ist.

Ein Verschulden des Verkäufers liegt vor, wenn er die Verzögerung durch fahrlässiges oder vorsätzliches Handeln zu verantworten hat. Kein Verschulden trifft den Verkäufer bei höherer Gewalt, z. B. durch Unwetter oder Streik.

Nach Ablauf einer angemessenen Nachfrist kann der Käufer

- vom Kaufvertrag zurücktreten. Dies ist sinnvoll, wenn der Käufer die Ware anderswo schneller oder günstiger bekommt.
- Schadensersatz statt der Leistung verlangen. Auch hier ist das Verschulden des Verkäufers und ein nachweisbarer Schaden Voraussetzung.
- Ersatz vergeblicher Aufwendungen geltend machen. Diese können dem Käufer bereits vor dem Eintreten des Lieferungsverzugs entstanden sein.

Eine **Nachfrist** muss dem Verkäufer Zeit geben, die Ware zu liefern, ohne dass er sie noch selbst herstellt oder anderswo beschafft. Hier wird also ein relativ enges Zeitfenster vorgegeben. Die Nachfrist kann entfallen, wenn ein Fixkauf oder ein Zweckkauf vorliegt oder der Verkäufer mitteilt, dass er nicht liefern kann.

3.3 Zahlungsverzug

AB → Lernsituation 17

Der Käufer ist aus dem Kaufvertrag verpflichtet, die Ware zu bezahlen. Er kommt in Zahlungsverzug, wenn er den vereinbarten Kaufpreis

- nicht rechtzeitig, nicht vollständig oder gar nicht bezahlt,
- die Zahlung fällig ist und
- er den Zahlungsverzug zu vertreten hat.

Für die Fälligkeit der Zahlung gelten ähnliche Bestimmungen wie beim Lieferungsverzug. Wurde auf der Rechnung ein **kalendermäßig bestimmbarer Zahlungstermin** genannt, gerät der Käufer mit Ablauf dieses Datums in Verzug.

Lieferungsverzug, vgl. **3.2**

Ist der Termin **nicht kalendermäßig bestimmt**, tritt der Zahlungsverzug

- durch eine Mahnung oder
- automatisch 30 Tage nach Erhalt der Rechnung und bei Fälligkeit ein. Bei Verbrauchsgüterkäufen ist diese Bestimmung auf der Rechnung zu vermerken.

Die **Rechte des Verkäufers** aus dem Zahlungsverzug entsprechen grundsätzlich denen des Käufers aus dem Lieferungsverzug. Der Verkäufer hat **sofort** das Recht,

- auf der Zahlung zu bestehen und
- Schadensersatz (Verzögerungsschaden) zu verlangen.

Grundlage für die Berechnung des Verzögerungsschadens ist der Anspruch auf **Verzugszinsen**. Der Zinssatz pro Jahr beträgt bei Verbrauchsgüterkäufen 5-%-Punkte und bei Handelskäufen 9-%-Punkte über dem gültigen **Basiszinssatz**. Gegen Nachweis kann der Verkäufer auch einen höheren Schaden geltend machen. Außerdem hat der Gläubiger bei Verzug des Schuldners, wenn dieser kein Verbraucher ist, Anspruch auf Zahlung einer Pauschale in Höhe von 40,00 €.

Der **Basiszinssatz**
wird jeweils zum 1. Januar und 1. Juli eines Jahres von der Europäischen Zentralbank (EZB) bekannt gegeben.

www.basiszinssatz.info

Nach Ablauf einer angemessenen **Nachfrist** kann der Verkäufer

- vom Kaufvertrag zurücktreten. Dies ist für den Verkäufer sinnvoll, wenn der Käufer zahlungsunfähig ist, um nicht ganz leer auszugehen.
- Schadensersatz statt der Leistung verlangen (Verschulden des Käufers und ein nachweisbarer Schaden sind Voraussetzung) oder alternativ
- Ersatz vergeblicher Aufwendungen geltend machen.

Verjährung,
vgl. §§ 194 ff. BGB

Die Ansprüche aus einem Kaufvertrag, z. B. auf Zahlung des Kaufpreises, können **verjähren**, d. h., nach einem bestimmten Zeitraum werden die Ansprüche nicht mehr vom Gesetz geschützt. Ist ein Anspruch verjährt, braucht der Käufer (Schuldner) nicht mehr zu zahlen. Dies bedeutet aber nicht, dass der Anspruch nicht mehr besteht. Wenn der Schuldner nach Ablauf der Verjährungsfrist trotzdem zahlt, kann er sich danach nicht mehr auf die Verjährung berufen und sein Geld zurückfordern.

3.4 Mahnverfahren

Kommt der Käufer seiner Zahlungspflicht nicht nach, kann der Verkäufer mithilfe des kaufmännischen und des gerichtlichen Mahnverfahrens versuchen, seine Ansprüche durchzusetzen.

Kaufmännisches (außergerichtliches) Mahnverfahren

Unter dem kaufmännischen Mahnverfahren versteht man den Versuch des Verkäufers, den Käufer auf außergerichtlichem Wege zur Zahlung zu bewegen.

Zuerst wird der Käufer freundlich an die Fälligkeit der Zahlung **erinnert**. Reagiert der Käufer nicht, wird eine **erste Mahnung** verschickt. Darin wird der Käufer noch einmal zur Zahlung aufgefordert und ihm wird dafür ein bestimmter Termin (Nachfrist) gesetzt. Durch den Hinweis „Mahnung", z. B. in der Betreffzeile, wird das Schreiben eindeutig als Mahnung erkennbar.

Zahlungsverzug,
vgl. **3.3**

Mit Ablauf der Nachfrist gerät der Käufer in Zahlungsverzug. Der Verkäufer kann nun Verzugszinsen berechnen. Die **zweite**, schärfer formulierte **Mahnung** weist auf diesen Umstand hin und kündigt eventuelle Kosten für das Mahnverfahren an.

Ist der Käufer offensichtlich nicht zur Zahlung bereit oder in der Lage, wird mit einer **dritten Mahung** eine letzte Frist gesetzt mit dem Hinweis, dass nach deren Ablauf das gerichtliche Mahnverfahren oder die Klage eingereicht wird.

Das kaufmännische Mahnverfahren hat in der Praxis an Bedeutung verloren. In der Regel ist bereits auf der Rechnung ein fester Zahlungstermin genannt, sodass der Käufer nach 30 Tagen automatisch in Zahlungsverzug gerät und das gerichtliche Mahnverfahren bestritten werden kann. In den meisten Fällen werden daher verkürzte Mahnverfahren angewendet.

Gerichtliches Mahnverfahren

Bleibt das außergerichtliche Mahnverfahren erfolglos bzw. wurde aufgrund der Fälligkeit darauf verzichtet, kann der Verkäufer das gerichtliche Verfahren einleiten. Dazu muss er einen **Mahnbescheid** beim Mahngericht beantragen. Ein solcher Antrag ist im Schreibwarengeschäft oder auch im Internet erhältlich. Der Verkäufer muss darin nur angeben, wie hoch seine Ansprüche sind und worauf er seine Forderungen stützt. Seine Angaben werden vom Gericht nicht überprüft.

In einigen Bundesländern können Mahnbescheide auch durch das automatisierte gerichtliche Mahnverfahren (Augema) im Internet erwirkt werden.

www.mahnverfahren-aktuell.de

Der Verkäufer kann auf das gerichtliche Mahnverfahren verzichten und den Käufer direkt auf Zahlung verklagen. Zuständig ist das Amtsgericht bzw. bei einem Streitwert über 5.000,00 € das Landgericht am Wohn- bzw. Geschäftssitz des Beklagten.

Das gerichtliche Mahnverfahren

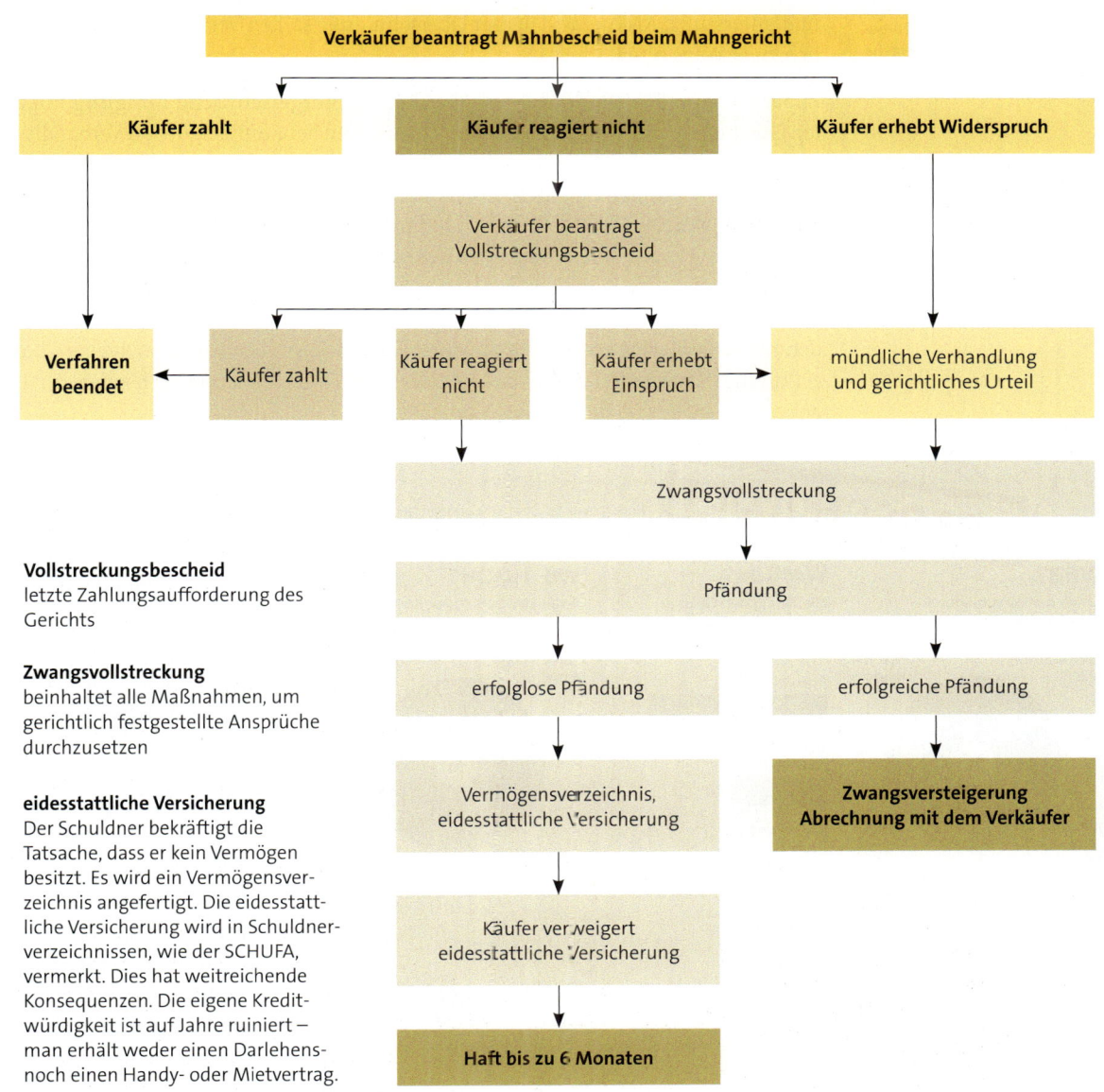

Vollstreckungsbescheid
letzte Zahlungsaufforderung des Gerichts

Zwangsvollstreckung
beinhaltet alle Maßnahmen, um gerichtlich festgestellte Ansprüche durchzusetzen

eidesstattliche Versicherung
Der Schuldner bekräftigt die Tatsache, dass er kein Vermögen besitzt. Es wird ein Vermögensverzeichnis angefertigt. Die eidesstattliche Versicherung wird in Schuldnerverzeichnissen, wie der SCHUFA, vermerkt. Dies hat weitreichende Konsequenzen. Die eigene Kreditwürdigkeit ist auf Jahre ruiniert – man erhält weder einen Darlehensnoch einen Handy- oder Mietvertrag.

3.5 Die Schuldnerberatung

Beispiel Um sich den gewünschten Lebensstandard leisten zu können, lassen sich viele Verbraucher auf einen Kauf auf Raten ein. Wenn man jedoch den Überblick über seine Ratenkäufe verliert, führt das auch bei regelmäßigem Einkommen zu einer dauerhaften Überziehung des Kontos. Was aber ist, wenn das Einkommen nicht mehr reicht, um allen finanziellen Verpflichtungen nachzukommen – z. B. durch den Verlust des Arbeitsplatzes? Die Folgen können sein, dass sich die Mahnungen stapeln, die Bank Kredite kündigt, der Gerichtsvollzieher vor der Tür steht oder gar die Kündigung der Wohnung droht. Häufig handelt es sich in solchen Fällen um die sogenannte Verbraucherinsolvenz oder **Überschuldung**.

Überschuldung
Das vorhandene Vermögen und das monatliche Einkommen eines Privathaushalts reichen über einen längeren Zeitraum nicht aus, um Schulden zu begleichen, ohne die eigene Grundversorgung zu gefährden.

Überschuldete Haushalte werden in **Schuldnerberatungsstellen** kostenlos beraten und unterstützt. Als Ausweg aus der Überschuldung stehen Verbrauchern grundsätzlich zwei Wege offen.

Zunächst kann der Schuldner versuchen, eine **außergerichtliche Einigung** mit allen Gläubigern zu finden. Schuldnerberater können bei Gesprächen und Verhandlungen mit Gläubigern sehr hilfreich sein. In der Regel geht es darum, die Gläubiger zu überzeugen, dass man bereits alles versucht hat, die Schulden zurückzuzahlen, eine vollständige Begleichung jedoch auf absehbare Zeit nicht möglich ist. Ziel ist es, mit allen Gläubigern in einem **Schuldenbereinigungsplan** Regelungen zu treffen, die es ermöglichen, die Schulden den Lebensumständen entsprechend zu begleichen. Außergerichtliche Vergleiche sind für Schuldner und Gläubiger von Vorteil. Es werden keine Verfahrenskosten fällig und für den Gläubiger besteht so noch eine Chance, zumindest einen Teil seines Geldes zu erhalten, wenngleich er auch einem außergerichtlichen Vergleich nicht zustimmen muss.

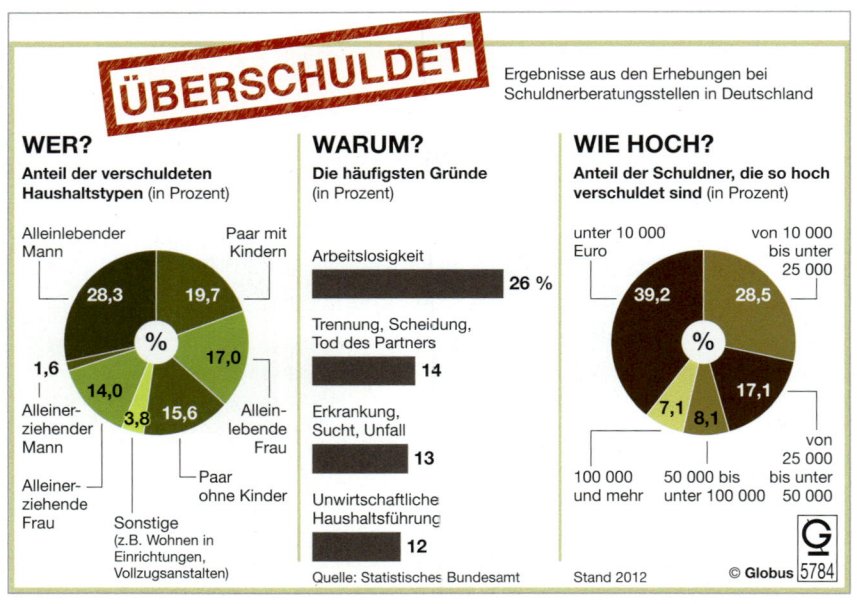

Scheitert die außergerichtliche Einigung, wird vor Gericht ein **Verbraucherinsolvenzverfahren** beantragt. Wenn der Schuldner sich an alle vom Gericht auferlegten Vereinbarungen zu seinem Umgang mit Geld hält, kann er nach **sechs Jahren** die vollständige Schuldenbefreiung erhalten. Während dieser Zeit steht ihm allerdings nur ein Existenzminimum zur Verfügung. Alle darüber hinausgehenden Einnahmen müssen zur Rückzahlung der Schulden verwendet werden. Seit 1999 gibt es dieses spezielle Verfahren für überschuldete Privatpersonen.

3.6 Annahmeverzug

AB → Lernsituation 18

Liefert der Verkäufer die richtige Ware rechtzeitig und mängelfrei an den richtigen Ort und der Käufer (Warengläubiger) nimmt sie nicht an, so gerät der Käufer in Annahmeverzug. Der Verkäufer hat, bevor er seine Rechte geltend macht, immer zu überprüfen, ob die folgenden drei Voraussetzungen für den Annahmeverzug im Einzelfall erfüllt sind:

Voraussetzungen für den Annahmeverzug

- Die Lieferung muss **fällig** sein. Die Fälligkeit der Lieferung ergibt sich in der Regel aus den Lieferbedingungen, die im Kaufvertrag vereinbart wurden.
- Der Warenschuldner muss dem Warengläubiger die Leistung **tatsächlich anbieten**, sodass dieser die Waren nur noch übernehmen muss.

tatsächliches Angebot, vgl. § 294 BGB

- Der Warengläubiger hat die Lieferung **nicht angenommen** oder nicht vereinbarungsgemäß abgeholt. Ein Verschulden des Warengläubigers ist für den Annahmeverzug unerheblich.

Sind die Voraussetzungen erfüllt, hat der Verkäufer alternativ verschiedene Rechte. Er hat **sofort** das Recht,

Rechte des Verkäufers bei Annahmeverzug

- auf Abnahme der Ware zu klagen. Dies bedeutet, dass der Verkäufer auf Abnahme der Ware besteht und diese nach § 374 BGB in einem öffentlichen oder eigenen Lagerhaus auf Kosten des Käufers bis zum Ergebnis der Klage einlagern kann.

Hinterlegungsort, vgl. § 374 BGB

- den Ersatz von Mehraufwendungen zu verlangen. Mögliche Mehraufwendungen ergeben sich durch den Transport, die Hinterlegung in einem Lager, die Bearbeitungsgebühren usw.

Ersatz von Mehraufwendungen, vgl. § 304 BGB

Nach Ablauf einer angemessenen Nachfrist kann der Verkäufer

- vom Kaufvertrag zurücktreten oder
- die Ware auf Kosten des Käufers verkaufen (lassen). In diesem Fall spricht man von einem **Selbsthilfeverkauf**. Der Verkäufer muss den Käufer über Ort und Termin informieren und eine Abrechnung über den erzielten Erlös vorlegen. Liegt dieser unter dem vereinbarten Kaufpreis, muss der Käufer die Differenz tragen, liegt er darüber, ist der Mehrerlös an den Käufer weiterzuleiten. Verderbliche Waren können im Rahmen eines **Notverkaufes** sofort öffentlich versteigert werden. Hat die Ware einen Börsen- oder Marktpreis, kann ein **freihändiger Verkauf** zum laufenden Preis erfolgen.

Versteigerung, vgl. §§ 383 ff. BGB

Liegt ein Annahmeverzug vor, so ändern sich die rechtlichen Bestimmungen über die Haftung. Die Haftung des Verkäufers beschränkt sich nur noch auf grobe Fahrlässigkeit und Vorsatz. Für leichte Fahrlässigkeit haftet nunmehr der sich in Annahmeverzug befindliche Käufer, denn: Hätte der Käufer die ordnungsgemäß gelieferte Ware abgenommen, wäre es gar nicht zu einem Schadensfall gekommen.

Wirkungen des Gläubigerverzugs, vgl. § 300 BGB

Rechte des Verkäufers bei Annahmeverzug

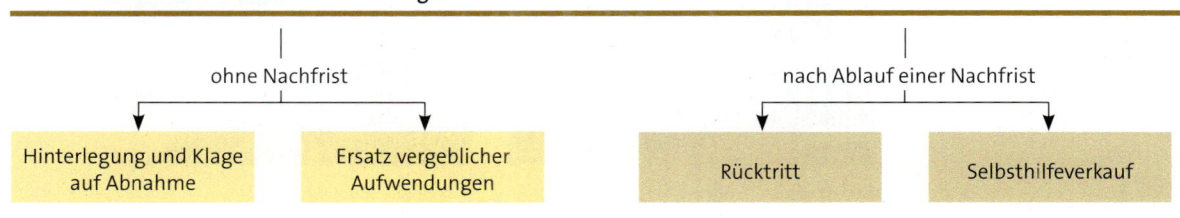

ohne Nachfrist — nach Ablauf einer Nachfrist

| Hinterlegung und Klage auf Abnahme | Ersatz vergeblicher Aufwendungen | Rücktritt | Selbsthilfeverkauf |

AB → Lernsituation 19, 20

4 Zahlungsvorgänge

4.1 Überblick über die verschiedenen Zahlungsarten

Je nachdem, welches Zahlungsmittel (Bargeld oder Buchgeld) gewählt wird, ändert sich auch die Zahlungsart.

- Benutzt man Bargeld zur Begleichung einer Schuld, spricht man von **Barzahlung**.
- Bei der **halbbaren Zahlung** wird Bargeld in Buchgeld umgewandelt oder umgekehrt. Dazu können verschiedene Zahlungsarten gewählt werden.
- Bei der **unbaren (bargeldlosen) Zahlung** erfolgt die Zahlung allein durch Buchgeld, d.h., der Zahlungsempfänger erhält eine Gutschrift auf sein Konto und beim Zahlenden erfolgt eine Abbuchung. Dabei können verschiedene Verfahren genutzt werden. Hierbei benötigt mindestens ein Beteiligter ein Konto. Zum Beispiel kann der Zahlungspflichtige eine Bareinzahlung auf das Konto der Zahlungsempfängers tätigen.

Die Wahl der geeigneten Zahlungsart ist abhängig von den Ansprüchen, die man an sie stellt. Hier stehen Schnelligkeit der Zahlung gegen Sicherheit und ein guter Überblick über den Kontostand gegen Flexibilität. Ein wichtiges Kriterium sind natürlich auch die **Kosten des Zahlungsverkehrs**. Sie entstehen z.B. durch Kontoführungsgebühren oder Beiträge für die Nutzung von Kreditkarten, aber auch bei Verlust oder Diebstahl von Geld. Bei Bargeld ist das Risiko höher, weil ein Verlust nicht versichert ist, auf der anderen Seite entstehen durch die Versicherung (z.B. gegen den Verlust von Kreditkarten) wiederum Kosten, die sich in den Beiträgen niederschlagen. Nicht zuletzt muss darauf geachtet werden, dass der Verwaltungsaufwand für den Zahlungsverkehr möglichst gering gehalten wird, da hier Personalkosten anfallen.

Barzahlung

bargeldlose Zahlung

4.2 Barzahlung

Die Barzahlung kann persönlich durch den Zahlungspflichtigen oder durch einen von ihm beauftragten Boten erfolgen. Eine **Quittung** gilt in der Regel als Beleg dafür, dass die Rechnung bezahlt worden ist. Daneben ist auch ein Kassenbon der Registrierkasse oder der Quittungsvermerk auf einer Rechnung Beweis für die Bezahlung eines Betrages. Die Barzahlung verliert auch bei Verbrauchsgüterkäufen immer mehr an Bedeutung, denn sie ist unpraktisch und mit den meisten Risiken verbunden, da bei Diebstahl niemand haftet.

Übliche Bestandteile einer Quittung:

1. Betrag in Ziffern und in Buchstaben
2. Name des Zahlenden
3. Zahlungsgrund
4. Ort und das Datum der Ausstellung
5. Empfangsbestätigung
6. Unterschrift des Zahlungsempfängers

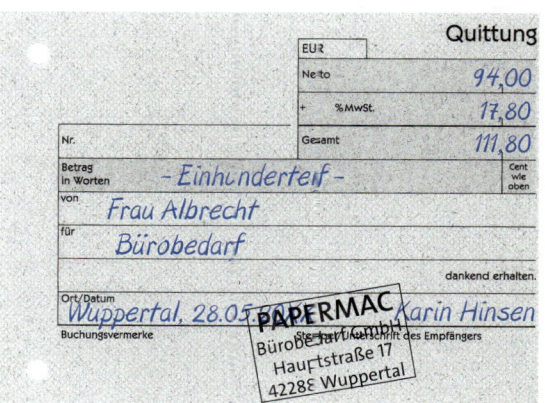

4.3 Halbbare Zahlung

Halbbare Zahlung bedeutet, dass der Zahlende oder der Zahlungsempfänger ein Konto bei einem Kreditinstitut besitzt, während der andere Beteiligte den Zahlungsverkehr in bar abwickelt.

Zur **Bareinzahlung** auf ein Girokonto wird ein Zahlschein verwendet. Voraussetzung dafür ist, dass der Empfänger ein Konto besitzt. Am Kassenschalter eines Kreditinstitutes wird der Betrag bar eingezahlt. Zusammen mit dem Geldbetrag muss ein Zahlschein abgegeben werden, auf dem Name und **IBAN** des Zahlungsempfängers eingetragen werden. Diese Zahlungsmethode verliert zunehmend an Bedeutung, da fast jeder Erwachsene ein Girokonto besitzt und so Rechnungsbeträge deutlich günstiger per Überweisung begleichen kann.

IBAN

(engl.) International Bank Account Number = Internationale Bankkontonummer

Die **Zahlung per Nachnahme** erfolgt in Verbindung mit einer Warensendung. Der Versender (z.B. die Post) wird vom Zahlungsempfänger beauftragt, die Ware nur gegen Barzahlung des Kaufpreises auszuhändigen. Der entgegengenommene Betrag wird dann dem Konto des Zahlungsempfängers gutgeschrieben.

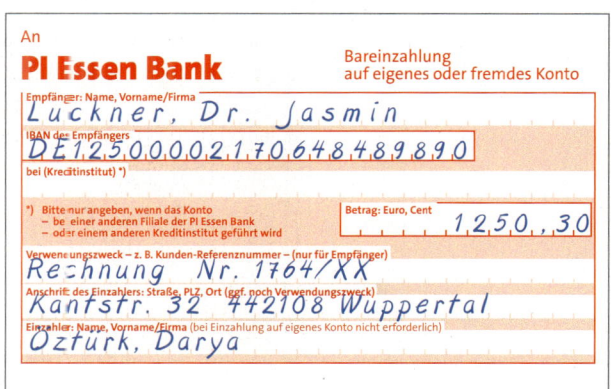

Bareinzahlung

4.4 Bargeldlose Zahlung

Die in den folgenden Abschnitten vorgestellten Formen des bargeldlosen Zahlungsverkehrs, insbesondere der Einsatz elektronischer Zahlungsverfahren, kommen bei zahlreichen Handelsgeschäften zur Anwendung. Voraussetzung für die Teilnahme am bargeldlosen Zahlungsverkehr ist es, dass der Zahlende und der Zahlungsempfänger jeweils ein Konto bei einem Kreditinstitut besitzen.

4.4.1 Überweisung

Die Überweisung (entweder beleghaft oder elektronisch) ist in Deutschland eines der häufigsten Zahlungsmittel. Eine Überweisung ist die Anweisung eines Kontoinhabers an sein Kreditinstitut, einen bestimmten Betrag von seinem Konto auf das Konto des Zahlungsempfängers zu übertragen.

Bei der Überweisung per Beleg übergibt der Zahlende seinem Kreditinstitut einen ausgefüllten **Überweisungsvordruck** mit seiner Unterschrift. Voraussetzung für die Abbuchung ist es, dass das Konto des Zahlenden ein Guthaben aufweist oder dem Kontoinhaber ein entsprechender Kreditrahmen eingeräumt wurde. Das Kreditinstitut, das mit der Überweisung beauftragt wurde, leitet den Betrag an die Bank des Zahlungsempfängers weiter, die dann die Gutschrift auf das Konto des Empfängers vornimmt.

SEPA-Überweisungsformular

Die Banküberweisung besteht in der Regel aus einem zweiteiligen Durchschreibeformular. Das Original des Überweisungsformulars erhält das Kreditinstitut, bei dem das Konto des Zahlenden geführt wird, der Zahlende erhält eine Durchschrift als Quittung.

In den meisten Kreditinstituten besteht die Möglichkeit, einen Überweisungsautomaten zu nutzen. Ein Überweisungsformular ist dann nicht mehr vonnöten. Unternehmen und Privatpersonen nutzen bei der Abwicklung von Zahlungsvorgängen zunehmend Verfahren der modernen Datenkommunikation (**elektronische Überweisung**).

elektronische Überweisung, vgl. **4.4.4**

SEPA
(engl.) Single Euro Payment Area

SEPA-Überweisung: Innerhalb der Europäischen Union soll der Zahlungsverkehr weiter vereinheitlicht und vereinfacht werden. Hierfür wurde der sogenannte SEPA-Zahlungsraum geschaffen. Bei der SEPA-Überweisung handelt es sich um eine Überweisung ins europäische Ausland innerhalb des SEPA-Zahlungsraumes (EU-Staaten, Island, Norwegen, Liechtenstein, Schweiz und Monaco).

IBAN
(engl.) International Bank Account Number, internationale Kontonummer

BIC
(engl.) Bank Identifier Code, entspricht der Bankleitzahl

Jedes Girokonto in diesen Ländern verfügt inzwischen über eine internationale Kontonummer, die IBAN, und jedes Kreditinstitut über eine internationale Bankleitzahl, den BIC. In der **IBAN** ist neben der nationalen Kontonummer auch die nationale Bankleitzahl des Kreditinstituts erfasst. Der BIC enthält neben dem eigentlichen Bankcode auch einen Länderschlüssel, an dem das Land erkennbar ist (z. B. DE = Deutschland). IBAN und **BIC** müssen bei einer SEPA-Überweisung außerhalb von Deutschland zwingend angegeben werden. Innerhalb von Deutschland reicht die Nennung der IBAN. Zudem muss die SEPA-Überweisung **in Euro** erfolgen. Wegen dieses einheitlichen Kontonummern- und Bankleitzahlensystems kann eine SEPA-Überweisung schnell und kostengünstig abgewickelt werden.

4.4.2 Sonderformen der Überweisung

Dauerauftrag

Eine besondere Form der Überweisung ist der Dauerauftrag. Mit ihm weist der Zahlende sein Kreditinstitut an, Zahlungen, die regelmäßig und in gleicher Höhe anfallen, für ihn automatisch zu tätigen. Ein Dauerauftrag eignet sich z. B. zur Zahlung von Miete, Kredit- oder Versicherungsraten. Daueraufträge können vom Auftraggeber durch Widerruf beim beauftragten Kreditinstitut gelöscht werden.

SEPA-Lastschrift

Die SEPA-Lastschrift eignet sich für Zahlungen, die regelmäßig, aber in unterschiedlicher Höhe anfallen, z. B. für Gas- oder Stromkosten. Man unterscheidet zwischen der **SEPA-Basislastschrift** und der SEPA-Firmenlastschrift:

- Bei der SEPA-Basislastschrift erteilt der Zahlungspflichtige dem Zahlungsempfänger papiergebunden oder elektronisch (mit einer sicheren Unterschrift) das „Mandat" (= die Erlaubnis), einen bestimmten Betrag per Lastschrift von seinem Girokonto einzuziehen. Erstmalige Lastschriften müssen fünf Tage vor der Fälligkeit beim Kreditinstitut vorliegen, Folgelastschriften zwei Tage vor Fälligkeit. Der Zahlungspflichtige kann einer durch ein Mandat autorisierten Zahlung bis zu acht Wochen nach dem Einzug widersprechen, sodass der Betrag seinem Konto wieder gutgeschrieben wird. Liegt einer SEPA-Basislastschrift kein Mandat vor, kann der Zahler innerhalb von 13 Monaten nach Belastung die Erstattung des Lastschriftbetrages verlangen.
- Die **SEPA-Firmenlastschrift** kann nur von Kunden genutzt werden, die keine Verbraucher sind. Sie muss einen Tag vor Fälligkeit beim Kreditinstitut vorliegen. Der Zahlungspflichtige kann bei dieser Variante nur vor der Fälligkeit der Lastschrift widersprechen. Das Kreditinstitut ist verpflichtet, schon vor dem Einzug des Betrages zu überprüfen, ob ein gültiges Mandat vorliegt. Dieses muss der Schuldner seiner Bank per **Generalanweisung** mitteilen.

Generalanweisung
Anweisung, alle Einzüge eines bestimmten Gläubigers zu akzeptieren

Sammelüberweisungen

Mit Sammelüberweisungen können Überweisungen an mehrere Zahlungsempfänger zusammengefasst werden. Auf dem Kontoauszug des Zahlenden erscheint nur ein Lastschriftbetrag. Sammelüberweisungen haben den Vorteil, dass Buchungskosten gespart werden können. Sie eignen sich z. B. für Lohnzahlungen an verschiedene Lohn- oder Gehaltsempfänger.

4.4.3 Elektronische Zahlungsverfahren

Kreditkarten

Kreditkarten (z. B. American Express, Visa, Diners Club, Mastercard) werden bei der entsprechenden Kreditkartenorganisation beantragt, die die Kreditwürdigkeit prüft und dann über die Vergabe entscheidet. Der Kreditkarteninhaber muss der Kreditkartenorganisation eine Einzugsermächtigung für sein Konto erteilen, damit die Beträge, die er mit der Kreditkarte bezahlt, abgebucht werden können.

Inhaber einer Kreditkarte können überall dort, wo im In- und Ausland die entsprechende Kreditkarte akzeptiert wird, Waren oder Dienstleistungen bargeldlos bezahlen. Dafür berechnet die Kreditkartenorganisation eine Gebühr (Jahresbeitrag).

Kreditkarten

Mit der Kreditkarte kann man an den Geldautomaten der Kreditinstitute jederzeit Bargeld abheben.

Der Betrag wird dem Zahlungsempfänger (z. B. Einzelhändler, Reiseunternehmen oder Autovermietung) von der Kreditkartenorganisation erstattet, die wiederum das Konto des Kreditkarteninhabers (Kunde) bei dessen Kreditinstitut belastet. Dafür werden elektronische Lesegeräte oder mechanische Vorrichtungen, die Identifikationsmerkmale der Karte auf einen Beleg übertragen, benutzt. Zusätzlich werden auf dem mechanisch erzeugten Beleg der Rechnungsbetrag und das Rechnungsdatum händisch eingetragen. Der Karteninhaber muss den Beleg unterschreiben und erhält einen Durchschlag als Quittung.

Der Zahlungsempfänger reicht den Beleg bei der Kreditkartenorganisation zur Gutschrift auf sein Konto ein. Dafür muss ebenfalls eine Gebühr (in Prozent des Umsatzes) entrichtet werden, weshalb die Zahlung mit Kreditkarte häufig erst ab einem bestimmten Mindestbetrag akzeptiert wird.

Zu beachten ist, dass unter dem Begriff „Kreditkarte" verschiedene Abrechnungsmodalitäten gegenüber dem Karteninhaber verstanden werden. Man unterscheidet:

- **Debit card:** Hierbei handelt es sich um eine Karte, bei der Zahlungen sofort vom Konto (Girokonto oder Guthabenkonto für die Karte) abgebucht werden, wenn die Karte eingesetzt wird, vergleichbar mit der Nutzung einer Bankkarte.
- **Charge card:** Die getätigten Umsätze werden gesammelt und gemeinsam (z. B. einmal pro Monat) fällig. Die Summe aller getätigten Käufe wird dann auf einmal vom Konto abgebucht.
- **Credit card:** Die „klassische" Form der Kreditkarte ist besonders in den angloamerikanischen Ländern beheimatet. Da man dort so etwas wie einen Dispositionskredit auf dem Girokonto oft nicht kennt, wird die Karte als Kreditmittel benutzt. Getätigte Umsätze sind ab Entstehungszeitpunkt oder (meist) ab der monatlichen Rechnung zu verzinsen und ganz oder in Raten zu begleichen. Auf den nicht bezahlten Teil der Verbindlichkeiten werden Sollzinsen berechnet.

Datensicherheit, vgl. **TAF 11.1, 4**

Die Verwendung von Kreditkarten, um im Internet elektronisch einzukaufen, ist noch mit gewissen Risiken verbunden. Diese bestehen vor allem darin, dass unseriöse Anbieter im Internet übermittelte Kreditkartennummern für eigene Zwecke verwenden oder dass Hacker unverschlüsselte Kreditkartennummern ausfindig machen und missbrauchen.

Mithilfe neuer Verschlüsselungstechnologien wird die Zahlung per Kreditkarte im Internet jedoch zunehmend sicherer. Bestellung und Kreditkartennummer werden verschlüsselt an den Händler verschickt.

Bankkarte

Die Bankkarte (auch ec-Karte oder MaestroCard) ist eine in Deutschland sehr gebräuchliche Form der debit card. Die unterschiedlichen Namen werden durch das ausgebende Geldinstitut geprägt. Die Karte ermöglicht den bargeldlosen Einkauf mittels unterschiedlicher Zahlungssysteme. Die Kosten für die elektronischen Zahlungsverfahren trägt der Zahlungsempfänger. Für den Kunden ist die Zahlung kostenfrei.

Electronic Cash (POS-Zahlung)

Bei dieser Zahlungsform erfolgt die Zahlung direkt am Ort des Verkaufes, also noch im Geschäft. Nach Eingabe der **PIN** wird über das zuständige Rechenzentrum der kontoführenden Bank (online) geprüft, ob Karte und PIN übereinstimmen, die Karte nicht gesperrt ist und eine ausreichende Kontodeckung vorliegt. Ist alles korrekt, wird die Zahlung innerhalb weniger Sekunden freigegeben und ausgeführt.

Für diese Zahlungsweise benötigt der Zahlungsempfänger ein spezielles Kartenlesegerät. Üblicherweise werden diese Geräte über die Geldinstitute im Direktvertrieb angemietet. Zu dem monatlichen Mietpreis, der je nach Anbieter unterschiedlich hoch sein kann, und den Kosten für die Onlineverbindung kommen noch Gebühren in Prozent des getätigten Umsatzes hinzu. Diese Kosten werden zu Lasten des Zahlungsempfängers abgerechnet.

ELV (elektronisches Lastschriftverfahren)

Dieses Verfahren ist dem klassischen Lastschriftverfahren sehr ähnlich. Anders als bei der POS-Zahlung muss der Kunde seine PIN nicht angeben. Die Bankkarte wird nur eingelesen und es wird ein Lastschriftbeleg ausgedruckt, den der Kunde unterschreiben muss. Der Kunde erteilt dem Zahlungsempfänger damit eine Einzugsermächtigung über den fälligen Betrag. Dieses Verfahren wird von den Banken nicht unterstützt, so dass nicht geprüft werden kann, ob der Kunde zahlungsfähig ist oder die Karte gesperrt wurde.

Da bei diesem System die automatische Überprüfung der Zahlungsfähigkeit des Karteninhabers fehlt, trägt der Zahlungsempfänger das Risiko, dass der fällige Betrag nicht eingelöst wird. Dieses Risiko kann durch das Abfragen einer internen Sperrdatei vermindert, jedoch nicht ausgeräumt werden.

Daneben gibt es auf dem deutschen Markt noch weitere elektronische Zahlungsverfahren:

Kundenkarte	– von einzelnen Unternehmen eingerichtete Zahlungssysteme – Varianten debit und credit – dient der Kundenbindung an das Unternehmen – es fallen keine weiteren Kosten an
GeldKarte (Wertkarte)	– Zahlung erfolgt aus eine vorher aufgeladenen „elektronischen Geldbörse", einem speziellen Chip auf der Bankkarte – Legitimation über Besitz der Karte – Verkäufer trägt Autorisierungsentgelt – Zahlungsgarantie für den Verkäufer
PayPal	– weltweites Bezahlsystem für Kleinbeträge – unterstützt die sichere Durchführung von Internetkäufen – Varianten: Geschäfts- und Privatkonten – Gebühren in Deutschland: 1,9 % + 0,35 €/Zahlung

POS
Point of Sale = Ort der Zahlung

auslaufendes (links) und neues (rechts) Akzeptanzzeichen von electronic cash

Im Laufe der Zeit wird es im Handel nur noch das Akzeptanzzeichen „girocard" geben. Dieses Piktogramm weist darauf hin, dass auch andere europäische Karten akzeptiert werden.

Akzeptanzzeichen von ELV

PIN
vierstellige **P**ersönliche **I**dentifikations-**N**ummer, Nachweis als rechtmäßiger Karten- und Kontoinhaber

Autorisierung
Genehmigung; hier: Überprüfung, ob es sich um eine gültige Karte handelt

4.4.4 *Moderne Datenkommunikation im Zahlungsverkehr*

In zunehmendem Maße rationalisieren die Geschäftsbanken die Durchführung des Zahlungsverkehrs. Sie nutzen moderne Kommunikationsmedien, um Bearbeitungsschritte auf den Kunden zu verlagern und die Verarbeitung von Transaktionen zu beschleunigen. Beim **Telefonbanking** können die meisten Bankgeschäfte (Überweisung, Abfrage von Kontoständen, Kartensperrung) – unabhängig von der Geschäftszeit – telefonisch erledigt werden. Um die Sicherheit zu gewährleisten, erhält der Kunde eine persönliche Geheimzahl und/oder ein Codewort.

Beim **Onlinebanking** kann der Bankkunde sich per Internet jederzeit und unabhängig von der Geschäftszeit von einem beliebigen PC mit Internetanschluss über den Kontostand informieren und in der Regel Überweisungen, Daueraufträge, Lastschriften und andere Bankgeschäfte tätigen. Fast alle Geldinstitute bieten ihren Kunden heute Onlinekonten an. Außerdem gibt es eine Reihe von Banken, die ganz ohne Filialen auskommen und ihre Dienste nur über das Internet oder das Telefon anbieten, die sogenannten **Direktbanken**.

Auf dem PC-Bildschirm erscheint ein virtuelles Formular, das genau wie ein reales Überweisungsformular – eben nur per Tastatur – ausgefüllt wird. Um die Sicherheit zu gewährleisten, wird der Zugang zum Konto bei der elektronischen Bank im Internet durch die Eingabe einer PIN geschützt. Darüber hinaus wird jede Transaktion durch die Eingabe einer nur einmal gültigen Transaktionsnummer (TAN) gesichert, die mittlerweile häufig von einem elektronischen TAN-Generator erzeugt wird. Das **HBCI**-Verfahren gilt seit Jahren als die sicherste Möglichkeit, Onlinebanking zu nutzen. Hierbei muss ein Scanner an den zu nutzenden Rechner angeschlossen, eine von der Bank ausgegebene HBCI-Karte eingelesen und zusätzlich eine PIN eingegeben werden. Die Datenübermittlung erfolgt verschlüsselt.

HBCI
Homebanking Computer Interface

Trotz aller Sicherheitsmaßnahmen besteht jedoch immer ein gewisses Risiko, dass Internetkriminelle an persönliche Daten gelangen und diese missbrauchen. Daher sollte sich jeder Nutzer über mögliche Gefahren informieren und grundlegende Sicherheitstipps beachten.

Sicherheitstipps z. B. unter www.bdb.de

*Datenschutz und Datensicherheit, vgl. **TAF 11.1, 4***

Überweisung	
IBAN Auftraggeber	**Ausführungsdatum**
▼	05.10.20XX
Empfänger: Name, Vorname / Firma	kein Empfänger aus Empfängerliste ▼
	☐ Neue Empfängerdaten speichern
IBAN Empfänger	**BIC**
▼	
bei Kreditinstitut	
(Wird automatisch ausgefüllt)	
	Betrag
	, €
Verwendungszweck	**noch Verwendungszweck**
Kontoinhaber	**verbleibende Stellen**
Musterfrau, Maria	

Virtuelles Überweisungsformular

Alles klar?

1 Welche wichtigen Angaben können Sie interner Informationsquellen entnehmen, welche eher externen?

Kapitel 1

2 Was sagt Ihnen eine sogenannte „Zertifizierung" über die Qualität eines potenziellen Lieferanten? Welchen Vorteil sehen Sie darin, dass ein Unternehmen sich zertifizieren lässt?

3 Unterscheiden Sie die Anfrage und das Angebot in Bezug auf ihre rechtliche Verbindlichkeit.

4 Welche der nachstehenden Angebote sind Ihrer Ansicht nach rechtlich bindend, welche nicht?

a Im Schaufenster des PC-Händlers Meier sehen Sie den neusten Tablet-Computer für 399,00 €.

b Der Elektromarkt im nächsten Ort bietet eine Waschmaschine mit dem Vermerk „solange der Vorrat reicht" an.

c Der Baustoffhändler sendet Ihnen ein Angebot für von Ihnen angefragte Dachziegel per Post zu. Drei Tage später widerruft er das Angebot, ebenfalls auf dem Postweg, mangels Lieferfähigkeit.

d Der voran genannte Baustoffhändler widerruft sein Angebot am selben Tag per E-Mail.

e Ihr Baustoffhändler kann Ihnen die Dachziegel nun doch zu einem Preis von insgesamt 3.850,00 € liefern. Sie nehmen an, für 3.500,00 €.

5 Wie unterscheiden sich die beiden Begriffe Rollgeld und Fracht?

6 Welche Kriterien sollten Ihrer Ansicht nach bei der Lieferantenauswahl neben dem Bezugspreis noch berücksichtigt werden? Wie wichtig schätzen Sie diese für die Auswahl ein?

7 Wählt ein Unternehmen den falschen Lieferanten aus, kann das negative Folgen nach sich ziehen.

a Welche Folgen können entstehen, wenn der falsche Lieferant ausgewählt wird?

b Wie erfolgt die Lieferantenauswahl in Ihrem Praktikumsbetrieb?

c Auf welche Auswahlkriterien wird in Ihrem Praktikumsbetrieb besonders wert gelegt?

8 Welche drei Möglichkeiten bestehen für das Zustandekommen eines Kaufvertrages?

Kapitel 2

9 In welchen Fällen muss eine Auftragsbestätigung zwingend erteilt werden?

10 Unterscheiden Sie die drei Arten der Geschäftsfähigkeit.

11 Erklären Sie den Begriff Vertragsfreiheit.

12 Welche Formvorschriften für Verträge gibt es?

13 Im heutigen Geschäftsleben, speziell im Onlinehandel, sind die sogenannten „AGB" fester Bestandteil der Vertragsbedingungen.

a Was sind die „AGB"?

b Welche Zwecke sollen die AGB erfüllen?

c Wann und in welchem Umfang werden AGB unwirksam?

d Welche Probleme können daraus resultieren, dass Sie „vorschnell" AGB akzeptiert haben, ohne diese sorgfältig zu prüfen?

14 Nennen Sie die Bestandteile des Verpflichtungsgeschäfts für Käufer und Verkäufer.

15 Erklären Sie die Begriffe Hol-, Bring- und Schickschulden sowie Erfüllungsort und Erfolgsort.

16 Was passiert durch den Gefahrenübergang?

17 Wo muss ein Gläubiger den Schuldner verklagen, um im Streitfall eine Klärung zu erzwingen? Welche Folgen kann es haben, wenn die Klage nicht beim richtigen (im rechtlichen Sinne zuständigen) Gericht eingereicht wird?

18 Welche Punkte müssen bei der Warenannahme durch den Lageristen überprüft werden?

Kapitel 3   **19** Welche Rügefrist gilt beim zweiseitigen Handelskauf?

20 Welche Voraussetzungen müssen erfüllt sein, damit ein Verkäufer in Lieferungsverzug gerät? Gehen Sie bei der Beantwortung der Frage auch auf die Notwendigkeit einer Mahnung durch den Käufer ein.

21 Erklären Sie die Rechte des Käufers, wenn ein Lieferungsverzug eingetreten ist.

22 Finden Sie fünf Beispiele für einen Zweckkauf.

23 Wann kommt der Käufer in Zahlungsverzug?

24 Wann kann es für den Verkäufer sinnvoll sein, vom Kaufvertrag zurückzutreten?

25 Was sind die Bestandteile des kaufmännischen, was die des gerichtlichen Mahnverfahrens?

26 Wann kommt der Käufer in Annahmeverzug? Welche Rechte ergeben sich hieraus für den Verkäufer?

Kapitel 4   **27** Was sind die üblichen Bestandteile einer Quittung?

28 Für was stehen die Kürzel BIC und IBAN?

29 Grenzen Sie die SEPA-Basislastschrift von der SEPA-Firmenlastschrift ab.

30 Erläutern Sie die unterschiedlichen Arten des Onlinebankings.

11.3 Erfassen von Geschäftsprozessen

1 Dokumentation von Geschäftsprozessen im Rechnungswesen

Das Rechnungswesen eines Industrieunternehmens erfasst und dokumentiert die zahlenmäßig darstellbaren Daten **aller betrieblichen Prozesse**. Diese Prozesse bezeichnet man als Geschäftsprozesse.

Absatz- und Beschaffungsprozess im Industriebetrieb

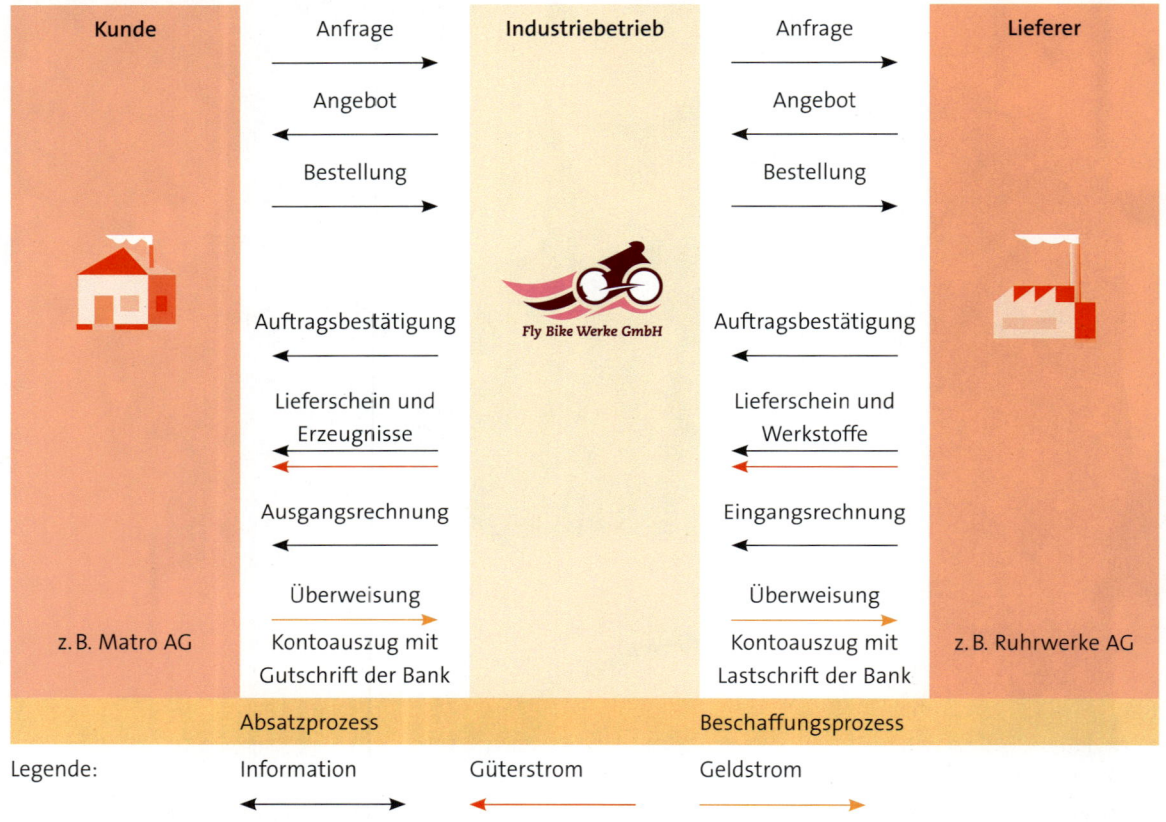

Daten aus Kernprozessen des Industriebetriebes (Beispiele)	
Beschaffung (Einkauf)	Ausgaben für die Beschaffung von Rohstoffen
Leistungserstellung (Produktion)	Kosten für die Herstellung von Erzeugnissen
Marketing (Absatz)	Einnahmen aus dem Verkauf von Erzeugnissen
Logistik im Beschaffungs-, Produktions- und Absatzbereich	Kosten für den Transport und die Lagerung von Werkstoffen und Erzeugnissen

Funktionsmodell eines Industriebetriebes

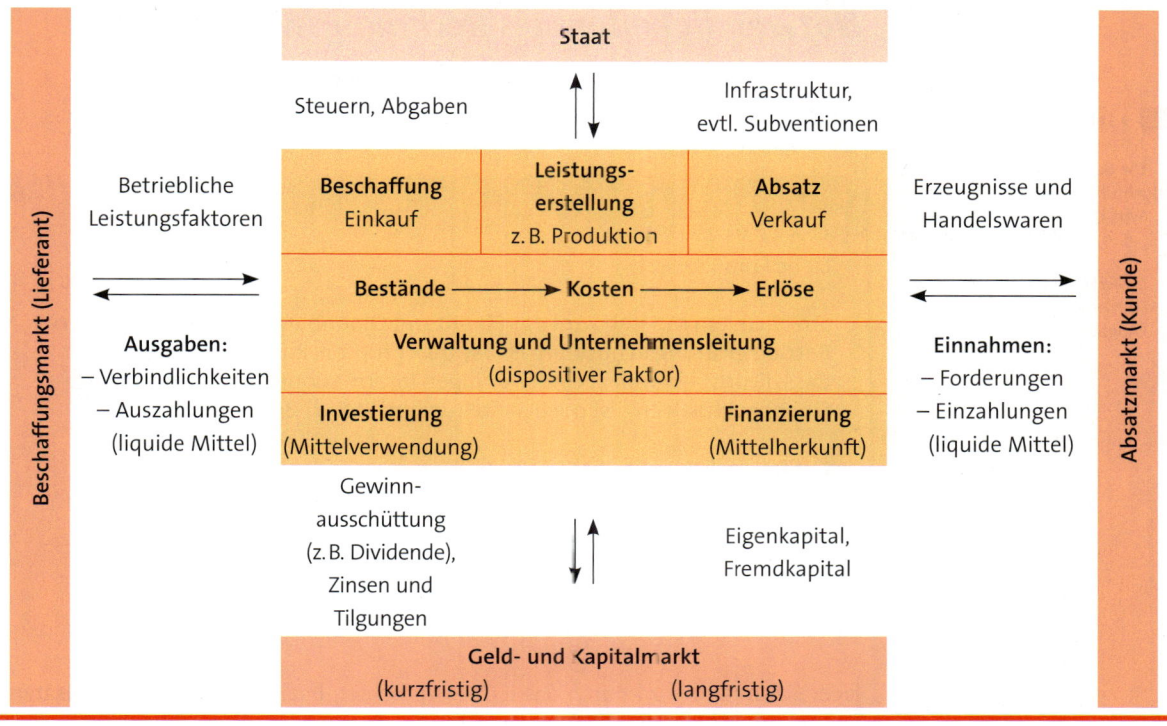

Eine wichtige Aufgabe des Rechnungswesens ist die **Dokumentation** der Werteströme. Dazu gehört die vollständige, richtige, zeitgerechte und geordnete Aufzeichnung aller Geschäftsvorfälle in der **Finanzbuchhaltung**.

Die Dokumentation der Geschäftsvorfälle ist die Basis für die Bereitstellung von **Informationen** an eine Vielzahl von inner- und außerbetrieblichen Interessenten. Auf der Grundlage dieser Informationen kann z. B. die Unternehmensleitung **kontrollieren**, ob und in welchem Maße Unternehmensziele erreicht worden sind. Neben der Kontrolle dienen diese Informationen der **Planung** betriebswirtschaftlicher Entscheidungen für die Zukunft. Lieferanten sind z. B. an Informationen zur Kreditwürdigkeit und Zahlungsfähigkeit des Unternehmens interessiert, der Staat benötigt Informationen zur Festlegung der Besteuerung.

Aufgaben des
Rechnungswesens:
– Dokumentation
– Information
– Planung und Kontrolle

Informationen	Beispiele	mögliche Interessenten
Wert des Vermögens	Warenvorräte, Bankguthaben	Geschäftsleitung
Höhe der Schulden	Darlehensschulden bei Banken, Verbindlichkeiten bei Lieferanten	Unternehmenseigner Staat (Finanzamt) Kreditgeber (Banken)
erzielte Umsätze	Erlöse für Erzeugnisverkauf	Kunden
entstandene Aufwendungen	Rohstoffverbrauch, Löhne, Gehälter, Mieten	Lieferanten Arbeitnehmer Mitbewerber
Art und Höhe des Erfolgs	Gewinn oder Verlust	Öffentlichkeit

1.1 Rechtliche Vorschriften und betriebliche Notwendigkeiten des Rechnungswesens

AB → Lernsituation 21   ### 1.1.1 Rechtliche Grundlagen des Rechnungswesens

Die Begriffe Buchhaltung und Buchführung werden hier synonym, d. h., mit gleicher Bedeutung verwendet.

Merke: „Buchführung" wird immer im HGB und in der AO (Abgabeordnung) verwendet!

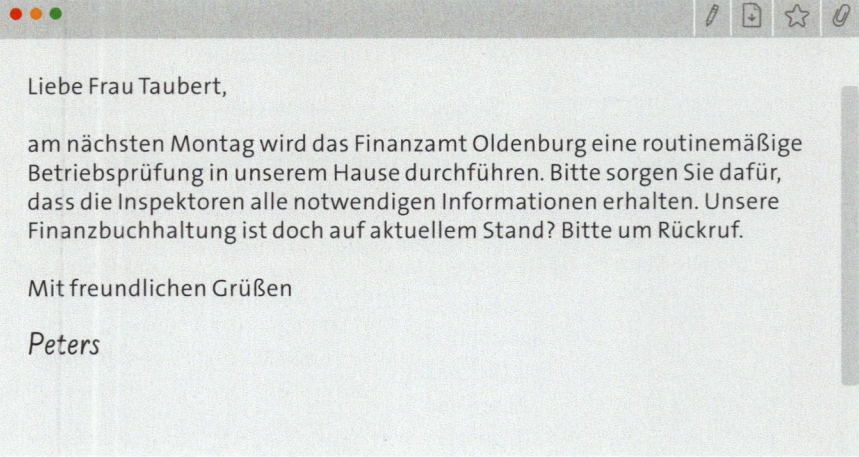

Liebe Frau Taubert,

am nächsten Montag wird das Finanzamt Oldenburg eine routinemäßige Betriebsprüfung in unserem Hause durchführen. Bitte sorgen Sie dafür, dass die Inspektoren alle notwendigen Informationen erhalten. Unsere Finanzbuchhaltung ist doch auf aktuellem Stand? Bitte um Rückruf.

Mit freundlichen Grüßen

Peters

Jeder Kaufmann wird durch das HGB verpflichtet, Bücher nach den **Grundsätzen ordnungsmäßiger Buchführung** zu führen. Die Eintragungen in Büchern und die sonst erforderlichen Aufzeichnungen müssen vollständig, richtig, zeitgerecht und geordnet vorgenommen werden.

Gemäß den steuerrechtlichen Vorschriften der AO (Abgabenordnung) wird der Kreis der **Buchführungspflichtigen** aus Gründen der gerechten Besteuerung erweitert. Wer unterhalb der festgelegten Grenzen liegt, muss beim Finanzamt lediglich eine Einnahmen-/Überschussrechnung einreichen.

Neben dem HGB sind in Abhängigkeit von der Rechtsform des Unternehmens auch das Aktiengesetz (AktG) und das GmbH-Gesetz (GmbHG) zu beachten.

Rechtsformen, vgl. **TAF 12.4, 2**

Gesetzliche Vorschriften zu Buchführung und Jahresabschluss	
Buchführungspflicht nach HGB § 238[1]	**Buchführungspflicht nach AO §§ 140–141[3]**
Alle Kaufleute gem. HGB: – § 1 Istkaufmann – § 2 Kannkaufmann[2] – § 3 Land- und Forstwirtschaft; Kannkaufmann[2] – § 5 Kaufmann kraft Eintragung – § 6 Handelsgesellschaften; Formkaufmann	– Alle Kaufleute gem. HGB sowie – Gewerbliche Unternehmer und Land- und Forstwirte mit einem Jahresumsatz > 600.000,00 € oder Jahresgewinn > 60.000,00 € – Land- und Forstwirte mit einem Wirtschaftswert > 25.000,00 € oder Jahresgewinn > 60.000 €

[1] Gilt nicht mehr für Einzelkaufleute, die unterhalb der Umsatz- und Gewinngrenze nach § 141 AO liegen (§ 241a HGB).
[2] Eintragung ins Handelsregister notwendig.
[3] Stand: 2018

Ist ein Unternehmen verpflichtet, Bücher zu führen, so muss diese Buchführung so beschaffen sein, dass sie einem **sachverständigen Dritten** innerhalb angemessener Zeit einen Überblick über die **Geschäftsvorfälle** und über die **Lage des Unternehmens** vermitteln kann. Dabei müssen sich die Geschäftsvorfälle in ihrer Entstehung und Abwicklung verfolgen lassen (§§ 238 (1) HGB und 145 (1) AO).

Folgen einer nicht ordnungsmäßigen Buchführung:
– Buchführung verliert an Beweiskraft (§ 158 AO)
– Schätzung der Bemessungsgrundlagen für die Steuerberechnung, z. B. für den Gewinn (§ 162 AO)
– Bei Insolvenz evtl. Geld- oder Freiheitsstrafe (§ 283 StGB)

Grundsätze ordnungsmäßiger Buchführung	
Anforderungen (§ 238 HGB, § 145 AO)	**Bedeutung**
Sachverständiger Dritter	Steuerberater, Wirtschaftsprüfer, Betriebsprüfer des Finanzamtes usw.
muss in angemessener Zeit	abhängig von der Größe des Unternehmens und damit vom Umfang der geordneten Buchführung
einen Überblick über die Geschäftsvorfälle	vollständige, richtige, zeitgerechte und geordnete Aufzeichnungen und Aufbewahrung der den Aufzeichnungen zu Grunde liegenden Belege
und einen Überblick über die Lage des Unternehmens erhalten können.	Vermögenslage, Ertragslage, Finanzlage

Die Buchführungspraxis, Gesetze (insbesondere HGB und AO) und die fortlaufende Rechtsprechung (z. B. Bundesfinanzhof) haben in der Vergangenheit eine Vielzahl von Regelungen getroffen, die Einfluss auf die Buchführung und deren Organisation haben. Aus diesen „Grundsätzen ordnungsmäßiger Buchführung" ergibt sich allgemein, dass die Buchführung **wahr** und **klar** sein muss (§ 146 AO; § 239 HGB).

Grundsätze ordnungsmäßiger Buchführung (GOB) gemäß HGB/AO	
Vollständigkeit	Kein Geschäftsvorfall darf in der Buchführung unberücksichtigt bleiben.
Richtigkeit	Jede Buchung muss wahrheitsgemäß erfolgen.
zeitgerecht	Die Buchung muss in angemessener Zeit nach dem Geschäftsvorfall erfolgen; Kasseneinnahmen und -ausgaben sollen täglich erfasst werden.
geordnet	Geschäftsvorfälle sind zeitlich fortlaufend zu erfassen; sachliche Zuordnung auf Konten und geordnete Ablage der Belege.
Belegprinzip	Für jede Buchung muss ein Beleg vorhanden sein.
Sprache, Währung	Handelsbücher und Aufzeichnungen in lebender Sprache; Abkürzungen, Ziffern, Buchstaben oder Symbole nur mit eindeutig festgelegter Bedeutung; Jahresabschluss in deutscher Sprache und in Euro.
Berichtigungen	Eintragungen oder Aufzeichnungen dürfen nicht in einer Weise verändert werden, dass der ursprüngliche Inhalt nicht mehr feststellbar ist (keine Bleistifteintragungen, kein Tipp-Ex, Radieren, Überschreiben, Löschen von Datenträgern usw.).
Aufbewahrungspflicht	Unterlagen der Buchführung müssen aufbewahrt werden.

Gem. HGB und GoB kön-
nen die Bücher geführt
werden
– in gebundener Form
(Seiten, als Bücher
gebunden)
– als geordnete Loseblatt-
sammlungen
– als geordnete Ablage
von Belegen oder
– auf Datenträgern (EDV)

Die Aufbewahrungsfrist beginnt mit dem Ende des betreffenden Kalenderjahres, in dem die Aufzeichnung oder der Beleg entstand.

Aufbewahrungsfristen	
Zehn Jahre	**Sechs Jahre**
– Handelsbücher (z. B. Grund- und Hauptbuch) – Inventare – Eröffnungsbilanzen – Jahresabschlüsse (z. B. GuV-Rechnung, Bilanz) – Arbeitsanweisungen und Organisationsunterlagen (z. B. Programme) – Buchungsbelege (z. B. Ausgangsrechnungen, Kontoauszüge)	– Empfangene Handelsbriefe (z. B. Angebote) – Wiedergaben abgesandter Handelsbriefe (z. B. Bestellungen) – Unterlagen, soweit sie für die Besteuerung von Bedeutung sind

1.1.2 Betriebliche Notwendigkeit des Rechnungswesens

Die Daten des Rechnungswesens sind für viele Bereiche wichtig:

Finanzbuchhaltung

Auf Basis von Belegen werden alle Geschäftsvorfälle wertmäßig erfasst (gebucht) und zeitlich und sachlich geordnet dokumentiert.

Beispiele für Belege und Geschäftsvorfälle:
– Eingangsrechnung Rohstoffeinkäufe
– Ausgangsrechnung für Erzeugnisverkäufe
– Kontoauszug der Bank für Überweisungen an Lieferanten
– Quittung des Verkäufers für einen Bareinkauf von Büromaterial

Jahresabschluss

Der Buchführungspflichtige hat zum Ende jedes Geschäftsjahres einen Jahresabschluss zu erstellen, in dem sein Vermögen und seine Schulden gegenübergestellt (Bilanz) sowie die Aufwendungen und Erträge (Gewinn- und Verlust-Rechnung) ausgewiesen werden müssen.

Datenbasis für den Jahresabschluss sind die jährliche Bestandsaufnahme (Inventur) und die Daten der Finanzbuchhaltung. Beispiele:
– Vermögen: Maschinen, Geschäftsausstattung, Materialvorräte
– Schulden: Bankverbindlichkeiten, Steuerschulden
– Aufwendungen: Materialverbrauch, Löhne, Gehälter
– Erträge: Umsatzerlöse aus dem Verkauf von Erzeugnissen
– Gewinn: Erträge > Aufwendungen

Kosten und Leistungsrechnung

Hier werden nur Werte der Finanzbuchhaltung übernommen, die mit dem Sachziel des Unternehmens im Zusammenhang stehen. Dem Wertezuwachs wird der Werteverzehr gegenübergestellt, um den Betriebsgewinn zu ermitteln. Der Werteverzehr ist Basis für die Kalkulation.

– Sachziel: Betriebszweck, z. B. Produktion und Verkauf von bestimmten Produkten mit Gewinn
– Wertezuwachs: Leistungen, d. h. sachzielbezogene Erträge, z. B. Umsatzerlöse aus dem Produktverkauf
– Werteverzehr: Kosten, d. h. sachzielbezogene Aufwendungen, z. B. Verbrauch von Rohstoffen, Zahlung von Löhnen
– Betriebsgewinn: Leistungen > Kosten
– Kalkulation: Preisermittlung für eigene Erzeugnisse und Handelswaren

Planung

Unternehmerische Zielsetzungen werden in Planungen konkretisiert und als Soll-Werte vorgegeben	– Zielsetzung: z. B. Gewinnerhöhung um 5 % – notwendige Planungen: z. B. Absatz-, Umsatz-, Produktions-, Beschaffungs-, Personal-, Investitions- und Finanzplan – Soll-Werte: z. B. Absatzmengen, Verkaufspreise, Produktionsmengen, Einkaufsmengen und -preise

Controlling

Das Controlling ist bereits bei der Planung beteiligt. Die im Rechnungswesen erfassten Ist-Werte werden den geplanten Soll-Werten gegenübergestellt. Abweichungen und deren Ursachen müssen analysiert, Gegenmaßnahmen geplant und umgesetzt werden. Nicht erreichbare Ziele müssen ggf. neu definiert werden.	– Controlling (engl. to control) bedeutet steuern, regeln, kontrollieren – Abweichungen: Soll-Werte > oder < Ist-Werte – Abweichungsursachen: z. B. erhöhter Materialverbrauch durch Ausschussproduktion – Gegenmaßnahmen: z. B. Wechsel des Materiallieferanten, erweiterte Qualitätskontrollen beim Materialeingang

Statistik

Empfängerbezogene Aufbereitung und Darstellung von Daten in aussagefähigen Tabellen und Diagrammen mit Vergleichsgrößen	– Datenempfänger: unternehmensintern (z. B. Geschäftsleitung) oder -extern (z. B. Jahresabschlussempfänger wie Staat, Gläubiger usw.) – Tabellen und Diagramme: Zahlenübersichten oder grafische Darstellungen (z. B. Linien-, Balken- oder Kreisdiagramme) – Vergleichsgrößen: Ist-Wert mit Ist-Wert (Zeitvergleich) – Soll-Wert mit Ist-Wert = Soll-/Ist-Vergleich – Ist-Wert eigenes Unternehmen mit Ist-Wert anderes Unternehmen (Betriebs- oder Branchenvergleich)

Übersicht: Erfassung und Dokumentation von Werteströmen

Die Werteströme von Geschäftsprozessen z. B. im Einkauf, in der Produktion und im Verkauf verändern den Wert des Vermögens und/oder des Kapitals eines Industrieunternehmens. Diese Veränderungen haben ggf. auch Auswirkungen auf den Erfolg (Gewinn oder Verlust) des Unternehmens.

Die zahlenmäßig erfassbaren Ergebnisse dieser Prozesse nennt man Geschäftsvorfälle.

Geschäftsvorfälle werden zuerst in der Finanzbuchhaltung erfasst (gebucht). Die Ergebnisse werden den anderen Bereichen des Rechnungswesens (Jahresabschluss, Kosten- und Leistungsrechnung, Planung, Controlling, Statistik) zur Verfügung gestellt.

Buchführungspflichtig sind allerdings nur Kaufleute sowie gewerbliche Unternehmer und Land- und Forstwirte, die bestimmte Kriterien erfüllen.

Buchführungspflichtige müssen die Grundsätze ordnungsmäßiger Buchführung beachten.

Übersicht: Aufgaben der Finanzbuchhaltung

Ermittlung der Zusammensetzung und der Veränderung des Vermögens und des Kapitals.	Ermittlung der Erträge und Aufwendungen sowie des Erfolges (Gewinn- oder Verlust) der Geschäftstätigkeit.
Ermittlung von Basisdaten für die Kosten- und Leistungsrechnung, alle Planungsrechnungen, das Controlling, die Statistik und für viele unternehmerische Entscheidungen.	Bereitstellung von Daten für gesetzlich vorgeschriebene Veröffentlichungen (Rechenschaftslegung) wie den Jahresabschluss, z. B. Bilanz sowie Gewinn- und Verlustrechnung.
Ermittlung von Bemessungsgrundlagen, z. B. für die Besteuerung.	Bereitstellung von Beweismitteln bei Rechtsstreitigkeiten (geordnete Aufbewahrung aller buchungsrelevanten Belege)

2 Inventur, Inventar und Bilanz

AB → Lernsituation 22 ## 2.1 Inventur

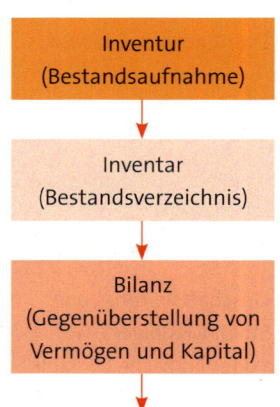 **Beispiel** Im Absatzlager der Fly Bike Werke GmbH wird jeder Eingang fertiger Erzeugnisse aus der Produktion und jeder Erzeugnisverkauf an Kunden in einer Lagerdatei erfasst.

Inventur
Bestandsaufnahme aller Vermögensgegenstände und Schulden nach Art, Menge und Wert

Inventur
(Bestandsaufnahme)

↓

Inventar
(Bestandsverzeichnis)

↓

Bilanz
(Gegenüberstellung von Vermögen und Kapital)

↓

Anfangsbestände für die Buchhaltung im neuen Geschäftsjahr

Lagerdatei

Fly Bike Werke GmbH

City-Räder				Jahr: 20XX Seite 3	
Produkt	Produktbezeichnung				
102	City Fahrradmodell *Surf*				
Datum	Beleg	Vorgang	Zugang	Abgang	Bestand
30.11.	S. 2	Bestandsübertrag Seite 2			40
02.12.	HE 212	Eingang aus Produktion	300		340
14.12.	LS 566	Verkauf an Zweirad GmbH		100	240
28.12.	LS 789	Verkauf an Matro AG		150	90

Sollbestand
Bestand gemäß Aufzeichnungen

Istbestand
Bestand gemäß Inventur

Anhand der Lagerdatei wäre es jederzeit möglich, die aktuellen Lagerbestände aller gelagerten Produkte mengenmäßig anzugeben. Aber auch Lagerdateien können irren! Falsche oder fehlende Eingaben, fehlerhafte Lagerung, nicht entdeckte Diebstähle, Schwund, Beschädigungen und Verderb können dazu führen, dass die Bestände laut Lagerdatei (**Sollbestände**) nicht den tatsächlichen Beständen verkaufsfähiger Erzeugnisse (**Istbestände**) entsprechen. Darüber hinaus muss auch der aktuelle Wert der Bestände festgestellt werden.

Die Aufnahme der Bestände nach Art, Menge und Wert wird **Inventur** genannt. Ziele der Inventur:

- Ermittlung der Istwerte
- Vergleich mit den Sollwerten
- Analyse von Inventurdifferenzen

Vermögenswerte
z. B. Grundstücke, Fahrzeuge, Bankguthaben

Schulden
(Verbindlichkeiten) z. B. Bankdarlehen, unbezahlte Lieferantenrechnungen

Dabei erstreckt sich die Inventur nicht nur auf die Lagerbestände, sondern auf alle **Vermögenswerte** und alle **Schulden** des Unternehmens, damit ein vollständiges Bestandsverzeichnis, das **Inventar**, erstellt werden kann. Dies ist dann die Grundlage für die **Bilanz**, auf die nicht nur die Geschäftsleitung gespannt wartet. Erst dann weiß man mit Sicherheit, ob das letzte Geschäftsjahr tatsächlich erfolgreich war. Mit den ermittelten Bestandswerten startet dann die Buchführung in das neue Geschäftsjahr.

Die Durchführung der Inventur ist gesetzlich vorgeschrieben (§ 240 HGB, §§ 140, 141 AO) und muss erfolgen:

- bei Aufnahme der Geschäftstätigkeit (Gründung, Übernahme)
- am Ende jedes Geschäftsjahres (meistens der 31.12.)
- bei Aufgabe der Geschäftstätigkeit (Auflösung, Verkauf)

2.1.1 Durchführung der Inventur

Körperliche Inventur

Die Bestandsaufnahme der körperlichen Vermögensgegenstände erfolgt durch Zählen, Messen, Wiegen oder im Ausnahmefall durch Schätzen (geringer Wert, unangemessener Arbeitsaufwand des Zählens). Die ermittelten Bestände werden in Inventurlisten oder Inventurkarten eingetragen und anschließend in Euro bewertet. Zusammenfassungen mit Summenbildungen, z. B. Gesamtwerte für jede Warengruppe, sind notwendig.

Inventurliste

Fly Bike Werke GmbH

Vermögensgegenstand	Feststellung der Menge	Bewertung
Y-Rahmen, 1-Gelenker, Material Alu/CrMo	Zählen der Y-Rahmen	Anzahl der Y-Rahmen · Einkaufspreis (Wertminderungen, z. B. bei Mängeln, müssen erfasst werden.)

Einkaufspreis
(Bezugspreis): Verkaufspreis des Lieferanten abzüglich Preisnachlässe zuzüglich Kosten der Lieferung

Buchinventur

Die Bestandsaufnahme nicht körperlicher Gegenstände oder von Vermögensgegenständen, deren Bestand nach Art, Menge und Wert auch ohne körperliche Bestandsaufnahme festgestellt werden kann, erfolgt durch die Überprüfung von Aufzeichnungen, Belegen oder Dokumenten.

§ 241 (2) HGB

Vermögensgegenstände/Schulden	Unterlagen für die Inventur
Fuhrpark, Betriebs- und Geschäftsausstattung	Anlagenkartei, Anlagendatei (EDV)
Bankguthaben	Kontoauszug der Bank
Forderungen gegenüber Kunden	unbezahlte Ausgangsrechnungen an Kunden
Verbindlichkeiten gegenüber Lieferanten	unbezahlte Eingangsrechnungen von Lieferanten

2.1.2 Arten der Inventur

Stichtagsinventur

Die Bestandsaufnahme bezogen auf den letzten Tag des Geschäftsjahres (meist der 31.12.) nennt man Stichtagsinventur. Das bedeutet jedoch nicht, dass alle bereits beschriebenen Tätigkeiten an diesem Tag ausgeführt werden müssen. Kaum ein Unternehmen kann mit dem vorhandenen Personal am letzten Tag des Geschäftsjahres die gesamte Inventur durchführen. Das HGB und die Einkommensteuerrichtlinien (EStR) ermöglichen deshalb eine Auswahl von **Inventurvereinfachungsverfahren**. Dazu gehört, dass die Stichtagsinventur zeitnah, d. h. in der Regel in einen Zeitraum von 10 Tagen vor bis zu 10 Tagen nach dem Stichtag, erfolgen kann.

Besonders wertvolle Wirtschaftsgüter und Bestände, bei denen ins Gewicht fallende, unkontrollierbare, d. h. nicht annähernd abschätzbare Abgänge eintreten können, müssen immer als Stichtagsinventur erfasst werden.

Zeitraum für die Stichtagsinventur

Bei der zeitnahen Inventur ist sicherzustellen, dass alle Bestandsveränderungen, die sich zwischen dem Stichtag und dem Tag der tatsächlichen Bestandsaufnahme ergeben, anhand von Belegen oder Aufzeichnungen berücksichtigt werden.

Verlegte Inventur

§ 241 (3) HGB, Abschnitt 30 Abs. 3 EStR

Ist es nicht sinnvoll möglich, innerhalb der 20-Tage-Frist die gesamte Inventur durchzuführen, kann eine vor- oder nachverlegte Inventur durchgeführt werden. Dadurch wird der Zeitraum zur Durchführung der körperlichen Bestandsaufnahme vergrößert. Gesetzlich vorgegeben ist ein Zeitpunkt innerhalb von drei Monaten vor bis zu zwei Monaten nach dem Stichtag.

Zeitraum für die verlegte Inventur

Durch dieses für viele Unternehmen besonders geeignete Verfahren lässt sich der Personalaufwand erheblich vermindern und Betriebsschließungen können häufig vermieden werden. Die aufwändigen Inventurarbeiten können in eine Zeit verlegt werden, in der der Geschäftsbetrieb und die Menge der aufzunehmenden Bestände (z. B. Warenvorräte) vielleicht geringer sind als am Geschäftsjahresende. Da jedoch auch bei diesem Verfahren der Wert des Bestandes am Stichtag ermittelt werden muss, ist der Bestand, der am Tag der tatsächlichen Bestandsaufnahme nach Art, Menge und Wert festgestellt wurde, wertmäßig (nicht mengenmäßig) auf den Stichtag fortzuschreiben oder zurückzurechnen.

Wertfortschreibung Stahlrohre	Wertrückrechnung Aluminiumrohre
Tatsächliche Bestandsaufnahme am 04.11. (altes Geschäftsjahr) Wert: 45.000,00 €	**Tatsächliche Bestandsaufnahme** am 20.01. (neues Geschäftsjahr) Wert: 22.500,00 €
+ Wert des Wareneinganges vom 05.11. bis 31.12. Wert: 7.500,00 €	− Wert des Wareneinganges vom 01.01. bis 20.01. Wert: 3.200,00 €
− Wert des Warenausganges vom 05.11. bis 31.12. Wert: 6.000,00 €	+ Wert des Warenausganges vom 01.01. bis 20.01. Wert: 6.200,00 €
= Wert des Bestandes am Stichtag 31.12. Wert: 46.500,00 €	= Wert des Bestandes am Stichtag 31.12. Wert: 25.500,00 €

Permanente Inventur

Die permanente Inventur vergrößert den Zeitraum der körperlichen Bestandsaufnahme auf das gesamte Geschäftsjahr. Bei Anwendung dieses Verfahrens ist es möglich, die Aufnahme eines Vermögensgegenstandes nach Art, Menge und Wert zu einem Zeitpunkt anzusetzen, an dem die niedrigsten Bestände erwartet werden. Dies ermöglicht eine Minimierung des Arbeitsaufwandes und, bei überraschender Auswahl der Vermögenswerte, auch eine optimale Kontrolle der Bestandsführung. Zwischen den Aufnahmezeitpunkten einer Vermögensart müssen 12 Monate liegen.

Zeitraum für die permanente Inventur

Voraussetzung für die Anwendung dieses Verfahrens ist eine permanente Aufzeichnung aller Zu- und Abgänge (mengenmäßige Bestandsfortschreibung), die auch durch Belege (Lieferscheine, Rechnungen) nachzuweisen sein muss. Dies ist im Warenlager durch das Führen einer **Lagerdatei** (Lagerbuchführung) möglich. Die Bestandsführung laut Lagerdatei ist bei einem abweichenden Ergebnis der körperlichen Inventur zu korrigieren. Die Ergebnisse der körperlichen Inventur sind in die Lagerdatei aufzunehmen. Vom Prüfenden ist ein Protokoll anzufertigen und zu unterschreiben.

Eine Beschränkung der permanenten Inventur auf Stichproben ist nicht zulässig. Weitere Einschränkungen für bestimmte (z. B. besonders wertvolle) Wirtschaftsgüter sind zu beachten.

Stichprobeninventur

Die Stichprobeninventur ist keine eigenständige Inventurart, sondern ein besonderes Verfahren der Bestandsaufnahme. Es ist erlaubt, Bestände auch mithilfe anerkannter mathematisch-statistischer Methoden aufgrund von Stichproben zu ermitteln, wenn das Verfahren den Grundsätzen ordnungsmäßiger Buchführung entspricht. Hier kann z. B. eine kleine Menge einer Mischung verschiedener Stoffe in seiner Zusammensetzung analysiert und auf den Gesamtbestand hochgerechnet werden. Dieses Verfahren dient damit in erster Linie der Wertermittlung.

§ 241 (1) Satz 1 HGB

Grundsätze ordnungsmäßiger Buchführung (GoB), vgl. **1.1.1**

Übersicht: *Inventur*

Ermittlung der Inventurmengen	Ermittlung der Inventurwerte
Durch Zählen, Messen, Wiegen, Schätzen	Anschaffungskosten (z. B. Einstandspreise) abzüglich Wertminderungen
Inventurarten/Inventurverfahren	
Stichtagsinventur (zeitnahe Inventur)	Inventurvereinfachungsverfahren – Vor- oder nachverlegte Inventur – Permanente Inventur – Stichprobeninventur

AB → Lernsituation 23

2.2 *Inventar*

§ 240 HGB
§ 257 (4) HGB

Inventare sind 10 Jahre aufzubewahren.

Aufbewahrungsfristen, vgl. GoB, **1.1.1**

AR = Ausgangsrechnung

Die in der Inventur ermittelten Vermögensgegenstände und Schulden werden in einem ausführlichen **Bestandsverzeichnis**, dem Inventar, zusammengefasst.

Posten, die nur einen Einzelwert ausweisen, werden direkt in die Hauptspalte (Gesamtwerte) eingetragen. Besteht ein Posten aus mehreren Werten, so sind diese in die Vorspalte (Einzelwerte) einzutragen. Die Einzelwerte werden dann addiert und deren Summe in die Hauptspalte übernommen. Umfangreiche Posten werden in einem separaten Bestandsverzeichnis aufgelistet, damit das Inventar übersichtlich bleibt.

Bestandsverzeichnis

Fly Bike Werke GmbH

Anlage Nr. 11, Forderungsverzeichnis zum Inventar zum 31.12.20XX

Kunden-Nr.	Kunde	Ausgangsrechnungen	Einzelforderungen in €	Gesamt-forderungen in €
100C1	Radbauer GmbH 80335 München	AR: 416 AR: 436	29.600,00 18.560,00	47.560,00
100C2	Schöller & C. Fahrradhandel 60385 Frankfurt am Main	AR: 418	37.120,00	37.560,00
...	...	...	...	...
40021	Hofkauf AG 51065 Köln	AR: 412 AR: 422	71.920,00 58.000,00	129.920,00
40022	Matro AG 45472 Essen (Ruhr)	AR: 440	243.600,00	243.600,00
Gesamtforderungsbestand				720.000,00
Aufgenommen: *Taubert*		Geprüft: *C. Steffes*		

Die drei Bestandteile des Inventars:
A. Vermögen
B. Schulden
C. Ermittlung des Eigenkapitals

Zum Aufbau eines Inventars gibt es keine verbindlichen Formvorschriften, die folgende Darstellung ist aber üblich. In der Praxis kann auf die Erweiterung des Inventars bis zur Ermittlung des Eigenkapitals verzichtet werden, da sich das Eigenkapital aus der Bilanz ergibt.

A. Vermögen

Anlagevermögen
+ Umlaufvermögen
= Gesamtvermögen

Zusammensetzung des Vermögens	
I. Anlagevermögen Vermögensgegenstände, die bestimmt sind, dauernd dem Geschäftsbetrieb zu dienen. Sie sind Voraussetzung für die Aufnahme der Geschäftstätigkeit.	– Immaterielle Vermögensgegenstände, z. B. Konzessionen, Lizenzen – Sachanlagen, z. B. Grundstücke, Gebäude, Maschinen, Geschäftsausstattung – Finanzanlagen, z. B. Wertpapiere zur langfristigen Geldanlage
II. Umlaufvermögen Vermögensgegenstände, die ständig umgesetzt werden, d. h., die sich in ihrer Zusammensetzung ständig ändern. Durch diese Umsetzungen will das Unternehmen einen Erfolg (Gewinn) erzielen.	– Vorräte, z. B. Werkstoffe – Forderungen, z. B. unbezahlte Ausgangsrechnungen – Wertpapiere, z. B. Aktien zur kurzfristigen Geldanlage – Flüssige Mittel, z. B. Kassenbestand (Bargeld), Schecks, Bankguthaben

Fly Bike Werke GmbH

Inventar der Fly Bike Werke GmbH, Oldenburg, zum 31.12.20XX

Vermögens- und Schuldenarten, Eigenkapital	Einzelwerte in €	Gesamtwerte in €
A. Vermögen		
I. Anlagevermögen		
1. Grundstücke und Bauten, Rostocker Str. 334		
Grundstück	135.000,00	
Fabrik- und Verwaltungsgebäude	418.750,00	
Lagerhalle	59.100,00	612.850,00
2. Technische Anlagen und Maschinen lt. Anlagenverzeichn s, Anlage Nr. 1		131.870,00
3. Betriebs- und Geschäftsausstattung lt. Ausstattungsverzeichnissen (AV) gemäß Anlagen		
Werkzeuge, AV Nr. 1, Anlage Nr. 2	5.400,00	
Lager- und Transporteinrichtungen, AV Nr. 2, Anlage Nr. 3	13.889,68	
Fuhrpark, AV Nr. 3, Anlage Nr. 4	3.750,00	
Betriebsausstattung, AV Nr. 4, Anlage Nr. 5	69.015,32	
Geschäftsausstattung, AV Nr. 5, Anlage Nr. 6	5.450,00	97.505,00
II. Umlaufvermögen		
1. Roh-, Hilfs- und Betriebsstoffe, VV[1] Nr. 1, Anlage Nr. 7		288.000,00
2. Unfertige Erzeugnisse, VV Nr. 2, Anlage Nr. 8		48.000,00
3. Fertige Erzeugnisse, VV Nr. 3, Anlage Nr. 9		140.000,00
4. Handelswaren, VV Nr. 4, Anlage Nr. 10		4.000,00
5. Forderungen aus Lieferungen und Leistungen lt. Forderungsverzeichnis, Anlage Nr. 11		720.000,00
6. Kassenbestand (Bargeld) lt. Kassenbericht, Anlage Nr. 12		2.400,00
7. Bankguthaben lt. Kontoauszügen, Anlage Nr. 13		
Deutsche Bank AG, Oldenburg	217.600,00	
Landessparkasse Oldenburg	140.000,00	357.600,00
Summe des Vermögens		2.402.225,00
B. Schulden (Fremdkapital, Verbindlichkeiten)		
I. Langfristige Schulden		
1. Langfristige Bankverbindlichkeiten lt. Kontoauszügen, Anlagen 14 und 15		
Hypothek der Deutschen Bank AG, Oldenburg	524.000,00	
Darlehen der Landessparkasse Oldenburg, Oldenburg	78.000,00	602.000,00
II. Kurzfristige Schulden		
1. Verbindlichkeiten aus Lieferungen und Leistungen lt. Verbindlichkeitenverzeichnis, Anlage Nr. 16		926.225,00
2. Sonstige Verbindlichkeiten lt. Steuer- und Abgabenverzeichnis, Anlage Nr. 17		24.000,00
Summe der Schulden		1.552.225,00
C. Ermittlung des Eigenkapitals		
Summe des Vermögens		2.402.225,00
− Summe der Schulden		1.552.225,00
= Eigenkapital (Reinvermögen)		850.000,00

[1] VV = Vorräteverzeichnisse gemäß Inventurlisten

Die **Anordnung** (Reihenfolge) der Vermögensposten in einem Inventar richtet sich im **Anlagevermögen** nach der **Dauer** der Nutzung.

Gliederung des Anlagevermögens nach abnehmender Nutzungsdauer

Vermögensposten	Nutzungsdauer
Grundstücke	unbegrenzt
Gebäude (je nach Bauweise)	10 bis 33 Jahre
Maschinen (zur Be- und Verarbeitung)	6 bis 16 Jahre
Betriebs- und Geschäftsausstattung, z. B.	3 bis 25 Jahre
— Büromöbel	13 Jahre
— Personalcomputer	3 Jahre

Im **Umlaufvermögen** entscheidet die **Geldnähe** (Liquidität).

Gliederung des Umlaufvermögens nach zunehmender Geldnähe, d. h. der Zeitraum, in dem aus dem Vermögensposten flüssige Mittel geworden sind

Vermögensposten	Geldnähe
fertige Erzeugnisse	Kunde muss gefunden werden
Forderungen	Zahlungsziel muss abgewartet werden
Bankguthaben	sofort verfügbar

B. Schulden

Die Schulden sind nach dem Zeitraum bis zur Rückzahlung zu gliedern.

Gliederung der Schulden nach abnehmender Laufzeit

Art der Schulden	Fälligkeit (Beispiele)	Fristen
Hypothekendarlehen	bis zu 30 Jahren	langfristig (Restlaufzeit über fünf Jahre)
Bankdarlehen	bis zu 10 Jahren	mittelfristig (Restlaufzeit zwischen einem und fünf Jahren)
Verbindlichkeiten gegenüber Lieferern	bis zu 45 Tagen	kurzfristig (Restlaufzeit bis zu einem Jahr)
Verbindlichkeiten gegenüber Finanzbehörden	bis zu 10 Tagen im Folgemonat	

Langfristige Schulden
+   kurzfristige Schulden
=   Gesamtschulden

C. Ermittlung des Eigenkapitals

Gesamtvermögen
−   Gesamtschulden
=   Eigenkapital

Die **Differenz zwischen Vermögen und Schulden** ist das Eigenkapital des Unternehmens. Für die Unternehmenseigner ist das Eigenkapital der entscheidende Posten in einem Inventar, da sie über dessen Verwendung allein entscheiden.

Übersicht: *Inventar*

A. Vermögen I. Anlagevermögen II. Umlaufvermögen	Gliederung nach Nutzungsdauer (Kapitalbindung) bzw. nach Geldnähe (Liquidität)
B. Schulden (Verbindlichkeiten) I. Langfristige Schulden II. Kurzfristige Schulden	Gliederung nach Fälligkeit (Restlaufzeit)
C. Ermittlung des Eigenkapitals	Vermögen − Schulden

2.3 Bilanz

Neben dem Inventar ist zusätzlich eine Bilanz aufzustellen. In der Bilanz wird auf Mengenangaben verzichtet, es werden nur zusammengefasste Werte für bestimmte Posten angegeben. Damit ist die **Bilanz** eine kurz gefasste **Zusammenfassung** des Inventars auf der gleichen Wertebasis.

§ 242 HGB

Bilanz
(ital.) bilancia = Waage

Zur Steigerung der Übersichtlichkeit wird in einer Bilanz das Vermögen dem Eigenkapital und den Schulden gegenübergestellt. Man nennt diese Gegenüberstellung **Kontoform**. Die linke Kontoseite enthält das Vermögen und wird **Aktiva** genannt; die rechte Seite enthält das Kapital und wird als **Passiva** bezeichnet. Wertmäßig muss die Summe der Aktiva immer der Summe der Passiva entsprechen.

§ 247 HGB

Aktiva		Bilanz	Passiva	
Anlagevermögen	in €	Eigenkapital		in €
Umlaufvermögen	in €	Fremdkapital		in €
= Summe Aktiva	in €	= Summe Passiva		in €
= Summe des Vermögens		= Summe des Kapitals		
		= Bilanzsumme =		

Struktur der Bilanz in Kontoform

Der Kaufmann, die persönlich haftenden Gesellschafter einer Personengesellschaft bzw. die Geschäftsführung bei Kapitalgesellschaften haben unter Angabe des Datums die Bilanz zu unterzeichnen.

§§ 245, 257 HGB

Bilanzen sind 10 Jahre aufzubewahren.

Bilanzen einer Kapitalgesellschaft müssen gemäß § 266 HGB besonderen, detaillierten Gliederungsvorschriften entsprechen. Danach kann eine **vereinfachte Bilanz** wie folgt aufgestellt werden. Leerräume sind entwertet (Buchhalternase).

Bilanz der Fly Bike Werke GmbH, Oldenburg,
zum 31.12.20XX (in €)

Aktiva		Passiva	
A. Anlagevermögen		A. Eigenkapital	850.000,00
1. Grundstücke und Bauten	612.850,00	B. Verbindlichkeiten	
2. Technische Anlagen und Maschinen	131.870,00	1. Langfristige Bankverbindlichkeiten	602.000,00
3. Betriebs- und Geschäftsausstattung	97.505,00	2. Verbindlichkeiten aus Lieferungen und Leistungen	926.225,00
B. Umlaufvermögen		3. Sonstige Verbindlichkeiten[1]	24.000,00
1. Roh-, Hilfs- und Betriebsstoffe	288.000,00		
2. Unfertige Erzeugnisse	48.000,00		
3. Fertige Erzeugnisse	140.000,00		
4. Handelswaren	4.000,00		
5. Forderungen aus Lieferungen und Leistungen	720.000,00		
6. Kasse	2.400,00		
7. Bankguthaben	357.600,00		
	2.402.225,00		2.402.225,00

Oldenburg, 28. März 20X1

Hans Peters

[1] Hier Steuern und Abgaben

Bei der Aufstellung einer Bilanz muss das Inventar vorliegen, da die Bilanz eine Zusammenfassung des Inventars darstellt. Damit ist der Wert des Eigenkapitals gegeben. Das Eigenkapital lässt sich aber auch durch Differenzbildung (Saldobildung) direkt aus den Bilanzwerten ermitteln, wenn die folgenden Gleichungen berücksichtigt werden.

Ermittlung des Eigenkapitals

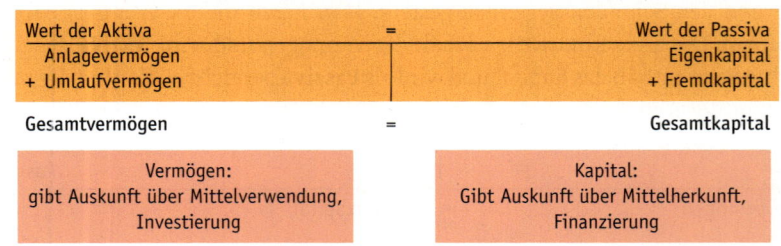

Wert der Aktiva	=	Wert der Passiva
Anlagevermögen		Eigenkapital
+ Umlaufvermögen		+ Fremdkapital
Gesamtvermögen	=	Gesamtkapital

Vermögen: gibt Auskunft über Mittelverwendung, Investierung	Kapital: Gibt Auskunft über Mittelherkunft, Finanzierung

Berechnung des Eigenkapitals:
Eigenkapital = Gesamtvermögen – Fremdkapital oder
Eigenkapital = Gesamtkapital – Fremdkapital

Übersicht: *Bilanz*

Zeitpunkt der Bilanzaufstellung	– Bei Gründung – Bei Übernahme – Am Ende jedes Geschäftsjahres – Bei Veräußerung – Bei Geschäftsaufgabe
Bilanzarten	– Eröffnungsbilanz (bei Gründung eines Unternehmens) – Schlussbilanz (am Ende eines Geschäftsjahres. Jede Schlussbilanz kann jedoch als Eröffungsbilanz für das neue Geschäftsjahr betrachtet werden.)
Aktiva	Linke Bilanzseite: Vermögenswerte = Anlage- und Umlaufvermögen = Mittelverwendung = Investierung
Passiva	Rechte Bilanzseite: Kapitalwerte = Eigen- und Fremdkapital = Mittelherkunft = Finanzierung
Aktiva und Passiva	Beide Summen haben immer denselben Gesamtwert (bilancia, ital. = Waage)

Erfassung und Aufzeichnung von Vermögen und Schulden

Vermögen – Schulden (Verbindlichkeiten) = Eigenkapital

Erfassung	Aufzeichnung	
1. Inventur: Bestandsaufnahme	2. Inventar: ausführliches Bestandsverzeichnis	3. Bilanz: kurz gefasste Gegenüberstellung

3 Grundlegende Buchungen auf Bestands- und Erfolgskonten

Beispiel Melanie Klein ist zurzeit im Rechnungswesen. Eines Morgens zeigt Frau Taubert ihr die Bilanz aus dem Jahr 20XX mit den Vergleichswerten aus dem Vorjahr. Melanie stellt fest, dass im Berichtsjahr 20XX kein einziger Wert mehr so wie im Vorjahr ist. Alle Vermögens- und Kapitalposten haben sich verändert. „Wie kommt es zu diesen Wertveränderungen und welche Bedeutung haben sie denn für das Unternehmen?", fragt Melanie. Frau Taubert erklärt: „In 20XX haben wir zum Beispiel einen höheren Gewinn als im Vorjahr gemacht. Das Eigenkapital ist um 150.000,00 € gestiegen! Dass wir ein gutes Geschäftsjahr beenden würden, wussten wir in der Buchhaltung und natürlich auch die Geschäftsführung schon beizeiten. Mit unserem Finanzbuchhaltungsprogramm haben wir immer alles im Blick." „Und woher kam der Gewinn?", möchte Melanie wissen. „Tja", sagt Frau Taubert, „alles beginnt mit den Geschäftsprozessen und hört bei Bewertungsentscheidungen im Rahmen des Steuer- und Handelsrechts auf."

Fly Bike Werke GmbH

Bilanz der Fly Bike Werke GmbH, Oldenburg,
zum 31.12.20XX (in €)

Aktiva				Passiva		
	Vorjahr	Berichtsjahr			Vorjahr	Berichtsjahr
A. Anlagevermögen				**A. Eigenkapital**	700.000,00	850.000,00
1. Grundstücke und Bauten	635.200,00	612.850,00		**B. Verbindlichkeiten**		
2. Technische Anlagen und Maschinen	224.904,00	131.870,00		1. Langfristige Bankverbindlichkeiten	639.000,00	602.000,00
3. Betriebs- und Geschäftsausstattung	138.371,00	97.505,00		2. Verbindlichketen aus Lieferungen und Leistungen	697.600,00	926.225,00
B. Umlaufvermögen				3. Sonstige Verbindlichkeiten	13.000,00	24.000,00
1. Roh-, Hilfs- und Betriebsstoffe	224.800,00	288.000,00				
2. Unfertige Erzeugnisse	36.000,00	48.000,00				
3. Fertige Erzeugnisse	72.900,00	140.000,00				
4. Handelswaren	0,00	4.000,00				
5. Forderungen aus Lieferungen und Leistungen	541.520,00	720.000,00				
6. Kasse	3.105,00	2.400,00				
7. Bankguthaben	172.800,00	357.600,00				
	2.049.600,00	2.402.225,00			2.049.600,00	2.402.225,00

AB → Lernsituation 24

3.1 Werteveränderungen von Bilanzposten

Geschäftsvorfälle
Werteveränderungen von
Vermögen und Kapital, die von
Geschäftsprozessen ausgelöst
werden

Geschäftsprozesse führen zu Werteveränderungen – in der Buchführung als **Geschäftsvorfälle** bezeichnet – von Vermögens- und Kapitalposten. Eine Bilanz wird immer für einen bestimmten Stichtag, das Geschäftsjahresende, aufgestellt. In einem Unternehmen fallen jedoch täglich eine Vielzahl von Geschäftsvorfällen an, die über das gesamte Jahr hinweg die Werte der einzelnen Bilanzposten verändern.

Beispiel Bilanzposten in € (vor Werteveränderungen)

Aktiva		Passiva	
Maschinen	600.000,00	Eigenkapital	400.000,00
Geschäftsausstattung	200.000,00	Langfr. Bankverbindlichkeiten	300.000,00
Rohstoffe	150.000,00		
Kasse	20.000,00	Kurzfr. Bankverbindlichkeiten	150.000,00
Bankguthaben	30.000,00	Verbindlichkeiten a.L.L.	150.000,00
	1.000.000,00		1.000.000,00

a.L.L.
aus Lieferungen und Leistungen

Bei jedem Geschäftsvorfall sind mindestens zwei Bilanzposten betroffen. Je nachdem, welche Seiten der Bilanz betroffen sind, unterscheidet man **vier Arten der Werteveränderungen von Bilanzposten.**

Aktivtausch
= Vermögenstausch; Gesamtvermögen bleibt gleich

① Aktivtausch

- Beide betroffenen Bilanzposten befinden sich auf der Aktiva-Seite der Bilanz (Vermögenswerte).
- Es erfolgt ein Werteaustausch zwischen den beiden Bilanzposten in derselben Höhe (Vermögenstausch).

Auswirkung auf die Bilanzsumme: Die Bilanzsumme verändert sich nicht.

Beispiel Einkauf von Rohstoffen gegen Banküberweisung in Höhe von 20.000,00 €.

Aktiva		Passiva
Rohstoffe	+ 20.000,00	Keine Veränderungen
Bankguthaben	− 20.000,00	
Die Bilanzsumme bleibt unverändert bei 1.000.000,00 €.		

Passivtausch
= Kapitaltausch; Gesamtkapital
bleibt gleich

② Passivtausch

- Beide betroffenen Bilanzposten befinden sich auf der Passiva-Seite der Bilanz (Kapitalwerte).
- Es erfolgt ein Werteaustausch zwischen den beiden Bilanzposten in derselben Höhe (Kapitaltausch).

Auswirkung auf die Bilanzsumme: Die Bilanzsumme verändert sich nicht.

Beispiel Umwandlung einer kurzfristigen Bankverbindlichkeit in Höhe von 100.000,00 € in ein langfristiges Bankdarlehen.

Aktiva	Passiva	
Keine Veränderungen	Langfr. Bankverbindlichkeiten	+ 100.000,00
	Kurzfr. Bankverbindlichkeiten	− 100.000,00
Die Bilanzsumme bleibt unverändert bei 1.000.000,00 €.		

③ **Aktiv-Passiv-Mehrung**

- Einer der betroffenen Bilanzposten befindet sich auf der Aktiva-Seite, der andere auf der Passiva-Seite der Bilanz (ein Vermögens- und ein Kapitalwert).
- Der Wert der beiden Bilanzposten steigt in derselben Höhe (Vermögens- und Kapitalmehrung).

Auswirkung auf die Bilanzsumme: Die Bilanzsumme steigt.

Aktiv-Passiv-Mehrung
= Vermögens- und Kapitalmehrung

Beispiel Kauf einer PC-Einheit für 3.500,00 € gegen Lieferantenkredit (auf Ziel).

Aktiva		Passiva	
Geschäftsausstattung	+ 3.500,00	Verbindlichke ten a. L. L.	+ 3.500,00

Die Bilanzsumme steigt um 3.500,00 € auf 1.003.500,00 €.

④ **Aktiv-Passiv-Minderung**

- Jeweils einer der betroffenen Bilanzposten befindet sich auf der Aktiva-Seite, der andere auf der Passiva-Seite der Bilanz (ein Vermögens- und ein Kapitalwert).
- Der Wert der beiden Bilanzposten sinkt in derselben Höhe (Vermögens- und Kapitalminderung).

Auswirkung auf die Bilanzsumme: Die Bilanzsumme sinkt.

Aktiv-Passiv-Minderung
= Vermögens- und Kapitalminderung

Beispiel Banküberweisung an einen Lieferanten in Höhe von 5.800,00 € zum Ausgleich einer fälligen Verbindlichkeit.

Aktiva		Passiva	
Bankguthaben	− 5.800,00	Verbindlichkeiten a. L. L.	− 5.800,00

Die Bilanzsumme sinkt um 5.800,00 € auf 997.700,00 €.

Beispiel Bilanzposten in € (nach Werteveränderung)

	Aktiva			Passiva	
	Maschinen	600.000,00	Eigenkapital	400.000,00	
+3.500,00 ③	Geschäftsausstattung	203.500,00	Langfr.		
+20.000,00 ①	Rohstoffe	170.000,00	Bankverbindlichkeiten	400.000,00	+100.000,00 ②
	Kasse	20.000,00	Kurzfr.		
−25.800,00 ①④	Bankguthaben	4.200,00	Bankverbindlichkeiten	50.000,00	−100.000,00 ②
			Verbind ichkeiten a. L. L.	147.700,00	−2.300,00 ③④
		997.700,00		997.700,00	

Werteveränderungen in €

Übersicht: *Werteveränderungen in der Bilanz*

Art der Werteveränderung	Vermögensveränderung	Kapitalveränderung
Aktivtausch	Vermögenstausch	Keine
Passivtausch	Keine	Kapitaltausch
Aktiv-Passiv-Mehrung	Vermögen steigt	Kapital steigt
Aktiv-Passiv-Minderung	Vermögen sinkt	Kapital sinkt

3.2 Bilanz als Wertebasis für Bestandskonten

Die Vielzahl von Geschäftsvorfällen, die täglich in der Buchführung eines Unternehmens erfasst werden müssen, verlangt nach einer übersichtlichen Darstellung der Werteveränderungen. Die Erstellung einer neuen Bilanz nach jedem Geschäftsvorfall genügt den Ansprüchen der Übersichtlichkeit nicht. Die Veränderungen jedes einzelnen Bilanzpostens sollen über das gesamte Geschäftsjahr verfolgt werden können. Für jeden Bilanzposten wird deshalb ein **eigenes Konto** eingerichtet, auf dem alle Werteveränderungen, die diesen Bilanzposten betreffen, erfasst (gebucht) werden. Man nennt diese Konten **Bestandskonten**, weil sie die Bestände der Vermögens- und Kapitalposten der Bilanz fortführen. Abgeleitet aus ihrer Anordnung in der Bilanz unterscheidet man **aktive und passive Bestandskonten**. Die Benennung der Kontenseiten erfolgt mit den Begriffen **Soll** (linke Seite, kurz: S) und **Haben** (rechte Seite, kurz: H).

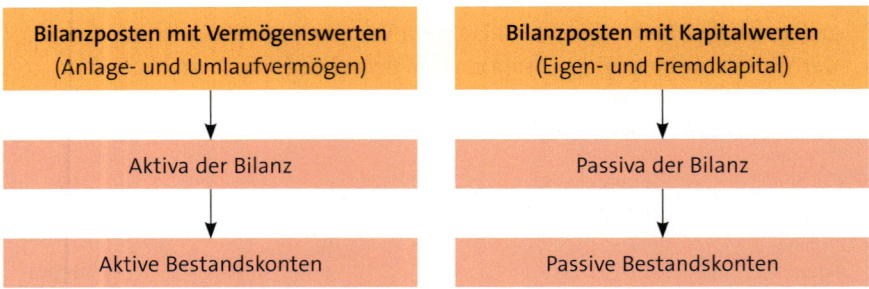

Alle Bestandskonten übernehmen am Geschäftsjahresbeginn ihren Anfangsbestand (kurz: AB) aus der Eröffnungsbilanz. Nach dem System der doppelten Buchführung stehen die Anfangsbestände bei Aktivkonten im Soll, bei Passivkonten im Haben, also immer auf der Seite, auf der sie auch in der Bilanz erscheinen.

S	Aktives Bestandskonto	H	S	Passives Bestandskonto	H
Anfangsbestand (AB) im Soll					Anfangsbestand (AB) im Haben

Auflösung der Eröffnungsbilanz in Bestandskonten

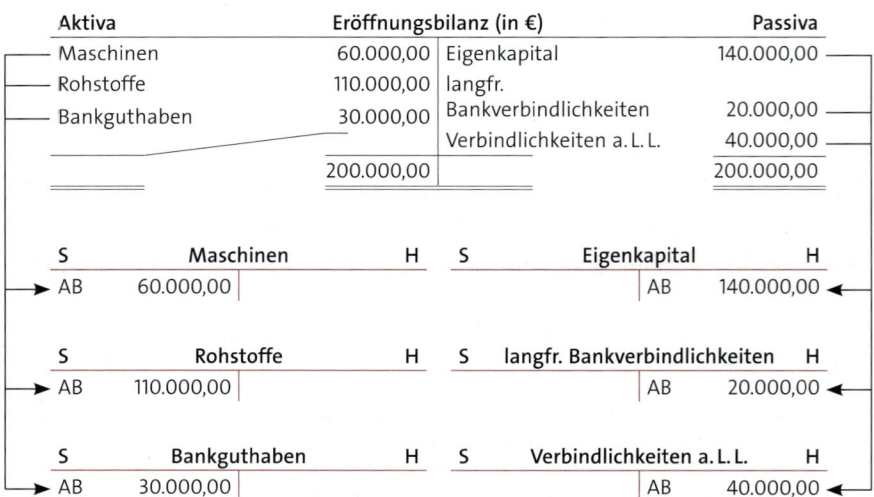

3.2.1 Buchung auf Bestandskonten

Um Geschäftsvorfälle auf den Bestandskonten eindeutig erfassen (buchen) zu können, müssen weitere **Buchungsregeln** eingehalten werden. In der doppelten Buchführung werden die zu erfassenden Werteveränderungen nicht als Pluswert (+) oder Minuswert (–) gekennzeichnet. Eine Werteerhöhung auf einem aktiven Bestandskonto wird auf der Sollseite eingetragen, eine Wertminderung hingegen auf der Habenseite. Bei den passiven Bestandskonten ist dies genau umgekehrt.

S	Aktives Bestandskonto	H
Anfangsbestand (AB) im Soll		Minderung im Haben
Mehrung im Soll		Endbestand (EB) im Haben

S	Passives Bestandskonto	H
Minderung im Soll		Anfangsbestand (AB) im Haben
Endbestand (EB) im Soll		Mehrung im Haben

Beispiel Erfassung von Werteveränderungen auf zwei Bestandskonten

Aktives Bestandskonto
Rohstoffe

1) Anfangsbestand aus der Eröffnungsbilanz: 110.000,00 €
Buchungsregel: AB im Soll

S	Rohstoffe		H
1) AB	110.000,00		

Passives Bestandskonto
Verbindlichkeiten a. L. L.

1) Anfangsbestand aus der Eröffnungsbilanz: 40.000,00 €
Buchungsregel: AB im Haben

S	Verbindlichkeiten a. L. L.		H
		1) AB	40.000,00

2) Geschäftsvorfall: Einkauf von Rohstoffen auf Ziel für 40.000,00 € (Aktiv-Passiv-Mehrung)
Buchungsregel: Mehrung im Soll

S	Rohstoffe		H
1) AB	110.000,00		
2) Mehrung	40.000,00		

Buchungsregel: Mehrung im Haben

S	Verbindlichkeiten a. L. L.		H
		1) AB	40.000,00
		2) Mehrung	40.000,00

3) Ermittlung des Endbestandes (EB) für die Schlussbilanz
Buchungsregel: EB im Haben

S	Rohstoffe		H
1) AB	110.000,00	3) EB	150.000,00
2) Mehrung	40.000,00		
	150.000,00		150.000,00

Buchungsregel: EB im Soll

S	Verbindlichkeiten a. L. L.		H
3) EB	80.000,00	3) AB	40.000,00
		2) Mehrung	40.000,00
	80.000,00		80.000,00

Berechnung des Endbestandes	Beispiel: Bestandskonto Rohstoffe
1. Addition der wertmäßig größeren Kontenseite	Soll: 110.000,00 € + 40.000,00 € = 150.000,00 €
2. Eintragung der Summe auf der wertmäßig größeren Kontenseite	Kontosumme Soll: 150.000,00 €
3. Übertragung der Summe auf die wertmäßig kleinere Kontenseite	Kontosumme Haben: 150.000,00 €
4. Errechnung der Differenz (Saldo): Kontensumme – gebuchte Werte der wertmäßig kleineren Kontenseite = Endbestand	150.000,00 € – 0 = 150.000,00 € Endbestand

3.2.2 Abschluss von Bestandskonten

Sind am Geschäftsjahresende nach der Buchung aller Geschäftsvorfälle die Endbestände aller Bestandskonten (Soll-Werte) errechnet worden, werden diese mit den Ist-Werten der Inventur verglichen und ggf. korrigiert.

In der **Schlussbilanz** werden die Ist-Werte aller Vermögens- und Kapitalkonten gegenübergestellt. Die aktiven Bestandskonten erscheinen auf der Aktiva der Schlussbilanz, die passiven Bestandskonten erscheinen auf der Passiva. Die Summe der Aktiva muss der Summe der Passiva entsprechen.

Die **Erfassung eines Geschäftsganges** von der Eröffnungs- bis zur Schlussbilanz erfolgt in sieben Arbeitsschritten:

1. Erstellung einer Eröffnungsbilanz (Posten und Werte der Schlussbilanz des letzten Geschäftsjahres)
2. Auflösung der Eröffnungsbilanz in Bestandskonten
3. Buchung der Geschäftsvorfälle auf den Bestandskonten
4. Errechnung der Endbestände auf den Bestandskonten (Soll-Werte)
5. Abgleich der Soll-Werte mit den Ist-Werten der Inventur, ggf. Korrektur der Soll-Werte
6. Übernahme der Ist-Werte der Bestandskonten in die Schlussbilanz
7. Abschluss der Schlussbilanz (Die Summen der Aktiva und der Passiva müssen übereinstimmen.)

Nach der Berechnung des Endbestandes müssen auf jedem Bestandskonto **Abschlussstriche** eingetragen werden. Leerzeilen sind nach dem Kontoabschluss mit einer „Buchhalternase" zu entwerten.

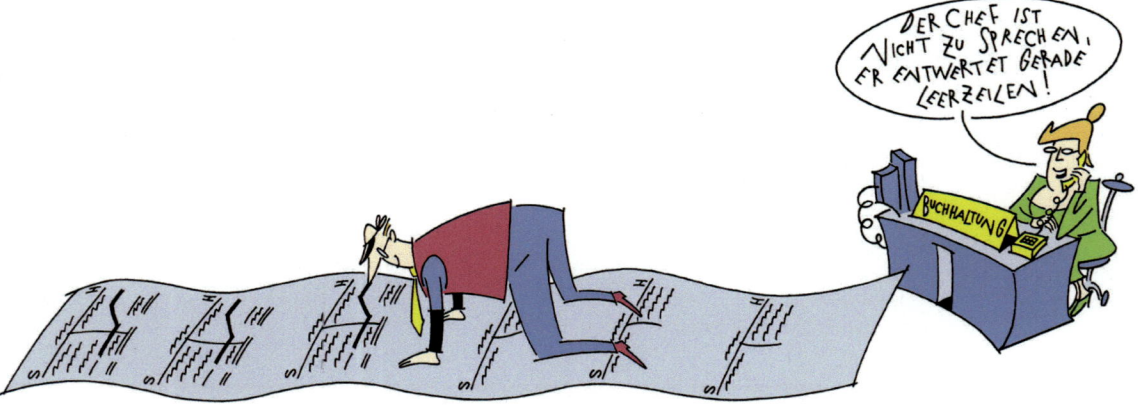

Übersicht: *Berechnung der Endbestände (Soll-Werte)*

Anfangsbestand (AB) + Mehrungen − Minderungen = Endbestand (EB)

aktive Bestandskonten	passive Bestandskonten
Anfangsbestand (AB) + Sollbuchungen − Habenbuchungen = Endbestand (EB)	Anfangsbestand (AB) + Habenbuchungen − Sollbuchungen = Endbestand (EB)

Von der Eröffnungsbilanz zur Schlussbilanz

Geschäftsvorfälle	Konten (Bilanzposten)	Aktiva (A) Passiva (P)	Werteveränderungen	Buchung
1) Einkauf von Rohstoffen auf Ziel 4.000,00 €	Rohstoffe Verbindlichkeiten a. L. L.	(A) (P)	Mehrung (Me) Mehrung (Me)	Soll Haben
2) Darlehensauszahlung auf das Bankkonto 5.000,00 €	Bankguthaben Langfr. Bankverbindlichkeiten	(A) (P)	Mehrung (Me) Mehrung (Me)	Soll Haben
3) Ausgleich einer Verbindlichkeit durch Banküberweisung 500,00 €	Verbindlichkeiten a. L. L. Bankguthaben	(P) (A)	Minderung (Mi) Minderung (Mi)	Soll Haben
4) Einkauf einer Maschine auf Ziel 1.000,00 €	Maschinen Verbindlichkeiten a. L. L.	(A) (P)	Mehrung (Me) Mehrung (Me)	Soll Haben
5) Verkauf nicht benötigter Rohstoffe gegen Banküberweisung 9.000,00 €	Bankguthaben Rohstoffe	(A) (A)	Mehrung (Me) Minderung (Mi)	Soll Haben

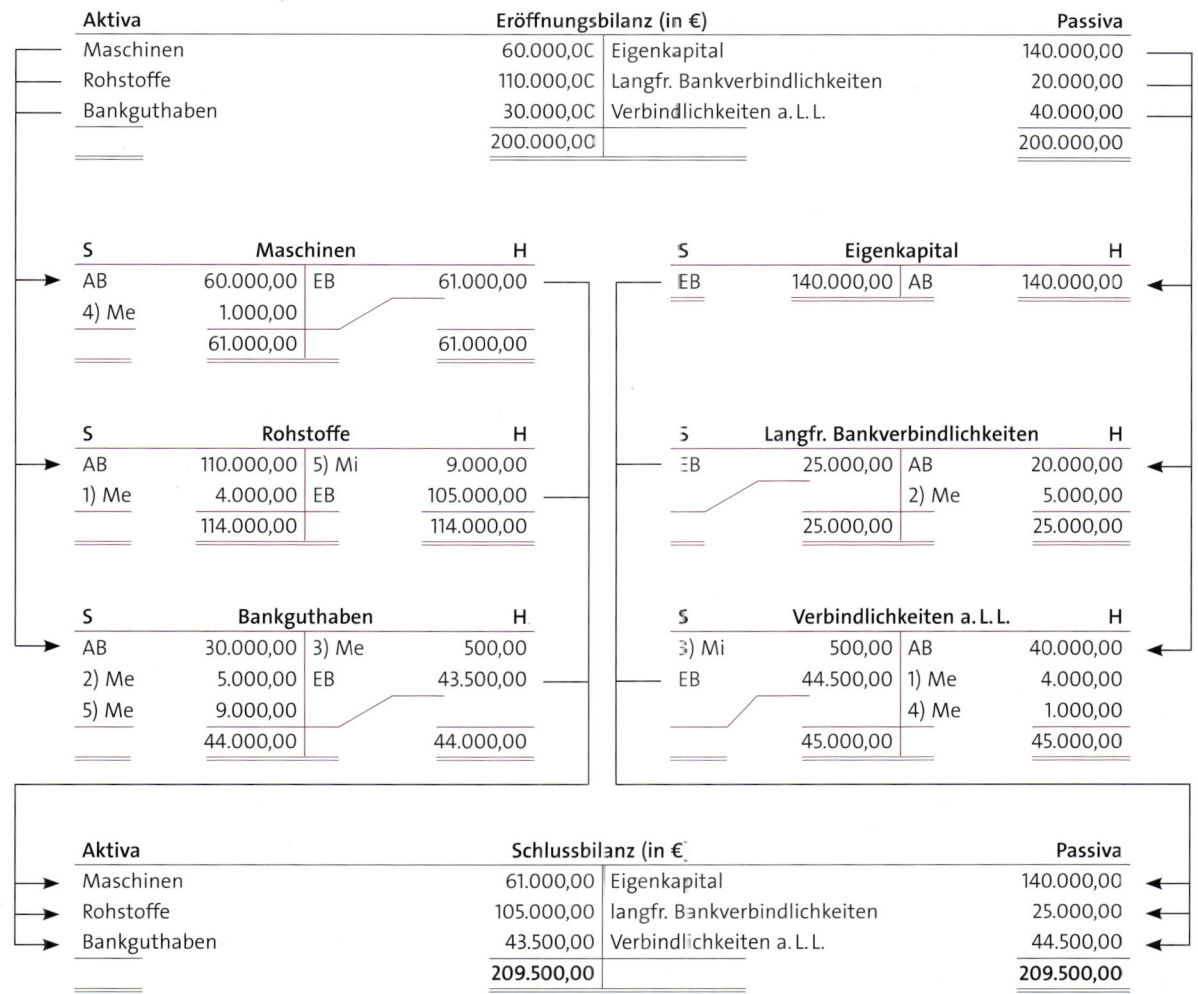

Aktiva	Eröffnungsbilanz (in €)		Passiva
Maschinen	60.000,00	Eigenkapital	140.000,00
Rohstoffe	110.000,00	Langfr. Bankverbindlichkeiten	20.000,00
Bankguthaben	30.000,00	Verbindlichkeiten a. L. L.	40.000,00
	200.000,00		200.000,00

S	Maschinen		H
AB	60.000,00	EB	61.000,00
4) Me	1.000,00		
	61.000,00		61.000,00

S	Eigenkapital		H
EB	140.000,00	AB	140.000,00

S	Rohstoffe		H
AB	110.000,00	5) Mi	9.000,00
1) Me	4.000,00	EB	105.000,00
	114.000,00		114.000,00

S	Langfr. Bankverbindlichkeiten		H
EB	25.000,00	AB	20.000,00
		2) Me	5.000,00
	25.000,00		25.000,00

S	Bankguthaben		H
AB	30.000,00	3) Me	500,00
2) Me	5.000,00	EB	43.500,00
5) Me	9.000,00		
	44.000,00		44.000,00

S	Verbindlichkeiten a. L. L.		H
3) Mi	500,00	AB	40.000,00
EB	44.500,00	1) Me	4.000,00
		4) Me	1.000,00
	45.000,00		45.000,00

Aktiva	Schlussbilanz (in €)		Passiva
Maschinen	61.000,00	Eigenkapital	140.000,00
Rohstoffe	105.000,00	langfr. Bankverbindlichkeiten	25.000,00
Bankguthaben	43.500,00	Verbindlichkeiten a. L. L.	44.500,00
	209.500,00		209.500,00

3.2.3 Erstellen von Buchungssätzen

| ① Welche Bestandskonten werden angesprochen? | → | ② Ist ein aktives Bestandskonto oder ein passives Bestandskonto betroffen? | → | ③ Welche Werteveränderung (Mehrung oder Minderung) liegt vor? | → | ④ Bei welchem Konto muss im Soll und bei welchem im Haben gebucht werden? |

Der einfache Buchungssatz

 **Beispiel** Die Fly Bike Werke GmbH kauft einen neuen Dienstwagen zum Preis von 30.000,00 € auf Ziel (lt. Eingangsrechnung).

① Bei diesem Geschäftsvorfall sind die Konten **Fuhrpark** und Verbindlichkeiten aus Lieferungen und Leistungen (**Verb. a. L. L.**) betroffen.

② Das Konto Fuhrpark zählt zu den **aktiven** Bestandskonten, das Konto Verb. a. L. L. zu den **passiven** Bestandskonten.

③ ④ Der Bestand des Fuhrparks erhöht sich (**Mehrung**). Dies führt bei einem **aktiven** Bestandskonto zu einer **Sollbuchung**.

Der einfache Buchungssatz betrifft immer zwei Konten und besteht aus jeweils einer Soll- und einer Habenbuchung.

③ ④ Auch die Verb. a. L. L. erhöhen sich (**Mehrung**). Dies führt bei einem **passiven** Bestandskonto zu einer **Habenbuchung**.

Mithilfe eines Buchungssatzes kann dieser Geschäftsvorfall eindeutig beschrieben werden. Dabei wird immer eine bestimmte Reihenfolge der Angaben eingehalten:

Aufbau eines einfachen Buchungssatzes	Beispiel
Nennung des Kontos der Sollbuchung	Fuhrpark
Nennung des Betrages der Sollbuchung	30.000,00 €
Das Wort „an" trennt Soll- und Habenbuchung	an
Nennung des Kontos der Habenbuchung	Verbindlichkeiten a. L. L.
Nennung des Betrages der Habenbuchung	30.000,00 €

Der Buchungssatz lautet entsprechend:

| Fuhrpark | 30.000,00 € | an | Verbindlichkeiten a. L. L. | 30.000,00 € |

Aussprache: Fuhrpark 30.000,00 € an Verbindlichkeiten a. L. L. 30.000,00 €

Bei der Übernahme des Buchungssatzes auf die Bestandskonten wird die Art der Werteveränderung (Mehrung oder Minderung) durch den Eintrag auf der Soll- oder Habenseite eindeutig festgelegt. Zum Zwecke der Übersichtlichkeit wird jeweils das Konto der **Gegenbuchung** auf dem Konto vermerkt.

Übernahme auf Bestandskonten

 **Beispiel** Übernahme des einfachen Buchungssatzes auf Bestandskonten (in €)

S	Fuhrpark		H	S	Verb. a. L. L.		H
AB	70.000,00					AB	60.000,00
Verb. a. L. L.	30.000,00					Fuhrpark	30.000,00

Die Angabe „Verb. a. L. L." vor dem Buchungsbetrag sagt aus, dass ein Fahrzeug auf Ziel gekauft wurde. Die Gegenbuchung muss im Haben auf dem Konto Verb. a. L. L. eingetragen sein.

Die Angabe „Fuhrpark" vor dem Buchungsbetrag sagt aus, dass ein Fahrzeug auf Ziel gekauft wurde. Die Gegenbuchung muss im Soll auf dem Konto Fuhrpark eingetragen sein.

Der zusammengesetzte Buchungssatz

 Beispiel Die Fly Bike Werke GmbH kauft Rohstoffe im Wert von 5.200,00 €. Sie bezahlt 1.200,00 € bar und zahlt den Restbetrag von 4.000,00 € durch sofortige Banküberweisung.

Dieser Geschäftsvorfall verändert die Werte von mehr als zwei Konten. Es erfolgt eine Sollbuchung auf dem Konto „Rohstoffe", und es müssen zwei Habenbuchungen auf den Konten „Kasse" und „Bankguthaben" erfasst werden. Dies wird durch einen zusammengesetzten Buchungssatz beschrieben. Die Reihenfolge der Angaben entspricht der des einfachen Buchungssatzes.

Aufbau eines zusammengesetzten Buchungssatzes	Beispiel
Nennung von Konto und Betrag der Sollbuchung(en)	Rohstoffe 5 200,00 €
Das Wort „an" trennt Soll- und Habenbuchung(en)	an
Nennung von Konto und Betrag der Habenbuchung(en)	Kasse 1.200,00 € und Bankguthaben 4.000,00 €

Der zusammengesetzte Buchungssatz lautet entsprechend:

Rohstoffe	5.200,00 €	an	Kasse	1.200,00 €
			Bankguthaben	4.000,00 €

Aussprache:
Rohstoffe 5.200,00 an Kasse 1.200,00 und Bankguthaben 4.000,00

Beispiel Übernahme des zusammengesetzten Buchungssatzes auf Bestandskonten (in €).

S	Rohstoffe		H
AB	20.000,00		
Kasse,	5.200,00		
Bankguthaben			

S	Kasse		H
AB	2.000,00	Rohstoffe	1.200,00

S	Bankguthaben		H
AB	9.000,00	Rohstoffe	4.000,00

Die Angaben „Kasse" und „Bankguthaben" vor dem Buchungsbetrag sagen aus, dass Rohstoffe in bar und per Überweisung gekauft wurden. Die Gegenbuchungen müssen im Haben auf den jeweiligen Konten eingetragen sein.

Die Angabe „Rohstoffe" vor den Buchungsbeträgen sagt aus, dass Rohstoffe eingekauft und zum Teil bar, zum Teil per Überweisung bezahlt wurden. Die Gegenbuchungen müssen im Soll auf dem Konto Rohstoffe eingetragen sein.

Übersicht: Buchungssätze

Einfacher Buchungssatz	Eine Sollbuchung und eine Habenbuchung
Zusammengesetzter Buchungssatz	Mehr als eine Sollbuchung und/oder mehr als eine Habenbuchung

AB → Lernsituation 25

3.3 Belege, Grund- und Hauptbuch

3.3.1 Belege und Belegkontierung

GoB,
vgl. 1.1.1

Keine Buchung ohne Beleg!

Die Grundsätze ordnungsmäßiger Buchführung (GoB) verlangen, dass **für jede Buchung ein Beleg** vorhanden sein muss. Diese Belege müssen aufbewahrt werden und dienen während der Aufbewahrungszeit für den Beweis der Richtigkeit der Buchführung. Jeder Geschäftsvorfall mit zahlenmäßig erfassbaren Auswirkungen auf das Vermögen und/oder das Kapital einer Unternehmung muss durch einen Beleg dokumentiert werden, durch den die Entstehung und die Abwicklung dieses Geschäftsvorfalls verfolgt werden kann. Belege entstehen im Ablauf der Unternehmenstätigkeit durch eigene und fremde Erstellung oder werden für den Zweck der Buchführung eigens erstellt.

Geschäftsvorfall	Beleg
Wareneinkauf auf Ziel	Eingangsrechnung
Überweisung an einen Lieferer	Kontoauszug
Barkauf von Büromaterial	Quittung

Belegerstellung		
Unternehmenseigene Belegerstellung		Unternehmensfremde Belegerstellung
im Ablauf der Unternehmenstätigkeit:	zum Zwecke der Buchführung:	im Ablauf der Unternehmenstätigkeit:
– Ausgangsrechnungen und Gutschriften (Kopien) an Kunden – eigene Zahlungsbelege – Lohn- und Gehaltslisten – Entnahmescheine	– vorbereitende Abschlussbuchungen – Korrekturbuchungen – Notbelege (Kein Beleg vorhanden, z. B. Gespräch aus einer Telefonzelle)	– Eingangsrechnungen und Gutschriften von Lieferern (Werkstoffe, Anlagevermögen, Leistungen) – Kontoauszüge der Banken und Zahlungsbelege von Kunden – Spendenbescheinigungen – Steuerbescheide

Belege von Unternehmensfremden erhalten einen Eingangsstempel mit Tagesdatum (Belegdatum) und eine interne Belegnummer. Liefererbelege (z. B. Eingangsrechnungen) müssen mit der Liefernummer und Kundenbelege (z. B. Kontoauszüge mit Kundenüberweisungen) mit der Kundennummer versehen werden. Alle eingehenden Belege sollten abschließend sachlich und rechnerisch überprüft werden.

Überprüfung einer Eingangsrechnung eines Handelswarenlieferers	
Sachliche Prüfung:	Rechnerische Prüfung:
– Übereinstimmung aller Rechnungswerte (Menge, Artikelart, Einzelpreis in Euro, Rabatte und Skonto in Prozent, Zahlungsziel usw.) mit der Bestellung – Übereinstimmung aller Rechnungswerte mit der Wareneingangsmeldung (Menge, Artikelart, Güte und Beschaffenheit der Ware, ggf. Mängel)	Gesamtpreis je Artikel (Menge · Einzelpreis) Gesamtpreis für alle Artikel in Euro – Rabatt in Euro ------- = Nettowarenwert ggf. zzgl. Bezugskosten + Umsatzsteuer* ------- = Bruttorechnungsbetrag -------

* umsatzsteuerpflichtige Lieferung, vgl. **5**

Zur Vorbereitung der Buchungen werden die Tagesbelege nach Art des Geschäftsvorfalles sortiert und an die Person weitergeleitet, die die Kontierung vornimmt. Die Kontierung ist eine **Buchungsanweisung** für den Beleg. Es werden die durch diesen Beleg betroffenen Konten mit den Beträgen für die Soll- und Habenbuchung angegeben (Buchungssatz). Die Kontierung eines Beleges kann z. B. durch Eintragungen in einen **Kontierungsstempel** auf dem Beleg erfolgen oder auf einer an den Beleg gehefteten Kontierungsfahne oder in Form eines maschinellen Aufdrucks.

Nach der Buchung muss der Beleg **zehn Jahre** aufbewahrt werden. Eine Ablage in Ordnern, sortiert nach Geschäftsjahr, Lieferer, Datum und Beleg-Nr., oder als Datei auf Datenträgern sind die heute noch häufigsten Aufbewahrungsformen.

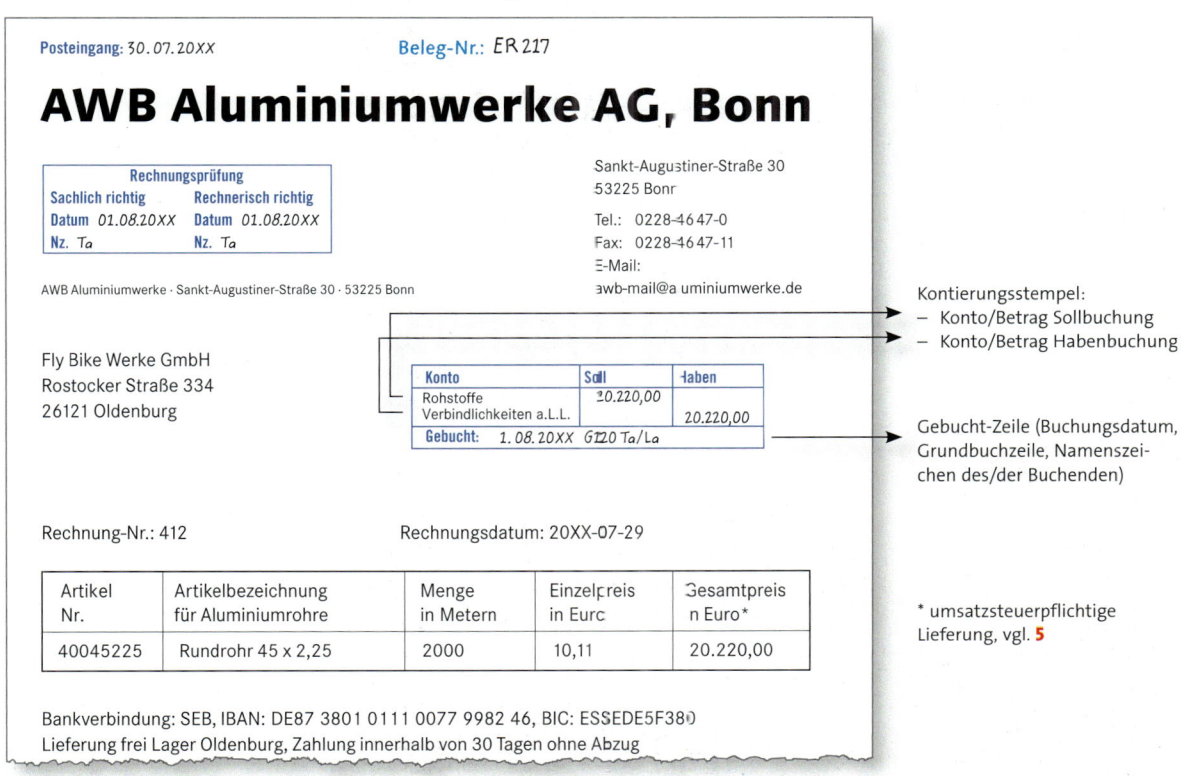

Kontierungsstempel:
– Konto/Betrag Sollbuchung
– Konto/Betrag Habenbuchung

Gebucht-Zeile (Buchungsdatum, Grundbuchzeile, Namenszeichen des/der Buchenden)

* umsatzsteuerpflichtige Lieferung, vgl. **5**

3.3.2 Buchungen im Grund- und Hauptbuch

Sind die Belege vorkontiert, kann gebucht werden. Hierbei sind nach der Ordnung der Buchungen Grundbuch und Hauptbuch zu unterscheiden.

Grundbuch:

Im Grundbuch, auch Journal (franz. le jour = der Tag) oder Primanota (ital. Erstaufzeichnung) genannt, werden die Buchungssätze in zeitlicher (chronologischer) Reihenfolge festgehalten. In der Regel werden zur besseren Kontrolle das Buchungsdatum, das Eingangs- bzw. Ausstellungsdatum des Beleges, die Belegnummer und der Buchungstext aufgezeichnet. Da im Grundbuch alle Geschäftsvorfälle lückenlos erfasst werden, bildet es die Grundlage bei Prüfungen durch Behörden wie z. B. das Finanzamt. Das Grundbuch wird in diesem Lehrwerk wie folgt dargestellt:

Nr.	Soll	€	Haben	€
1)	Kasse	500,00	Bankguthaben	500,00
2)	Fuhrpark	30.000,00	Verbindlichkeiten a. L. L.	30.000,00
usw.				

Geschäftsvorfälle:
1) Barabhebung vom Bankkonto der Fly Bike Werke GmbH
2) Kauf eines Firmenwagens auf Ziel

Hauptbuch:

Da die chronologischen Eintragungen im Grundbuch dem Unternehmen keinen Überblick über die laufenden Veränderungen der einzelnen Vermögens- und Kapitalposten ermöglichen, werden alle Geschäftsvorfälle entsprechend ihrer sachlichen Zusammengehörigkeit gegliedert und auf den entsprechenden Sachkonten gebucht. Die Sachkonten befinden sich im Hauptbuch. Das Hauptbuch ordnet die Buchungen in einer sachlichen Ordnung den einzelnen Konten zu.

S	Kasse	H		S	Bankguthaben	H
AB	300,00			AB	600,00	Kasse	500,00
Bankguthaben	500,00						

Neben dem Grund- und Hauptbuch gibt es die sogenannten Nebenbücher. Dort werden Nebenbuchhaltungen geführt, die die Buchungen im Hauptbuch näher erläutern (z. B. Kreditoren-, Debitoren-, Anlagenbuchaltung).

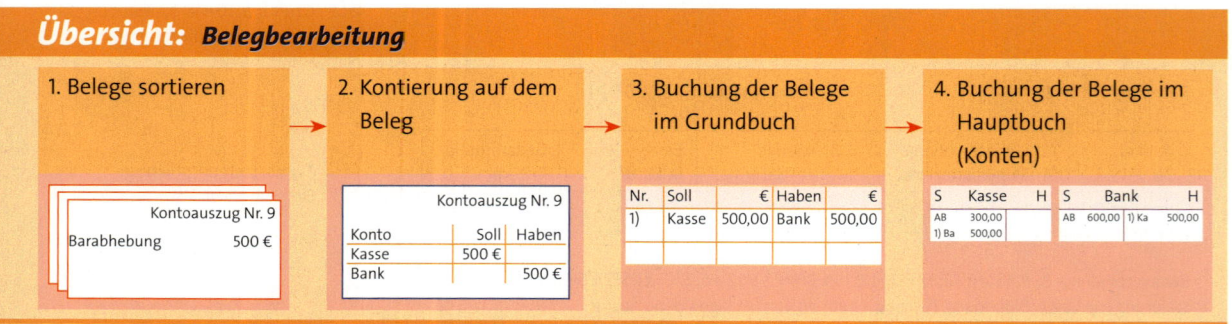

Übersicht: *Belegbearbeitung*

3.4 Vom Eröffnungsbilanzkonto zum Schlussbilanzkonto

AB → Lernsituation 26

Eröffnungsbilanzkonto

Nach dem Grundsatz der Bilanzgleichheit, auch Bilanzidentität genannt, ist die Schlussbilanz am Ende eines Geschäftsjahres identisch mit der Eröffnungsbilanz des neuen Geschäftsjahres. Um die Geschäftsvorfälle des neuen Jahres buchen zu können, wird die Eröffnungsbilanz in Konten aufgelöst.

Bisher wurden die Anfangsbestände in folgender Weise auf die Bestandskonten übertragen:

- von der Aktivseite der Eröffnungsbilanz auf die Sollseite der Aktivkonten,
- von der Passivseite der Eröffnungsbilanz auf die Habenseite der Passivkonten.

Bilanz als Wertebasis für Bestandskonten, vgl. 3.2

Die Anfangsbestände in den Bestandskonten wurden somit auf der gleichen Seite eingetragen, auf der sie auch in der Bilanz stehen. Dieses Vorgehen widerspricht jedoch dem Grundsatz der doppelten Buchführung, der besagt, dass jeder Buchung im Soll eine Buchung im Haben gegenüberstehen muss. Deshalb wird ein zusätzliches Konto im Hauptbuch eingerichtet, das bei der Buchung der **Anfangsbestände** die Gegenbuchung aufnimmt. Diese Funktion übernimmt das Eröffnungsbilanzkonto (EBK).

AB = Anfangsbestand

Wie alle Konten des Hauptbuches erhält das Eröffnungsbilanzkonto als Seitenbenennung die Begriffe Soll und Haben. Das EBK wird dabei zum Spiegelbild der Eröffnungsbilanz. Da alle aktiven Bestandskonten im Soll eröffnet werden müssen, erscheinen die Gegenbuchungen auf dem EBK im Haben, entsprechend erscheinen die Gegenbuchungen der passiven Bestandskonten auf dem EBK im Soll.

S	EBK	H
AB aller passiven Bestandskonten		AB aller aktiven Bestandskonten

Die Buchungssätze bei der **Eröffnung der Bestandskonten** lauten also:

aktive Bestandskonten	an	Eröffnungsbilanzkonto (EBK)
Eröffnungsbilanzkonto (EBK)	an	passive Bestandskonten

Schlussbilanzkonto

EB = Endbestand

Am Ende eines Geschäftsjahres werden die Bestandskonten abgeschlossen. Der **Endbestand** (Saldo) wird errechnet und auf der kleineren Seite eines jeden Bestandskontos zum Ausgleich eingetragen. Für die Aufnahme der Gegenbuchung ist wiederum ein Konto erforderlich. Diese Aufgabe übernimmt das Schlussbilanzkonto (SBK).

S	SBK	H
EB aller aktiven Bestandskonten		EB aller passiven Bestandskonten

Die Buchungssätze beim **Abschluss der Bestandskonten** lauten:

Schlussbilanzkonto (SBK)	an	aktive Bestandskonten
passive Bestandskonten	an	Schlussbilanzkonto (SBK)

Das Schlussbilanzkonto im Hauptbuch ist das Abschlusskonto für die Bestandskonten. Die Bestände im Schlussbilanzkonto werden auf Basis der Buchungen im Grund- und Hauptbuch ermittelt (Sollbestände). Die Aufstellung der Schlussbilanz erfolgt dagegen immer auf Basis des Inventarverzeichnisses (Istbestände laut Inventur).

Inventar, vgl. 2.2

Stimmen die Inventurwerte der Schlussbilanz nicht mit den Buchungen auf dem SBK überein, so müssen die Buchungen korrigiert bzw. ergänzt werden, bis die Werte des Schlussbilanzkontos denen der Schlussbilanz entsprechen.

Inventur, vgl. 2.1

Beispiel Geschäftsgang mit Bilanzen, Grund- und Hauptbuch

Eröffnungsbilanz 20XX mit den Werten der Inventur zum 31.12.20XW

Aktiva	Eröffnungsbilanz zum 01.01.20XX (in €)		Passiva
Maschinen	60.000,00	Eigenkapital	140.000,00
Rohstoffe	110.000,00	Langfr. Bankverb.	20.000,00
Bankguthaben	30.000,00	Verbindlichkeiten a. L. L.	40.000,00
	200.000,00		200.00,00

Grundbuch:

Eröffnungsbuchungen: E1) bis E3) → Aktive Bestandskonten
E4) bis E6) → Passive Bestandskonten

Nr.	Soll	€	Haben	€
E1)	Maschinen	60.000,00	Eröffnungsbilanzkonto	60.000,00
E2)	Rohstoffe	110.000,00	Eröffnungsbilanzkonto	110.000,00
E3)	Bankguthaben	30.000,00	Eröffnungsbilanzkonto	30.000,00
E4)	Eröffnungsbilanzkonto	140.000,00	Eigenkapital	140.000,00
E5)	Eröffnungsbilanzkonto	20.000,00	Langfr. Bankverbindlichkeiten	20.000,00
E6)	Eröffnungsbilanzkonto	40.000,00	Verbindlichkeiten a. L. L.	40.000,00

Buchungen der Geschäftsvorfälle Nr. 1 bis 5:

Nr.	Soll	€	Haben	€
1)	Rohstoffe	4.000,00	Verbindlichkeiten a. L. L.	4.000,00
2)	Bankguthaben	5.000,00	Langfr. Bankverbindlichkeiten	5.000,00
3)	Verbindlichkeiten a. L. L.	500,00	Bankguthaben	500,00
4)	Maschinen	1.000,00	Verbindlichkeiten a. L. L.	1.000,00
5)	Bankguthaben	9.000,00	Rohstoffe	9.000,00

Abschlussbuchungen: A1) bis A3) → Aktive Bestandskonten
A4) bis A6) → Passive Bestandskonten

Nr.	Soll	€	Haben	€
A1)	Schlussbilanzkonto	61.000,00	Maschinen	61.000,00
A2)	Schlussbilanzkonto	105.000,00	Rohstoffe	105.000,00
A3)	Schlussbilanzkonto	43.500,00	Bankguthaben	43.500,00
A4)	Eigenkapital	140.000,00	Schlussbilanzkonto	140.000,00
A5)	Langfr. Bankverbindlichkeiten	25.000,00	Schlussbilanzkonto	25.000,00
A6)	Verbindlichkeiten a. L. L.	44.500,00	Schlussbilanzkonto	44.500,00

Hauptbuch: Eröffnungsbuchungen, Geschäftsvorfälle und Abschlussbuchungen

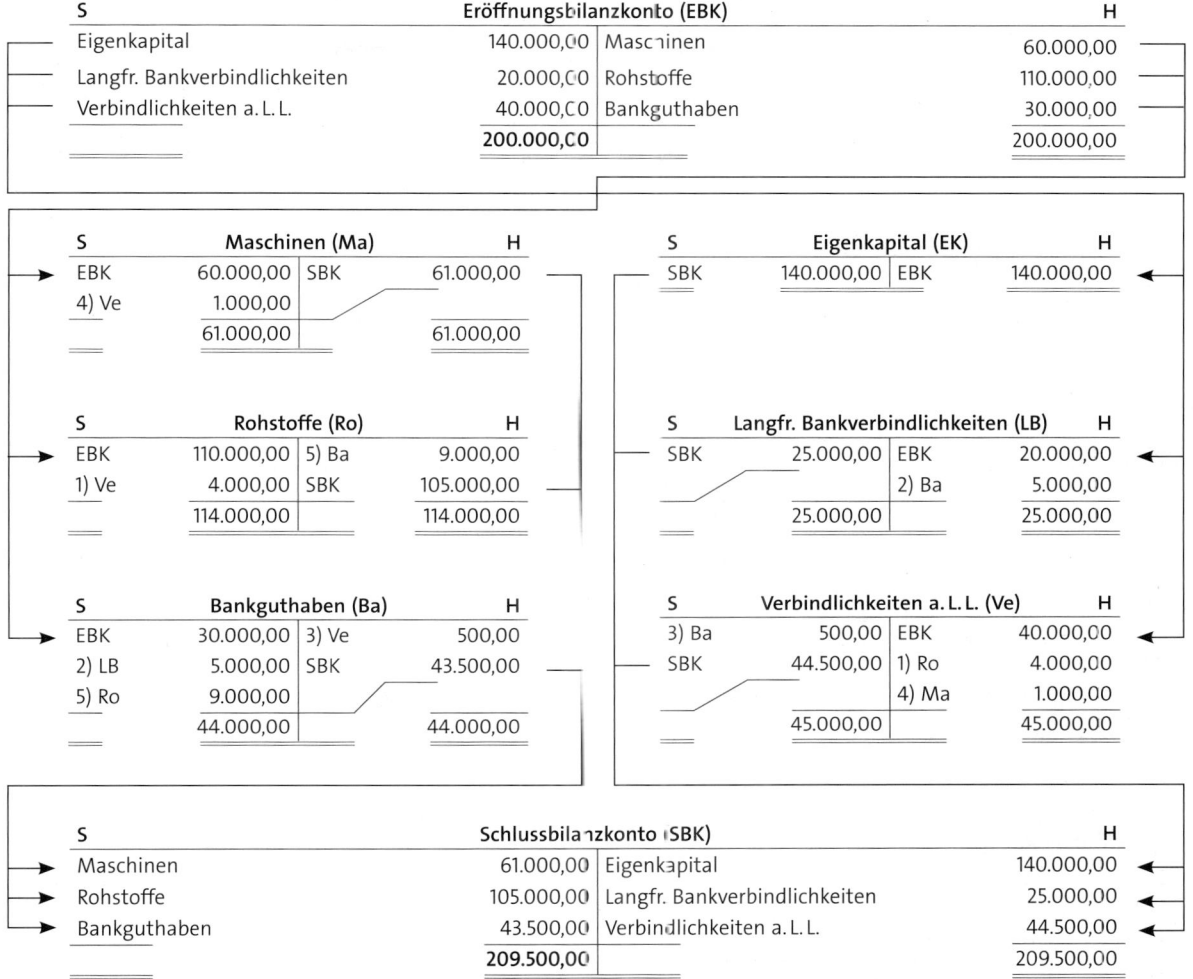

S	Eröffnungsbilanzkonto (EBK)		H
Eigenkapital	140.000,00	Maschinen	60.000,00
Langfr. Bankverbindlichkeiten	20.000,00	Rohstoffe	110.000,00
Verbindlichkeiten a.L.L.	40.000,00	Bankguthaben	30.000,00
	200.000,00		**200.000,00**

S	Maschinen (Ma)		H
EBK	60.000,00	SBK	61.000,00
4) Ve	1.000,00		
	61.000,00		61.000,00

S	Eigenkapital (EK)		H
SBK	140.000,00	EBK	140.000,00

S	Rohstoffe (Ro)		H
EBK	110.000,00	5) Ba	9.000,00
1) Ve	4.000,00	SBK	105.000,00
	114.000,00		114.000,00

S	Langfr. Bankverbindlichkeiten (LB)		H
SBK	25.000,00	EBK	20.000,00
		2) Ba	5.000,00
	25.000,00		25.000,00

S	Bankguthaben (Ba)		H
EBK	30.000,00	3) Ve	500,00
2) LB	5.000,00	SBK	43.500,00
5) Ro	9.000,00		
	44.000,00		44.000,00

S	Verbindlichkeiten a.L.L. (Ve)		H
3) Ba	500,00	EBK	40.000,00
SBK	44.500,00	1) Ro	4.000,00
		4) Ma	1.000,00
	45.000,00		45.000,00

S	Schlussbilanzkonto (SBK)		H
Maschinen	61.000,00	Eigenkapital	140.000,00
Rohstoffe	105.000,00	Langfr. Bankverbindlichkeiten	25.000,00
Bankguthaben	43.500,00	Verbindlichkeiten a.L.L.	44.500,00
	209.500,00		**209.500,00**

Die Inventurwerte stimmen in diesem Beispiel mit den Werten des Schlussbilanzkontos überein. Es müssen keine Korrekturbuchungen vorgenommen werden.

Aktiva	Schlussbilanz zum 31.12.20XX		Passiva
Maschinen	61.000,00	Eigenkapital	140.000,00
Rohstoffe	105.000,00	Langfr. Bankverbindlichkeiten	25.000,00
Bankguthaben	43.500,00	Verbindlichkeiten a.L.L.	44.500,00
	209.500,00		**209.500,00**

Ort, Datum und Unterschrift(en)

Hinweis: Die Angabe der Gegenbuchung erfolgt mit Abkürzungen. Es werden hier zumeist die ersten beiden Buchstaben des Gegenkontos angegeben. Die Auswahl der Abkürzungen ist beliebig, die Angaben müssen jedoch eindeutig sein.

AB → **Lernsituation 27**

3.5 Erfolgsvorgänge buchen

3.5.1 Auswirkung von Erfolgsvorgängen auf das Eigenkapital

Das Eigenkapital ist bisher durch Geschäftsvorfälle nicht verändert worden. Diese hatten keinen Einfluss auf den Gewinn oder Verlust des Unternehmens. Erfolgsvorgänge verändern das Eigenkapital.

Erfolgsvorgänge

Veränderungen des Eigenkapitals durch Aufwendungen und Erträge

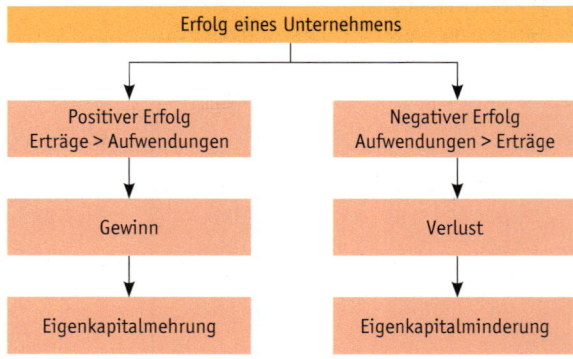

Das Eigenkapital wird durch **Aufwendungen** und **Erträge** verändert. Langfristig müssen die Erlöse aus den Absatzprozessen die Aufwendungen, die im Rahmen der Leistungs- und Beschaffungsprozesse entstehen, übersteigen, damit das Unternehmen Gewinne erzielt. So muss z. B. die Fly Bike Werke GmbH ihre Handelswaren zu einem höheren Preis verkaufen als einkaufen.

Allerdings ist die positive Differenz zwischen Umsatzerlösen und Materialaufwendungen nicht automatisch mit dem Gewinn eines Unternehmens gleichzusetzen. Der gesamte **Werteverzehr** von Produktionsfaktoren bei Beschaffung, Lagerung, Produktion und Absatz sowie die Verwaltung des Unternehmens mindern den Wert des Vermögens und damit das Eigenkapital. Diesem Werteverzehr können neben den Umsatzerlösen weitere Erträge als **Wertezufluss** gegenüberstehen, die den Wert des Vermögens und damit das Eigenkapital erhöhen.

Erträge (Wertezufluss) eines Unternehmens (Beispiele)	
Umsatzerlöse für Waren	Wert der verkauften Waren zu Verkaufspreisen
Umsatzerlöse für eigene Erzeugnisse	Wert der verkauften Erzeugnisse zu Verkaufspreisen
weitere Erträge	Mieterträge, Provisionserträge, Zinserträge

Aufwendungen (Werteverzehr) eines Unternehmens (Beispiele)	
Materialaufwand und Aufwendungen für bezogene Leistungen	Aufwendungen für Roh-, Hilfs- und Betriebsstoffe, bezogene Waren und bezogene Leistungen (Frachten und Fremdlager, Vertriebsprovisionen, Fremdinstandhaltung wie z. B. Reparaturen)
Personalaufwand	Löhne, Gehälter, soziale Aufwendungen (z. B. Arbeitgeberanteile zur Sozialversicherung)
Abschreibungen	Wertminderungen von Vermögensgegenständen (z. B. durch Nutzung)
Aufwendungen für die Inanspruchnahme von Rechten und Diensten	Mieten, Pachten, Leasing, Gebühren, Rechts- und Beratungskosten, Kosten des Geldverkehrs
Aufwendungen für Kommunikation	Büromaterial, Zeitungen, Postgebühren, Reisekosten, Werbung
Aufwendungen für Beiträge	Versicherungsbeiträge, Beiträge zu Verbänden
weitere Aufwendungen	betriebliche Steuern (z. B. Grundsteuer, Kfz-Steuer usw.), Zinsaufwendungen

- Übersteigen die Erträge eines Unternehmens die Aufwendungen, erzielt das Unternehmen einen Gewinn. Das Eigenkapital steigt.
- Übersteigen die Aufwendungen eines Unternehmens die Erträge, macht das Unternehmen Verlust. Das Eigenkapital sinkt.

Eigenkapitalmehrung und Eigenkapitalminderung

Eigenkapitalmehrung durch Gewinn		Eigenkapitalminderung durch Verlust	
Aufwendungen 35.000,00 €	Erträge 40.000,00 €	Aufwendungen 40.000,00 €	Erträge 35.000,00 €
Gewinn 5.000,00 €			Verlust 5.000,00 €

3.5.2 *Buchen auf Erfolgskonten*

Gemäß den Buchungsregeln für passive Bestandskonten könnten alle Aufwendungen (Eigenkapitalminderungen) und Erträge (Eigenkapitalmehrungen) direkt auf dem Konto Eigenkapital gebucht werden. Bei einer Vielzahl von erfolgswirksamen Geschäftsvorfällen würde man als Ergebnis allerdings ein sehr unübersichtliches Eigenkapitalkonto erhalten, aus dem die Höhe einzelner Aufwands- und Ertragsarten nicht ersichtlich wäre.

Aus diesem Grund werden sogenannte **Erfolgskonten** als Unterkonten des Eigenkapitalkontos eingerichtet. Alle erfolgswirksamen Geschäftsvorfälle werden darauf nach Aufwands- und Ertragsarten sachlich geordnet erfasst. Dabei müssen **Erträge immer im Haben** und **Aufwendungen immer im Soll** gebucht werden. Die Gegenbuchung verändert die Werte auf den Bestandskonten. Im Gegensatz zu Bestandskonten haben Erfolgskonten **keinen Anfangsbestand**.

Eigenkapitalkonto mit Unterkonten (Aufwands- und Ertragskonten)

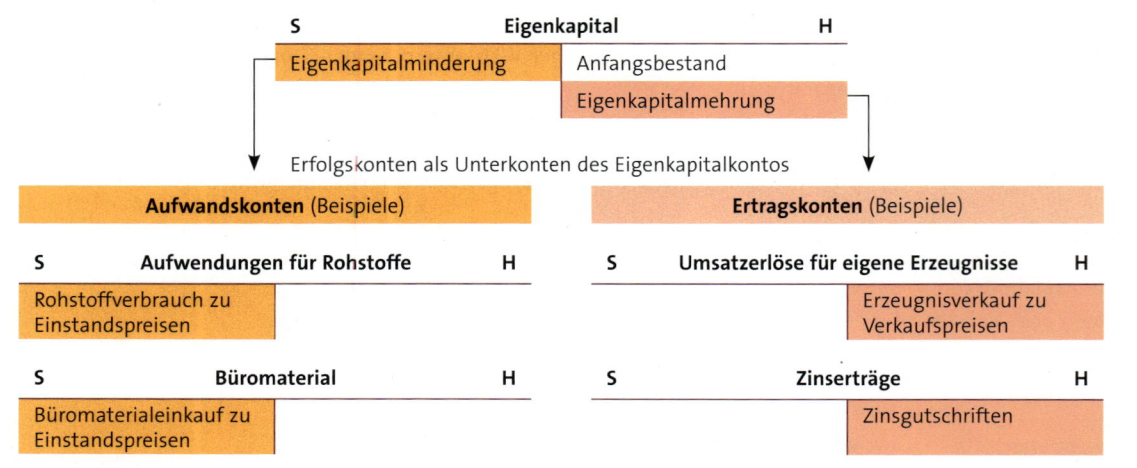

Geschäftsvorfälle:

1) Verbrauch von gelagerten Rohstoffen in der Produktion 42.000,00 €
2) Verkauf von fertigen Erzeugnissen auf Ziel 36.000,00 €
3) Barkauf von Kugelschreibern für die Verwaltung 42,00 €
4) Die Bank schreibt 500,00 € Zinsen gut.

Grundbuch:

Nr.	Soll	€	Haben	€
1)	Aufwendungen für Rohstoffe	42.000,00	Rohstoffe	42.000,00
2)	Forderungen a.L.L	36.000,00	Umsatzerlöse für eigene Erzeugnisse	36.000,00
3)	Büromaterial	42,00	Kasse	42,00
4)	Bankguthaben	500,00	Zinserträge	500,00

Hauptbuch:

Erfolgskonten

S	Aufwendungen für Rohstoffe (AfR)		H
1) Ro	42.000,00		

S	Umsatzerlöse für eigene Erzeugnisse (UfE)		H
		2) Fo	36.000,00

S	Büromaterial (Bü)		H
3) Ka	42,00		

S	Zinserträge (Zi)		H
		4) Ba	500,00

Bestandskonten

S	Rohstoffe (Ro)		H
EBK	25.500,00	1) AfR	42.000,00

S	Forderungen a. L. L. (Fo)		H
EBK	10.900,00		
2) UfE	36.000,00		

S	Kasse (Ka)		H
EBK	5.500,00	3) Bü	42,00

S	Bankguthaben (Ba)		H
EBK	7.200,00		
4) Zi	500,00		

3.5.3 Abschluss von Erfolgskonten

Der Abschluss der Erfolgskonten am Geschäftsjahresende erfolgt nicht direkt über das Eigenkapitalkonto. Übersichtlicher ist es, wenn alle Aufwands- und Ertragskonten zunächst auf einem separaten Konto gegenübergestellt werden, um dort den Erfolg des Geschäftsjahres zu ermitteln. Diese Gegenüberstellung erfolgt auf dem **Gewinn- und Verlustkonto (GuV)**. Der dort ermittelte Erfolg (Gewinn oder Verlust) wird dann in einer Buchung auf das Eigenkapitalkonto übernommen.

Das GuV-Konto ist das Abschlusskonto der Erfolgskonten.

GuV-Konto als Abschlusskonto der Erfolgskonten

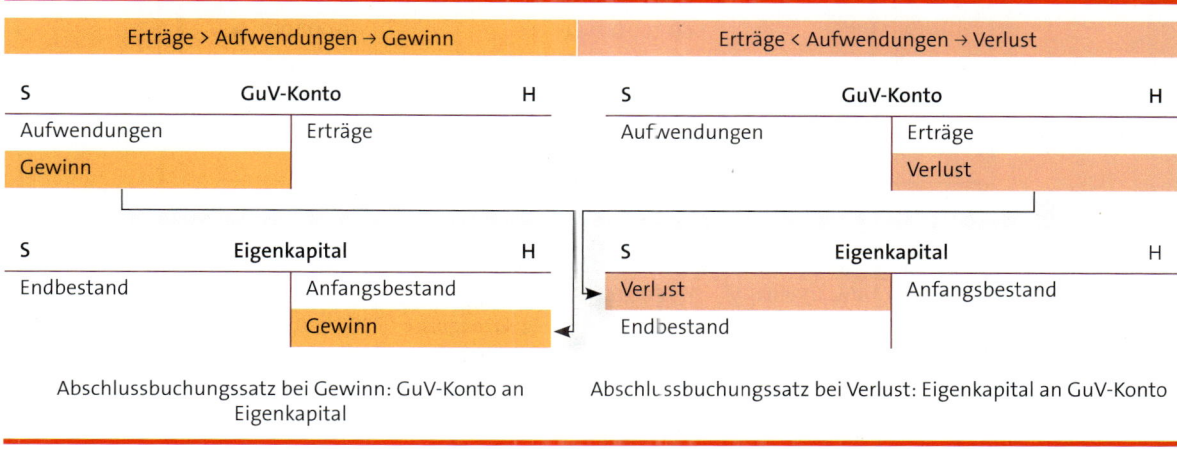

Abschlussbuchungssatz bei Gewinn: GuV-Konto an Eigenkapital

Abschlussbuchungssatz bei Verlust: Eigenkapital an GuV-Konto

Grundbuch:

E = Eröffnungsbuchungen
A = Abschlussbuchungen

E1)	Eröffnung Eigenkapital über EBK
1)	Aufwandsbuchungen (Sammelbuchung über das Bankkonto)
2)	Ertragsbuchungen (Sammelbuchung über das Bankkonto)
A1) bis A6)	Abschluss der Erfolgskonten über GuV-Konto
A7)	Abschluss GuV-Konto über Eigenkapital
A8)	Abschluss Eigenkapital über SBK

UE = Umsatzerlöse

Nr.	Soll	€	Haben	€
E1)	EBK	50.000,00	Eigenkapital	50.000,00
1)	Aufwendungen für Rohstoffe	175.000,00	Rohstoffe	175.000,00
	Löhne	85.000,00	Bankguthaben	125.000,00
	Energie	40.000,00		
2)	Bankguthaben	310.000,00	UE für eigene Erzeugnisse	290.000,00
			Mieterträge	12.000,00
			Zinserträge	8.000,00
A1)	GuV	175.000,00	Aufwendungen für Rohstoffe	175.000,00
A2)	GuV	85.000,00	Löhne	85.000,00
A3)	GuV	40.000,00	Energie	40.000,00
A4)	UE für eigene Erzeugnisse	290.000,00	GuV	290.000,00
A5)	Mieterträge	12.000,00	GuV	12.000,00
A6)	Zinserträge	8.000,00	GuV	8.000,00
A7)	GuV	10.000,00	Eigenkapital	10.000,00
A8)	Eigenkapital	60.000,00	SBK	60.000,00

Hauptbuch:

S	SBK		H
Anlagevermögen	40.000,00	A8) Eigenkapital	60.000,00
Umlaufvermögen	50.000,00	Fremdkapital	30.000,00
	90.000,00		90.000,00

S	EBK		H
E1) Eigenkapital	50.000,00	Anlagevermögen	40.000,00
Fremdkapital	30.000,00	Umlaufvermögen	40.000,00
	80.000,00		80.000,00

S	Eigenkapital		H
A8) SBK	60.000,00	E1) EBK	50.000,00
		A7) GuV	10.000,00
	60.000,00		60.000,00

Gewinn

S	Gewinn- und Verlustkonto		H
A1) Aufw. f. Rohst.	175.000,00	A4) Umsatzerlöse f. eig. Erzeugnisse	290.000,00
A2) Löhne	85.000,00	A5) Mieterträge	12.000,00
A3) Energie	40.000,00	A6) Zinserträge	8.000,00
A7) Eigenkapital	10.000,00		
	310.000,00		310.000,00

S	Aufwendungen für Rohstoffe		H
1) Ro	175.000,00	A1) GuV	175.000,00

S	Umsatzerlöse für eigene Erzeugnisse		H
A4) GuV	290.000,00	2) Ba	290.000,00

S	Löhne		H
1) Ba	85.000,00	A2) GuV	85.000,00

S	Mieterträge		H
A5) GuV	12.000,00	2) Ba	12.000,00

S	Energie		H
1) Ba	40.000,00	A3) GuV	40.000,00

S	Zinserträge		H
A6) GuV	8.000,00	2) Ba	8.000,00

Übersicht: Vom EBK zum SBK einschließlich Erfolgsvorgängen

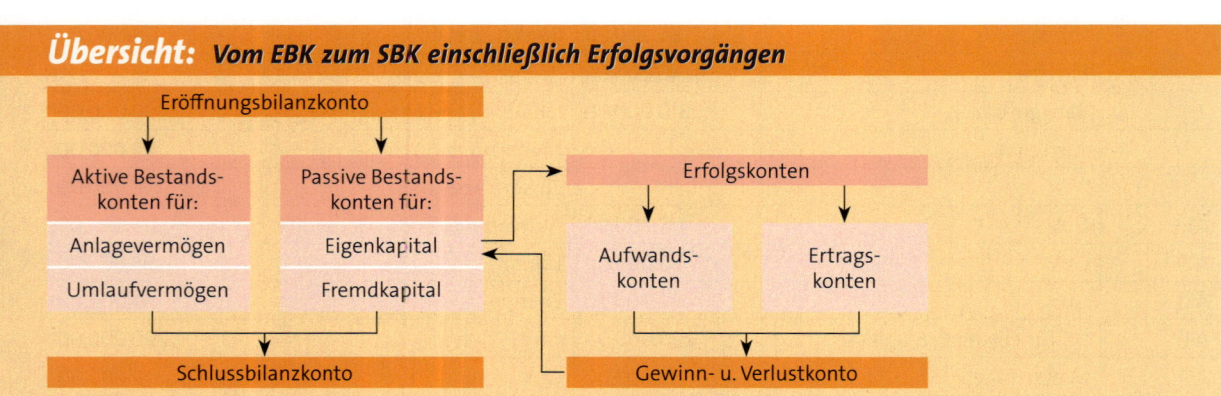

3.6 Erfassen des Materialverbrauchs

Beispiel Für die Produktion ihrer Fahrräder benötigt die Fly Bike Werke GmbH eine Vielzahl von Materialien. Für fast alle Fahrradmodelle werden die Rahmen und zumeist auch die Gabeln in Eigenfertigung produziert. Hierfür benötigt die Fly Bike Werke GmbH verschiedene Roh-, Hilfs- und Betriebsstoffe. Alle anderen Komponenten werden als Vorprodukte oder Fremdbauteile fremdbezogen. In der Finanzbuchhaltung werden für alle Materialien Bestands- und Aufwandskonten eingerichtet. Jeder Verbrauch kann so erfasst werden. Von besonderer Bedeutung sind die folgenden Materialkonten:

Bestandskonten	Aufwandskonten	Beispiel Fly Bike Werke
Rohstoffe/ Fertigungsmaterial	Aufwendungen für Rohstoffe/ Fertigungsmaterial	Stahlrohre, Aluminiumrohre
Vorprodukte/ Fremdbauteile	Aufwendungen für Vorprodukte/ Fremdbauteile	Schaltungen, Sättel, Lenker
Hilfsstoffe	Aufwendungen für Hilfsstoffe	Lacke, Schrauben
Betriebsstoffe	Aufwendungen für Betriebsstoffe/ Verbrauchswerkzeuge	Schmiermittel, Treibstoffe, Reinigungsmittel

Komponentenliste Kinderräder
Komponentennummern und geplante Komponentenpreise

Fly Bike Werke GmbH

Fahrradtypen Set-Nr. FBW:	Jugendrad Twist	Preise in €	Jugendrad Cool	Preise in €
Rahmen	1100	7,47	1110	7,50
Gabel	1600	2,24	1600	2,24
Räder und Schaltung	2100	36,91	2110	40,79
Antrieb	2300	6,55	2310	7,00
Bremsen	2600	6,60	2600	6,60
Bereifung	3100	7,06	3100	7,06
Beleuchtung	4100	6,10	4100	6,10
Lenkung	5100	4,30	5100	4,30
Ausstattung 1	6100	2,65	6100	2,65
Ausstattung 2	6600	2,05	6610	1,95

Will man den Verbrauch von Materialien buchhalterisch erfassen, unterscheidet man grundsätzlich **bestands- und aufwandsorientierte Verfahren**. Kein Industrieunternehmen ermittelt den Verbrauch aller Materialien nach nur einer Erfassungsmethode. Häufig werden mehrere Verfahren nebeneinander im selben Unternehmen angewendet.

Bestandsorientierte Verbrauchsermittlung

Bei der bestandsorientierten Buchungstechnik wird unterstellt, dass alle Einkäufe zuerst auf Lager genommen werden. In der Buchhaltung werden diese Einkäufe in einem ersten Schritt auf das entsprechende **Bestandskonto** gebucht. Erst nach der Ermittlung des jeweiligen Verbrauchs erfolgt in einem zweiten Schritt die Umbuchung auf das **Aufwandskonto**. Je nachdem, ob der Gesamtverbrauch eines Geschäftsjahres gebucht wird oder jeder einzelne Verbrauch, werden zwei unterschiedliche bestandsorientierte Ermittlungsverfahren unterschieden: die Inventurmethode und die Skontrationsmethode.

Bestandsorientierte Buchungen
Schritt 1: Bestandskonto
Schritt 2: Aufwandskonto

Bestandsorientierte Verbrauchsermittlung

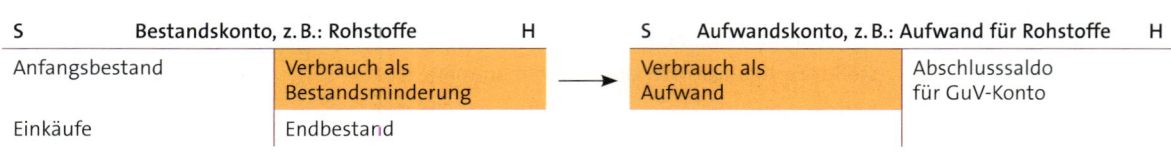

Inventurmethode (Bestandsvergleich)

Besonders arbeitssparend ist die Inventurmethode (auch: Verbrauchsermittlung durch Bestandsvergleich). Dabei wird der Anfangsbestand auf dem Bestandskonto im laufenden Geschäftsjahr um alle Einkäufe erhöht. Am Ende des Geschäftsjahres wird der Endbestand im Rahmen der Inventur festgestellt. Die **Differenz** zwischen Anfangsbestand zuzüglich Einkäufen (Soll) und Endbestand laut Inventur (Haben) wird als **Verbrauch** erfasst. Materialien, die am Geschäftsjahresende nicht mehr auf Lager sind, müssen also verbraucht worden sein. Dieser Verbrauch muss auf das entsprechende Aufwandskonto übernommen werden und in der GuV erscheinen.

Abschluss Bestandskonto nach Inventurmethode:

Anfangsbestand
+ Einkäufe
− Endbestand lt. Inventur

= Verbrauch (Saldo)

Diese Art der Verbrauchsermittlung mit einer **einmaligen Buchung** am Ende des Geschäftsjahres eignet sich für kleine Unternehmen oder für Material, das nur einen geringen Wert bei möglichst gleich bleibendem Einstandspreis und kontinuierlichem Verbrauch aufweist. Schwankt der Verbrauch, kann er auch monatlich ermittelt werden, was jedoch Inventuraufnahmen am Ende eines jeden Monats erforderlich macht.

Inventurmethode

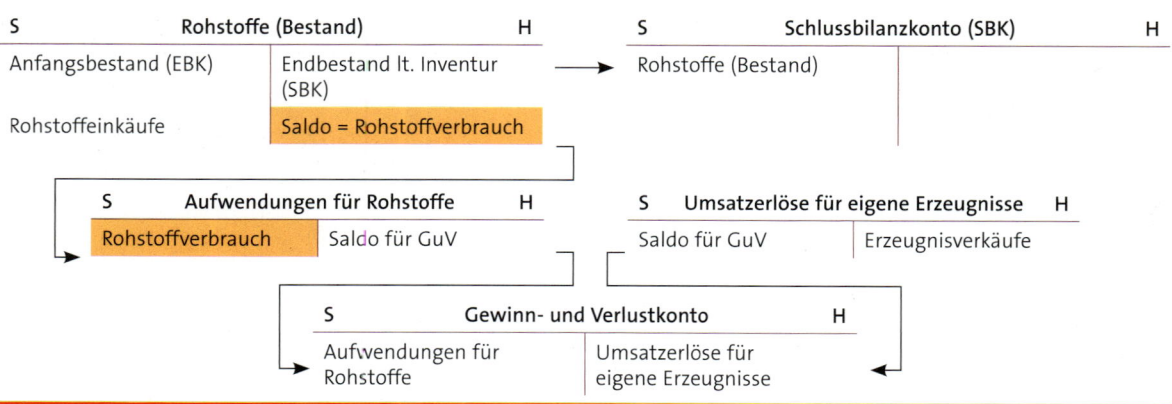

Grundbuch:

Die Anfangs- und Endbestände auf den Bestandskonten sind bereits im Hauptbuch eingetragen.

1) Einkauf von Rohstoffen, bar   50.000,00 €
2) Einkauf von Hilfsstoffen, bar   21.000,00 €
3) Einkauf von Betriebsstoffen, bar   6.000,00 €
4) Verbrauch von Rohstoffen   48.000,00 €
5) Verbrauch von Hilfsstoffen   20.000,00 €
6) Verbrauch von Betriebsstoffen   6.000,00 €
7) Verkauf von fertigen Erzeugnissen, bar   98.000,00 €

Nr.	Soll	€	Haben	€
1)	Rohstoffe	50.000,00	Kasse	50.000,00
2)	Hilfsstoffe	21.000,00	Kasse	21.000,00
3)	Betriebsstoffe	6.000,00	Kasse	6.000,00
4)	Aufwendungen f. Rohstoffe	48.000,00	Rohstoffe	48.000,00
5)	Aufwendungen f. Hilfsstoffe	20.000,00	Hilfsstoffe	20.000,00
6)	Aufwendungen f. Betriebsstoffe	6.000,00	Betriebsstoffe	6.000,00
7)	Kasse	98.000,00	Umsatzerlöse f. eigene Erzeugnisse	98.000,00

Abschluss Werkstoffkonten: GuV an Aufwendungen für RHB-Stoffe
Abschluss Konto Umsatzerlöse: Umsatzerlöse an GuV
Abschluss GuV-Konto: GuV-Konto an Eigenkapital

Hauptbuch:

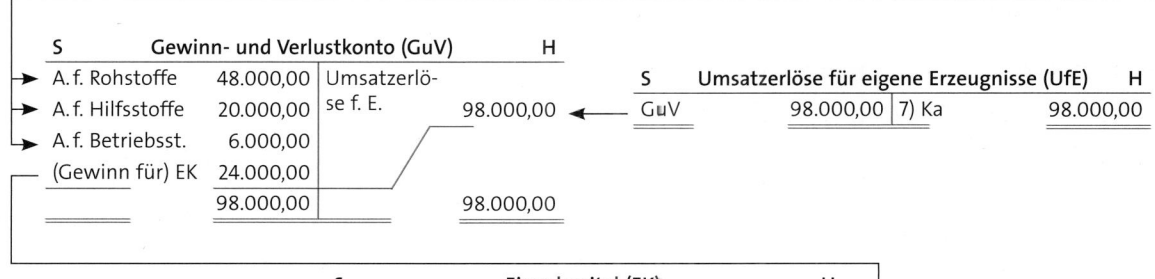

S	Rohstoffe (Ro)		H
EBK	14.000,00	SBK	16.000,00
1) Ka	50.000,00	4) AfR	48.000,00
	64.000,00		64.000,00

S	Aufwendungen für Rohstoffe (AfR)		H
4) Ro	48.000,00	GuV	48.000,00

S	Hilfsstoffe (Hi)		H
EBK	8.000,00	SBK	9.000,00
2) Ka	21.000,00	5) AfH	20.000,00
	29.000,00		29.000,00

S	Aufwendungen für Hilfsstoffe (AfH)		H
5) Hi	20.000,00	GuV	20.000,00

S	Betriebsstoffe (Be)		H
EBK	2.000,00	SBK	2.000,00
3) Ka	6.000,00	6) AfB	6.000,00
	8.000,00		8.000,00

S	Aufwendungen für Betriebsstoffe (AfB)		H
6) Be	6.000,00	GuV	6.000,00

S	Gewinn- und Verlustkonto (GuV)		H
A. f. Rohstoffe	48.000,00	Umsatzerlöse f. E.	98.000,00
A. f. Hilfsstoffe	20.000,00		
A. f. Betriebsst.	6.000,00		
(Gewinn für) EK	24.000,00		
	98.000,00		98.000,00

S	Umsatzerlöse für eigene Erzeugnisse (UfE)		H
GuV	98.000,00	7) Ka	98.000,00

S	Eigenkapital (EK)		H
SBK	324.000,00	EBK	300.000,00
		GuV	24.000,00
	324.000,00		324.000,00

Skontrationsmethode (Bestandsfortschreibung)

Beispiel In der Fly Bike Werke GmbH soll jeder Lagerabgang von Rohstoffen und Fremdbauteilen als Verbrauch ermittelt und in der Buchhaltung erfasst werden. Heute kann unter Verwendung von modernen EDV-Anlagen fast jeder Lagerabgang sofort erfasst werden. Wird der Lagerabgang nicht zeitgleich im EDV-Programm gekennzeichnet, kann der Materialverbrauch auch durch die Erstellung eines Materialentnahmescheins (MES) dokumentiert werden.

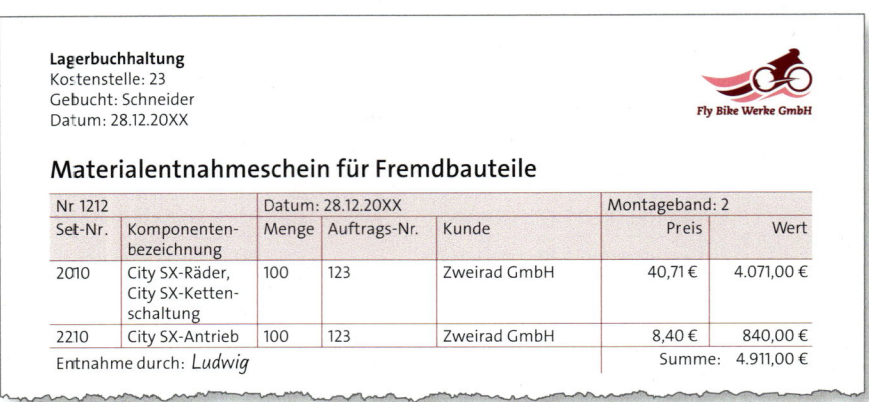

Lagerbuchhaltung
Kostenstelle: 23
Gebucht: Schneider
Datum: 28.12.20XX

Fly Bike Werke GmbH

Materialentnahmeschein für Fremdbauteile

Nr 1212			Datum: 28.12.20XX		Montageband: 2	
Set-Nr.	Komponenten-bezeichnung	Menge	Auftrags-Nr.	Kunde	Preis	Wert
2010	City SX-Räder, City SX-Ketten-schaltung	100	123	Zweirad GmbH	40,71 €	4.071,00 €
2210	City SX-Antrieb	100	123	Zweirad GmbH	8,40 €	840,00 €
Entnahme durch: *Ludwig*					Summe:	4.911,00 €

Grundbuch:

MES =
Materialentnahmeschein

1) Verbrauch von Fremdbauteilen gemäß MES Nr. 1212

Nr.	Soll	€	Haben	€
1)	Aufwendungen für Fremdbauteile	4.911,00	Fremdbauteile	4.911,00

Abschluss Bestandskonto nach Skontrationsmethode:

	Anfangsbestand
+	Einkäufe
−	Entnahmen (Verbrauch)
=	Endbestand (Saldo)

Bei der Verbrauchsermittlung nach der Skontrationsmethode kann jeder einzelne **Lagerabgang** (Buchung Bestandskonto) nahezu zeitgleich zu einer entsprechenden **Verbrauchsbuchung** (Gegenbuchung Aufwandskonto) führen. Für die Kosten- und Leistungsrechnung ist außerdem die Zuordnung zu einem konkreten Lager- oder Kundenauftrag von wesentlicher Bedeutung.

Skontrationsmethode

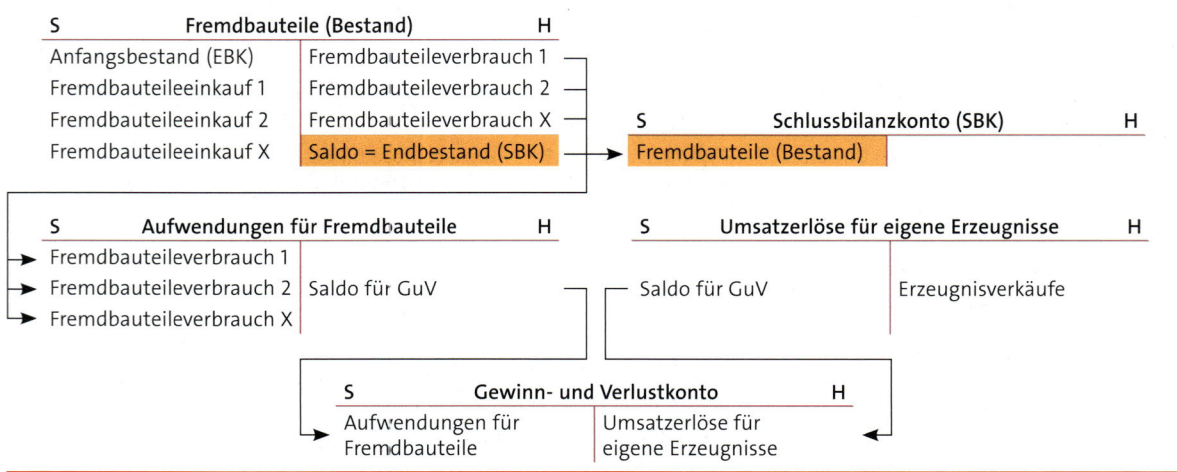

Aufwandsorientierte Verbrauchsermittlung

Bei der modernen aufwandsorientierten Buchungstechnik wird unterstellt, dass das Material direkt in der Produktion angeliefert und umgehend dort verbraucht wird (**Just-in-time**-Verfahren). Die Lagerhaltung spielt also nur eine untergeordnete Rolle zur Überbrückung von kurzzeitigen Lieferengpässen. Entsprechend wird dann in der Buchhaltung jeder Materialeinkauf bei Rechnungseingang sofort auf dem **Aufwandskonto** erfasst. Das wertmäßig untergeordnete Bestandskonto enthält dann nur noch die Inventurbestände und die Bestandsveränderungen zum Ende des Abrechnungszeitraumes.

Just In Time (JIT) steht für „Produzieren auf Abruf". Zu jeder Zeit und auf allen Fertigungs- oder Logistikstufen wird gerade nur so viel beschafft, hergestellt und geliefert, wie aktuell notwendig ist.

Beispiel Die Fly Bike Werke GmbH stellt nach entsprechenden Vereinbarungen mit ihren Lieferanten die gesamte Anlieferung von Aluminiumrohren auf das Just-in-time-Verfahren um. Entsprechend wird in der Buchhaltung der Verbrauch bei Anlieferung und Rechnungsstellung als Aufwand erfasst.

Grundbuch:

1) Anfangsbestand Rohstoffe   13.000,00 €
2) Einkäufe Rohstoffe auf Ziel   460.000,00 €

Zusammengefasste Buchungen einer Abrechnungsperiode (Zielkäufe)

Nr.	Soll	€	Haben	€
1)	Rohstoffe	18.000,00	EBK	18.000,00
2)	Aufwendungen für Rohstoffe	460.000,00	Verbindlichkeiten a.L.L.	460.000,00

Abschluss Rohstoffkonto mit Bestandsminderungen
3) Endbestand Rohstoffe   12.000,00 €
4) Bestandsminderung Rohstoffe   6.000,00 €
5) Abschluss Konto, Aufwendungen für Rohstoffe   479.000,00 €

Nr.	Soll	€	Haben	€
3)	SBK	12.000,00	Rohstoffe	12.000,00
4)	Aufwendungen für Rohstoffe	6.000,00	Rohstoffe	6.000,00
5)	GuV-Konto	466.000,00	Aufwendungen für Rohstoffe	466.000,00

Hauptbuch:

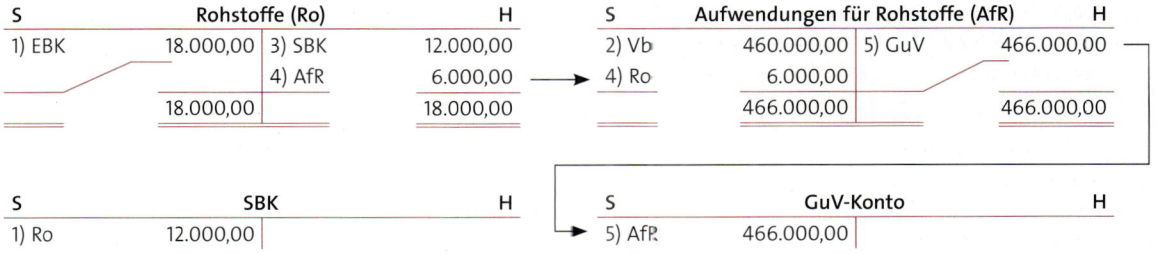

Auch bei der aufwandsorientierten Buchungstechnik muss letztlich der Endbestand durch eine Inventur am Jahresende erfolgen. Dabei wird es regelmäßig vorkommen, dass Anfangs- und Endbestand nicht übereinstimmen: Entweder haben sich die Bestände verringert oder erhöht.

AB > EB
Bestandsminderung =
Aufwandserhöhung

Fall 1: Bei einer Bestandsminderung wurden zusätzlich zu den eingekauften Materialien noch vorhandene Lagerbestände verbraucht.

Grundbuch: 1) Buchung Bestandsminderung, z.B. bei Rohstoffen

1) Aufwendungen für Rohstoffe	an	Rohstoffe

AB < EB
Bestandsmehrung =
Aufwandsminderung

Fall 2: Bei einer **Bestandsmehrung** sind nicht alle in einer Abrechnungsperiode eingekauften Materialien auch tatsächlich in der Produktion verbraucht worden. Sie gelten dann buchungstechnisch als zusätzlicher Lagerbestand (Lagerzugang).

Grundbuch: 2) Buchung Bestandsmehrung, z.B. bei Rohstoffen

2) Rohstoffe	an	Aufwendungen für Rohstoffe

Die Buchung der Bestandsveränderung kann vereinfacht werden, wenn als **alternative Buchungstechnik** der Anfangsbestand des Kontos Rohstoffe am Jahresanfang auf das Konto Aufwendungen für Rohstoffe umgebucht wird. Am Jahresende wird dann der Inventurbestand als Bestandsmehrung erfasst (Rohstoffe an Aufwendungen für Rohstoffe).

Aufwandsorientierte Verbrauchsermittlung

Ermittlung des Materialverbrauchs bei Just-in-time-Anlieferung (fertigungssynchrone Anlieferung):

Fall 1: Bestandsminderung Rohstoffe
Bestandsminderungen im Rohstofflager erhöhen den Aufwand für Rohstoffe in der Erfolgsrechnung (zusätzlicher Verbrauch von Lagermaterial in einer Abrechnungsperiode). Bestandsminderungen = Aufwandserhöhungen

Fall 2: Bestandsmehrung Rohstoffe
Bestandsmehrungen im Rohstofflager vermindern den Aufwand für Rohstoffe in der Erfolgsrechnung (unverbrauchte Rohstoffeinkäufe der Abrechnungsperiode). Bestandsmehrungen = Aufwandsminderungen

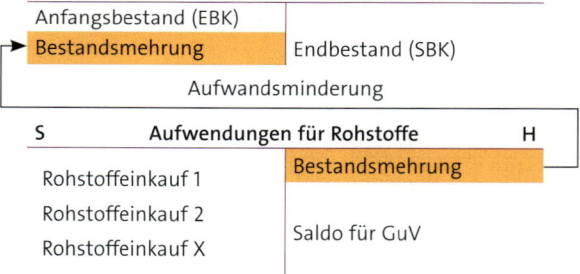

Übersicht: *Methoden zur Erfassung des Materialverbrauchs*

Bestandsorientierte Verbrauchsermittlung bei erheblicher Lagerhaltung	Aufwandsorientierte Verbrauchsermittlung bei fehlender oder unerheblicher Lagerhaltung
Kennzeichen: Alle Einkäufe werden zunächst auf Bestandskonten erfasst.	Kennzeichen: Alle Einkäufe werden direkt auf Aufwandskonten erfasst.
Inventurmethode: Anwendung bei Materialien mit geringem Wert	Anwendung: für alle Materialien, die just in time direkt in die Produktion geliefert werden
Skontrationsmethode: Anwendung bei Materialien mit erheblichen Werten	Anwendung in der Praxis nur bei mengen- und wertmäßig bedeutenden Rohstoffen, Vorprodukten und Fremdbauteilen

3.7 Bestandsveränderungen bei fertigen und unfertigen Erzeugnissen

Beispiel Wieder einmal ist ein Geschäftsjahr der Fly Bike Werke GmbH zu Ende gegangen. Frau Klein studiert die Inventurlisten. Auf einer fällt ihr auf, dass von dem Modell Free noch 180 Stück auf Lager sind. „Wieso haben wir von dem Modell Free so viele auf Lager?", fragt sie Frau Taubert. „Läuft das Modell nicht mehr so gut?" „Nein, nein", antwortet Frau Taubert, „das Modell ist erst im Dezember in großer Stückzahl produziert und noch nicht vollständig ausgeliefert worden. Das ist eine ganz normale Bestandserhöhung bei einem fertigen Erzeugnis."

Die Gesamtleistung eines Unternehmens beschränkt sich nicht nur auf die Absatzleistung (Umsatzerlöse), sondern wird auch durch die Lagerleistung (Bestandsveränderung) sowie die Eigenleistung beeinflusst.

Gesamtleistung eines Unternehmens aus eigener Produktion	
Absatzleistung	Verkaufserlöse aller verkauften eigenen Erzeugnisse
Lagerleistung	Wert der noch nicht verkauften unfertigen und fertigen Erzeugnisse (bewertet zu Herstellungskosten)
Eigenleistung	Wert von z. B. selbst erstellten Anlagen (bewertet zu Herstellungskosten)

Alle Industrieunternehmen müssen zum Ende eines Geschäftsjahres auch ihre Bestände an unfertigen und fertigen Erzeugnissen mengen- und wertmäßig erfassen. So kann festgestellt werden, ob sich der jeweilige Lagerbestand erhöht oder vermindert hat. Per Saldo führt nur eine **Bestandsmehrung** in der GuV zu einem Ertrag, **Bestandsminderungen** vermindern den Ertrag des Geschäftsjahres.

Die Ermittlung der **Bestandsveränderungen** in der Buchführung erfolgt durch den Vergleich der Anfangsbestände (AB) und der Endbestände (EB) auf den Bestandskonten unfertige und fertige Erzeugnisse, die im Hauptbuch bereits vorgegeben sind.

Bestandsminderung: Bestandsmehrung:
AB > EB EB > AB

Bei einer Bestandsminderung wurden in einer Periode mehr fertige Erzeugnisse verkauft als hergestellt. Lagerbestände der Vorjahre wurden abgebaut.

Bei einer Bestandsmehrung wurden in einer Periode mehr fertige Erzeugnisse hergestellt als verkauft. Die Lagerbestände haben zugenommen.

Versandlager der Fly Bike Werke GmbH

Grundbuch:
1) Buchung der Bestandsminderung an unfertigen Erzeugnissen
2) Buchung der Bestandsmehrung an fertigen Erzeugnissen
3) Abschluss Konto Bestandsveränderungen

Nr.	Soll	€	Haben	€
1)	Bestandsveränderungen	9.900,00	Unfertige Erzeugnisse	9.900,00
2)	Fertige Erzeugnisse	273.900,00	Bestandsveränderungen	273.900,00
3)	Bestandsveränderungen	264.000,00	GuV-Konto	264.000,00

Hauptbuch:

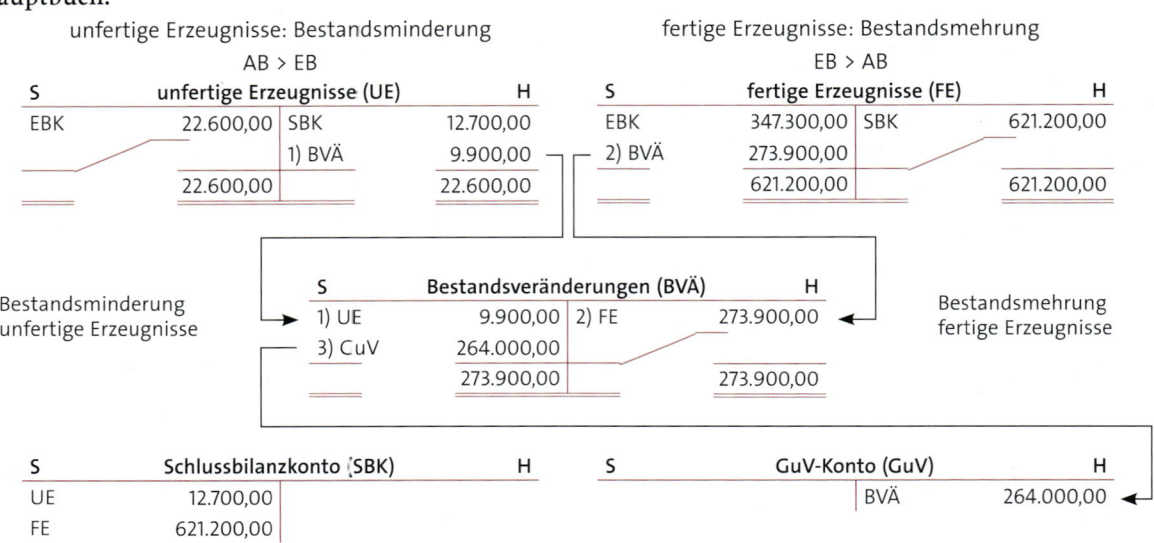

In diesem Beispiel überwiegt die Bestandsmehrung und führt zu einer Ertragserhöhung. Die Bestandsminderung an unfertigen Erzeugnissen wird von der Bestandsmehrung an fertigen Erzeugnissen übertroffen. Sollten die Bestandsminderungen überwiegen, so erscheint der Saldo des Kontos Bestandsveränderung im Soll des GuV-Kontos als Ertragsminderung.

Übersicht: *Bestandsveränderungen bei fertigen und unfertigen Erzeugnissen*

Bestandsmehrung an unfertigen und fertigen Erzeugnissen	Produktion > Absatz Endbestand > Anfangsbestand = Lageraufbau (Ertragserhöhung)
Bestandsminderung an unfertigen und fertigen Erzeugnissen	Absatz > Produktion Anfangsbestand > Endbestand = Lagerabbau (Ertragsminderung)

4 Organisation der Buchführung

Die Buchführung eines Unternehmens muss so aufgebaut sein, dass für alle Vermögens-, Kapital-, Ertrags- und Aufwandspositionen systematisch gegliedert Konten eingerichtet werden können. Dabei wird in der Regel ein System angestrebt, das innerhalb einer Branche eine schnelle Vergleichbarkeit ermöglicht. Notwendige Eröffnungs- und Abschlusskonten sowie die Möglichkeit, die Kosten- und Leistungsrechnung in dieses System zu integrieren, sind Bestandteil dieses Ordnungssystems.

Kosten- und Leistungsrechnung, vgl. **TAF 12.5**

Die Übersichtlichkeit der Buchführung wird wesentlich gesteigert, wenn eine **Systematisierung der Konten** erfolgt. Basis für diese Systematisierung ist ein Kontenrahmen, der eine Übersicht über die möglichen Konten einer Unternehmung gibt. Damit nicht jede Unternehmung die Anzahl, Bezifferung und Bezeichnung seiner Konten willkürlich gestaltet und weil in jedem Wirtschaftsbereich buchhalterische Besonderheiten zu berücksichtigen sind, wurden von den verschiedenen Spitzenverbänden der Wirtschaft Kontenrahmen erarbeitet, die den speziellen Gegebenheiten der jeweiligen Branche (z. B. Industrie, Großhandel) angepasst sind.

Verschiedene Branchen haben eigene Kontenrahmen.

Kontenrahmen und Kontenplan ordnen jedem Konto eine Zahl **(Kontonummer)** zu, die dieses Konto eindeutig bestimmt. Die EDV-Buchführung ist immer mit der Eingabe von Kontennummern verbunden. Erstellt ein Dritter die Buchführung, so müssen zumeist dessen Vorgaben hinsichtlich der Kontonummern und Kontenbezeichnungen eingehalten werden (z. B. DATEV-Kontenrahmen der Steuerberater).

Kontenplan, vgl. **4.2**

4.1 Der Industriekontenrahmen (IKR)

Der **Industriekontenrahmen** ist wie alle Kontenrahmen nach dem Zehnersystem (dekadisches System) aufgebaut. Aufgrund der Ziffern von 0 bis 9 werden 10 Kontenklassen eingerichtet. Je Kontenklasse können bis zu 10 Kontengruppen eingerichtet werden. Jede Kontengruppe kann wiederum in 10 Kontenarten unterteilt werden. Im Bedarfsfall nimmt schließlich jede Kontenart 10 Kontenunterarten auf.

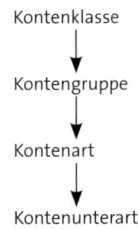

Kontenklasse
↓
Kontengruppe
↓
Kontenart
↓
Kontenunterart

Beispiel Aufbau einer Kontonummer (Konto Fuhrpark)					
1. Stelle	0			Kontenklasse	Kontenklasse 0 Immaterielle Vermögensgegenstände und Sachanlagen
+ 2. Stelle	0	8		Kontengruppe	Kontengruppe 08 Betriebs- und Geschäftsausstattung
+ 3. Stelle	0	8	4	Kontenart	Kontenart 084 Fuhrpark
+ 4. Stelle	0	8	4	0	Kontenunterart	Die Kontenart 084 Fuhrpark wird im IKR nicht weiter unterteilt. Damit erhält die 4. Stelle eine 0.
=	0840			Kontonummer für das Konto Fuhrpark	

Die Kontenklassen sind nach dem **Abschlussgliederungsprinzip** gegliedert, d. h., anhand der ersten Stelle der Kontonummer kann jede Kontenart direkt der richtigen Seite (Soll oder Haben) eines Abschlusskontos zugeordnet werden.

Rechnungskreis I: Finanzbuchhaltung, Bestandskonten				
Kontenklasse 0	**Kontenklasse 1**	**Kontenklasse 2**	**Kontenklasse 3**	**Kontenklasse 4**
immaterielle Vermögensgegenstände und Sachanlagen	Finanzanlagen	Umlaufvermögen und aktive Rechnungsabgrenzungsposten	Eigenkapital und Rückstellungen	Verbindlichkeiten und passive Rechnungsabgrenzungsposten
Beispiele:	Beispiele:	Beispiele:	Beispiele:	Beispiele:
0500 unbebaute Grundstücke	1300 Beteiligungen	2000 Rohstoffe	3000 gezeichnetes Kapital (Eigenkapital)	4200 kurzfristige Verbindlichkeiten gegenüber Banken
0840 Fuhrpark	1500 Wertpapiere des Anlagevermögens	2400 Forderungen aus Lieferungen und Leistungen	3400 Jahresüberschuss	4400 Verbindlichkeiten aus Lieferungen und Leistungen
0860 Büromaschinen	1600 sonstige Finanzanlagen	2880 Kasse	3800 Steuerrückstellungen	4800 Umsatzsteuer

aktive Bestandskonten   **passive Bestandskonten**

Soll	Soll 8010 Schlussbilanzkonto (SBK) Haben	Haben
Anlagevermögen Kontenklasse 0	0500 unbebaute Grundstücke — 3000 gezeichnetes Kapital	Eigenkapital Kontenklasse 3
	0840 Fuhrpark — 3400 Jahresüberschuss	
	0860 Büromaschinen — 3800 Steuerrückstellungen	Rückstellungen Kontenklasse 3
Anlagevermögen Kontenklasse 1	1300 Beteiligungen	
	1500 Wertpapiere des Anlagevermögens — 4200 kurzfristige Verbindlichkeiten gegenüber Banken	Verbindlichkeiten Kontenklasse 4
	1600 sonstige Finanzanlagen	
Umlaufvermögen Kontenklasse 2	2000 Rohstoffe — 4400 Verbindlichkeiten aus Lieferungen und Leistungen	
	2400 Forderungen aus Lieferungen und Leistungen — 4800 Umsatzsteuer	
	2880 Kasse	

Abschluss der Bestandskonten:

1) aktive Bestandskonten
2) passive Bestandskonten

Nr.	Soll	Haben
1)	8010 Schlussbilanzkonto	Konten der Kontenklassen 0, 1 und 2 aktive Bestandskonten
2)	Konten der Kontenklassen 3 und 4 passive Bestandskonten	8010 Schlussbilanzkonto

Rechnungskreis I: Finanzbuchhaltung, Erfolgskonten			Eröffnungs- und Abschlusskonten	Rechnungskreis II KLR-Rechnung
Kontenklasse 5	Kontenklasse 6	Kontenklasse 7	Kontenklasse 8	Kontenklasse 9
Erträge	betriebliche Aufwendungen	weitere Aufwendungen	Ergebnisrechnung	Kosten- und Leistungsrechnung (KLR)
Beispiele:	Beispiele:	Beispiele:	Beispiele:	In der Praxis wird die KLR gewöhnlich tabellarisch ohne Konten durchgeführt.
5000 Umsatzerlöse für eigene Erzeugnisse	6000 Aufwendungen für Rohstoffe	7020 Grundsteuer	8000 Eröffnungsbilanzkonto	
5400 Nebenerlöse	6300 Gehälter	7030 Kfz-Steuer	8010 Schlussbilanzkonto	
5710 Zinserträge	6870 Werbung	7510 Zinsaufwendungen	8020 GuV-Konto	

Erträge Aufwendungen

Soll	Soll	8020 GuV-Konto	Haben	Haben
betriebliche Aufwendungen Kontenklasse 6	6000 Aufwendungen für Rohstoffe	5000 Umsatzerlöse für eigene Erzeugnisse		Erträge Kontenklasse 5
	6300 Gehälter	5400 Nebenerlöse		
	6870 Werbung	5710 Zinserträge		
weitere Aufwendungen Kontenklasse 7	7020 Grundsteuer			
	7030 Kfz-Steuer			
	7510 Zinsaufwendungen			

Abschluss der Erfolgskonten*:
1) Ertragskonten
2) Aufwandskonten

* Ausnahmen: Unterkonten der Werkstoff- und Erlöskonten

Nr.	Soll	Haben
1)	Konten der Kontenklasse 5 Erträge	8020 GuV-Konto
2)	8020 GuV-Konto	Konten der Kontenklassen 6 und 7 Aufwendungen

Kontenklassen für die Industrie	
Kontenkl.	Wesentliche Inhalte
0	zeigt das Anlagevermögen, das für die Aufnahme und Aufrechterhaltung der Unternehmenstätigkeiten eingesetzt wird.
1	zeigt langfristige Finanzanlagen des Unternehmens, mit denen Finanzerfolge erzielt werden sollen und/oder die eine Einflussnahme auf andere Unternehmen ermöglichen.
2	zeigt das Umlaufvermögen mit den Vorräten als Basis für die zukünftige Gewinnerzielung und die Bestände an finanziellen Werten, die für Beschaffungs- und Finanzierungsvorgänge vorhanden sind.
3	zeigt das Eigenkapital der Unternehmung, wobei Konten für die Darstellung des Eigenkapitals verschiedener Unternehmensformen alternativ zur Verfügung stehen. Die hier ebenfalls auszuweisenden Rückstellungen sind Verbindlichkeiten, deren Höhe oder Fälligkeit am Bilanzstichtag noch nicht feststeht. Bei zu hoher Schätzung dieser Werte können diese auch Eigenkapitalanteile enthalten.
4	zeigt die Verbindlichkeiten, die zur Finanzierung des Vermögens eingesetzt werden.
5	zeigt die Erträge, mit denen das Unternehmen seine Aufwendungen decken will und mit denen ein Gewinn erwirtschaftet werden soll.
6	zeigen die Aufwendungen, die durch die Unternehmenstätigkeit anfallen, sowie die Steuern von Einkommen und Ertrag.
7	
8	beinhaltet die Eröffnungs- und Abschlusskonten der Buchführung.
9	ist reserviert für eine kontenmäßige Durchführung der Kosten- und Leistungsrechnung.

Aufgrund des dekadischen Systems ist eine ausgesprochen tief gehende Aufteilung denkbar. Der IKR enthält Empfehlungen bis zu den vierstelligen Kontenarten. Die weitere Einteilung bleibt den Unternehmen überlassen, die je nach Bedarf, jedoch insbesondere dann, wenn die Buchführung EDV-unterstützt abgewickelt wird, oft eine tiefer gegliederte Bezifferung wählen.

AB → Lernsituation 28 ## 4.2 *Der Kontenplan eines Unternehmens*

Der Kontenplan ist das **betriebsindividuelle Ordnungsschema** auf Basis eines Kontenrahmens. Dabei können Kontenarten oder auch Kontengruppen, die im Kontenrahmen vorgesehen sind, im Kontenplan möglicherweise gar nicht vorkommen, weil die Unternehmung derartige Posten nicht benötigt.

Eine Möglichkeit ist auch die **individuelle Erweiterung** des Kontenrahmens im Kontenplan, d.h., es werden im Kontenplan Kontenarten (evtl. mit weiteren Unterteilungen) eingerichtet, die im Kontenrahmen so nicht vorgegeben sind. Dabei kann es vorkommen, dass Kontennummern mit vier Stellen nicht ausreichen, sodass fünfstellige oder sogar sechsstellige Kontennummern vergeben werden müssen.

Bei **EDV-Buchführung** wird immer die Anzahl der Stellen je Kontonummer vom Finanzbuchhaltungsprogramm vorgegeben. Sind dort fünf Stellen vorgegeben, so ist einer vierstelligen Kontonummer eine „0" an der letzten Stelle hinzuzufügen.

Vom Kontenrahmen zum Kontenplan

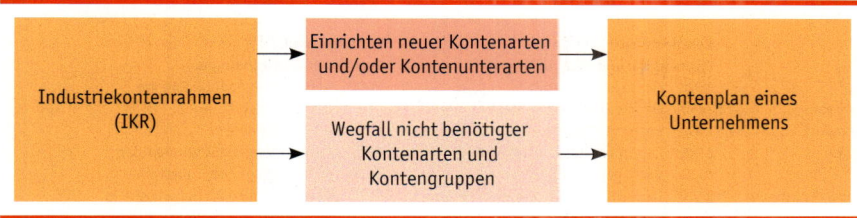

> **Beispiel** Erweiterung des Kontenrahmens in einem Kontenplan im Bereich der Kontengruppe Betriebs- und Geschäftsausstattung
>
> 0860 Büromaschinen, Organisationsmittel und Kommunikationsmittel
>   0862 Büromaschinen
>   08621 Personalcomputer
>   08622 Monitore
>   08623 Drucker
>   08624 ...

Eine grundsätzliche Erweiterung im Kontenplan ergibt sich durch die Einrichtung von **Personenkonten**, die kein Kontenrahmen vorgeben kann. Hier ist insbesondere die Einrichtung der Liefererkonten (Kreditoren) und Kundenkonten (Debitoren) zu nennen. Durch die Einrichtung dieser Konten können in der Buchführung die Forderungen bestimmten Kunden und die Verbindlichkeiten bestimmten Lieferern zugeordnet werden.

Kreditoren- und Debitorenkonten der Fly Bike Werke GmbH, vgl. Kontenplan auf der nächsten Seite

Der Austausch von Kontenbezeichnungen durch **Kontennummern** führt zu einer Vereinheitlichung und Vereinfachung der Buchungen und erleichtert die Auswertung der Buchführungsergebnisse (Zeit- und Betriebsvergleiche).

> **Beispiel** Geschäftsvorfall Barabhebung 750,00 € vom Bankkonto
>
> **Buchungssatz mit Kontenbezeichnungen**
>
> | Kasse | 750,00 | an | Bankguthaben | 750,00 |
> |---|---|---|---|---|
>
> **Buchungssatz mit Kontennummern**
>
> | 2880 | 750,00 | an | 2800 | 750,00 |
> |---|---|---|---|---|
>
> Auf den Konten ergibt sich durch die Verwendung von Kontennummern die folgende Darstellung:
>
> | S | 2800 Bankguthaben | | H | S | 2880 Kasse | | H |
> |---|---|---|---|---|---|---|---|
> | 8000 | 20.000,00 | 2880 | 750,00 | 2800 | 750,00 | | |

Kontenplan der Fly Bike Werke GmbH (Auszug)

Fly Bike Werke GmbH

Kontenklasse 0
Anlagevermögen

0000	Ausstehende Einlagen
0200	Konzessionen und Lizenzen
0300	Geschäfts- oder Firmenwert
0500	Grundstücke und Bauten (Sammelkonto)
0700	Technische Anlagen und Maschinen (Sammelkonto)
0800	Betriebs- und Geschäftsausstattung (Sammelkonto)

Kontenklasse 1
Anlagevermögen

1300	Beteiligungen
1500	Wertpapiere des Anlagevermögens
1600	Sonstige Finanzanlagen

Kontenklasse 2
Umlaufvermögen und aktive Rechnungsabgrenzung

2000	Rohstoffe/Fertigungsmaterial
	2001 Bezugskosten
	2002 Nachlässe
2010	Vorprodukte/Fremdbauteile
2020	Hilfsstoffe
2030	Betriebsstoffe
2070	sonstiges Material
2100	Unfertige Erzeugnisse
2190	Unfertige Leistungen
2200	Fertige Erzeugnisse
2280	Waren (Handelswaren)
	2281 Bezugskosten
	2282 Nachlässe
2300	Geleistete Anzahlungen
2400	Forderungen a.L.L.
2470	Zweifelhafte Forderungen

Debitorenkonten (Auszug):

24001	Radbauer GmbH
24002	Schöller & Co. OHG
24003	Fahrradhandel Uwe Klein e.K.
24004	Zweirad GmbH
24005	Fahrrad & Motorrad GmbH
24006	Bike GmbH
24007	Zweiradhandelsgesellschaft mbH
24008	Nordrad GmbH
24009	Sachsenrad GmbH
(...)	
24099	Sonstige Debitoren

2600	Vorsteuer
2630	Forderungen an Finanzbehörden
2640	SV-Vorauszahlung
2650	Forderungen an Mitarbeiter
2700	Wertpapiere des Umlaufvermögens
2800	Bankguthaben
2880	Kasse
2900	Aktive Jahresabgrenzung

Kontenklasse 3
Eigenkapital und Rückstellungen

3000	Gezeichnetes Kapital
3240	Gewinnrücklagen
3300	Ergebnisverwendung
3310	Gewinnvortrag/Verlustvortrag
3320	Bilanzgewinn/Bilanzverlust
3400	Jahresüberschuss/Jahresfehlbetrag
3800	Steuerrückstellungen
3900	Sonstige Rückstellungen

Kontenklasse 4
Verbindlichkeiten und passive Rechnungsabgrenzung

4200	Kurzfristige Verbindlichkeiten ggü. Kreditinstituten
4250	Langfristige Verbindlichkeiten ggü. Kreditinstituten
4400	Verbindlichkeiten a.L.L.

Kreditorenkonten (Auszug):

44001	Stahlwerke Tissen AG
44002	Mannes AG
44003	AWB Aluminiumwerke AG
44004	Shokk Ltd.
44005	Hans Köller Spezialrahmen e.K.
44007	Farbenfabriken Beyer AG
44008	Color GmbH
44009	Tamino Deutschland GmbH
44010	Tamino INC
(...)	
44099	Sonstige Kreditoren

4800	Umsatzsteuer
4830	Sonstige Verbindlichkeiten ggü. Finanzbehörden
4840	Verbindlichkeiten ggü. Sozialversicherungsträgern
4860	Vbl. aus VL
4890	Übrige sonstige Verbindlichkeiten
4900	Passive Rechnungsabgrenzung

Kontenklasse 5
Erträge

5000	Umsatzerlöse für eigene Erzeugnisse
5001	Erlösberichtigungen
5050	Umsatzerlöse für andere eigene Leistungen
5051	Erlösberichtigungen
5100	Umsatzerlöse für Waren
5101	Erlösberichtigungen
5200	Bestandsveränderungen
5300	Aktivierte Eigenleistungen
5400	Nebenerlöse (z. B. Mieterträge)
5410	Sonstige Erlöse
5420	Entnahme von Gegenständen und Leistungen
5430	Andere sonstige betriebliche Erträge
5800	Außerordentliche Erträge

Kontenklasse 6
Betriebliche Aufwendungen

6000	Aufwendungen für Rohstoffe
	6001 Bezugskosten
	6002 Nachlässe
6010	Aufwendungen für Vorprodukte
6020	Aufwendungen für Hilfsstoffe
6030	Aufwendungen für Betriebsstoffe
6040	Aufwendungen für Verpackungsmaterial
6050	Aufwendungen für Energie
6060	Aufwendungen für Reparaturmaterial
6070	Aufwendungen für sonstiges Material
6080	Aufwendungen für Waren
6100	Fremdleistungen für Erzeugnisse und andere Umsatzleistungen
6140	Frachten und Nebenkosten
6150	Vertriebsprovisionen
(...)	
6200	Löhne
6250	Sachbezüge
6300	Gehälter
6320	Sonstige tarifliche Leistungen
6350	Sachbezüge
6400	Arbeitgeberanteil zur Sozialversicherung (Lohnbereich)
6410	Arbeitgeberanteil zur Sozialversicherung (Gehaltsbereich)
6420	Beiträge zur Berufsgenossenschaft
(...)	
6520	Abschreibungen auf Sachanlagen
6540	Abschreibungen auf geringwertige Wirtschaftsgüter
6550	Außerplanmäßige Abschreibungen auf Sachanlagen
(...)	
6700	Mieten/Pachten
6800	Büromaterial
(...)	
6900	Versicherungsbeiträge
(...)	

Kontenklasse 7
Weitere Aufwendungen

7020	Grundsteuer
7030	KFZ-Steuer
7070	Ausfuhrzölle
7400	Abschreibungen auf Finanzanlagen
(...)	
7510	Zinsaufwendungen
7530	Diskontaufwendungen
7600	Außerordentliche Aufwendungen

Kontenklasse 8
Ergebnisrechnungen

8000	Eröffnungsbilanzkonto
8010	Schlussbilanzkonto
8020	GuV-Konto

Kontenklasse 9
Kosten- und Leistungsrechnung (KLR)
Die KLR der Fly Bike Werke wird tabellarisch durchgeführt. Keine Konten!

5 Umsatzsteuer

AB → Lernsituation 29

Haupteinnahmequelle des Staates sind die Steuern. Die **Umsatzsteuer**, die aufgrund ihrer Erhebungsart auch Mehrwertsteuer genannt wird, ist in Deutschland die wichtigste Einnahmequelle für den Staat. Seit ihrer Einführung wurde sie mehrfach erhöht, zuletzt 2007. Trotzdem hat Deutschland niedrigere Steuersätze als viele andere EU-Staaten.

Der Begriff **„Mehrwertsteuer"** existiert steuerrechtlich nicht mehr, wird aber noch vielfach verwendet. Die Bezeichnung ist auch auf Buchungsbelegen erlaubt. Die Umsatzsteuer besteuert den gesamten privaten und öffentlichen steuerpflichtigen Endverbrauch (Konsum). Die **Steuerlast** trägt also immer der Endverbraucher. **Steuerschuldner** gegenüber dem Finanzamt ist jedoch das Unternehmen, das die Steuer aufgrund seiner Umsätze berechnet und an das Finanzamt abführt.

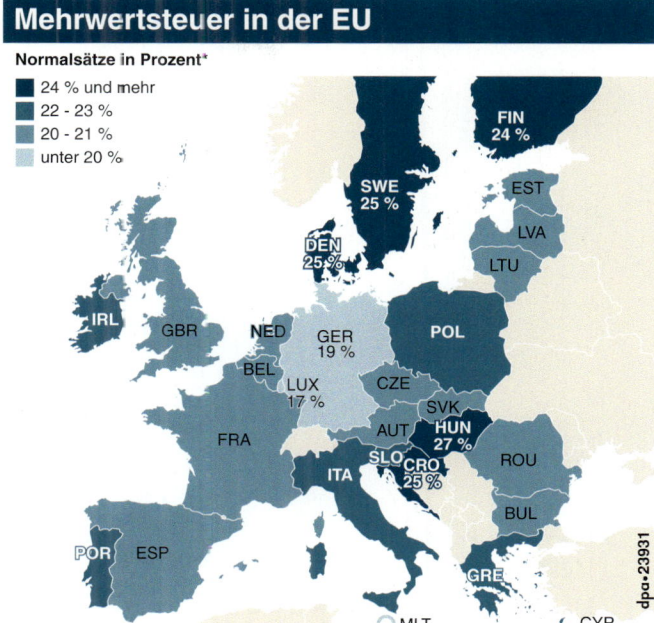

Mehrwertsteuer in der EU

Normalsätze in Prozent*

- 24 % und mehr
- 22 - 23 %
- 20 - 21 %
- unter 20 %

FIN 24 %
SWE 25 %
EST
LVA
LTU
DEN 25 %
IRL
GBR
NED
GER 19 %
POL
BEL
LUX 17 %
CZE
SVK
HUN 27 %
FRA
AUT
SLO
CRO 25 %
ROU
ITA
BUL
POR
ESP
GRE
MLT 18 %
CYP 19 %

Quelle: EU-Kommission   *ohne ermäßigte Sätze für einzelne Produkte   Stand 1.1.2016

dpa-23931

Beim Verkauf von Waren wird die abzuführende Umsatzsteuer dem Käufer zuzüglich zum Verkaufspreis in Rechnung gestellt. Für das Unternehmen ist die Umsatzsteuer ein „durchlaufender Posten" und hat keinen Einfluss auf den Unternehmenserfolg.

Steuerschuldner ist der Unternehmer, Steuerträger der Endverbraucher.

Steuerbare Umsätze	Beispiele
1. Lieferungen	Verkauf von Erzeugnissen und Waren, Maschinen, Fahrzeugen, Büromaterial, Geschäftsausstattung
2. Sonstige Leistungen	Reparaturen, Provisionen, Warentransport und Lagerung
3. Innergemeinschaftlicher Erwerb	Einfuhr von Gegenständen aus Mitgliedsstaaten der Europäischen Union (EU): Vorsteuer aus **ig-Erwerb**, Erwerbsteuer (Umsatzsteuer aus ig-Erwerb)
4. Einfuhr von Gegenständen	Einfuhr von Gegenständen aus Drittländern (Nicht-EU-Staaten): Einfuhrumsatzsteuer

ig-Erwerb
innergemeinschaftlicher Erwerb

Der **allgemeine Steuersatz** beträgt seit dem 1. Januar 2007 19 %. Der **ermäßigte Steuersatz** beträgt 7 % und gilt für fast alle Lebensmittel sowie u. a. für Bücher, Zeitschriften, Blumen und Kunstgegenstände. **Bemessungsgrundlage** ist das Entgelt, d. h. alles, was aufgewendet wird, um die Leistung zu erhalten.

§§ 10–12 UStG

Wichtige **nicht steuerpflichtige Umsätze** sind z. B. Briefmarken der Deutschen Post AG, Entgelte (Zinsen) für Kreditgewährung, Umsätze aus heilberuflichen Tätigkeiten von Ärzten, Zahnärzten und Hebammen, Versicherungstätigkeiten, innergemeinschaftliche Lieferungen, Ausfuhr in ein Drittland, private Geschäfte.

5.1 Berechnung der Umsatzsteuer

Ein Unternehmen muss auf Verlangen des Kunden Rechnungen ausstellen, in denen die Umsatzsteuer gesondert ausgewiesen ist. Bei Rechnungen über Kleinbeträge bis zu 250,00 € einschließlich Umsatzsteuer genügt die Angabe des Umsatzsteuersatzes (§ 33 UStDV).

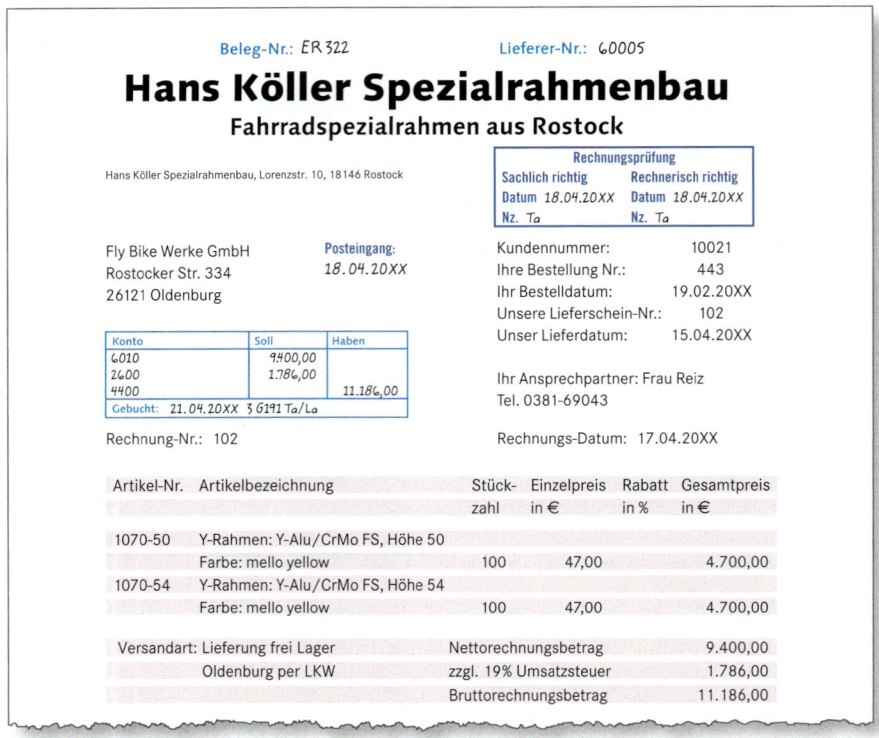

Die Ermittlung der Umsatzsteuer ist eine Anwendung der Prozentrechnung. Ist die Bemessungsgrundlage (Entgelt = Nettorechnungsbetrag) gegeben und der Steuersatz bekannt, errechnet sich der Umsatzsteuerbetrag wie folgt:

$$\text{Umsatzsteuer in €} = \frac{\text{Nettorechnungsbetrag} \cdot \text{Steuersatz}}{100} \quad \blacktriangleright \quad \frac{9.400,00\ € \cdot 19}{100} = \mathbf{1.786,00\ €}$$

Sind der Bruttorechnungsbetrag und der Umsatzsteuersatz bekannt, so ist die Prozentrechnung vom vermehrten Grundwert anzuwenden:

$$\text{Umsatzsteuer in €} = \frac{\text{Bruttorechnungsbetrag} \cdot \text{Steuersatz}}{100 + \text{Steuersatz}} \quad \blacktriangleright \quad \frac{11.186,00\ € \cdot 19}{119} = \mathbf{1.786,00\ €}$$

5.2 Ermittlung der Umsatzsteuerschuld

Durch das System der Umsatzsteuer wird eine Verteilung des Umsatzsteuereinzugsverfahrens auf alle beteiligten Wirtschaftsstufen erreicht. Waren, die von der Herstellung bis zum Verbrauch mehrere Unternehmen durchlaufen, werden auf jeder Stufe nur auf der Basis ihres Mehrwertes (Wertschöpfung) versteuert. Damit wird verhindert, dass ein und dieselbe Ware mehrfach besteuert wird, und es werden alle Unternehmen verpflichtet, die Steuer einzuziehen. Dieses Verfahren verhindert, dass nur eine Unternehmensgruppe wie z. B. der Einzelhandel als letzte Stufe des Produktions- und Verteilungsprozesses mit dem Besteuerungsverfahren belastet wird.

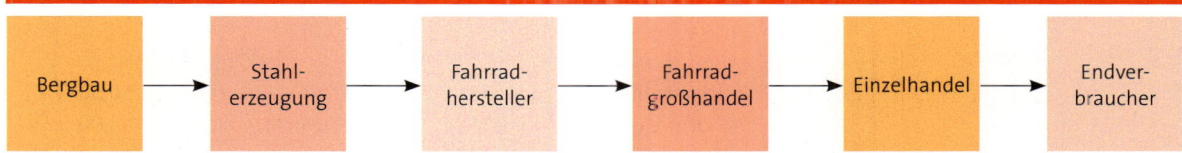

Auf jeder Produktions- oder Handelsstufe steigt der Wert der Ware. Der Fahrradhersteller befindet sich gesamtwirtschaftlich gesehen auf einer mittleren Stufe dieses Wertschöpfungsprozesses. Er kann nur dann Waren vertreiben, wenn er dazu die Waren anderer, vorgelagerter Unternehmen einsetzt.

In den Eingangsrechnungen der vorgelagerten Unternehmen ist neben dem Warenpreis die vom Lieferanten abzuführende Umsatzsteuer enthalten. Somit sind die dem eigenen Umsatz vorgelagerten Umsätze innerhalb der eigenen Beschaffung Vorumsätze. Deshalb wird die darauf lastende Umsatzsteuer als **Vorsteuer** bezeichnet.

Umsatzsteuer
− Vorsteuer
= Zahllast

Verkaufspreis
− Einkaufpreis
= Mehrwert

Einkaufs-preis	Vorsteuer	Verkaufs-preis	Umsatz-steuer	Mehrwert	Zahllast	
		100,00	19,00	100,00	19,00	Bergbau und Stahlerzeugung
100,00	19,00	150,00	28,50	+ 50,00	+ 9,50	Fahrradhersteller
150,00	28,50	220,00	41,80	+ 70,00	+ 13,30	Fahrradgroßhandel
220,00	41,80	300,00	57,00	+ 80,00	+ 15,20	Einzelhandel
				= 300,00	= 57,00	Endverbraucher

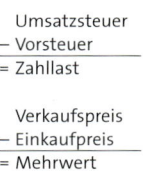

Der Endverbraucher zahlt 357,00 € für das Fahrrad (Mehrwert + Umsatzsteuer aller Produktions- und Handelsstufen), da er die Umsatzsteuer nicht als Vorsteuer geltend machen kann. Für die Unternehmen ist die Erhebung der Umsatzsteuer ein „durchlaufender Posten" ohne Auswirkungen auf den Erfolg des Unternehmens.

Ein Unternehmen hat bis zum 10. Tag nach Ablauf eines jeden Kalendermonats seine Umsatzsteuerschuld in Form einer Vorauszahlung an das Finanzamt abzuführen. Grundlage für die Berechnung der monatlichen **Vorauszahlung** ist die gesamte Umsatzsteuerschuld des Vorjahres. Beträgt die Vorjahresumsatzsteuer nicht mehr als insgesamt 7.500,00 €, gilt als Vorauszahlungszeitraum nicht der Kalendermonat, sondern das Kalendervierteljahr.

Von der Umsatzsteuer, die der Unternehmer seinen Kunden in Rechnung stellt, kann er die Vorsteuerbeträge abziehen, die er an seine Lieferanten zu zahlen hat. Nur die Differenz zwischen Umsatzsteuer und Vorsteuer muss abgeführt werden (**Zahllast**).

Vorsteuerabzug
§ 15 UStG

Beispiel

Einkauf			Verkauf		
	Nettoeinkaufspreis	1.500,00		Nettoverkaufspreis	2.200,00
+	19 % Umsatzsteuer	285,00	+	19 % Umsatzsteuer	418,00
=	Bruttoeinkaufspreis	1.785,00	=	Bruttoverkaufspreis	2.618,00

Umsatzsteuer beim Einkauf			Umsatzsteuer beim Verkauf	
=	Forderung an das Finanzamt (Vorsteuer)		= Verbindlichkeit gegenüber dem Finanzamt	
	Umsatzsteuer beim Verkauf (Ausgangsrechnungen)		Umsatzsteuer	418,00 €
−	Umsatzsteuer beim Einkauf (Eingangsrechnungen)		− Vorsteuer	285,00 €
=	Umsatzsteuerschuld gegenüber dem Finanzamt		= Zahllast	133,00 €

Zahllast:
Umsatzsteuer > Vorsteuer

Bei der Gegenüberstellung von Umsatzsteuer und Vorsteuer ist darauf zu achten, dass grundsätzlich die Ausführung der Lieferung oder Leistung für die Fälligkeit der Umsatzsteuer entscheidend ist. Wenn in einem Abrechnungsmonat die Vorsteuer größer ist als die Umsatzsteuer, entsteht ein Vorsteuerüberhang. Der **Vorsteuerüberhang** ist eine Forderung des Unternehmens an das Finanzamt, der im Folgemonat erstattet oder gegebenenfalls mit Steuerschulden verrechnet wird.

Vorsteuerüberhang:
Umsatzsteuer < Vorsteuer

Beispiel Die Fly Bike Werke GmbH übermittelt – wie vorgeschrieben – ihre monatliche Umsatzsteuer-Voranmeldung auf elektronischem Weg an das Finanzamt. Jedes Finanzbuchhaltungsprogramm ermöglicht diese Art der Übermittlung.

Alles klar?

1 Nennen Sie mögliche Interessenten an den Daten des Rechnungswesens eines Unternehmens.

Kapitel 1

2 Wer muss in Deutschland Bücher führen?

3 Welche der nachfolgend beschriebenen Personen sind zwangsweise Kaufmann im Sinne des Handelsgesetzbuches? Begründen Sie kurz Ihre Antwort.

a Ein Existenzgründer eröffnet eine Herrenboutique für Bekleidungsstücke aus Leder (Schuhe, Jacken, Hosen usw.) mit zwei Aushilfskräften auf „400,00-€-Basis". Im ersten Geschäftsjahr wird bei einem Umsatz von 220.000,00 € ein Verlust in Höhe von 25.000,00 € erwirtschaftet.

b Zwei Freunde gründen eine „Offene Handelsgesellschaft" (im Handelsregister eingetragen) mit dem Ziel, Meeresfrüchte per Kühl-Lkw aus dem Mittelmeerraum nach Deutschland zu importieren und im Rheinland an Restaurants zu vermarkten. Noch ist allerdings nichts gekauft oder verkauft worden.

c Ein Handwerker hat als Elektriker seine Meisterprüfung bestanden und sich selbstständig gemacht. Mit vier Gesellen und einer Bürokraft (Teilzeit, 20 Stunden pro Woche) erwirtschaftet er im ersten Geschäftsjahr bei einem Umsatz von über 600.000,00 € einen Gewinn in Höhe von 65.000,00 €.

d Ein Steuerberater erzielt mit seinem Team (acht Mitarbeiter) regelmäßig Umsätze von über 600.000,00 €. Über die Höhe des steuerpflichtigen Gewinns streitet er zurzeit noch mit dem Finanzamt.

e Ein Vollerwerbs-Landwirt gilt als der reichste Mann im Dorf mit Anbauflächen „ohne Ende" für Getreide, Spargel und anderes Öko-Gemüse. Zahlen jeglicher Art (z. B. Umsatz und Gewinn) sind nicht bekannt.

f Ein Existenzgründer hat sich nebenberuflich mit einem „ebay-Shop" eine vermeintliche zweite Einnahmequelle eröffnet und sich im Rahmen seiner privaten „Gründungsoffensive" auch sofort in das Handelsregister eintragen lassen. Umsätze werden allerdings kaum erzielt. Gewinn? Daran ist gar nicht zu denken.

4 Ein Existenzgründer (kein „Freiberufler") ist sehr erfreut. Ohne einen in kaufmännischer Weise eingerichteten Geschäftsbetrieb (weder nach Art noch Umfang) und ohne Handelsregistereintragung wird er laut Aussage seines Steuerberaters im Geschäftsjahr 2017 wahrscheinlich einen Umsatz von 620.000,00 € erreichen. Sein Gewinn wird bei ca. 56.000,00 € liegen. Was werden diese Ergebnisse seiner selbstständigen Tätigkeit hinsichtlich der Buchführungspflicht für ihn bedeuten?

5 Welche Anforderungen stellen das Handelsgesetzbuch und die Abgabenordnung an die Buchführung eines Unternehmens?

6 Wie lange müssen folgende Unterlagen aufbewahrt werden?

a Eingangsrechnungen   **e** Kopie einer Bestellung

b Angebote von Lieferanten   **f** Bilanzen

c Kontoauszüge   **g** Arbeitsanweisungen an das

d Inventare   Buchhaltungspersonal

7 Welche der nachfolgenden Handlungen eines buchführungspflichtigen Kaufmanns sind nicht mit den GoB vereinbar?

a Belegmäßig dokumentierte Geschäftsvorfälle werden innerhalb von 3 Tagen gebucht.

b Kassenbestände werden jeweils am Wochenende abgerechnet und geprüft.

c Belege auf Papier werden nach der Belegbearbeitung eingescannt und danach vernichtet.

d Umsatzerlöse ohne Beleg werden in der Buchführung nicht erfasst.

e Aushilfslöhne werden an den Sohn des Inhabers ohne Gegenleistung ausgezahlt und gebucht.

f Kontoauszüge werden 12 Monate aufbewahrt.

8 Ermitteln Sie für eine Eingangsrechnung vom 14.08.2016 das früheste Vernichtungsdatum.

Kapitel 2   **9** Mit welchen Tätigkeiten können bei einer körperlichen Inventur Mengen erfasst werden? Nennen Sie für jede Tätigkeit ein Vermögensbeispiel, das mit dieser Tätigkeit sinnvoll mengenmäßig erfasst werden kann.

10 Nennen Sie Inventurposten, die sinnvollerweise in einer Buchinventur erfasst werden sollten.

11 In einer Inventur wird der Lagerbestand eines Rohstoffes mit 500 kg angegeben. Der bezahlte Einstandspreis beträgt 5,50 € je kg. Gemäß Lagerbuchführung sind allerdings 520 kg vorhanden. Die Wiederbeschaffungskosten für diesen Rohstoff betragen 5,00 € je kg. Wie hoch ist der Inventurwert?

12 Ein Unternehmen will die verlegte Inventur bei einem Geschäftsjahresende am 30.09. jedes Geschäftsjahres anwenden. Welcher Zeitraum steht in diesem Fall für diese Inventur zur Verfügung?

13 Geben Sie das Inventargliederungsschema an.

14 Nach welchen Kriterien richtet sich die Reihenfolge von Vermögenswerten und Schulden in einem Inventar?

15 Unterscheiden Sie die Begriffe Inventur, Inventar und Bilanz.

16 Erstellen Sie für das Industrieunternehmen Walter Schmitt GmbH, Ulm, aus folgenden Inventarwerten für zwei aufeinander folgende Geschäftsjahre jeweils die Bilanz. Die Bilanzen werden jeweils zum 31. März des darauffolgenden Geschäftsjahres aufgestellt und vom Geschäftsführer der GmbH, Herrn Rolf Kleist, unterschrieben.

Inventar	20X1 €	20X2 €
Grundstücke und Bauten	750.000,00	775.000,00
technische Anlagen und Maschinen	248.000,00	320.500,00
Betriebs- und Geschäftsausstattung	180.000,00	183.000,00
Roh-, Hilfs- und Betriebsstoffe	110.000,00	198.900,00
fertige Erzeugnisse	125.000,00	97.000,00
Forderungen aus Lieferungen und Leistungen	45.700,00	92.000,00
Kasse	2.500,00	6.980,00
Bankguthaben	12.300,00	24.340,00
Postbankguthaben	64.000,00	1.190,00
Eigenkapital	?	?
langfristige Bankverbindlichkeiten	500.000,00	505.000,00
Verbindlichkeiten aus Lieferungen und Leistungen	43.000,00	96.000,00

17 Welche Art von Werteveränderung aus Sicht einer Bilanz liegt nachfolgend jeweils vor?

a Barkauf eines Mobiltelefons
b Ein Kunde überweist auf unser Bankkonto.
c Banküberweisung an einen Lieferer
d Zielverkauf einer gebrauchten Maschine
e Kauf von Rohstoffen auf Ziel
f Tilgung eines Darlehens durch Banküberweisung
g Umwandlung einer Verbindlichkeit in ein Darlehen

Kapitel 3

18 Ein Fahrradhersteller führt folgende Bestandskonten:

- Bankguthaben
- Betriebsausstattung
- Betriebsstoffe
- Darlehen
- Eigenkapital
- Forderungen a. L. L.
- Fuhrpark
- Gebäude
- Geschäftsausstattung
- Grundstücke
- Hilfsstoffe
- Hypotheker
- Kasse
- Rohstoffe
- technische Anlagen und Maschinen
- Verbindlichkeiten a. L. L.
- Vorprodukte/Fremdbauteile

Bilden Sie für den Fahrradhersteller die Buchungssätze zu den folgenden Geschäftsvorfällen.

Hinweis: Rohstoffe werden bei Einkauf aufwandsorientiert, Hilfsstoffe, Betriebsstoffe und Fremdbauteile werden bestandsorientiert erfasst (gebucht).

Lfd. Nr.	Belegarten	Beschreibung der Geschäftsvorfälle	€
1)	Eingangsrechnung Nr. 412	Kauf von Kettenschaltungen auf Ziel	12.000,00
2)	Kontoauszug Nr. 48 der Bank	Lastschrift für Barauszahlung	1.100,00
3)	Ausgangsrechnung Nr. 122	Verkauf eines gebrauchten PC auf Ziel	500,00
4)	Eingangsrechnung Nr. 413	Einkauf von Unterlegscheiben auf Ziel	2.000,00
5)	Eingangsrechnung Nr. 414	Kauf einer Lackieranlage auf Ziel	120.000,00
6)	Quittung Nr. 12	Barkauf von Schmieröl für die Rohrtrennanlage	40,00
7)	Kontoauszug Nr. 49 der Bank, Darlehensvertrag	Auszahlung eines Darlehens mit Gutschrift auf dem Bankkonto	50.000,00
8)	Kontoauszug Nr. 50 der Bank	Lastschrift für Hypothekentilgung	15.000,00
9)	Schreiben eines Lieferers vom 20. April 20XX (Auszug)	Umwandlung bestehender Verbindlichkeiten in Darlehen mit einer Laufzeit von zwei Jahren	68.000,00
10)	Eingangsrechnung Nr. 415	Zielkauf eines Klein-Lkw für Erzeugnisauslieferungen	40.000,00
11)	Kontoauszug Nr. 49 der Bank	Gutschrift für die Überweisung eines Kunden	22.000,00
12)	Quittung Nr. 13	Bargeldauszahlung an einen Lieferer	500,00
13)	Kontoauszug Nr. 50 der Bank	Lastschrift für den Kauf des Klein-Lkw (siehe ER Nr. 415)	40.000,00
14)	Eingangsrechnung Nr. 416	Zielkauf von Büromöbeln für die Verkaufsabteilung	6.690,00
15)	Eingangsrechnung Nr. 417	Zielkauf von Pressluftschraubern für die Montagebänder	3.400,00
16)	Grundbuchauszug, Kontoauszug Nr. 51 der Bank	Verkauf eines ungenutzten Grundstückes gegen Banküberweisung	68.000,00
17)	Kontoauszug Nr. 52 der Bank	Gutschrift für Bareinzahlung eines Kunden	6.000,00
18)	Eingangsrechnung Nr. 418	Kauf von Aluminiumrohren auf Ziel	42.000,00
19)	Ausgangsrechnung Nr. 123	Verkauf eines gebrauchten Fahrzeuges auf Ziel	2.320,00
20)	Kontoauszug Nr. 53 der Bank	Lastschriften für Banküberweisungen an Lieferer	10.090,00
21)	Kontoauszug Nr. 54 der Bank	Gutschriften für: – Überweisungen von Kunden – Bareinzahlung aus der Geschäftskasse	42.000,00 1.200,00

19 Stellen Sie fest, ob durch die folgenden Geschäftsvorfälle das Eigenkapital steigt, sinkt oder unverändert bleibt:

- **a** Reparatur am Geschäfts-Pkw
- **b** Verkauf fertiger Erzeugnisse
- **c** Zinsgutschrift der Bank
- **d** Leasinggebühr für einen Lkw
- **e** Kauf einer Maschine
- **f** Verkauf von Handelswaren
- **g** Zinszahlung an die Bank
- **h** Einkauf von Büromaterial
- **i** Kauf von Briefmarken
- **j** Lohn- und Gehaltszahlungen
- **k** Verbrauch von Rohstoffen
- **l** Darlehenstilgung
- **m** Kfz-Steuerzahlung
- **n** Überweisung eines Kunden

Kapitel 4

20 Nennen Sie für die folgenden Konten jeweils die Bezeichnung 1) der Kontenklasse, 2) der Kontengruppe, 3) der Kontenart: **a** 4400 **b** 6000 **c** 7030 **d** 3000 **e** 8020 **f** 0860 **g** 2850 **h** 5000 **i** 1300 **j** 6820

21 Ein junges Einzelunternehmen benötigt für die Buchungen zu Beginn der Geschäftstätigkeit im ersten Geschäftsjahr folgende Konten: Aufwendungen für Roh-, Hilfs- und Betriebsstoffe, Betriebsstoffe, Büromaschinen, Büromaterial, Büromöbel, Eigenkapital, Eröffnungsbilanzkonto,

fertige Erzeugnisse, Forderungen aus Lieferungen und Leistungen, Fuhrpark, Gehälter, Gewerbeertragssteuer, Gewinn- und Verlustkonto, Guthaben bei Kreditinstituten (Bankguthaben), Hilfsstoffe, Kasse, Kfz-Steuer,
kurzfristige Verbindlichkeiten gegenüber Kreditinstituten, Löhne, Mieten,
Pachten, Privat, Provisionserträge, Rohstoffe, Schlussbilanzkonto, technische Anlagen und Maschinen, Umsatzerlöse für eigene Erzeugnisse, unfertige Erzeugnisse, Verbindlichkeiten aus Lieferungen und Leistungen, Zinsaufwendungen, Zinserträge

Ordnen Sie die Konten nach den Kontenklassen und Kontennummern des
Industriekontenrahmens und erstellen Sie für dieses Unternehmen einen
Kontenplan mit acht Kontenklassen.

22 Geben Sie für nachfolgende Konten die Seite des Abschlusskontos an.

1 = Sollseite 8010 SBK **4** = 8020 Haberseite GuV-Konto
2 = 8010 Habenseite SBK **5** = kann keiner Seite eines Ab-
3 = Sollseite 8020 GuV-Konto schlusskontos (mit Sicherheit) zugeordnet werden

a Konto 2800 Guthaben bei Kredit- **d** Konto 5200 Bestands-
instituten (Bank) veränderungen
b Konto 4400 Verbindlichkeiten **e** Konto 7020 Grundsteuer
a. L. L. **f** Konto 5410 Sonstige Erlöse
c Konto 3000 Eigenkapital

23 Welche der nachfolgenden Aussagen sind richtig?
a Alle Unternehmen in Deutschland müssen denselben Kontenrahmen
benutzen.
b Kontenpläne sind Kurzfassungen eines Kontenrahmens.
c Der Industriekontenrahmen basiert auf einem dekadischen System.
d Der Industriekontenrahmen ist abschlussorientiert aufgebaut.
e EDV-Buchführung setzt einen Kontenplan voraus.
f Innerhalb einer Branche nutzen alle Unternehmen einen einheitlichen
Kontenplan.

24 Beantworten Sie die nachfolgenden Fragen zur Umsatzsteuer: Kapitel 5
a Welche Umsätze sind steuerbar?
b Wer zahlt und wer trägt in Deutschland die Umsatzsteuer?
c Welche Länder in der Europäischen Union haben die höchsten
Umsatzsteuersätze?
d Nennen Sie drei nicht umsatzsteuerpflichtige Umsätze.
e Wie hoch ist zurzeit der „allgemeine" und wie hoch der „ermäßigte"
Umsatzsteuersatz in Deutschland?
f Nennen Sie drei Güter, die zum ermäßigten Steuersatz verkauft werden
können.
g Berechnen Sie die fehlenden Werte bei Anwendung des allgemeinen
Steuersatzes:
ga Nettorechnungsbetrag = 6.000,00 €, Umsatzsteuer = ? €,
Bruttorechnungsbetrag = ? €
gb Nettorechnungsbetrag = ? €, Umsatzsteuer = ? €,
Bruttorechnungsbetrag = 14.280,00 €

25 Eine Zellstofffabrik mit eigener Forstwirtschaft verkauft einer Papierfabrik für 10.000,00 € Zellstoff. Aus diesem Zellstoff erzeugt die Papierfabrik Kopierpapier, das zum Preis von 15.000,00 € an eine Papiergroßhandlung verkauft wird. Die Papiergroßhandlung verkauft dieses Kopierpapier ohne Veränderung für 20.000,00 € an den Papiereinzelhandel, der das Kopierpapier an Privatkunden (Endverbraucher) zum Preis von 30.000,00 € weiterveräußert. Auf alle Verkaufspreise ist zusätzlich die Umsatzsteuer in Höhe von 19 % zu entrichten.

  a Nennen Sie alle beteiligten Unternehmen bis zum Verbrauch des Kopierpapiers.

  b Wie hoch ist der geschaffene Mehrwert auf allen Produktions- und Handelsstufen?

  c Wie viel Euro hat das Finanzamt insgesamt erhalten, wenn die Ware noch im Papiergroßhandel gelagert wird?

  d Wie viel Euro hat das Finanzamt insgesamt erhalten, wenn das Kopierpapier vollständig an die Endverbraucher verkauft worden ist?

  e Wie viel Euro muss die Papierfabrik für den Kopierpapierverkauf an das Finanzamt überweisen, wenn bei dieser Abrechnung nur der Einkauf des Zellstoffs berücksichtigt wird?

  f In welchen Fällen kann ein Vorsteuerüberhang entstehen?

26 Folgende Ein- und Verkäufe wurden am 30.04.20XX per Lastschrift vom Bankkonto ab- und zugebucht. Die Überweisungsbeträge enthalten in allen Fällen 19 % Umsatzsteuer.

Eingangsrechnungen	Überweisungsbeträge
1) Rohstoffeinkäufe	8.330,00 €
2) Büromaterial	678,30 €
3) Reparaturen an der Heizungsanlage	2.499,00 €
4) Druck von Werbebriefen	595,00 €

Ausgangsrechnungen	Überweisungsbeträge
1) Verkäufe von Erzeugnissen	14.875,00 €
2) Provisionsabrechnung	1.428,00 €

  a Berechnen Sie die Nettobeträge und die Umsatzsteuer.

  b Berechnen Sie die Zahllast.

27 Stellen Sie fest, ob die folgenden Geschäftsvorfälle die Vorsteuer erhöhen, die Umsatzsteuer erhöhen oder weder die Vor- noch die Umsatzsteuer beeinflussen.

  a Rohstoffeinkauf auf Ziel

  b Hilfsstoffeinkauf gegen Banküberweisung

  c Kauf eines Grundstückes

  d Mieteinzahlungen

  e Verkauf von Handelswaren gegen Bankscheck

  f Lohn- und Gehaltszahlungen

  g Verkauf eines gebrauchten Kraftfahrzeuges

  h Einkauf von Büromaterial

  i Zinsgutschriften

  j Wertpapierkauf

  k Reparatur eines Computers

  l Verkauf von Aktien, Bankgutschrift

  m Telefongebühren der Deutschen Telekom, Banklastschrift

  n Zielverkauf eigener Erzeugnisse

  o Eingangsrechnung für Vertriebsprovisionen

11.4 Beziehungen zwischen eigenem Handeln und gesamtwirtschaftlichen Grundzusammenhängen

1 Betriebs- und Volkswirtschaftslehre

Wirtschaftssubjekte
private Haushalte, Unternehmen, Staat, Banken, Ausland

Eine Volkswirtschaft besteht aus einer Vielzahl von Menschen, den **Wirtschaftssubjekten**, die in einem räumlich abgegrenzten Gebiet leben. Diese treffen wirtschaftliche Entscheidungen, führen wirtschaftliche Aktivitäten durch und beeinflussen wirtschaftliche Vorgänge. Menschen entscheiden sich z. B., in Urlaub zu fahren, buchen eine Reise und nutzen ein Flugzeug. Werden die wirtschaftlichen Prozesse systematisch betrachtet, so lässt sich die wirtschaftliche Entwicklung eines Landes analysieren und die Gesellschaft zum Wohle aller gestalten. Diese Aufgabe wird im Rahmen der Wirtschaftswissenschaften wahrgenommen. Die **Wirtschaftswissenschaften** werden nach Betriebs- und Volkswirtschaftslehre unterschieden.

Die **BWL** konzentriert sich auf die Unternehmen und deren Handlungsfeld.

Die Aufgabe der **Betriebswirtschaftslehre (BWL)** besteht darin, aus der Perspektive des einzelnen Unternehmens das betriebliche Geschehen zu analysieren. Das betrifft:
1. das innerbetriebliche Handeln, wie z. B. Beschaffung, Produktion, Absatz, Finanzierung sowie Forschung und Entwicklung und
2. das zwischenbetriebliche Geschehen, das sich aufgrund wirtschaftlicher Aktivitäten der Unternehmen entwickelt.

Die **VWL** beschäftigt sich mit den gesamtwirtschaftlichen Zusammenhängen.

Bedürfnisse, vgl. **2.1**

Güter, Arbeitsteilung, Produktionsfaktoren, vgl. **2.2**

Einkommensverteilung, vgl. **TAF 12.6**, **3.1**

Die **Volkswirtschaftslehre (VWL)** setzt sich mit den Zuständen, Abläufen und Abhängigkeiten gesamtwirtschaftlicher Prozesse auseinander. In der Auseinandersetzung mit wirtschaftlichen Fragen ergeben sich vier Aufgabenbereiche:
1. **Beschreibung**: Die Volkswirtschaftslehre versucht, die wirtschaftlichen Geschehnisse mithilfe geeigneter Methoden und Begriffe zu beschreiben. Zu den grundlegenden Begriffen gehören z. B. Bedürfnisse, Güter, Arbeitsteilung, Produktionsfaktoren und Einkommen. Die Beschreibung wirtschaftlicher Vorgänge bezieht sich dabei in der Regel auf den abgelaufenen Prozess; z. B. wird untersucht, wie sich das **Preisniveau** in einem Zeitraum entwickelt hat.

Preisniveau
Durchschnitt aller Preise einer Volkswirtschaft, vgl. **TAF 12.6**, **2.3**

2. **Erklärung**: Die Volkswirtschaftslehre versucht, das wirtschaftliche Geschehen zu erklären. Es wird z. B. untersucht, warum bestimmte Ereignisse so und nicht anders ablaufen und wie sie zusammenhängen.

Arbeitslosenquote, vgl. **TAF 12.6**, **2.2**

3. **Prognose**: Die Volkswirtschaftslehre versucht den Ablauf des Wirtschaftsgeschehens vorherzusagen. Sie möchte z. B. herausfinden, wie sich das Preisniveau entwickelt und ob die Arbeitslosigkeit steigt oder sinkt. Darüber hinaus versucht sie darzustellen, wie sich bestimmte wirtschaftspolitische Maßnahmen in Zukunft auswirken werden. Das Erstellen von Prognosen erweist sich als sehr schwierig und ist mit Unsicherheiten verbunden. Trotzdem sind Prognosen notwendig, um Entscheidungen in der Wirtschaftspolitik zu treffen.

Wirtschaftspolitik, vgl. **TAF 12.6**, **1**

4. **Politikberatung**: In diesem Bereich versucht die Volkswirtschaftslehre aufzuzeigen, welche Möglichkeiten es gibt, Wirtschaftsprozesse zu beeinflussen und zu steuern. Wirtschaftspolitik ist – wie Sie in den folgenden Abschnitten sehen werden – eine zentrale Aufgabe der Volkswirtschaftslehre.

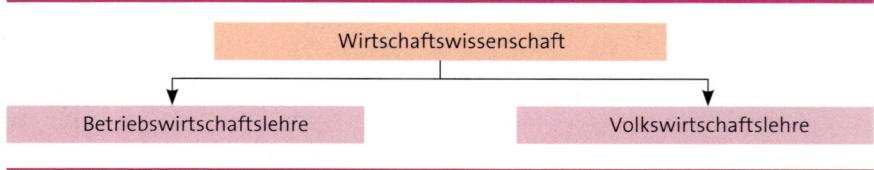

2 Notwendigkeit des Wirtschaftens

AB → Lernsituation 30

2.1 Bedürfnisse und Bedarf

Im Rahmen der Volkswirtschaftslehre werden Wünsche **Bedürfnisse** genannt und als zentrale Antriebskräfte des wirtschaftlichen Entscheidens und Handelns angesehen. Menschen haben unterschiedliche Bedürfnisse. Diese sind z.B. abhängig vom Alter, Geschlecht, sozialen und gesellschaftlichen Umfeld, von der technischen Entwicklung und dem Einkommen. Einige Bedürfnisse müssen in der Regel unmittelbar befriedigt werden, wie z.B. Hunger und Durst. Andere können mittelfristig erfüllt werden, wie z.B. der Wunsch nach Mobilität oder Geborgenheit.

Bedürfnisse werden durch ein Mangelgefühl deutlich, sind unbegrenzt und veränderbar.

Wenn sich die Bedürfnisse des Menschen auf ganz konkrete **Güter** beziehen und zu ihrer Befriedigung **Kaufkraft** vorhanden ist, wird von einem Bedarf gesprochen. Erst wenn Güter tatsächlich gekauft werden, d.h. der Bedarf am Markt wirksam wird, handelt es sich um eine Nachfrage.

Güter
Waren und Dienstleistungen, vgl. **2.2**

Kaufkraft
das zur Verfügung stehende Einkommen, vgl. **TAF 12.6**, **2.3**

Markt, vgl. **8.1**

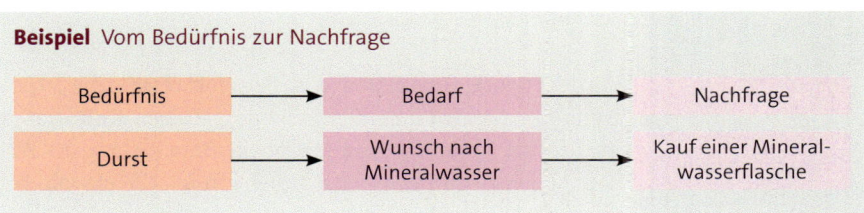

Beispiel Vom Bedürfnis zur Nachfrage

Bedürfnis	Bedarf	Nachfrage
Durst	Wunsch nach Mineralwasser	Kauf einer Mineralwasserflasche

Der amerikanische Psychologe Abraham Maslow (1908–1970) unterscheidet fünf **Bedürfnisebenen**. Aus diesen Bedürfnisebenen ergibt sich die sogenannte Bedürfnispyramide.

1. **Physiologische Bedürfnisse** (Grundbedürfnisse) müssen vor allen anderen Bedürfnissen befriedigt werden. Sie sind zur Lebenserhaltung unbedingt notwendig, z.B. Hunger, Durst und Schlaf.
2. **Sicherheitsbedürfnisse** sind darauf ausgerichtet, dass die physiologischen Bedürfnisse auch in Zukunft befriedigt werden können, z.B. Altersvorsorge durch **Geldwertstabilität**, öffentliche Ordnung, Gesetze und Regeln.
3. **Soziale Bedürfnisse** ergeben sich aus den sozialen Kontakten des Menschen und dem Wunsch nach einem Leben in einer Gemeinschaft, nach Geselligkeit und Freundschaft.
4. **Wertschätzungsbedürfnisse** (Geltungsbedürfnisse) sind darauf ausgerichtet, als Mensch von anderen Menschen Anerkennung und Bestätigung zu erhalten; nicht selten sind sie eine wesentliche „Triebfeder" des Verhaltens.
5. **Entwicklungsbedürfnisse** (Selbstverwirklichungsbedürfnisse) zielen auf die sogenannte Selbstverwirklichung des Menschen ab. Sie beruhen auf dem Wunsch, das Leben gemäß eigener Vorstellungen zu gestalten.

Physiologische Bedürfnisse
die körperlichen Bedürfnisse der Lebewesen

Geldwertstabilität
gleichbleibende Kaufkraft des Geldes

Rangordnung der Bedürfnisse nach Maslow (Karikatur von Rauschenbach)

Nach Maslow wird die Befriedigung einer höheren Bedürfnisebene erst dann angestrebt, wenn die Bedürfnisse der niedrigeren Stufe befriedigt sind.

> **Beispiel** Als Robinson Crusoe auf einer einsamen Insel strandet, muss er zunächst seine physiologischen Bedürfnisse befriedigen. Er sucht etwas zu essen und frisches Wasser. Damit er wieder zu Kräften kommt, wird er eine Weile schlafen. Danach baut er sich zum Schutz eine kleine Hütte. Mit der Zeit wird es ihm langweilig und er führt Selbstgespräche. Dann irgendwann trifft er auf seinen Gefährten Freitag, der sein Freund wird und von dem er anerkannt und bewundert werden möchte. Nachdem Crusoe erkennt, dass er wohl noch eine Weile auf der Insel leben muss, philosophiert er über den Sinn des Lebens und versucht, sein Leben auf der Insel nach seinen Vorstellungen und Wünschen zu leben.

An der Theorie von Maslow wird beispielsweise kritisiert, sie treffe nur für den amerikanisch-europäischen Kulturraum zu. Es wird ferner angezweifelt, ob die Entwicklung der Persönlichkeitsbedürfnisse nach Stufen erfolgt. Gleichwohl besitzt die Theorie bis heute eine hohe Erklärungskraft. Sie ermöglicht es, menschliche Bedürfnisse und die Möglichkeiten ihrer Befriedigung systematisch zu analysieren.

2.2 Güterknappheit, Produktionsfaktoren und Arbeitsteilung

Um ihre Bedürfnisse befriedigen zu können, benötigen Menschen Güter. Diese sind jedoch in der Regel nicht im Überfluss vorhanden. Deshalb müssen Menschen „wirtschaftlich" mit ihnen umgehen.

Nur ganz wenige Güter stellt uns die Natur noch kostenlos zur Verfügung, wie z. B. Luft zum Atmen und Sand in der Wüste (**freie Güter**). Alle anderen Güter sind knapp und müssen erarbeitet bzw. hergestellt werden. Sie werden deshalb **wirtschaftliche Güter** genannt. Wirtschaftliche bzw. knappe Güter können in materielle (fassbare) und immaterielle (nicht fassbare) Güter unterschieden werden. **Materielle Güter**, die auch als Sachgüter bezeichnet werden, sind gegenständlich erfahrbar. Zu den **immateriellen Gütern** gehören **Dienstleistungen** und **Rechte** (Patente, Lizenzen, Miete und Pacht).

Achtung! Wenn von Gütern die Rede ist, sind auch alle Dienstleistungen gemeint. Damit die Dienstleistungen nicht „untergehen", wird auch häufig von Waren und Dienstleistungen gesprochen.

Materielle Güter werden in Konsumgüter und Produktionsgüter eingeteilt. **Konsumgüter** werden von den privaten Haushalten nachgefragt, z. B. Nahrungsmittel. **Produktionsgüter** (auch Investitionsgüter genannt) werden hingegen von Unternehmen zum Zweck der Herstellung von weiteren Gütern nachgefragt. Sowohl Konsum- als auch Produktionsgüter können in Gebrauchs- und Verbrauchsgüter unterteilt werden. **Gebrauchsgüter** werden über einen längeren Zeitraum genutzt, z. B. Waschmaschinen und Werkzeug. **Verbrauchsgüter** können nur einmal genutzt werden, z. B. Brot, Butter, Spülmittel und Strom.

Unterscheidung private und öffentliche Güter, vgl. **8.6**

Für die Bereitstellung der wirtschaftlichen Güter werden materielle und immaterielle Mittel, sogenannte **Produktionsfaktoren,** benötigt. Zu den volkswirtschaftlichen Produktionsfaktoren gehören:

- **Arbeit**: Zum Produktionsfaktor Arbeit wird jede geistige oder körperliche Tätigkeit gezählt, für die Entgelt bzw. Einkommen erzielt wird.
- **Boden bzw. Natur**: Zum Produktionsfaktor Boden bzw. Natur gehören die gesamte Bodenfläche, die für landwirtschaftliche, industrielle, gewerbliche und verkehrsmäßige Nutzung benötigt wird, sowie Luft, Wasser und die vorhandenen Bodenschätze.
- **Kapital**: Zu diesem Produktionsfaktor gehören zunächst die zur Verfügung stehenden finanziellen Mittel (**Geldkapital**). Außerdem werden zu diesem Produktionsfaktor auch alle Sachmittel, die zur Leistungserstellung erforderlich sind (Maschinen, Büroeinrichtungen usw.), als **Sachkapital bzw. Realkapital** hinzugerechnet.

> **Produktionsfaktoren** gehen nicht direkt in die produzierten Güter ein. Sie werden als Leistung für die Erstellung von Gütern bereitgestellt.

> Betriebliche Produktionsfaktoren, vgl. **TAF 12.5, 1.2**

Arbeit

Boden bzw. Natur

Kapital

In einer Zeit, in der Wissen ständig anwächst und die weltweite Vernetzung sich zunehmend beschleunigt, werden Fähigkeiten und Techniken der Informationsgewinnung, -verarbeitung und -bewertung immer bedeutsamer. Aus diesem Grund wird das Element **Information** nicht selten auch als zusätzlicher Produktionsfaktor angesehen. Ohne Informationen und deren Austausch entstehen keine Grundlagen für neue Entwicklungen und technischen Fortschritt. Technische Neuerungen sind beispielsweise unabdingbar, um die **Produktivität** des Faktors Arbeit zu erhöhen und das Wachstum der Wirtschaft zu vergrößern.

> **Produktivität der Arbeit**
> Leistungsfähigkeit (Produktionsmenge : Arbeitsstunden)

In entwickelten Volkswirtschaften werden Güter mithilfe von Produktionsfaktoren in einem **arbeitsteiligen Prozess** hergestellt. Die Arbeitsteilung hat sich als wirtschaftlich sehr effizient herausgestellt, weil auf diese Weise die Produktivität der Arbeit deutlich gesteigert wird.

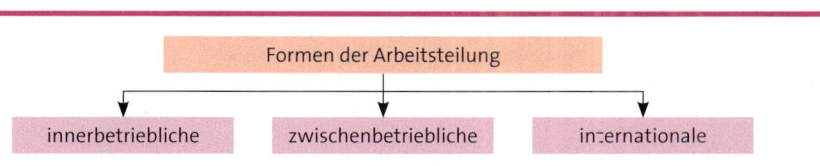

Die **innerbetriebliche Arbeitsteilung** wird auch als technische Arbeitsteilung bezeichnet. Sie beinhaltet die Aufteilung eines Arbeitsprozesses innerhalb eines Betriebs in mehrere Einzelschritte, z. B. Fließbandproduktion in der Autoindustrie. Jeder Arbeitsschritt ist dabei auf wenige Handgriffe reduziert.

Von **zwischenbetrieblicher Arbeitsteilung** wird gesprochen, wenn die einzelnen Teile für die Herstellung eines Produktes in verschiedenen Unternehmen hergestellt werden. Dementsprechend haben sich einzelne Unternehmen auf die Herstellung bestimmter Produkte oder Einzelteile spezialisiert, z. B. Produktion von Reifen für die Autoindustrie.

Verschiffung von Exportartikeln

Die **internationale Arbeitsteilung** beruht auf der Tatsache, dass sich auch einzelne Volkswirtschaften auf die Herstellung bestimmter Produkte bzw. Einzelteile spezialisiert haben. Dabei spezialisieren sich die Volkswirtschaften in der Regel auf die Herstellung der Güter, die sie im Vergleich zu anderen Ländern kostengünstig herstellen können. Der technische Fortschritt bei Informations- und Kommunikationstechniken fördert die Arbeitsteilung auf internationaler Ebene.

*Globalisierung, vgl. **TAF 12.6**, **8.5***

2.3 Ursprung wirtschaftlichen Handelns

Der einzelne Mensch hat in der Regel nur begrenzte finanzielle Mittel zur Verfügung. Da knappe Güter Geld kosten, kann er damit nur einen Teil seiner Bedürfnisse befriedigen. Der Unbegrenztheit menschlicher Bedürfnisse steht die Knappheit der Güter bzw. die Knappheit der finanziellen Mittel entgegen. Dieses **Spannungsverhältnis** zwingt die Wirtschaftssubjekte zum Wirtschaften.

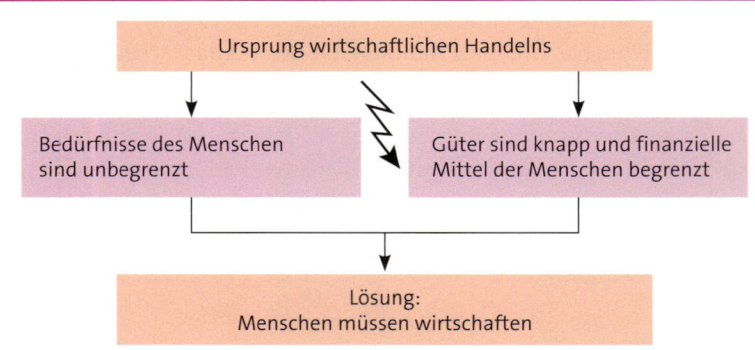

*Wirtschaftliches Handeln nach dem ökonomischen Prinzip, vgl. **4***

Wirtschaften umfasst alle planvollen menschlichen Tätigkeiten, die darauf zielen, das Spannungsverhältnis zwischen unbegrenzten Bedürfnissen und knappen Gütern bzw. knappen finanziellen Mitteln zu überwinden.

Übersicht: *Notwendigkeit des Wirtschaftens*

Bedürfnisse	– individuelle Wünsche – beruhen auf einem Mangelgefühl – unbegrenzt und veränderbar – zentrale Antriebskraft wirtschaftlichen Handelns
Bedarf	– auf bestimmte Güter bezogene Bedürfnisse – für die Kaufkraft vorhanden ist
Nachfrage	– am Markt wirksam gewordener Bedarf
Bedürfnispyramide nach Maslow	– physiologische Bedürfnisse (Grundbedürfnisse) – Sicherheitsbedürfnisse – Soziale Bedürfnisse – Wertschätzungsbedürfnisse (Geltungsbedürfnisse) – Entwicklungsbedürfnisse (Selbstverwirklichungsbedürfnisse)
Güterarten	– Freie Güter (unbegrenzt verfügbar, kostenfreie Nutzung) – Wirtschaftliche Güter

Wirtschaftliche Güter	Materielle Güter (Sachgüter)	
	Konsumgüter	Produktionsgüter (Investitionsgüter)
	Immaterielle Güter	
	Dienstleistungen	Rechte – Patente – Lizenzen – Miete

Nutzungsmöglichkeit	– Gebrauchsgüter (mehrmalig) – Verbrauchsgüter (einmalig)
Produktionsfaktoren	– Arbeit – Boden bzw. Natur – Kapital (Geldkapital und Sachkapital) – Information
Arbeitsteilung	– Innerbetrieblich Aufteilung von Arbeitsprozessen in mehrere Einzelschritte, Bildung arbeitsteiliger Prozesse, Stellen- und Abteilungsbildung (betriebliche Organisation) – Zwischenbetrieblich Spezialisierung einzelner Unternehmen auf die Herstellung bestimmter Güter – International Spezialisierung einzelner Volkswirtschaften auf die Herstellung bestimmter Güter
Wirtschaftliches Handeln	– Spannungsverhältnis zwischen unbegrenzten Bedürfnissen und knappen Gütern bzw. knappen finanziellen Mitteln – Menschen müssen Entscheidungen treffen und dabei wirtschaften (planvoll handeln).

AB → Lernsituation 31

Arbeitsteilung, vgl. **2.2**

Der Tausch von Waren und
Dienstleistungen vollzieht sich
auf Märkten, vgl. **8.1**

3 Beziehungen der Marktteilnehmer

Die wirtschaftlichen Abläufe in einer arbeitsteiligen Volkswirtschaft sind außerordentlich komplex und kompliziert. Millionen von Menschen stehen direkt oder indirekt mit allen anderen in Tauschbeziehungen. Um die wirtschaftliche Realität zu verstehen, müssen die grundlegenden Beziehungen verdeutlicht werden. Um die Komplexität der wirtschaftlichen Prozesse verstehen zu können, arbeitet die Volkswirtschaft mit Modellen.

Das **Modell des Wirtschaftskreislaufs** geht auf John Maynard Keynes (1883–1946) zurück. Er betrachtete die gesamtwirtschaftlichen Zusammenhänge und das Zusammenwirken der unterschiedlichen wirtschaftlichen Faktoren wie Einkommen, Ausgaben, Beschäftigung, Sparen, Staatshaushalt usw. aus der Vogelperspektive und stellte somit die Abläufe in einer arbeitsteiligen Volkswirtschaft vereinfacht dar. Der **Wirtschaftskreislauf** ist ein bildhaftes Modell, das die ökonomische Realität in mehrfacher Hinsicht vereinfacht. Es handelt sich also um ein typisches ökonomisches Denkmodell, mit dem sich nie die ganze Wirklichkeit erfassen lässt. Im Hinblick auf die Darstellung des Wirtschaftskreislaufes gilt es zwei Elemente zu unterscheiden, und zwar Sektoren und Ströme. In den **Sektoren** werden die Marktteilnehmer nach der Art ihrer wirtschaftlichen Aktivität zusammengefasst: private Haushalte, Unternehmen, Staat und Ausland. Bei den Strömen werden die Beziehungen zwischen den Sektoren nach **Güterstrom** und **Geldstrom** unterschieden.

3.1 Einfacher Wirtschaftskreislauf

Güter, vgl. **2.2**

Das nachfolgende Schaubild stellt eine modellhafte Volkswirtschaft dar, die nur aus zwei Sektoren besteht: **private Haushalte** und **Unternehmen**. Die privaten Haushalte stellen den Unternehmen Produktionsfaktoren, z.B. Arbeitskraft, Boden und Kapital, zur Verfügung. Für die Überlassung dieser Produktionsfaktoren zahlen die Unternehmen an die privaten Haushalte Entgelte in Form von Löhnen, Mieten, Zinsen und Gewinnen. Mit dem erhaltenen Einkommen können die privaten Haushalte Konsumausgaben tätigen. Sie erhalten hierfür Waren und Dienstleistungen.

Wirtschaftskreislauf mit zwei Sektoren

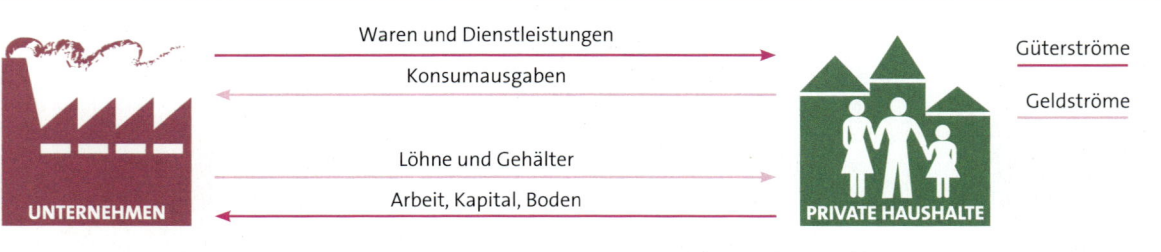

Wenn die privaten Haushalte das gesamte Einkommen für den Kauf von Gütern ausgeben, ist der Kreislauf geschlossen. Die Menge der produzierten Güter und der Lebensstandard bleiben im Zeitverlauf gleich, d.h., dass es kein Wirtschaftswachstum und keine Vermögensbildung gibt. Die Wirtschaft befindet sich entsprechend der Modellvorstellung in einem statischen (unveränderlichen) Zustand.

Die Wirklichkeit funktioniert anders:

- So geben die privaten Haushalte nicht alles aus, sie sparen.
- Auch beziehen nicht alle privaten Haushalte Einkommen von den Unternehmen. Sie bekommen Geld vom Staat.
- Viele Güter werden außerhalb der Volkswirtschaft gekauft. Es gibt Beziehungen zum Ausland.

3.2 Erweiterter Wirtschaftskreislauf

In einem erweiterten Modell werden auch die Sektoren Staat und Ausland sowie ein Hilfssektor, das Vermögensänderungskonto, integriert. Mit dieser Erweiterung wird die Wirklichkeit besser dargestellt.

Mit der Einbeziehung des **Sektors Staat** erfolgt eine wichtige Ergänzung. Die privaten Haushalte und Unternehmen entrichten an den Staat Steuern, Gebühren und Beiträge. Mit den Einnahmen unterstützt der Staat bedürftige Haushalte (Sozialhilfe usw.), sichert die Existenz erhaltenswerter Unternehmen durch Unterstützungszahlungen (Subventionen) und entlohnt seine Beschäftigten, z. B. Lehrer, Polizisten oder Verwaltungsangestellte. Da die privaten Haushalte, die Unternehmen und der Staat nicht nur konsumieren, sondern auch sparen, wird das Modell um das **Vermögensänderungskonto** erweitert. Mit der Erweiterung des Modells um den **Sektor Ausland** wird der Kreislauf einer geschlossenen Volkswirtschaft verlassen, d. h., der Waren-, Kapital- und Dienstleistungsverkehr findet grenzüberschreitend statt (Exporte und Importe). Zur Vereinfachung werden in nachfolgender Abbildung nur noch die Geldströme betrachtet.

Staat
öffentlicher Haushalt

Vermögensänderungskonto
ist ein Hilfskonstrukt, das die Höhe des Konsumverzichts einer Volkswirtschaft zeigt. Das Vermögensänderungskonto nimmt die Ersparnisse der Sektoren auf und zeigt, wie hoch die Kredite sind.

Wirtschaftskreislauf mit fünf Sektoren (nur Geldströme)

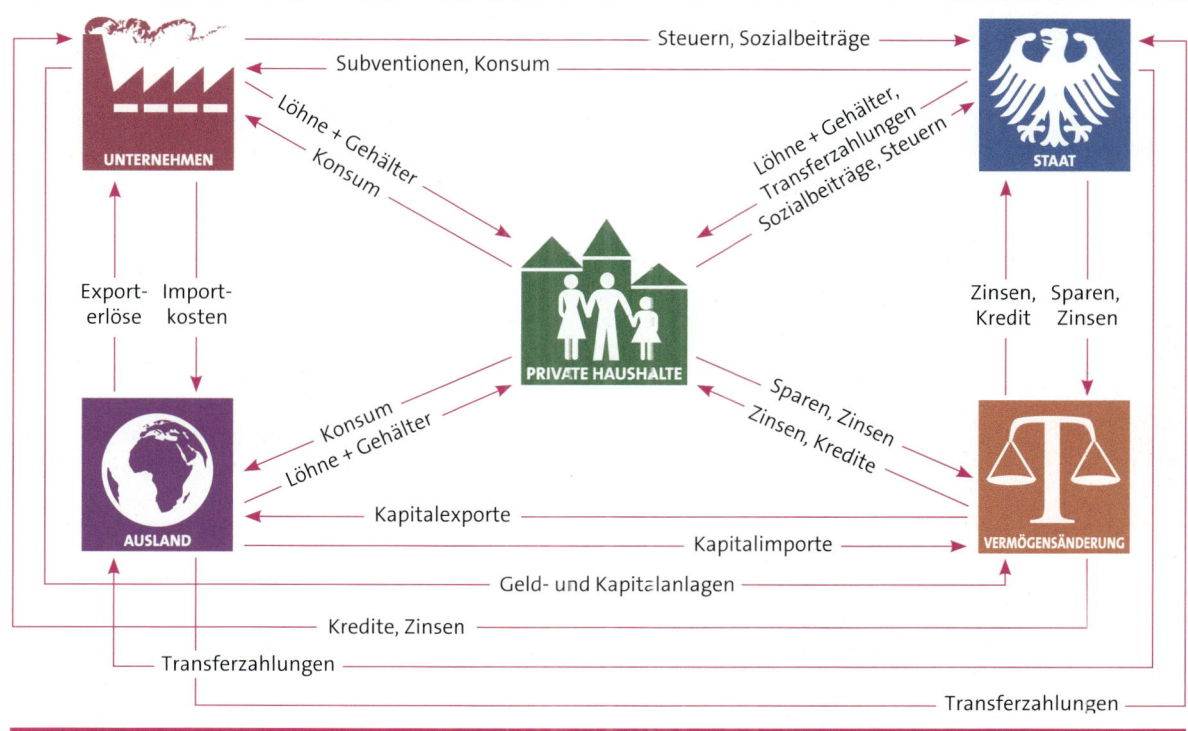

AB → Lernsituation 32

4 *Prinzipien wirtschaftlichen Handelns*

Wirtschaftliches Handeln ist ein zielgerichtetes und planvolles Handeln. Die **privaten Haushalte** streben z. B. an, möglichst qualitativ hochwertige Güter zu einem angemessenen Preis zu erhalten bzw. hohe Einkommen zu erzielen, um den Lebensunterhalt zu sichern. Sie fragen eine Vielzahl von Gütern nach und wollen dabei ihren persönlichen **Nutzen maximieren**.

Das Verhaltensmodell des **Homo oeconomicus** versucht menschliches Verhalten zu erklären. Der Homo oeconomicus maximiert durch sein Handeln seinen eigenen Nutzen.

Entsprechend der Modellvorstellung des **Homo oeconomicus** beruht wirtschaftliches Handeln auf dem **ökonomischen Prinzip**. Wirtschaftliche Mittel sollen danach möglichst effizient bzw. kostengünstig eingesetzt werden, um bestimmte Ziele zu erreichen. Das ökonomische Prinzip kann zwei Ausprägungen annehmen:

- Nach dem **Maximalprinzip** soll mit vorhandenen Mitteln ein möglichst hoher Ertrag erzielt werden, d. h., dass beispielsweise mit einer bestimmten Menge Geld möglichst viele Bedürfnisse befriedigt werden sollen.
- Nach dem **Minimalprinzip** hingegen soll ein bestimmtes Ziel mit möglichst geringen Mitteln erzielt werden, d. h., dass beispielsweise für die Befriedigung eines Bedürfnisses möglichst wenig Geld ausgegeben werden soll.

Das **ökonomische Prinzip** wird häufig auch Wirtschaftlichkeitsprinzip genannt. Durch das Handeln nach diesem Prinzip soll der Konflikt zwischen den unbegrenzten Bedürfnissen und den knappen wirtschaftlichen Gütern bzw. begrenzten Geldmitteln weitgehend ausgeglichen werden.

> **Beispiel** Marie-Sophie möchte ihr Zimmer verschönern und hat dazu 300,00 € zur Verfügung. Sie möchte für dieses Geld nicht nur das Zimmer streichen, sondern auch neue Gardinen und einen neuen Teppich kaufen (Maximalprinzip). Handelt sie hingegen nach dem Minimalprinzip, dann wird sie versuchen, für den Neuanstrich ihres Zimmers, neue Gardinen und den neuen Teppich möglichst wenig Geld auszugeben.

Menschen, die sich in ihrem wirtschaftlichen Handeln nicht von Gefühlen leiten lassen, verhalten sich rational. **Rationales Handeln** ist z. B. dadurch bestimmt, dass der Mensch sich seiner Ziele bewusst ist. Er sucht systematisch nach Mitteln und Wegen, um seine Ziele in kurzer Zeit und mit geringem Aufwand zu erreichen. Zur Analyse rationalen Verhaltens wurde das Modell des Homo oeconomicus entwickelt. Charakteristische Merkmale, die den **Homo oeconomicus** auszeichnen, sind:

- Er besitzt eine vollständige Marktübersicht (Markttransparenz), d. h., er kennt alle Güter mit ihren Preisen und alle Alternativen sind ihm bekannt. Er besitzt somit eine unbegrenzte Informationsverarbeitungskapazität.
- Durch sein Verhalten versucht er seinen persönlichen Nutzen zu maximieren.
- Er trifft seine Entscheidungen, ohne sich von anderen Personen (Freunde, Bekannte usw.) beeinflussen zu lassen.

Produktionsfaktoren, vgl. **2.2**

Unternehmen kombinieren die Produktionsfaktoren nach dem ökonomischen Prinzip, um Güter herzustellen. Dabei streben sie an, diese Güter mit einem möglichst hohen Gewinn zu verkaufen, d. h., sie streben nach **Gewinnmaximierung**. Der Gewinn ergibt sich (vereinfacht) aus der Differenz zwischen dem erzielten Erlös und den hierfür aufgewandten Kosten. Das Gewinnstreben ist ein entscheidender Faktor für alle Unternehmen, die im Wettbewerb miteinander stehen. Es treibt z. B. die Entwicklung von neuen Produktionsverfahren und den technischen Fortschritt voran.

Wettbewerbspolitik, vgl. **9**

Seine Grenzen findet das Gewinnstreben durch den Wettbewerb am Markt. Bezogen auf die Funktionsfähigkeit des Marktes besteht die Aufgabe des **Staates** darin, sicherzustellen, dass Konkurrenz in genügendem Umfang besteht und Verstöße gegen den Wettbewerb verhindert werden.

5 Einflussfaktoren auf das Konsumverhalten

AB → Lernsituation 32

Mithilfe des Modells des Homo oeconomicus wird versucht wirtschaftliches Handeln privater Haushalte zu erklären. Mit diesem Verhaltensmodell ist wirtschaftliches Handeln jedoch nur in begrenztem Umfang erklärbar. In einer erweiterten Modellvorstellung wird davon ausgegangen, dass neben Geld auch immaterielle Werte, wie z. B. Anstrengung, Zeitaufwand und Bequemlichkeit, in die Modellbildung einbezogen werden. Unterstellt wird allerdings weiterhin rationales Handeln. Ein Mensch wägt im Rahmen dieser erweiterten Modellvorstellung beispielsweise Aufwand in Form von Geldeinheiten gegenüber einem höheren Zeitaufwand ab.

Homo oeconomicus, vgl. **4**

> **Beispiel** Johannes aus Gießen zeigt rationales Kaufverhalten, wenn er nicht nach Frankfurt fährt, um dort einen Computer 30,00 € günstiger als in seiner Heimatstadt einzukaufen. Die Fahrtkosten und der hohe Zeitaufwand führen zu höheren „Gesamtkosten".

In der Realität lässt sich der Mensch bei seinen wirtschaftlichen Aktivitäten nicht selten durch Faktoren wie Spontaneität, Gewohnheit und Geltungssucht beeinflussen. So lassen sich Menschen häufig durch ihre Gefühle leiten und treffen Kaufentscheidungen „aus dem Bauch" heraus. Sie handeln nicht immer rational.

Wenn ein Konsument entscheiden soll, welche Güter er nachfragt oder auf welche er verzichtet, muss er abwägen, welchen Nutzen der Konsum verschiedener Güter stiftet. Da die Vorlieben aber sehr unterschiedlich sind, ist auch der Nutzen von Mensch zu Mensch unterschiedlich.

> **Beispiel** Jens, der begeistert Bowling spielt, hat eine höhere Wertschätzung für einen Bowling-Abend mit Freunden als für einen Theater-Besuch mit seiner Freundin. Folglich ist seine Zahlungsbereitschaft für einen Bowling-Abend größer als für einen Theater-Abend. Der Bowling-Abend stiftet ihm einen höheren Nutzen.

Unsere Vorlieben sind nicht zuletzt entscheidend dafür, welche Güter wir nachfragen. Es hängt auch davon ab, ob der zusätzliche Kauf des gleichen Gutes einen höheren Nutzen stiftet als der Verzicht darauf. Dieser zusätzliche Nutzen wird in der Volkswirtschaftslehre als **Grenznutzen** bezeichnet. Der Wert des Grenznutzens kann positiv, gleich null oder sogar negativ sein.

Der **Grenznutzen** ist der Nutzen, der entsteht, wenn eine zusätzliche Einheit eines gleichen Gutes konsumiert wird.

Abnehmender Grenznutzen

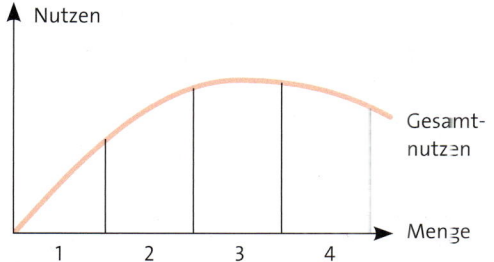

173

Beispiel Jan hat sehr großen Hunger und besucht einen Schnellimbiss. Er bestellt sich gleich vier Portionen Currywurst. Nach der ersten Currywurst fühlt er sich schon besser, er hat aber immer noch Hunger (positiver Grenznutzen). Nach der zweiten Currywurst ist er satt (positiver Grenznutzen), aber er denkt, die dritte Portion „geht noch" (Grenznutzen = null). Nach der vierten Portion ist ihm allerdings sehr übel (negativer Grenznutzen).

Soziologie
Wissenschaft, die sich mit der Entwicklung und der Struktur der menschlichen Gesellschaft beschäftigt.

Da die Menschen verschiedene Vorlieben und Ansprüche haben, wurden in den Wirtschaftswissenschaften zusätzliche Erklärungsansätze menschlichen Konsumverhaltens entwickelt. In diesen Ansätzen werden neben der Ökonomie auch die Psychologie und die **Soziologie** zur Erklärung des Konsumverhaltens herangezogen.

Psychologie
Wissenschaft, die sich mit den bewussten und unbewussten seelischen Vorgängen und Zuständen sowie deren Ursache und Wirkung beschäftigt.

Psychologische Erklärungsansätze ergründen, welchen Einfluss Emotionen und Einstellungen auf das Entscheidungsverhalten haben. Daneben versuchen diese Ansätze auch zu erklären, wie Konsumenten Informationen wahrnehmen und verarbeiten. Beispielsweise versucht ein Konsument solche Informationen, die auf einen zu teuren Kauf hinweisen, unbeabsichtigt zu ignorieren oder zu verdrängen. Auf der anderen Seite sucht er neue Gründe und Argumente dafür zu finden, warum sich aus der getroffenen Entscheidung Vorteile ergeben.

Beispiel Herr Müller liebt neue Autos, daher kauft er alle zwei Jahre das neueste Modell. Die hohen Kosten, die dadurch entstehen, versucht er zu kaschieren, indem er sich einredet, dass er das alte Modell zu einem sehr guten Preis weiterverkaufen konnte. Er verdrängt unbewusst, dass er letztlich für Autos sehr viel Geld ausgibt.

Soziokulturell
die soziale Gruppe und ihr kulturelles Wertesystem betreffend

Soziokulturelle Erklärungsansätze untersuchen im Hinblick auf das Konsumentenverhalten die Beziehung zwischen dem einzelnen Konsumenten und seiner sozialen Umwelt. Typische soziokulturelle Ansätze sind das Bezugsgruppenmodell und das Meinungsführermodell.

Unter **Bezugsgruppen** versteht man solche Gruppen, an denen sich der Einzelne in seinem Verhalten ausrichtet. Hierbei ist es unbedeutend, ob er dieser Gruppe angehört oder nicht.

Beispiel Die Bezugsgruppen, die das Konsumverhalten von Brigitte beeinflussen, sind die Clique, die Familie, die Nachbarn, ihre Mitschüler und der Sportverein. Ihr Kleidungsstil und ihr Kaufverhalten werden von diesen Gruppen weitgehend geprägt.

Das **Meinungsführermodell** erklärt, warum einige Konsumenten offensichtlich das Kaufverhalten von Gruppenmitgliedern stärker beeinflussen als andere. Meinungsführer haben innerhalb einer Gruppe eine Schlüsselstellung. Sie werden von den Gruppenmitgliedern als besonders sachverständig und kompetent eingeschätzt. Unternehmen nutzen die Massenmedien wie Radio und Fernsehen, um mit bekannten Sportlern Werbebotschaften vor allem an Meinungsführer zu senden.

Werbung, vgl. **TAF 12.1, 6**

Beispiel Sophia ist in ihre Clique Meinungsführerin bezüglich aktueller Modetrends. Sie ist immer informiert, was gerade „in" ist, und sie kleidet sich dementsprechend modisch. Die anderen Gruppenmitglieder orientieren sich an ihr.

Übersicht: *Wirtschaftliches Handeln erklären*

Homo oeconomicus	– Modell zur Erklärung menschlichen Verhaltens (private Haushalte)
	– Annahmen:
	  • Rationales Verhalten
	  Der Mensch ist sich seiner Ziele bewusst; sein Handeln dient der systematischen Zielerreichung und wird nicht von Gefühlen beeinflusst.
	  • Existenz vollständiger Markttransparenz
	  • Unbegrenzte Informationsverarbeitungskapazität
	  • Entscheidungen werden nicht von anderen Menschen beeinflusst.

Ökonomisches Prinzip (Wirtschaftlichkeitsprinzip)	– Maximalprinzip Mit vorhandenen Mitteln soll ein möglichst hoher Ertrag erzielt werden. – Minimalprinzip Ein gegebenes Ziel soll mit möglichst geringem Ressourceneinsatz erreicht werden. – Ziel: Lösung des Konflikts zwischen unbegrenzten Bedürfnissen einerseits und knappen wirtschaftlichen Gütern andererseits.
Wirtschaftliches Ziel privater Haushalte	– Nutzenmaximierung – Handlungsantrieb: Bedürfnisbefriedigung
Wirtschaftliches Ziel von Unternehmen	– Gewinnmaximierung – Handlungsantrieb: Bestehen im Wettbewerb mit anderen Unternehmen.

Übersicht: *Konsumentenverhalten*

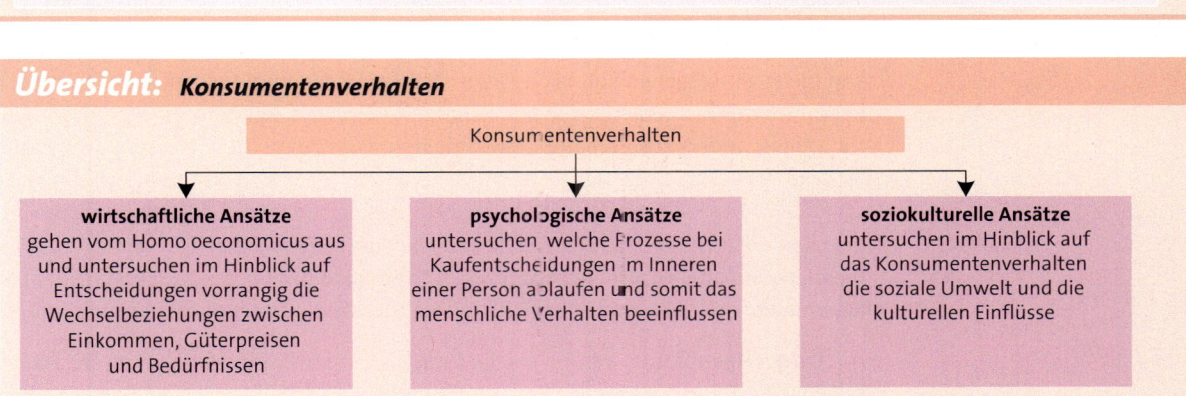

Konsumentenverhalten

wirtschaftliche Ansätze	psychologische Ansätze	soziokulturelle Ansätze
gehen vom Homo oeconomicus aus und untersuchen im Hinblick auf Entscheidungen vorrangig die Wechselbeziehungen zwischen Einkommen, Güterpreisen und Bedürfnissen	untersuchen welche Prozesse bei Kaufentscheidungen im Inneren einer Person ablaufen und somit das menschliche Verhalten beeinflussen	untersuchen im Hinblick auf das Konsumentenverhalten die soziale Umwelt und die kulturellen Einflüsse

AB → Lernsituation 33

6 Nachhaltiges Wirtschaften

6.1 Verhältnis von Ökonomie und Ökologie

Die Umwelt gehört keinem Menschen, wird aber von jedem genutzt und wirkt sich auf jeden Einzelnen aus. Luft, Wasser und Boden ermöglichen es, dass Menschen, Tiere und Pflanzen auf der Erde leben können. Aufgrund unserer Lebensweise und der gegenwärtigen Art zu wirtschaften belasten wir jedoch die Umwelt in einem Ausmaß, dass langfristig ein Überleben auf der Erde gefährdet erscheint.

Luft

Wasser

Boden

Die meisten Menschen sind sich bewusst, dass die Umwelt tagtäglich benutzt und belastet wird. Fast jeder ist für den Schutz der Umwelt. Nur das konkrete Handeln sieht meist anders aus: Auf alte Gewohnheiten will man nicht verzichten und finanzielle Opfer zum Schutz der Umwelt will man nicht auf sich nehmen. Aus ökologischer Sicht sollte unser Handeln so ausgerichtet sein, dass der Zustand der Umwelt ein Überleben von Menschen, Tieren und Pflanzen sichert. Dem Staat kommt zunehmend die Aufgabe zu, die wirtschaftlichen Rahmenbedingungen so zu gestalten, dass Ressourcenverbrauch und Folgen des Wirtschaftens die Umwelt nicht gefährden.

Umweltpolitik, vgl. **TAF 12.6, 4**

Als **Umweltprobleme** werden solche Ereignisse oder Entwicklungen in der Natur bezeichnet, die von Menschen verursacht werden und die Lebensgrundlagen bedrohen oder zerstören. Umweltprobleme haben eine lokale (z.B. Wegwerfen von Abfällen auf der Straße), nationale (z.B. staatliche Umweltpolitik) und internationale Dimension (z.B. globale Klimaerwärmung).

Die **Wechselwirkungen zwischen Ökonomie und Ökologie** sind sehr vielfältig. Die folgenden Beispiele geben die wichtigsten Beziehungen wieder:
- Die Umwelt dient dem ökonomischen System als Lieferant von erneuerbaren und nicht erneuerbaren Ressourcen (z.B. Energie). Diese gehen als Input in die Produktion ein und werden im Produktionsprozess in Güter umgewandelt.
- Im Rahmen von Produktions- und Konsumprozessen können Emissionen, d.h. Abfälle und Schadstoffe, anfallen, die z.T. nicht oder nur auf lange Sicht abbaubar sind. Sie werden von der Luft, dem Wasser und/oder dem Boden als Immissionen aufgenommen, sofern sie nicht über Recyclingverfahren in den Wirtschaftsprozess zurückgeführt werden.
- Die Umwelt liefert elementare Güter wie z.B. Luft, Wasser und Boden. Diese können für die Produktion von Gütern verwendet oder vom Menschen „konsumiert" werden.

Konflikt zwischen Ökonomie und Ökologie

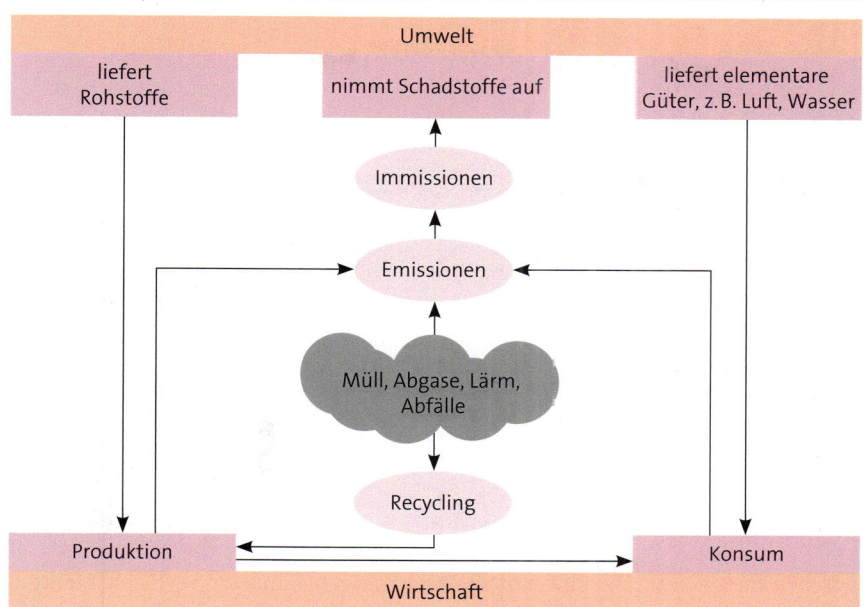

Die Umwelt liefert Rohstoffe, nimmt Schadstoffe auf und liefert elementare Güter, wie Boden, Luft und Wasser.

Die Umwelt wird durch wirtschaftliches Handeln beeinträchtigt. Es spricht viel dafür, dass der Konflikt zwischen Ökonomie und Ökologie im Kern nicht zu lösen ist. Einerseits ist menschliches Wirtschaften immer mit Eingriffen in die Natur verbunden und somit sind Umweltschädigungen nicht ganz zu vermeiden. Andererseits können wir auf wirtschaftliches Handeln nicht verzichten, weil wir nur auf dieser Basis unsere Existenz sichern können. Der Konflikt kann nur entschärft werden, wenn vielfältige Anstrengungen unternommen werden, die Produktion und den Konsum von Gütern so umweltfreundlich wie möglich zu gestalten.

Marktversagen, vgl. **8.6**

6.2 Leitbild der nachhaltigen Entwicklung

Im Rahmen der Konferenz für Umwelt und Entwicklung der Vereinten Nationen (**UNCED**) in Rio de Janeiro 1992 hat sich die internationale Staatengemeinschaft auf das Leitbild der **nachhaltigen Entwicklung** („*sustainable development*") verständigt. Damit wurde das Konzept der Nachhaltigkeit durch die **Agenda 21** formal zum Leitprinzip der internationalen Politik gemacht. Nachhaltiges Handeln bedeutet demnach, die natürlichen Ressourcen der Erde so zu nutzen, dass sie in ihren wesentlichen Eigenschaften langfristig erhalten bleiben und zukünftige Generationen nicht schlechter gestellt sind, ihre Bedürfnisse zu befriedigen.

Der Begriff der **Nachhaltigkeit** stammt ursprünglich aus der Forstwirtschaft. In einem bestimmten Zeitraum dürfen danach nur so viele Bäume geschlagen werden, dass der Wald sich z.B. durch Aufforstung regenerieren kann.

Eine nachhaltige Entwicklung kann nur erreicht werden durch die gleichzeitige und gleichberechtigte Umsetzung von ökologischen, ökonomischen und sozialen Zielen. In diesem Zusammenhang wird von einem **Drei-Säulen-Modell** gesprochen. Nur alle drei Säulen zusammen ergeben ein tragfähiges Konzept der Nachhaltigkeit einer Gesellschaft.

UNCED
ist die Abkürzung für **U**nited **N**ations **C**onference on **E**nvironment and **D**evelopment.

Agenda 21
Das Aktionsprogramm für das 21. Jahrhundert enthält Handlungsempfehlungen zur nachhaltigen Entwicklung.

Nachhaltig ist eine Entwicklung, die wirtschaftliche Leistungsfähigkeit mit sozialer Gerechtigkeit in Einklang bringt und bei der die natürlichen Ressourcen so genutzt werden, dass sie in ihren wesentlichen Eigenschaften langfristig erhalten bleiben, sodass zukünftige Generationen nicht schlechter gestellt sind, ihre Bedürfnisse zu befriedigen.

Drei-Säulen-Modell der nachhaltigen Entwicklung

Nachhaltigkeit

Ökologisches Handeln
heißt im Einklang mit der Natur handeln. Die Menschen achten dabei auf die Schonung der Natur, z. B. versuchen sie nicht erneuerbare Ressourcen durch erneuerbare zu ersetzen und den Ausstoß von Schadstoffen zu vermeiden bzw. zu verringern.

Ökonomisches Handeln
heißt individuelle und gesellschaftliche Bedürfnisse effizient zu befriedigen. Die Menschen wirtschaften so, dass der Wohlstand auch für die kommenden Generationen gewährleistet wird.

Soziales Handeln
heißt die Lebensverhältnisse so zu gestalten, dass niemand z. B. durch Armut, Arbeitslosigkeit oder Krankheit ausgegrenzt wird. Alle Menschen sollen sich frei entfalten können und am Wohlstand teilhaben. Solidarisches Handeln verlangt z. B., dass reiche Länder nicht auf Kosten armer Länder ihren Wohlstand sichern.

Zwischen diesen drei Dimensionen des nachhaltigen Handelns bestehen **Zielkonflikte**. Wie schwierig es ist, diese drei Dimensionen in Einklang zu bringen, lässt sich an folgenden Beispielen erkennen:

Beispiele

– Das Wachstum der Erdbevölkerung verläuft nicht geradlinig, sondern die Zahl der Menschen nimmt immer schneller zu. Aus dieser Entwicklung ergeben sich viele Umweltprobleme. Die Nahrungsmittelproduktion muss erheblich erhöht werden, indem die Anbaufläche ausgedehnt und der Ackerboden intensiver bewirtschaftet wird. Probleme wie beispielsweise **Bodenerosion**, Zunahme des Einsatzes von Dünge- und Unkrautvernichtungsmitteln oder Belastungen des Grundwassers mit Schadstoffen können die Folge sein. Mit steigender landwirtschaftlicher und industrieller Produktion ist eine Zunahme des Energieverbrauchs verbunden. Schließlich entstehen mehr Abfälle und Schadstoffe, deren ordnungsgemäße Entsorgung immer schwieriger wird.

– Um die nicht erneuerbaren Ressourcen zu schonen, wird aus ökologischer Sicht gefordert, sie durch erneuerbare Ressourcen zu ersetzen, z. B. der Anbau von Mais und Raps für die Gewinnung von Biosprit. Dadurch stehen immer weniger Anbauflächen für die Produktion von Lebensmitteln zur Verfügung. Das bedeutet letzten Endes, dass in armen Ländern immer mehr Menschen vom Hunger bedroht sind.

– Ziel der Wirtschaftspolitik ist unter anderem, ein angemessenes und stetiges Wirtschaftswachstum sicherzustellen. Mit dem Wirtschaftswachstum ist in der Regel ein zunehmender Ressourcenverbrauch verbunden und somit eine steigende Umweltbeanspruchung. Ohne Wirtschaftswachstum und entsprechend steigende Steuereinnahmen des Staates wird es schwerer möglich sein, den erreichten Lebensstandard zu sichern und zu halten, das Arbeitsplatzangebot zu sichern bzw. zu erhöhen, Einkommen und Vermögen gerechter zu verteilen und soziale Ungerechtigkeiten zu vermindern.

Bodenerosion
Durch Wind, Wasser und menschliche Eingriffe wird Boden abgetragen. Dadurch können ganze Regionen unfruchtbar werden.

Wirtschaftspolitik, vgl. **TAF 12.6**

7 Wirtschaftsordnung

AB → Lernsituation 34

7.1 Entwicklung der Wirtschaftsordnung

Nach dem Zweiten Weltkrieg wurde im Frühjahr 1945 der westliche Teil Deutschlands von den Westmächten USA, Frankreich und England besetzt, der Osten Deutschlands von der Sowjetunion. In den beiden Besatzungsgebieten wurden 1949 zwei deutsche Staaten mit zwei unterschiedlichen politischen Systemen und Wirtschaftsordnungen gegründet: In der Bundesrepublik Deutschland trugen die Westmächte dafür Sorge, dass eine parlamentarische Demokratie entstand, deren wirtschaftliche Basis die soziale Marktwirtschaft darstellt. In der Deutschen Demokratischen Republik (ehemalige DDR) entstand nach dem Vorbild der Sowjetunion ein kommunistisches Regime und auf der Grundlage einer **Zentralverwaltungswirtschaft** die **sozialistische Planwirtschaft**.

In Gesellschaften, die auf einer arbeitsteilig organisierten Produktion von Waren und Dienstleistungen basieren, regelt sich nicht alles von selbst. Die Arbeitsteilung hat Folgen, die eine übergreifende **Koordination des Wirtschaftsprozesses** erforderlich machen.

Soziale Marktwirtschaft, vgl. **7.3**

Zentralverwaltungswirtschaft
Die Entscheidungsstruktur wird zentral vom Staat bestimmt. Er legt fest, welche Güter in welchen Mengen in den staatlichen Betrieben wie und an welchen Standorten produziert werden sollen. Die Preise werden ebenfalls staatlich festgelegt.

Sozialistische Planwirtschaft
Beruht auf dem Modell der Zentralverwaltungswirtschaft. Zentrales Kennzeichen ist das gesellschaftliche Eigentum an den Produktionsmitteln.

Arbeitsteilung, vgl. **2.2**

Koordination des Wirtschaftsprozesses

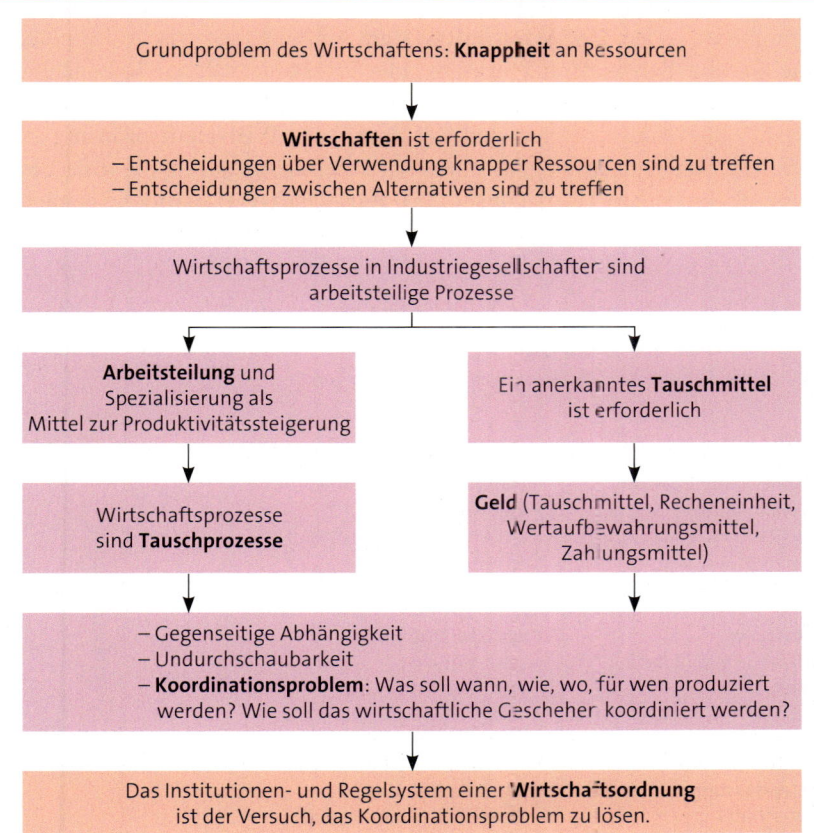

Geld, vgl. **TAF 12.6, 7**

Die Kernfrage hinsichtlich der **Gestaltung einer Wirtschaftsordnung** ist die Frage nach der Lösung des Koordinationsproblems: Wie kann die Produktion Hunderttausender von Unternehmen, die jährlich viele Millionen Güter herstellen und anbieten, so auf den Bedarf von vielen Millionen von Nachfragern abgestimmt werden, dass der Wirtschaftsprozess ohne größere Störungen ablaufen kann? Bei der Lösung dieses Koordinationsproblems durch die Entwicklung einer Wirtschaftsordnung müssen mehrere gesellschaftliche Systemebenen, die eng miteinander verflochten sind, berücksichtigt werden.

- Kulturelles System: Übergeordnete Werte und Normen einer Gesellschaft
- Politisches System: Gestaltung der Macht- und Herrschaftsverhältnisse
- Wirtschaftssystem: Gestaltung der Beziehungen zwischen Produzenten und Konsumenten
- Sozialsystem: Schutz der sozial Schwachen und Bedürftigen
- Rechtssystem: Entwicklung von verbindlichen Rechtssystemen

Hinsichtlich der Analyse und Beurteilung einer Wirtschaftsordnung sind drei Ebenen zu unterscheiden. Ein **Wirtschaftssystem** stellt die theoretische, lediglich gedachte Koordinationsform und Struktur einer Volkswirtschaft dar. Es handelt sich um eine „idealtypische" Betrachtungsweise der Koordinationsmechanismen, mit deren Hilfe die Wirtschaft organisiert werden soll. Die **Wirtschaftsordnung** ist die tatsächlich realisierte Ausprägung eines Wirtschaftssystems, d. h. die reale Umsetzung der theoretischen Überlegungen. Die **Wirtschaftsverfassung** beinhaltet die rechtlichen Grundlagen für die Entwicklung einer Wirtschaftsordnung.

Wirtschaftssystem

Eine Wirtschaftsordnung soll folgende **Funktionen** erfüllen:

- Herstellung und **Sicherung der Funktionsfähigkeit** einer Volkswirtschaft: Eine Wirtschaftsordnung muss Entscheidungen hinsichtlich des Einsatzes der vorhandenen knappen Ressourcen und der Verteilung der Güter treffen: Welche Güter sollen wann, wo, für wen, wie und in welchem Umfang produziert werden?
- Beitrag zur **Verwirklichung gesellschaftlicher Grundwerte**: Eine Wirtschaftsordnung ist eng mit den gesellschaftlichen Grundwerten verflochten. Sie sollte in einer Demokratie nicht mit den Werten Freiheit, Sicherheit, Gerechtigkeit und Wohlstand in Konflikt geraten.
- Zielgerichtete **Koordination der wirtschaftlichen Aktivitäten**: Für die Abstimmung arbeitsteiliger Prozesse in einer Volkswirtschaft werden in der Regel mehrere Mechanismen verwendet. Die Koordination in der Marktwirtschaft erfolgt über die Preisbildung auf dem Markt. Es besteht darüber hinaus die Möglichkeit, beispielsweise durch die Wahl einer anderen Regierung wirtschaftliche Macht zu beschränken. Mit den Mitteln der Hierarchie kann eine effektive Verwaltung aufgebaut werden.

Arbeitsteilung, vgl. **2.2**

Preisbildung, vgl. **8**

Für die Entwicklung eines Wirtschaftssystems haben folgende **Ordnungsformen** eine zentrale Bedeutung, von deren Umsetzung die reale Ausprägung einer Wirtschaftsordnung abhängt.

- **Planungs- und Lenkungssystem**: Es ist die Entscheidung zu treffen, wie in einer arbeitsteilig organisierten Volkswirtschaft die Vielzahl wirtschaftlicher Aktivitäten aufeinander abgestimmt werden kann. Die Koordination einer Volkswirtschaft kann grundsätzlich zentral oder dezentral erfolgen.
- **Eigentumsformen**: Entscheidungsbefugnisse sind eng mit dem Eigentum an den Produktionsmitteln (z. B. Fabriken, Grundstücke und Rohstoffe) verbunden. Daher gilt es zu regeln, ob Individuen, der Staat oder Genossenschaften über die Produktionsmittel verfügen dürfen.
- **Betriebliche Ergebnisrechnung**: Es ist festzulegen, ob Unternehmen nach dem Prinzip der Gewinnmaximierung oder der Planerfüllung wirtschaften. Planerfüllung heißt, dass in der Volkswirtschaft zentral aufgestellte Pläne erfüllt werden.
- **Preisbildungsformen**: Ein wesentliches Steuerungsinstrument für wirtschaftliche Aktivitäten stellen die Preise dar, zu denen die produzierten Güter verkauft werden können oder sollen. Es ist zu entscheiden, ob sich die Preise am Markt bilden oder ob sie vom Staat festgelegt werden sollen.

Gewinnmaximierung, vgl. **4**

Übersicht: *Ordnungsformen einer Wirtschaftsordnung*

Planungs- und Lenkungssystem		Eigentumsformen			betriebliche Ergebnisrechnung		Preisbildungsformen	
dezentrale Planung	zentrale Planung	Privateigentum	Staatseigentum	Genossenschaftseigentum	Gewinnprinzip	Planerfüllung	Marktpreisbildung	staatliche Preisfestsetzung

7.2 Modell der freien Marktwirtschaft

Das Modell der freien Marktwirtschaft hat – im Sinne einer idealtypischen Modellvorstellung – seine geistigen Wurzeln in den Ideen des **klassischen Liberalismus**. Der Liberalismus entwickelte sich als Reaktion auf die uneingeschränkte Herrschaft der Fürsten (Absolutismus) und des Merkantilismus als vorherrschender Wirtschaftsform im 17. Jahrhundert. Der Merkantilismus hatte zum Ziel, die Finanzkraft des Staates, d. h. der absolutistisch regierenden Herrscher, zu mehren, indem die Ausfuhr von Gütern unterstützt und die Einfuhr weitgehend unterbunden wurde. Ein ausgeprägter Handels**protektionismus** war das zentrale wirtschaftspolitische Mittel. Die Annahme war, dass durch den Export von Gütern Geld in Form von Gold und Silber ins Land zurückströmt.

Protektionismus
Schutz der einheimischen Produktion gegen die Konkurrenz des Auslandes durch Maßnahmen der Außenhandelspolitik, vgl. **TAF 12.6**, **8**

Adam Smith ist zwar nicht der einzige Begründer des klassischen ökonomischen Liberalismus, er gilt aber als der bedeutendste Theoretiker dieser ökonomischen Lehre. Grundlegend für die Auffassung von Smith ist die Einsicht, dass der wirtschaftliche Erfolg nicht auf der Nächstenliebe (Altruismus), sondern auf der Eigenliebe der Einzelnen (Egoismus) beruht. Ferner nimmt er an, dass das sogenannte Eigennutzstreben die wesentliche Antriebskraft für wirtschaftliches Handeln ist. Jeder Mensch verfolgt seinen eigenen Vorteil und nicht den der Gesellschaft. Eine **„unsichtbare Hand"** sorgt für die Vereinbarkeit von Einzel- und Gesamtinteressen. Zwar wird das wirtschaftliche Handeln des Kaufmanns durch sein Gewinnstreben motiviert, d.h., die Gesellschaft wird nicht durch das Wohlwollen der Kaufleute mit Gütern versorgt, doch die Durchsetzung des Einzelinteresses führt dennoch zum Vorteil für alle. Solange der einzelne Kaufmann seine Güter mit Gewinn verkaufen kann, ist auf diese Weise die Versorgung aller Menschen mit Gütern sichergestellt.

Merkmale der freien Marktwirtschaft sind:
- Vertragsfreiheit, Gewerbefreiheit, Konsumentenfreiheit, Berufsfreiheit und Privateigentum
- freie Preisbildung, der Preis eines Gutes wird durch Angebot und Nachfrage bestimmt
- freier Marktzugang für Konsumenten und Produzenten
- freier Wettbewerb

Die Verfechter des klassischen Liberalismus waren **gegen Eingriffe des Staates** in das Wirtschaftsgeschehen. Der Staat nimmt keine eigenen Interessen wahr, sondern hat die Aufgabe, Schutz, Sicherheit und Eigentum der Bürger zu gewährleisten. Ferner stellt er ein Zahlungsmittel bereit und sorgt dafür, dass das Rechtssystem erhalten bleibt. In diesem Zusammenhang wird vom Nachtwächterstaat gesprochen.

7.3 Soziale Marktwirtschaft

Nach dem Ende des Zweiten Weltkriegs stellte sich die Frage, wie Deutschland politisch und wirtschaftlich organisiert werden sollte. Aufgrund der negativen Erfahrungen mit dem Frühkapitalismus des 19. Jahrhunderts und der Erfahrungen mit der Kriegswirtschaft des nationalsozialistischen Regimes wurde versucht, in wirtschaftlicher Hinsicht mit der Gründung der Bundesrepublik Deutschland einen neuen Weg einzuschlagen. Verfolgt wurde das Konzept einer marktwirtschaftlichen Ordnung, die mit staatlich regulierenden und sozialen Elementen angereichert war.

So entstand die **soziale Marktwirtschaft,** als deren maßgebliche Begründer der spätere Wirtschaftsminister und Bundeskanzler Ludwig Erhard und sein Staatssekretär Alfred Müller-Armack angesehen werden.

Ludwig Erhard (1897–1977)

Alfred Müller-Armack (1901–1978)

Die noch heute in der Bundesrepublik Deutschland praktizierte soziale Marktwirtschaft zeichnet sich durch vier Grundprinzipien aus:

1. **Prinzip des Privateigentums an Produktionsmitteln**: Unternehmen und das zugehörige Anlagevermögen befinden sich grundsätzlich im Eigentum privater Personen. Dies sind die Unternehmer bzw. Inhaber. Prinzipiell kann sich jeder Bürger – beispielsweise durch den Erwerb von Aktien – am Produktionsvermögen beteiligen. Einige Unternehmen, die sogenannten öffentlichen Unternehmen, befinden sich jedoch in staatlicher Hand (z. B. städtische Wasserwerke).

2. **Wettbewerbsprinzip und freie Preisbildung**: Unternehmen können ihre Aktivitäten (Sortimentsgestaltung, Produktionsmengen, Preise, Rabatte usw.) frei planen. Da sie in der Regel im Wettbewerb mit anderen Unternehmen stehen, sind sie stets darauf aus, „besser" zu sein als die Wettbewerber. Hierdurch werden letztlich wirtschaftliches Wachstum und technischer Fortschritt gesichert. Außerdem erfolgt im Wettbewerb durch freie Preisbildung ein Ausgleich zwischen Angebot und Nachfrage.
Preisbildung, vgl. **8**

3. **Sozialprinzip**: Da der freie Markt nicht in der Lage ist, alle auftretenden sozialen Probleme zu lösen, muss der Staat im Rahmen seiner Sozialpolitik die Marktwirtschaft sozial ausgestalten (z. B. Sozialhilfe zum Schutz vor Armut).
Sozial- und Verteilungspolitik, vgl. **TAF 12.6**, **3**

4. **Prinzip der Marktkonformität**: Die **wirtschaftspolitischen Maßnahmen** des Staates müssen weitgehend marktkonform erfolgen, d. h., die freie Preisbildung auf den Märkten darf nicht eingeschränkt werden.

Wirtschaftspolitische Maßnahmen
haben das Ziel, den Wirtschaftsprozess zu ordnen, zu beeinflussen oder direkt in die wirtschaftlichen Abläufe einzugreifen,
vgl. **TAF 12.6**, **1**

Aufgabe des Staates ist es, eine starke **Rechtsordnung** zu schaffen, sodass die Grundelemente der sozialen Marktwirtschaft gesichert und die Rechte jedes Einzelnen geschützt werden. Dazu gehören

- Eigentums- und Vertragsrecht
- Wettbewerbs- und Wirtschaftsstrafrecht
- Unternehmens-, Mitbestimmungs-, Familien- und Jugendrecht
- Notenbankrecht, Steuer- und Finanzrecht

Eine Rechtsordnung funktioniert nur dann, wenn die Gerichte und Behörden die Gesetze auch durchsetzen und diese von den Bürgern respektiert werden.

Marktversagen, vgl. **8.6**

Jede Wirtschaftsordnung hat mit Funktionsproblemen zu kämpfen. In der öffentlichen Diskussion wird darüber gestritten, ob die derzeitige Gestalt der sozialen Marktwirtschaft in Deutschland den Vorstellungen ihrer Gründungsväter entspricht. Im Folgenden werden einige **Funktionsprobleme** beschrieben:

Wettbewerbspolitik, vgl. **10**

Konzentration, vgl. **9**

Marktformen, vgl. **8.5**

- Wettbewerb ist für das Funktionieren der Märkte von entscheidender Bedeutung. Nur wenn Wettbewerb herrscht, werden über Preise und Gewinne Wirtschaftspläne aufeinander abgestimmt. Ein Problem liegt in der **Unternehmenskonzentration** begründet. Vollkommener Wettbewerb führt dazu, dass Anbieter aus dem Markt ausscheiden, deren Produkte zu teuer sind und von den Konsumenten nicht nachgefragt werden. Den verbleibenden Anbietern wird es somit möglich, Kapital zu konzentrieren und eine **marktbeherrschende Stellung** zu erlangen (Marktmacht). Neuen Anbietern wird so der Marktzutritt erheblich erschwert. In der Folge entwickeln sich Märkte von polypolistischen zu oligopolistischen oder gar monopolistischen Märkten. Die Gefahr der Kartellbildung und der Preisabsprachen der Anbieter nimmt zu. Zur Kontrolle des Wettbewerbs wurde in Deutschland das Bundeskartellamt als Kontrollbehörde geschaffen.

Werbung, vgl. **TAF 12.1**, **6**

Verbraucherzentralen in Deutschland: www.verbraucherzentrale.de

- **Konsumentenschutz**: Die Annahme, dass die Konsumenten auf funktionierenden Märkten durch ihr Kaufverhalten über Menge und Art der angebotenen Güter entscheiden (Konsumentensouveränität), trifft in der Realität zumeist nicht zu. Durch intensive Werbung versuchen die Anbieter, Bedürfnisse und Kaufentscheidungen der Verbraucher zu ihren Gunsten zu beeinflussen und Wettbewerbsvorteile gegenüber anderen Anbietern zu erlangen. Um Verbraucher über den Markt zu informieren, wurden in Deutschland z. B. die Stiftung Warentest und Verbraucherzentralen geschaffen. Zudem gibt es zahlreiche Gesetze zum Verbraucherschutz, wie das Gesetz gegen den unlauteren Wettbewerb (UWG) oder Regelungen zu Fernabsatzgeschäften (z. B. Online-Handel) und Haustürgeschäften im BGB.

externe Effekte, vgl. **8.6**

Umweltschutz, vgl. **6**

Umweltpolitik, vgl. **TAF 12.6**, **4**

- **Soziale und ökologische Zusatzkosten**: Wirtschaftliches Handeln verursacht nicht selten externe Effekte, d. h. Kosten zu Lasten unbeteiligter Dritter. Maßnahmen zum Schutz der Umwelt werden beispielsweise von den Unternehmen oftmals vernachlässigt, um die Herstellungskosten für die Güter gering zu halten. Die Kosten, die für den Erhalt der Umwelt notwendig wären, werden ausgelagert. Sie werden nicht selten auf den Steuerzahler abgewälzt, der die Schäden gar nicht verursacht hat, aber für deren Beseitigung aufkommen muss. Mit den Instrumenten der Umweltpolitik wird in Deutschland versucht, die Verursacher an den Kosten der Beseitigung von Umweltschäden zu beteiligen.

Sozial- und Verteilungspolitik, vgl. **TAF 12.6**, **3**

- **Einkommens- und Vermögensverteilung**: Der Wettbewerb auf den Märkten führt letztlich zu einer ungleichen Einkommens- und Vermögensverteilung. Einkommen aus Unternehmertätigkeit und Vermögen steigen nicht selten stärker an als die Löhne und Gehälter. Eine entsprechende Umverteilung wird z. B. mithilfe der staatlichen Einnahmen- und Ausgabenpolitik oder im Rahmen der Lohnforderungen der Gewerkschaften angestrebt.

In Deutschland wurde nach dem Zweiten Weltkrieg die soziale Marktwirtschaft als „dritter Weg" neben dem marktwirtschaftlichen Kapitalismus des 19. Jahrhunderts und der zentralen Verwaltungswirtschaft eingeführt. Grundlegende Zielsetzung der Marktwirtschaft ist es, das Prinzip der Freiheit auf dem Markt mit dem Prinzip des sozialen Ausgleichs zu verbinden. Allerdings treten immer wieder Funktionsstörungen auf, die es mit wirtschaftspolitischen Maßnahmen des Staates zu beheben gilt.

8 Preisbildung auf den Märkten

AB → Lernsituation 35

8.1 Der Markt

Beispiel Auf dem Erzeugermarkt an der Konstablerwache in Frankfurt am Main bietet sich jeden Donnerstag und Samstag das gleiche Bild: der Wochenmarkt. Für einige Stunden entsteht dort geschäftige Betriebsamkeit: Buden und Stände reihen sich nebeneinander. Landwirte türmen Obst und Gemüse auf; Blumenhändler arrangieren die Blumen in Kübeln; Fleisch- und Fischhändler richten ihre Delikatessen in ihren Auslagen. Schon bald kommen die Besucher, um ihre Einkäufe zu tätigen. Einige kaufen immer an denselben Ständen, andere gehen zunächst von Stand zu Stand, um die Preise und Qualitäten miteinander zu vergleichen.

Der **Markt** ist der Ort, an dem Angebot und Nachfrage zusammentreffen. Neben dem Wochenmarkt gibt es noch andere Märkte, wie z. B. die Börse, den Arbeitsmarkt, den Wohnungs- und Immobilienmarkt. Der Markt stellt das Koordinationszentrum der Wirtschaft dar, in dem die Interessen der Anbieter (Verkäufer) und Nachfrager (Käufer) aufeinandertreffen. Der Nachfrager möchte möglichst preisgünstig einkaufen, der Anbieter seine Waren zu einem möglichst hohen Preis verkaufen. Der Arbeitnehmer möchte möglichst hohe Einkünfte erzielen, der Arbeitgeber dagegen niedrige Löhne und Gehälter zahlen. Banken möchten teure Kredite anbieten, Kreditnehmer niedrige Zinsen aushandeln. Eine Aufgabe des Marktes besteht darin, die Interessen der Marktteilnehmer ins Gleichgewicht zu bringen. Schon ein erster Blick zeigt, dass im Hinblick auf den Kauf eines Gutes im Vorhinein eine Fülle von Fragen auftritt und die Tauschaktion begleitet: Was muss z. B. alles geregelt werden, damit überhaupt ein funktionsfähiger Markt entsteht? Was muss vorher alles investiert werden?

Angebot, vgl. **8.3**

Nachfrage, vgl. **8.2**

Beispiel Wochenmarkt
- Wir benötigen Flächen oder ein Gebäude. Wer ist Eigentümer des Grund und Bodens, auf dem der Markt eingerichtet wird?
- Gehört die Fläche oder das Gebäude dem Staat oder einer Privatperson?
- Es müssen die Marktzeiten geregelt werden.
- Die Marktstände müssen an jene Personen verpachtet werden, die anbieten wollen.

Der **Markt** übernimmt die Koordination von Produktion und Konsum in einer Volkswirtschaft. Er ist der zentrale Lenkungsmechanismus für die wirtschaftlichen Aktivitäten der Wirtschaftssubjekte. Aus diesen Gründen werden Wirtschaftsordnungen mit solchen Funktionsweisen als **Markt**wirtschaften bezeichnet.

8.2 Die Nachfragekurve

Nach dem **Gesetz der Nachfrage** sinkt die nachgefragte Menge mit steigenden Preisen, wenn alle anderen Einflüsse konstant bleiben.

Die Nachfrage nach einem Gut steigt, wenn der Preis sinkt. Steigt der Preis eines Gutes, dann sinkt die Nachfrage. Dieses Verhalten wird als das **Gesetz der Nachfrage** bezeichnet. Dieses Gesetz gilt allerdings nur dann, wenn alle anderen Einflüsse auf die Nachfrage unverändert bleiben, d. h., dass z. B. Vorlieben nicht berücksichtigt werden, die Preise ähnlicher Güter oder das Einkommen der Käufer unverändert bleiben. Die Beziehung zwischen Preis und Menge der nachgefragten Güter lässt sich durch die **Nachfragekurve** veranschaulichen, indem man die jeweiligen beiden Werte in einem Koordinatensystem abträgt. Auf der horizontalen Achse wird die Menge des Gutes abgetragen und auf der vertikalen Achse der Preis desselben Gutes.

Beispiel Die Nachfragekurve für Spargel auf dem Wochenmarkt in Frankfurt ergibt sich aus folgender Tabelle.

Preis in € pro kg Spargel	Menge in kg
2,00	200
4,00	150
6,00	100
8,00	50

Bei einem niedrigen Preis fragen die Kunden mehr Spargel nach als bei einem hohen Preis.

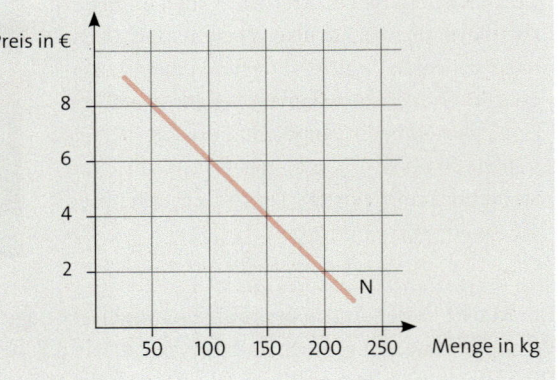

Erhöht sich der Preis eines Gutes, so wandert man auf der Nachfragekurve nach links. Sinkt der Preis, so wandert man auf der Nachfragekurve nach rechts. Allerdings wird die Nachfrage neben dem Preis noch von anderen Faktoren beeinflusst:

ähnliche Güter = Substitutionsgüter

ergänzende Güter = Komplementärgüter

- von der Höhe des verfügbaren Einkommens
- von der Stärke der Bedürfnisse
- von Mode- und Trenderscheinungen
- von der Qualität der Güter
- von der technischen Entwicklung

- von der Existenz und den Preisen ähnlicher Güter
- von der Existenz und den Preisen ergänzender Güter
- von den Zukunftserwartungen der Nachfrager

Beispiel Erhöht sich das Einkommen der Bevölkerung, dann steigt tendenziell die Nachfrage nach einzelnen Gütern. Beispielsweise sind die Besucher des Wochenmarktes nach einer Einkommenserhöhung tendenziell bereit (weil finanziell in der Lage), mehr Geld für Spargel auszugeben. Die Nachfragekurve verschiebt sich nach rechts, weil zu jedem Spargelpreis jetzt eine größere Menge nachgefragt wird (N_1). Sinkt das Einkommen, dann verschiebt sich die Nachfragekurve nach links, weil zu jedem Preis weniger Spargel nachgefragt wird (N_2).

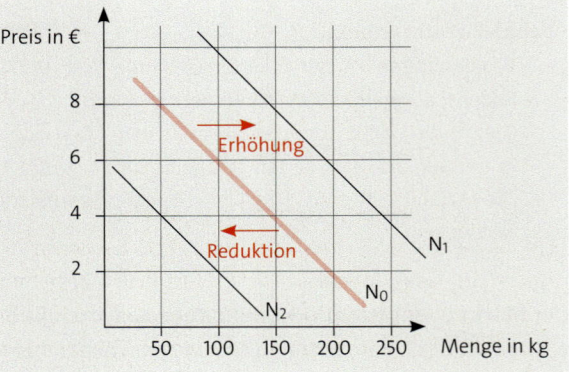

Bei Gütern, die dringend benötigt werden und für die keine Alternativen existieren, ist der Preis weniger variabel als bei Gütern, bei denen die Verbraucher auf andere Güter ausweichen können.

8.3 Die Angebotskurve

Beispiel Steigt der Preis für Spargel, weil mehr Spargel nachgefragt wird, wird der Landwirt Grünfeld mehr Spargel anbauen. Bei sinkenden Preisen nimmt das Angebot an Spargel ab, weil jetzt auf einigen Flächen Süßkartoffeln angebaut werden. Damit lassen sich höhere Gewinne erzielen.

Steigen die erzielbaren Preise für ein Gut, so erhöhen die Unternehmen ihre Angebotsmenge in der Erwartung höherer Gewinne. Steigende Preise locken zusätzliche Anbieter auf den Gesamtmarkt, wodurch das Gesamtangebot steigt. Die Beziehung zwischen Preis und angebotener Menge an Gütern lässt sich mit der **Angebotskurve** abbilden. Bei steigenden Preisen steigt das Angebot; bei sinkenden Preisen nimmt das Angebot entsprechend ab (**Gesetz des Angebots**).

Nach dem **Gesetz des Angebots** sinkt die angebotene Menge mit sinkenden Preisen, wenn alle anderen Einflüsse konstant bleiben.

Beispiel Die Angebotskurve für Spargel auf dem Frankfurter Wochenmarkt ergibt sich aus folgender Tabelle.

Preis in € pro kg Spargel	Menge in kg
3	75
4	150
5	200
6	275

Die Verkäufer bieten mehr Spargel an, wenn der Preis hoch ist.

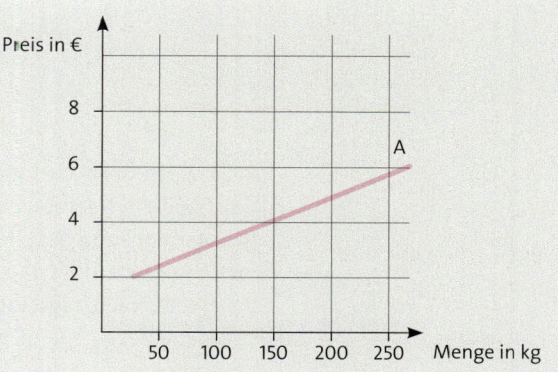

Die dargestellte Angebotskurve ist unter der Bedingung erstellt, dass alle anderen Einflussfaktoren auf das Angebot gleich bleiben. Allerdings verschiebt sie sich als Ganzes, sobald sich andere Einflussfaktoren als der Preis verändern. Die Kurve verschiebt sich nach rechts, wenn zum selben Preis mehr angeboten wird. Sie verschiebt sich nach links, wenn zum selben Preis weniger angeboten wird. Die Faktoren, welche die Angebotskurve verschieben können, sind:

- die Kosten und Zielsetzungen der einzelnen Anbieter
- die Konkurrenzsituation auf dem Absatzmarkt
- die saisonalen Einflüsse
- die gesetzten Rahmenbedingungen durch den Staat
- die Konjunkturlage

Konjunktur, vgl. **TAF 12.6**, **5**

Das Angebot wird vor allem durch die Kosten und die Verfügbarkeit der benötigten Produktionsfaktoren beeinflusst.

Produktionsfaktoren, vgl. **2.2**

Anreiz- und Informationsfunktion von Preisen

(...) Die Preise beeinflussen also, wie viele Güter produziert werden, je nachdem, ob die Nachfrage steigt oder sinkt. Aber sie bewirken noch mehr. Sie regen zu neuen Aktivitäten an und führen zu vielen Erfindungen. Wenn der Benzinpreis steigt, stürzen sich Unternehmen auf so genannte erneuerbare Energien (wie die Atom- oder Sonnenenergie) in der Hoffnung, dort große Profite erzielen zu können. Gleichzeitig achten die Verbraucher bei steigenden Benzinpreisen stärker darauf, den so kostbar gewordenen Rohstoff Öl nicht unnötig zu verschwenden.

Quelle: Fourcans, A., Die Welt der Wirtschaft, Frankfurt/N. Y. 1998, S. 36 f.

8.4 Preisbildung auf dem vollkommenen Markt

Werden die Nachfragekurve und die Angebotskurve zusammengefügt, so ergibt sich das Bild des vollständigen Marktes mit beiden Marktseiten. Es ist erkennbar, dass sich auf diesem Markt ein Gleichgewicht bildet.

Beispiel Unter Berücksichtigung des Nachfrageverhaltens und des Angebotsverhaltens ergibt sich auf dem Wochenmarkt in Frankfurt für Spargel bei einer Gleichgewichtsmenge von 150 kg ein Gleichgewichtspreis von 4,00 €. Bei diesem Preis entspricht die gesamte nachgefragte Menge der gesamten angebotenen Menge. Der Markt ist im Gleichgewicht.

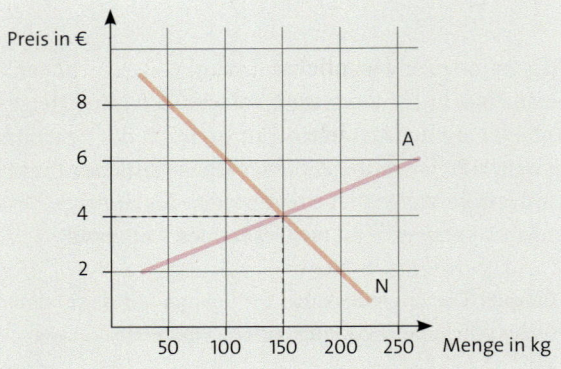

Bei Preisen ober- und unterhalb des Gleichgewichtspreises ergeben sich ein Angebots- und ein Nachfrageüberhang bzw. eine Nachfrage- und Angebotslücke. Ein **Angebotsüberhang** liegt vor, wenn das Angebot die Nachfrage übersteigt, d. h., die Anbieter können nicht alle Produkte verkaufen, da die Angebotspreise zu hoch liegen. Bei einem **Nachfrageüberhang** ist die Nachfrage höher als das Angebot, da die Preise für ein Marktgleichgewicht zu niedrig liegen. Die Preisbildung sorgt dafür, dass die angebotenen und die nachgefragten Mengen sich ausgleichen. Ein Angebotsüberhang wird durch sinkende Preise und eine verringerte Güterproduktion, ein Nachfrageüberhang durch steigende Preise und erhöhte Güterproduktion beseitigt. Somit wird immer wieder ein Marktgleichgewicht hergestellt.

Angebots- und Nachfrageüberhang

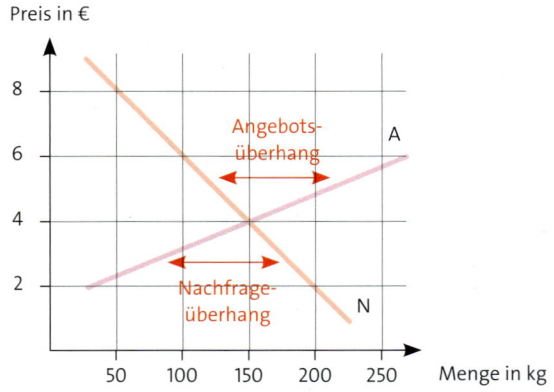

Das bisher beschriebene Zusammenspiel von Angebot und Nachfrage beruht auf den Modell-Annahmen des sogenannten **vollkommenen Marktes**. Obwohl in der Realität vollkommene Märkte nicht existieren, sind diese Modell-Annahmen und damit die Vorstellungen der idealen Preisbildung ein geeignetes Instrument zur Analyse realer Marktgeschehnisse.

Modell-Annahmen des vollkommenen Marktes:

- Alle **Güter sind homogen**, d.h., sie unterscheiden sich weder durch Qualität noch durch Aufmachung, Farbe, Geschmack oder Verpackung (Beispiel: Banknoten, Aktien, Rohöl in Barrel, Edelmetalle in Unzen)
- Es gibt **keine persönlichen Präferenzen**. Die Entscheidungen werden unabhängig von anderen Personen getroffen; z.B. wird ein Anbieter, der besonders freundlich ist, nicht bevorzugt.
- Es gibt **keine räumlichen Präferenzen**. Kaufentscheidungen werden z.B. nicht durch einen besonders günstigen Standort beeinflusst.
- Es gibt **keine zeitlichen Präferenzen**, d.h., es gibt keine Lieferfristen oder Abnahmetermine. Die Anbieter können sofort liefern und die Nachfrager sind bereit, die Güter sofort entgegenzunehmen.
- Es herrscht vollkommene **Markttransparenz**. Anbieter und Nachfrager kennen sämtliche Informationen. Die Anbieter kennen Preise und Mengen, zu denen die Nachfrager ein Gut kaufen wollen. Die Nachfrager wissen wiederum, zu welchen Preisen und Mengen die Anbieter ein Gut verkaufen möchten.

Ist nur eine der Funktionsbedingungen des vollkommenen Marktes nicht erfüllt, so wird von einem **unvollkommenen Markt** gesprochen.

8.5 Marktformen und Preisbildung

Für die Wettbewerbsintensität spielen die Marktform sowie die Möglichkeiten des Marktzutritts für neue Marktteilnehmer eine große Rolle. Wesentlich ist, inwiefern neue Marktteilnehmer die Möglichkeit haben, in einen Markt einzutreten. Marktzutrittsbeschränkungen können in gesetzlichen Vorgaben, aber auch in technischen oder finanziellen Beschränkungen bestehen. Der Wettbewerb wird stark beeinflusst, wenn auf einer Marktseite die Marktmacht größer ist als auf der anderen Seite. Im Extremfall kann der Wettbewerb dann sogar ausgeschaltet werden.

Marktmacht, vgl. **9**

griechisch:
polys – viele
oligos – wenig
monos – allein

Marktformen

	viele Anbieter	wenige Anbieter	ein Anbieter
viele Nachfrager	Polypol *Beispiel:* *viele Blumenhändler –* *viele Konsumenten*	(Angebots-)Oligopol *Beispiel:* *wenige Tankstellenketten – viele* *Autofahrer*	(Angebots-)Monopol *Beispiel:* *ein Wasserwerk – viele* *Konsumenten*
wenige Nachfrager	Nachfrageoligopol *Beispiel:* *viele Landwirte –* *wenige Molkereien*	zweiseitiges Oligopol *Beispiel:* *wenige Eisenbahnhersteller –* *wenige Abnehmer*	beschränktes Angebotsmonopol *Beispiel:* *ein Hersteller eines speziellen* *Medikamentes – wenige Nachfrager,* *da seltenes Krankheitsbild*
ein Nachfrager	Nachfragemonopol *Beispiel:* *viele Bundeswehrstiefel-* *hersteller –* *Staat als einziger* *Nachfrager*	beschränktes Nachfragemonopol *Beispiel:* *wenige Straßenbauunternehmen* *– Staat als einziger Nachfrager*	zweiseitiges Monopol *Beispiel:* *ein Hersteller von Panzern –* *Bundeswehr als einziger Abnehmer*

8.5.1 Preisbildung im unvollkommenen Polypol

In einem Polypol stehen sich immer viele Anbieter und viele Nachfrager gegenüber. Wenn aber mindestens eine der Modellannahmen des vollkommen Marktes nicht erfüllt ist, spricht man von einem unvollkommenen Polypol. Diese Marktform ist in der Realität eher anzutreffen als das modellhafte vollkommene Polypol, weil Güter oft nicht homogen sind, Käufer persönliche, räumliche oder zeitliche Präferenzen haben und/oder der vollständige Marktüberblick nicht möglich ist. Die Unvollkommenheit dieses Marktes bewirkt, dass ein Anbieter den Preis innerhalb einer bestimmten Bandbreite variieren kann, ohne dass sich die Nachfrage stark verändert. In diesem Bereich verhält sich der Anbieter wie ein Monopolist. Deshalb wird auch von einem **monopolistischen Preisspielraum** gesprochen. Wird der Preis über die obere Preisgrenze hinaus erhöht, so wandern die Nachfrager zur Konkurrenz ab. Senkt der Anbieter seinen Preis unter die untere Preisgrenze, so werden zwar viele Nachfrager angelockt, der Anbieter erzielt aber keinen Gewinn mehr. Beide Bereiche werden als **polypolistische Bereiche** bezeichnet.

> **Beispiel** In einer Stadt gibt es viele Änderungsschneidereien. Die Preise für das Kürzen einer Hose sind jeweils unterschiedlich. Wenn die Änderungsschneiderei „Tapferes Schneiderlein" den Preis von 7,00 € auf 8,00 € erhöht, wirkt sich das kaum auf die Nachfrage aus. Erhöht das „Tapfere Schneiderlein" den Preis aber auf 12,00 €, werden viele Kunden zur Konkurrenz abwandern, da ihnen der Preis zu hoch erscheint. Setzt er den Preis auf 3,00 €, so werden viele neue Kunden angelockt.

Die **Preisabsatzfunktion** kann auch als Nachfragefunktion oder Preisabsatzkurve bezeichnet werden. Sie gibt an, welche Menge eines Gutes bei unterschiedlichen Preisen absetzbar ist.

Je größer die Heterogenität der Güter, je stärker die Präferenzen und je unübersichtlicher der Markt, desto ausgeprägter der monopolistische Preisspielraum.

Doppelt geknickte Preisabsatzfunktion

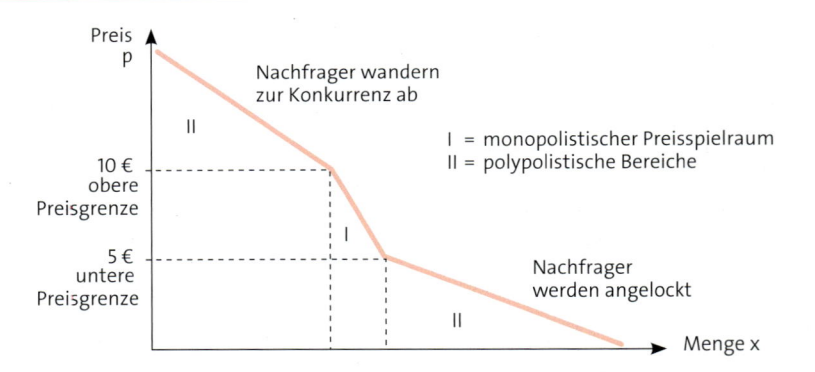

8.5.2 Preisbildung im unvollkommenen Oligopol

In einem Oligopol stehen sich wenige Anbieter vielen Nachfragern gegenüber. Der einzelne Oligopolist besitzt einen großen Marktanteil und kann dadurch auch den Marktpreis beeinflussen. Bei der Preisgestaltung muss er die Reaktion der Nachfrager ebenso berücksichtigen wie die Reaktion der anderen Anbieter. Insbesondere beim Angebot von homogenen Gütern achten die Anbieter auf ihre Mitbewerber. Häufig kommt es daher zu einer **Preisstarrheit** bzw. zu gleichgerichtetem Verhalten auf oligopolistischen Märkten für homogene Güter. Grafisch wird diese Preisstarrheit mithilfe von zwei zusammengesetzten Preisabsatzfunktionen dargestellt. Eine Preisabsatzfunktion gilt für die Preiserhöhung, die andere für eine Preissenkung.

Die Preisabsatzfunktion verläuft umso steiler, je ausgeprägter die Reaktion der anderen Anbieter ist.

Beispiel Ein Oligopolist setzt seinen Preis für einen Liter Benzin von 1,00 € auf 1,10 € herauf. Die anderen Anbieter halten ihre Preise konstant. Viele Nachfrager wandern ab, da sie beim günstigsten Anbieter kaufen werden. Die Preisabsatzfunktion für eine Preiserhöhung verläuft flach, da keine Reaktion der anderen Anbieter vorausgesetzt wird (rote Linie). Senkt der Oligopolist allerdings seinen Preis von 1,00 € auf 0,70 €, werden auch die anderen Anbieter ihre Preise senken. Die Preisabsatzfunktion für eine Preissenkung verläuft steiler, weil eine Reaktion der anderen Anbieter vorausgesetzt wird (grüne Linie).

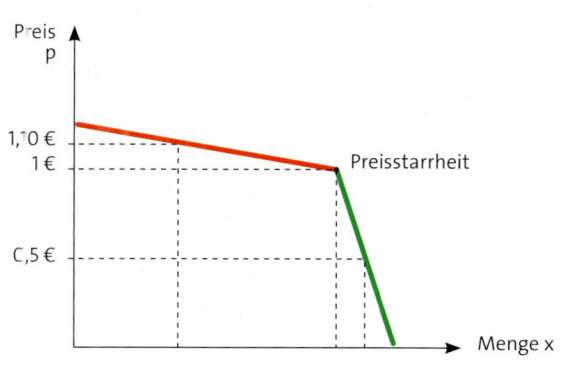

Einfach geknickte Preisabsatzfunktion

Im Oligopol sind neben der Preisstarrheit auch andere Preisstrategien denkbar:

- Bei einer **Marktverdrängungspolitik** versucht ein Oligopolist, die anderen Anbieter durch Preisunterbietungen auszuschalten, um deren Marktanteile zu gewinnen. Die anderen Anbieter werden auf die Preissenkung ebenfalls mit einer Preissenkung reagieren. Dieser Prozess kann dazu führen, dass Anbieter aus dem Markt verdrängt werden, da sie ihre Kosten langfristig nicht mehr decken könnten. In diesem Fall wird auch von ruinösem Wettbewerb gesprochen.
- Ein Preiskampf kann für alle Anbieter zum Nachteil werden, da die Kosten nicht mehr gedeckt werden können. Daher treffen Anbieter oft stillschweigende **Preisabsprachen** über ihr Verhalten. Abgestimmtes Verhalten oder sogar vertragliche Vereinbarungen zwischen den Anbietern sind nach dem Gesetz gegen Wettbewerbsbeschränkungen jedoch verboten.

Preisabsprachen, vgl. **9**

Gesetz gegen Wettbewerbsbeschränkungen, vgl. **10.2**

8.5.3 Preisbildung im vollkommenen und unvollkommenen Monopol

Beim Monopol steht ein Anbieter vielen Nachfragern gegenüber. In einem **vollkommenen Markt** ist die Preisabsatzfunktion identisch mit der Gesamtnachfragekurve, d.h., die zu einem bestimmten Preis abgesetzte Menge entspricht der am Markt zu diesem Preis nachgefragten Menge. Der Monopolist kann für ein Gut entweder die Absatzmenge (Mengenfixierer) oder den Preis (Preisfixierer) festlegen. Die Nachfrager entscheiden dann durch ihr Verhalten über den Preis bzw. durch ihre Kaufbereitschaft über die absetzbare Menge. Auf einem vollkommenen Markt kann der Monopolist nur einen Preis für ein Gut verlangen. Eine **Preisdifferenzierung** durch den Monopolisten ist somit nicht möglich.

Auf einem **unvollkommenen Markt** kann der Monopolist für ein Gut unterschiedliche Preise verlangen und so seinen Gewinn erhöhen. Allerdings muss es ihm dann gelingen, das gleiche Gut zu unterschiedlichen Preisen auf verschiedenen Teilmärkten zu verkaufen.

Preisdifferenzierung
Für das gleiche Gut können unterschiedliche Preise gefordert werden.

Eine Preisdifferenzierung ist z. B. möglich durch:

- **räumliche Preisdifferenzierung**: Das Gut wird an verschiedenen Orten zu unterschiedlichen Preisen angeboten.
- **zeitliche Preisdifferenzierung**: Das Gut wird zu unterschiedlichen Zeitpunkten zu unterschiedlichen Preisen angeboten.
- **sachliche Preisdifferenzierung**: Das Gut wird in unterschiedlichen Ausführungen zu unterschiedlichen Preisen angeboten.
- **persönliche Preisdifferenzierung**: Das Gut wird verschiedenen Personengruppen zu unterschiedlichen Preisen angeboten.

Ziel der Preisdifferenzierung ist es, die **Konsumentenrente** abzuschöpfen. Die Konsumentenrente entspricht der Summe der Mehrausgaben, die die Nachfrager bereit sind, für ein Gut zu tätigen.

> **Beispiel** Frau Schneider ist bereit, für eine Hose 110,00 € zu bezahlen. Aufgrund eines Preisnachlasses kann sie die Hose für 90,00 € kaufen. Die Konsumentenrente beträgt in diesem Fall 20,00 €.

8.6 Marktversagen

Der Preisbildungsmechanismus, mit dem wir uns bisher beschäftigt haben, ist keineswegs für alle Güter geeignet, die gehandelt werden. Es gibt Güter, bei denen der Markt als Koordinierungssystem nicht funktioniert; in diesem Fall wird von Marktversagen gesprochen.

Voraussetzung für die Preisbildung auf dem Markt ist die Existenz von Wettbewerb. In der Realität kommt es aber immer wieder zu Konzentration und Wettbewerbsbeschränkungen und damit zur **Marktmacht**.

Marktmacht, vgl. **9**

Eigentumsrechte an einem Gut bedeutet, dass der Eigentümer über das Gut frei verfügen kann, d.h., er kann es verkaufen, verschenken oder auch verleihen.

Güter, an denen **Eigentumsrechte** bestehen, bezeichnet man als **private Güter**. Beim Kauf eines privaten Gutes muss der Käufer die Bedingungen anerkennen, die der Eigentümer des Gutes setzt. Akzeptiert er diese Bedingungen (z.B. den Preis) nicht, wird er von der Nutzung dieses Gutes ausgeschlossen. Dieser Sachverhalt wird als Ausschlussprinzip bezeichnet. Es gibt jedoch Güter, für die das Ausschlussprinzip nicht gilt. Diese Güter werden **öffentliche Güter** genannt. Nach dem Nicht-Ausschlussprinzip kann niemand von der Nutzung öffentlicher Güter ausgeschlossen werden. Durch das Nicht-Ausschlussprinzip kann es zu einem Trittbrettfahrer-Verhalten kommen, da jeder Nutznießer ist.

Güter, vgl. **2.2**

> **Beispiel** Die Straßenbeleuchtung ist ein öffentliches Gut, d.h., das Licht kommt nicht nur einem Anwohner zugute, sondern allen. Der Konsument hat für dieses Gut nicht gesondert zu bezahlen.

Umwelt, vgl. **6**

Grundsätzlich ist es möglich, auch öffentliche Güter zu privatisieren. Das geschieht z. B. bei Autobahngebühren. Zu den öffentlichen Gütern zählt auch die Umwelt. Für die Wirtschaftssubjekte ergibt sich im Hinblick auf das öffentliche Gut Umwelt ein Dilemma. Solange die Umwelt nichts kostet, besteht für den Einzelnen kein unmittelbarer Anreiz, sich umweltgerecht zu verhalten. Das führt in der Regel dazu, dass umweltschädliches Verhalten begünstigt wird.

Auch das Gewinnstreben veranlasst die Produzenten, die Umwelt kostenlos zu nutzen und die Beseitigung der ökologischen Schäden auf Dritte bzw. die Allgemeinheit abzuwälzen. Die entstehenden Kosten werden als **externe Effekte** bezeichnet. Darüber hinaus besteht auf unvollkommenen Märkten **asymmetrische Information**, dies gilt insbesondere hinsichtlich der mangelnden Marktübersicht und der Beeinflussung der Konsumenten durch die Werbung. Wie die geschichtliche Entwicklung zeigt, kommt es in der Marktwirtschaft immer wieder zu erheblichen **Konjunkturschwankungen**, die zu Unternehmensinsolvenzen, Arbeitslosigkeit und allgemeiner wirtschaftlicher Stagnation führen können. Als Marktversagen wird häufig auch die **Verteilungsungerechtigkeit** angesehen. Das gilt vor allem deshalb, weil Einkommen und Vermögen ungleich verteilt sind. Ungleiche Verteilungen können zu sozialen Spannungen führen.

Konjunktur, vgl. **TAF 12.6**, **5**

Verteilungspolitik, vgl. **TAF 12.6**, **3**

Übersicht: *Preisbildung auf den Märkten*

Markt	– Ort, an dem Angebot und Nachfrage zusammentreffen – Preisbildung als zentraler Lenkungsmechanismus für die wirtschaftlichen Aktivitäten der Wirtschaftssubjekte – übernimmt die Koordination von Produktion und Konsum in einer Volkswirtschaft
Nachfrage	– Gesetz der Nachfrage: Nachfrage nach einem Gut steigt, wenn der Preis sinkt (wenn alle anderen Einflüsse konstant bleiben)
Angebot	– Gesetz des Angebots: Angebot eines Gutes steigt, wenn der Preis steigt (wenn alle anderen Einflüsse konstant bleiben)
Substitutionsgüter	– ähnliche Güter (haben aus Sicht der Konsumenten denselben Nutzeneffekt) – Beispiel: Rind- und Schweinefleisch, Kino und DVD
Komplementärgüter	– ergänzen sich (Kauf eines Gutes A ist aus Sicht des Konsumenten nur in Verbindung mit dem dazu gehörigen Komplementärgut B sinnvoll) – Beispiel: Grill und Holzkohle
Vollkommener Markt	Funktionsbedingungen: – homogene Güter – keine persönlichen, räumlichen und zeitlichen Präferenzen – vollkommene Markttransparenz – existiert nicht in der Realität
Unvollkommene Märkte	– heterogenes Güterangebot – häufig irrationales Verhalten und Präferenzen der Marktteilnehmer – fehlende Markttransparenz
Marktformen	– Polypol (viele Anbieter, viele Nachfrager) – Oligopol (wenige Anbieter und/oder wenige Nachfrager) – Monopol (ein Anbieter und/oder ein Nachfrager)
Marktversagen	– Markt funktioniert nicht als Koordinierungssystem. Beispiele: – Vorliegen von Marktmacht (Konzentration und Wettbewerbsbeschränkungen) – öffentliche Güter (Nicht-Ausschlussprinzip), z. B. Autobahnnutzung

AB → Lernsituation 36

9 Konzentration und Wettbewerb

9.1 Funktion des Wettbewerbs

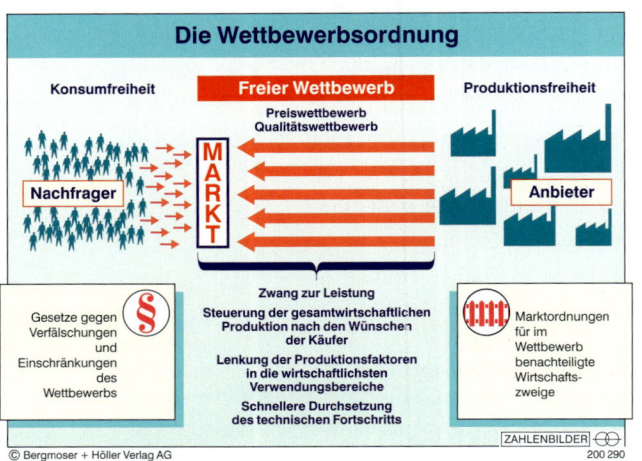

In der sozialen Marktwirtschaft ist der Wettbewerb ein zentrales Element für die Funktionsfähigkeit der Wirtschaftsordnung. Wettbewerb hat zunächst eine **gesellschaftliche Aufgabe**. Er soll den Anbietern und Nachfragern möglichst viel Freiheit gewährleisten und eine gute Versorgung über den Markt garantieren (**ökonomische Aufgabe**). Wettbewerb soll Handlungs- und Wahlfreiheiten in der Form garantieren, dass

- den Anbietern die individuelle Freiheit über ihre verfügbaren Ressourcen gewährleistet wird,
- den Nachfragern die Wahl zwischen verschiedenen alternativen Angeboten gestattet wird,
- den Arbeitnehmern die Chance zum Wechsel ihres Arbeitsplatzes ermöglicht wird.

Der Wettbewerb erfüllt verschiedene Funktionen:

- **Steuerungsfunktion**: Die Produzenten werden dazu angehalten, ein Angebot bereitzustellen, das den Wünschen der Konsumenten entspricht.

Produktionsfaktoren, vgl. **2.2**

- **Allokationsfunktion**: Die Produzenten setzen Produktionsfaktoren so ein, dass eine bestmögliche Aufteilung auf alternative Verwendungsmöglichkeiten und eine größtmögliche Effizienz gewährleistet werden.
- **Innovationsfunktion:** Die Produzenten treiben den technischen Fortschritt voran, indem sie neuere, bessere und kostengünstigere Produkte entwickeln.
- **Anpassungsfunktion:** Die Produzenten sind gezwungen, die größtmögliche Produktivität zu erreichen und die Produktionsstruktur den sich verändernden Verbraucherwünschen anzupassen.

Faktormärkte
Arbeitsmarkt, Kapitalmarkt und Immobilienmarkt

- **Verteilungsfunktion:** Durch den Wettbewerb auf den **Faktormärkten** wird eine möglichst leistungsgerechte Einkommensverteilung gewährleistet.

Einkommensverteilung, vgl. **TAF 12.6**, **3**

- **Kontrollfunktion:** Durch den Wettbewerb wird die wirtschaftliche Macht von Unternehmen begrenzt und kontrolliert, sodass kein Anbieter seine Position zu einer marktbeherrschenden Stellung ausbauen kann.

Kartellbehörde, vgl. **10.1**

Funktionen des Wettbewerbs

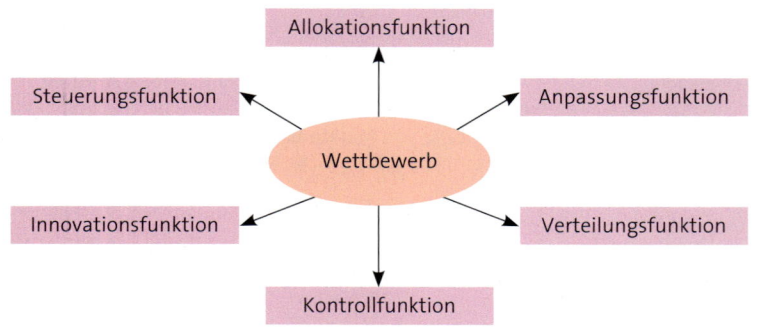

9.2 Unternehmenszusammenschlüsse

Wettbewerb führt zu Änderungen der Marktstruktur. Die Anzahl der Unternehmen auf dem Markt und somit ihr Anteil am Umsatz der Branchen verändert sich ständig. Um den Wettbewerb und den Konkurrenzdruck zu entschärfen, schließen sich Unternehmen zusammen. Unabhängig davon, in welcher Form dies geschieht, führt ein Zusammenschluss in der Regel zu einer Vergrößerung der wirtschaftlichen Macht. Im Wesentlichen lassen sich zwei verschiedene Formen von Zusammenschlüssen unterscheiden.

Wenn Unternehmen sich durch Verträge zur Zusammenarbeit verpflichten, wird von **Kooperation** gesprochen. Dabei geben sie allerdings nur zu einem Teil ihre wirtschaftliche Selbstständigkeit auf. Ihre rechtliche Selbstständigkeit bleibt uneingeschränkt bestehen. Kooperationsformen sind z. B. Interessengemeinschaften, Arbeitsgemeinschaften (ARGE) oder Konsortien sowie Kartelle. Sobald Unternehmen ihre rechtliche und/oder wirtschaftliche Selbstständigkeit aufgeben, um sich unter eine zentrale Leitung zu stellen, liegt **Konzentration** vor. Das trifft z. B. für Konzerne und Trusts zu.

Arten von Unternehmenszusammenschlüssen

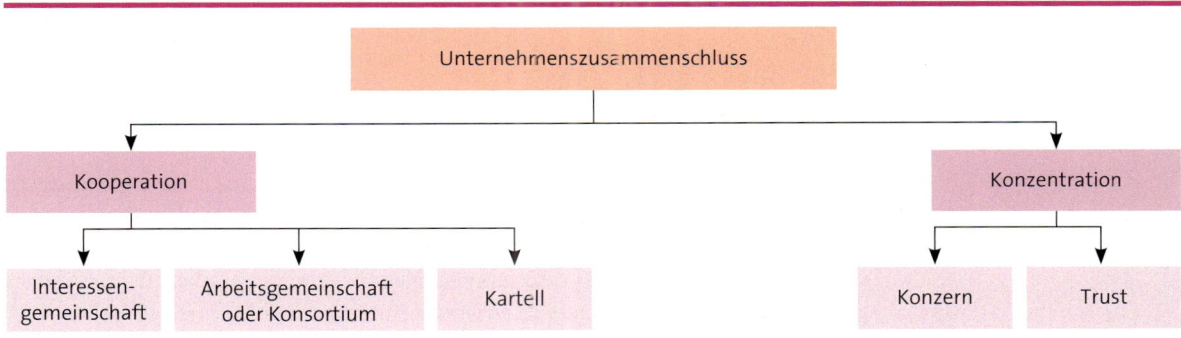

Interessengemeinschaften werden von Unternehmen gebildet, um gemeinsame Interessen oder Aufgaben zu definieren und zu lösen. So können z. B. Forschungs- und Entwicklungsarbeiten gemeinsam durchgeführt werden. Unternehmen schließen hierbei einen Kooperationsvertrag oder gründen dazu eine BGB-Gesellschaft (GbR).

Kartellrecht, vgl. **10.2**

Arbeitgemeinschaften (ARGE) oder **Konsortien** sind zeitlich befristet. Ihr Ziel ist die Durchführung gemeinsamer Projekte, wie z. B. Bauprojekte oder die Ausgabe von Aktien. Diese Kooperationsformem bilden sich, wenn ein einzelnes Unternehmen die Durchführung eines Projektes nicht alleine leisten kann. In der Regel sind Arbeitsgemeinschaften bzw. Konsortien BGB-Gesellschaften. Nach dem Erreichen des gemeinsamen Ziels lösen sie sich wieder auf.

Kartelle können den Wettbewerb ausschalten, ohne dass den beteiligten Unternehmen wesentliche Beeinträchtigungen oder komplizierte Prozeduren entstehen. Bei Wahrung ihrer Souveränität schließen sie „lediglich" vertragliche Übereinkünfte. Die Ziele dieser Übereinkunft reichen von der Steigerung der Leistungsfähigkeit gegenüber Konkurrenten bis hin zum völligen Ausschluss des Wettbewerbs am Markt. Kartelle, die den Wettbewerb ausschalten, unterliegen dem Kartellrecht.

Monopol, vgl. **8.5.3**

Ein **Konzern** ist im Unterschied zum Kartell ein Zusammenschluss von Unternehmen, der durch eine kapitalmäßige Verflechtung zustande kommt (z. B. durch Aktientausch, Erwerb von Aktienmehrheiten). Die angeschlossenen Unternehmen behalten ihre rechtliche Selbstständigkeit, werden aber voneinander wirtschaftlich abhängig und stehen unter einer einheitlichen Leitung. Die einheitliche Leitung ermöglicht es, die wirtschaftlichen Interessen und Aufgaben der Konzernunternehmen aufeinander abzustimmen und somit die Marktsituation zu verbessern.

Der Zusammenschluss von zwei oder mehreren Unternehmen zu einer Einheit stellt die am weitesten gehende wirtschaftliche Konzentration dar. Durch die Verschmelzung geben die Unternehmen ihre wirtschaftliche und auch rechtliche Selbstständigkeit auf. Dieser Vorgang wird auch als **Fusion** bezeichnet. Wenn sich verschiedene Unternehmen derselben Branche mit dem Ziel zusammenschließen, eine überragende Marktstellung oder gar die Marktbeherrschung (Monopol) zu erlangen, bezeichnet man das neu entstandene Unternehmen als **Trust**. Nach der Fusion besteht nur noch ein rechtlich selbstständiges Unternehmen. Bei Aktiengesellschaften muss die Genehmigung der Fusion von der Hauptversammlung der Unternehmen beschlossen werden. Dieses kann auf zwei Wegen geschehen:

Unternehmensübernahme

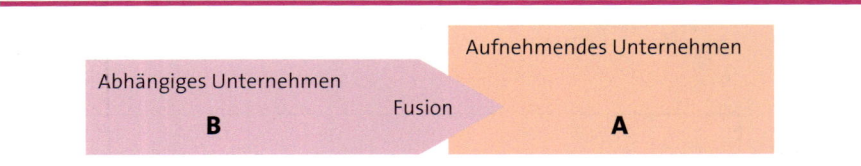

Bei der **Unternehmensübernahme** nimmt das aufnehmende Unternehmen (A) das abhängige Unternehmen (B) auf. Das abhängige Unternehmen geht mit allen Vermögens- und Schuldteilen in das aufnehmende Unternehmen über und erlischt.

Eine zweite Möglichkeit ist die **Unternehmensneugründung**. Beide beteiligten Unternehmen (A und B) übertragen ihre gesamten Vermögens- und Schuldteile auf ein neu gegründetes Unternehmen, in dem die alten Unternehmen aufgehen.

Unternehmensneugründung

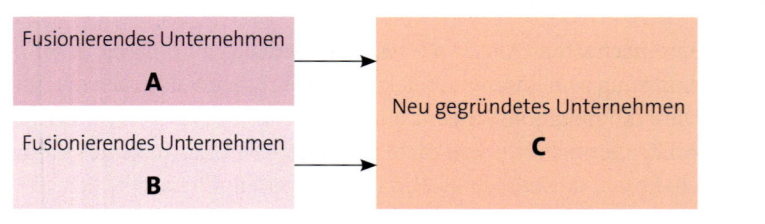

9.3 Chancen und Risiken von Zusammenschlüssen

> Als das Huhn dem Schwein vorschlug, man möge doch kooperieren und gemeinsam „ham and eggs" produzieren, war das Borstenvieh zuerst begeistert. Dann wurde es nachdenklich. „Wenn du die Eier lieferst und ich den Schinken, geht das aber tödlich für mich aus", erwiderte das Schwein. „Nun ja", entgegnete das Huhn ungerührt, „so ist das eben bei Fusionen."
> Bei Fusionen ist immer Vorsicht geboten. Anfangs sind die Partner begeistert. Sie beschwören gigantische Synergieeffekte, es folgen Rückschläge und nicht selten Katzenjammer oder sogar die Scheidung. Meist heißt es dann, die Unternehmenskulturen seien halt doch zu unterschiedlich gewesen.
>
> Quelle: Die Welt vom 15. April 2001

Chancen, die sich durch Unternehmenszusammenschlüsse ergeben können:

- Große und kostspielige Forschungsvorhaben können durchgeführt werden (z. B. Entwicklung neuer Motoren im Automobilsektor oder Entwicklung neuer Technologien im Energiesektor).
- Das unternehmerische Risiko kann durch den gemeinsamen Bezug von Rohstoffen oder den gemeinsamen Absatz von Gütern, Werbung usw. verringert werden.
- Kosten im Bereich der Fertigung können eingespart werden. Durch den Einsatz moderner Verfahren können preiswerte Massengüter angeboten werden.
- Die Produktivität kann verbessert werden. Damit werden auch die Verbraucher besser versorgt.
- Durch das Zusammenarbeiten von zwei Unternehmen können neue und bessere Ideen entwickelt werden, als das jedes Unternehmen für sich allein hätte tun können. Dieser Effekt wird als Synergie bezeichnet.
- Die Unternehmen erhöhen ihre Marktmacht. Sie sichern damit auch Arbeitsplätze.
- Die Unternehmen streuen das unternehmerische Risiko. Verluste in einer Geschäftssparte können durch Gewinne in einer anderen Sparte ausgeglichen werden; dies erhöht zugleich die Arbeitsplatzsicherheit.
- Die Unternehmen bekommen Zugang zu neuen Märkten und verbessern dadurch ihre Wettbewerbsfähigkeit.

Fertigungsverfahren, vgl. **TAF 12.5**, **1.8**

Allerdings warnen Kritiker angesichts der wachsenden Zahl von Unternehmenszusammenschlüssen, denn sie bringen auch Risiken mit sich:

- Aufgrund fehlender Konkurrenz werden notwendige Rationalisierungsmaßnahmen nicht mehr durchgeführt.
- Durch die Zusammenlegung und den Wegfall von Unternehmensteilen gehen Arbeitsplätze in der Verwaltung und in der Fertigung verloren.
- Marktbeherrschende Unternehmen sind in der Lage, höhere Preise zu fordern als Unternehmen im funktionierenden Wettbewerb.
- Eine zu große Marktmacht kann auch dazu führen, dass die Unternehmen das Angebot künstlich verknappen (z. B. Mineralölkonzerne).
- Der Missbrauch wirtschaftlicher Macht kann zugleich auch zu größerer politischer Einflussnahme (Lobbyismus) führen.

Lobbyismus, vgl. **TAF 12.6**, **1**

Unternehmenszusammenschlüsse müssen in jedem einzelnen Fall differenziert beurteilt werden, um herauszufinden, ob ein Zusammenschluss positive oder negative Auswirkungen für die Unternehmen, die Verbraucher oder die Gesamtwirtschaft hat.

AB → Lernsituation 36 10 *Staatliche Wettbewerbspolitik*

10.1 *Hüter des Wettbewerbs*

> Nach meiner Auffassung beinhaltet die „soziale Marktwirtschaft" eben „nicht die Freiheit" der Unternehmer, durch „Kartellabmachungen die Konkurrenz auszuschalten"; sie beinhaltet vielmehr die Verpflichtung, sich durch eigene Leistung im Wettbewerb mit dem Konkurrenten die Gunst des Verbrauchers zu verdienen. Nicht der Staat hat darüber zu entscheiden, wer im Markt obsiegen soll, aber auch nicht eine unternehmerische Organisation wie ein Kartell, sondern ausschließlich der „Verbraucher". „Qualität" und „Preis" bestimmen Art und Richtung der Produktion, und nur nach diesen Kriterien vollzieht sich auf der privatwirtschaftlichen Ebene die Auslese.
>
> Quelle: Erhard, L., Wohlstand für Alle, Düsseldorf/Wien 1957, S. 171 f.

Wirtschaftsordnung, vgl. 7

Der Wettbewerb ist Motor der Marktwirtschaft. Sein Schutz gehört zum Fundament der Wirtschaftsordnung in Deutschland. Die Wettbewerbspolitik verfolgt zwei Zielsetzungen: Auf der einen Seite ist es ihre Aufgabe, einen **funktionsfähigen Wettbewerb** zu erhalten und den Konsumenten vor Wettbewerbsbeschränkungen zu schützen. Auf der anderen Seite sollen unlautere Wettbewerbspraktiken verhindert werden, d.h., es soll für einen **fairen Wettbewerb** gesorgt werden. Der Wettbewerb ist funktionsfähig, wenn die Steuerungs-, Allokations-, Innovations-, Anpassungs-, Verteilungs- und Kontrollfunktionen gesichert sind und die „Erzielung von Machtgewinnen" vermieden werden kann.

Funktionen des Wettbewerbs, vgl. 9.1

Bundeskartellamt: www.bundeskartellamt.de

Gesetz gegen Wettbewerbsbeschränkungen, vgl. 10.2

Zuständig für den Wettbewerbsschutz ist das **Bundeskartellamt**. Grundlage seiner Tätigkeit ist das Gesetz gegen Wettbewerbsbeschränkungen (GWB). Zu seinen Aufgaben gehören im Einzelnen die Durchsetzung des Kartellverbots, die Fusionskontrolle, Missbrauchsaufsicht über marktbeherrschende Unternehmen und die Überprüfung der Vergabe öffentlicher Aufträge. Daneben kann das Bundeskartellamt das

europäische Wettbewerbsrecht anwenden, soweit die Europäische Kommission nicht selbst tätig wird. Die Zuständigkeit des Bundeskartellamtes erstreckt sich auf alle Wettbewerbsbeschränkungen, die sich in Deutschland auswirken.

Die weltweite Öffnung der Märkte hat die Wettbewerbspolitik zu einer internationalen Aufgabe gemacht. Sie hat zu verhindern, dass durch Unternehmenszusammenschlüsse der marktwirtschaftliche Wettbewerb beeinträchtigt oder sogar aufgehoben wird. In die Zuständigkeit der **Europäischen Kommission** in Brüssel fallen daher Zusammenschlüsse, die über die nationale Grenze hinaus bedeutend sind.

Beispiel Die EU-Kommission ist zuständig bei Zusammenschlüssen, wenn die beteiligten Unternehmen mehr als 5 Milliarden € Weltumsatz haben und mindestens zwei Unternehmen einen EU-Umsatz von mehr als 250 Millionen € aufweisen.

Die EU-Kommission ist jedoch nicht zuständig, wenn die beteiligten Unternehmen mehr als zwei Drittel des EU-Umsatzes in einem und demselben Mitgliedstaat erzielen.

Auch wenn alle Voraussetzungen für die Zuständigkeit der EU-Kommission erfüllt sind, kann die nationale Kartellbehörde EU-Genehmigungen rückgängig machen, um für den regionalen Markt „berechtigte Interessen" wahrzunehmen. Ferner kann die EU-Kommission ihre Zuständigkeit ganz an die jeweilige nationale Behörde zurückverweisen, wenn durch den Zusammenschluss der Wettbewerb in einem EU-Land besonders behindert wird.

10.2 Gesetz gegen Wettbewerbsbeschränkungen (GWB)

Gesetzliche Grundlage staatlicher Wettbewerbspolitik ist das Gesetz gegen Wettbewerbsbeschränkungen (GWB) von 1957 – auch „Kartellgesetz" genannt – mit späteren Änderungen. Wichtigste Inhalte dieses Gesetzes sind das Kartellverbot, die Fusionskontrolle, die Missbrauchsaufsicht über marktbeherrschende Unternehmen und die Überprüfung der Vergabe öffentlicher Aufträge.

Elefantenhochzeit (Karikatur von Walter Hanel)

Kartellverbote

Kartelle sind gemäß § 1 GWB verboten. Dies gilt vor allem für Preis-, Mengen-, Gebiets- und Kundengruppenkartelle. Verboten sind Beschlüsse von Unternehmensvereinigungen und aufeinander abgestimmte Verhaltensweisen, sofern diese den Wettbewerb verhindern, einschränken oder verfälschen. Unter das Kartellverbot fallen sowohl horizontale als auch vertikale Vereinbarungen. Bei horizontalen Vereinbarungen sprechen sich Unternehmen derselben Produktionsstufe ab, z. B. über den Preis von Öl. Vertikale Vereinbarungen betreffen das Liefer- und Abnehmerverhältnis, z. B. wenn ein Produzent einem Händler vorschreibt, zu welchem Preis er seine Produkte verkaufen soll.

Kartelle sind erlaubt, wenn sie unter die sogenannten **Freistellungsvoraussetzungen** fallen (§ 2 GWB). Die Freistellungsvoraussetzungen sind erfüllt, wenn z. B. die Warenerzeugung verbessert wird, der technische Fortschritt gefördert wird und die Verbraucher an dem entstehenden Gewinn angemessen beteiligt werden. Wenn Unternehmen diese Freistellungsvoraussetzungen erfüllen, gelten diese Zusammenschlüsse grundsätzlich als legal (Legalausnahme). Für Unternehmen bedeutet das, dass sie selbst einschätzen müssen, ob ihr Zusammenschluss mit dem Kartellrecht vereinbar ist (sogenannte Selbsteinschätzung). Dieses System der Legalausnahme stellt hohe Anforderungen an die Unternehmen.

Darüber hinaus sind gemäß § 3 GWB **Mittelstandskartelle** vom Kartellverbot ausgenommen, wenn sie zu einer Rationalisierung wirtschaftlicher Vorgänge führen. Dies gilt allerdings nur dann, wenn der Wettbewerb nur unwesentlich beeinträchtigt wird oder das Kartell dazu dient, die Wettbewerbsfähigkeit kleiner und mittlerer Unternehmen zu verbessern.

Gegen wettbewerbsbeschränkende Vereinbarungen kann das Bundeskartellamt vorgehen. Zum einen kann es im Rahmen von Verwaltungsverfahren anordnen, die beanstandete Vereinbarung zu beenden. Zum anderen kann es im Zusammenhang mit einem Ordnungswidrigkeitsverfahren Bußgelder verhängen.

> Das Bundeskartellamt hat ein Bußgeld in Höhe von 130 000 Euro gegen die LEGO GmbH wegen vertikaler Preisbindung beim Vertrieb von sog. „Highlightartikeln" verhängt. Betroffen waren Händler in der Region Nord- und Ostdeutschland in den Jahren 2012 und 2013, die von Vertriebsmitarbeitern der LEGO GmbH zur Anhebung der Endverkaufspreise gegenüber den Kunden gedrängt wurden. (...) Die betroffenen Artikel sowie gezielt ausgewählte Händler wurden in regelmäßig aktualisierten Listen festgehalten. Zum Teil wurde den Händlern bei Unterschreitung der in den Listen festgeschriebenen Endverkaufspreise die Verknappung von Liefermengen bis hin zur Nicht-Belieferung angedroht. Teils wurde auch die Höhe des Preisnachlasses auf den Händlereinkaufspreis bei der LEGO GmbH mit der Einhaltung der Listenendverkaufspreise verknüpft. (...)
>
> Quelle: Pressemeldung des Bundeskartellamtes vom 12.01.2016, http://www.bundeskartellamt.de/SharedDocs/Meldung/DE/Pressemitteilungen/2016/12_01_2016_Lego.html

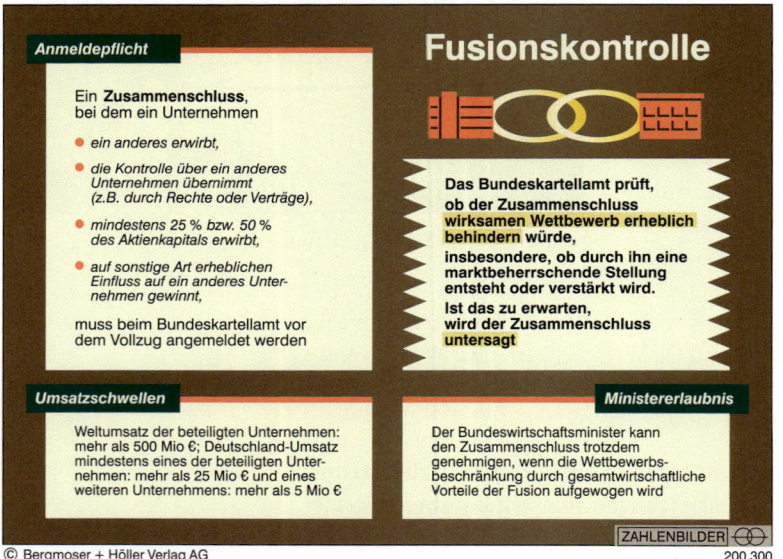

Fusionskontrolle

Unternehmenszusammenschlüsse (Fusionen) sind in Deutschland grundsätzlich erlaubt, sofern die Unternehmen dadurch ihre Geschäftsfelder verbessern oder neu ausrichten können. Im Hinblick auf die Fusionskontrolle sind nach dem GWB zwei Klassen von Zusammenschlüssen zu unterscheiden. Kontrollpflichtige Fälle müssen gemäß § 39 GWB vor Vollzug angemeldet werden. Nicht kontrollpflichtige Fälle sind nicht anmeldepflichtig. Zusammenschlüsse werden anmeldepflichtig, wenn bestimmte Umsatzschwellen erreicht werden. Dann prüft das Bundeskartellamt, ob durch den geplanten Zusammenschluss eine marktbeherrschende Stellung entsteht oder verstärkt wird. Ist dies der Fall, kann die Kartellbehörde die Fusion untersagen.

Missbrauchsaufsicht über marktbeherrschende Unternehmen

In § 18 GWB ist definiert, wann eine marktbeherrschende Stellung vorliegt. Sie liegt dann vor, wenn ein Unternehmen keine Wettbewerber hat oder gegenüber seinen Wettbewerbern eine überragende Marktstellung einnimmt. Eine marktbeherrschende Stellung wird vermutet, wenn

- ein Unternehmen einen Marktanteil von mindestens 40 % hat,
- bis zu drei Unternehmen zusammen einen Marktanteil von mindestens 50 % haben oder
- bis zu fünf Unternehmen zusammen einen Marktanteil von zwei Dritteln erreichen.

Staatliche Wettbewerbspolitik

Ein Unternehmen missbraucht seine wirtschaftliche Macht immer dann, wenn durch sein Verhalten die wirtschaftlichen Handlungsmöglichkeiten anderer Unternehmen (z. B. Konkurrenten, Abnehmer oder Lieferanten) erheblich beeinträchtigt werden. Missbräuchlich sind solche Verhaltensweisen, die nur aufgrund der Marktmacht eines Unternehmens möglich sind und dadurch die anderen Unternehmen behindern oder benachteiligen. Missbräuchliches Verhalten tritt in zwei Ausprägungsformen auf: als Behinderungs- und Ausbeutungsmissbrauch. Nutzt ein Unternehmen seine marktbeherrschende Stellung, um seinen Konkurrenten den Zugang zu eigenen Netzen zu verweigern, handelt es sich um einen **Behinderungsmissbrauch**. Behinderungsmissbrauch liegt auch dann vor, wenn das marktbeherrschende Unternehmen versucht, seine Konkurrenten mit einer gezielten Kampfstrategie aus dem Markt zu verdrängen.

> Das Bundeskartellamt hat Anfang 2002 der Deutschen Lufthansa untersagt, auf der Strecke Frankfurt–Berlin einen Flugpreis zu verlangen, der nicht mindestens 35 Euro über dem Flugpreis des Wettbewerbers Germania auf dieser Strecke liegt. Die Lufthansa hatte zuvor ihren eigenen Ticketpreis für die Strecke Frankfurt–Berlin unmittelbar nach dem Markteintritt der Germania massiv gesenkt und dabei den Germania-Preis faktisch deutlich unterboten. Das Bundeskartellamt sah in diesem Verhalten einen Versuch der Lufthansa, den neuen Wettbewerber vom Markt zu verdrängen. (...) Wäre Germania aus dem Markt verdrängt worden, hätte Lufthansa die Preise wieder anheben können. Das Oberlandesgericht Düsseldorf hat die Untersagungsentscheidung des Bundeskartellamtes bestätigt.

Quelle: www.bundeskartellamt.de

Ausbeutungsmissbrauch liegt dann vor, wenn ein Unternehmen von seinen Abnehmern überzogene Preise oder Konditionen fordert oder wenn es gegenüber einem abhängigen Zulieferer **Preisdumping** betreibt.

Preisdumping
Güter werden unter den Herstellkosten angeboten

Überprüfung der Vergabe öffentlicher Aufträge

Das GWB schreibt bestimmte Regeln zum Verfahren und Rechtsschutz öffentlicher Aufträge vor (§§ 97–129). Hierbei handelt es sich um die klassischen öffentlichen Auftraggeber: Bund, Länder und Kommunen. Das Vergaberecht schließt unter bestimmten Voraussetzungen aber auch Unternehmen ein, z. B. solche der Energie- und Trinkwasserversorgung sowie Unternehmen, die im Verkehrswesen tätig sind. Das Bundeskartellamt ist nur dann zuständig, wenn die Aufträge einen bestimmten Schwellenwert erreichen. Alle Angebote ausländischer und inländischer Unternehmen sind gleich zu behandeln.

10.3 Gesetz gegen unlauteren Wettbewerb (UWG)

Neben dem Gesetz gegen Wettbewerbsbeschränkungen, das den fairen Wettbewerb der Anbieter untereinander und somit auch den Verbraucher schützen soll, nimmt das **Gesetz gegen den unlauteren Wettbewerb** gezielt die Verbraucherinteressen wahr. Das Gesetz gegen unlauteren Wettbewerb verbietet **unfaire Wettbewerbspraktiken**. Irreführendes Verhalten von Anbietern, die bewusst falsche Angaben über ihr Produkt, dessen Eigenschaften und Beschaffenheit machen, sind ebenso verboten wie sittenwidriges Verhalten. Wer gegen das Gesetz gegen unlauteren Wettbewerb verstößt, muss mit Unterlassungsklagen, Schadensersatzansprüchen und bei schweren Vergehen mit strafrechtlicher Verfolgung rechnen.

UWG,
vgl. **TAF 12.1, 6.6**

Übersicht: Wettbewerb und Wettbewerbspolitik

Wettbewerb und seine Funktionen	– Wettbewerb soll Handlungs- und Wahlfreiheiten der Marktteilnehmer garantieren – Steuerungsfunktion – Allokationsfunktion – Innovationsfunktion – Anpassungsfunktion – Verteilungsfunktion (Einkommensverteilung) – Kontrollfunktion
Kooperation	– Merkmal: Wirtschaftliche Selbstständigkeit von Unternehmen bleibt weitestgehend bestehen – Formen: • Interessengemeinschaft, • Arbeitsgemeinschaft • Konsortium • Kartell
Konzentration	– Merkmal: Wirtschaftliche Abhängigkeit der beteiligten Unternehmen, z.T. einheitliche wirtschaftliche Leitung innerhalb eines Konzerns – Zusammenschluss von Unternehmen (Fusion) durch kapitalmäßige Verflechtung – Formen: • Unternehmensübernahme • Unternehmensneugründung – Zusammenschlüsse bieten Chancen, aber auch Risiken für einen funktionierenden Wettbewerb aus Sicht von Unternehmen, Verbrauchern und der Gesamtwirtschaft
Ziele der Wettbewerbspolitik	– Funktionsfähigen Wettbewerb erhalten – Fairen Wettbewerb erhalten
Träger der Wettbewerbspolitik	– Bundeskartellamt (nationale Zusammenschlüsse) – Europäische Kommission (grenzüberschreitende Zusammenschlüsse)
GWB Gesetz gegen Wettbewerbsbeschränkungen	– Kartellverbot Ausnahmen: Freistellungsvoraussetzung erfüllt, Mittelstandskartell – Fusionskontrolle • Anmeldepflicht einer Fusion bei Erreichen bestimmter Umsatzschwellen • Fusion wird untersagt bei Erreichen einer marktbeherrschenden Stellung (Marktanteilsschwellen gem. §18 GWB) • Ausnahme: Ministererlaubnis – Missbrauchsaufsicht • Behinderungsmissbrauch (z.B. Behinderung von Marktzugang) • Ausbeutungsmissbrauch (z.B. bei Preisdumping) – Überprüfung der Vergabe öffentlicher Aufträge • Betrifft öffentliche Auftraggeber (Bund, Länder, Kommunen) sowie bestimmte Unternehmen (z.B. Energieversorger)
UWG Gesetz gegen unlauteren Wettbewerb	Verbietet unfaire Wettbewerbspraktiken, insbesondere zum Schutz der Verbraucher

Alles klar?

Kapitel 1

1 Grenzen Sie Volks- und Betriebswirtschaftslehre voneinander ab.

2 Erläutern Sie die Aufgabenbereiche der Volkswirtschaftslehre an jeweils einem Beispiel.

3 Unterscheiden Sie Bedürfnisse, Bedarf und Nachfrage allgemein und anhand eines selbst gewählten Beispiels.

Kapitel 2

4 Begründen Sie, warum die Bedürfnisebenen nach Maslow häufig in Form einer Pyramide dargestellt werden.

5 Nennen Sie für jede Bedürfnisebene nach Maslow jeweils zwei konkrete Beispiele.

6 Nennen Sie alle in Kapitel 2.2 beschriebenen Güterarten und ordnen Sie jeweils ein konkret formuliertes Beispiel zu.

7 Erläutern Sie anhand der Herstellung von Mehl, dass für die Herstellung von Gütern immer alle drei Produktionsfaktoren zusammenwirken.

8 Erläutern Sie die verschiedenen Formen der Arbeitsteilung.

9 Begründen Sie, warum Menschen wirtschaften.

10 Beschreiben Sie, worin sich der einfache und der erweiterte Wirtschaftskreislauf unterscheiden.

Kapitel 3

11 Erläutern Sie, welchen Zweck die modellhafte Darstellung des Wirtschaftskreislaufs erfüllt.

12 Erläutern Sie die Grundannahmen des Modells des Homo oeconomicus.

Kapitel 4

13 Private Haushalte und Unternehmen verfolgen mit wirtschaftlichem Handeln unterschiedliche Ziele. Nennen und erläutern Sie diese Ziele.

14 Eine Auszubildende achtet beim Autofahren immer auf einen geringen Benzinverbrauch. Begründen Sie an diesem Beispiel, dass Minimalprinzip und Maximalprinzip zwei Ausprägungen des ökonomischen Prinzips sind.

15 Begründen Sie anhand von Beispielen, dass sich Menschen in der Realität nicht immer wie ein Homo oeconomicus verhalten.

Kapitel 5

16 Erläutern Sie den Unterschied zwischen Grenznutzen und Gesamtnutzen allgemein und anhand eines selbst gewählten Beispiels.

17 Beschreiben Sie die unterschiedlichen Erklärungsansätze für nicht rationales Konsumentenverhalten.

18 Beschreiben Sie jeweils fünf Verhaltensweisen, mit denen **a** Privatpersonen und **b** Unternehmen die Umwelt belasten.

Kapitel 6

19 Definieren Sie den Begriff Nachhaltigkeit.

20 Erläutern Sie, warum die drei Säulen des sogenannten „Drei-Säulen-Modells" ein tragfähiges Konzept für „nachhaltiges Wirtschaften" ergeben.

21 Beschreiben Sie mögliche Zielkonflikte des nachhaltigen Handelns anhand von drei Beispielen.

22 Erläutern Sie die zentralen Merkmale des Modells der freien Marktwirtschaft.

Kapitel 7

23 Erläutern Sie die Rolle des Staates **a** im Modell der freien Marktwirtschaft, **b** in der Zentralverwaltungswirtschaft und **c** in der sozialen Marktwirtschaft.

24 Erläutern Sie die Grundprinzipien der sozialen Marktwirtschaft.

25 Erläutern Sie die Funktionsprobleme der sozialen Marktwirtschaft.

Kapitel 8   **26** Erläutern Sie, warum die Existenz von Märkten für das Funktionieren der Wirtschaft unbedingt notwendig ist.

27 Nennen Sie jeweils drei Einflussfaktoren, die **a** das Nachfrageverhalten und **b** das Angebotsverhalten beeinflussen.

28 Beschreiben und begründen Sie **a** das Gesetz der Nachfrage und **b** das Gesetz des Angebots.

29 Erläutern Sie, wann auf vollkommenen Märkten ein Nachfrageüberhang und wann ein Angebotsüberhang entsteht.

30 Begründen Sie, warum vollkommene Märkte sich langfristig im Gleichgewicht befinden.

31 Nennen Sie die Annahmen des vollkommenen Marktes.

32 Beschreiben Sie an drei Beispielen, dass die Bedingungen des vollkommenen Marktes in der Realität oftmals nicht erfüllt sind.

33 Beschreiben Sie die folgenden Marktformen und geben Sie jeweils ein selbst gewähltes Beispiel an: **a** Polypol, **b** Nachfrageoligopol, **c** (Angebots-) Monopol, **d** (Angebots-)Oligopol

34 Begründen Sie, warum Anbieter im unvollkommenen Polypol über einen monopolistischen Preisspielraum verfügen.

35 Beschreiben Sie die möglichen Verhaltensweisen von Oligopolisten in einem unvollkommenen Markt.

36 Begründen Sie, warum auch ein Monopolist seine Preise nicht beliebig festsetzen kann.

37 Beschreiben Sie, wodurch sich öffentliche und private Güter unterscheiden.

38 Erläutern Sie, was man unter „Marktversagen" versteht.

Kapitel 9   **39** Begründen Sie, warum der Wettbewerb als zentrales Element der sozialen Marktwirtschaft entscheidende Bedeutung für den Wohlstand einer Volkswirtschaft hat.

40 Erläutern Sie den Unterschied zwischen Kooperation und Konzentration als zwei Möglichkeiten von Unternehmenszusammenschlüssen.

41 Beschreiben Sie Gründe, die Unternehmen zu einer Fusion veranlassen.

42 Beschreiben Sie die Gefahren, die Unternehmenszusammenschlüsse für eine Volkswirtschaft mit sich bringen können.

Kapitel 10   **43** Beschreiben Sie die Aufgabe des Bundeskartellamts.

44 Grenzen Sie verbotene und erlaubte Kartelle voneinander ab. Geben Sie auch die Rechtsquelle an, in der dies geregelt ist.

45 Beschreiben Sie die Aufgabe des Gesetzes gegen unlauteren Wettbewerb (UWG).

12.1 Entwicklung eines Marketingkonzepts –

Von der Marktanalyse bis zur Produktentwicklung bzw. zum Dienstleistungsangebot

AB → Lernsituation 37

1 Was ist Marketing?

Stellt man die Frage: „Was ist Marketing?", so wird sicher eine Mehrheit der Befragten Marketing mit Werbung (z. B. Fernsehwerbung) gleichsetzen. Dies ist aber eine stark verkürzte Sichtweise, denn Marketing ist viel mehr!

Der Begriff „Marketing" stammt aus dem Englischen und bedeutet so viel wie „vom Markt her handeln". Marketing umfasst demnach alle Maßnahmen, die ein Unternehmen ergreift, um sich Märkte zu schaffen, zu vergrößern oder zu erhalten.

Ziel eines jeden Unternehmens ist es, sich einen festen Markt zu schaffen und zu erhalten, da nur so Verkaufserlöse zu erzielen sind, die Gewinne ermöglichen. Der Absatz hat für Unternehmen in der heutigen Zeit deshalb eine zentrale Bedeutung, weil sich viele Betriebe mit ihren Gütern auf den umkämpften Käufermärkten befinden.

Der **Käufermarkt** ist durch eine knappe Nachfrage gekennzeichnet, der ein großes Angebot gegenübersteht. Art, Qualität und Anzahl der Waren sind von den Bedürfnissen der Nachfrager abhängig.

Der **Verkäufermarkt** ist durch ein knappes Angebot gekennzeichnet, dem eine sehr große Nachfrage gegenübersteht. Unter den Anbietern herrscht ein großer Konkurrenz- und Preisdruck. Der Verkäufer bestimmt, in welcher Art, Menge und Qualität die Waren auf den Markt kommen.

Heutzutage ist es unumstritten, dass auf wettbewerbsintensiven Märkten die Bedürfnisse der Käufer im Zentrum der Unternehmensführung stehen müssen. Marketing umfasst den Aufbau, Erhalt und die Stärkung der Kundenbeziehung. Dabei werden zunehmend nicht nur die Kunden und die Wettbewerber in den Blick genommen, sondern auch weitere Gruppen, z. B. Mitarbeiter, Zulieferer, Staat sowie die Öffentlichkeit insgesamt.

Marketing als ganzheitliches Konzept der Unternehmensführung

Marketing betrifft in einem **ganzheitlichen Sinn** nicht nur einzelne Abteilungen innerhalb eines Unternehmens (z. B. die Werbeabteilung), sondern alle Abteilungen eines Unternehmens müssen die Märkte im Blick haben und ihr gesamtes Handeln darauf ausrichten. Marketing ist damit eine unternehmerische Denkhaltung und ein ganzheitliches Leitkonzept der Unternehmensführung. Marketing in diesem Sinne beinhaltet damit Kundenorientierung, Wettbewerbsorientierung und Markterschließung sowie eine Ausrichtung der gesamten Organisation an den Bedürfnissen der Kunden (z. B. bzgl. Lieferzeiten usw.) zur Erreichung der Marketingziele.

1.1 Ziele des Marketings

Erfolgreiches Marketing beginnt immer mit der Formulierung von Zielen. Nur, wenn die Ziele klar gesetzt sind, kann ein Weg festgelegt werden, wie diese Ziele zu erreichen sind (Marketingstrategie). Steht der Weg fest, müssen die Instrumente ausgewählt werden, die eingesetzt werden sollen, um das Ziel zu erreichen (**Marketingmix**).

Marketingmix
vgl. **1.2**

Bestandteile einer Marketingkonzeption		
Marketingziele	Wo möchten wir hin?	Ziele festlegen
Marketingstrategie	Wie gelangen wir ans Ziel?	Weg festlegen
Marketingmix	Was müssen wir dafür einsetzen?	Werkzeuge/Instrumente auswählen

Das oberste Ziel des Marketings leitet sich aus den übergreifenden **Unternehmenszielen** ab. Ausgehend von der vorhandenen Situation des Unternehmens (z. B. über eine Stärken- und Schwächenanalyse) und den unternehmerischen Zielen können quantitative und qualitative Marketingziele festgelegt werden.

Die **quantitativen Ziele** sind vor allem marktökonomische Ziele wie Absatz, Umsatz, Preis(-Niveau) und Marktanteil.

Begriff	Definition	Beispiel
Markt-potenzial	die maximale Aufnahmefähigkeit eines Marktes für ein Produkt, also die Gesamtzahl aller möglichen Käufe der Personen, die als Abnehmer infrage kommen, in Geld- oder Mengeneinheiten	Das Marktpotenzial für Fahrräder umfasst alle möglichen Käufe aller möglichen Fahrradkäufer, einschließlich derjenigen, die ein Zweitrad erwerben.
Markt-volumen	der tatsächliche Absatz bzw. Umsatz auf einem Markt (alle Verkäufe des eigenen Unternehmens und der Konkurrenz)	Der Gesamtabsatz von Fahrrädern in Deutschland beträgt im Jahr 20X1 ca. 4,6 Mio. Stück.
Absatz-potenzial	der Teil am Marktpotenzial, den ein Unternehmen erreichen zu können glaubt	Die Fly Bike Werke GmbH könnte im Jahr 20X1 ca. 240 000 Fahrräder verkaufen.
Absatz-volumen	der tatsächliche Absatz bzw. Umsatz des Unternehmens, in Geld- oder Mengeneinheiten	Die Fly Bike Werke GmbH verkauft im Jahr 20X1 nur 220 000 Fahrräder.
Marktanteil	der prozentuale Anteil des Absatzes bzw. Umsatzes eines Unternehmens am Marktvolumen	Marktanteil der Fly Bike Werke GmbH bei Fahrrädern 20X1: 4,8 %. Berechnung: (Absatzvolumen · 100 %)/Marktvolumen.

Neben den quantitativen, marktökonomischen Zielen sind für das Marketing auch **qualitative Marketingziele** bei Entscheidungen bedeutsam. Auch die qualitativen Ziele dienen langfristig jedoch der Umsatzsteigerung und der Erhöhung des Marktanteils. Es gibt dabei eine Vielzahl an möglichen qualitativen Zielen, z. B.:

- Bekanntheit erhöhen,
- Kundenzufriedenheit oder Kundenbindung erhöhen,
- das Unternehmens- oder Markenimage verbessern.

Quantität (lat.)
quantitas = Größe, Menge

Qualität (lat.)
qualitas = Beschaffenheit, Merkmal

Modernes Marketing sollte jedoch über diese Ziele hinausgehen und auch gesellschaftliche Herausforderungen bei Entscheidungen und Zielsetzungen beachten. Klimawandel, soziale Ungerechtigkeiten und Umweltverschmutzung sind Faktoren, die zunehmend bei den Konsumenten eine Rolle bei der Kaufentscheidung spielen. Kunden erwarten immer häufiger von Unternehmen, dass sie auf diesen Gebieten einen Teil der Verantwortung mit übernehmen. Kunden wollen selbst mit „gutem Gewissen" kaufen!

Diese Erweiterung der Ziele wird mit dem Begriff der **Nachhaltigkeit** gekennzeichnet. Zugrunde liegt hierbei u.a. die Auffassung, dass Unternehmen nur dann langfristig erfolgreich sein können, wenn sie ihre Gewinn- und Umsatzinteressen mit sozialen, ökologischen oder ethischen Zielen vereinbaren. Dazu gehört z.B. die Schonung der Umwelt, die „gerechte" Bezahlung der Mitarbeiter oder eine menschen- oder familienfreundliche Gestaltung der Arbeitsbedingungen.

Beim nachhaltigen Marketing kann danach unterschieden

Nachhaltigkeit, vgl. **TAF 11.4**, **6.2**

werden, ob ein Unternehmen diese Ziele **implizit** oder **explizit** verfolgt. Ein implizites nachhaltiges Marketing bedeutet, dass das Unternehmen die Ziele verfolgt, ohne dies nach außen zu tragen. Beim expliziten nachhaltigen Marketing wird offensiv mit ökologischen, ethischen oder sozialen Werten geworben. Dabei darf bei den Kunden allerdings nicht der Eindruck entstehen, dass das Unternehmen ökologische oder soziale Werte lediglich missbraucht, um seinen Gewinn zu maximieren.

Zielkonflikt besteht, wenn das Anstreben eines Ziels die Erreichung eines anderen Ziels beeinträchtigt, vgl. **TAF 12.6**, **1**

Unternehmen setzen sich in der Regel mehrere der genannten Ziele. Dabei kann es zu **Zielkonflikten** kommen. Bestehen die Ziele z.B. in der Erreichung eines maximalen Gewinns und einer hohen Bekanntheit des Produktes, dann kann es bei der Wahl der einzelnen **Marketinginstrumente** zu Widersprüchen kommen. Zur Steigerung der Bekanntheit wären z.B. die Werbeaufwendungen zu erhöhen und es müsste ein enges Verkaufsnetz geschaffen werden. Dies kostet zunächst Geld und reduziert damit den Gewinn.

Als Ergebnis der Festlegung der Marketingziele bietet es sich an, alle Marketingziele im sogenannten **Marketingleitbild intern** und **extern** zu veröffentlichen. Gerade die interne Veröffentlichung des Marketingleitbildes entspricht dem Ansatz des ganzheitlichen Marketings. Damit wird die Marketingstrategie nicht nur nach außen sichtbar, sondern sie dient auch der Lenkung der Mitarbeiter des Unternehmens und wird damit zu einem **Führungskonzept**. Die Orientierung an einem derartigen Marketingleitbild bedeutet die konsequente Ausrichtung des Unternehmens auf die Erfordernisse des Marktes.

> Das Unternehmen Henkel veröffentlicht z.B. seine Leitlinien im Internet. Hier ist unter anderem zu lesen:
>
> – Wir möchten nicht nur Nummer eins in Bezug auf Marktanteil oder Größe sein, sondern führend mit unseren Innovationen, Marken und Technologien.
> – Wir hören unseren Kunden zu, reagieren schnell auf ihre Bedürfnisse und nehmen künftige Anforderungen vorausblickend wahr.
> – Im Innovationsprozess berücksichtigen wir von Beginn an die Anforderungen des nachhaltigen Wirtschaftens.
> – Wir achten und respektieren unsere Mitarbeiter. Ihre Talente und ihre Fähigkeiten sind unsere Stärke.
> – Das Qualitätsbewusstsein unserer Mitarbeiter fördern und festigen wir durch ständige Fortbildung, Information und Motivation.
>
> Quelle: www.henkel.de; Auszug stark gekürzt

Zu bekannten Marken von Henkel zählen Persil, Weißer Riese, Pril, Schauma, Fa, Pritt u.v.a.

1.2 Marketinginstrumente

Nach der Festlegung der Marketingziele durch die Geschäftsleitung erfolgt die Auswahl der einzelnen Marketinginstrumente.

Das absatzpolitische Instrumentarium setzt sich aus vier Bereichen zusammen, der Produkt- und Sortimentspolitik, der Preis- und Konditionenpolitik, der Distributions- und der Kommunikationspolitik (einschließlich der Absatzwerbung). Jetzt wird klar, dass zum Marketing natürlich auch die Werbung gehört, aber eben nur als ein Teilbereich. Die optimale Kombination einzelner Marketingmaßnahmen zu einem aufeinander abgestimmten und sich gegenseitig unterstützenden Maßnahmenbündel wird als **Marketingmix** bezeichnet.

Der Marketingmix wird von verschiedenen Faktoren beeinflusst:
- Unternehmenszielen (z.B. Qualitätsführerschaft, Niedrigpreisimage, Ökologie)
- Marktverhältnissen (z.B. Konkurrenz, wirtschaftliche Stellung der Kunden)
- Unternehmenssituation (z.B. Liquidität, Gewinnsituation)
- allgemeinen Rahmenbedingungen (z.B. technische Entwicklung, Konjunktur).

Zur genauen Analyse der Rahmenbedingungen für den Marketingmix bedarf es dabei der Marktforschung.

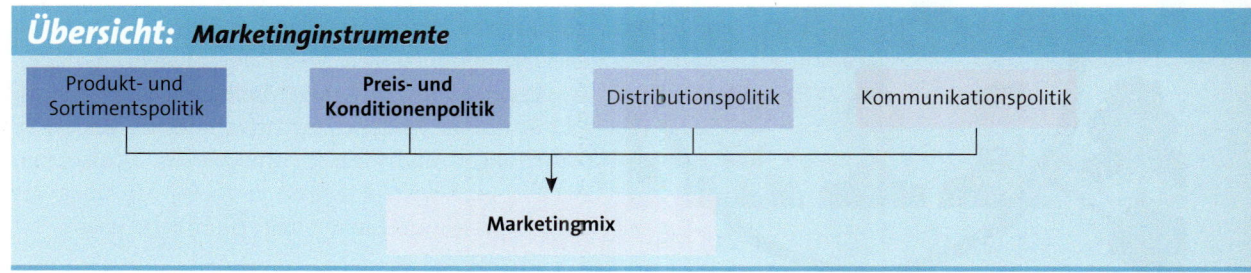

Übersicht: *Marketinginstrumente*

Produkt- und Sortimentspolitik — Preis- und Konditionenpolitik — Distributionspolitik — Kommunikationspolitik

Marketingmix

2 Methoden und Instrumente der Marktforschung

Unternehmen müssen, wenn sie den Markt und seine Entwicklungen richtig einschätzen wollen, permanent über die Bedingungen und Veränderungen auf den Märkten, speziell den Absatz- und Beschaffungsmärkten informiert sein. So ist es kaum vorstellbar, dass ein Unternehmen seine Preise drastisch anhebt, wenn die verfügbaren Informationen über den Absatzmarkt klar erkennen lassen, dass die Käufer bereits bei einem geringen Preisanstieg diesen Artikel nicht mehr nachfragen. Ebenso benötigt man z. B. für die Frage, ob ein Artikel überhaupt entwickelt und hergestellt werden soll, Informationen über dessen voraussichtliches Marktpotenzial.

*Preiselastizität der Nachfrage, vgl. **4.2.5***

*Produktpolitik, vgl. **3***

> **Beispiel** Auf der Suche nach neuen, Erfolg versprechenden Produkten führt die Fly Bike Werke GmbH regelmäßig Händlerbefragungen durch. Auf der Fahrradmesse Bike & Style werden interessierte Kunden nach ihren Wünschen befragt. Diese Befragungen erfolgen sowohl auf Basis gezielt entwickelter Fragebögen als auch im Rahmen spontaner Gespräche.
> Im Internet recherchieren Verkaufsmitarbeiter regelmäßig und sammeln Informationen über neue technische Entwicklungen. Die Homepages der Konkurrenz werden gezielt ausgewertet. Zusätzlich ruft die Fly Bike Werke GmbH bei Bedarf Informationen zum Fahrradmarkt beim Marktforschungsinstitut Gesellschaft für Konsumforschung (GfK) in Nürnberg gegen Gebühr ab.

Allerdings ist nicht jede Untersuchung zur Beantwortung der gestellten Fragen gleich eine Marktforschung. Werden Kundenwünsche eher spontan, unsystematisch und ohne weiterreichende Vorbereitung ermittelt, so liegt eine **Markterkundung** vor (z. B. spontane Messegespräche, gelegentliche Auswertungen von Vertreterberichten). **Marktforschung** hingegen ist die systematische, gezielt vorbereitete, auf wissenschaftlichen Methoden basierende Beschaffung, Verarbeitung und Analyse von Informationen zur Beantwortung von Marketingfragen (z. B. gezielte Befragung der Kunden zum Preisbewusstsein).

Bei einer **ökoskopischen Marktforschung** geht es um sachbezogene Marktforschung. Im Mittelpunkt stehen objektive Informationen, wie z. B. Preise oder Umsatzzahlen. Bei der **demoskopischen Marktforschung** dagegen geht es um die Marktteilnehmer und deren subjektive Einstellungen und Verhaltensmuster. Es interessieren hier aber auch weitere personenbezogene Merkmale der Zielgruppe, wie z. B. Einkommen, Alter, Beruf usw.

Ziel der demoskopischen Marktforschung ist es, die Kunden genauer unter die Lupe zu nehmen.

Neben den genannten Kriterien lässt sich die Marktforschung auch anhand der folgenden Fragestellungen unterscheiden:

- Über welche Bereiche des Marktes sollen Informationen beschafft werden?
- Über welchen Zeitraum soll sich die Informationsbeschaffung erstrecken?
- Mit welcher Methode werden die Informationen beschafft?
- Wie lässt sich die Informationsbeschaffung gestalten?

2.1 Bedarfs-, Konkurrenz- und Absatzforschung

Untersucht man gezielt den Nachfrager mit seinen Wünschen, spricht man von Bedarfsforschung. Stehen die Konkurrenten mit ihren Vorgehensweisen im Vordergrund, handelt es sich um Konkurrenzforschung. Will man die Wirkung der eigenen absatzpolitischen Instrumente auf dem Markt untersuchen, so ist man im Bereich der Absatzforschung tätig.

Bereiche der Marktforschung

Bedarfsforschung	Konkurrenzforschung	Absatzforschung
Anzahl der möglichen Kunden	Anzahl und Größe der Konkurrenten	**Bekanntheitsgrad** der eigenen Artikel und Marken
Kaufkraft der bisherigen und der potenziellen Kunden	Marktanteil der Konkurrenten	Verbreitungsgrad des eigenen Sortiments
Konsumverhalten	Verhalten der Konkurrenten (Werbung, Absatzmethoden, Preis- und Produktpolitik)	Vollständigkeit des Sortiments hinsichtlich Sortimentsbreite und -tiefe
Intensität des Bedarfs		

Bekanntheitsgrad
prozentualer Anteil potenzieller Kunden, die einen bestimmten Artikel oder eine Marke ohne (aktiv) oder mit (passiv) Hilfestellung kennen

Sortimentsbreite und -tiefe, vgl. **3.2.1**

2.2 Marktbeobachtung und Marktanalyse

Wird Marktforschung mit dem Ziel betrieben, über Entwicklungen und Veränderungen auf den Märkten ständig unterrichtet zu sein, spricht man von **Marktbeobachtung**. Sollen Marktdaten dagegen zu einem bestimmten Stichtag erhoben werden, handelt es sich um eine **Marktanalyse**. In der Praxis gehen Marktanalyse und Marktbeobachtung meist ineinander über, da ein Unternehmen für seine Entscheidungen sowohl an langfristigen Entwicklungen als auch an aktuellen Informationen interessiert ist. Zudem lassen sich meist nur durch eine Kombination der beiden Forschungsmethoden zuverlässige **Markt- und Absatzprognosen** erstellen, die in die Marketingplanung eingehen.

Markbeobachtung
Datenerhebung über einen längeren Zeitraum

Marktanalyse
einmalige Datenerhebung

Marktbeobachtung beobachtet die Entwicklung eines Marktes im Zeitablauf	**Marktanalyse** ermittelt die Marktstruktur zu einem bestimmten Stichtag	**Marktprognose** versucht auf der Basis von Marktbeobachtungen und Marktanalysen die zukünftige Marktsituation zu ermitteln

2.3 Marktforschungsmethoden im Fokus

Bei allen Marktforschungsaktivitäten stellt sich die Frage, auf welche Weise die Marktdaten beschafft werden können. Greift ein Unternehmen auf bereits vorhandene Daten zurück, spricht man von **Sekundärforschung.** Da die Arbeit überwiegend am Schreibtisch erledigt wird, spricht man auch von „Schreibtischforschung" oder „desk research". Für die Sekundärforschung kann auf **interne Informationsquellen** (z. B. betriebseigene Umsatzstatistiken oder andere Daten aus der Buchhaltung) oder auf **externe Informationsquellen** (z. B. Publikationen von Verbänden oder dem Statistischen Bundesamt) zurückgegriffen werden.

Die Sekundärforschung ist kostengünstig und schnell realisierbar. Allerdings sind die gewonnenen Daten häufig nicht aktuell, zu wenig speziell und damit auch weniger aussagekräftig.

Sollen aktuelle und bisher nicht bekannte Daten beschafft werden, müssen diese speziell erhoben werden. Hierbei spricht man dann von einer Primärerhebung (auch Feldforschung oder field research genannt). Die **Primärforschung** bietet den Vorteil, dass ihre Ergebnisse bei neuartigen Artikeln genau, spezifisch und aktuell sind. Allerdings ist sie auch zeitaufwendig und kostenintensiv. Große Unternehmen führen die aufwändige Primärforschung oftmals durch betriebseigene Abteilungen durch, während kleinere und mittelständische Unternehmen in der Regel Marktforschungsinstitute mit der Datenerhebung beauftragen.

Im Rahmen einer Primärerhebung muss zunächst eine geeignete Erhebungsmethode bestimmt werden:

- **Befragungen:** Personen werden anhand von Fragebögen gezielt befragt (mündlich, schriftlich, telefonisch oder per Internet).
- **Panel:** Eine festgelegte Gruppe gleichbleibender Personen (z. B. Händler, Hausfrauen einer Region) werden über einen bestimmten Zeitraum regelmäßig befragt. So lassen sich gut Trends und Entwicklungen ermitteln.
- **Beobachtungen:** Das Verhalten potenzieller Kunden wird in Abhängigkeit bestimmter Situationen beobachtet. Beobachtungen erfolgen dabei sowohl verdeckt (d. h. ohne Wissen der Teilnehmer) als auch offen. Es können dabei auch technische Hilfsmittel wie z. B. Videoaufzeichnungen, Hautwiderstandsmessungen („Lügendetektor"), Messungen der Augenbewegungen (Eye-Tracking) oder weitere Aufmerksamkeitsdaten (Attention-Tracking) verwendet werden.

Attention-Tracking-Auswertung einer Printanzeige

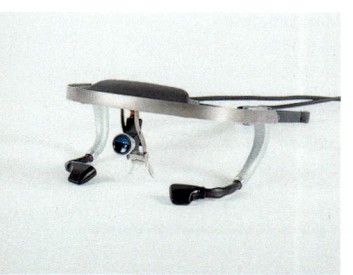

Eye-Tracking-Brille/
Blickerfassungssystem

1. Das Original	2. Blickpunkte	3. Hotspots	4. Areas of Interest

 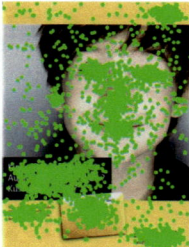 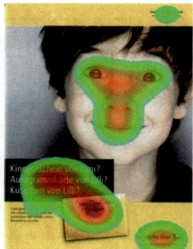 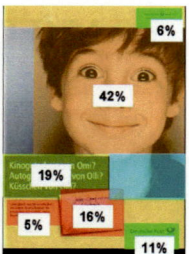

Wie stark wird das Gesicht beachtet? Wird die Marke übersehen? Wirkt die Schlagzeile genügend stark?	Jeder grüne Punkt entspricht einem Blickkontakt. Die Augen, die Nase und der Mund des Jungen werden stark beachtet.	Hotspots zeigen die stark beachteten Bereiche mit einem Farbcode (rot = stark beachtet).	Das Gesicht des Jungen wird mit 42 % am stärksten beachtet. Die Marke unten rechts wird mit 11 % nur schwach beachtet.

- **Experiment:** Innerhalb kontrollierter Rahmenbedingungen (im Labor oder in der Natur als „Feldexperiment") wird in einer Testreihe jeweils ein Element verändert. Die Teilnehmer werden später zu ihren Eindrücken befragt. Insbesondere geht es um Produkt-, Design oder Geschmacksexperimente, z. B. eine Befragung zu verschiedenen Verpackungsvarianten einer neuen Yoghurtsorte.

Der Markttest ist eine Sonderform des Feldexperiments.

- **Markttest:** Neue Artikel und/oder Verkaufskonditionen werden auf einem repräsentativen Teilmarkt mit einer überschaubaren Anzahl von Marktteilnehmern getestet.

Neue Produkte auf dem Testmarkt in der Provinz

In Haßloch wird der Einkaufszettel zum Stimmzettel und der Einkaufswagen zur Wahlurne: Hier entscheiden Bürger in einem Test, ob noch nicht eingeführte Produkte auf dem Markt eine Chance haben. Bettina Finco ist Supermarktkundin in besonderer Mission. Die 52-Jährige aus dem pfälzischen Haßloch macht bei einem großen Praxistest für Produkte mit, die noch gar nicht auf dem Markt sind. In sechs Haßlocher Supermärkten werden sie angeboten, damit man sehen kann, wie sie ankommen. Finco und mehrere Tausend andere Bürger entscheiden mit ihren Einkäufen über Top oder Flop – und bestimmen so indirekt ein bisschen mit, welche Schokoriegel, Deos oder Zahnpasten auf den Markt kommen. Auf Haßloch fiel die Wahl, weil die Einwohner die Menschen in Deutschland besonders gut repräsentieren. „Wir sind durchschnittlich, aber im positiven Sinne", scherzt Finco. Organisiert wird der Großversuch mit 3400 der 12.400 Haßlocher Haushalte von dem Marktforschungsunternehmen GfK im Auftrag der Produkthersteller. Sie wollen nach größeren Vorarbeiten wissen, ob sie ihre Entwicklung auf den Markt bringen können. (...) Zehn bis 15 neue oder veränderte Produkte kommen pro Jahr im „bundesdeutschen Musterdorf" auf den Prüfstand. Um welche Waren es sich handelt, ist geheim, sie stehen unauffällig in den Regalen. „Man erkennt es nicht, und man kriegt es nicht gesagt", berichtet Finco. (...)

Quelle: www.welt.de/regionales/rheinland-pfalz-saarland/article137525493/Neue-Produkte-auf-dem-Testmarkt-in-der-Provinz.html, veröffentlicht am 17.02.2015

Die Nürnberger Gesellschaft für Konsumforschung (GfK) betreibt seit 1986 in Haßloch nahe Mannheim einen bundesweit einzigartigen Testmarkt.

2.4 Grundzüge einer Befragung mittels Fragebogen

Unabhängig davon, ob eine Befragung mündlich, schriftlich, telefonisch oder per Internet erfolgt, wird immer ein einheitlicher Fragebogen verwendet. Die Art der Fragen ist entscheidend für den Erfolg. Fragebögen müssen verständlich, eindeutig und genau formuliert sein. Sie sollten auf Suggestivfragen verzichten. Damit möglichst viele Personen schnell bereit sind, an der Befragung teilzunehmen, sollte die Befragung nicht zu lang und motivierend gestaltet sein. Zusätzlich werden oft weitere Anreize zur Teilnahme, wie kleine Geschenke oder Verlosungen, gegeben.

Suggestivfragen lenken den Antwortenden in eine Richtung, die der Fragende erwartet, und nehmen die Antwort somit vorweg. (Beispiel: „Sie sind doch auch der Meinung, dass unser Joghurt hervorragend schmeckt?")

Fragebögen sind in der Regel nach folgender Reihenfolge aufgebaut:

Frageart	Beschreibung	Beispiel
Kontakt oder Eisbrecherfrage	Fragen, um dem Befragten den Einstieg in die Befragung zu erleichtern	Haben Sie schon einmal an einer Befragung teilgenommen?
Sachfragen	Diese Fragen liefern die für das Ziel der Befragung wichtigen Daten. Dabei sollen Fragen zu einem Themengebiet nacheinander folgen, um Gedankensprünge der Teilnehmer zu vermeiden.	Was essen Sie in der großen Pause? ☐ Brot ☐ Süßigkeiten ☐ Obst ☐ gar nichts
Kontroll- und Plausibilitätsfragen	Diese Fragen dienen zur Überprüfung der Antworten, um fehlerhafte Fragebögen auszusortieren. Die Fragen sollen Widersprüche aufdecken, indem abgefragte Themen mit anderer Fragestellung wieder auftauchen.	Ich finde die Pause zu kurz (ja/nein) Ich finde die Pause zu lang (ja/nein)
Fragen zur Person	Sie dienen der Erhebung von personenbezogenen Daten des Befragten. Die Fragen stehen am Ende, weil die Befragten dann bereits aufgewärmt und auskunftsfreudiger sind.	Wie lautet Ihr Geburtsdatum?

In Bezug auf die gegebenen Antwortmöglichkeiten auf die Fragen unterscheiden sich **offene** und **geschlossene** Fragen. Werden keine möglichen Antworten vorgegeben, handelt es sich um offene Fragen. Fragen mit vorgegebenen Antwortmöglichkeiten bezeichnet man als geschlossene Fragen.

Geschlossene Fragen

Auswahlfragen		Beispiele
Alternativfragen	Die vorgegebenen Antworten schließen sich gegenseitig aus; es besteht nur eine Auswahlmöglichkeit.	Wie viel Geld geben Sie am Tag im Kiosk aus? ☐ nichts ☐ 1–≤2 € ☐ 2–≤4 € ☐ >4 €
Selektivfragen	Aus den vorgegebenen Antworten können mehrere zutreffende gewählt werden.	Was essen Sie in der großen Pause? ☐ Brot ☐ Süßigkeiten ☐ Obst ☐ gar nichts
Skalenfragen		**Beispiel**
Erfragen die subjektive Rangfolge der Befragten; es besteht nur eine Auswahlmöglichkeit.		Wie schätzen Sie die Qualität unserer Snackangebote auf einer Skala von 1–6 ein? sehr hoch ☐☐☐☐☐ sehr gering

2.5 Online-Marktforschung und Data-Mining

Dynamische Preisanpassung, vgl. **4.2.6**

Der harte, verschärfte Wettbewerb auf globalisierten und elektronischen Märkten (speziell im Handel) erfordert eine blitzschnelle Anpassung der Unternehmensleistungen an die Bedürfnisse der Kunden und die Handlungen der Konkurrenz (z. B. Preisanpassungen). Dies ist praktisch nur über eine effiziente Nutzung aller verfügbaren Informationen über Kunden möglich, um schneller, besser und kostengünstiger als die Konkurrenz auf die Kundenwünsche einzugehen.

Das Internet, Tablets und Smartphones spielen als Marktforschungsinstrumente deshalb eine zunehmend wichtigere Rolle. Alle bereits genannten Methoden der Marktforschung können dabei schnell und kostengünstig auch online durchgeführt werden, z. B. Online-Panels oder Web-Befragungen (statt Befragungen per Post oder Interview).

Vorteile der Online-Befragung	Nachteile der Online-Befragung
– kostengünstig – schnelle und jederzeitige Erreichbarkeit – sehr große Stichproben – automatische Datenerfassung ermöglicht schnelle digitale Auswertung	– ggf. mangelnde Repräsentativität der Befragung (nicht jeder ist online erreichbar) – Antwortverzerrung aufgrund der Anonymität (Quatsch-Antworten) – kritische Betrachtung durch die Befragten (Datenschutz) – ggf. Hürden bei der technischen Umsetzung

Zusätzlich ermöglicht das Internet auch völlig neue Methoden.

Beispiel Die Fly Bike Werke GmbH hat durch eine Analyse der auf Suchmaschinen verwendeten Suchbegriffe (sog. Keyword-Analyse) ermittelt, dass die Suchanfragen zu „E-Bikes" nicht mehr in Kombination mit Schlagworten wie „Verkehrssicherheit", sondern in Kombination mit „Design" auftreten. Daneben wurde im Rahmen des Social Media Monitoring festgestellt, dass E-Bikes auch in Foren in der Zielgruppe der unter 30-Jährigen diskutiert wurden. Die Fly Bike Werke GmbH hat deshalb ein E-Bike mit einem Design für diese Zielgruppe entwickelt. Die Design-Varianten wurden in Foren vorgestellt und anhand der Reaktionen wurde das für die Zielgruppe attraktivste Design in Produktion gegeben.

Keyword
(engl.) Schlüsselwort

Social Media Monitoring
(engl.) Soziale-Medien-Beobachtung

Web Monitoring / Social Media Monitoring: Hierbei werden alle im Internet verfügbaren Informationen eines Konsumenten (z. B. aus Foren, Blogs, sozialen Netzwerken und Bewertungsportalen) gesammelt und ausgewertet. Web Monitoring kann intuitiv (z. B. über Suchbegriffe) oder automatisch mithilfe spezieller Software erfolgen. Besonders interessant sind soziale Netzwerke, da hier ein reger Austausch stattfindet. Trends können ermittelt oder beeinflusst werden.

Keyword-Analyse: Suchmaschinen verarbeiten jeden Tag Millionen von Suchanfragen und können so genau messen, wie sich das Suchverhalten zu einem Themengebiet im Laufe der Zeit verändert. Eine wichtige Rolle spielen dabei die relevanten Suchbegriffe und Suchbegriffskombinationen. So kann man Rückschlüsse auf die Denkweisen und Bedürfnisse der Zielgruppe ziehen und beeinflussen, an welcher Position die unternehmenseigenen Angebote bei Suchanfragen auftauchen. Suchmaschinen bieten dazu Hilfsmittel, z. B. google Trends.

Darüber hinaus bieten allerdings auch die schiere Masse an digital verfügbaren Daten (sogenannte **Big Data**) und die automatisierte Auswertung der Daten völlig neue Möglichkeiten, die im Rahmen der bisherigen Marktforschung nicht zu realisieren waren. Diese Daten sind eine wahre Goldgrube für Unternehmen. Die Unternehmen „graben" in diesen Datenbergen, deshalb spricht man auch vom **Data-Mining**. Daten werden analysiert und Muster und Zusammenhänge ermittelt. Unternehmen versuchen Persönlichkeitsprofile zu erstellen und Vorhersagen über Verhaltens- und Handlungsweisen zu machen. Je mehr Daten von einem Kunden zur Verfügung stehen, desto gezielter kann z. B. Werbung zugeschnitten oder das Verhalten des Kunden vorhersagt werden. Beispielsweise erstellt Amazon aufgrund der bisherigen Käufe eines Kunden Empfehlungen für zukünftige Käufe.

Big Data
(engl.) „große Daten"; riesige Datenmengen, die u. a. bei der Verwendung von elektronischen Medien ständig anfallen (z. B. Internet, Kredit- und Kundenkarten, Mobiltelefone)

Data-Mining
(engl.) wörtlich Datenschürfung

Online-Marketing, vgl. **6.5**

Datenschutz,
vgl. **TAF 11.1, Kap. 4**

Dabei sind insbesondere personalisierte Datensammlungen und -auswertungen aus dem Blickwinkel des Datenschutzes im Hinblick auf das Grundrecht auf informationelle Selbstbestimmung sehr kritisch zu betrachten. Informationelle Selbstbestimmung beinhaltet, dass jede Person grundsätzlich selbst bestimmen kann, wer was wann und bei welcher Gelegenheit über sie weiß. Dies steht dem Grundsatz der möglichst umfassenden Analyse und Verknüpfung von Daten im Rahmen von Big Data entgegen.

Übersicht: *Methoden der Marktforschung*

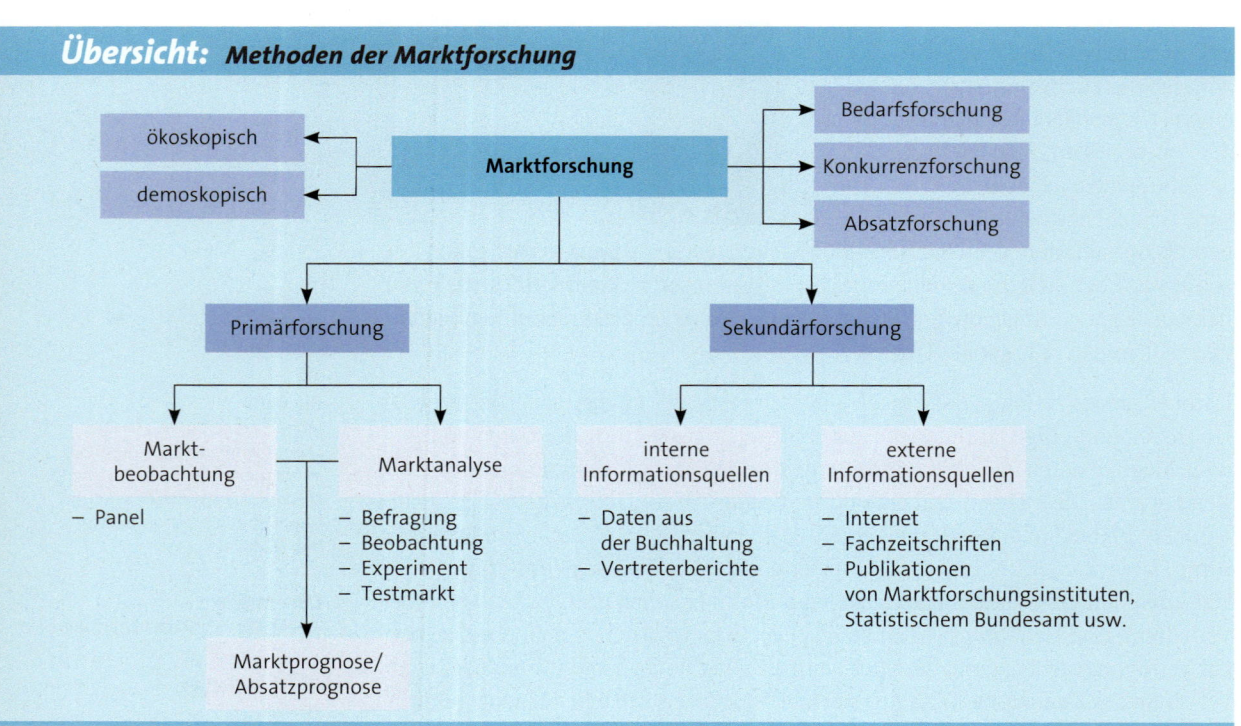

3 Produkt- und Sortimentspolitik

AB → Lernsituation 38

Beispiel Bei der Analyse der Kundenwünsche der Fly Bike Werke GmbH zeigt sich seit einigen Monaten eine Verlagerung der Interessen weg vom Fahrrad der unteren Preisklasse hin zu höherwertigen Fahrrädern. Zusätzlich zeichnet sich deutlich der Trend zum „Zweitfahrrad" ab, das spezielle Kundenwünsche berücksichtigen soll. Diese und andere Informationen haben Auswirkungen auf die Gestaltung der Produkt- und Sortimentspolitik eines Unternehmens.

»Play Your Style«

Umschlag eines Katalogs der Fly Bike Werke

Mithilfe der **Produkt- und Sortimentspolitik** werden die am Markt angebotenen Leistungen geplant. Dabei geht es sowohl um jedes einzelne Produkt (bzw. jede einzelne Leistung), als auch um das optimale Zusammenspiel aller angebotenen Einzelleistungen (Sortiment).

3.1 Produktpolitik

Beispiel Die Analyse von google-Suchanfragen und Artikeln in Fahrrad-Blogs zeigt eindeutig, dass die Kunden auf das Design der Fahrräder großen Wert legen. Ebenfalls wichtig sind den Käufern Komfortausstattung wie Sattelpolsterung und Rahmenfederung. Gezielte Kundeninterviews ergeben, dass Kunden die Haltbarkeit und Verkehrssicherheit für völlig selbstverständlich halten.

Kunden erwarten von einem Produkt einen bestimmten **Nutzen**. Sie wollen mit dem Produkt Bedürfnisse befriedigen.

Bedürfnisse, Bedarf, Nachfrage, vgl. **TAF 11.4**, **2.1**

- Der **Grundnutzen** ist im Produkt selbst begründet. Jedes Produkt bietet einen objektiven Grundnutzen, der ein wesentliches Bedürfnis der Kunden befriedigt. Fahrräder bieten z.B. Fortbewegungsmöglichkeiten, Bekleidung schützt den Körper vor Kälte oder Nässe, Waschmaschinen liefern saubere Wäsche.
- Der **Zusatznutzen** befriedigt Nebenbedürfnisse des Kunden (z.B. Prestigegewinn). Der Zusatznutzen bezieht sich auf Produkteigenschaften, die nicht objektiv messbar sind und damit subjektiv von Kunden sehr unterschiedlich wahrgenommen werden (z.B. Design, Komfort, Produktimage).

Beispiel Zum Schutz vor Kälte und Nässe ist jede einfache, zweckmäßige Kleidung geeignet. Alle Kunden müssten sich also für die preiswerteste passende Bekleidung entscheiden. Kunden wollen aber hübsche Kleidung, um zusätzliche Bedürfnisse nach Ästhetik, Bequemlichkeit und vielleicht auch Prestigegewinn zu befriedigen.

Bei dem für den **Consumer Benefit** versprochenen Zusatznutzen ist zwischen objektivem und subjektivem Zusatznutzen zu unterscheiden. Ein **objektiver Zusatznutzen** bringt für den Käufer nachweisbare Vorteile. Der niedrige Benzinverbrauch eines Autos ist z.B. ein objektiver Zusatznutzen. Da hierbei an die **Ratio** der Umworbenen appelliert wird, spricht man häufig auch von einem rationalen Zusatznutzen.

Consumer Benefit
Nutzenversprechen für den Kunden

Ratio
lat. Vernunft

Werbung, vgl. **6.1**

Ein **subjektiver Zusatznutzen** wird i.d.R. erst durch das Marketing erzeugt, z.B. kann ein Auto einen sozialen Zusatznutzen haben, wenn der Fahrer wegen seines Wagens bewundert wird. Man unterscheidet zwischen emotionalem, sozialem, sensorischem und egoistischem Zusatznutzen.

Subjektiver Zusatznutzen

	Erläuterung	Beispiel
emotionaler Zusatznutzen	spricht die Gefühle der potenziellen Kunden an (positive Emotionen im Zusammenhang mit dem Produkt oder der Produktverwendung)	idyllische Familiensituationen im Zusammenhang mit einem Auto
sensorischer Zusatznutzen	spricht die Sinne der potenziellen Kunden an (positive Sinneserlebnisse im Zusammenhang mit dem Produkt oder der Produktverwendung)	ästhetische, schöne Darstellung eines Autos
sozialer Zusatznutzen	verändert die Stellung des potenziellen Kunden in der Gesellschaft	jemand wird wegen seines Autos bewundert
egoistischer Zusatznutzen	stärkt die Ich-Bestätigung des potenziellen Kunden	ein Auto wird als Prestigeobjekt dargestellt

USP (unique selling proposition) = einzigartiges Verkaufsangebot; häufig auch als Alleinstellungsmerkmal bezeichnet

Handelt es sich bei dem Consumer Benefit um einen Zusatznutzen, der in dieser Form von keinem anderen Unternehmen geboten wird, so spricht man von einer **USP**. Bei einer echten USP handelt es sich in der Regel immer um einen **objektiven Zusatznutzen**. Ein Automobilhersteller hätte z. B. eine echte USP, wenn er ein Auto anbieten würde, das auf 100 km nur 1 Liter Benzin verbraucht.

Echte USPs sind selten. Unternehmen versuchen deshalb, durch die Werbung den Eindruck von Einzigartigkeit zu vermitteln. In solchen Fällen spricht man von einem **UAP**. Der UAP schafft eine **emotionale Alleinstellung**, keine reale.

UAP (unique advertising proposition) = einzigartiges Werbeversprechen

> **Beispiele**
> – Smart (USP): Das Automodell ist als innovativer Zweisitzer für den Stadtverkehr gedacht.
> – Coca Cola (UAP): Es gibt nur eine echte „Coke".

Die Grenzen zwischen Grund- und Zusatznutzen können fließend sein. Speziell durch das Schaffen von Zusatznutzen kann man sich von Mitbewerbern abgrenzen und tendenziell höhere Preise am Markt erzielen (z. B. Markenimage bei Turnschuhen). Unternehmen werden also versuchen, ihre Produkte mit von Kunden gewünschtem Zusatznutzen auszustatten. Die Abgrenzung von Mitbewerbern erfolgt dabei auch über die sogenannte Markierung.

Consumer Benefit (Nutzenversprechen)

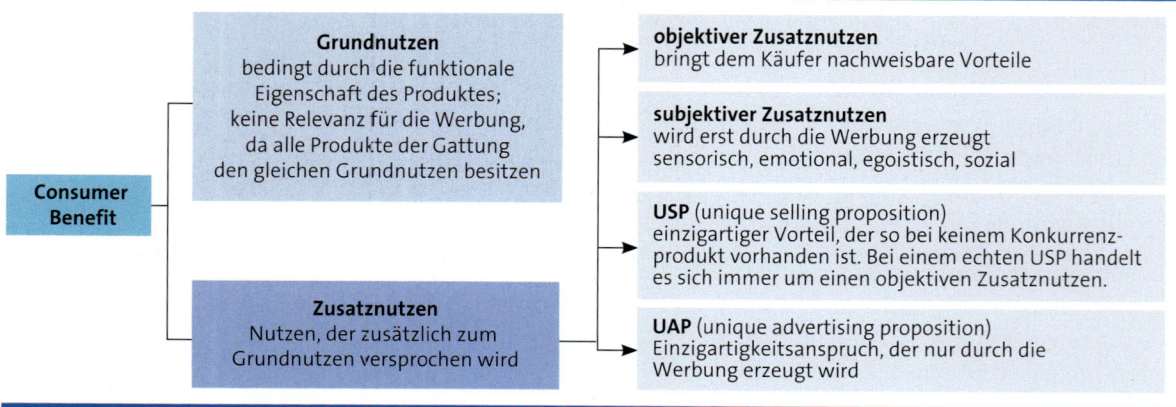

3.1.1 Markierung

Viele Produkte unseres täglichen Konsums sind Markenwaren. Der englische Begriff für **Marke** ist „brand", genau wie das Brandzeichen, durch das Cowboys ihre Rinder von denen anderer Viehzüchter unterscheiden. Einen ähnlichen Zweck verfolgt der Produzent mit der **Markierung** (engl. branding) seiner Produkte. Er möchte, dass der Verbraucher sein Produkt von den Produkten anderer Anbieter unterscheiden kann.

Marke (engl.)
brand; wörtlich: Brandzeichen

Als Konsument hat man heute die Auswahl aus einer fast unüberschaubaren Vielzahl von Produkten. So stehen alleine mehrere Dutzend verschiedene Toilettenpapiere, Waschmittel, Autos, Fahrräder und andere Produkte zum Kauf bereit. Hat ein Konsument mit einem Produkt positive Erfahrungen gemacht, spart er sich bei zukünftigen Kaufentscheidungen häufig die Mühe eines Produktvergleichs und bleibt dem Produkt treu. In der Regel ist er bereit, einen höheren Preis dafür zu bezahlen, dass ein **Markenprodukt** Sicherheit über eine gleich bleibende Qualität und ein konstantes Preis-/Leistungsverhältnis verspricht. Gleichzeitig vermitteln Marken ein Image, das den Käufer in der Beurteilung durch andere positiv erscheinen lässt. Dies stellt einen wichtigen Zusatznutzen dar.

Preis- und Konditionenpolitik, vgl. **4**

Zusatznutzen, vgl. **3.1**

Damit der Konsument ein Markenprodukt wiedererkennen kann, bedienen sich Produzenten verschiedener Markierungen. Sie begegnen uns als
- Namen (Persil, Starbucks, Nivea),
- Formen (Toblerone, WC-Ente, Odol),
- Zeichen (Nike, McDonald's),
- Farben (Milka, Telekom),
- Buchstabengruppen (C&A, H&M),
- Zahlen (4711, 1&1, 8x4),
- Bilder (Bildmarken),
- Melodien (Telekom-Tonfolge),
- Slogans („Wohnst Du noch oder lebst Du schon?")
- oder einer Kombination dieser Varianten.

Wortmarken	Bildmarken	Wort-Bild-Marken
playmobil	Nike	BMW

Beispiele bekannter Markenzeichen-Typen (Playmobil, Nike, BWM)

In das unverwechselbare Vorstellungsbild eines Produktes investieren die **Unternehmen** viel Geld. Die **Markierung** unterstützt den Produzenten dann aber bei der Kommunikationspolitik, findet Anwendung in der Preispolitik und bietet rechtlichen Schutz (z. B. durch das Markenrecht). Für den Anbieter liegt der Vorteil der Markenpolitik vor allem in der Kundenbindung und der Möglichkeit zur Durchsetzung höherer Preise. Für den **Kunden** liegt der Vorteil der Markenpolitik in einer hohen Sicherheit bei der Kaufentscheidung sowie im Zusatznutzen.

Kommunikationspolitik, vgl. **6**

In der Markenpolitik unterscheidet man zwischen **Herstellermarken** (=klassische Markenartikel), bei denen der Produzent über die Markenrechte verfügt, und den **Handelsmarken** (z. B. Ja, Rewe, A&P), deren Markenrechte ein Handelsunternehmen innehat.

Markenstrategien

Beispiel für Einzelmarken und Markenfamilien bei Procter & Gamble; jede Einzelmarke verkörpert eine eigene Markenpersönlichkeit.

Wird für ein einzelnes Produkt oder eine einzelne Dienstleistung eine eigene Marke geschaffen, spricht man von einer **Einzelmarke** (auch Monomarke). Zielsetzung der Einzelmarkenstrategie ist es, unterschiedliche Zielgruppen anzusprechen. Einzelmarken bieten den großen Vorteil, dass bei Imageverlust einer Marke die anderen Marken des Unternehmens nicht in Mitleidenschaft gezogen werden. Außerdem kann man so auch Marken mit völlig unterschiedlichen Stilen und Zielgruppen komplikationsfrei in einem Unternehmen führen. Der Konsumgüterkonzern Procter & Gamble bietet beispielsweise neben Waschmitteln auch Windeln, Rasierer und pflegende Kosmetik an. Ein Nachteil der Einzelmarke ist allerdings, dass jede einzelne mit erheblichem Aufwand aufgebaut und gepflegt werden muss.

Werden komplette Produktgruppen unter einer einheitlichen Marke gebündelt, handelt es sich um eine **Markenfamilie**. So ist es dem Unternehmen Beiersdorf gelungen, verschiedenen Haut- und Haarpflegeprodukten unter der Markenfamilie „Nivea" ein zentrales Image zu geben (z. B. Nivea Visage, Nivea Sun, Nivea For Men).

Eine **Dachmarke** vereint als „Muttermarke" verschiedene Markenfamilien unter einem Dach. Sie bündelt zum einen die einzelnen Botschaften zu einer Gesamtbotschaft und baut eine Brücke von den Einzelmarken zu einem größeren Ganzen. Häufig ist die Dachmarke identisch mit dem Firmennamen (z. B. Porsche, Henkel). Damit ist die Markenidentität eng verbunden mit der Unternehmensidentität. Führt man ein neues Produkt unter einer Dachmarke oder einer Markenfamilie ein, hat es den Vorteil, dass ein Imagetransfer des alten Markenimages auch auf das neue Produkt möglich ist. Dadurch sind die notwendigen Werbeaufwendungen geringer.

Markenschutz

Marken können für Unternehmen einen beträchtlichen Vermögenswert darstellen. Um Marken vor Missbrauch zu schützen, kann man sie auf nationaler, europäischer und internationaler Ebene schützen lassen. In Deutschland kann man eine Marke in das **Markenregister** beim Deutschen Patent- und Markenamt (DPMA) eintragen lassen. Für dort registrierte Marken darf das ®-Zeichen (für „**registered**") verwendet werden. Eine Pflicht, eingetragene Marken mit diesem Zeichen zu versehen, besteht allerdings nicht.

registered
(engl.) eingetragen

Voraussetzungen für einen Markenartikel

– Markierung/Kennzeichnung (Produkt- und Verpackungsgestaltung, Warenzeichen, Namen)
– Schützbarkeit der Markenrechte (Unterscheidbarkeit von anderen Markierungen)
– Unverwechselbarkeit (Unterschied im Vergleich zu Wettbewerbsangeboten)
– Standardisierung (standardisierte, stets gleich bleibend hohe Qualität)
– Preisstabilität (keine „Verramschung" in Sonderaktionen)
– Erhältlichkeit (weitgehende Verbreitung im gewählten Absatzgebiet)
– Bekanntheit und Anerkennung im Markt (z. B. durch charakteristische Werbung)

3.1.2 Von der Produktidee bis zur Markteinführung

Fünf Stufen bis zur Markteinführung

Ideensammlung	Unternehmen suchen, sammeln und entwickeln permanent neue Ideen für Produktinnovationen.
Ideenauswahl	Nicht alle eingehenden Ideen können auch realisiert werden. Das Unternehmen ist daher gezwungen, aus der Vielzahl vorhandener Ideen die auszuwählen, die besonders erfolgversprechend sind.
Entwicklung	In eigenen oder betriebsfremden Einrichtungen erfolgt die Entwicklung der ausgewählten Produkte. Dabei müssen die Wünsche der Kunden berücksichtigt werden. Am Ende der Entwicklung steht der Entwurf eines **Prototyps**.
Pretest, Nullserie	Verschiedene Testpersonen werden über ihre Meinung zu den Produktneuentwicklungen befragt. Bei produktionsintensiven Produkten (z. B. Autos) wird auch der Produktionsablauf im Rahmen von Nullserien überprüft. Sind die vor der Produkteinführung stattfindenden Tests erfolgreich, kann die Markteinführung erfolgen.
Markteinführung	Das Produkt wird am Markt eingeführt.

Prototyp
(gr.) protos = „der Erste" und typos = „Vorbild"

Der Weg eines Produktes bis zur Markteinführung erfolgt im Idealfall in fünf Stufen. Die trichterförmige Grafik verdeutlicht, dass von der Vielzahl der Ideen in der Regel nur wenige Vorschläge tatsächlich realisierbar sind. Eine sorgfältige Auswahl ist deshalb wichtig. Neue Produkte, die vom Kunden nicht angenommen werden (**Flops**), bedeuten für das Unternehmen erhebliche Kosten ohne später über den Verkauf zurückfließende Erträge sowie einen kaum zu behebenden Imageschaden.

Flop
Produkt, das die Maketingziele verfehlt; Beispiel: Die Einführung von Kuchenbackmischungen in Japan bescherte einem Unternehmen Verluste. Küchen in Japan sind sehr klein, deshalb haben nur 3 % einen Backofen.

3.1.3 Der Produktlebenszyklus

 **Beispiel** Der letzte Absatzbericht der Fly Bike Werke GmbH weist folgende Verkaufsmengen/Jahr für die vier wichtigsten Modelle aus:

Jahr Modell	2014	2015	2016	2017
Mountainbike *Dispo*	20.500	17.300	10.200	5.600
Trekkingrad *Light*	14.100	20.800	21.000	20.900
Cityrad *Glide*	800	3.400	9.200	18.400
Beachcruiser *Cool*	0	0	350	600

Das Mountainbike verzeichnet stark rückläufige Absatzzahlen, das Trekkingrad boomt, das Cityrad weist die stärksten Wachstumsraten auf. Der Beachcruiser ist erst seit 2016 auf dem Markt und nicht so bekannt.

Kein Produkt hält sich für unbegrenzte Zeit am Markt. Nach der Einführung am Markt kaufen die Kunden das neue Produkt für eine gewisse Zeit. Nach Monaten oder Jahren veraltet die Leistung und das Produkt wird weniger nachgefragt.

Letztlich müssen die Unternehmen das Produkt auf Grund mangelnder Nachfrage vom Markt nehmen. Das Produkt durchläuft damit einen **Lebenszyklus**.

Der Produktlebenszyklus stellt die Umsatzentwicklung eines Produktes von seiner Entwicklung über dessen Einführung bis zur Marktentfernung grafisch in idealtypischer Form dar. Mit den Verkaufs- und Umsatzzahlen korreliert dabei auch eine bestimmte Erfolgsentwicklung (Gewinn oder Verlust). In der Realität lassen sich die Phasen selten ganz eindeutig bestimmen.

Phasen des Produktlebenszyklus

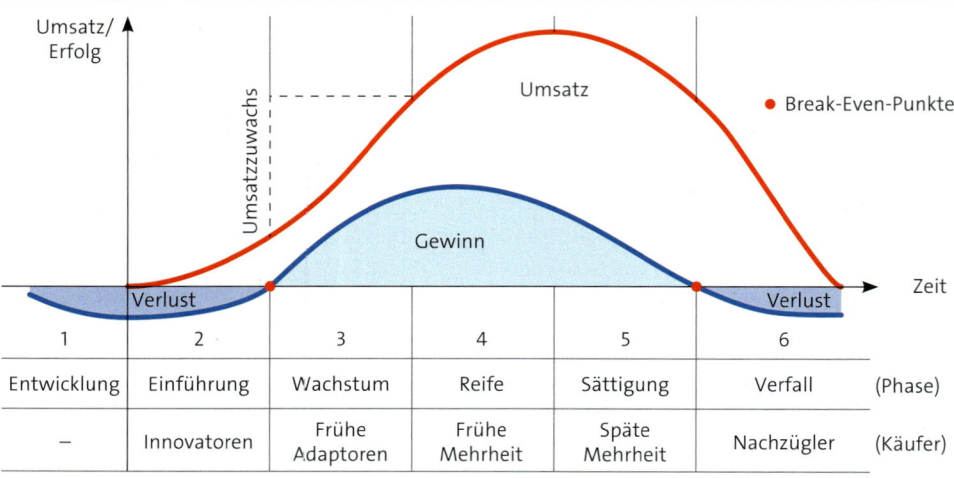

1	2	3	4	5	6	(Phase)
Entwicklung	Einführung	Wachstum	Reife	Sättigung	Verfall	
–	Innovatoren	Frühe Adaptoren	Frühe Mehrheit	Späte Mehrheit	Nachzügler	(Käufer)

- **Entwicklungsphase:** Mit zunehmendem Entwicklungsstand steigen die Kosten. Umsatz wird noch nicht erzielt.
- **Einführungsphase:** Das Produkt ist noch relativ unbekannt und Kunden verhalten sich abwartend („Kinderkrankheiten" beim Produkt), die Umsätze steigen nur langsam.
- **Wachstumsphase:** Die Umsatzzuwächse sind enorm. Das Produkt trägt erheblich zum Erfolg des Unternehmens bei. In dieser Phase wird der **Break-Even-Punkt** in Richtung Gewinnzone überschritten.
- **Reifephase:** Das Produkt hat einen guten Stand am Markt erreicht. Der Umsatz steigt nur noch langsam bis zum Umsatzmaximum.
- **Sättigungsphase:** Viele Kunden haben bereits das Produkt gekauft, es drängen massiv Konkurrenten mit ähnlichen Produkten auf den Markt Der Gewinn geht stetig zurück.
- **Verfallsphase:** Der Umsatz sinkt deutlich, der Break-Even-Punkt wird erneut in Richtung Verlustzone durchschritten. Das Produkt wirkt immer stärker erfolgsmindernd.

Break-Even-Punkt
Gewinnschwelle, an der die Erlöse und die Kosten eines Produktes gleich hoch sind, vgl. **TAF 12.5**, **2.7.2**

Ein Unternehmen muss im Verlauf des Produktlebenszyklus versuchen, die hohen Kosten der Produktentwicklung und Markteinführung eines Produktes durch eine möglichst erfolgreiche Einführung und lang andauernde Gewinnphase auszugleichen. Jede Produktphase bedarf deshalb individueller Maßnahmen, um den Erfolgsbeitrag eines Produktes zu optimieren.

3.1.4 Produktpolitische Maßnahmen

 Beispiel Zwei Fahrradmodelle der Fly Bike Werke GmbH erfordern nach Prüfung des Produktlebenszyklus dringend produktpolitische Maßnahmen.

Modell \ Jahr	2014	2015	2016	2017
Mountainbike *Dispo*	20.500	17.300	10.200	5.600
Trekkingrad *Light*	14.100	20.800	21.000	20.900

Die Entwicklung eines neuen, sportlicheren Mountainbikes läuft bereits auf Hochtouren. Für das Trekkingrad sollen drei Modellvarianten mit kräftiger Farbgestaltung und Satteltaschen angeboten werden. Die Geschäftsleitung möchte damit den etwas stockenden Absatz ankurbeln.

Je nachdem, in welcher Lebenszyklusphase sich das Produkt befindet, setzen Unternehmen unterschiedliche produktpolitische Maßnahmen ein, um Produkte möglichst lange erfolgreich am Markt zu halten. Sind alle Möglichkeiten ausgeschöpft, wird ein Verlust bringendes Produkt eliminiert. Mögliche produktpolitische Maßnahmen sind:

Produktlebenszyklus, vgl. 3.1.3

Produktpolitische Maßnahmen im Produktlebenszyklus

Entwicklung	Einführung	Wachstum	Reife	Sättigung	Verfall
–	Innovation	Differenzierung	Variation, Diversifikation	Variation, **Relaunch**	Variation, Elimination

Relaunch (engl.) Neustart

Diese Angaben sind allerdings nur grobe Anhaltspunkte.

Produktinnovation

Bei der Produktinnovation wird ein völlig neues Produkt eingeführt. Möglicherweise löst dieses neue Produkt ein altes, am Ende der Sättigungsphase befindliches Produkt ab. Produktinnovationen können als **Differenzierung** oder als **Diversifikation** des bestehenden Sortiments realisiert werden. Insbesondere die Diversifikation dient der Risikostreuung. Dabei ist auf eine sinnvolle Ergänzung zur bisherigen Unternehmensstrategie zu achten.

Differenzierung und Diversifikation, vgl. 3.2.2

Differenzierung	Diversifikation		
Das neue Produkt stammt aus dem gleichen Bereich wie vorhandene Angebote. Damit bedeutet die Differenzierung eine Ergänzung (z. B. Fahrradhersteller bringt einen neuen Beachcruiser auf den Markt).	**horizontal** Das neue Produkt entstammt der gleichen Wirtschaftsstufe und Branche, hebt sich jedoch deutlich vom bisherigen Angebot ab (z. B. Fahrradhersteller bietet neuerdings auch Roller an).	**vertikal** Das neue Produkt repräsentiert eine vor- oder nachgelagerte Wirtschaftsstufe (z. B. Fahrradhersteller betreibt einen Fahrradgroßhandel).	**diagonal/lateral** Das neue Produkt hat keinen Zusammenhang zu den bisherigen Leistungen (z. B. Fahrradhersteller wird auf dem Lebensmittelmarkt aktiv und bietet Tiefkühlgerichte an; wird auch als lateral bezeichnet).

Produktvariation

Ein vorhandenes Produkt wird z.B. in Form, Farbe, Größe, Geschmack oder Verpackung leicht geändert. Nach Änderungen lässt sich das Produkt auch wiedererkennen (z.B. „jetzt noch besser im Geschmack", „neue Rezeptur").

Der **Relaunch** (Neustart) ist ein Sonderfall der Produktvariation, bei dem ein Produkt nach umfassender Umgestaltung neu eingeführt wird.

Produktelimination

Ein wenig erfolgreiches Produkt wird nicht mehr angeboten. Diese Maßnahme verursacht eine Lücke im vorhandenen Angebot und kommt erst dann in Betracht, wenn neue Produkte entwickelt und marktreif sind. Insofern stehen Produktinnovation und -elimination in enger Beziehung zueinander.

Produktvariation: alte Rezeptur (oben) und neue Rezeptur (unten)

Produktpolitische Maßnahmen bei einem Produkt müssen immer die Auswirkungen auf das **gesamte Sortiment** eines Unternehmens mit berücksichtigen. Es wäre z.B. nicht sinnvoll, einen Kaffee-Pad-Automaten, der keinen Gewinn mehr erwirtschaftet, zu eliminieren, wenn mit den passenden Kaffee-Pads ein großer Gewinn erzielt wird. Nimmt man ein Produkt vom Markt, bevor ein neues Produkt angeboten werden kann, läuft man Gefahr, Kunden an die Konkurrenten zu verlieren. Produktinnovation und -elimination stehen insofern in enger Beziehung zueinander.

Produktlebenszyklen in Mehrproduktunternehmen

Bei dieser Abfolge von Produktinnovation und Elimination decken die Gewinne des gut eingeführten Produktes die Kosten für die Entwicklung und Einführung des neuen Produktes ab. Ein Unternehmen muss also immer darauf achten, Produkte in jeweils verschiedenen Lebenszyklen zu haben.

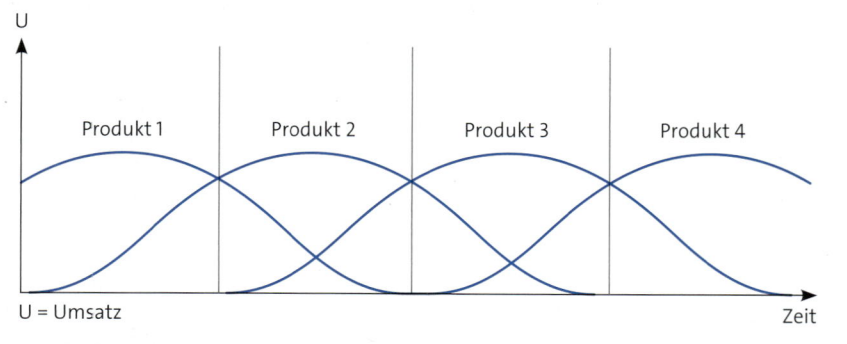

Portfolio-Analyse, vgl. **3.1.5**

Die Grafik veranschaulicht, dass Unternehmen darauf achten müssen, immer Produkte in verschiedenen Phasen ihres Produktlebenszyklus im Angebot zu haben. Die Portfolio-Analyse ist eine gute Methode, um für mehrere Produkte eines Unternehmens grafisch zu veranschaulichen, welche aktuelle Marktposition die einzelnen Produkte haben und welche möglichen Wachstumschancen sie bieten.

3.1.5   Die Portfolio-Analyse

Beispiel Umfragen der Fly Bike Werke GmbH ebenso wie Marktforschungs-studien zeigen eine Änderung der Kundenwünsche. Das Trekkingrad war bis-her eines der gefragtesten Modelle. Das Modell läuft auch noch gut, zeigt aber keine Zuwachsraten. Das Cityrad gehört zu den Rennern und verzeichnet auch zukünftig erhebliche Zuwachsraten. Beim neuen Beachcruiser reagieren die Kunden zwar inte-ressiert, aber noch zurückhaltend. Die Geschäftsleitung hofft, dass diese Neuent-wicklung die Erwartungen erfüllen wird. Das Mountainbike ist das „Sorgenkind" der Geschäftsleitung. Vor Jahren gehörte es zu den erfolgreichsten Modellen des Unter-nehmens. Durch geändertes Freizeitverhalten ist der Absatz aber stark gesunken.

Ein Unternehmen muss laufend die aktuelle Wettbewerbssituation prüfen und mög-liche zukünftige Erfolgsprodukte identifizieren. Dazu nutzen viele Unternehmen die **Portfolio-Analyse**. Bei der Portfolio-Analyse wird das zukünftig zu erwartende Marktwachstum dem aktuellen, eigenen **relativen Marktanteil** gegenübergestellt, um Chancen und Risiken von Produkten sichtbar zu machen. Der relative Marktan-teil lässt sich wie folgt ermitteln:

$$\text{Relativer Markanteil} = \frac{\text{eigener Marktanteil}}{\text{Marktanteil des größten Konkurrenten}}$$

$$\text{Marktwachstum (in \%)} = \text{zusätzliches Marktvolumen im Planungszeitraum}$$

Das erwartete Marktwachstum ist ein Prognosewert und deshalb mit Unsicherheit verbunden. Je größer das Marktwachstum, umso größer sind auch die Chancen eines Unternehmens, an diesem Wachstum teilzuhaben. Das Marktwachstum ist vom Un-ternehmen kaum beeinflussbar.

Die ermittelten Größen werden in einem Koordinatensystem kombiniert (**Portfolio-matrix**). Dann lässt sich jedes Produkt in einen der Quadranten einordnen.

Portfolio
Mappe; hier: „Mappe" mit Pro-dukten des Unternehmens.

Relativer Marktanteil
ist der Anteil des eigenen Unter-nehmens am Markt im Verhält-nis zum größten Konkurrenten. Bei einem Marktanteil der Fly Bike Werke GmbH von 5,1 % und einem Marktanteil des stärksten Konkurrenten von 9,8 % ergibt sich 5,1/9,8 = 0,52. Der Konkur-rent hat also einen fast doppelt so hohen Marktanteil wie die Fly Bike Werke GmbH.

Portfoliomatrix

225

Ein Portfolio gilt nach der Portfolio-Analyse dann als Erfolg versprechend, wenn genügend Stars und Cash Cows vorhanden sind, die Nachwuchsprodukte ebenso wie Auslauf- oder Ergänzungsprodukte finanzieren. Insofern muss ein **ausgewogener Produktgruppenmix** vorliegen.

Für jede Produktgruppe lassen sich gezielte Strategien festlegen.
- **Questionmarks:** Produkte beobachten und eventuell fördern.
- **Stars:** Marktanteil halten und Wachstum ausbauen durch Investitionen in Marketinginstrumente.
- **Cash Cows:** Marktanteil halten, Produkterträge abschöpfen (melken).
- **Poor Dogs:** Produkte entweder vom Markt nehmen oder verkaufen.

Zu beachten ist, dass nicht jedes Produkt zwingend jeden Quadranten durchlaufen muss. Flop-Produkte sind z. B. zu Beginn ein „Questionmark". Sie rutschen jedoch aufgrund mangelnder Nachfrage kurz nach ihrer Markteinführung in den Quadranten „Poor Dogs" und werden wieder aus dem Sortiment genommen.

Zwischen der Portfolio-Analyse und dem Produktlebenszyklus bestehen enge Beziehungen. Je nach Zyklusphase sind entsprechende Quadranten aus der Portfoliomatrix relevant. Vorausgesetzt, ein Produkt schafft den Sprung zu einem Star, ergibt sich der Zusammenhang zum Produktlebenszyklusverlauf wie in der folgenden Grafik dargestellt.

Portfolio-Analyse und Produktlebenszyklus

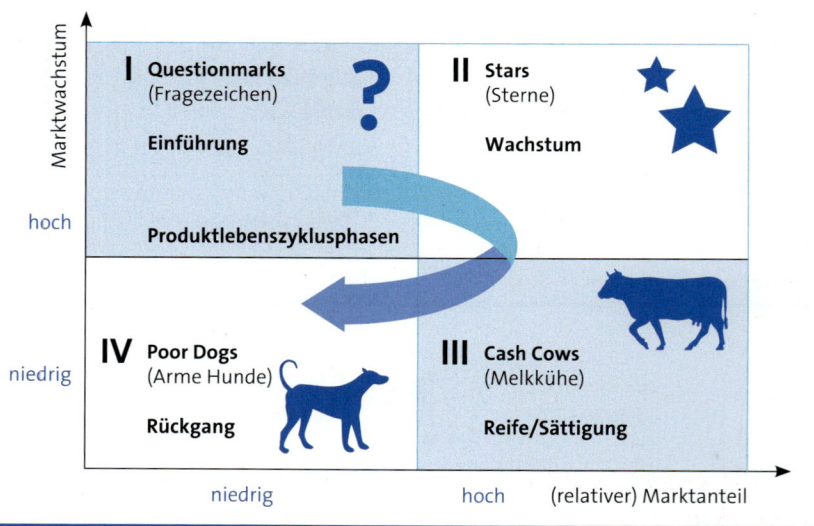

Die Portfolio-Analyse erfordert eine Vielzahl von Daten. Deshalb führen Unternehmen selten solch eine Analyse alleine durch. In der Regel ist eine **Unternehmensberatung** beteiligt, die über Daten zum Markt und zu Wachstumsprognosen verfügt. Die Portfolio-Analyse wurde daher auch von einer großen amerikanischen Unternehmensberatung, der Boston Consulting Group, entwickelt.

3.2 Sortimentspolitik

Alle Überlegungen der Produkt- und Sortimentspolitik zielen darauf ab, ein optimales Leistungsprogramm (was?, wieviel?, wann?) festzulegen. Die Begriffe „Produkte" und „Produktgruppen" verwendet man vorwiegend in Industrieunternehmen, während sich die Begriffe „Artikel", „Ware" und „Warengruppen" eher auf den Handel beziehen. Die Summe aller von einem Unternehmen angebotenen Leistungen heißt generell **Sortiment**. Bei Industrieunternehmen kann dies auch eine Mischung aus produzierten Erzeugnissen, Handelswaren und Dienstleistungen sein.

3.2.1 Sortimentsbreite und Sortimentstiefe

Das Sortiment kann gerade bei mittelständischen und großen Unternehmen leicht unüberschaubar werden. Deshalb ist es vorteilhaft, das Sortiment zu gliedern.

- Die **Produktions- oder Sortimentsbreite** gibt an, wie viele verschiedene Produktgruppen (bzw. Warengruppen im Handel) ein Unternehmen anbietet. Besteht das Sortiment aus vielen Produktgruppen, wird es als **breites Sortiment** bezeichnet.
- Die **Produktions- oder Sortimentstiefe** informiert über die unterschiedliche Anzahl an Varianten einer Produktgruppe (bzw. Artikel oder **Sorten** im Handel). Hierbei kann zwischen einem flachen und einem tiefen Sortiment unterschieden werden. Bei einer geringen Auswahl spricht man von einem **flachen Sortiment**.

Sorte
kleinste Sortimentseinheit, unterscheidet sich z. B. hinsichtlich Farbe, Größe oder Verpackungseinheit

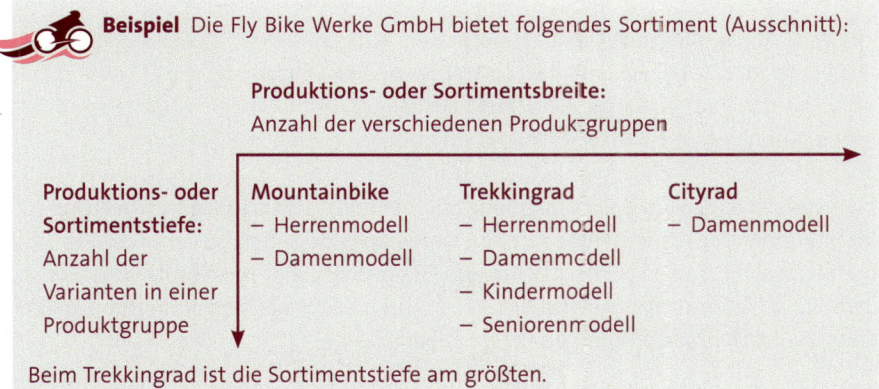

Beispiel Die Fly Bike Werke GmbH bietet folgendes Sortiment (Ausschnitt):

Produktions- oder Sortimentsbreite: Anzahl der verschiedenen Produktgruppen		
Mountainbike	**Trekkingrad**	**Cityrad**
– Herrenmodell	– Herrenmodell	– Damenmodell
– Damenmodell	– Damenmodell	
	– Kindermodell	
	– Seniorenmodell	

Produktions- oder Sortimentstiefe: Anzahl der Varianten in einer Produktgruppe

Beim Trekkingrad ist die Sortimentstiefe am größten.

3.2.2 Produktionsprogramm oder sortimentspolitische Strategien

Durch die Verbreiterung oder Vertiefung des Sortiments können Unternehmen für Kunden attraktiver werden und sich Wettbewerbsvorteile gegenüber der Konkurrenz erarbeiten. Mögliche Strategien sind:

- **Universalstrategie:** Das Unternehmen hat ein breites Sortiment. Es spricht damit viele Kunden an. Individuelle Wünsche in Bezug auf spezielle Produktvarianten können jedoch nicht befriedigt werden. Die Universalstrategie verfolgt das Prinzip „Von allem etwas". Diese Strategie wird z. B. von großen Supermarktketten verfolgt, die ihren Kunden ein breites Sortiment täglich benötigter Lebensmittel anbieten.

- **Spezialisierungsstrategie:** Ein Unternehmen konzentriert sich auf einen bestimmten eingegrenzten Markt. Auf diesem Markt werden praktisch alle denkbaren Produktvarianten angeboten. Die Spezialisierungsstrategie verfolgt das Prinzip: „Weniger Angebot, dafür aber richtig intensiv". Diese Strategie wird von Fachgeschäften verfolgt, die den Kunden nur spezielle Angebote bieten, diese dann aber sehr differenziert (z. B. Süßwarengeschäft, Sportfachgeschäft).

*Differenzierungsstrategie, vgl. auch **3.1.4***

- **Differenzierungsstrategie:** Das Sortiment wird verbreitert um Produkte, die der bisher schon bearbeiteten Branche entstammen. Bei dieser Strategie besteht die Gefahr einer Zersplitterung des Sortiments. Ebenfalls kann es zu „Sortimentskannibalismus" kommen, d. h. neue Produkte machen vorhandenen, bisher gut laufenden Angeboten unternehmensintern Konkurrenz.

*Diversifikationsstrategie, vgl. auch **3.1.4***

- **Diversifikationsstrategie:** Ein Sortiment wird durch völlig neue Produkte aus ganz anderen Branchen deutlich verändert (Kaffeehersteller bietet auch Bekleidung an). Diese Strategie zielt auf eine Risikostreuung. Die Strategie ist nur sinnvoll, wenn die unterschiedlichen Branchen sich ergänzen. Insbesondere große Konzerne laufen Gefahr, sich stark zu zergliedern.

Bei zunehmendem Wettbewerb konzentrieren sich auch große Konzerne wieder mehr auf ihr **Kernsortiment**. Hohe Kosten (Lager-, Produktions- und Vertriebskosten) und der oft eher bescheidene Erfolg von umfangreichen Differenzierungs- und Diversifikationsmaßnahmen sind Gründe dafür. In der Regel ist es unmöglich, mit einem Produkt oder Sortiment alle Teilnehmer eines Marktes gleichzeitig anzusprechen. Daher ist es bei der Gestaltung des Sortiments sinnvoll, sich permanent Gedanken darüber zu machen, welche **Teilbereiche** eines Marktes bearbeitet werden sollen.

Alle Bedürfnisse aller Marktteilnehmer befriedigen? – Der Mythos „Eier legende Wollmilchsau"

> **Beispiel** Ein Autohersteller kann unmöglich ein Auto entwickeln, das es allen Kunden recht macht, z. B. Jungen und Alten, umweltbewussten Benzinsparern und sportlichen Hochgeschwindigkeitsfahrern. Ein Hersteller kann selbst mit mehreren unterschiedlichen Autotypen innerhalb einer Marke nicht alle Kundentypen ansprechen.

Man spricht in diesem Zusammenhang auch von einer **Marktsegmentierung**. Als Marktsegmentierung wird jede Strategie bezeichnet, die einen Gesamtmarkt in Teilmärkte aufteilt. Dabei geht es darum, die Gesamtheit aller Abnehmer bzw. Konsumenten in Untergruppen aufzuteilen, die in ihren Bedürfnissen und in ihren Reaktionen auf Marketingmaßnahmen vergleichbar sind.

*Absatzforschung, vgl. **2.1***

Grundlage für die Marktsegmentierung ist in der Regel die Absatzforschung. Sie liefert die nötigen Informationen, um Segmente zu ermitteln und Strategien für deren Bearbeitung festzulegen. Marktsegmentierung ist nach folgenden **Kriterien** möglich:

- geografische Variablen (z. B. Staat, Land, Region, Stadtbezirk)
- demografische Variablen (z. B. Alter, Geschlecht, Anzahl der Kinder)
- sozioökonomische Variablen (z. B. Beruf, Ausbildung, Haushaltseinkommen)
- psychografische Variablen (z. B. Lebensstil, Interessen, Weltanschauungen)
- verhaltensbezogene Variablen (z. B. Markentreue, Einkaufsstätten).

Die Kriterien sind in Bezug auf verschiedene Produkte nicht gleichbedeutend und bei der Wahl des Segments muss gewährleistet sein, dass das angestrebte Marktsegment immer noch groß genug ist, um zwar eine effektive, aber auch gewinnbringende unternehmerische Bearbeitung möglich zu machen.

Beispiel Alter und Geschlecht von Kunden sind bei der Wahl von Kosmetikartikeln bedeutsam, während sie beim Kauf von Büromaterial kaum eine Rolle spielen.

Verschiedene Kriterien können auch kombiniert werden, um ein Segment zu beschreiben. Ein bekanntes Beispiel ist die Sinus-Milieu-Studie, die Menschen mit ähnlichen Lebensauffassungen und Lebensweisen in Bezug auf Arbeit, Familie und Freizeit sowie Konsum zusammenfasst. Das Sinus-Milieu-Modell wird von der **SINUS Markt- und Sozialforschung GmbH** parallel zu den gesellschaftlichen Veränderungen aktualisiert und dient Herstellern und Dienstleistern zur Produktentwicklung und für das strategische Marketing insgesamt.

Die Sinus-Milieus® in Deutschland 2015/2016: Kurzcharateristik

Sozial gehobene Milieus	
Konservativ-etabliertes Milieu 10 %	Das klassische Establishment: Verantwortungs- und Erfolgsethik; Exklusivitäts- und Führungsansprüche; Standesbewusstsein, zunehmender Wunsch nach Ordnung und Balance
Liberal-intellektuelles Milieu 7 %	Die aufgeklärte Bildungselite: kritische Weltsicht, liberale Grundhaltung und postmaterielle Wurzeln; Wunsch nach Selbstbestimmung und Selbstentfaltung
Milieu der Performer 8 %	Die multi-optionale, effizienzorientierte Leistungselite: globalökonomisches Denken; Selbstbild als Konsum- und Stil-Avantgarde; hohe Technik- und IT-Affinität; Etablierungstendenz, Erosion des visionären Elans
Expeditives Milieu 8 %	Die ambitionierte kreative Avantgarde: Transnationale Trendsetter – mental, kulturell und geografisch mobil; online und offline vernetzt; nonkonformistisch, auf der Suche nach neuen Grenzen und neuen Lösungen
Milieus der Mitte	
Bürgerliche Mitte 13 %	Der leistungs- und anpassungsbereite bürgerliche Mainstream: generelle Bejahung der gesellschaftlichen Ordnung; Wunsch nach beruflicher und sozialer Etablierung, nach gesicherten und harmonischen Verhältnissen; wachsende Überforderung und Abstiegsängste
Adaptiv-pragmatisches Milieu 10 %	Leistungs- und anpassungsbereit, aber auch Wunsch nach Spaß und Unterhaltung; zielstrebig, flexibel, weltoffen – gleichzeitig starkes Bedürfnis nach Verankerung und Zugehörigkeit
Sozialökologisches Milieu 7 %	Engagiert gesellschaftskritisches Milieu mit normativen Vorstellungen vom „richtigen" Leben: ausgeprägtes ökologisches und soziales Gewissen; Globalisierungs-Skeptiker, Bannerträger von Political Correctness und Diversity (Multikulti)
Milieus der unteren Mitte / Unterschicht	
Traditionelles Milieu 13 %	Die Sicherheit und Ordnung liebende ältere Generation: verhaftet in der kleinbürgerlichen Welt bzw. in der traditionellen Arbeiterkultur; Sparsamkeit und Anpassung an die Notwendigkeiten; zunehmende Resignation und Gefühl des Abgehängtseins
Prekäres Milieu 9 %	Die um Orientierung und Teilhabe („dazu gehören") bemühte Unterschicht: Wunsch, Anschluss zu halten an die Konsumstandards der breiten Mitte – aber Häufung sozialer Benachteiligungen, Ausgrenzungserfahrungen, Verbitterung und Ressentiments
Hedonistisches Milieu 15 %	Die spaß- und erlebnisorientierte moderne Unterschicht / untere Mitte: Leben im Hier und Jetzt, unbekümmert und spontan; häufig angepasst im Beruf, aber Ausbrechen aus den Zwängen des Alltags in der Freizeit

Quelle: SINUS Markt- und Sozialforschung GmbH

Die Sinus-Milieus® in Deutschland 2016

Soziale Lage und Grundorientierung (Wohnbevölkerung 14 bis 64 Jahre)

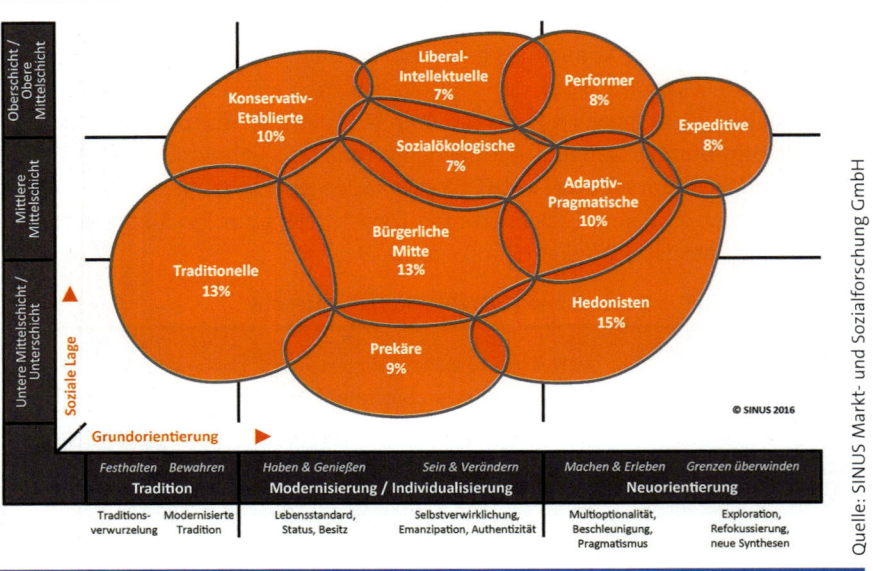

Quelle: SINUS Markt- und Sozialforschung GmbH

Übersicht: Produkt- und Sortimentspolitik

Von der Produktidee zu Markteinführung	– Ideensammlung – Ideenauswahl – Entwicklung – *Pretest* – Markteinführung
Produktlebenszyklus	– Veranschaulicht die Nachfrageentwicklung nach einem Produkt in Abhängigkeit vom Umsatz – Phasen: Entwicklung, Einführung, Reife, Sättigung, Rückgang – Marketingstrategie muss sich anpassen
Produktstrategien	– Produktinnovation – Produktdifferenzierung/-diversifikation – Produktvariation – Produktelimination – Produktgestaltung
Portfolio-Analyse	– Questionmarks (Fragezeichen) – Stars (Sterne) – Cash Cows (Melkkühe) – Poor Dogs (Arme Hunde)
Sortiment	Breite Anzahl der Produktgruppen Tiefe Anzahl der Sorten je Produktgruppe Umfang Breite · Tiefe
Sortimentstrategien	– Universalstrategie – Spezialisierungsstrategie – Differenzierungsstrategie – Diversifikationsstrategie – Marktsegmentierung
Segmentierungskriterien	– sozioökonomische Kriterien – geografische Kriterien – demografische Kriterien u. a.

4 Preis- und Konditionenpolitik

Beispiel Herr Polster, Vertriebsmitarbeiter der Fly Bike Werke GmbH, sitzt nach einer Verkaufsreise mit einer Kollegin aus dem Rechnungswesen zusammen. Er berichtet ganz aufgeregt: „Die Kunden verlangen heute alles, und das am liebsten zum Nulltarif. Sicher, unsere Mitbewerber bieten ja auch gute Waren an. Logischerweise schauen die Kunden dann vor allem auf den Preis. Sonderpreis, Preisnachlass, Rabatt – ich kann es nicht mehr hören! Die Preise, die ihr ermittelt, sind häufig völlig am Markt vorbeikalkuliert." Die Kollegin hält dagegen: „Ich versteh dich schon. Aber unsere Kalkulationen zeigen doch, welche Preise wir dauerhaft einnehmen müssen, um alle Kosten zu decken und einen angemessenen Gewinn zu erzielen. Außerdem denk bitte an unser Rennrad Superfast – das ist doch der Renner. Laut unserer Kalkulation könnten wir dieses Rad deutlich günstiger verkaufen, aber Du wirst es ja immer zu fürstlichen Preisen los." Herr Polster schmunzelt: „Tja, da sind wir der Konkurrenz in der Qualität voraus, und wenn es der Kunde zahlt, dann dürfen wir uns das auf keinen Fall entgehen lassen."

Für Kunden weisen viele Produkte des täglichen Lebens eine ähnliche Produktqualität auf – trotz aller Bemühungen der Unternehmen, Produkte im Rahmen der Produktpolitik durch die Markierung oder Gestaltung den Anschein von Einzigartigkeit zu geben. Wenn sich Produkte immer weniger durch Qualität unterscheiden, wird der Preis als Kaufkriterium immer wichtiger.

Dies gilt umso mehr, je größer die **Transparenz** über aktuelle Marktpreise ist. Im Rahmen der Preis- und Konditionenpolitik (**Kontrahierungspolitik**) finden alle Überlegungen, Planungen und Entscheidungen statt, die den Preis und weitere Konditionen betreffen.

Transparenz
lat. transpares, „durchscheinend"; Verfügbarkeit von Informationen über den Markt

kontrahieren
einen Kontrakt (lat. Vertrag) abschließen

Preisstrategie bestimmen	Nachfrage und Marktsegmente analysieren	Kosten bestimmen
Preise und Konditionen festlegen	Verfahren zur Preisgestaltung wählen	Konkurrenz analysieren

AB → Lernsituation 39

4.1 Preisstrategien

Unter einer Preisstrategie versteht man die **langfristige Ausrichtung** der Preisgestaltung. Preisstrategien sind damit weitgehend unabhängig von kurzfristigen Entscheidungen des Tagesgeschäftes (z. B. Sonderangeboten).

Penetration (engl.)
durchdringen, eindringen

Penetrationsstrategie: Es wird ein relativ niedriger Preis gewählt, mit dem am Markt möglichst schnell hohe Umsätze erzielt werden können. Der Konkurrenz soll der Marktzutritt erschwert werden. Wird die Penetration dauerhaft eingesetzt, so liegt eine **Niedrigpreisstrategie** vor. Häufig wird eine Kostenführerschaft angestrebt. Unternehmen, die Kostenführer sein möchten, sehen sich einem ständigen Preiskampf vonseiten der Konkurrenz ausgesetzt. Innovative Produktentwicklungen sind in dieser preisaggressiven Umgebung bei entsprechend niedrigen Gewinnspannen kaum

Me too (engl.)
ich auch

möglich. Meist wählen **Me-too**-Hersteller die Niedrigpreisstrategie. Diese Nachahmer bringen ein Produkt auf den Markt, das einem innovativen, erfolgversprechenden Original eines anderen Herstellers in vielen Eigenschaften gleicht. Der Nachahmer spart Entwicklungskosten und kann deshalb die Niedrigpreisstrategie wählen. Me-too-Hersteller versuchen dadurch dem Original Marktanteile abzunehmen.

Skimming (engl.)
abschöpfen

Skimming-Strategie: In diesem Fall werden die Preise so hoch angesetzt, dass erhebliche Gewinnspannen „abgeschöpft" werden können. Dies könnte besonders bei der Einführung begehrter Neuprodukte möglich sein (z. B. neue Elektronikgeräte). Wird die Skimming-Strategie dauerhaft angewendet, dann liegt eine **Hochpreisstrategie** vor. Die Hochpreisstrategie wird häufig für bekannte Markenartikel genutzt. Das Ziel kann eine Preisführerschaft sein. Die Preisführerschaft, verbunden mit hohen Gewinnspannen, ermöglicht die Entwicklung neuer, innovativer Produkte.

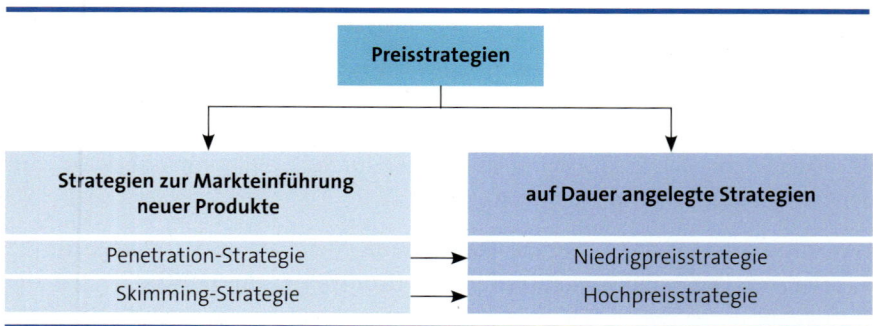

AB → Lernsituation 39

4.2 Preisgestaltung

Marktforschung,
vgl. **2.3**

Basierend auf der gewählten Preisstrategie und unter Beachtung der Ergebnisse der Absatz- und Konkurrenzforschung auf dem vorhandenen Markt, kann entschieden werden, welcher der folgenden Faktoren für die Preisgestaltung entscheidend ist:

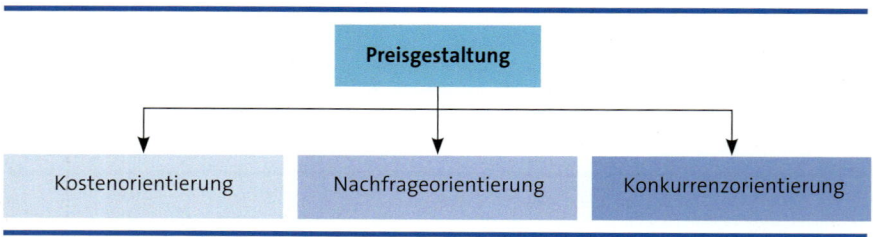

4.2.1 Kostenorientierte Preisgestaltung

Die kostenorientierte Preisgestaltung geht vom Unternehmen aus und basiert auf den anfallenden Kosten. Durch **Zuschlagskalkulation** wird der Verkaufspreis (Angebotspreis) ermittelt. Diese Preisbildung folgt dem Prinzip „aus dem Unternehmen heraus in den Markt hinein (from company to market)".

Zuschlagskalkulation, vgl. **TAF 12.5, 2.6.1**

Kostenorientierte Preisgestaltung (from company to market)

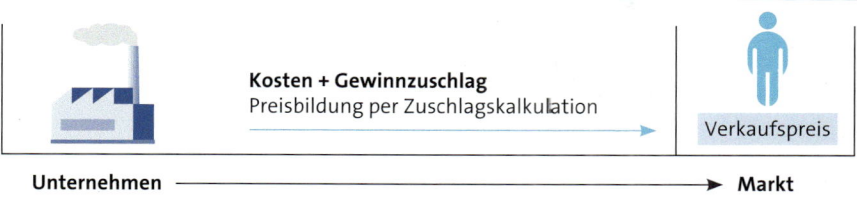

Beispiel Ein Kunde der Fly Bike Werke GmbH bittet um ein aktuelles Preisangebot über 400 Stück Sporttextilien aus Gore-Tex in Größe L bei Barzahlung und Selbstabholung. Frau Ganser kalkuliert deshalb den Preis auf Basis der aktuell gültigen Kosteninformationen ohne Aufschläge für Skonto und Rabatt. Der Barverkaufspreis des Lieferanten beträgt 6,56 € je Stück. Die Lieferung erfolgt frei Haus.

Die Kalkulationsschemata bei Handelswaren und erstellten Erzeugnissen zur Ermittlung des Barverkaufspreises unterscheiden sich im Bereich der Selbstkosten. Da es sich bei der gewünschten Ware um eine Handelsware handelt, kalkuliert Frau Ganser den Preis mit dem einfachen Schema für Handelswaren:

Kalkulationsschema

... für Handelswaren			...für selbst erstellte Produkte
Bareinkaufspreis			Fertigungsmaterial
(Barverkaufspreis des Lieferanten)		2.624,00 €	+ Materialgemeinkosten
			+ Fertigungslöhne
+ Bezugskosten	„frei Haus"	0,00 €	+ Fertigungsgemeinkosten
= Bezugs-/Einstandspreis		2.624,00 €	= **Herstellkosten der Erzeugung/ des Umsatzes**
+ Handlungskostenzuschlag	25%	625,00 €	+ Verwaltungsgemeinkosten
			+ Vertriebsgemeinkosten
= **Selbstkosten**	15%	**3.280,00 €**	= **Selbstkosten des Umsatzes**
+ Gewinnzuschlag		492,00 €	+ Gewinn(-zuschlag)
= **Barverkaufspreis**		**3.772,00 €**	= **Barverkaufspreis**
			+ Kundenskonto
			= **Zielverkaufspreis**
			+ Kundenrabatt
			= **Listenverkaufspreis/ Angebotspreis**

Ermittlung von Zuschlagssätzen, Betriebsabrechnungsbogen, vgl. **TAF 12.5, 2.5.4**

Handlungskosten sind alle Kosten, die neben den Einstandspreisen der verkauften Waren regelmäßig anfallen. Der Handlungskostenzuschlagssatz wird wie auch die Verwaltungs- und Gemeinkostenzuschlagssätze in Produktionsbetrieben auf Basis der Kostensituation in der Vergangenheit mit einem Betriebsabrechnungsbogen ermittelt. Durch diesen Zuschlag auf die Bezugspreise sollen alle Kosten des Unternehmens gedeckt werden. Der **Gewinnzuschlagssatz** ist das Ergebnis einer Entscheidung auf Basis von Erfahrungswerten in Übereinstimmung mit den Unternehmenszielen (z. B. angemessene Gewinnerzielung).

Die kostenorientierte Preisbildung ist mit erheblichen Problemen verbunden. Der auf Kostenbasis kalkulierte Preis lässt sich i. d. R. auf Käufermärkten mit starker Konkurrenz nicht durchsetzen (**marktferne Preise**). Bei sinkender Absatzmenge verteilen sich die konstanten **Fixkosten** auf eine kleinere Menge. Man müsste also bei einem Nachfragerückgang die Preise anheben. Bei steigender Absatzmenge käme es analog zu einer Preissenkung. Dies sind in der Regel kaufmännisch unsinnige Entscheidungen. Möglicherweise sind die Kunden auch bereit, weit mehr als den auf Kostenbasis ermittelten Listenverkaufspreis zu zahlen. Das ist möglich, wenn das Produkt z. B. ein gewisses Alleinstellungsmerkmal aufweist.

Fixkosten fallen unabhängig von der Absatzmenge an. Beispiele: Gehälter, Mieten, Abschreibungen. vgl. **TAF 12.5, 2.4**

Preisbildung auf den Märkten, vgl. **TAF 11.4, 8**

Preisuntergrenze, vgl. **4.2.4**

Die kostenorientierte Preisbildung ist jedoch nicht überflüssig. Sie ermittelt unabhängig vom Markt, welchen Preis das Unternehmen für eine Ware dauerhaft erzielen **müsste**. Sollten Konkurrenzartikel dauerhaft zu deutlich niedrigeren Preisen als dem kostenorientiert kalkulierten Preis angeboten werden, so muss das Unternehmen entweder die Kosten senken oder mittelfristig den Verkauf der Ware einstellen und auf neue Angebote und Märkte umschwenken.

4.2.2 *Nachfrageorientierte Preisgestaltung*

Käufermarkt, vgl. **1**

Auf Käufermärkten spielen sich die Preise am Markt ein. Das Unternehmen und die Kunden „handeln" ihre Preisvorstellungen im Zeitablauf mehr oder weniger bewusst aus. Durch Marktforschung wird ermittelt, welchen Preis die meisten Kunden bereit sind, für eine Ware zu zahlen. Der Preis wird damit nicht kalkuliert, sondern vom Markt vorgegeben. Die Preisbildung folgt dem Prinzip „Vom Markt in das Unternehmen hinein (from market to company)". Die nachfrageorientierte Preisbildung führt insbesondere auf Käufermärkten zu deutlich marktgerechteren Preisen.

Nachfrageorientierte Preisgestaltung (from market to company)

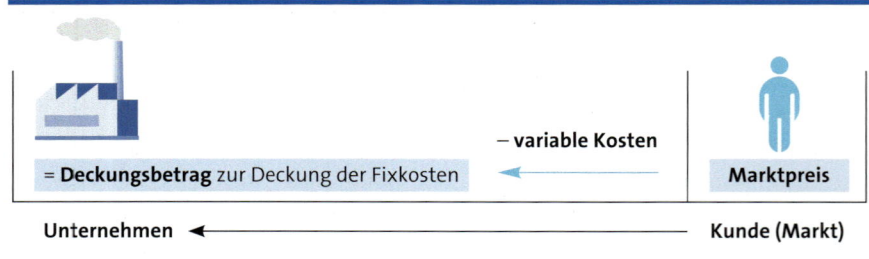

Sollten die Kunden hohe Preise auf Grund eines attraktiven Zusatznutzens akzeptieren, so kann ein Unternehmen deutlich höhere Preise als die nach Kosten kalkulierten Barverkaufspreise realisieren. In diesen Fällen unterstützen diese Produkte andere, die zu einem eher niedrigen Preis verkauft werden (**kalkulatorischer Ausgleich**).

Der vom Markt vorgegebene Preis wird jedoch stets auf einen noch vorhandenen **Deckungsbeitrag** überprüft. Dieser Betrag steht zur Deckung der fixen Kosten zur Verfügung. Sind alle Kosten abgedeckt, trägt der darüber hinausgehende Deckungsbeitrag zum Gewinn bei.

Deckungsbeitragsrechnung, vgl. **TAF 12.5, 2.7**

> Deckungsbeitrag = Barverkaufspreis – **variable Kosten**

Variable Kosten
steigen bzw. sinken mit der Absatzmenge. Beispiele: Wareneinsatz (Bezugspreise der verkauften Waren), Ausgangsfrachten, Versandverpackungen, Vertriebsprovisionen.

Beispiel Ein Kunde möchte das Trekkingrad Light der Fly Bike Werke GmbH kaufen. Der Listenverkaufspreis beträgt lt. Zuschlagskalkulation 384,06 €. Der Kunde möchte nur 210,00 € für das Rad bezahlen. Die variablen Kosten belaufen sich auf 130,10 €. Frau Ganser prüft den Deckungspreis auf Basis des Marktpreises.

Marktpreis	210,00 €
– variable Kosten	130,10 €
= Deckungsbeitrag	79,90 €

Der vom Kunden gewünschte Preis erzielt einen Deckungsbeitrag.

In der Praxis wird dabei eine **mehrstufige Deckungsbeitragsrechnung** durchgeführt. Dabei werden nach den variablen Kosten die Fixkosten, die dem Produkt zugeordnet werden können, berücksichtigt. Danach werden die bereichs- und die verbleibenden unternehmensfixen Kosten abgezogen. In vereinfachter Form stellt sie sich bei einem Unternehmen mit drei Produkten aus zwei Produktgruppen wie folgt dar:

Beispiel

	Produkt A-1	Produkt A-2	Produkt B-1
Umsatz	100.000,00	250.000,00	100.000,00
– variable Kosten	30.000,00	230.000,00	30.000,00
= Deckungsbeitrag (I)	70.000,00	20.000,00	70.000,00
– erzeugnisfixe Kosten	10.000,00	15.000,00	10.000,00
= Deckungsbeitrag (II)	60.000,00	5.000,00	60.000,00
– bereichsfixe Kosten		7.000,00	–
= Deckungsbeitrag III		58.000	60.000,00
– unternehmensfixe Kosten			32.000,00
= Betriebsergebnis			86.000,00

Bereichsfixe Kosten können nicht einem einzelnen Produkt, sondern nur einer Produktgruppe zugeordnet werden.

Ein Produkt muss langfristig zwingend zu einem Preis verkauft werden, der einen Beitrag zur Fixkostendeckung leistet. Erst wenn die Summe aller positiven Deckungsbeiträge aller verkauften Produkte die Höhe der gesamten Fixkosten übersteigt, erzielt das Unternehmen einen Gewinn. Kann jedoch nur ein bestimmter Preis durchgesetzt werden, versuchen Unternehmen die Kosten zu senken, bis bei dem „Zielpreis" Gewinn gemacht werden kann (**target** pricing).

Target (engl.) Ziel

4.2.3 Konkurrenzorientierte Preisgestaltung

Zum Markt eines Unternehmens gehören nicht nur die Kunden, sondern auch die Mitbewerber. Das Prinzip der konkurrenzorientierten Preisbildung entspricht der nachfrageorientierten Preisgestaltung. Einziger Unterschied ist die Bezugsgruppe:

Statt der Kunden ist hier die Konkurrenz Orientierungspunkt für den vom Markt vorgegebenen Preis. Speziell bei hoher Preistransparenz (z. B. über Preisvergleich-Anbieter im Internet) müssen Verkäufer ständig die Preise im Blick behalten.

Konkurrenzorientierte Preisgestaltung: from market to company

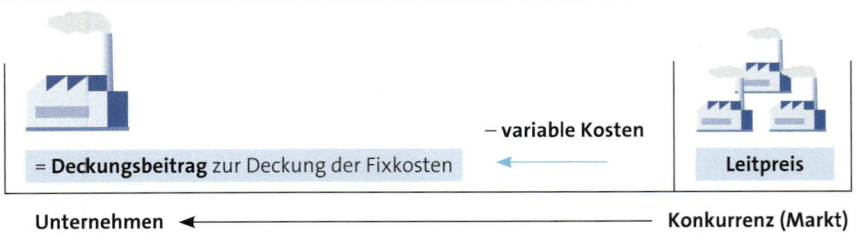

Löst ein Konkurrent einen Preiskampf aus, indem er die Preise der Mitbewerber unterbietet, ziehen andere Konkurrenten mit noch niedrigeren Preisen nach. Solche **Preiskämpfe** bedeuten oft das Ausscheiden von Konkurrenten (Marktbereinigung) und können auch für Verbraucher schädlich sein. Der zunehmende Preisdruck kann nämlich zu weniger ausgereiften und wenig innovativen Produkten führen, da Gewinnspannen für Neuentwicklungen oder Qualitätssicherung fehlen.

Verkaufspreise, die unter den Selbstkosten eines Unternehmens liegen, werden als **Dumpingpreise** bezeichnet. Kurzfristiges Dumping ist nur dann sinnvoll, wenn in naher Zukunft positive wirtschaftliche Entwicklungen (Umsatz- und Gewinnsteigerungen) wahrscheinlich sind.

Dumping (engl. to dump) wegwerfen, verschleudern

4.2.4 *Preisuntergrenzen*

Besonders auf Käufermärkten verlangen verhandlungsstarke Großkunden häufig erhebliche Preisnachlässe oder Konkurrenten zwingen einem Unternehmen Preiskämpfe auf. Es ist also wichtig zu wissen, welchen Preis das Unternehmen für seine Produkte mindestens verlangen muss. Diese Frage kann nur in Abhängigkeit vom Zeithorizont beantwortet werden.

Die langfristige Preisuntergrenze entspricht den Selbstkosten variable + anteilige Fixkosten:
$K_v + K_f / x$

Rentabilität, vgl. **TAF 12.4, 5.3**

Die kurzfristige Preisuntergrenze entspricht den variablen Kosten: K_v

Die **langfristige Preisuntergrenze** liegt in Höhe der **Selbstkosten**. Sie kann dauerhaft genutzt werden, allerdings wird dann **kein Gewinn** erzielt. In der Realität wird ein Unternehmen jedoch seine Waren dauerhaft über der langfristigen Preisuntergrenze anbieten müssen. Nur Unternehmen, die auch Gewinn und damit Rentabilität (Eigenkapitalverzinsung) erzielen, haben auf Dauer am Markt Bestand.

Die **kurzfristige Preisuntergrenze** liegt in Höhe der variablen Kosten, der Deckungsbeitrag ist dann null. Die zu diesem Preis verkauften Produkte leisten **keinen Beitrag** zur Deckung der Fixkosten. Diese Preisuntergrenze sollte nur kurzfristig und für wenige ausgewählte Produkte genutzt werden, da sonst der Fortbestand des Unternehmens gefährdet ist. In der Realität wird ein Unternehmen nur im Extremfall zu dieser Preisuntergrenze anbieten.

In der Realität werden meist Preise oberhalb dieser Preisgrenzen gewählt. Erst eine **Kombination aller Preisbildungsvarianten** in Abhängigkeit vom jeweiligen Zeithorizont führt zu einer kaufmännisch sinnvollen Preisbildung und damit zur Erfolgsoptimierung.

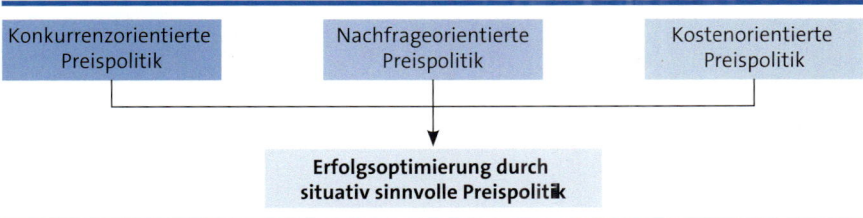

4.2.5 Preiselastizität der Nachfrage

Die Verkaufsmenge wird durch den Verkaufspreis entscheidend beeinflusst. Gerade in Zeiten knapper Finanzmittel bei potenziellen Nachfragern wird der Preis zu einem zentralen Kaufargument. Bei den meisten Gütern (normale Güter) ergibt sich zwischen Menge und Preis folgender Zusammenhang:

Preisbildung auf den Märkten, vgl. **TAF 11.4**, **8**

Zusammenhang zwischen Preis und Verkaufsmenge (normale Güter)

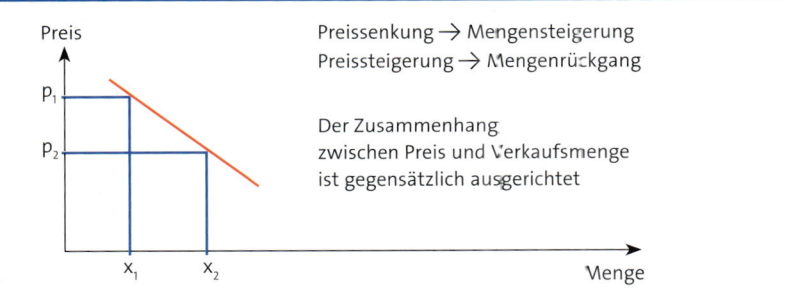

Je höher der Preis eines Gutes ist, desto geringer wird normalerweise die Nachfrage nach diesem Gut sein. Umgekehrt sind bei sinkenden Preisen in der Regel mehr Kunden bereit, das Gut zu kaufen. Dieser im Normalfall **gegensätzliche Zusammenhang** zwischen Preis und Absatzmenge ist allerdings bei jedem Gut unterschiedlich stark ausgeprägt. Die jeweilige Stärke, mit der die Nachfrage (mengenmäßig) auf Preisänderungen reagiert, nennt man Preiselastizität der Nachfrage.

Die **Preiselastizität** ist ein Indikator dafür, wie empfindlich die Kunden auf Preisänderungen reagieren. Je stärker die Änderung der Nachfrage ausfällt, desto größer ist die Preiselastizität dieses Gutes. Im Extremfall verändert sich die nachgefragte Menge allerdings gar nicht (vollkommen unelastische Nachfrage).

$$\text{Preiselastizität} = \frac{\text{relative Mengenänderung in \%}}{\text{relative Preisänderung in \%}} = \frac{\dfrac{\text{neue Menge} - \text{alte Menge}}{\text{alte Menge}}}{\dfrac{\text{neuer Preis} - \text{alter Preis}}{\text{alter Preis}}}$$

Das Ergebnis der Division wird stets mit −1 multipliziert, um ein positives Ergebnis zu erhalten.

Als Ergebnisvarianten können auftreten:

Isoelastische Nachfrage
Elastizität = 1 (Zähler = Nenner)
Preisänderung und Mengenreaktion sind gleich groß

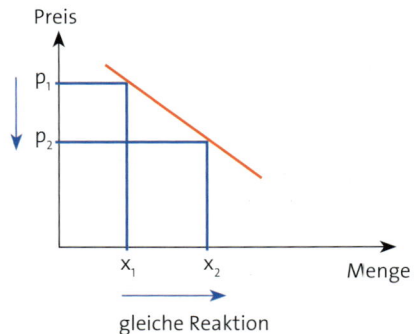

gleiche Reaktion

Theoretische Größe, in der Realität eher selten.

Elastische Nachfrage
Elastizität > 1 (Zähler > Nenner)
Die Mengenreaktion ist stärker als die Preisänderung

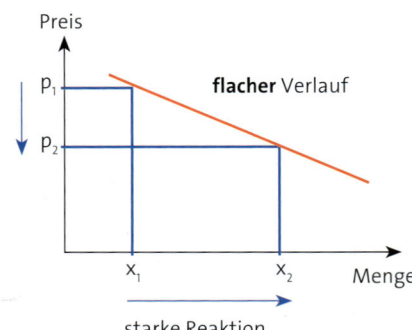

starke Reaktion

Güter des gehobenen Bedarfs, z. B. Autos, Unterhaltungselektronik

Unelastische Nachfrage (unempfindliche Reaktion)
Elastizität < 1 (Zähler < Nenner)
Die Mengenreaktion ist schwächer als die Preisänderung

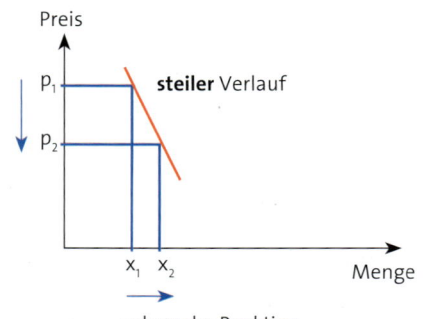

schwache Reaktion

Güter des Grundbedarfs, z. B. Nahrungsmittel, Benzin

Vollkommen unelastische Nachfrage (Grenzfall)
Elastizität = 0 (Zähler = 0)
Die Kunden reagieren nicht auf Preisänderungen.

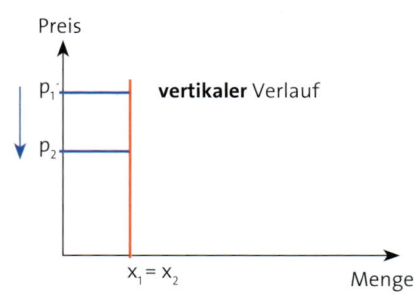

keine Reaktion

Lebensnotwendige Güter, z. B. Medikamente

Bevor ein Unternehmen seine Preise ändert, sollte ermittelt werden, wie stark die Kunden darauf voraussichtlich reagieren werden. Die Preiselastizität gibt wichtige Hinweise auf die Preisgestaltung einer Ware, um den Umsatz zu optimieren:

Preisgestaltung bei elastischer und unelastischer Nachfrage	
Elastische Nachfrage E > 1	moderate Preissenkung: relative Mengensteigerung > relative Preissenkung; der Umsatz steigt
Unelastische Nachfrage E < 1	moderate Preissenkung: relative Mengensteigerung < relative Preissenkung; der Umsatz sinkt

4.2.6 Preisdifferenzierung

Wird die gleiche Leistung zu unterschiedlichen Preisen angeboten, so handelt es sich um eine Preisdifferenzierung. Eine Preisdifferenzierung ist nur dann erfolgreich, wenn die **Teilmärkte** mit den unterschiedlichen Preisen voneinander isoliert werden können. Nur so wird verhindert, dass die Hochpreiskäufer nicht auf die Niedrigpreismärkte ausweichen. Diese Voraussetzung lässt sich in der Praxis nicht durchgehend realisieren. Dennoch ist die Preisdifferenzierung für viele Unternehmen ein wirksames Instrument der Preispolitik.

Häufig sollen durch die Preisdifferenzierung neue, zusätzliche Kundengruppen zum Kauf der Waren bewegt werden, um den Unternehmenserfolg zu erhöhen. Die Preisdifferenzierung kann dabei auf sehr verschiedene Arten realisiert werden. Welche Form konkret gewählt wird, hängt vom Sortiment und der Branche ab.

Arten der Preisdifferenzierung	
zeitliche Differenzierung	Eine Leistung wird zu verschiedener Zeit unterschiedlich teuer angeboten (z.B. Saisonpreise bei Reisen).
räumliche Differenzierung	Eine Leistung wird an verschiedenen Orten zu unterschiedlichen Preisen verkauft (z.B. unterschiedliche Mietpreise in Großstädten und in ländlichen Gebieten).
personelle Differenzierung	Je nach Kundengruppe werden für die gleiche Leistung unterschiedliche Preise verlangt (z.B. Mitarbeiterpreise, Schülertickets bei Verkehrsbetrieben).
sachliche Differenzierung	Gleiche Leistungen werden in unterschiedlicher Aufmachung zu verschiedenen Preisen verkauft (z.B. No-Name-Ware bei Discountern, die von Markenwarenherstellern produziert wurde).

Die zunehmenden technischen Möglichkeiten des Online-Handels und der Datenerfassung und Datenauswertung in Bezug auf einzelne Kunden führen dazu, dass Preise immer schneller und individueller angepasst werden.

E-Commerce, vgl. **5.5**

Dieses sogenannte **dynamische Preismanagement** beinhaltet die permanente Preisanpassung für ein Produkt an den aktuellen Marktbedarf aufgrund automatischer computerbasierter **Algorithmen**. Dabei werden Daten wie die Preisgestaltung der Konkurrenten, aktuelles Angebot und Nachfrage und andere externe Faktoren mit einbezogen.

Algorithmus
exakte Schrittfolge zur Lösung von Problemen

Das dynamische Preismanagement ist in Geschäftszweigen wie der Hotellerie, bei Reiseveranstaltern und Fluganbietern sowie im Online-Einzelhandel übliche Praxis. Bei allen Formen der Preisdifferenzierung ist zu beachten, dass Verbraucher die Preisdifferenzierung nachvollziehen können müssen und sich einzelne Kunden nicht diskriminiert fühlen. Während reduzierte Fahrkartenpreise für Schüler allgemein nachvollzogen werden können, wäre z.B. ein nach der Attraktivität der Personen gestaffeltes Eintrittsgeld in Schwimmbädern nicht förderlich für das Image des Betriebes.

Wenn der Preis persönlich wird

An der Supermarktkasse und im Taxi: Unternehmen können Kunden heute individuelle Preise vorsetzen – dank Big Data. Wer nicht aufpasst, zahlt drauf.

BERLIN *taz* | Nudeln sind heute billiger. Zumindest für den jungen Mann an Kasse zwei. 1,29 Euro statt 1,59 Euro. Die Kunden vor und hinter ihm müssen den Normalpreis zahlen.

„Dynamic Pricing" heißt das Prinzip, das hier in einem Markt von Kaiser's Tengelmann erprobt wird. (...) Bei Flügen, Hotels, Reisen sind unterschiedliche Preise für die gleiche Leistung schon normal geworden. Wer sehr früh oder wahlweise sehr spät bucht, bekommt Rabatte. Oder, noch älter: Wenn es regnet, kleben Händler höhere Preise an die Regale mit Regenschirmen.

Neu ist die individuelle Komponente. Big Data, das massenhafte Sammeln und Verarbeiten von Daten führt dazu, dass Unternehmen ihren Kunden maßgeschneiderte Preise vorsetzen können. Nicht mehr nur die Marktlage bestimmt den Preis, sondern ein Algorithmus errechnet auf Basis von Informationen wie Kundendaten, was dieser wohl bereit ist, zu zahlen. Dabei kann die Tageszeit Einfluss auf den Preis nehmen oder – auch das ist möglich – das Gerät, mit dem der Kunde die Website eines Onlinehändlers besucht. „Die Unternehmen nutzen die je nach Situation unterschiedliche Zahlungsbereitschaft von Kunden", erklärt der Marketingprofessor Florian Stahl von der Universität Mannheim das Prinzip.

Kaiser's Tengelmann hat sich für die Zuckerbrotvariante entschieden. Dafür, als eher hochpreisiger Supermarkt den Kunden Rabatte anzubieten und sie so in den Laden zu locken. (...) Ist der Kunde drin, kauft er gleich Waren mit, für die er eigentlich zu einem anderen Händler gegangen wäre.

(...) Es gibt Unternehmen, die wollen nicht allein auf Zuckerbrot setzen. Das kann dann etwa so aussehen: Ein Kunde hat bereits in der Vergangenheit häufiger Filme eines bestimmten Genres mit bestimmten Darstellern bestellt. Die Wahrscheinlichkeit ist also hoch, dass er auch eine Neuerscheinung, die die beiden Kriterien erfüllt, kaufen wird. Ein Schnäppchenpreis, mit dem Unentschlossene gelockt werden sollen, ist hier nicht notwendig – im Gegenteil. Wahrscheinlich ist der Kunde bereit, einen höheren Preis zu zahlen, als der Händler ihn in Form eines Einheitspreises anbieten würde.

Das Szenario ist nicht fiktiv. Es stammt aus einer Patentschrift von Google aus dem Jahr 2011. Und es zeigt, dass es mit personalisierten Preisen für den Kunden billiger werden kann, aber nicht muss. (...)

Die Verbraucherzentrale Nordrhein-Westfalen hat bei Testkäufen am PC und per Tablet festgestellt: Kaufen Kunden per Tablet in einem Onlineshop, kann es passieren, dass sie mehr zahlen müssen als Kunden, die das gleiche Produkt zum selben Zeitpunkt über den PC bestellen. „Der Kunde sollte nicht blind vertrauen", empfiehlt Georg Tryba von der Verbraucherzentrale. Sondern von den technischen Möglichkeiten wie Preissuchmaschinen Gebrauch machen.

Marketingprofessor Stahl glaubt trotzdem, dass in der Regel die Verbraucher die Gewinner seien. „Die Anbieter versuchen, Kunden zu akquirieren, die sonst nicht oder woanders kaufen würden", sagt Stahl. Der Wettbewerb um Kunden, die sowieso deutlich besser informiert seien als noch vor einigen Jahrzehnten, werde härter. (...)

„Kunden wollen fair behandelt werden", sagt Marketingprofessor Stahl. Treibe ein Unternehmen die Preisgestaltung zu weit, würden sie sich ganz schnell abwenden.

Quelle: www.taz.de/!5016635/; veröffentlicht am 16.03.2015

4.3 Konditionenpolitik

AB → Lernsituation 40

Konditionen sind kundenspezifische Preisnachlässe, Liefer- und Zahlungsbedingungen, zu denen ein Unternehmen seine Leistungen an den Kunden abgibt. Mithilfe der Konditionenpolitik kann sich ein Unternehmen von der Konkurrenz absetzen. Grundsätzlich unterscheidet man zwei Preisstellungssysteme:

- **Bruttosystem:** Listenverkaufspreis – Rabatt = Ziel- bzw. Barverkaufspreis
- **Nettosystem:** Preise als Festpreise für bestimmte Absatzmengen (Staffelpreise)

Der Ziel- und der Barverkaufspreis sind identisch, wenn kein Skonto gewährt wird.

Beispiel Die Fly Bike Werke GmbH hat in ihrem Warenwirtschaftssystem feste Konditionen gespeichert, zu denen die besten Leistungen geliefert und bezahlt werden. Durch die allgemeinen Geschäftsbedingungen und die in regelmäßigen Abständen aktualisierten Preislisten sind die wesentlichen Konditionen den Kunden bekannt (Nettosystem).

Rabatte und Preisaufschläge

Ein Rabatt ist ein sofortiger Preisnachlass auf den Listenverkaufspreis, der bei Rechnungsstellung bereits abgezogen wird. Häufig sind in den Preislisten bereits mengenabhängige Rabatte enthalten. In anderen Fällen muss ein **kunden**- oder **auftragsspezifischer Rabatt** generell oder im Einzelfall vereinbart werden (Bruttosystem).

Kundenrabattsatz
ist dem Kunden bekannt

Auftragsrabattsatz
muss mit dem Kunden ausgehandelt werden

Rabattstaffel der Fly Bike Werke GmbH

Stückzahl Fahrräder	Rabatt
1–10	27,5 %
11–50	29,0 %
51–100	30,0 %
101–250	31,0 %
251–500	32,0 %
> 500	33,0 %
Boni (Jahresboni bezogen auf den Zielverkaufspreis der Gesamtmenge)	
Abnahme ab 1000 Fahrrädern	1 %
Abnahme ab 5000 Fahrrädern	2 %

Darüber hinaus benötigt der Verkauf häufig zusätzlichen Handlungsspielraum für besondere Fälle. Er kann dabei auf verschiedene Rabattarten zurückgreifen, z. B.:

- **Treuerabatt** für langjährige Kunden
- **Sonderrabatte** für bestimmte Artikel (z. B. Abverkauf von Restmengen), für bestimmte Abnahmezeiträume (z. B. für Saisonwaren) oder für die Abnahme einer vorgegebenen Großmenge (z. B. komplette Lkw-Ladung im Streckengeschäft)
- **Naturalrabatt:** Der Nachlass wird nicht als Geld-, sondern als Warenleistung gewährt. Bei der **Draufgabe** bezahlt der Kunde die von ihm gewünschte Ware und bekommt zusätzliche Ware gratis. Bei der **Dreingabe** bezahlt der Kunde nur einen Teil der von ihm gewünschten Ware. Der Rest der Ware ist gratis.

- **Bonus:** Ein Bonus ist ein nachträglicher Preisnachlass auf den vom Kunden innerhalb einer Periode (z. B. pro Quartal) realisierten Umsatz. Bonus-Vereinbarungen dienen häufig der Kundenbindung und der Umsatzsteigerung.

Bei den Kunden nicht gern gesehen sind **Preisaufschläge** für Kleinmengen oder für Mengeneinheiten, die nicht den üblichen Verkaufseinheiten entsprechen.

 Beispiel Staffelpreise der Fly Bike Werke GmbH für GoreTex-Textilien

Verkaufsmenge	Nettopreis je Stück	Verpackungskosten
Ab 1 Sück	15,89	6,50 pauschal
Ab 20 Stück	12,94	6,50 pauschal
Ab 100 Stück	9,89	Frei-Haus-Lieferung

Lieferbedingungen

Lieferzeit und Zahlungsbedingungen, Preise und sonstige Kosten, vgl. **TAF 11.2, 1.4**

Grundsätzlich – d. h. falls im Kaufvertrag nichts Abweichendes vereinbart wurde – trägt der Käufer die Kosten der Transportverpackung und für die Lieferung (Fracht, Paketgebühren, Transportversicherungen usw.). Es können jedoch kunden- oder auftragsspezifische Sondervereinbarungen getroffen werden. Möglich ist eine Aufteilung der Kosten zwischen Käufer oder Verkäufer oder die völlige Übernahme der Kosten durch den Verkäufer (Frei-Haus-Lieferung). Auch Lieferungen in unüblich kurzer Zeit oder Verpackungs- und Versandkostenpauschalen (Zuschläge) zur Verhinderung von Kleinbestellungen gehören zu den Lieferungsbedingungen.

Mindestabnahmemenge, Mindermengenzuschlag, Mindestbestellwert

Beispiel Die Köller GmbH fertigt Kleinteile aus Metall (z. B. Schrauben). Sie hat für fast alle Kleinartikel eine Mindestabnahmemenge festgelegt, die nicht unterschritten werden kann, da die Verpackungseinheiten nicht geöffnet werden dürfen. Mindermengenzuschläge außerhalb der Staffelpreise sind damit nicht möglich. Der Mindestbestellwert beträgt je Auftrag ohne Zuschlag 500,00 € netto. Bei einem Netto-Auftragswert unter 500,00 € wird zusätzlich ein pauschaler Zuschlag von 25,00 € berechnet (Mindermengenzuschlag). Bei Aufträgen mit einem Warenwert bis 250,00 € wird zusätzlich eine Verpackungskostenpauschale von 12,50 € in Rechnung gestellt.

Häufig sind in den Lieferungsbedingungen auch **Frankogrenzen** zu beachten. Hier kalkuliert der Verkäufer bis zu einer von ihm bestimmten Entfernung vom Firmensitz (Lagerort) die Lieferung der Ware in den Verkaufspreis ein. Erst bei Lieferungen über diese Grenze hinaus fallen für den Käufer Lieferkosten an. Oft wird bei Selbstabholung dieser Preisbestandteil nicht erstattet.

Zahlungsbedingungen

Sind Rabatte und Lieferungsbedingungen vereinbart, wird über **Skonto** verhandelt. Skonto ist ein nachträglicher Preisnachlass bezogen auf den Zielverkaufspreis. Voraussetzung ist die Zahlung innerhalb einer Skontofrist. Die Zahlungsbedingungen legen damit gleichzeitig das Zahlungsziel sowie die Art der Zahlung fest (z. B. 2 % Skonto innerhalb 10 Tagen, sonst 30 Tage ohne Abzug). Auch Vorauszahlungen, Anzahlungen, Ratenzahlungen oder extrem lange Zahlungsziele können in Kaufverträgen vereinbart werden.

Preis- und Konditionen-Mix

Übliche Preisnachlässe wie Rabatte und Skonti sind in der Kalkulation der Listenverkaufspreise, die den Kunden bekannt sind, bereits vorab einkalkuliert.

Verkaufskalkulation (Vorwärtskalkulation)			
	Selbstkosten		1.000,00 €	(100 %)
+	Gewinnzuschlag	15 %	150,00 €	(vom Hundert)
=	Barverkaufspreis (BVP)		1.150,00 €	(98 % des ZVP)
+	Kundenskonto	2 %	23,47 €	(im Hundert)
=	Zielverkaufspreis (ZVP)		1.173,47 €	(80 % des LVP)
+	Kundenrabatt	20 %	293,37 €	(im Hundert)
=	**Listenverkaufspreis (LVP)**		**1.466,84 €**	

$$\text{Gewinnzuschlag in } € = \frac{\text{Selbstkosten} \cdot \text{Gewinnzuschlagssatz (in \%)}}{100}$$

$$\text{Kundenskonto in } € = \frac{\text{Barverkaufspreis} \cdot \text{Skontosatz (in \%)}}{100 - \text{Skontosatz (in \%)}}$$

$$\text{Kundenrabatt in } € = \frac{\text{Zielverkaufspreis} \cdot \text{Rabattsatz (in \%)}}{100 - \text{Rabattsatz (in \%)}}$$

Werden für einen kundenspezifischen Auftrag bei konstanten oder steigenden Selbstkosten Sonderkonditionen vereinbart, kann es schnell zu Gewinnreduzierungen oder sogar zu einem Verlust aus diesem „Geschäft" kommen.

Sonderkonditionen sind z. B. zusätzliche Preisnachlässe, Übernahme der gesamten Lieferungskosten, überlange Zahlungsziele

Beispiel Gewinnkalkulation (Differenzkalkulation hier mit Verlust):		
Listenverkaufspreis		1.466,84 €
− Kundenrabatt	30 %	440,05 €
= Zielverkaufspreis		1.026,79 €
− Kundenskonto	2 %	20,54 €
= Barverkaufspreis		1.006,25 €
− Selbstkosten (einschl. 50,00 € Versandkosten)		1.050,00 €
= **Verlust**		**−43,75 €**

ICH WILL SIE JA NICHT STÖREN, ABER WIR BRÄUCHTEN NUN UNBEDINGT IHRE ZAHLEN FÜR DIE KALKULATION.

Im obigen Beispiel würde eine Erhöhung des Rabattsatzes auf 30 % den Gewinn fast völlig „aufbrauchen" (Restgewinn noch 6,25 €). Würden zusätzlich z. B. noch die Versandkosten in Höhe von 50,00 € vom Verkäufer freiwillig übernommen, entstünde ein Verlustgeschäft. Preisverhandlungen mit Kunden können nur dann sinnvoll geführt werden, wenn der Verkäufer seine Kalkulation genau kennt.

4.4 Kundenorientierte Serviceleistungen

Serviceleistungen können auf die Ware oder den Kunden bezogen sein. Serviceangebote haben natürlich immer Auswirkungen auf die Kosten des Verkäufers, die in seinem Preis für die Ware realisierbar sein müssen. Beispiele:

Kundenbesuche mit Beratung: Die Beratung kann sich auf einzelne Waren, das Sortiment, die Lagerung, die Werbung, die Verkaufsraumgestaltung bis hin zur Finanzierung von Aufträgen beziehen.

Personalschulungen: Schulungen gehen über eine Beratung hinaus. Das Personal des Käufers wird hinsichtlich der Wareneigenschaften und ggf. ihrer Anwendung/ihres Einsatzes und der sinnvollen Verkaufsaktivitäten umfassend geschult.

Kundendienst: Oft übernehmen Verkäufer für technische Geräte auch den Service, der üblicherweise von Herstellern geleistet wird (z. B. Reparaturen). Das ist häufig der Fall, wenn die Waren importiert wurden und der Hersteller im Inland diesen Kundendienst nicht leisten kann oder will.

Garantieverlängerungen oder -erweiterungen: Häufig findet man heutzutage dreijährige Garantien für den Endverbraucher, die damit über die gesetzliche Zwei-Jahres-Gewährleistungsfrist hinausgehen. Bei technischen Geräten wird z. B. während der Garantiezeit ein schneller Vor-Ort-Austausch des Artikels beim Kunden angeboten.

Serviceleistungen dienen der Kundengewinnung sowie -bindung. Ein gutes „Servicemanagement" verursacht auf der einen Seite Kosten. Auf der anderen Seite sichert ein hoher Zufriedenheitsgrad beim Kunden und damit einhergehend eine gute Kundenbindung den Erhalt und Ausbau von Marktanteilen.

Übersicht: Preispolitik

Preisstrategien	Langfristig – Niedrigpreisstrategie – Hochpreisstrategie	Kurzfristig – Penetrationspreis-Strategie – Skimming-Preis-Strategie
Faktoren der Preisbildung	Kostenorientierung	Decken die Erlöse die Gesamtkosten? Ziel: Erreichen der Gewinnschwelle E(x) > K(x)
	Nachfrageorientierung	Wie reagiert die Nachfrage bezogen auf Preisveränderungen? – Unelastische Nachfrage – Elastische Nachfrage – Vollkommen unelastische Nachfrage
	Konkurrenzorientierung	– Hohe Konkurrenz bei austauschbaren Massenprodukten – Mäßige Konkurrenz auf stark segmentierten Märkten
Preisdifferenzierung	– Zeitlich – Persönlich – Räumlich – Sachlich	

5 Distributionspolitik

AB → Lernsituation 41

> **Beispiel** Die neuen Auszubildenden der Fly Bike Werke GmbH sitzen mit Frau Ganser in der Kantine zusammen. „Es ist schon ganz erstaunlich zu beobachten, wie Fahrräder hergestellt werden", sagt einer der Azubis. „Ich kann verstehen, warum die Kunden die Räder kaufen wollen, aber wie gelangen die Räder denn eigentlich genau zum Kunden?"

Die **Distribution**spolitik befasst sich mit der Frage, wie, durch wen und womit der Kunde die Ware oder Dienstleistung erhält. Alle Maßnahmen, die ein Unternehmen zur Verteilung betrieblicher Leistungen ergreift, werden zur Distributionspolitik gerechnet. Im weiteren Sinne gehört dazu auch die Wahl des geeigneten Verkehrsträgers (z. B. die Bahn), die an dieser Stelle jedoch nicht weiter behandelt wird.

Distribution
(lat.) Verteilung

Entscheidungen der Distributionspolitik

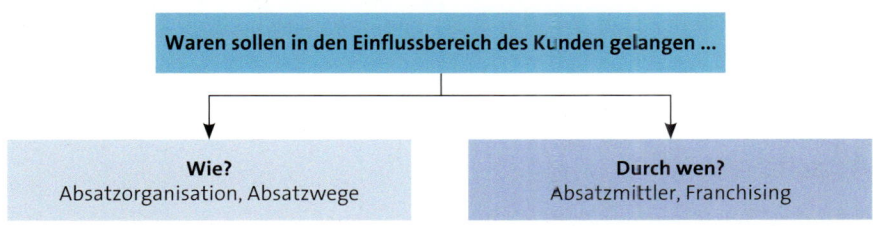

Waren sollen in den Einflussbereich des Kunden gelangen ...

Wie?	**Durch wen?**
Absatzorganisation, Absatzwege	Absatzmittler, Franchising

Die **Qualität** der Distributionspolitik hat auch Einfluss auf das Käuferverhalten und die Marktentwicklung. Wird die Kundenzufriedenheit durch eine optimale Organisation der betrieblichen Güterverteilung bestätigt, entwickelt sich das Käuferverhalten positiv. Die Kundenbindung bleibt stark und das Unternehmen kann seine Position auf dem Markt erhalten oder sogar weiter ausbauen.

Einflussfaktoren auf die Distributionspolitik

Einflussfaktoren	Beispiele
warenbezogen	– Erklärungsbedürftigkeit der Ware – Bedarfshäufigkeit beim Kunden – Transportempfindlichkeit
kundenbezogen	– Zahl der potenziellen Kunden – geografische Verteilung der Kunden – Offenheit der Kunden gegenüber verschiedenen Verkaufsmethoden (Direktverkauf, Streckengeschäft)
konkurrenzbezogen	– Zahl der Mitbewerber – Art der Konkurrenzprodukte – Distributionsmethoden der Konkurrenz – Stärken und Schwächen des Angebots gegenüber der Konkurrenz
unternehmensbezogen	– Größe des Unternehmens – Finanzkraft des Unternehmens – Erfahrungen des Unternehmens

5.1 Absatzorganisation

Die **innere Absatzorganisation** zeigt, nach welchen Kriterien der Absatzbereich innerhalb eines Unternehmens organisiert ist. Man unterscheidet hierbei grundsätzlich eine produkt-, funktions-, kunden- oder gebietsorientierte Absatzorganisation.

> **Beispiel** Bei einer gebietsorientierten Absatzorganisation kann unterschieden werden nach Inland/Ausland oder bestimmten Ländern, Regionen, Kontinenten usw. Eine produktorientierte Absatzorganisation ist auf die zu vertreibenden Produkte oder Dienstleistungen abgestimmt. Dies ist vor allem dann sinnvoll, wenn unterschiedliche Zielgruppen angesprochen werden sollen.

Eine optimale Absatzorganisation gibt es nicht! Je nach Situation, Branche und Betrieb kommt entweder die innere oder die äußere Absatzorganisation oder auch eine Mischform infrage!

Die **äußere Absatzorganisation** beantwortet die Frage, wie ein Unternehmen den Absatz seiner betrieblichen Leistungen zwischen dem Unternehmen und dem Kunden organisiert. Hier wird generell zwischen einem zentralen und einem dezentralen Vertrieb unterschieden. Während die Verteilung der wirtschaftlichen Güter bei einem zentralen Vertrieb von einer Stelle aus erfolgt, werden die Leistungen bei einem dezentralen Vertrieb mithilfe eines Filialnetzes über Auslieferungslager oder Reisende abgesetzt.

5.2 Absatzwege

Der Absatzweg beschreibt, auf welche Weise eine betriebliche Leistung ihren Kunden erreicht.

Beim **direkten Absatzweg** verteilt ein Unternehmen seine Güter mithilfe eigener Absatzorgane direkt an den Konsumenten. Dies kann z. B. durch eigene Filialen oder Reisende gewährleistet werden.

Beim **indirekten Absatz** schaltet ein Unternehmen bei der Verteilung dagegen betriebsfremde Absatzorgane ein. So kann der Großhandel die Waren des Herstellers übernehmen und über den Einzelhandel an den Endverbraucher weitergeben.

Absatzwege

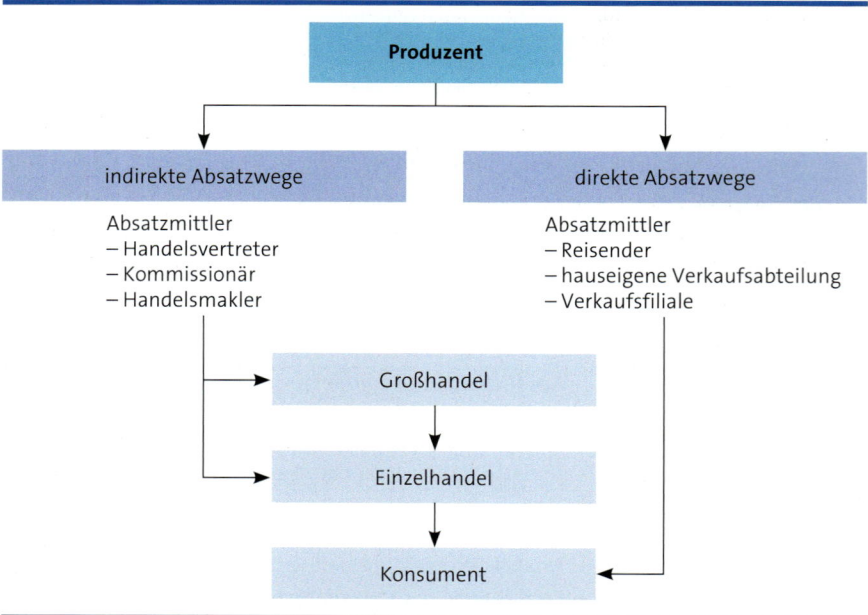

Vorteile des direkten Absatzes	Vorteile des indirekten Absatzes
direkter Kontakt zum Kunden; Möglichkeit, schnell auf Kundenwünsche und -anregungen zu reagieren	Aufgabenteilung bei der Warendistribution; hierdurch Entlastung des Herstellers
Einsparung von Kosten für unternehmensfremde Absatzorgane	Ausnutzen der Vorteile des Handels (z. B. Präsenz in vielen Orten, intensive Kundenbetreuung)
Absatzpolitik liegt alleine in der Hand des Unternehmens (Preise, Konditionen, Werbung)	gezieltes Ausnutzen der Stärken des Handels (Zeitausgleichsfunktion, Raumüberbrückungsfunktion, Sortimentbildungsfunktion)

Anteile der Vertriebswege für Fahrräder in Deutschland 2015

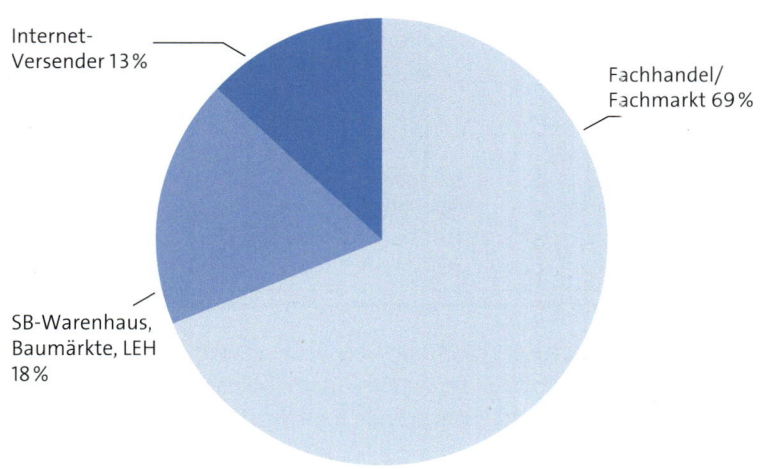

Internet-Versender 13 %

Fachhandel/Fachmarkt 69 %

SB-Warenhaus, Baumärkte, LEH 18 %

Nach: www.ziv-zweirad.de/fileadmin/redakteure/Downloads/Marktdaten/PK_2016-ZIV_Praesentation_8.03.2016_cT_Presse.pdf

In der Praxis werden Unternehmen die Vor- und Nachteile direkter und indirekter Absatzwege gegeneinander abwägen müssen, um für ihren speziellen Fall eine optimale Lösung zu finden. Häufig nutzen Unternehmen auch beide Absatzwege in Kombination, um möglichst kundengerecht die produzierten Leistungen zu verteilen. Wählt ein Unternehmen den indirekten Absatz unter Einschaltung des **Handels**, übernimmt dieser folgende Aufgaben:

Situationsgerechte Absatzwege

Aufgaben des Handels

Zeitausgleich	Raumüberbrückung	Sortimentbildung
Der Handel kauft Waren. Nicht alle Produkte werden sofort wieder verkauft, der Handel übernimmt die Lagerung.	Der Handel hilft bei der räumlichen Verteilung der Güter.	Der Handel bietet zahlreiche Waren verschiedener Produzenten an. Die Kunden können sich aus einem größeren Sortiment bedienen als beim Verkauf durch den einzelnen Produzenten.

5.3 Absatzmittler

Absatzmittler sind Personen, die im Bereich der Warendistribution tätig sind. Sie können im direkten und indirekten Absatzweg eingesetzt werden.

§ 59 ff. HGB

Der **Reisende** ist nach § 59 ff. HGB eine Person, die bevollmächtigt wird, für das Unternehmen, in dem sie tätig ist, vermittelnd oder abschließend tätig zu werden.

Weisung
bindende Aufforderung eines Vorgesetzten

Der Reisende ist damit ein Angestellter des Unternehmens und ist **weisung**sgebunden. Er ist im Namen und auf Rechnung seines Arbeitgebers tätig. Die Entlohnung erfolgt in der Regel durch ein festes Grundgehalt (Fixum), eine umsatzabhängige Provision und die Erstattung von Spesen.

Reisender (Angestellter mit Abschlussvollmacht)

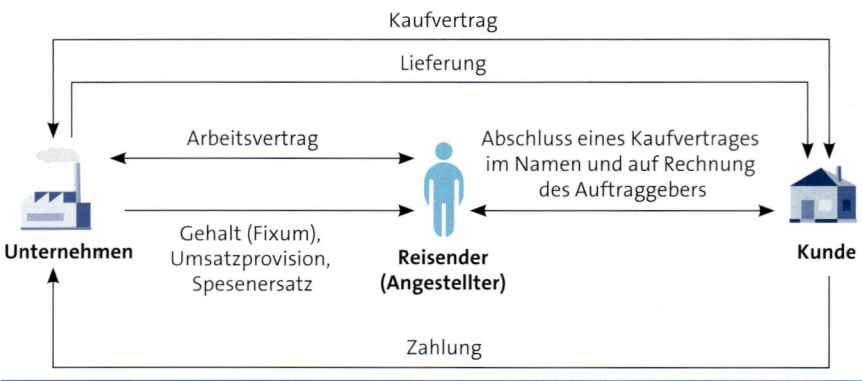

§ 84 HGB

Ein **Handelsvertreter** ist nach § 84 HGB eine Person, die als selbstständiger Gewerbetreibender ständig damit beauftragt ist, für ein Unternehmen Geschäfte zu vermitteln oder in dessen Namen abzuschließen. Er ist in fremdem Namen auf fremde Rechnung tätig.

Handelsvertreter (selbstständiger Kaufmann mit Abschlussvollmacht)

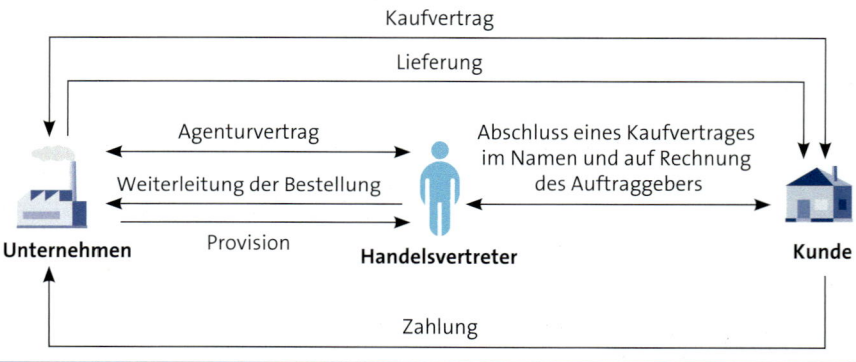

Die Aufgaben des Handelsvertreters überschneiden sich in vielen Fällen mit denen des Reisenden. Der Handelsvertreter ist aber selbstständiger Kaufmann und kann zudem für andere Unternehmen tätig werden. Finanziell hat der Handelsvertreter Anspruch auf eine umsatzabhängige Provision.

Absatzmittler

	Reisender	Handelsvertreter
allgemeine Einordnung	direkter Absatzweg	indirekter Absatzweg
Stellung zum Arbeitgeber	– unselbstständig – Angestellter im Rahmen eines Arbeits- oder Dienstvertrages – weisungsgebunden	– selbstständiger Kaufmann – Vertreter mit einem Agenturvertrag über einen längeren Zeitraum
Bedeutung	– flexibler Einsatz vor Ort – direkte Nähe zum Kunden	Einsatz vor allem für kleinere Firmen, die keinen eigenen Außendienst haben

Die Wahl des geeigneten Absatzmittlers

 Beispiel Die Fly Bike Werke GmbH möchte den Vertrieb ihres Cityrades weiter ausbauen. Die Geschäftsleitung prüft deshalb zusammen mit der Controllerin Frau Steffes, ob dafür besser ein Reisender oder ein Handelsvertreter geeigneter wäre.

Die Wahl des richtigen Absatzmittlers stellt ein zentrales Problem der Distributionspolitik dar. Die Entscheidung wird zunächst auf Basis der jeweils entstehenden Kosten geprüft. Danach kommen zusätzliche qualitative Entscheidungskriterien hinzu (z. B. Kenntnisse des Absatzmittlers, Kundennähe, Flexibilität). Die beiden Alternativen Reisender im Vergleich zum Handelsvertreter stellen sich kostenmäßig wie folgt dar:

Kostenvergleich: Reisender oder Handelsvertreter

	Kosten	Erläuterung
Reisender (R)	monatliches Grundgehalt (Fixum) + umsatzabhängige Provision $K_R = K_{fix} + K_{var}$	Zwar bedeuten die fixen Kosten eine dauernde Belastung für das Unternehmen, dafür ist der Reisende fest angestellt und weisungsgebunden. Der Reisende verkauft ausschließlich die Waren des Unternehmens.
Handelsvertreter (Hv)	umsatzabhängige Provision $K_{Hv} = K_{var}$	Der Handelsvertreter verursacht nur variable Kosten. Dies bewirkt mehr Kostenflexibilität. Die Provision ist in der Regel höher als beim Reisenden, da der Handelsvertreter kein Grundgehalt erhält. Als selbstständiger Kaufmann kann der Handelsvertreter auch andere Unternehmen vertreten. Er ist nicht weisungsgebunden.

Beispiel Bei der Auswahl zwischen Reisendem und Handelsvertreter hat die Controllerin, Sabrina Steffes, folgende Kostendaten ermittelt (Monatswerte):

Reisender	Handelsvertreter
Grundgehalt: 1.800,00 €/Monat	6% vom Monatsumsatz
Provision: 3 % vom Monatsumsatz	

Die Marktforschung zum Cityrad sowie bisherige Verkäufe zeigen, dass mit einem Monatsumsatz von 65.000,00 € zu rechnen ist.

Zeichnet man die Kostendaten von Reisendem und Handelsvertreter in ein Koordinatensystem ein, ergibt sich die nachfolgende Grafik (bezogen auf das Beispiel):

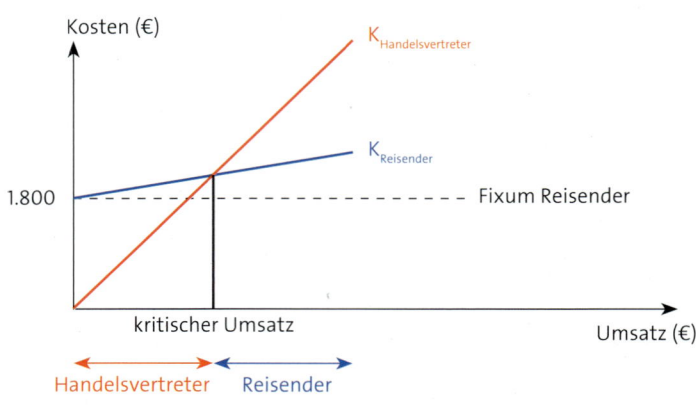

Auswertung:

- Bei einem bestimmten Umsatz **(kritischer Umsatz)** verursachen beide Absatzmittler die gleichen Kosten.
- Liegt der geschätzte Umsatz dauerhaft unterhalb des kritischen Umsatzes, sollte das Unternehmen einen **Handelsvertreter** einsetzen.
- Liegt der geschätzte Umsatz dauerhaft oberhalb des kritischen Umsatzes, sollte das Unternehmen einen **Reisenden** wählen.
- Je größer der erzielte Umsatz, desto weniger wirken sich die Fixkosten aus **(Fixkostendegression).**

*Abhängigkeit der Kosten von der Beschäftigung, vgl. **TAF 12.5, 2.4.1***

Der **kritische Umsatz** lässt sich auch berechnen. Dazu müssen die Kosten beider Alternativen gleichgesetzt werden.

Es gilt:
U = Umsatz in €
p = Provisionssatz in %

Reisender (R)		Handelsvertreter (Hv)	
Kosten: K_R	$= K_{fix} + K_{var}$	Kosten: K_{Hv}	$= K_{var}$
mit K_{var}	$= U \cdot p_R$	mit K_{var}	$= U \cdot p_{Hv}$
K_R	$= K_{fix} + (U \cdot p_R)$	K_{Hv}	$= (U \cdot p_{Hv})$
gleichsetzen: K_R	$= K_{Hv}$		
$K_{fix} + (U \cdot p_R)$	$= (U \cdot p_{Hv})$	$\mid - (U \cdot p_R)$	
K_{fix}	$= (U \cdot p_{Hv}) - (U \cdot p_R)$	$\mid$ U ausklammern	
K_{fix}	$= U \cdot (p_{Hv} - p_R)$	$\mid : (p_{Hv} - p_R)$	
$\dfrac{K_{fix}}{(p_{Hv} - p_R)}$	$= U_{kritisch}$		

Für das obige Beispiel lässt sich der kritische Umsatz nun leicht ermitteln:

$$U_{kritisch} = \frac{K_{fix}}{(p_{Hv} - p_R)} \blacktriangleright \frac{1.800,00}{(6\,\% - 3\,\%)} = \frac{1.800,00}{0,03} = 60.000,00 \, €$$

Der geschätzte Umsatz liegt mit 65.000,00 € über dem kritischen Umsatz von 60.000,00 €. Aus Kostensicht sollte daher ein Reisender gewählt werden.

5.4 Franchising

Eine immer beliebtere Sonderform der Distribution ist das Franchising. Dabei handelt es sich um einen Warenvertrieb, der auf Kooperation basiert und somit eine Mischform aus direkter und indirekter Distribution darstellt.

Beim **Franchising** nutzt der Franchisenehmer gegen Gebühr vom Franchisegeber ein bereits erfolgreiches Geschäfts- und Marketingkonzept. Der Franchisenehmer realisiert die Absatzprozesse, der Franchisegeber plant und koordiniert das Marketing.

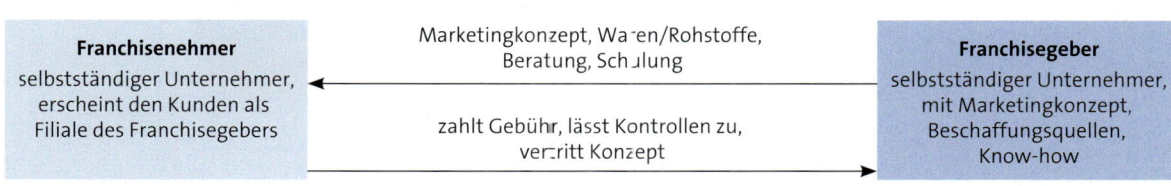

Franchisenehmer	Marketingkonzept, Waren/Rohstoffe, Beratung, Schulung	Franchisegeber
selbstständiger Unternehmer, erscheint den Kunden als Filiale des Franchisegebers	← ———————————— zahlt Gebühr, lässt Kontrollen zu, vertritt Konzept ————————————→	selbstständiger Unternehmer, mit Marketingkonzept, Beschaffungsquellen, Know-how

Vorteile für den Franchisenehmer:
- erprobtes Geschäftskonzept, fertige Werbekonzepte
- Beratung und professionelle Unterstützung
- relativ „bequeme" Geschäftsgründung bei jedoch hoher Abhängigkeit

Vorteile für den Franchisegeber:
- schnelle Verbreitung der Geschäftsidee bei geringem wirtschaftlichem Risiko
- weitgehende Vorgabe der Verkaufspreise, wodurch Preiskämpfe meist vermieden werden können

Beispiel Franchising ist heute im Einzelhandel und Gastronomiebereich weit verbreitet. Bekannte Franchisegeber sind z. B. McDonalds, Nordsee und Douglas Parfümerie.

5.5 E-Commerce

Die Kommunikation auf elektronischem Weg via E-Mail oder Internet hat den Unternehmen in den letzten Jahren nie gekannte Möglichkeiten in den Bereichen des **Vertriebs** betrieblicher Leistungen sowie der **Serviceleistungen** beschert. Die Kommunikation innerhalb eines Unternehmens und mit dem Kunden wurde regelrecht revolutioniert. So können die Verkaufssortimente in kürzester Zeit allen (potenziellen) Kunden weltweit vorgestellt werden, Werbeanzeigen per Knopfdruck global geschaltet werden, Preise und Konditionen verändert und Serviceleistungen weltweit angeboten werden.

Datenschutz im Internet, vgl. **TAF 11.1, 4.2**

Die Möglichkeiten der Nutzung der globalen Datennetze hat dadurch sowohl die Geschäftsprozesse innerhalb eines Unternehmens als auch zwischen Unternehmen (Business to Business B2B) sowie zwischen Unternehmen und Endverbraucher (Business to Consumer B2C) beschleunigt und optimiert.

Electronic-Commerce (kurz **E-Commerce**) ist eine Form des Warenvertriebs, bei der Verkäufer und Käufer mithilfe des Internets Geschäftsbeziehungen eingehen. Ein potenzieller Käufer kann im „Webshop" eines Verkäufers Waren ansehen, zusätzliche Wareninformationen anfordern, Geschäftsbedingungen einsehen und Waren konkret bestellen. Auch **After-Sales-Leistungen** wie die Kundenbetreuung oder die Bearbeitung von Reklamationen sind auf elektronischem Weg möglich.

Electronic-Commerce
kurz: E-Commerce (engl.) elektronischer Handel

Die Top 10 Online-Shops in Deutschland
In Deutschland erwirtschaftete Umsätze 2015 (in Mio. Euro)*

Shop	Umsatz
amazon.de	7.790,6
OTTO	2.300,0
zalando	1.031,8
notebooksbilliger.de	610,9
cyberport	491,3
bonprix	484,7
Tchibo	450,0
CONRAD	433,2
ALTERNATE	376,7
Apple	369,6

* Umsatzangaben beruhen überwiegend auf Statista-Hochrechnungen
Quelle: Statista/EHI - E-Commerce Markt Deutschland 2016

Vorteile des E-Commerce

für den Verkäufer	für den Käufer
– Kundenakquisition kann weltweit und zeitgleich erfolgen. – Kosteneinsparungen, z. B. durch geringeren Personaleinsatz, geringere Mietausgaben – Such- und Informationskosten für die Markterkundung sinken durch Internetrecherche. – größere Absatzmärkte durch globalen Marktzugriff	– bequemer Einkauf von zu Hause – Konsumgüter werden preiswerter, weil die Verkäufer Preisvorteile weitergeben können. – Verfügbarkeit über ein weltweites, riesiges Warensortiment – Einkaufsmöglichkeit „rund um die Uhr"

Neben den genannten Vorteilen können Unternehmen anhand der über einzelne Kunden gesammelten Daten (bisherige Bestellungen, Suchanfragen usw.) zukünftig jedem Kunden individuelle Einkaufsvorschläge anbieten. E-Commerce-Anbieter blenden außerdem sogenannte Pack-Shots ein, die neben einer Abbildung des zuvor angesehenen Produkts den Hinweis enthalten, für welche Produkte sich Kunden, die das gleiche Produkt gekauft haben, ebenfalls interessieren. E-Commerce ist nicht nur ein veränderter Distributionsweg. E-Commerce eröffnet auch völlig neue Möglichkeiten der Preispolitik und der Kommunikationspolitik.

Übersicht: Distributionspolitik

Absatzwege	– direkt (über eigene Absatzorgane) – indirekt (über betriebsfremde Absatzorgane)
Absatzmittler	– Handelsvertreter (indirekter Absatzweg) – Handelsreisender (direkter Absatzweg)
Franchising	System der Vertriebsbindung: Franchisegeber (Hersteller) sucht Franchisenehmer (Händler), die als selbstständige Unternehmer mit eigenem Kapitaleinsatz Waren unter einheitlichem Marketingkonzept anbieten. Rechte und Pflichten sind vertraglich geregelt.
E-Commerce	Käufer und Verkäufer gehen eine Geschäftsbeziehung per Internet ein – Business to Consumer (B2C) – Business to Business (B2B)

6 Kommunikationspolitik

Ziel der Kommunikationspolitik ist es, das (Kauf-)Verhalten potenzieller Kunden zu beeinflussen. Jeder denkt dabei zuerst an die klassische Absatzwerbung. Unternehmen stehen jedoch verschiedene Instrumente zur Verfügung.

6.1 Absatzwerbung

Instrumente der Kommunikationspolitik

Unter **Absatzwerbung** (im allgemeinen Sprachgebrauch kurz „Werbung" genannt) versteht man jede Kommunikation, die produkt- oder unternehmensspezifische Informationen zu bestimmten Zielgruppen transportiert. Alle Werbemaßnahmen, die sich mit dem Absatz bzw. der Positionierung des Warenangebotes am Markt beschäftigen, gehören zur Absatzwerbung.

Häufig ist die Absatzwerbung auf eine breite Streuung und **langfristige Wirkung** angelegt. Je nach Zielsetzung des Unternehmens sollen mithilfe der Werbung Umsätze gesteigert bzw. Umsatzrückgänge vermieden oder neue Waren/Dienstleistungen bekannt gemacht werden. Die Absatzwerbung versucht dazu, Bedürfnisse bei den Kunden zu erzeugen und dadurch eine Kaufentscheidung herbeizuführen.

Push-Prinzip: Werbeinformationen werden der Zielgruppe regelrecht entgegengeschoben.

6.1.1 Werbearten

AB → Lernsituation 42

Absatzwerbung lässt sich auf unterschiedliche Weise realisieren. Je nach Zielsetzung und den zur Verfügung stehenden Finanzmitteln nutzen Unternehmen die **Einzelwerbung** oder die **Kollektivwerbung**.

Werbearten

Einzelwerbung	Kollektivwerbung
Unternehmen wirbt allein	mehrere Unternehmen werben gemeinsam
gezielte Werbung mit dem Namen des Artikels bzw. des Unternehmens	Arten der Kollektivwerbung: – Gemeinschaftswerbung – Sammelwerbung – Verbundwerbung
Kosten sind hoch	

Gemeinschaftswerbung: Eine ganze Branche wirbt gemeinsam, ohne einzelne Unternehmensnamen zu nennen (z. B. „die Milch macht's"). Die Werbung wird durch freiwillige Beiträge der Branchenmitglieder finanziert und soll ein positives Bild der Branche vermitteln. Ob die Werbung für das einzelne Unternehmen Erfolg gebracht hat, lässt sich in der Regel nicht zweifelsfrei feststellen.

Werbeerfolgskontrolle, vgl. **6.1.6**

Unterschiedliche Werbearten bei der Fly Bike Werke GmbH: Gemeinschaftswerbung (rechts), Einzelwerbung (unten)

Sammelwerbung: Viele Unternehmen z. B. einer Region werben gemeinsam unter Namensnennung aller beteiligten Unternehmen (z. B. Sammelwerbung an Flughäfen, Bahnhöfen oder am Ortseingang).

Verbundwerbung: Wenige (meist zwei) Unternehmen mit einem sich ergänzenden Angebot werben gemeinsam bei Namensnennung. Die Werbenden möchten vom guten Image des jeweiligen Verbundpartners profitieren (z. B. Waschmaschinen und Waschmittelhersteller). Verbundwerbung lässt sich eher selten realisieren.

AB → Lernsituation 42 **6.1.2 Die AIDA-Formel**

Absatzpolitische Kommunikation möchte aufgrund der hohen Konkurrenz in erster Linie **Aufmerksamkeit** erregen, um letztlich nach Möglichkeit eine **Kaufhandlung** auszulösen. Deshalb nutzt man im Rahmen der Werbung ein Grundprinzip moderner Kommunikationspsychologie, das diese Zielsetzung weitgehend unterstützt. Erfolgreiche Werbung folgt daher fast immer den folgenden vier Kommunikationsstufen:

Die AIDA-Formel

A	Attention	Aufmerksamkeit erregen
I	Interest	Interesse an der Leistung wecken
D	Desire	Verlangen/Besitzwunsch wecken
A	Action	(Kauf-)Handlung auslösen

Je nach genutztem Werbeträger (Zeitung, Fernsehen, Internet usw.) kommt der vierten Stufe (Action) unterschiedliche Bedeutung zu. Statt einer Kaufhandlung könnte z. B. auch eine Prospektbestellung als Aktion gewünscht sein. Das vierstufige Grundprinzip ist jedoch bei fast jeder Werbung sichtbar.

Kommunikationspolitisches Konzept, vgl. **7**

Die AIDA Formel funktioniert nur optimal, wenn zunächst im Rahmen eines kommunikationspolitischen Konzeptes die Zielgruppe festgelegt wird und eine genaue **Werbeplanung** erfolgt. Dabei müssen technische, personelle und finanzielle Vorgaben beachtet werden. Alle Einzelschritte sind aufwendig und erfordern eine hohe Fachkompetenz. Gerade mittelständische Unternehmen beauftragen deshalb oft professionelle Agenturen, die über entsprechendes Fachwissen verfügen. Das kommunikationspolitische Konzept muss dabei zu den anderen Bestandteilen des Marketingmixes passen und die Ziele des Unternehmens unterstützen.

6.1.3 Werbeplanung

AB → Lernsituation 42

Absatzpolitische Kommunikation entsteht nicht zufällig oder spontan. Vielmehr wird sie genau geplant und läuft in einer bestimmten Reihenfolge ab. Folgende Aspekte müssen im Vorfeld festgelegt werden.

Ablaufschema Werbeplanung

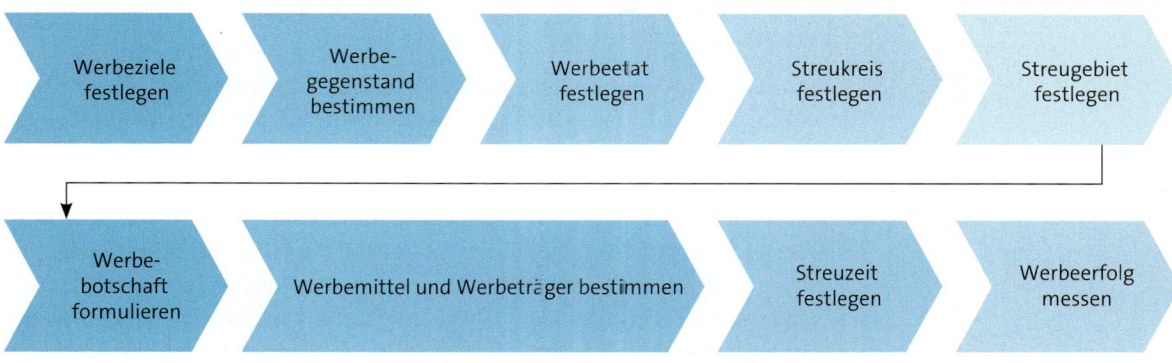

Werbeziele festlegen → Werbegegenstand bestimmen → Werbeetat festlegen → Streukreis festlegen → Streugebiet festlegen → Werbebotschaft formulieren → Werbemittel und Werbeträger bestimmen → Streuzeit festlegen → Werbeerfolg messen

Werbeziele: Zu Beginn der Werbeaktion müssen sich die Verantwortlichen die Frage stellen, warum sie werben wollen, d.h., sie müssen sich über die konkreten Ziele der Werbemaßnahme klar werden. Die Einführung eines neuen Artikels oder die Erinnerung an einen bereits vorhandenen Artikel können Ziele sein.

Werbegegenstand: Viele Unternehmen vertreiben ein umfangreiches Sortiment. Deshalb muss das Werbeobjekt genau bestimmt werden: Soll ein einzelner Artikel, eine Warengruppe oder das komplette Sortiment beworben werden?

Werbeetat: Das Unternehmen muss festlegen, welche Finanzmittel für die Werbung zur Verfügung stehen sollen.

Streukreis: Ein Unternehmen muss sich vor der Realisierung einer Werbekampagne genau überlegen, welchen Personenkreis es umwerben will. So hätte z.B. eine Werbung für ein Herztonikum bei Kindern wenig Aussicht auf Erfolg. Werbung, die eine falsche Zielgruppe erreicht, bedeutet eine Verschwendung finanzieller Mittel.

Streugebiet: Nicht jede Werbung soll in einem größeren Umkreis erscheinen. Der lokale Supermarkt wird seine Waren nicht weit über die Stadtgrenzen hinaus anpreisen wollen und der Autohändler in Kassel ist kaum an einer Werbung in ganz Deutschland interessiert. Es kommt daher darauf an, den Werberadius an das Produkt und an die Werbeziele anzupassen. Teure **Streuverluste** sind zu vermeiden. In Abhängigkeit von Streukreis und Streugebiet sind auch nicht mehr alle Werbeträger (z.B. Fernsehen) sinnvoll.

Werbebotschaft: Jede Kommunikation enthält eine Information, die der Sender (Verkäufer) dem Empfänger (möglicher Kunde) mitteilen möchte. Der Inhalt bei der absatzpolitischen Kommunikation heißt **Werbebotschaft**, z. B. „Fahrrad fahren hält fit". Die Werbebotschaft soll beim möglichen Kunden ein gewünschtes Verhalten – meist den Kauf einer Unternehmensleistung – auslösen. Da die Werbebotschaft das zentrale Element der Absatzwerbung ist, schalten viele Unternehmen professionelle Werbeagenturen ein, um die Inhalte möglichst wirkungsvoll und zielgerichtet zu formulieren und zu gestalten.

Werbemittel und Werbeträger: Mit der Festlegung der Werbemittel und -träger bestimmt das Unternehmen, auf welche Weise die Informationen dem Kunden vor-gestellt werden sollen. Transportiert wird die Botschaft mithilfe eines **Werbemittels**, z. B. eines Fernsehspots. Werbemittel enthalten die eigentliche Werbebotschaft und sind gekennzeichnet durch Schrift, Bild oder Sprache. Damit die Werbebotschaft die möglichen Kunden auch erreicht, benötigt man ein Medium, das die mithilfe eines Werbemittels gestaltete Werbebotschaft an mögliche Kunden transportiert. Diese Medien heißen **Werbeträger**. Jedes Werbemittel hängt mit einem passenden Werbe-träger zusammen: Werbebotschaft, Werbemittel und Werbeträger müssen unbedingt zielgruppengerecht aufeinander abgestimmt werden, um eine optimale Wirkung zu erzielen. Ein Produkt, das als Zielgruppe ältere Menschen anspricht, über einen Wer-bespot bei Viva erreichen zu wollen, wäre z. B. unpassend.

Beispiel Die Fly Bike Werke GmbH wirbt für das neue Mountainbike 700. Die Fachzeitschrift „My Bike" spricht die Zielgruppe „Radsportler" an. Anzeigentext und Grafik wurden deshalb bewusst dynamisch-sportlich gestaltet.

Pink Rockers Mountainbike

nur 380,–

Drive your Style!

Werbebotschaft: Text | **Werbemittel:** Anzeige | **Werbeträger:** Fachzeitschrift

---

Streuzeit: Die Streuzeit gibt an, zu welchem Zeitpunkt und wie lange die Werbung in dem entsprechenden Medium erscheinen soll. Die richtige Wahl des Werbezeit-punktes kann den Werbeerfolg maßgeblich beeinflussen. So hätte es z. B. wenig Sinn, bereits im Juni für weihnachtliche Geschenkpapiere zu werben.

Werbeerfolgskontrolle, vgl. **6.1.6**

Werbeerfolg messen: Werbung ist erst dann erfolgreich, wenn die festgelegten Wer-beziele erreicht werden konnten. Jedes Unternehmen sollte dies nach dem Ende der Werbeaktion überprüfen.

6.1.4 *Werbeträger auswählen*

Um über die **Kosten eines Werbeträgers** eine bessere Aussage treffen zu können, wird häufig auf den Tausenderpreis zurückgegriffen. Diese Kennzahl gibt an, wie teuer eine Werbemaßnahme ist, um 1.000 Personen per Sicht- und/oder Hörkontakt anzusprechen.

$$\text{Tausenderpreis:} \quad \frac{\text{Preis je Seite}}{\text{Leser pro Ausgabe}} \cdot 1.000$$

Beispiel Angenommen, die Preisliste des „Stern" weist einen Seitenpreis von 49.300,00 € aus. Laut Brancheninformationen hat die Zeitschrift durchschnittlich 7,2 Mio. Leser pro Ausgabe. Der Tausenderpreis lässt sich wie folgt ermitteln:

$$\frac{49.300\ €}{7.200.000} \cdot 1.000 = 6,84\ € / 1.000\ \text{Leser}$$

Bei der Werbung für ein Herrenrennrad der Fly Bike Werke GmbH könnte die Zielgruppe „Männer mit überdurchschnittlichem Einkommen" umfassen. Das Design wird dann passend zur Zielgruppe festgelegt, denn nur diese ist für unsere Werbemaßnahme interessant. Entsprechend ist es sinnvoll, beim Kostenvergleich nicht alle Leser, sondern **nur die Leser der Zielgruppe** zu betrachten:

$$\text{Qualitativer Tausenderpreis:} \quad \frac{\text{Preis je Seite}}{\text{Leser unserer Ziel-}\atop\text{gruppe pro Ausgabe}} \cdot 1.000$$

 Beispiel Wenn wir davon ausgehen, dass 61 % der Leser des „Stern" der Zielgruppe angehören, ergibt sich:

$$\frac{49.300\ €}{0,61 \cdot 7.200.000} \cdot 1.000 = 11,22\ € / 1.000\ \text{Leser der Zielgruppe}$$

Unter Aspekten des Vergleichs der Kosten müsste immer der Werbeträger mit dem günstigsten qualitativen Tausenderpreis gewählt werden. Zu beachten ist jedoch, dass der Tausenderpreis nur einen Kostenvergleich erlaubt. Mit Sicherheit erreicht man z. B. über den „Playboy" viele Männer, ob diese Zeitschrift aber unter qualitativen Gesichtspunkten (z. B. Imagetransfer) geeignet wäre, ist durch den Tausenderpreis nicht geklärt. Die gleichen Kosten- und Imagebetrachtungen gelten auch innerhalb anderer Werbemedien, z. B. Fernsehen, Hörfunk und Internet.

In der Online-Werbung spricht man statt vom Tausenderpreis von den „Cost per Click". Im Rahmen von Cost-per-Click wird nur dann eine Zahlung fällig, wenn eine Person tatsächlich auf eine geschaltete Werbung (z. B. Werbebanner) klickt und somit auf die Seite des Werbetreibenden weitergeleitet wird. Für das reine Veröffentlichen einer Werbeanzeige wird nicht gezahlt. Die Höhe des Preises wird zumeist nach dem Prinzip des Meistbietenden bestimmt. Die Werbeplätze sind begrenzt und dies bedeutet, je mehr ein Unternehmen für einen Klick bezahlt, desto besser wird das Werbemittel auf der Seite platziert.

6.1.5 Grundsätze der Werbung

Fehlen einer zugesicherten Eigenschaft als Kaufvertragsstörung, vgl. **TAF 11.2, 3.1**

Werbung soll Aufmerksamkeit erregen, um dadurch Kaufwiderstände zu reduzieren bzw. Kaufwünsche auszulösen. Um zu verhindern, dass um der Aufmerksamkeit willen übertriebene oder bewusst falsche Aussagen gemacht werden, sollten sich Unternehmen an bestimmte Grundsätze halten.

Werbegrundsätze	
Wirksamkeit	Werbung muss zielgruppengerecht entwickelt werden, um einen möglichst großen Erfolg zu erzielen. Streuverluste sind zu vermeiden.
Wahrheit und Klarheit	Werbung darf keine falschen oder irreführenden Angaben zu den angepriesenen Leistungen machen. Zwar sollen die Waren im positiven Licht erscheinen, dies darf aber nur in sachlich einwandfreiem Rahmen geschehen.
Wirtschaftlichkeit	Werbung muss immer in einem wirtschaftlichen Verhältnis zu dem erzielten Erfolg stehen. Das heißt, der zusätzliche Erfolg (z. B. Umsatzwachstum) muss deutlich höher sein als die Werbekosten.
gesellschaftliche Akzeptanz	Werbung sollte gesellschaftliche Wertvorstellungen nicht missachten oder Minderheiten zwecks Effekthascherei missbrauchen (Moral). Auch das Beachten von Gesetzen (Gesetz gegen den unlauteren Wettbewerb) gehört natürlich dazu.

Aktuelle Beispiele gerügter Werbung sind unter www.werberat.de zu finden.

Nicht alle Unternehmen halten sich an diese Werbegrundsätze. Deshalb hat die Werbebranche freiwillig ein Kontrollgremium installiert, den **deutschen Werberat**. Dieses Gremium prüft und ahndet besonders weit reichende Verstöße gegen die Werbegrundsätze. Besonders häufig werden dabei sexistische Werbungen gerügt. Beispielsweise hat ein Händler von Tierfutter mit einer fast nackten Frau und dem Begriff „Frischfleisch" Werbung betrieben. Selbstverständlich ist es schwierig, für derartige Verstöße gegen Werbegrundsätze bei dem Werbetreibenden die Bildrechte zur Veröffentlichung zu erhalten. Juristische Konsequenzen haben die Ahndungen des Werberates jedoch nicht. Zum Schutz von Mitbewerbern und Verbrauchern hat der Gesetzgeber ein **Gesetz gegen unlauteren Wettbewerb (UWG)** erlassen.

UWG, vgl. **6.6**

> **Beispiel** Das italienische Textilunternehmen Benetton ist schon seit langer Zeit bekannt für provokante Werbung. Die unten stehende Werbung aus den 90er-Jahren erreichte durch einen „Schockeffekt" Aufmerksamkeit, steht allerdings völlig im Einklang mit den Werbegrundsätzen.

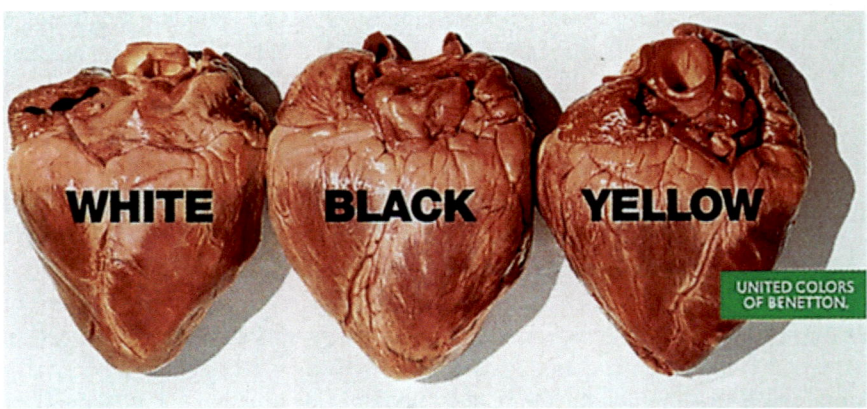

6.1.6 Werbeerfolgskontrolle

AB → Lernsituation 43

Da jede Werbung Kosten verursacht, sollte geprüft werden, ob die Werbung tatsächlich zur Erfolgsverbesserung beigetragen hat. Das Problem der Werbeerfolgskontrolle besteht darin, dass man nicht genau feststellen kann, ob die durchgeführte Werbung die (alleinige) Ursache für beobachtete Entwicklungen ist oder ob auch andere Faktoren (z. B. Preis, Konkurrenz, Zufall) einen Einfluss hatten. Es kann schließlich nicht ermittelt werden, wie groß z. B. der Umsatz ohne Werbemaßnahmen gewesen wäre. Dennoch wird der Werbeerfolg grundsätzlich auf zwei Arten kontrolliert:

Ökonomische Werbeerfolgskontrolle: Der Werbeerfolg wird in Bezug auf Messgrößen überprüft, die den ökonomischen Erfolg des Unternehmens direkt bestimmen.

	Kennzahlen der ökonomischen Werbeerfolgskontrolle

Werbeerfolg:	$\dfrac{\text{Umsatz}}{\text{(nach der Werbemaßnahme)}} - \dfrac{\text{Umsatz}}{\text{(vor der Werbemaßnahme)}}$
Werberendite:	$\dfrac{\text{Werbeerfolg (Umsatzzuwachs)}}{\text{Werbekosten}}$ Ist die Werberendite > 100 %, ist der Umsatzzuwachs also größer als die durch die Werbung entstandenen Kosten, kann die Werbung als erfolgreich bewertet werden.
Marktanteil:	$\dfrac{\text{Umsatzwachstum}}{\text{Gesamtumsatz des Marktes}}$

Kennzahlen der ökonomischen Werbeerfolgskontrolle

Außerökonomische Werbeerfolgskontrolle: Überprüft wird die Erreichung von psychologischen Werbezielen einer Kampagne. Dabei können Wahrnehmung, Verarbeitung und Verhaltensänderung unterschieden werden.

Aufmerksamkeitsgrad:	$\dfrac{\text{Zahl der von der Werbung Angesprochenen}}{\text{Zahl der Umworbenen (Zielgruppe)}}$
Erinnerungserfolg:	$\dfrac{\text{Zahl der sich an die Werbung Erinnernden}}{\text{Zahl der Umworbenen}}$
Auftragseingangsquote:	$\dfrac{\text{Zahl der tatsächlichen Käufer}}{\text{Zahl der Umworbenen (Zielgruppe)}}$

Kennzahlen der außerökonomischen Werbeerfolgskontrolle

Beispiel Nach dem Versand von 15.500 Coupons wurden im August 2.190 Prospekte zum neuen Mountainbike angefordert. Der Umsatz stieg in diesem Monat um 18.200,00 €, die Werbekosten betrugen 12.300,00 €.

$$\text{Werberendite} = \frac{18.200}{12.300} \cdot 100 = 147,97 \ (147,97\,\%)$$

$$\text{Aufmerksamkeitsgrad} = \frac{2.190}{15.500} \cdot 100 = 14,13 \ (14,13\,\%)$$

Gemessen an diesen Kennzahlen war die Werbung erfolgreich, wenngleich auch keine eindeutigen Rückschlüsse auf die Auslöser der Entwicklung möglich sind.

6.2 Verkaufsförderung (Salespromotion)

Beispiel Die Fly Bike Werke GmbH startet jedes Jahr im Frühling eine „BikingTour". Auf dieser Promotiontour werden die aktuellen Modelle des Jahres in Sportfachgeschäften und großen Einkaufszentren vorgestellt. Es gibt ein Rahmenprogramm mit Getränken, Gewinntombola und prominenten Radsportlern. Speziell geschulte Teammitglieder verwickeln dabei Kunden und Passanten in Verkaufsgespräche und bieten Probefahrten auf den verschiedenen Rädern an. Letztlich versuchen sie, möglichst viele Räder im Rahmen der „BikingTour" zu verkaufen.

Mitarbeiter des „Biking-Teams" der Fly Bike Werke GmbH im Gespräch mit einer Kundin

Im Gegensatz zur Absatzwerbung, die eher langfristig ausgerichtet ist, hat die Verkaufsförderung einen **kurzfristigen Charakter** und ist zeitlich eng begrenzt. Besonderes Kennzeichen der Verkaufsförderung ist die möglichst direkte Kommunikation mit dem Kunden, wobei der schnelle Absatzerfolg gesucht wird.

Häufig werden Maßnahmen der Verkaufsförderung auch durch die Produkthersteller, insbesondere von Markenartikeln, durchgeführt. Aber auch größere Handelsorganisationen und der Einzelhandel greifen auf die verschiedenen Möglichkeiten der Verkaufsförderung zurück. Je nachdem, wer durch die Aktion angesprochen wird, unterscheidet man drei Arten der Verkaufsförderung:

Arten der Verkaufsförderung

Kundenpromotion	Händlerpromotion	Mitarbeiterpromotion
Angesprochen werden Kunden bzw. Endverbraucher, um den Absatz kurzfristig zu steigern.	Am Verkauf beteiligte Personen (Einzelhändler, Verkäufer) erhalten Unterstützungsmaßnahmen, um die Waren bevorzugt zu empfehlen und zu verkaufen.	Zielgruppe ist der eigene Vertrieb, z. B. Außendienstmitarbeiter bzw. Reisende
– Produktvorführungen, Verkostungen – Aktionen mit Prominenten – Gewinnspiele, Gutscheine, Preisausschreiben – Tag der offenen Tür, Jubiläumsveranstaltungen	– Schulungen – Prämiensysteme – Informations- und Werbematerial – Verkaufsdisplays	– Schulungen – Prämien – Prospekte

Vorteile der Verkaufsförderung:
- gezielte Kundenauswahl
- direkte Ansprache
- schnelle Wirkung
- subtile Form der Beeinflussung durch direkten Kontakt

Nachteile der Verkaufsförderung:
- geringe Streubreite
- nicht bei allen Waren und Zielgruppen einsetzbar
- hoher Arbeitsaufwand, hohe Kosten

6.3 Öffentlichkeitsarbeit (Public Relations)

Beispiel Seit vielen Jahren unterstützt die Fly Bike Werke GmbH verschiedene Kindergärten in der Umgebung. Jeder dieser Kindergärten erhält jährlich ein Kinderfahrrad im Rahmen einer Kinderparty geschenkt. Zu dieser Kinderparty werden auch Reporter der Lokalpresse eingeladen, die am nächsten Tag über die Veranstaltung in der Tageszeitung berichten.
Außerdem veranstaltet die Fly Bike Werke GmbH jedes Jahr im Mai einen „Tag der offenen Tür" mit einem Sicherheitsparcours für Fahrräder. Alle Interessierten können das Werk besichtigen und Fragen zur Produktion stellen. Ein Verkauf findet am „Tag der offenen Tür" nicht statt.

Unter Öffentlichkeitsarbeit (Public Relations) versteht man Kommunikationsmaßnahmen, die Informationen zur Imagepflege des Unternehmens transportieren und nicht direkt auf eine Absatzerhöhung ausgerichtet sind. Diese Art der Kommunikation ist nicht auf bestimmte Warengruppen oder Artikel bezogen. Im Mittelpunkt steht **das Unternehmen als Ganzes**. Die Öffentlichkeitsarbeit hat damit eine eher indirekte Wirkung auf den Unternehmenserfolg.

Maßnahmen der Öffentlichkeitsarbeit können z. B. sein:
- Betriebsbesichtigungen
- Unterstützung gemeinnütziger Einrichtungen (z. B. Kindergärten, Seniorenwohnheime, Krankenhäuser, Umweltschutzorganisationen)
- Pflege und Gestaltung der Firmen-Homepage
- Informationsmaterial für Schulen

Unabhängig von der konkreten Maßnahme soll die Öffentlichkeitsarbeit bei **allen Marktpartnern** ein positives Bild vom Unternehmen bewirken.

6.4 Sonderformen der Kommunikationspolitik

Neben den dargestellten absatzpolitischen Kommunikationsinstrumenten können Unternehmen weitere Varianten der Kommunikation einsetzen. Diese zusätzlichen Formen sind insofern besonders, da sie entweder sehr teuer oder nur begrenzt einsetzbar sind.

Productplacement

Beim Productplacement werden Produkte in Filmen oder in Fernsehsendungen gezielt wiederholt im Bild gezeigt. Für den Zuschauer soll das Erscheinen des Produktes wie ganz selbstverständlich aussehen. In Wirklichkeit haben Unternehmen jedoch häufig gegen Bezahlung ihr Produkt im Film platziert. Große Städte bezahlen dafür, dass Filme auf ihrem Gemeindegebiet vor touristisch attraktiven Kulissen gedreht werden (z. B. Brandenburger Tor, Kölner Dom, Skyline Frankfurt/Main).

Productplacement im Kinofilm Transporters 3 mit Jason Statham aus dem Jahr 2008

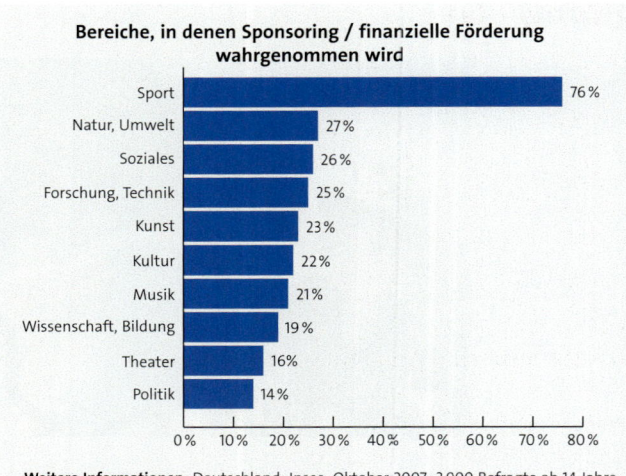

Bereiche, in denen Sponsoring / finanzielle Förderung wahrgenommen wird

Bereich	Prozent
Sport	76 %
Natur, Umwelt	27 %
Soziales	26 %
Forschung, Technik	25 %
Kunst	23 %
Kultur	22 %
Musik	21 %
Wissenschaft, Bildung	19 %
Theater	16 %
Politik	14 %

Weitere Informationen: Deutschland; Ipsos; Oktober 2007; 3 000 Befragte ab 14 Jahre
© Statista 2016/Ipsos

Sponsoring

Fördern Unternehmen Veranstaltungen, Organisationen, Gruppen oder einzelne (prominente) Personen, so spricht man von Sponsoring. Unterstützt werden überwiegend sportliche, aber auch kulturelle, soziale oder umweltbezogene Projekte. Neben der Förderung durch Geldmittel kann der Sponsor (Förderer) auch Sachmittel zur Verfügung stellen. Der Unterstützte muss dafür eine Gegenleistung erbringen, z.B. den Unternehmensnamen auf dem Hemd tragen.

Beim Sponsoring steht vor allem eine langfristige Verbesserung des Unternehmensimages im Vordergrund. Eine direkte Absatzsteigerung wird nicht angestrebt.

Direktmarketing

Beim Direktmarketing versucht das Unternehmen durch die direkte Ansprache eines möglichen Kunden sofort auch eine entsprechende Antwort zu erhalten. Das Direktmarketing ist eine Vorstufe zum Direktvertrieb und beinhaltet eine Vielzahl von Möglichkeiten zur Umsetzung. So ist z.B. Telefonmarketing über sogenannte Callcenter ein praktikables Mittel, um von potenziellen Kunden im persönlichen Telefongespräch Informationen zu erhalten und auf spezielle Bedürfnisse einzugehen und ggf. auch direkt zu verkaufen.

6.5 Online-Marketing

Online-Marketing ist ein sehr dynamischer und schnelllebiger Bereich. Da Online-

 Beispiel Sylvia Dogan, zuständig in der Fly Bike Werke GmbH fürs Marketing, unterhält sich mit der Auszubildenden Bettina Lotto.

Bettina: Ich denke, dass die Fly Bike Werke GmbH das Internet mehr nutzen müsste. Gerade weil wir die junge Zielgruppe ansprechen möchten.

Fr. Dogan: Wir hatten ja schon darüber gesprochen, dass Online-Shops bei beratungsintensiven Produkten problematisch sein können.

Bettina: Ich meine ja auch gar nicht die Vertriebspolitik. Wenn ich bedenke, wie viel Zeit ich bei YouTube und Facebook verbringe … Da müsste die Fly Bike Werke GmbH eigentlich aktiv sein. Schließlich gehöre ich zur Zielgruppe.

Marketing sich mit dem Web stetig weiterentwickelt, werden in Zukunft immer wieder neue Teildisziplinen entstehen. Wichtig ist dabei, dass Werbetreibende nicht immer nur eine Methode für ihre Maßnahmen in Betracht ziehen, sondern entsprechend ihrer Zielsetzung verschiedene Marketingformen optimal miteinander kombinieren.

*Online-Marktforschung und Data-Mining, vgl. **2.5***

Online-Marketing zeigt seine Stärken gegenüber klassischen Marketingformen vor allem bei der genauen Zielgruppenansprache und bei der Auswertung von Werbemaßnahmen. Denn die digitalen Datenströme können sehr gut analysiert und für Optimierungen genutzt werden.

6.5.1 Möglichkeiten des klassischen Online-Marketings

Klassische Werbemaßnahmen, wie z. B. Plakate, Fernsehspots oder Postwurfsendungen, können im Internet vergleichbar, aber kostengünstiger und mit ergänzenden technischen Möglichkeiten umgesetzt werden. Zu diesen Maßnahmen gehören Banner-Werbung, Pop-ups und E-Mail-Werbung. Daneben gehören zum Online-Marketing auch weitere Maßnahmen, die durch die neuen Medien erst ermöglicht werden, z. B. Targeting und Suchmaschinenoptimierung.

Banner-Werbung

Banner können in unterschiedlichen Formaten und in unterschiedlichen Ausführungen auftreten. Durch das Anklicken des Banners gelangt der potenzielle Kunde zum Internetauftritt des werbenden Unternehmens. Das Problem bei dieser Art der Online-Werbung ist, dass die User sie kaum noch wahrnehmen. Dies ist unter anderem auf die Überschwemmung vieler Internetseiten mit Bannern zurückzuführen.

Pop-ups

Hier öffnet sich automatisch ein zusätzliches Fenster, das die eigentliche Webseite überlagert (Pop-up). Diese Pop-ups können Anzeigen oder kleine Werbevideos beinhalten. Allerdings ist inzwischen Software, die diese Pop-up-Werbung unterdrückt, weit verbreitet.

E-Mail-Werbung

E-Mail-Werbung umfasst jeglichen Kontakt per E-Mail. Mit regelmäßigen Newslettern kann der Kunde an das Unternehmen gebunden werden. Ebenso können einzelne Mailings auf Aktionen oder Neuigkeiten des Unternehmens aufmerksam machen.

Targeting

Targeting beinhaltet zielgruppengenaue oder sogar individualisierte Marketing-Maßnahmen. Wichtigste Voraussetzung ist neben der Zielgruppenbestimmung die technische Möglichkeit, diese Zielpersonen herauszufinden. Hierfür stehen im Internet moderne Technologien zur Verfügung. So können z. B. je nach Region, Tageszeit, verwendetem technischem Gerät oder auch dem bisherigen individuellen Surfverhalten verschiedene Werbeanzeigen geschaltet und somit Streuverluste minimiert werden.

Targeting
(engl.) target = Ziel

> **Beispiel** Ein Restaurant lässt seine bezahlte Werbung immer dann einblenden, wenn ein Internetnutzer an einem Gerät (PC oder Smart-Phone) im Umkreis von 5 km um das Restaurant herum das Suchwort „Restaurant" in Google eingibt.

Suchmaschinenoptimierung

Unter dem Begriff der Suchmaschinenoptimierung (engl. Search Engine Optimization, SEO) fasst man alle Maßnahmen zusammen, die das Ziel haben, die eigene Webseite möglichst weit oben in den unbezahlten Ergebnissen der Suchmaschinen (z. B. bei Google) zu platzieren. Dabei verändern Suchmaschinen häufig die Kriterien, die das sog. Ranking ergeben. Die Optimierung muss also permanent angepasst werden.

Bei der Suchmaschinenoptimierung wird u. a. versucht, bestimmte gängige Schlagworte (Keywords) in die Texte einzubauen, nach denen häufig gesucht wird. Daneben werden vielfältige weitere bewusste Optimierungen durchgeführt, um das Ranking zu beeinflussen. Zunehmend nehmen auch die mobilen Endgeräte (z. B. Smartphones) einen wichtigen Platz ein. Suchmaschinen listen Seiten niedriger, die nicht darauf angepasst sind. Relevant ist auch, wie viele Seiten auf die gewünschte Webseite verweisen (verlinken). Hier gibt es z. B. Tauschbörsen („Setzt du einen Link, setze ich auch einen.") zur Linkoptimierung.

Unternehmen betreiben mehr Online-Marketing – aber nicht mit klassischer Werbung
Anteil der IKT-Unternehmen, die ihre Ausgaben für Online-Marketing erhöhen bzw. reduzieren wollen

■ reduzieren ■ erhöhen

Anteil des Marketingbudgets, der für Online-Aktivitäten ausgegeben wird

	reduzieren	erhöhen
Mobile Marketing	5%	65%
SEO	3%	62%
Eigene Website	3%	53%
Soziale Netzwerke	4%	51%
Klassische Onlinewerbung	27%	25%

2013 24%

2015 31%

Quelle: Bitkom

Frankfurter Allgemeine statista

AB → Lernsituation 44 **6.5.2 Social Media Marketing**

Im Rahmen von Social Media Marketing werden soziale Netzwerke wie Facebook, YouTube oder Twitter genutzt, um die Bekanntheit des Unternehmens bzw. eines Produktes zu erhöhen.

Modernes Marketing entwickelt sich dabei vom Massenmarketing zum Beziehungsmarketing. Dies legt den Fokus nicht mehr nur auf die einseitige Kommunikation der Werbung an den Kunden, sondern auf den Dialog mit dem Kunden.

Influencer
von influence (engl.) = Einfluss; in den sozialen Medien sehr bekannte Person mit großer Gefolgschaft, vgl. 2.5

Der Kunde soll Freude am Dialog mit dem Unternehmen haben, seine Meinung äußern, mitreden, Produkte beurteilen und evtl. sogar mitgestalten. Ein guter Kundendialog trägt maßgeblich zur Kundenzufriedenheit bei und festigt die Kundenbindung. Dabei wird zusätzlich versucht, sogenannte **Influencer** für sich zu gewinnen und damit die Zielgruppe zu beeinflussen.

Beispiel Die Fly Bike Werke GmbH hat einem Blogger mit einem sehr bekannten Mountainbike-Blog das neue Mountainbike und Informationsmaterial kostenlos zur Verfügung gestellt. Der Blogger hat daraufhin einen sehr positiven Artikel über das Mountainbike veröffentlicht. Dies ist eine hervorragende Werbung für die Fly Bike Werke GmbH, da der Blogger als sehr kompetent und glaubwürdig gilt.

6.6 Rechtliche Rahmenbedingungen der Werbung

Das **Gesetz gegen den unlauteren Wettbewerb (UWG)** setzt geschäftlichen Handlungen, besonders aber Werbemaßnahmen, rechtliche Grenzen. Wenn Werbung diese verletzt, können Unterlassungs- und Schadensersatzansprüche oder sogar strafrechtliche Konsequenzen entstehen. Damit sollen Unternehmen abgeschreckt werden, die sich durch unlauteres oder irreführendes Verhalten einen Wettbewerbsvorsprung verschaffen wollen.

unlauter
nicht ehrlich, nicht fair

Das zuletzt am 17.02.2016 veränderte UWG beginnt mit der Definition des gesetzlichen Schutzzwecks.

---

§ 1 UWG Zweck des Gesetzes
Dieses Gesetz dient dem Schutz der Mitbewerber, der Verbraucherinnen und der Verbraucher sowie der sonstigen Marktteilnehmer vor unlauteren geschäftlichen Handlungen. Es schützt zugleich das Interesse der Allgemeinheit an einem unverfälschten Wettbewerb.

In den Paragrafen des UWG werden verschiedene geschäftliche Handlungen aufgezählt, die zu unterlassen sind.

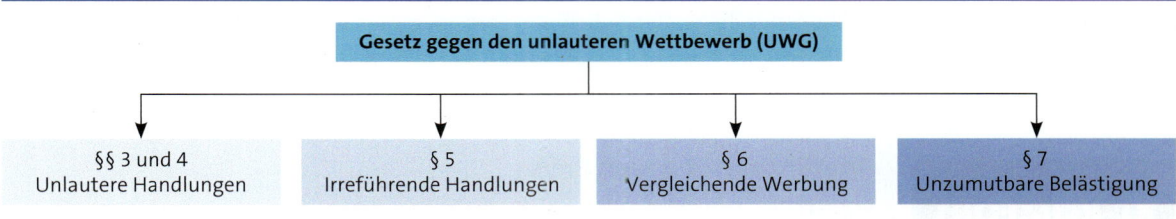

Gesetz gegen den unlauteren Wettbewerb (UWG)			
§§ 3 und 4 Unlautere Handlungen	§ 5 Irreführende Handlungen	§ 6 Vergleichende Werbung	§ 7 Unzumutbare Belästigung

6.6.1 Unlautere Handlungen

§§ 3 und 4 UWG enthalten Beispiele für unlautere geschäftliche Handlungen sowohl zum Schutz der Verbraucher als auch zum Schutz der Mitbewerber. Verboten sind dabei zu allererst unwahre Angaben. Zudem ist die Werbung verboten, die auf den Kunden **psychologischen Druck** ausübt und ihn so in seiner Entscheidungsfreiheit beeinträchtigt. Wer also mit Werbung den Kunden belügt, ängstigt oder bedroht, handelt unlauter. Ebenso verboten sind Werbemaßnahmen, die geeignet sind, die **geschäftliche Unerfahrenheit** von Kindern und Jugendlichen oder bestehende **Zwangslagen** von Verbrauchern auszunutzen.

Im Anhang zu § 3 UWG findet sich außerdem eine „schwarze Liste" mit 30 stets unzulässigen Handlungen gegenüber Verbrauchern.

Beispiel „Lassen Sie nicht noch mehr unschuldige Kinder sterben! Mit jedem Einkauf bei der UWG GmbH helfen Sie den hungernden Kindern in Afrika."

Product Placement vgl. **6.4**

unlauterer Wettbewerb gegenüber Mitbewerbern

Wer den Werbecharakter einer Wettbewerbshandlung verschleiert, handelt unlauter. Verboten ist in diesem Zusammenhang z. B. die sogenannte **Schleichwerbung**. Darunter versteht man eine Form der getarnten Werbung, bei der die Beworbenen nicht auf Anhieb oder überhaupt nicht erkennen können, dass es sich um eine Werbung handelt. Während Productplacement bei entsprechenden Hinweisen durchaus genutzt werden kann, ist die „Verschleierung" von Werbung grundsätzlich unzulässig.

Unlauter handelt außerdem, wer

- die Kennzeichen, Waren, Dienstleistungen, Tätigkeiten oder die persönlichen oder geschäftlichen Verhältnisse eines Mitbewerbers **herabsetzt oder verunglimpft**,
- über das Leistungsangebot, die Person des Unternehmers oder über ein Mitglied der Unternehmensleitung Unwahrheiten verbreitet, die den Betrieb des Unternehmens oder den Ruf des Unternehmers schädigen können, oder
- Mitbewerber gezielt behindert.

6.6.2 Irreführende Handlungen

Eine Werbung ist irreführend, wenn sie bei der Mehrzahl der Verbraucher eine falsche Vorstellung über eine Ware oder eine Dienstleistung hervorruft und diese Vorstellung für die Kaufentscheidung ausschlaggebend ist. Irreführung kann auch darin bestehen, wesentliche Informationen zu verschweigen, z. B.: zusätzliche Kosten oder Gesundheitsrisiken.

Irreführung über den Preis

Die Werbung mit Begriffen wie Discountpreis, Gelegenheitspreis, Tiefpreis usw. ist nur dann zulässig, wenn das Preisniveau tatsächlich deutlich unter dem der Mitbewerber liegt.

Bei einem unzulässigen **Mondpreis** wird absichtlich ein überhöhter Ausgangspreis angegeben, der nie oder nur sehr kurz verlangt wurde. Diese überhöhte Preisangabe wird genutzt, um dem Kunden einen besonders hohen Preisnachlass vorzutäuschen.

Lockvogelwerbung

Bei der Lockvogelwerbung werden Kunden mit besonders günstigen Angeboten angelockt. Dann stellt sich jedoch heraus, dass das Angebot „gerade ausverkauft" ist. Unzulässig ist also, wenn ein Angebot nicht in angemessener Menge zur Befriedigung der zu erwartenden Nachfrage zur Verfügung steht. Als angemessen gilt im Regelfall ein Vorrat für zwei Tage.

Zulässige Preisauszeichnung?

> **Beispiel** Ein Papierhersteller wirbt per E-Mail für einen besonders günstigen Posten Kopierpapiere. Als sich die Fly Bike Werke GmbH noch am selben Tage entschließt, auf dieses Angebot einzugehen, und eine größere Menge bestellt, muss sie erfahren, dass bereits der gesamte Posten verkauft ist. Alternativ wird ihr Kopierpapier zu regulären Preisen angeboten.

Werbung mit Testurteilen

Ein gutes oder sehr gutes Testergebnis z. B. der Stiftung Warentest ist sehr werbewirksam und wird deshalb gerne verwendet. Unternehmen, die mit dem Qualitätsurteil und dem Markenzeichen der Stiftung Warentest werben möchten, müssen einen kostenpflichtigen Lizenzvertrag abschließen. Es gelten dabei strenge Regeln, die eine zutreffende und lautere Werbung sicherstellen sollen. Unzulässig ist die Werbung mit Ergebnissen, die es nicht gibt, die veraltet sind oder wenn sich der Artikel oder seine Zusammensetzung seit der Durchführung des Tests verändert hat.

Werbung mit einem Testergebnis der Stiftung Warentest

> **Beispiel** Ein DVD-Player wird mit dem Testurteil „gut" beworben. Im Test waren 15 DVD-Player. Davon wurden acht mit „sehr gut", sechs mit „gut" und einer mit „befriedigend" beurteilt.

Mogelpackungen

Eine Mogelpackung ist eine Verpackung, deren Gestaltung oder übertrieben große Abmessungen mehr Inhalt vortäuschen, als die Packung tatsächlich enthält. Der Verbraucher wird so über die tatsächlich enthaltene Füllmenge getäuscht.

> **Beispiel** Ein Cremetiegel enthält einen großen Hohlraum zwischen Innen- und Außenbehälter. Die Füllmenge beträgt 80 ml, der Hohlraum 95 ml.

Umweltwerbung (Biowerbung)

Bei der Umweltwerbung werden emotionale Bereiche, wie z. B. die Sorge um die eigene Gesundheit, angesprochen. Bei der Biowerbung sind allgemeine Aussagen zu vermeiden, weil ein Produkt nie in jeder Hinsicht umweltfreundlich sein kann, sondern höchstens die Umwelt geringer belastet.

> **Beispiel** Eine Werbung für einen Haushaltsreiniger lautet: „Kaufen Sie unseren neuen Allzweckreiniger Cleany und die Natur wird es Ihnen danken. Es gibt keinen besseren Umweltschutz!"

Die unrechtmäßige Verwendung von Gütesiegeln wie dem hier abgebildeten Bio-Siegel nach EG-Öko-Verordnung ist unzulässig. Die Verwendung von Begriffen wie „natürlich", „naturrein" oder „Bio" ist nur dann zulässig, wenn der so beworbene Artikel bestimmten Ansprüchen genügt. Diese werden bei Biosiegeln von der EU bzw. von der verleihenden Organisation festgelegt.

6.6.3 *Vergleichende Werbung*

Bei der vergleichenden Werbung werden Waren und Dienstleistungen eines Konkurrenten mit dem eigenen Angebot verglichen. Diese Art der Werbung ist grundsätzlich zulässig. Sie ist allerdings verboten, wenn der Vergleich irreführend, herabsetzend oder verunglimpfend ist. Es dürfen nur nachprüfbare und typische Wareneigenschaften verglichen werden. Durch die Werbung darf es nicht zu Verwechselungen mit Mitbewerbern oder mit deren Angebot kommen.

§ 6 UWG

6.6.4 Unzumutbare Belästigung

§ 7 UWG

Von einer unzumutbaren Belästigung ist auszugehen, wenn erkennbar ist, dass der Empfänger die Werbung nicht wünscht. Dies gilt insbesondere bei einer Direktwerbung durch Telefonautomaten, per Fax oder E-Mail (Spam), ohne dass eine Einwilligung des Empfängers vorliegt. Für (persönliche) Anrufe bei Verbrauchern muss ebenfalls eine ausdrückliche Einwilligung vorliegen; bei Telefonaten mit anderen Marktteilnehmern ist deren mutmaßliche Einwilligung ausreichend.

> **Beispiel** Eine Briefkastenwerbung mit Handzetteln ist unzulässig, wenn auf dem Briefkasten der Hinweis „keine Werbung" angebracht ist.

Hier ist Briefkastenwerbung unzulässig!

Zulässig ist diese Form der Werbung nur, wenn der Kunde vorher sein Einverständnis erklärt hat und die Identität des Absenders klar zu erkennen ist. Eine Werbung per E-Mail ist außerdem zulässig, wenn der Kunde mit dem Werbenden bereits früher wegen einer ähnlichen Leistung in Kontakt getreten ist.

> **Beispiel** Die Praktikantin Melanie Klein hat verschiedene Fachbücher bestellt und dabei ihre E-Mail-Adresse angegeben. Der Buchversandhandel darf Cornelia nun Werbung für Bücher per E-Mail zusenden. Cornelia kann aber jederzeit widersprechen, wenn sie diese Art der Werbung nicht wünscht.

6.6.5 Rechtsfolgen bei Wettbewerbsverstößen

Um Unternehmen davon abzuschrecken, bei Werbemaßnahmen Gebrauch von unlauteren Methoden zu machen, sieht das UWG bei Verstößen entsprechende Strafen vor. Zunächst kann der Wettbewerbsverletzer durch eine sogenannte Abmahnung verpflichtet werden, die wettbewerbswidrige Werbung zu beseitigen und zukünftig zu unterlassen sowie einen entstandenen Schaden zu ersetzen.

Folgende Inhaltspunkte sollten in der Abmahnung berücksichtigt werden:
1. Darstellung der unzulässigen Wettbewerbshandlung
2. rechtliche Begründung des wettbewerbswidrigen Verhaltens
3. Aufforderung, eine Unterlassungserklärung abzugeben
4. Zahlungsaufforderung für die entstandenen Kosten (zzt. ca. 150,00 €; bei Einschaltung eines Anwaltes ca. 800,00 €)
5. Verpflichtung zur Zahlung einer Vertragsstrafe im Wiederholungsfall

Zentrale zur Bekämpfung unlauteren Wettbewerbs e. V. www.wettbewerbszentrale.de

---

Unterlassungserklärung

Hiermit verpflichte ich mich gegenüber ... ,
es ab sofort zu unterlassen, im Wettbewerb handelnd
(Wettbewerbsverstoß eintragen), z. B. wie folgt zu inserieren
(Anzeigentext eintragen).

Ich sichere zu, dem/der ... bei jeder Zuwiderhandlung sofort eine
Vertragsstrafe in Höhe von ... € an ... zu zahlen.

_____
Ort   Datum   Unterschrift

Muster einer
Unterlassungserklärung

Zur Abmahnung berechtigt sind Mitbewerber, Wirtschafts- und Fachverbände, Wettbewerbszentralen, die IHK und die Handwerkskammern. Verbraucherzentralen dürfen ebenfalls gegen Wettbewerbsverstöße vorgehen, sofern Verbraucherinteressen betroffen sind. Sollte das Abmahnverfahren zu keinem Ergebnis führen, können die Wettbewerbsverstöße auf besonderen Antrag des Abmahnenden von der Staatsanwaltschaft verfolgt werden. Schwere Wettbewerbsverstöße können gemäß UWG mit einer Geldstrafe oder mit einer Freiheitsstrafe von bis zu zwei Jahren bestraft werden. Damit es bei Verstößen gegen das UWG und den daraus resultierenden Streitigkeiten nicht sofort zu Prozessen kommt, ist die **Einigungsstelle** bei der IHK um eine Schlichtung bemüht. Regelmäßig verstößt Werbung nicht explizit gegen das Gesetz, aber gegen gesellschaftliche oder ethische Wertvorstellungen. Das Risiko für solche Verstöße ist besonders deshalb hoch, weil Werbende beim Versuch, Aufmerksamkeit zu erzielen, häufig über das Ziel hinausschießen, z. B. bei Schockwerbung oder „Sex sells". Unternehmen können durch den Kaufverzicht der Konsumenten und den Imageverlust massiven Schaden erleiden. Schaden kann Unternehmen auch entstehen, wenn sie kulturelle Besonderheiten nicht berücksichtigen.

Beispiele gerügter Werbung veröffentlicht der deutsche Werberat: www.werberat.de

6.7 Interkulturelle Aspekte von Marketing

Unternehmen, die ihre Produkte international vermarkten, müssen bei der Erstellung ihrer Marketingkonzepte neben der Sprache auch die Kultur in den jeweiligen Zielländern berücksichtigen. Die Vernachlässigung von kulturellen Besonderheiten kann sehr schnell zu einem Flop führen. Ein Beispiel hierzu lieferte ein Wachmittelhersteller. Er zeigte eine einfache Werbebotschaft: links ein Berg schmutziger Wäsche, in der Mitte das Produkt und rechts die saubere Wäsche. In Europa hat die Kampagne gut funktioniert. Das große Aber kommt jedoch: In arabischen Ländern wird von rechts nach links gelesen! Auch wenn sich als Folge der Globa-

lisierung die Kulturen einander annähern, ist die kulturelle Vielfalt in der Welt immer noch sehr groß und es gibt nach wie vor beträchtliche kulturelle Unterschiede zwischen einzelnen Ländern. Das gilt selbst für Länder innerhalb der EU, obwohl man vielleicht vermuten würde, dass hier aufgrund ähnlicher Lebensbedingungen kaum Unterschiede bestehen.

> **Beispiel** Die Fluggesellschaft Air France kreierte eine Kampagne, die eine junge Frau auf einem Steg am See zeigt. Die Anzeige wurde sowohl in Europa als auch Asien veröffentlicht. Die Anzeigen für die beiden Kontinente unterscheiden sich in einem Detail: In der Anzeige für das europäische Publikum ist die Frau barfuß zu sehen, während sie in der Anzeige für die asiatischen Länder Ballerinas trägt ist. In vielen Ländern Asiens gilt die Zurschaustellung von nackten Füßen als obszön.

Der niederländische Sozialwissenschaftler Geert Hofstede hat insgesamt **fünf Kulturdimensionen** ermittelt, mit denen kulturelle Unterschiede messbar gemacht werden können.

Machtdistanz
Machtdistanz bezeichnet, inwieweit die Mitglieder von Organisationen, z. B. Unternehmen oder Gesellschaften, unterschiedliche Machtverhältnisse akzeptieren. In Kulturen mit hoher Machtdistanz gibt es klare hierarchische Strukturen. Es gilt als selbstverständlich, dass Höhergestellte Privilegien genießen und ihren Status durch Macht- und Statussymbole demonstrieren. In Ländern mit einer geringen Machtdistanz fühlen sich die Mitglieder einer Organisation weitgehend gleichgestellt, Statussymbole spielen hier eine geringe Rolle. Länder mit hoher Machtdistanz sind häufig

korruptionsanfälliger als solche mit geringer Machtdistanz. Länder mit einem geringen Bildungsniveau der Bevölkerung tendieren eher zu einer hohen Machtdistanz.

> **Beispiel** Länder mit einer hohen Machtdistanz sind Malaysia, Philippinen, Mexiko und arabische Länder. Zu den Ländern mit einer geringen Machtdistanz gehören Österreich, die skandinavischen Länder, Großbritannien, Deutschland. In Europa gehört Frankreich zu den Ländern mit hoher Machtdistanz.

Individualismus/Kollektivismus

Kollektiv
gemeinschaftlich, unspezifische Gruppe z. B. Volk

Diese Dimension berücksichtigt die Bedeutung des Individuums im Vergleich zur Bedeutung der sozialen Gruppe oder der Gesellschaft. In individualistischen Kulturen werden die Bedürfnisse des Einzelnen höher bewertet als die des **Kollektivs**. Von den Mitgliedern wird Eigenverantwortung gefordert, dafür wird es auch akzeptiert, dass sie ihre eigenen Interessen verfolgen. In kollektivistischen Kulturen dagegen kümmert sich die Gruppe um den Einzelnen, erwartet dafür aber auch Loyalität.

> **Beispiel** Die meisten westlichen Länder sind individualistisch ausgerichtet, auch Deutschland. Asiatische und lateinamerikanische Länder sind überwiegend kollektivistisch.

Maskulinität/Feminität

In maskulinen Kulturen sind Einkommen, Status, Karriere wichtig. Feminine Kulturen sind dagegen stärker personenorientiert. Das soziale Klima, das Betriebsklima, die Lebensqualität sind wichtiger als Erfolg und Status. Hier besteht auch eher eine Tendenz zum Konsens.

> **Beispiel** Japan, Österreich, Italien, Schweiz sind Beispiele für maskulin geprägte Länder. Die skandinavischen Länder sind feminin ausgerichtet. Deutschland gehört eher zu den maskulinen Kulturen.

Vermeidung von Unsicherheit

Hierunter versteht man, inwieweit Mitglieder von Kulturen sich von unklaren, zweideutigen Situationen bedroht fühlen und bestrebt sind, unsichere Situationen durch klare Richtlinien und Regeln möglichst zu vermeiden. Auf religiöser Ebene dominiert hier der Glaube an unbedingte Wahrheiten. Das Zeigen von Angst und Emotionen ist in diesen Kulturen akzeptiert. In Kulturen mit einer geringen Unsicherheitsvermeidung sind die Menschen deutlich risikobereiter und offen für Innovationen. Ein ausgeprägtes Regelwerk, das die eigenen Entscheidungen einschränkt, wird abgelehnt.

> **Beispiel** Länder mit einer hohen Unsicherheitsvermeidung sind Griechenland, Portugal, Belgien, Japan und Spanien. Länder mit einer geringen Unsicherheitsvermeidung sind Dänemark, Schweden, Irland, Großbritannien, USA. Die Deutschen versuchen mit einem Indexwert von 65 eher Unsicherheit zu vermeiden.

Kurzzeit-/Langzeitorientierung

Vereinfacht ausgedrückt versteht man hierunter, ob die Mitglieder einer Kultur eher kurzfristige oder langfristige Ziele verfolgen. Mitglieder von Kulturen mit einer Langzeitorientierung sind folglich ausdauernd und beharrlich. Nachhaltigkeit ist ihnen wichtig, Sparsamkeit gilt als Tugend, die Natur hat eine hohe Bedeutung. In kurzfristig orientierten Kulturen ist der Augenblick wichtiger als das ferne Glück. Es gibt hier eine hohe Bereitschaft zur Verschuldung.

Beispiel Länder mit einer eindeutigen Langzeitorientierung sind China, Japan und Brasilien. Länder mit einer Kurzzeitorientierung sind Kanada, Großbritannien, USA, Deutschland.

Übersicht: *Kommunikationspolitik*

Instrumente der Kommunikations-politik	– Absatzwerbung – Verkaufsförderung (Sales Promotion) – Öffentlichkeitsarbeit (Public Relations) – Sonderformen (Produktplacement, Sponsoring, Direktmarketing)	
Werbearten	– Zahl der Werbetreibenden: Einzelwerbung, Sammelwerbung, Gemeinschaftswerbung, Verbundwerbung – Zahl der Umworbenen: Einzelwerbung, Massenwerbung	
Werbeplanung	Grundsätze einer erfolgreichen Werbung	– Werbewirksamkeit, Werbewahrheit, Werbeklarheit, Werbewirtschaftlichkeit, Akzeptanz – bezogen auf die Werbewirkung: AIDA-Formel
	Schritte bei der Realisierung einer Werbemaßnahme	Werbeziele festlegen, Werbegegenstand bestimmen, Werbeetat festlegen, Streukreis festlegen, Streugebiet festlegen, Werbebotschaft formulieren, Werbemittel und Werbeträger bestimmen, Streuzeit festlegen, Werbeerfolg messen
Werbeerfolgs-kontrolle	– ökonomische Werbeerfolgskontrolle (Rendite, Marktanteil) – außerökonomische Werbeerfolgskontrolle (Aufmerksamkeitsgrad)	
Gesetz gegen un-lautere Werbung	– unlautere Handlungen – irreführende Handlungen – vergleichende Werbung	

7 Erarbeitung eines kommunikations-politischen Konzepts

> **Beispiel** Die Schüler der Fachoberschule sollen für den Schulkiosk ein Kommunikationskonzept erstellen. Dabei sammeln sie zunächst Informationen über Stärken und Schwächen des Kiosks. Die Schüler überlegen dann, wer zur Zielgruppe des Kiosks gehört (nur die Schüler oder auch Lehrer oder Gäste der Schule). Anschließend soll ein kommunikationspolitisches Konzept erarbeitet werden.

Marketing-Ziele, vgl. 1.1

Eine Marketingstrategie beinhaltet immer ein Kommunikationskonzept. Die Ziele des Kommunikationskonzeptes leiten sich dabei aus den allgemeinen Marketing-Zielen ab und versuchen diese zu unterstützen. Entscheidungen zu Preisen, Produkten und Distributionswegen sind bereits im Vorfeld getroffen. Im Rahmen des kommunikationspolitischen Konzepts werden die für ein konkretes Produkt oder Unternehmen am besten geeigneten kommunikationspolitischen Instrumente (z. B. Werbung, Sponsoring) ausgewählt.

Vorgehen bei der Erstellung eines Kommunikationskonzeptes

Zu einem Kommunikationskonzept gehört:
- Stärken- und Schwächenanalyse und **Positionierung** des Produktes oder Unternehmens
- Beschreibung und Festlegung der **Zielgruppe**
- Erstellung eines **Konzeptentwurfes** einschließlich der Gestaltung des Werbeplans und der Reihenfolge der einzusetzenden Werbemittel
- **Präsentation** des Konzeptentwurfs vor der Unternehmensleitung zur Entscheidung
- **Umsetzung** des ggfs. veränderten Kommunikationskonzeptes
- **Erfolgskontrolle** der Maßnahmen anhand vorher festgelegter Kriterien. Die Erfolgskontrolle sollte bereits während der Planung berücksichtigt werden.

Corporate Design der Fly Bike Werke GmbH

Beim Konzeptentwurf müssen **personelle, finanzielle** oder **technische Rahmenbedingungen** berücksichtigt werden. Vielleicht erteilt der Auftraggeber eines Konzeptes auch weitere Vorgaben. Das ist häufig dann der Fall, wenn das Konzept in bestehende Vereinbarungen zum Corporate Design (z. B. Farbvorgaben, Schrifttypen) passen soll. Gibt es noch kein Corporate Design, sollte dies im Rahmen des Kommunikationskonzeptes erarbeitet werden.

Corporate Design (CD) beinhaltet das gesamte Erscheinungsbild eines Unternehmens. Dazu gehören die einheitliche Gestaltung der Kommunikationsmittel (z. B. Logo, Geschäftspapiere, Werbemittel) sowie das Produktdesign. Durch die einheitliche Gestaltung aller Elemente wird versucht, bei jedem Kontakt die höchstmögliche Wiedererkennung zu erreichen.

> **Beispiel** Die Schüler der Fachoberschule würden gerne auch auf der Homepage der Schule Werbung für den Schulkiosk machen. Sie erkundigen sich, ob es einen Schüler gibt, der eine Internetseite „programmieren" kann (personelle Beschränkung). Für das Kommunikationskonzept wurde den Schülern vom Kioskbetreiber lediglich ein Budget von 50,00 € zur Verfügung gestellt (finanzielle Beschränkung). Somit sind sie bei der Erstellung von Werbemitteln auf den Schulkopierer angewiesen, der nur bis zum Format DIN A 3 kopiert (technische Beschränkung).

Wurde über das kommunikationspolitische Konzept durch die Unternehmensleitung (hier: Kioskbetreiber) entschieden, steht die praktische Umsetzung an. Nach einer angemessenen Zeit kann dann der Erfolg der Werbemaßnahmen kontrolliert und ausgewertet werden. Es ist manchmal sinnvoll, die Ziele des kommunikationspolitischen Konzeptes oder auch die Ergebnisse der Werbemaßnahmen zu veröffentlichen. Bei einer **internen Veröffentlichung** der Ziele und Ergebnisse können z. B. die Mitarbeiter motiviert werden.

Werbeerfolgskontrolle, vgl. 6.1.6

> **Beispiel** Die Volks- und Raiffeisenbanken werben mit „Wir machen den Weg frei". Ein solcher Slogan hat nicht nur bei der Zielgruppe eine Wirkung. Er muss auch intern kommuniziert und umgesetzt werden.

Eine **Veröffentlichung der Ergebnisse nach außen** kann auch als weiteres Instrument im Bereich Public Relations gesehen werden. Wenn sich z. B. ein Unternehmen als sehr kundenfreundlich positioniert und eine Umfrage später ergibt, dass das Unternehmen von den Kunden als am kundenfreundlichsten eingeschätzt wird, dann verstärkt das die Werbewirkung.

Public Relations, vgl. 6.3

7.1 Positionierung

> **Beispiel** Der Schulkiosk möchte sich als Kaffee- und Backwarenshop positionieren, der absolut nah, freundlich, preiswert und gesund ist. Die Schüler sollen ein Konzept erstellen, das diesen Anspruch an die Zielgruppe vermittelt.

Im Zusammenhang mit der Erarbeitung einer Marketingstrategie für ein bestimmtes Werbeobjekt (Unternehmen, Produkt oder Marke) muss festgelegt werden, wie die Zielgruppe dieses Objekt im Vergleich zu Konkurrenzobjekten wahrnimmt und wie sie es zukünftig wahrnehmen soll. Diese Festlegung bezeichnet man als Positionierung. Vereinfacht gesagt ist die Positionierung eines Objektes die **unverwechselbare Kennzeichnung** dieses Objektes in den Augen der Zielpersonen.

Die Positionierung ist speziell für die Planung von Kommunikationsmaßnahmen wichtig. Durch die Kommunikation, z. B. Werbung, muss den Zielpersonen die angestrebte Position vermittelt werden. In diesem Zusammenhang unterscheidet man zwischen der Ziel-Position und der Ist-Position. Die **Ziel-Position** beschreibt, welche Objektwahrnehmung der Zielpersonen von der Unternehmensleitung angestrebt wird. Die **Ist-Position** ist die Wahrnehmung, die die Zielpersonen von dem Objekt tatsächlich haben. Im Idealfall sollten natürlich Ziel- und Ist-Position übereinstimmen.

Bei der Ermittlung von Ist-Positionen muss man messen, wie die Zielpersonen das Positionierungsobjekt (Unternehmen, Marke, Produkt) bezüglich der Positionierungsdimensionen wahrnehmen. Das geht nur mithilfe einer Befragung, vgl. 2.4

Aspekte einer gelungenen
Positionierung:
– Glaubwürdigkeit
– Attraktivität für die
  Zielgruppe
– Alleinstellung

Bei der Festlegung einer Ziel-Positionierung sind folgende Punkte zu beachten:
- Eigenschaften des Positionierungsobjektes: Ist die angestrebte Position für das Objekt **glaubwürdig**? Ist der Kiosk z. B. auch objektiv preiswert?
- Eigenschaften und Wünsche der Zielpersonen: Ist die angestrebte Position für die Zielpersonen **attraktiv**? Ist es attraktiv für den Kiosk, sich als preiswert zu positicnieren, oder sollte z. B. auf Schnelligkeit oder Angebotsvielfalt geachtet werden?
- Positionen der Konkurrenzobjekte: Ermöglicht die angestrebte Position eine **Alleinstellung**, d. h., ist die angestrebte Position im Vergleich zu den Konkurrenten besonders?

> **Beispiel** Eine Umfrage hat ergeben, dass der Kiosk mit den Begriffen: nah, praktisch und gutes Angebot verbunden wird. Preiswert fanden den Kiosk nur sehr wenige Schüler und besonders die Kundinnen fanden das Angebot nicht gesund genug. Ein Gespräch mit dem Kioskbesitzer ergab, dass die Preise und das Warenangebot zurzeit nicht verändert werden sollen, weil er diesbezügliche Veränderungen für unwirtschaftlich hält. Das Kommunikationskonzept soll deshalb auf Nähe und Freundlichkeit ausgerichtet werden.

Eine Positionierung wird häufig in einem zweidimensionalen **Positionierungsmodell** visualisiert. Die Achsen des Positionierungsmodells werden dabei mit den Eigenschaften (**Dimensionen**) bezeichnet, die bei der Positionierung berücksichtigt werden sollen. Um ein klares Vorstellungsbild in der Zielgruppe zu erreichen, sollten bei einer Positionierung nicht mehr als zwei Dimensionen berücksichtigt werden.

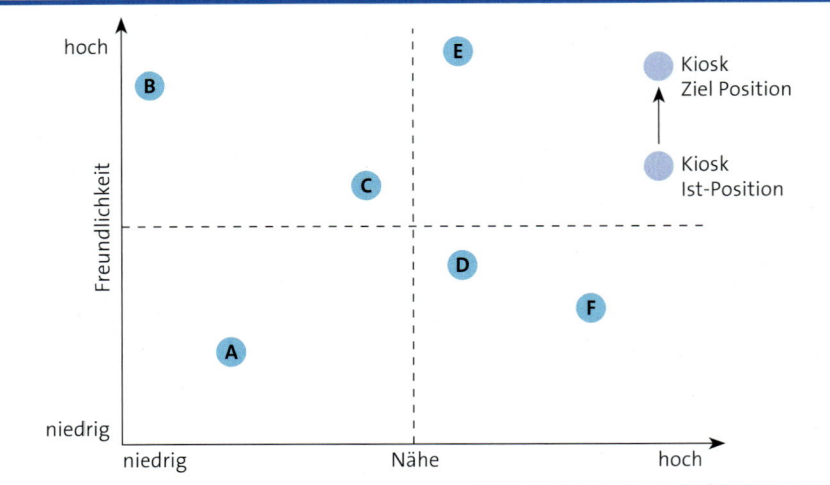

> **Beispiel** Für den Kiosk und ausgewählte Konkurrenten (z. B. Supermarkt A und Backshop B) sieht das angestrebte Positionierungsmodell wie folgt aus. Der Schulkiosk hat bezüglich der beiden Dimensionen eine Alleinstellung, was positiv zu bewerten ist. Den Konkurrenten B, C und E wird zwar die Dimension 1 (Freundlichkeit) zuerkannt, bezüglich der Dimension 2 (Nähe) ist die Bewertung aber nur mittelmäßig bzw. schlecht. F wird die Dimension 2 zuerkannt (Nähe), hier ist die Dimension 1 aber nur mittelmäßig bewertet. Als Zielpositionierung kann eine weitere Verbesserung hinsichtlich der Freundlichkeit angestrebt werden.

7.2 Copy-Strategie

Das im Rahmen der Positionierung festgelegte Vorstellungsbild muss jetzt der Zielgruppe vermittelt werden. Inhaltliche und auch gestalterische Aspekte der entsprechenden Werbung werden im Rahmen der **Copy-Strategie** festgelegt.

Elemente der Copy-Strategie	
Consumer Benefit	Nutzenversprechen
Reason Why	Nutzenbegründung
Tonality/Flair	Form und Stil, Grundstimmung der Werbung

Copy-Strategie
beinhaltet Vorgaben zum Inhalt und zur Gestaltung der Werbemittel. In den Anfängen der Werbung bezogen sich Vorgaben nur auf reinen Text, der als Copy bezeichnet wurde.

Consumer Benefit (Nutzenversprechen)

Zunächst wird festgelegt, welcher Nutzen den Zielpersonen im Rahmen der Werbung versprochen werden soll. Hier wird zwischen Grundnutzen und Zusatznutzen unterschieden. Die Aufgabe des Kommunikationskonzeptes besteht dabei überwiegend darin, den Zusatznutzen herauszustellen. Handelt es sich bei dem Consumer Benefit um einen Zusatznutzen, der in dieser Form von keinem anderen Unternehmen geboten wird, so spricht man von einer **USP**. Bei einem echten USP handelt es sich immer um einen objektiven Zusatznutzen, der durch die Produkteigenschaften bedingt ist. Ein Automobilhersteller hätte z. B. einen echten USP, wenn er ein Auto anbieten würde, das auf 100 km nur 1 Liter Benzin verbraucht. Da echte USPs eher selten sind, wird häufig versucht, einen Einzigartigkeitsanspruch durch die Art der werblichen Darstellung zu vermitteln. In solchen Fällen spricht man von einem **UAP**.

Grund- und Zusatznutzen, vgl. **3.1**

USP (unique selling proposition)
einzigartiges Verkaufsangebot; häufig auch als Alleinstellungsmerkmal bezeichnet

UAP (unique advertising proposition)
einzigartiges Werbeversprechen

> **Beispiel** Der Schulkiosk hat sich über die Dimensionen Nähe und Freundlichkeit positioniert. Im Rahmen der Copy-Strategie muss jetzt für jede Positionierungsdimension ein Nutzen festgelegt werden.

Es ist durchaus möglich, dass bei einzelnen Werbeschaltungen jeweils nur ein Nutzenaspekt vermittelt wird. Dieser muss sich dann natürlich mit dem zweiten abwechseln, sodass auf Dauer beide Nutzenaspekte kommuniziert werden.

Reason Why (Nutzenbegründung)

Der Reason Why ist eine Erläuterung und Begründung, dass der versprochene Zusatznutzen auch tatsächlich existiert. Dadurch wird der Effekt der Werbung verstärkt und die Werbebotschaft glaubwürdiger. Die Begründung für den Consumer Benefit kann mithilfe verschiedener Techniken erfolgen, wie z. B.: Garantieerklärung, Testergebnisse, Forschungsergebnisse, Wirkstoffe, Herstellungsverfahren, Tradition oder Kompetenz des Unternehmens.

Beispiel Bestimmung des Reason Why für einen Kiosk	
Nutzenaspekt	Nutzenbegründung
Kundenfreundlichkeit	Die feste Stamm-Belegschaft im Kiosk kennt etliche Kunden persönlich und lässt sich mit Vornamen ansprechen.
Nähe/Bequemlichkeit	Durch die extreme Nähe zu den Schülern sparen diese Pausenzeit.

Tonality/Flair (Grundstimmung der Werbung)

Das Flair bestimmt die besondere Atmosphäre, welche die zentrale Werbebotschaft umgeben soll. Dabei kann der Darstellungsstil (Tonality) in zwei Dimensionen beschrieben werden, in der **psychologischen** und in der **semiotischen**.

Semiotik

(griech.) Lehre von den Zeichen, Zeichensystemen und -prozessen. Ein Objekt kann nur dann eine semiotische Qualität haben, wenn es in einer Beziehung zu einem anderen Objekt steht.

Die **psychologische Dimension** vermittelt unthematische Informationen, die von dem angestrebten Image abgeleitet werden. Dabei wird vor allem an die Gefühle der Umworbenen appelliert. Zu den unthematischen Informationen zählen alle Gestaltungsmerkmale, die unbewusst auf den Empfänger einwirken, in ihm Stimmungen und Gefühlslagen auslösen oder verfestigen, Erinnerungen wachrufen oder bestimmte Erwartungen wecken. Hierzu gehören z. B. Farben, Ausstattungsgegenstände, Hintergrund.

Die **semiotische Dimension** wird durch bestimmte verbale, visuelle, **typografische** und auditive Stilmittel realisiert. Typografische Gestaltungsmittel sind Schriften, grafische Zeichen, Schmuckelemente, Linien und Flächen, die harmonisch angeordnet werden. Mögliche Stilrichtungen sind z. B.: wissenschaftlich, sachlich, informativ, erzählend, intim, künstlerisch, schockierend, ironisierend, paradox (verfremdend).

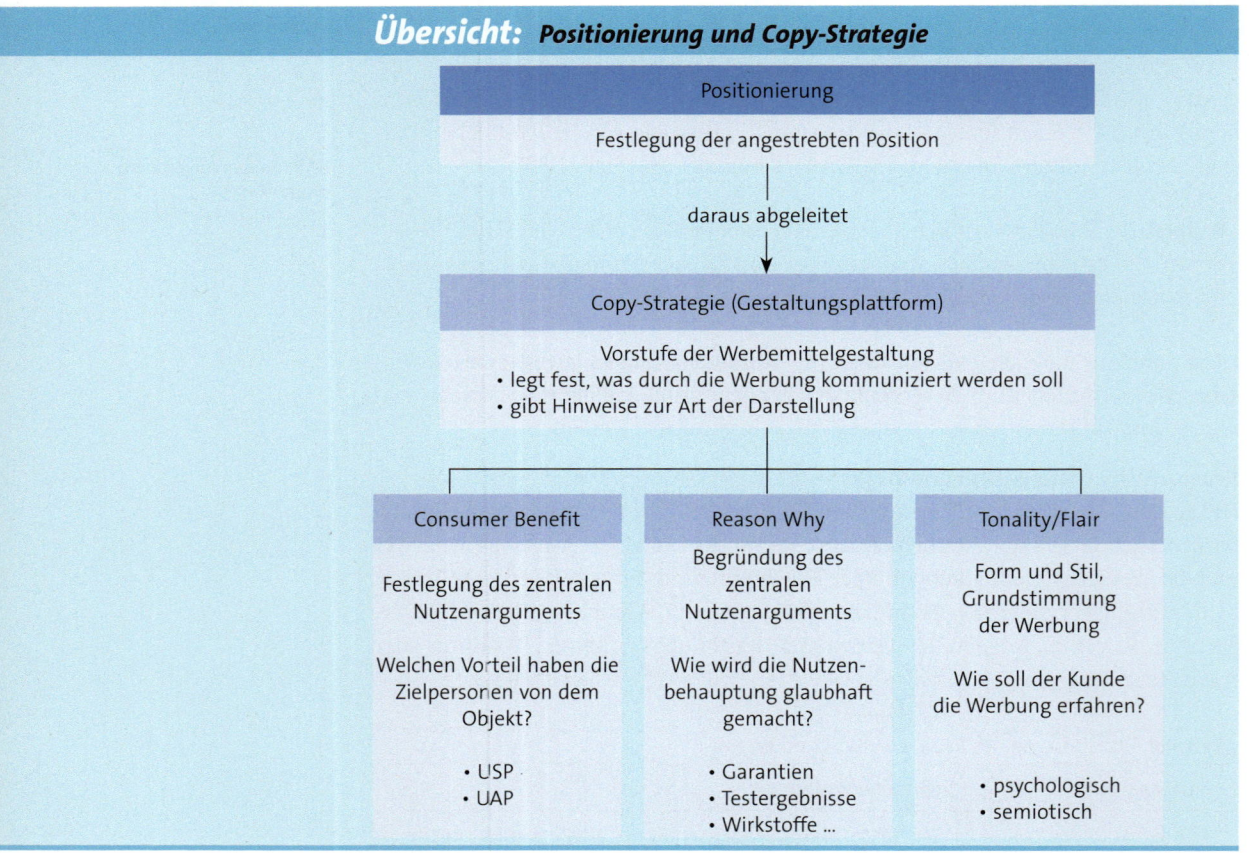

Übersicht: *Positionierung und Copy-Strategie*

Positionierung

Festlegung der angestrebten Position

daraus abgeleitet

Copy-Strategie (Gestaltungsplattform)

Vorstufe der Werbemittelgestaltung
• legt fest, was durch die Werbung kommuniziert werden soll
• gibt Hinweise zur Art der Darstellung

Consumer Benefit	Reason Why	Tonality/Flair
Festlegung des zentralen Nutzenarguments	Begründung des zentralen Nutzenarguments	Form und Stil, Grundstimmung der Werbung
Welchen Vorteil haben die Zielpersonen von dem Objekt?	Wie wird die Nutzenbehauptung glaubhaft gemacht?	Wie soll der Kunde die Werbung erfahren?
• USP • UAP	• Garantien • Testergebnisse • Wirkstoffe …	• psychologisch • semiotisch

7.3 Copy-Analyse

Da die Copy-Strategie die Grundlage zur Erstellung von Werbemitteln ist, muss es folglich umgekehrt auch möglich sein, durch die Analyse eines vorliegenden Werbemittels die dahinter steckende Copy-Strategie zu erschließen. In diesem Fall spricht man von einer Copy-Analyse.

Die Analyse eines bestehenden Kommunikationskonzeptes ist häufig Bestandteil einer **Konkurrenzanalyse**. Mit ihrer Hilfe soll ermittelt werden, welche Positionierung das Konkurrenzunternehmen für seine Produkte bzw. Marken im Markt anstrebt und welche Copy-Strategien den Werbemitteln zugrunde liegen.

Die Copy-Analyse kann aber auch als Muster für die **Gestaltung eigener Konzepte** verwendet werden. Kernbestandteile sind:

· Positionierung
· Zielgruppe
· Copy-Strategie (Consumer Benefit, Reason Why, Tonality).

Weitere Aspekte der Copy-Analyse	
Headline	(Haupt-)Überschrift
Subline	Zwischenüberschrift
Claim	getexteter Zusatznutzen, meist auf eine Kampagne beschränkt und daher zeitlich befristet
Slogan	prägnanter, einprägsamer Werbespruch oder Vers, der als eine Konstante über einen langen Zeitraum in allen Werbemitteln verwendet wird. Claim und Slogan sind nur bei Vorliegen mehrerer Werbemittel des gleichen Unternehmens identifizierbar, z. B. „... macht Kinder froh".
Key Visual	visuelles Grundmotiv, das den langfristigen visuellen Auftritt einer Marke oder eines Unternehmens bestimmt
CD-Konstante	„CD" ist die Abkürzung für Corporate Design. Das Corporate Design soll ein einheitliches visuelles Erscheinungsbild des Unternehmens in der Öffentlichkeit gewährleisten. Das hat den Vorteil, dass z. B. bei einer Werbung sofort zugeordnet werden kann, wer der Absender ist. Die CD-Konstante enthält daher z. B. häufig Vorgaben für die Verwendung einer bestimmten Hausfarbe, einer bestimmten Schrifttype oder des Unternehmenslogos bei der Werbegestaltung.

Beispiel Copy-Analyse des kommunikationspolitischen Konzeptes der Euler Hermes Kreditversicherung

Das mögliche Vorgehen bei einer Copy-Analyse wird anhand eines Werbemittels des Kreditversicherungsunternehmens Euler Hermes erläutert. Auf der Folgeseite sehen Sie eine Werbeanzeige von Euler Hermes, die in einer Fachzeitschrift geschaltet wurde. Eine ausführliche Copy-Analyse mit allen hier aufgeführten Aspekten finden Sie auf der darauf folgenden Seite.

Copy-Analyse am Beispiel Euler Hermes Kreditversicherung	
Positionierung	Euler Hermes positioniert sich im Wesentlichen eindimensional über den Aspekt Sicherheit vor finanziellen Einbußen durch Forderungsverluste. Eine mögliche Positionierungsformulierung bietet bereits der Slogan: „Wir geben Ihnen Sicherheit".
Zielgruppe	Die Anzeige wendet sich an Unternehmer, die entweder selbstständig oder als angestellte Manager ein Unternehmen führen. Die Tatsache, dass die Anzeige in einer Zeitschrift für erfolgreiche Selbstständigkeit erschienen ist, legt die Vermutung nahe, dass hauptsächlich Selbstständige erreicht werden sollen. Darauf deutet auch die Headline „Wir helfen, Ihr Unternehmen auf Kurs zu halten."
Benefit	Es wird hier sowohl ein rationaler als auch ein emotionaler Nutzen angesprochen. Der rationale Nutzen besteht in einem wirtschaftlichen Vorteil, der Vermeidung von Forderungsverlusten, dadurch wird die Ertragslage des Unternehmens verbessert. Der emotionale Nutzen wird implizit vermittelt. Durch die Betonung des Aspektes „Sicherheit" fühlen sich die Unternehmer geschützt, was ein gutes und positives Gefühl erzeugt.
Reason Why	Hier wird dargestellt, warum Euler Hermes vor Verlusten durch Forderungsausfälle schützt, als Gründe werden genannt: – weltweite Bonitätsprüfung von Kunden – Inkasso durch die Euler Hermes Forderungsmanagement GmbH – schneller und zügiger Schadensersatz bei Forderungsausfällen
Tonality	Durch den Leuchtturm und die große einheitliche blaue Fläche werden Anmutungen in Richtung Ruhe und Sicherheit vermittelt. Das steht im Kontrast zu Brandung und Gischt im unteren Teil der Abbildung. Insgesamt werden dadurch Assoziationen in Richtung „Fels in der Brandung", „ruhender Pool" usw. geweckt. Der Darstellungsstil ist sachlich und informativ.
Headline/Claim	„Euler Hermes: Wir helfen, Ihr Unternehmen auf Kurs zu halten."
Subline	---
Slogan	"Wir geben Ihnen Sicherheit"
Key Visual	Der Leuchtturm könnte als visuelles Grundmotiv für die Werbung von Euler Hermes dienen. Ob das tatsächlich der Fall ist, kann anhand dieser einen Anzeige allerdings nicht festgestellt werden.
CD-Konstante	das Logo und die spezielle blaue Farbe des Logos, die Typo des Firmennamens rechts neben dem Logo und die Typo des Slogans, die Schriftfarbe von Firmennamen und Slogan

Alles klar?

Kapitel 1

1 Erläutern Sie, was unter einem Käufer- bzw. einem Verkäufermarkt zu verstehen ist.

2 Ein Unternehmen hat im aktuellen Jahr einen Marktanteil von 14,3 %. Das Marktvolumen stieg im aktuellen Jahr um 8,5 % auf 225 Mio. €. Der Marktanteil des Unternehmens sank im aktuellen Jahr um 3,2 %. Bestimmen Sie den Marktanteil in € für das Vorjahr und beurteilen Sie die vorliegende Entwicklung.

3 Was versteht man unter einem optimalen Marketingmix?

Kapitel 2

4 Erläutern Sie die Aufgaben der Marktforschung im Bereich der Absatzpolitik.

5 Unterscheiden Sie die Begriffe Primärforschung und Sekundärforschung. Nennen Sie jeweils drei Methoden, mit denen Unternehmen diese Forschungen durchführen können.

Kapitel 3

6 Produkte durchlaufen einen Produktlebenszyklus.
   a Nennen und erläutern Sie die verschiedenen Phasen eines Produktlebenszyklus.
   b Finden Sie zu jeder der Phasen Beispiele für Artikel aus der Realität.
   c Beschreiben Sie die Kundengruppen, die einen Artikel in den verschiedenen Phasen seines Produktlebenszyklus vermehrt nachfragen.
   d Erklären Sie, warum der Produktlebenszyklus auch für Handelsunternehmen wichtig ist.

7 Benennen und erläutern Sie die Phasen der Portfolio-Analyse und ordnen Sie diese den Phasen des Produktlebenszyklus zu.

8 Viele Unternehmen entwickeln stetig neue Produkte.
   a Erläutern Sie, warum es für ein Unternehmen lebensnotwendig sein kann, permanent neue Produkte zu entwickeln (Sichtweise der Industrie) und ins Sortiment einzuführen (Sichtweise des Handels).
   b Erläutern Sie wesentliche Risiken, die sich aus der Entwicklung und Einführung neuer Produkte (Industrie) und Artikel (Handel) für die Unternehmer ergeben.

9 Definieren Sie die Begriffe Produktinnovation, -variation und -elimination.

Kapitel 4

10 Unterscheiden Sie drei grundsätzliche Varianten der Preispolitik und erläutern Sie das jeweils zugrunde liegende Prinzip.

11 Welche Maßnahmen der Preisgestaltung werden von den nachfolgenden Anbietern verfolgt?
   a Der Hersteller einer neuartigen Spielkonsole verlangt zuerst einen sehr hohen Preis, der dann im Zeitablauf stetig zurückgenommen wird.
   b Ein Großhändler von Freizeithemden verkauft bestimmte Hemden eines Herstellers stetig zu einem gleich hohen Preis. Preisveränderungen werden nicht vorgenommen. Sonderangebote werden durch die Auswahl der Einzelhändler bei entsprechenden Vertragsvereinbarungen unterbunden.

c Ein Hersteller von Süßwaren bietet einen neuen Artikel zu einem sehr niedrigen Preis an. Nach einiger Zeit werden die Preise in mehreren kleinen Stufen erhöht.

12 Geben Sie an, um welche Form der Preisdifferenzierung es sich in den folgenden Fällen handelt:

a Ein deutscher Pkw-Hersteller bietet seine Fahrzeuge in Dänemark zu einem um 15 % niedrigeren Verkaufspreis im Vergleich zum Inland an.

b Ein Möbelhändler wirbt mit einem Sonderpreisnachlass für alle Möbel in Höhe von 20 % für einen Sonntagsverkauf an einem bestimmten Tag.

c Für Kinder bis zu 6 Jahren ist der Eintritt in einen Erlebnispark kostenlos.

13 Die Selbstkosten eines Großhändlers betragen für eine Ware 230,00 €. Davon sind 80 % variable Kosten. Sein Barverkaufspreis beträgt zurzeit 320,00 €.

a Ermitteln Sie Gewinn und Deckungsbeitrag des Großhändlers je Stück.

b Ein Konkurrent senkt für eine vergleichbare Ware seinen Verkaufspreis auf 250,00 €. Der Großhändler will auf dieses Angebot reagieren. Welche Preisuntergrenzen muss er beachten?

c Der Großhändler senkt seinen Preis auf 240,00 €. Ermitteln Sie jetzt den Gewinn und den Deckungsbeitrag je Stück.

14 Erklären Sie den Begriff „Distributionspolitik" und erläutern Sie hierbei ausführlich die Aufgaben dieses Feldes des Marketings. Kapitel 5

15 Sollten die folgenden zwei Unternehmen den direkten oder den indirekten Absatz wählen? Nennen Sie jeweils drei Gründe.

a Hersteller von Pflegeprodukten

b Hersteller von Maschinenbauteilen

16 Ein Unternehmen steht vor der Entscheidung, Reisende oder Handelsvertreter zu beschäftigen. Plandaten:

Reisender	Handelsvertreter
Fixgehalt: 1.000,00 € bei 13 Monatsgehältern	Umsatzprovision: 9 %
Umsatzprovision: 2 %	keine weiteren Kosten für das Unternehmen
Lohnnebenkosten: 50 % bezogen auf das Fixgehalt	

Ermitteln Sie:

a die Kosten eines Reisenden bei einem Jahresumsatz von 400.000,00 €,

b die Kosten eines Handelsvertreters bei einem Jahresumsatz von 400.000,00 €,

c den kritischen Umsatz, bei dem die Kosten für einen Reisenden dem eines Handelsvertreters entsprechen.

17 Welches Ziel verfolgen Unternehmen mit der Kommunikationspolitik? Kapitel 6

18 Welche Instrumente gehören zur Kommunikationspolitik?

19 Sammeln Sie Beispiele von Werbungen und stellen Sie diese in Ihrer Klasse vor. Erläutern Sie, welche Zielgruppe mit dieser Werbung angesprochen werden sollte und inwieweit das den jeweiligen Unternehmen Ihrer Meinung nach gelungen ist.

20 Ein Großhandelsunternehmen möchte eine Werbeanzeige in einer Zeitung aufgeben. Folgende Angebote liegen vor:

	Zeitung A	Zeitung B
Auflage	450 000 Leser / Ausgabe	820 000 Leser / Ausgabe
Seitenpreis	15.890,00 € / Seite	21.750,00 € / Seite

a Entscheiden Sie rechnerisch begründet, welche Zeitung aus Kostensicht zu empfehlen ist.

b Geben Sie drei weitere Entscheidungskriterien an, die neben der Kostenprüfung Einfluss auf die Auswahl der Zeitung haben sollten.

21 Erklären Sie den Unterschied zwischen ökonomischer und außerökonomischer Werbeerfolgskontrolle.

22 In den Medien wird häufig vor den Gefahren der Werbung gewarnt. Worin sehen Sie die Gefahren der Werbung und wie schätzen Sie ihre Bedeutung für den Verbraucher ein? Inwieweit sind Sie selbst schon durch Werbung in „Gefahr" gekommen?

23 Entscheiden Sie in den folgenden Fällen jeweils, um welche kommunikationspolitische Maßnahme es sich handelt, indem Sie die passende Ziffer zuordnen:

1 Werbung, **2** Salespromotion, **3** Public Relations, **4** Sponsoring, **5** Direktmarketing, **6** Productplacement

a Im Radio läuft ein Werbespot der Buchenstork Schuhe GmbH.

b Der Zeitungsverlag „Tagesanzeiger Verlag GmbH" lässt über seine Zusteller mit der morgendlichen Tageszeitung einen Werbeflyer für die neueste Tagesanzeiger-App an alle Zeitungsabonnenten verteilen.

c Die Buchenstork Schuhe GmbH führt regelmäßig Produktschulungen für die Schuhhändler durch.

d In der Getränkeabteilung der Goldregen Einkaufszentrum GmbH findet eine Verkostung des neuen Mineralwassers „Sparkling Mint" statt.

e Die Rheintaler Brunnen GmbH & Co. KG bietet den weiterbildenden Schulen in der Umgebung kostenlose Betriebsbesichtigungen an.

f Die Bäckerei Özcal unterstützt die C-Jugend-Fußballmannschaft des TSV Wuppertal mit kostenlosen Trikots, auf denen das Logo und der Name der Bäckerei abgedruckt sind.

g Das Autohaus Wünschle KG informiert seine Stammkunden im Oktober telefonisch über seine neusten Angebote unter dem Motto „Fit für den Winter".

h Die Juroren der Gesangsshow „Germany's Star" haben neuerdings Getränkehalter an ihren Sesseln. In der nächsten Staffel werden sie „Sparkling Mint" trinken.

12.2 Projektplanung und -durchführung

AB → Lernsituation 45

1 Grundlagen der Projektarbeit

Egal, ob ein Gebäude errichtet, ein neues Produkt auf den Markt gebracht oder ein Unternehmen gegründet wird: Viele Vorhaben in der Wirtschaft werden heutzutage in Form von Projekten verwirklicht. Unter einem **Projekt** versteht man ein zeitlich beschränktes Vorhaben, das im Wesentlichen durch die Einmaligkeit seiner Rahmenbedingungen gekennzeichnet ist.

Merkmale von Projekten

Merkmal	Erläuterung
Einmaligkeit der Bedingungen in ihrer Gesamtheit	Ein Projekt ist ein Einzelvorhaben und erfordert somit ein besonderes Ergebnis.
Zielvorgaben	Für ein Projekt gibt es klar definierte Ziele.
zeitliche, personelle und finanzielle Begrenzung	Termine sind verbindlich vorgegeben, eine bestimmte Anzahl an Personen und finanziellen Mitteln stehen bereit.
Abgrenzung gegenüber anderen Vorhaben	Jedes Projekt unterscheidet sich von einem anderen und hat ein anderes Ergebnis.
projektspezifische Organisation	Die bestehende Organisationsform ist in der Regel zur Durchführung eines Projekts nicht geeignet.
Komplexität	Es existieren viele wechselseitige Verflechtungen und vernetzte Abhängigkeiten.
Schwierigkeitsgrad	Probleme, wie z.B. unterschiedliche Interessen der Beteiligten, bestimmen die Erfolgsaussicht.
Risiko	Die Gefahr, dass das Projektziel verfehlt wird, bestimmt die Höhe des Risikos.
interdisziplinärer Charakter	Mehrere Fachbereiche (Abteilungen) arbeiten an einem Projekt zusammen.

Die **Projektarbeit** in Unternehmen nimmt zu. Dafür gibt es mehrere Gründe:
- Die Zunahme komplexer Aufgabenstellungen erfordert eine intensive abteilungsübergreifende Zusammenarbeit und eine flexible Organisation.
- Unternehmen müssen auf eine sich ständig verändernde Umwelt reagieren.
- Die Lösung komplexer Probleme erfordert ein hohes Maß an Planung.

Projektmanagement

Der Begriff Projektmanagement umfasst die gesamte Abwicklung eines Projektes von der Planung über die Projektsteuerung und -kontrolle bis zum Projektabschluss. Die Verantwortung für das Projekt wird dem **Projektleiter** (Projektmanager) übertragen. Neben dem fachlichen Können zur Durchführung eines Projektes muss er über ein hohes Maß an sozialen Fähigkeiten verfügen. Zu seinen Hauptaufgaben gehört es, alle Projektmitglieder (Teammitglieder) im Sinne des Projektziels zu „managen" und die Zusammenarbeit im gesamten Projektteam zu optimieren.

1.1 *Teamarbeit und Feedbackkultur*

Für Mannschaftssportarten ist es selbstverständlich, dass man nur dann gemeinsam siegen kann, wenn jeder einzelne Mitspieler für die Mannschaft seine bestmögliche Leistung erbringt und gleichzeitig seine Einzelinteressen dem gemeinsamen Ziel unterordnet.

Auch die Durchführung eines Projektes lässt sich nur durch die zielgerichtete Zusammenarbeit mehrerer Personen bewältigen. Damit sachkundige Personen zu einem **Team** zusammenwachsen, müssen sie sich kennenlernen, ihre Stärken und Schwächen wahrnehmen und eine gemeinsame Vorgehensweise entwickeln Ein erfolgversprechendes Team entsteht dann, wenn die Fähigkeiten der einzelnen Mitglieder akzeptiert werden und ihre Beteiligung im Arbeitsprozess anerkannt wird.

Idealerweise verfügen die Teammitglieder über unterschiedliche Stärken. Vielleicht zeichnet sich ein Mitglied durch kreative Ideen aus, eine weitere Person verfügt über eine besondere Überzeugungskraft und ein guter Organisator treibt die praktische Umsetzung voran. Gemeinsam gewährleisten sie eine breite und verlässliche Kompetenz, mehr Erfahrung und mehr Wissen. Dadurch verringert sich gleichzeitig die Wahrscheinlichkeit, Fehlentscheidungen zu treffen. Ein Team ist zu Leistungen fähig, die die Summe der Einzelleistungen seiner Mitglieder übersteigt.

Grundvoraussetzung für erfolgreiche Teamarbeit ist ein vertrauens- und respektvoller Umgang miteinander. Daher ist es wichtig, im Alltagsgeschehen auftretende Konflikte und Probleme aufzudecken, zu diskutieren und zu lösen. Im Team müssen Lösungsstrategien entwickelt werden und dauerhafte Regeln gelten.

Konfliktbewältigung, vgl. **TAF 11.1, 6**

Teamarbeit zielt neben den fachlichen Qualifikationen in hohem Maße auf die **sozialen Fähigkeiten** einer Person ab. Zu den persönlichen Schlüsselqualifikationen zählen u. a. Einsatzbereitschaft und das zielorientierte Arbeiten für eine gemeinsame Sache. Von den Teammitgliedern wird erwartet, dass sie über kommunikative Fähigkeiten verfügen und durch **Diplomatie** Übereinkünfte, die von allen getragen werden, fördern. Von Vorteil ist es, wenn Teammitglieder überzeugend auf andere wirken und den Mut zur sachlichen Kritik einbringen. Konstruktive Kritik, die auf eine Verbesserung der Situation hinzielt, ist förderlich für den Arbeitsprozess.

Diplomatie
Geschick beim Führen von Verhandlungen

Kommunikation im Team

Teamarbeit in einem Projekt verlangt nach einer offenen Kommunikation aller Beteiligten. Dies setzt voraus, dass sich die Teammitglieder sachliche Hinweise zum Leistungsstand oder zu ihrem Verhalten geben. In diesem Zusammenhang hat sich die **Feedbackmethode** bewährt. Man versteht darunter eine gehaltvolle Rückmeldung über die erbrachte Leistung in Form eines persönlichen Gesprächs. Dabei wird einem Mitarbeiter in der Regel aus der Sicht des Vorgesetzten bzw. Projektleiters mitgeteilt, was er richtig und gut gemacht hat, aber auch welche Fehler ihm unterlaufen sind und wo Verbesserungsmöglichkeiten im Rahmen seiner Arbeit bestehen. Ein gutes Feedbackgespräch soll sich positiv auf die Qualität der Arbeitsleistung, die zukünftige Zusammenarbeit und das Projektziel auswirken. Außerdem bietet es dem Empfänger die Chance, seine eigene Leistung realistischer einzuschätzen, und ermöglicht so eine kontinuierliche persönliche und berufliche Entwicklung.

Von einer **Feedbackkultur** spricht man, wenn Mitarbeiter regelmäßig Rückmeldungen zu ihrer Arbeitsleistung erhalten. Das Feedback muss ehrlich sein, damit es vom Empfänger akzeptiert wird. Kritische Rückmeldungen sollten Möglichkeiten für Veränderungen aufzeigen oder Verbesserungsvorschläge als Ideen formulieren. Diese Formulierungsart regt den Feedbackempfänger an, eigene Zielvorstellungen zu entwickeln und freiwillig sein Verhalten zu ändern.

Voraussetzung für die Akzeptanz eines Feedbacks ist, dass sich die Beteiligten bewusst auf ein solches Gespräch vorbereiten und einige Gesprächsregeln einhalten.

Feedbackregeln

... für den Feedbackgeber	... für den Feedbackempfänger
– Bitten Sie um Einverständnis für ein Feedback. – Bleiben Sie stets höflich und taktvoll und verletzen Sie nicht. – Formulieren Sie positive Ich-Aussagen, sie signalisieren Achtung und Respekt („Ich bin durch Ihr Zuspätkommen in Bedrängnis geraten ..."). – Wählen Sie klare, passende Worte und beschreiben Sie das Verhalten konkret, ohne zu interpretieren oder zu bewerten. – Beschränken Sie sich auf konkrete Vorfälle und pauschalisieren Sie keine Charaktereigenschaften. – Sprechen Sie nur von Ihren eigenen Eindrücken (nicht vom Hörensagen anderer). – Geben Sie Anregungen zu konstruktiven Verbesserungen.	– Schenken Sie dem Feedbackgeber Ihre volle Aufmerksamkeit und lassen Sie ihn ausreden. – Nehmen Sie sich Zeit, das Gehörte zu verarbeiten. – Stellen Sie Verständnisfragen, wenn Ihnen unklar ist, was der andere meint. – Verteidigen und rechtfertigen Sie sich nicht gegen vorgebrachte Kritik. – Bleiben Sie offen für konstruktive Anregungen. – Bedanken Sie sich für ein Feedback.

Eine Feedbackkultur schärft den Blick für die Stärken der Teammitglieder und entwickelt sich nur auf der Basis von gegenseitiger Wertschätzung. Durch die Erfahrung, dass man Kritisches ansprechen und weiterhin gut und vertrauensvoll zusammenarbeiten kann, sinkt die Unsicherheit auf Seiten der Mitarbeiter. Daraus resultiert eine höhere **Problemlösefähigkeit**, d. h. Probleme werden frühzeitig erkannt, offen angesprochen und gemeinsam gelöst. Es entwickelt sich eine gegenseitige Fehlertoleranz, und statt Angst vor Fehlern zu haben, versucht man aus Fehlern zu lernen.

1.2 *Methoden der Entscheidungsfindung*

Bei der Projektplanung und späteren -durchführung müssen von den Projektbeteiligten ständig Entscheidungen getroffen werden. Um Entscheidungen rational treffen zu können, sollten die folgenden **Entscheidungskriterien der Projektarbeit** berücksichtigt werden:

- **Machbarkeit**: Entscheidungen sollten so getroffen werden, dass das Projekt z. B. hinsichtlich Aufgabenbeschreibung, Zeit und Kosten realisierbar ist und bleibt.
- **Projektrisiko**: Entscheidungen sollten die Erreichung der Projektziele unterstützen und so getroffen werden, dass sie den Projekterfolg möglichst nicht gefährden.
- **Wirtschaftlichkeit**: Die Kosten des Projekts sollen seinen Nutzen nicht übersteigen. Das Projekt muss sich wirtschaftlich „lohnen".

Jede Entscheidung beeinflusst die zukünftige Entwicklung des Projekts und damit auch den Projekterfolg. Fehlentscheidungen können manchmal das gesamte Projekt gefährden. Aufgabe aller am Projekt beteiligten Personen ist es, in einer Entscheidungssituation eine optimale Alternative auszuwählen. In der Projektarbeit sollten Entscheidungen rational getroffen werden und für andere Personen nachvollziehbar sein. Dabei wirken sich Zeitdruck und unzureichende Informationen negativ auf den Entscheidungsprozess aus.

Das Erstellen einer **Entscheidungsmatrix** ist eine geeignete Möglichkeit, Entscheidungen rational zu treffen. Bei dieser Methode werden zunächst die Kriterien festgelegt, die für eine Entscheidung wesentlich sind (z.B. Preis, Qualität, Zahlungsbedingungen bei der Auswahl eines geeigneten Lieferanten). Anschließend wird für verschiedene Alternativen (z.B. verschiedene infrage kommende Lieferanten) jedes Kriterium bewertet. Dabei bedient man sich einer Punktzahl. Eine Entscheidungsalternative erhält eine hohe Punktzahl, wenn das Kriterium bei ihr optimal erfüllt ist, und keinen Punkt, wenn das Kriterium gar nicht erfüllt wird. In der letzten Zeile der Matrix werden die Punkte einer Alternative addiert. Die Alternative mit der höchsten Summe steht dann als beste Entscheidungsalternative fest und kann für andere Personen nachvollziehbar dokumentiert werden.

Entscheidungsmatrix, vgl. auch Nutzwertanalyse in **TAF 11.2**, **1.5.2**

	Alternative I	Alternative II	Alternative III
Kriterium 1			
Kriterium 2			
Kriterium 3			
Summe der vergebenen Punkte			

Manche Entscheidungen entziehen sich einer rationalen Begründung und werden emotional (von Gefühlen geleitet) getroffen. Oft spielen bei einer Entscheidung „aus dem Bauch heraus" zu einem früheren Zeitpunkt gesammelte Erfahrungen eine entscheidende Rolle.

Übersicht: Grundlagen der Projektarbeit

Projekt	zeitlich beschränktes Einzelvorhaben
Projektmanagement	gesamte Abwicklung und Leitung eines Projektes
Teamarbeit	partnerschaftliche Zusammenarbeit mehrerer Personen mit dem Ziel, ein gemeinsames Ergebnis zu erreichen
Feedback	positive, kritische und konstruktive Rückmeldung über die Arbeitsleistung und das Verhalten eines Projektmitglieds
Entscheidungsfindung	die Wahl zwischen Entscheidungsalternativen sollte nach Regeln getroffen werden (Machbarkeit, Risiko, Wirtschaftlichkeit); geeignetes Hilfsmittel ist die Entscheidungsmatrix

AB → Lernsituation 45

2 Projektphasen

Projekte durchlaufen verschiedene Phasen. Aus der Absicht, die einer Phase zugrunde liegt, ergibt sich die Art der Aktivität der jeweiligen Phase. In jeder dieser Projektphasen sind besonders wichtige Punkte zu beachten. In der Regel lässt sich bei Projekten keine dieser Phasen auslassen, ohne dass das Projekt dadurch gefährdet wird.

Überblick: Projektphasen

| Startphase | Planungsphase | Durchführungsphase | Abschlussphase |

2.1 Phase: Projektstart

Phase: Projektstart

| Problem- beschreibung und -analyse | Zielfindung und Zielfestlegung | Aufgabenbeschreibung und Projektauftrag |

Zu Beginn eines Projektes ist es erforderlich, das Projekt genau zu beschreiben, damit alle Beteiligten in Bezug auf das Projektziel und die Aufgaben die gleiche Vorstellung bekommen (Worum handelt es sich?). Dabei sind u. a. die folgenden Fragen zu klären:

Fragestellungen zu Beginn eines Projektes	
Grundproblem	Wie sieht die zu Grunde liegende Problemstellung aus? Welche Problemlösungen kommen in Frage?
Ziel	Will man zur Zielerreichung ein Projekt durchführen? Was ist Ziel und Inhalt des Projekts? Was muss erledigt werden?
Organisation	Welche Mitarbeiter stehen zur Verfügung? Welche externen Personen müssen hinzugezogen werden? Wie sieht die projektspezifische Organisation aus? Welche Ressourcen werden benötigt?
Zeit	Bis wann soll das Projekt beendet werden? Wann muss spätestens mit dem Projekt begonnen werden?
Budget	Welche finanziellen Mittel werden benötigt? Steht nur ein bestimmter Betrag zur Verfügung?

2.1.1 Zielfindung und Zielfestlegung

Um ein Projekt effizient, erfolgreich und zielgerichtet durchführen zu können, müssen in der Startphase mindestens die folgenden drei Ziele festgelegt werden:

- Das **Sachziel** beantwortet die Frage: „Was soll geplant und erreicht werden?" (Beispiel: Bau einer Lagerhalle für die Fly Bike Werke GmbH in Oldenburg).
- Das **Kostenziel** beantwortet die Frage: „Welches Budget ist für das Projekt vorgesehen, d.h., was darf das gesamte Projekt maximal kosten?" (Beispiel: Für den Bau der Lagerhalle sind 1,7 Mio. € vorgesehen).
- Das **Terminziel** beantwortet die Frage: „Zu welchem Zeitpunkt soll das Projekt abgeschlossen sein?" (Beispiel: Die Lagerhalle muss zum 1. Juli 20XX nutzbar sein).

Mit einem Projekt sollen diese konkreten Ziele erreicht werden. Auch wenn Sie den Eindruck haben, dass die Ziele bereits klar definiert sind und Sie sofort mit der Arbeit beginnen wollen, sollten Sie sich Gedanken darüber machen, was mit einem Projekt genau erreicht werden soll. Sie sollten die Ziele konkretisieren.

Bei der Zielfestlegung müssen Sie darauf achten, dass die Ziele
- widerspruchsfrei,
- messbar und
- realisierbar sind.

Damit alle Projektteilnehmer die gleiche Vorstellung vom Projekt haben, müssen die definierten Ziele **schriftlich fixiert** werden. Das Kostenziel und das Terminziel geben den Rahmen für die zur Verfügung stehenden Ressourcen, nämlich das vorhandene Budget und die verfügbare Zeit, vor.

Die drei Zielgrößen beeinflussen sich wechselseitig: Ändert sich eine Zielgröße, wirkt sich das auf die beiden anderen aus. Steigen z. B. die Anforderungen an die Qualität des Produkts, so verlängern sich üblicherweise die Bearbeitungszeiten und damit erhöhen sich die Kosten, sodass in diesem Fall weder Terminziel noch Kostenziel eingehalten werden können. Es ergibt sich ein **Zielkonflikt**.

Es zeigt sich, dass eine getrennte Betrachtung der einzelnen Zielgrößen nicht sinnvoll ist, sondern alle drei Größen in ihrem Zusammenhang erfasst werden müssen. Dies ist aber oft sehr schwierig, sodass je nach Art des Projekts meist eines der o. g. Ziele im Vordergrund steht. Denken Sie nur einmal an eine Messe: Oberste Zielsetzung ist hier die fristgerechte Eröffnung.

Wer das Ziel kennt, kann entscheiden; wer entscheidet, findet Ruhe; wer Ruhe findet, ist sicher; wer sicher ist, kann überlegen; wer überlegt, kann verbessern. (Konfuzius)

Wichtige Teilziele eines Projektes bezeichnet man als Meilensteine. Sie werden häufig mit einem Terminziel verbunden, vgl. **2.2.3**.

„Magisches Dreieck" der Projektziele

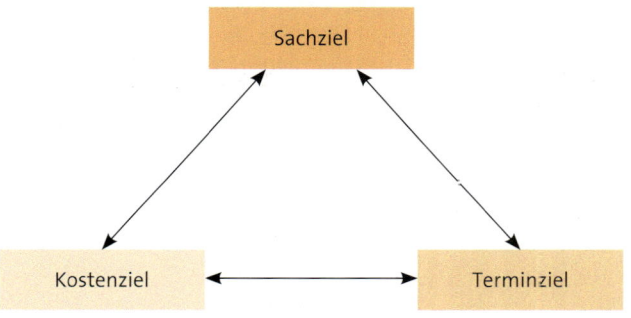

2.1.2 Projektauftrag

Projektname:	
Beschreibung der Aufgaben:	
Projektziele:	
Risiken und Qualitätskriterien:	Nutzen:
Projektbudget:	
Projektstart:	Projektende:
Meilensteine:	
Projektauftraggeber:	
Projektleiter:	
Projektteam:	
Datum:	Unterschriften:

Wird die Durchführung des ausgewählten Projekts als sinnvoll eingestuft, dann sollten mindestens folgende Angaben in einem Projektauftrag festgehalten werden:

- Projektname
- Name des Projektleiters
- kurze Aufgabenbeschreibung
- Zielformulierungen
- Qualitätskriterien
- Projektbudget
- Projekttermine
- Projektmitglieder
- Meilensteine

Der Projektauftrag wird von allen Beteiligten unterschrieben und ist die Grundlage zur Durchführung des Projekts. Mithilfe des Projektauftrages wird ein Vertrag zwischen Auftraggeber und Auftragnehmer geschlossen, der für alle Beteiligten verbindlich ist. Um spätere Missverständnisse zu vermeiden, muss er eindeutig formuliert sein und sämtliche Unklarheiten im Vorhinein ausschließen.

Kick-off-Meeting

to **kick off**
(engl.) anstoßen, loslegen

Das erste gemeinsame Treffen für ein neues Projekt, zu dem alle an dem Projekt Beteiligten eingeladen werden sollten, wird als **Kick-off**-Meeting bezeichnet. Es markiert den Start für das neue Projekt. Oft treten die am Projekt Beteiligten hier zum ersten Mal miteinander in Kontakt. Neben sachbezogenen Informationen über das Projekt erhalten die Teilnehmenden einen Überblick über die Aufgaben und Rollen aller Beteiligten und lernen sich kennen.

Ziele des Kick-off-Meetings:

- Die am Projekt Beteiligten lernen sich kennen.
- Die Beteiligten sollen für die Projektarbeit motiviert werden.
- Das Projekt und die Projektziele werden den Beteiligten vorgestellt.
- Aufgaben und Zuständigkeiten werden festgelegt oder mitgeteilt.
- Alle Beteiligten verfügen über den gleichen Informationsstand.
- Die Regeln für die Zusammenarbeit werden transparent gemacht.

Damit diese Ziele erreicht werden können, muss ein Kick-off-Meeting sorgfältig vorbereitet werden. Ein gelungenes Kick-off-Meeting bringt Dynamik und Motivation in den Projektstart und legt den Grundstein für eine erfolgreiche Zusammenarbeit in den folgenden Projektphasen.

2.2 Phase: Projektplanung

Ohne eine solide Projektplanung kann es schnell zu Termin- und Kostenüberschreitungen, zu Qualitätsmängeln und Kapazitätsengpässen bei der Projektdurchführung kommen. Der Erfolg eines Projektes ist daher von einer guten Projektplanung abhängig. Je gründlicher die Projektplanung, desto weniger Probleme sind in der Projektdurchführungsphase zu erwarten bzw. desto schneller lassen sich auftretende Schwierigkeiten ausgleichen. Die Projektplanung sollte aber nicht als einmaliger Vorgang verstanden werden, sondern muss während der Projektdurchführung immer wieder angepasst werden, wenn sich z. B. neue Rahmenbedingungen ergeben.

Phase: Projektplanung

| Arbeitspakete | Projektstrukturplan | Projektablaufplan/ Terminplan | Kapazitätsplanung | Kostenplanung |

Diese lineare Abfolge darf nicht darüber hinwegtäuschen, dass Planungen **dynamische Prozesse** sind: Sobald sich neue Fakten ergeben, Zielsetzungen sich verändern oder Abweichungen von den Plandaten auftreten, müssen die Pläne an die veränderten Gegebenheiten angepasst werden. Dies bedeutet beispielsweise, dass die Terminplanung überarbeitet werden muss, wenn nicht genügend Ressourcen bzw. ausreichend qualifizierte Mitarbeiter verfügbar sind, um die Arbeiten termingerecht durchführen zu können. Bei allen Stufen der Projektplanung ist darüber hinaus zu beachten, dass sie bestimmten Qualitätskriterien genügen muss, die nicht zuletzt von der Kompetenz des Projektteams abhängig sind.

2.2.1 Arbeitspakete

Basis für alle weiteren Planungsprozesse ist die Zusammenstellung aller erforderlichen Aktivitäten in einer Aktivitätenliste. Diese Aktivitäten werden anschließend zu **Arbeitspaketen** zusammengefasst. Für jede Aktivität bzw. für jeden Arbeitsvorgang ist ein eindeutiges, messbares Ergebnis (Output) zu definieren. Bereits in der Planungsphase kann man so der notwendigen Dokumentation Rechnung tragen und alle Arbeitsprozesse transparenter machen.

Projektdokumentation, vgl. **2.3.3**

> **Beispiel** Die Fly Bike Werke GmbH plant einen Messestand auf einer Fachmesse. Ein von der Geschäftsleitung vorgegebener finanzieller Rahmen ist dabei unbedingt einzuhalten. Alle Aktivitäten für dieses Projekt müssen ermittelt und dokumentiert werden. So sind die Standortwahl des Messestandes, die Größe der Mietfläche, die Höhe des Mietpreises, die Möglichkeiten zur individuellen Gestaltung des Messestandes, dessen Beleuchtung, die Strom- und Wasserversorgung usw. zu klären. Alle Aufgabenstellungen im Zusammenhang mit dem Mietvertrag werden anschließend in einem Arbeitspaket „Mietvertrag" zusammengefasst.

Arbeitspakete werden gebildet, um ein Projekt in überschaubare und sinnvolle Aufgabenbereiche zu unterteilen. In einer Projektsitzung werden die Arbeitspakete benannt und die Leistungen und Tätigkeiten, die nacheinander und zusammenhängend ausgeführt werden, den einzelnen Arbeitspaketen zugeordnet.

Ein Arbeitspaket muss **präzise definiert** und sauber von anderen Arbeitspaketen abgegrenzt werden, es sollte schlüssig und kontrollierbar sein und klar einer bestimmten Organisationseinheit (Projektmitglied) zugeordnet werden können.

> **Beispiel** Das Projekt „Neubau einer Lagerhalle" umfasst u. a. die folgenden Arbeitspakete:
> – Baustelle einrichten
> – Fundamente erstellen
> – Maurerarbeiten Kellergeschoss
> – Decke Erdgeschoss
> – Estrich Erdgeschoss
> – Trockenbauwände Erdgeschoss

Die Arbeitspakete bilden die Basis für die spätere Projektablauf- und Terminplanung, die Kapazitäts- sowie die Kostenplanung. Die folgenden **Regeln zur Einteilung** sollten daher unbedingt beachtet werden:

- Die Arbeitspakete dürfen weder zu groß noch zu klein sein.
- Die Arbeitspakete müssen den tatsächlichen Abläufen im Projekt entsprechen.
- Die Arbeitspakete sollten verständlich und einfach formuliert werden, sodass jeder Projektbeteiligte sie versteht.
- Jede Arbeit sollte eindeutig einem Arbeitspaket zugeordnet sein.

2.2.2 Projektstrukturplan

Die übersichtliche und hierarchische Anordnung der Arbeitspakete übernimmt der Projektstrukturplan. Er stellt die Eingliederung aller Arbeitspakete in das Gesamtprojekt dar und ist demzufolge ein zentrales Dokument für das Projektmanagement und eine **Handlungsanleitung** für die Projektdurchführung.

Über die Verteilung von Arbeitspaketen muss sichergestellt sein, dass die einzelnen Bearbeiter kontinuierlich ausgelastet sind. Der Projektstrukturplan dient als Basis für die fachliche Projektgliederung, Verteilung der Verantwortlichkeiten, Risikoanalysen sowie die Ablauf- und Terminplanung. Die ermittelten Arbeitspakete werden hierbei zweckmäßigen Oberbegriffen (Teilaufgaben) und Projektmitgliedern zugeordnet.

Aufbau des Projektstrukturplans

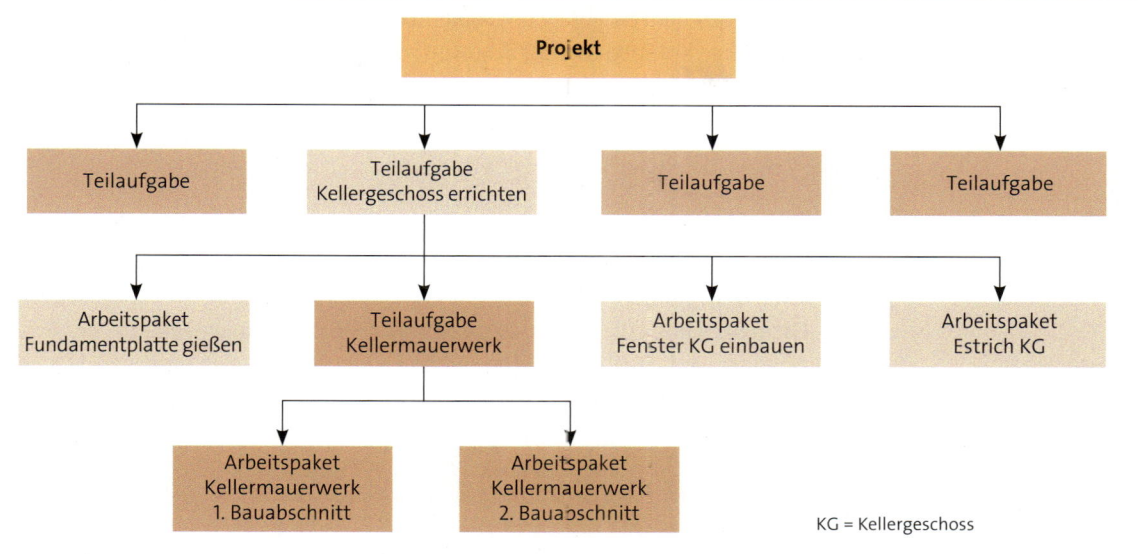

Der Projektstrukturplan ist die Basis für benötigte Projektressourcen, die Zeitplanung, den Einsatz von Personal und strukturiert die Aufgabenbeschreibung.

2.2.3 Projektablaufplan

Nachdem die einzelnen Arbeitspakete und Teilaufgaben definiert wurden, müssen sie in eine zeitliche Reihenfolge gebracht und im Projektablaufplan fixiert werden. Im Ablaufplan werden auch die Abhängigkeiten der einzelnen Arbeitspakete voneinander dargestellt.

Projektablaufplan für den Bau einer unterkellerten Lagerhalle

Vorgang Nr.	Vorgangsbezeichnung	Dauer	Anmerkungen
1	Fundamentplatte gießen	3 Tage	Fundament ist eingeschalt
2	Kellermauerwerk 1. Bauabschnitt	2 Tage	danach 5 Tage ruhen, wird im weiteren Beispiel zur Vereinfachung nicht beachtet
3	Kellermauerwerk 2. Bauabschnitt	3 Tage	
4	nicht tragende Innenwände KG	1 Tag	
5	Einbau Fenster KG	2 Tage	
6	Estrich KG	1 Tag	
7	Innenputz KG	4 Tage	
...	...	...	...

KG = Kellergeschoss

Bei der Erstellung eines Projektablaufplans auf Grundlage des Projektstrukturplans kommt neben der Festlegung der Reihenfolge der einzelnen Arbeitspakete noch eine sehr wichtige Komponente der Projektarbeit hinzu: Welchen Zeitraum umfassen die einzelnen Vorgänge bzw. Arbeitspakete? Da niemand in die Zukunft blicken kann, sind bei der Zeitplanung in der Regel nur **Zeitschätzungen** möglich.

Die Zeitschätzung kann naturgemäß nie in einer „Punktlandung" enden. Probleme, die bei der Schätzung der Vorgangsdauer auftreten können, sind u. a.:

- Unterschätzen des Zeitbedarfs bei unbekannten Vorgängen
- Nichtberücksichtigung von „Reibungsverlusten" infolge von Kommunikations- und Abstimmungsproblemen
- Nichtberücksichtigung des Zeitbedarfs für das Projektmanagement
- Abhängigkeit der Vorgangsdauer von den eingesetzten Ressourcen

Beispiel Der Lagerhallenneubau der Fly Bike Werke GmbH muss spätestens am 30. April 20XX übergeben werden. Neben der Kalkulation auf der Basis von Lieferzeitangaben oder Terminzusagen von externen Dienstleistern müssen ggf. auch Pufferzeiten für schlechte Witterungsbedingungen in den Wintermonaten bei der Zeitplanung berücksichtigt werden.

2.2.4 *Terminplan*

Die **Terminplanung** baut auf dem Projektablaufplan auf. Ihr Ziel ist es einerseits, **für jedes Arbeitspaket bzw. jeden Vorgang**

- die jeweilige Vorgangsdauer,
- die frühest- bzw. spätestmöglichen Anfangs- bzw. Endtermine und
- eventuelle Zeitreserven (Pufferzeiten) zu ermitteln.

Außerdem sollen **für das gesamte Projekt**

- die Gesamtdauer und
- der Start- und Endtermin ermittelt werden.

Im Rahmen des Projektmanagements bietet es sich an, Terminplanungen in übersichtlicher Form darzustellen, damit sie zur Planung und Kontrolle der Termineinhaltung genutzt werden können. Zur Visualisierung von Terminplanungen bieten sich insbesondere das Balkendiagramm und die Meilensteintechnik an.

Balkendiagramm (Gantt-Diagramm)

Die Bezeichnung „**Gantt-Diagramm**" beruht auf dem Erfinder dieses Instruments des Projektmanagements, dem US-amerikanischen Maschinenbauingenieur und Unternehmensberater **Henry Laurence Gantt** (1861–1919). Neben dem Einsatz im Projektmanagement wird das Gantt-Diagramm beispielsweise auch in Industriebetrieben zur Produktionsplanung und -steuerung verwendet.

Das Balkendiagramm ist – zumindest bei kleinen und mittelgroßen Projekten – das gängigste Instrument, um Projektabläufe zeitorientiert zu veranschaulichen. Als Arbeitsfortschrittsplan ermöglicht es neben der terminlichen Planung einzelner Arbeitspakete auch die Möglichkeit zur zeitlichen Kontrolle des Projektverlaufs. Es ist somit ein **Planungs- und Kontrollinstrument**. Zusammengefasst liefert ein Balkendiagramm Informationen über

- die geplanten Anfangs- und Endzeitpunkte der einzelnen Vorgänge,
- die geplante Gesamtdauer des Projekts und
- parallel verlaufende Vorgänge.

Ein Balkendiagramm beinhaltet:

- in den ersten beiden Spalten die jeweiligen Vorgangsnummern und eine Kurzbezeichnung des Vorgangs,
- in der ersten Zeile eine Zeitachse (z. B. in Tagen) und
- einen Balken für jeden Vorgang, der genau visualisiert wann und für wie lange der jeweilige Vorgang stattfinden soll.

Gantt-Diagramm für den Bau einer unterkellerten Lagerhalle

Vorg. Nr.	Vorgang Bezeichnung	1	2	3	4	5	6	7	8	9	10	11	12	13	14	15	16	17
																		Zeit (in Tagen)
1	Fundamentplatte gießen und trocknen lassen	▓	▓	▓														
2	Kellermauerwerk 1. Bauabschnitt				▓	▓												
3	Kellermauerwerk 2. Bauabschnitt				▓	▓	▓											
4	Nicht tragende Innenwände Kellergeschoss							▓	▓									
5	Einbau Fenster Kellergeschoss							▓										
6	Estrich Kellergeschoss									▓								
7	Trocknung Estrich										▓	▓	▓	▓				
8	Innenputz Kellergeschoss														▓	▓	▓	▓

> **Beispiel** Der Projektmanager erkennt, dass für die dargestellten acht Vorgänge insgesamt 17 Arbeitstage geplant sind. Außerdem zeigt das Gantt-Diagramm, dass die Vorgänge 2 und 3 sowie 4 und 5 jeweils gleichzeitig begonnen und parallel durchgeführt werden können.

Meilensteintechnik

Eine einfache Terminplanungstechnik ist die Fixierung von **Meilensteinen**. Meilensteine sind Ereignisse oder Zwischenergebnisse im Projektverlauf, nach deren Erledigung das Projekt in eine weitere Phase tritt und entsprechend Entscheidungen getroffen bzw. überprüft werden müssen. Die festgelegten Meilensteine können z. B. in ein Balkendiagramm eingebracht werden, sodass deutlich erkennbar wird, mit welchen Arbeitspaketen der nächste Meilenstein erreicht wird.

Das Erreichen von Meilensteinen motiviert die Projektmitarbeiter, die weiteren Projektziele zu den geplanten Terminen zu erledigen, es sind gewissermaßen Etappenziele des Projekts. Außerdem dienen Meilensteine einer einfachen Kontrolle des Projektfortschritts.

Meilensteine	
Merkmale	Meilensteine sollten an leicht überprüfbare Ereignisse geknüpft und eindeutig formuliert sein.
Fixierung	Meilensteine müssen realistisch geplant sein, es sollten zeitlich überschaubare Phasen (etwa ein bis drei Monate) gewählt werden, zum Plantermin muss die komplette Leistung vorliegen.
Zweck	Instrument zur Projektfortschrittsmessung, Strukturierung von Arbeitsabläufen, Hilfsmittel der Zeitplanung, Dokumentation von Resultaten und Selbstkontrolle

Meilensteine für den Bau einer unterkellerten Lagerhalle

Meilenstein Nr.	Bezeichnung	Soll-Termin
M1	Fundament fertiggestellt	5. August 20XX
M2	Kellermauerwerk fertiggestellt	10. August 20XX
...	...	...

2.2.5 Kapazitätsplanung

Die im Rahmen der Terminplanung errechneten Vorgangsdauern sowie der Endtermin lassen sich nur realisieren, wenn den Vorgängen (bzw. Arbeitspaketen) die notwendigen **Ressourcen** (z. B. Personaleinsatz, Projektbudget, Materialeinsatz, Betriebsstoffe, sonstige Leistungen) zugewiesen werden. Alle benötigten Ressourcen müssen von Anfang an klar identifiziert und sorgfältig geplant werden. Ein Ziel dieser Planung ist es, eine möglichst große Auslastung der einzelnen Ressourcen zu gewährleisten. Folgende Vorgehensweise ist dabei typisch:

Kapazitätsplanung	
Schritt 1	Bedarfsermittlung (Wie viel Personal, Material usw. ist notwendig?)
Schritt 2	Ermittlung der verfügbaren Kapazitäten (Wie viel Personal, finanzielle Mittel usw. stehen zur Verfügung?)
Schritt 3	Soll-Ist-Vergleich (Gegenüberstellung der Bedarfsermittlung und der verfügbaren Kapazitäten)
Schritt 4	Kapazitätsausgleich (Abstimmung der benötigten mit den verfügbaren Kapazitäten)

Um fehlende Kapazitäten auszugleichen, stehen grundsätzlich vier Möglichkeiten zur Verfügung:
- Ausgleich durch Pufferzeiten
- Ersatz von Ressourcen, z. B. Ersatz erkrankter Teammitglieder
- Kapazitätserweiterung, z. B. durch kurzfristige Einstellung von Zeitarbeitskräften
- Projektverlängerung

2.2.6 Kostenplanung

Die Ergebnisse der Termin- und Kapazitätsplanung müssen dahin gehend überprüft werden, mit welchen Kosten sie verbunden sind. Die Kostenplanung dient drei Zielen:

Ziele der Kostenplanung

Ziel	Erläuterung
Preisermittlung orientiert sich an den Projektkosten.	Die Kosten werden frühzeitig ermittelt; sie sind Basis für die Vorkalkulation und für die Entscheidung, ob ein Projekt durchgeführt werden soll.
Planung im Hinblick auf die Wirtschaftlichkeit des Leistungsprozesses wird unterstützt.	Alternativen werden bedacht, Wirtschaftlichkeitsvergleiche vorgenommen, realistische Projektkosten vorgeschlagen.
Während der Projektdurchführung wird die Wirtschaftlichkeit überwacht.	Kosten für einen Vorgang sind durch die Planung vorgegeben, Abweichungen sind frühzeitig zu erkennen und Gegenmaßnahmen können ergriffen werden.

2.3 Phase: Projektdurchführung

Die in der Projektplanung ermittelten Abläufe und Ereignisse treten im Verlauf des Projektes leider nicht immer so ein, wie es ursprünglich vorgesehen war. Es kommt zu Abweichungen zwischen dem realen Projektablauf, dem Ist, und dem geplanten Projektablauf, dem Soll. Aufgabe des Projektmanagements in der Phase der Projektdurchführung ist es, Maßnahmen zu ergreifen, die dafür sorgen, dass das Projekt im Rahmen der Plandaten abgewickelt werden kann und dass die Daten der Projektplanung an die tatsächlichen Daten angepasst werden (**Soll-Ist-Vergleich**).

> **Beispiel** Der Leiter der Bauleitung Haustechnik, der für die gesamte Projektdauer zur Verfügung stehen sollte, teilt dem Projektleiter mit, dass er wegen eines plötzlichen Krankheitsfalles in seiner Familie für die nächsten zwei Wochen Urlaub nehmen muss.

Solche und ähnliche Störungen im Projektablauf erfordern, dass schon im Rahmen der Projektplanung **Alternativpläne** aufgestellt worden sind, die bei Bedarf einfach „aus der Schublade gezogen" werden können. Im Beispielfall muss zumindest eine kompetente Vertretung aller verantwortlichen Mitarbeiter sichergestellt werden, um das Projekt nicht zu gefährden. Es liegt aber in der Natur der Sache, dass niemals für alle Eventualitäten vorgesorgt werden kann.

Projektdurchführung

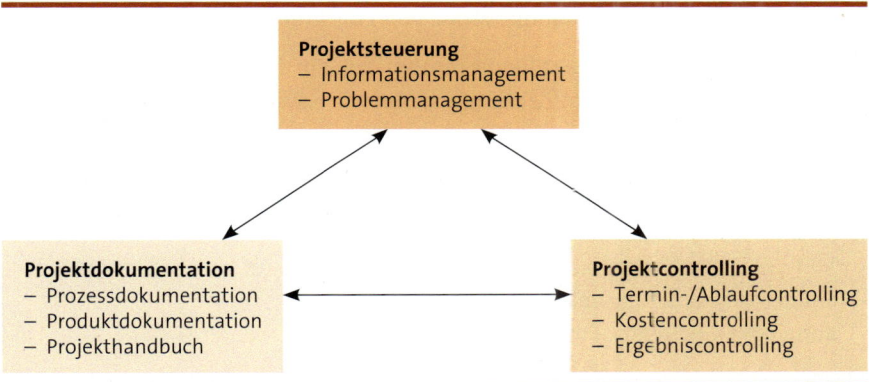

2.3.1 Projektsteuerung

Die Aufgaben der Projektsteuerung sind die Organisation, Koordinierung, Überwachung, Leitung und Dokumentation. Die anfängliche Planung soll mit dem tatsächlichen Projektverlauf in Übereinstimmung gebracht werden. Der Projektleiter hat daher während der gesamten Projektlaufzeit, insbesondere aber in der Durchführungsphase den Auftrag, das Projekt aktiv zu beeinflussen und somit zu steuern. Er muss während des gesamten Projektes den Kontakt zum Auftraggeber halten und ihn über den Fortgang auf dem Laufenden halten.

Gerade in der Phase der Projektsteuerung ist ein effektives **Informationsmanagement** wichtig. Der Projektleiter hat dafür zu sorgen, dass jeder Projektbeteiligte die für ihn wichtigen Informationen (z. B. mündliche Informationen, Unterlagen, Aktennotizen) – und nur diese – umgehend erhält.

ein häufig genutzter Online-Terminplaner: www.doodle.com

Der Nutzen eines guten Informationsmanagements liegt auf der Hand:

- Zeitersparnis, da kein Leerlauf entsteht
- Aktualität, da Wichtiges sofort weitergeleitet wird
- Übersichtlichkeit, da nicht jeder alles bekommt
- Schnittstellenklarheit, da es keine Informationsdefizite gibt
- gutes Verhältnis zum Auftraggeber, da Missverständnisse vermieden werden

Im Rahmen des Informationsmanagements hat der Informationsaustausch innerhalb der Projektgruppe eine sehr große Bedeutung. Durch die Nutzung **aktueller Medien für den Informationsaustausch** (z. B. Cloud, Kommunikationsserver, Online-Terminplaner, Intranet, Smartphone) lassen sich Projekte zeitsparend und übersichtlich durchführen. Alle Projektmitarbeiter können über aktuelle Informationen verfügen und fortlaufend Einblick in den Projektstand nehmen. Auch für eine funktionierende Teamarbeit ist ein gut organisierter Informationsaustausch förderlich. In Unternehmen mit häufiger Projektarbeit existiert in der Regel ein **Projektinformationssystem**. Es umfasst alle Einrichtungen sowie Hilfsmittel und deren Zusammenwirken bei der Erfassung, Weiterleitung, Be- und Verarbeitung, Auswertung und Dokumentation von Projektinformationen.

Durch die Nutzung aktueller Medien für den Informationsaustausch, z. B. des Intranets, lassen sich Projekte zeitsparend und übersichtlich durchführen. Alle Projektmitarbeiter können dann über aktuelle Informationen verfügen und fortlaufend Einblick in den Projektstand nehmen. Auch der wirtschaftliche Ist-Stand des Projektes wird zeitnah dokumentiert.

Häufig ist während der Projektdurchführung auch ein funktionierendes **Problemmanagement** vonnöten. Um den Einfluss eines unerwarteten Ereignisses auf den Erfolg des Projekts abschätzen zu können, müssen diverse Fragen beantwortet werden:

- Worauf ist das Problem zurückzuführen?
- Welche Lösung des Problems ist möglich?
- Welche Auswirkungen hat das gegenwärtige Problem auf andere Aktivitäten?
- Sind Projektsteuerungsmaßnahmen möglich?
- Kann das aufgetretene Problem in Zukunft vermieden werden?

Planabweichungen lassen sich im Projektablauf kaum je völlig verhindern. Für derartige Abweichungen lässt sich eine Fülle von Gründen finden: Fehlplanung, Verzögerung bei der Durchführung einzelner Arbeitspakete, nachgeschobene Änderungswünsche des Auftraggebers, das Auftreten unvorhergesehener Ereignisse. Grundsätzlich führen Planabweichungen zu einer Korrektur des ursprünglichen Projektplans und somit zu neuen Sollvorgaben oder zu einer Anpassung der Arbeitspakete. In der Praxis finden sich oft auch Mischformen.

2.3.2 Projektcontrolling

to **control**
(engl.) steuern, regeln

Zur Projektsteuerung müssen Projektdaten, Soll-Ist-Vergleiche und Abweichungsanalysen ermittelt werden. Diese Analyse der Zwischenergebnisse wird vom Projekt**controlling** bereitgestellt. Projektcontrolling kann **im Vorhinein**, also in der Definitions- und Planungsphase, stattfinden. Controlling **während des Projekts** unterstützt die Durchführungsphase. Findet Controlling **im Nachhinein** statt, ist die Erfolgsprüfung für das abgelaufene Projekt gemeint.

Bausteine des Projektcontrollings

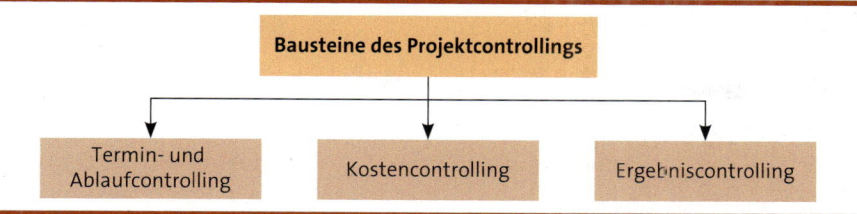

Termin- und Ablaufcontrolling

Das Termin- und Ablaufcontrolling untersucht und analysiert projektbegleitend, ob der Projektablaufplan eingehalten wird. Es werden primär die Soll- und Ist-Zustände der Arbeitspakete sowie der Meilensteine verglichen.

Mithilfe eines **Projektstatus- oder Projektfortschrittsberichts** können die Fortschritte an einem Projekt festgehalten werden. Dabei ist ein entsprechendes Formular, das die einheitliche Bearbeitung während des ganzen Projekts gewährleistet, von Nutzen. Die Projektgruppe bestimmt, wie häufig berichtet werden soll, beispielsweise täglich, wöchentlich oder monatlich.

Projektstatusberichts-Formular (Beispiel)

Projektstatusbericht	
Projektstand am:	
Projektnummer:	
Projektname:	
Bearbeiter:	
Arbeitspaket:	
Termine	
Start (laut Plan):	
Ende (laut Plan):	
Verzögerung:	ja ☐ nein ☐
Begründung:	
Verzögert sich bis:	
Gegenmaßnahmen:	
Ist-Stand	
Erfüllungsgrad (%):	
Kosten (%):	
Abgeschlossene Arbeitsschritte:	
Probleme	
Entscheidungsbedarf:	
Lösungsvorschlag:	
Datum:	Unterschrift:

Die **Terminüberwachung** kann z. B. mit einem Meilenstein-Chart unterstützt werden. Für jeden Vorgang bzw. Meilenstein werden die Ist-Termine erfasst und mit den Soll-Vorgaben verglichen. Danach erfolgt die Planung von steuernden und korrigierenden Maßnahmen.

Meilenstein-Chart für den Bau einer unterkellerten Lagerhalle

Meilenstein Nr.	Bezeichnung	Soll-Termin	Ist-Termin
M1	Fundament fertiggestellt	05.08.20XX	02.08.20XX
M2	Kellermauerwerk fertiggestellt	10.08.20XX	10.08.20XX
M3	Kellerdecke eingezogen	20.08.20XX	22.08.20XX
M4	Innenputz	25.08.20XX	...
M5	Estrich KG vergossen	26.08.20XX	...
M6	Kellerinnenräume Haustechnik	22.09.20XX	...
...	...	...	...

Kostencontrolling

Ausgangsbasis des Kostencontrollings ist die Erfassung der Kosten für die einzelnen Arbeitspakete. Die geplanten Kosten der Arbeitspakete müssen mit den tatsächlich angefallenen Kosten verglichen, Abweichungen müssen näher analysiert werden.

Die Darstellung des Kostenvergleichs kann z.B. mit einem Budgetkontroll-Chart erfolgen. Dabei werden die Soll-Kosten den Ist-Kosten gegenübergestellt. Für diese Darstellungsform eignen sich Balken- oder Liniendiagramme.

Budgetkontroll-Chart als Liniendiagramm

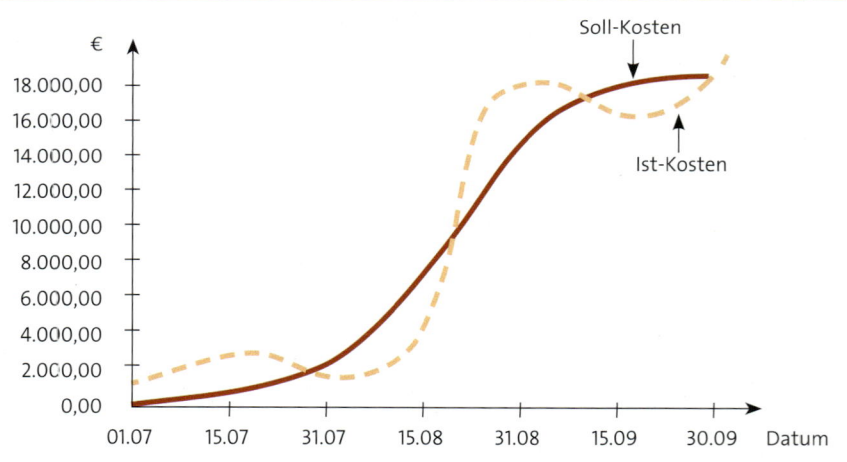

Ergebniscontrolling

Ergebnisse können hinsichtlich ihrer Effektivität erst dann abschließend beurteilt werden, wenn festgestellt wurde, ob die geplanten Leistungen auch erbracht wurden. Das Leistungs- und Ergebniscontrolling untersucht dabei insbesondere, ob die **vorgegebenen Qualitätsziele** erreicht wurden. Die Ergebnisse dieser Analyse lassen nicht nur Rückschlüsse auf das laufende Projekt zu, sondern können auch gewinnbringend für weitere Projekte verwendet werden, im Sinne eines Lernens aus Erfahrungen für die Zukunft. Entscheidend ist, dass das Leistungs- und Ergebniscontrolling nicht erst abschließend erfolgt, sondern projektbegleitend während jeder Projektphase, um etwaige Minderleistungen und Qualitätsmängel rechtzeitig zu beheben.

2.3.3 Projektdokumentation

Die Projektdokumentation hat die Aufgabe, alle relevanten Informationen und Ergebnisse zusammenzutragen und bei Bedarf dem Projektteam, der Projektleitung oder dem Auftraggeber zur Verfügung zu stellen.

Die **Prozessdokumentation** dient dazu, das Projektgeschehen in seiner Entstehung und Entwicklung nachvollziehbar zu machen. Diese Zielsetzung wird unterstützt durch schriftliche Unterlagen wie z. B. Protokolle, Gesprächsnotizen oder Berichte. Darin sind alle bedeutsamen Rahmen-, Planungs-, Beschluss- und Ergebnisdaten nachvollziehbar erfasst. Für eine gut strukturierte und übersichtliche Aktenordnung sprechen aktuelle Belege zum Stand der Arbeiten, permanente Nachvollziehbarkeit von Entscheidungen, eine umfassende Informationsgrundlage für Bearbeiter sowie ein schneller Zugriff auf benötigte Unterlagen.

Ein **Projekthandbuch** enthält alle wesentlichen Informationen eines Projektes. Es soll alle für das Zusammenspiel der Projektbeteiligten sinnvollen und nötigen organisatorischen Informationen und Regelungen wiedergeben. Es enthält vor allem Hinweise und Anweisungen, die die Projektmitglieder für ihre tägliche Arbeit benötigen.

Projekthandbuch	
Titel des Projektes:	
Einleitung	
Ziel und Zweck	Ziel und Zweck des Projekthandbuchs
Bearbeiter	Name des Bearbeiters/Verantwortlichen für das Projekthandbuch
Version/Stand	Stand (Datum) und Version des Projekthandbuchs
1. Projektauftrag	
Lastenheft	Anforderungen (Kundensicht) an den Projektgegenstand
Ziele	Sachziele und Verlaufsziele
2. Projektgegenstand	
Pflichtenheft	Spezifikation des Projektgegenstandes
Projektstrukturplan	hierarchische Struktur des Projektgegenstandes
Teilaufgaben/ Arbeitspakete	Beschreibung der Teilaufgaben/Arbeitspakete
Projektsteckbrief	Beschreibung des Projektgegenstandes (Adressat: z. B. Auftraggeber, Marketing)
3. Projektorganisation	
Aufbauorganisation	Beschreibung der Projektaufbauorganisation
Kommunikation	Beschreibung der Projektkommunikation
Dokumentation	Beschreibung des Dokumentationsmanagements
4. Projektplanung	
Terminplan	Beschreibung des Projektplans (Meilensteine usw.)
Ressourcenplan	Beschreibung des Ressourcenplans
5. Anhang	
Adressen	Kontaktdaten der Projektbeteiligten
Normen/Richtlinien	wichtige Normen und Richtlinien

Quelle: www.teialehrbuch.de/Kostenlose-Kurse/Projektplanung-mit-MS-Project-2003/images/175.jpg (19.04.2010)

Mögliche Inhalte des Projekthandbuches

2.4 Phase: Projektabschluss

Nach der Durchführung des Projekts erfolgen der offizielle Projektabschluss und die Projektreflexion. Zum offiziellen Projektabschluss gehören z. B. die

- Erstellung einer Abschlusspräsentation,
- Ergebnisübergabe an den Auftraggeber bzw. Nutzer,
- Erstellung des Projektabschlussberichts,
- Organisation einer Abschlussfeier.

2.4.1 Projektabschlussbericht und Projektpräsentation

Der **Projektabschlussbericht** wird erstellt, wenn alle projektspezifischen Tätigkeiten abgeschlossen sind. Er ist das Ergebnis des Projektes und enthält die zusammenfassende, abschließende Darstellung von Aufgaben und erzielten Ergebnissen, von Zeit-, Kosten- und Personalaufwand sowie gegebenenfalls von Hinweisen auf mögliche Anschlussprojekte.

In einem ersten Teil des Abschlussberichtes sind ein Soll-Ist-Vergleich der Kosten (Nachkalkulation) und eine ursachenorientierte Abweichungsanalyse Beurteilungskriterien für eine abschließende Bewertung. Zusätzlich könnte der Abschlussbericht auch die Dokumentation der eigenen Projekterfahrungen enthalten.

Bei einigen Projekten ist es sinnvoll, die Ergebnisse des Projektes zu erläutern und möglicherweise entstehende Fragen direkt zu beantworten, wenn z. B. Projektergebnisse umgesetzt werden sollen. Diese Möglichkeiten bietet die direkte Präsentation (z. B. mittels PowerPoint) vor dem Auftraggeber und den weiteren Betroffenen.

Methodentrainer/
Vortrags- und
Präsentationstechniken

Eine Präsentation muss gut geplant sein, da sie einen Höhepunkt des Projektes darstellt und die Arbeit von Wochen oder Monaten wiedergeben soll. Bei der Vorbereitung einer Präsentation sollten folgende Schritte beachtet werden:

- Ziele festlegen (Was soll präsentiert werden?)
- Zielgruppe analysieren (Welche Erwartungen und Fragen hat die Zielgruppe?)
- Inhalte organisieren (Materialien sammeln, Aufbau gliedern, Material vorbereiten und gestalten)

2.4.2 Projektbeurteilung

Nach dem offiziellen Abschluss des Projekts durch Übergabe an den Auftraggeber bzw. Präsentation der Projektergebnisse und Erstellung des Abschlussberichts, sollte das Projekt rückblickend noch beurteilt werden. Erkenntnisse aus dieser Beurteilung bzw. Auswertung sollen im Sinne eines kontinuierlichen Verbesserungsprozesses Optimierungsmöglichkeiten für zukünftige Projekte aufzeigen. Hierzu wird das Projekt reflektiert und evaluiert.

Die **Projektreflexion**, die beispielsweise in einer Projektabschluss-Sitzung stattfinden kann, beschäftigt sich z. B. mit folgenden Fragen:

- Was war gut? Was war nicht gut?
- Wie hat die Teamarbeit funktioniert?

Feedback-Regeln,
vgl. **1.1**

- Gab es Kommunikationsprobleme?
- Welche Ziele wurden erreicht/nicht erreicht?

Geht man bei der Beurteilung eines Projektes systematisch vor und stellt sicher, dass die Ergebnisse und Bewertungen begründet und belegt sind, sodass sie für außenstehende Personen nachvollziehbar sind, spricht man von einer **Projektevaluation**. Diese stützt sich auf eine genaue Beschreibung der Projektaktivitäten, statistische Zahlen und Informationen der Projektbeteiligten. Eine gute Evaluation weist nicht möglichst viele, sondern möglichst aussagefähige Daten aus. Im Rahmen der Projektevaluation werden der Projektprozess, die Projektergebnisse und ggf. die Projektpräsentation bewertet.

Vor der Projektbeurteilung ist es sinnvoll, die Projektunterlagen zu archivieren und das Projekt fachlich und betriebswirtschaftlich auszuwerten. Letztlich dient die Projektbeurteilung zur Verstärkung positiver Erfahrungen und zur Verbesserung zukünftiger Projekte.

Übersicht: *Projektphasen*

Projektstart	Erste Phase im Projektverlauf, in der die Ziele festgelegt und der Projektauftrag erteilt wird.
Projektplanung	Diese Phase ist die Grundlage für eine erfolgreiche Durchführung des Projektes. Die einzelnen Tätigkeiten und deren Abläufe werden festgelegt und laufend an sich verändernde Rahmenbedingungen angepasst.
Projektdurchführung	In dieser Phase gilt es, Abweichungen in der Projektdurchführung von der Projektplanung zu erkennen und erforderliche Korrekturen vorzunehmen. Dabei ist es notwendig, stets auf alle relevanten Informationen zurückgreifen zu können. Diese Aufgabe erfüllt die Projektdokumentation.
Projektabschluss	Das Projekt wird übergeben. Es findet eine gemeinsame Projektreflexion und -evaluation statt und die gesammelten Erfahrungen werden in einem Abschlussbericht zusammengefasst.

Alles klar?

1. Erläutern Sie, wodurch sich Projekte von anderen Aufgaben, die in Unternehmen zu erledigen sind, unterscheiden.

Kapitel 1

2. Beschreiben Sie, worauf bei der Zusammenstellung eines Projektteams geachtet werden sollte.

3. Nennen Sie vier Eigenschaften von Mitarbeitern, die für eine erfolgreiche Teamarbeit bedeutsam sind.

4. Sie sind in der Drogerie AG als Projektleiter für die Entwicklung einer Werbekampagne für ein neues Aftershave verantwortlich. Das Projektmitglied Michael Meier schlägt in einer Besprechung vor, einen aktuellen Fußballnationalspieler als Darsteller in einem Fernsehwerbespot zu engagieren. Sie halten diesen Vorschlag aufgrund des geringen Projektbudgets für ungeeignet und müssen Herrn Meier dies in einem Feedback klarmachen.
   a. Formulieren Sie für diese Situation drei sinnvolle Feedbackregeln.
   b. Formulieren Sie das Feedback an Herrn Meier in wörtlicher Rede.

5. Erläutern Sie, von welchen Kriterien Sie sich leiten lassen sollen, wenn Sie im Rahmen der Projektarbeit Entscheidungen treffen.

6. Beschreiben Sie, welche Aspekte in der Startphase eines Projekts zu klären sind.

Kapitel 2

7 Sie sind in der Drogerie AG als Projektleiter für die Entwicklung einer Werbekampagne für ein neues Aftershave verantwortlich.
   a Formulieren Sie für dieses Projekt jeweils ein sinnvolles Sachziel, Terminziel und Kostenziel.
   b Begründen Sie an einem Beispiel, dass zwischen den von Ihnen formulierten Zielen Konflikte entstehen können.

8 Erläutern Sie den Zweck eines Kick-off-Meetings.

9 Begründen Sie, warum Projektplanungen dynamische Prozesse sind.

10 Erläutern Sie den Zusammenhang zwischen Arbeitspaketen und dem Projektstrukturplan.

11 Die Fly Bike Werke GmbH möchte zum Betriebsjubiläum einen Tag der offenen Tür veranstalten und hierzu zahlreiche Kunden einladen. Sie sind in dem Projektteam für die Planung und Organisation der an diesem Tag anzubietenden Aktivitäten zuständig. Formulieren Sie mindestens vier unterschiedliche Arbeitspakete, in die Sie Ihren Aufgabenbereich gliedern könnten.

12 Erläutern Sie den Unterschied zwischen einem Projektstrukturplan und einem Projektablaufplan.

13 Erläutern Sie die Bedeutung von Meilensteinen bei der Projektplanung.

14 Die Fit & Flott Reifenservice Holding AG möchte eine Werbekampagne entwickeln, die im Herbst möglichst viele Kunden zum Kauf von Winterreifen veranlassen soll. Beschreiben Sie, welche Aufgaben im Rahmen
   a der Terminplanung,
   b der Kapazitätsplanung und
   c der Kostenplanung
zu erfüllen sind.

15 Beschreiben Sie, wie durch die Nutzung aktueller Medien Projektarbeit optimiert werden kann.

16 Beschreiben Sie kurz die drei Bausteine des Projektcontrollings.

17 Angelika Josting ist Projektleiterin bei der Entwicklung der Werbekampagne für die Fit & Flott Reifenservice Holding AG (vgl. Aufgabe 14).
   a Frau Josting möchte im Intranet einen Bereich zur Projektdokumentation anlegen. Nennen Sie acht Dokumente bzw. Dateien, die sie einstellen sollte.
   b Bei der Durchführung des Projekts vergisst Frau Herrmann, Statusberichte zu erstellen. Beschreiben Sie die Gefahr, die dadurch entsteht.

18 Erläutern Sie die Bedeutung eines Projekthandbuchs.

19 Beschreiben Sie mögliche Inhalte eines Projektabschlussberichts.

20 Eine Werbeagentur hat für einen Konzertveranstalter eine Werbekampagne für die Konzertreihe „Live in Kassel" als Projekt geplant und durchgeführt. Nach Abschluss der Konzertreihe soll das Projekt evaluiert werden.
   a Beschreiben Sie, wie die Projektevaluation erfolgen sollte.
   b Begründen Sie, warum eine solche Projektevaluation sinnvoll ist

12.3 Rechnungswesen als Grundlage betriebswirtschaftlicher Entscheidungen

1 Buchungen bei Beschaffungs- und Absatzprozessen

AB → Lernsituation 46

1.1 Buchungen bei Beschaffungsprozessen

Beschaffungsprozesse lösen in der Finanzbuchhaltung unterstützende Prozesse der Dokumentation aus, die im Rahmen der Kreditorenbuchhaltung ausgeführt werden.

Gemäß §§ 255 HGB und 6 EStG sind eingekaufte Vermögenswerte mit ihren **Anschaffungskosten** in der Buchhaltung zu erfassen.

Ermittlung der Anschaffungskosten

Begriffe gemäß HGB und EStG	Begriffe der Buchführung/Kalkulation
Anschaffungspreis	Listeneinkaufspreis
− Anschaffungspreisminderungen	− Rabatt (= Zieleinkaufspreis) − Skonto (= Bareinkaufspreis)
+ Anschaffungsnebenkosten	+ Bezugskosten
= Anschaffungskosten	= Bezugs- oder Einstandspreis
Alle Preise verstehen sich ohne Umsatzsteuer.	

Gewährt der Verkäufer **Preisnachlässe**, reduzieren sich die Anschaffungskosten.

1.1.1 Sofortrabatte bei Eingangsrechnungen

Eingangsrechnung Nr. 612 (Auszug)

Artikel-Nr. 1034020	Artikelbezeichnung Stahlrohr, Rundrohre 34,0 x 2,0 mm CrMoB	Menge in Meter 4 000	Preis je lfm 4,00 €	Gesamtpreis 16.000,00 €
			−15 % Rabatt	2.400,00 €
			+ Transportkosten	0,00 €
			= Nettorechnungsbetrag	13.600,00 €
			+ 19 % Umsatzsteuer	2.584,00 €
			= Bruttorechnungsbetrag	16.184,00 €

Sofortrabatte sind in Eingangsrechnungen bereits ausgewiesen und verringern den Listeneinkaufspreis für den Kunden. Ein Sofortrabatt, der in einer Eingangsrechnung bereits zum Abzug gebracht wurde, wird in der Buchführung nicht extra erfasst. Auf den Materialkonten wird in diesem Fall nur der Nettorechnungsbetrag gebucht.

Sofortrabatte, z.B.
– Mengenrabatte
– Wiederverkäuferrabatte
– Kundenrabatte
– Jubiläumsrabatte

1) Eingangsrechnung der Stahlwerke Tissen AG

Grundbuch (bestandsorientierte Buchungstechnik):

Nr.	Soll	€	Haben	€
1)	2000 Rohstoffe	13.600,00		
	2600 Vorsteuer	2.584,00	4400 Verbindlichkeiten a.L.L.	16.184,00

Grundbuch (aufwandsorientierte Buchungstechnik):

Nr.	Soll	€	Haben	€
1)	6000 Aufwendungen f. Rohstoffe	13.600,00		
	2600 Vorsteuer	2.584,00	4400 Verbindlichkeiten a.L.L.	16.184,00

1.1.2 Rücksendungen an Lieferanten

Beispiel Die Fly Bike Werke GmbH hat bei der Color GmbH Lacke im Wert von 3.000,00 € zzgl. 19 % USt auf Ziel gekauft. 10 % dieser Lacke entsprechen nicht den Farbvorgaben. Die Fly Bike Werke senden einen Teil der Lieferung wieder zurück, da sie hierfür keine Verwendung finden. Die Color GmbH stellt der Fly Bike Werke GmbH eine Gutschrift über zurückgenommene Lacke in Höhe von 357,00 € aus. In diesem Betrag sind 19 % Umsatzsteuer enthalten.

Gutschrift Nr. 212 (Auszug)

Artikel-Nr. 702011	Lack/Farbbezeichnung lemon squash	Einzelpreis je Liter 6,00 €	Liter 50 l	Gesamtpreis 300,00 €
			+ 19 % Umsatzsteuer	57,00 €
			= Bruttogutschrift	357,00 €

Rücksendung von Hilfsstoffen	Nettorechnungs-betrag = 100 %	Vorsteuer = 19 %	Bruttorechnungs-betrag = 119 %
Eingangsrechnung	3.000,00 €	570,00 €	3.570,00 €
Gutschrift (10 %)	300,00 €	57,00 €	357,00 €
Zahlung (90 %)	2.700,00 €	513,00 €	3.213,00 €

Rücksendungen vermindern den **Wert und die Menge des bezogenen Materials**. Gleichzeitig sinkt die darauf entfallende Vorsteuer. Verlangt der Käufer eine Neulieferung, erstellt der Lieferant eine **Gutschrift**. Rücksendungen ergeben somit eine Wertminderung des Materialeinkaufs in Höhe des Nettogutschriftbetrages.

1) Eingangsrechnung der Color GmbH
2) Gutschrift der Color GmbH
3) Zahlung an die Color GmbH

Grundbuch (bestandsorientierte Buchungstechnik):

Nr.	Soll	€	Haben	€
1)	2020 Hilfsstoffe 2600 Vorsteuer	3.000,00 570,00	4400 Verbindlichkeiten a.L.L.	3.570,00
2)	4400 Verbindlichkeiten a.L.L.	357,00	2020 Hilfsstoffe 2600 Vorsteuer	300,00 57,00
3)	4400 Verbindlichkeiten a.L.L.	3.213,00	2800 Bankguthaben	3.213,00

Grundbuch (aufwandsorientierte Buchungstechnik):

Nr.	Soll	€	Haben	€
1)	6020 Aufwendungen f. Hilfsstoffe 2600 Vorsteuer	3.000,00 570,00	4400 Verbindlichkeiten a.L.L.	3.570,00
2)	4400 Verbindlichkeiten a.L.L.	357,00	6020 Aufwendungen f. Hilfsstoffe 2600 Vorsteuer	300,00 57,00
3)	4400 Verbindlichkeiten a.L.L.	3.213,00	2800 Bankguthaben	3.213,00

1.1.3 Bezugskosten (Anschaffungsnebenkosten)

Beispiel Die AWB Aluminiumwerke AG berechnet eine Transportkostenpauschale von 200,00 €. Der Rechnungsbetrag einschließlich 19 % Umsatzsteuer beträgt 4.248,30 €.

Eingangsrechnung Nr. 684 (Auszug)

Artikel-Nr.	Artikelbezeichnung	Menge in Meter	Preis je lfm	Gesamtpreis
40030025	Aluminiumrohr 30,0 x 2,5 mm	500	6,74 €	3.370,00 €
			+ Transportkostenanteil	200,00 €
			= Nettorechnungsbetrag	3.570,00 €
			+ 19 % Umsatzsteuer	678,30 €
			= Bruttorechnungsbetrag	4.248,30 €

Bezugskosten, die der Käufer in Abhängigkeit von den Kaufvertragsvereinbarungen bezahlen muss, erhöhen die Anschaffungskosten des gekauften Materials. Dabei spielt es keine Rolle, ob der Lieferant selbst oder Dritte (z. B. Spedition) derartige Leistungen ausführen und in Rechnung stellen. Bezugskosten werden auf einem **Unterkonto** des jeweiligen Materialkontos erfasst. Das erleichtert die Kontrolle der Höhe, der Entwicklung und der Zusammensetzung der Bezugskosten, die einen erheblichen Anteil am Gesamtwert des Materials haben können. Die Unterkonten werden am Ende des Geschäftsjahres auf das entsprechende Materialkonto umgebucht.

Bezugskosten, z. B.
Transportkosten wie
– Paketgebühren
– Fracht
– Rollgeld
– Transportversicherung
– Ladekosten und Verpackungskosten
– Zölle
– Zwischenlagerungskosten

1) Eingangsrechnung der AWB Aluminiumwerke AG
2) Umbuchung der Bezugskosten am Ende des Geschäftsjahres

Grundbuch (bestandsorientierte Buchungstechnik):

Nr.	Soll	€	Haben	€
1)	2000 Rohstoffe 2001 Bezugskosten f. Rohstoffe 2600 Vorsteuer	3.370,00 200,00 678,30	4400 Verbindlichkeiten a.L.L.	4.248,30
2)	2000 Rohstoffe	200,00	2001 Bezugskosten f. Rohstoffe	200,00

Grundbuch (aufwandsorientierte Buchungstechnik):

Nr.	Soll	€	Haben	€
1)	6000 Aufwendungen f. Rohstoffe 6001 Bezugskosten f. Rohstoffe 2600 Vorsteuer	3.370,00 200,00 678,30	4400 Verbindlichkeiten a.L.L.	4.248,30
2)	6000 Aufwendungen f. Rohstoffe	200,00	6001 Bezugskosten f. Rohstoffe	200,00

1.1.4 Nachträgliche Anschaffungspreisminderungen

Nachträgliche Anschaffungspreisminderungen vermindern **nur den Wert** – nicht die Menge – vorhandenen Materials. Diese Preisnachlässe werden ebenfalls auf Unterkonten der jeweiligen Materialkonten erfasst. Auch hier wird der ursprüngliche Nettorechnungsbetrag durch die Preisminderung nachträglich gesenkt. Die Vorsteuer ist durch eine Habenbuchung auf dem Konto 2600 Vorsteuer zu vermindern.

Preisnachlässe nach Mängelrügen

 Beispiel Die Firma Hans Köller erteilt den Fly Bike Werken eine Gutschrift in Höhe von 20 % des vereinbarten Kaufpreises aufgrund von Lackschäden.

Gutschrift Nr. 218 (Auszug)

Artikel	Menge	Einzelpreis	Gesamtpreis
Y-Rahmen	200	47,00 €	9.400,00 €
		Gutschrift für Lackschäden 20 %	1.880,00 €
		+ 19 % Umsatzsteuer	357,20 €
		= Bruttogutschrift	2.237,20 €

Mängel an Fremdbauteilen	Nettorechnungs-betrag = 100 %	Vorsteuer = 19 %	Bruttorechnungs-betrag = 119 %
Eingangsrechnung	9.400,00 €	1.786,00 €	11.136,00 €
Gutschrift (20 %)	1.880,00 €	357,20 €	2.237,20 €
Zahlung (80 %)	7.520,00 €	1.428,80 €	8.948,80 €

1) Eingangsrechnung der Hans Köller Spezialrahmenbau e. K.
2) Gutschrift der Hans Köller Spezialrahmenbau e. K.
3) Umbuchung des Kontos Nachlässe am Ende des Abrechnungszeitraumes
4) Zahlung an Hans Köller Spezialrahmenbau e. K.

Grundbuch (bestandsorientierte Buchungstechnik):

Nr.	Soll	€	Haben	€
1)	2010 Fremdbauteile 2600 Vorsteuer	9.400,00 1.786,00	4400 Verbindlichkeiten a.L.L.	11.186,00
2)	4400 Verbindlichkeiten a.L.L.	2.237,20	2012 Nachlässe f. Fremdbauteile 2600 Vorsteuer	1.880,00 357,20
3)	2012 Nachlässe f. Fremdbauteile	1.880,00	2010 Fremdbauteile	1.880,00
4)	4400 Verbindlichkeiten a.L.L.	8.948,80	2800 Bankguthaben	8.948,80

Grundbuch (aufwandsorientierte Buchungstechnik):

Nr.	Soll	€	Haben	€
1)	6010 Aufwendungen f. Fremdbauteile 2600 Vorsteuer	9.400,00 1.786,00	4400 Verbindlichkeiten a.L.L.	11.186,00
2)	4400 Verbindlichkeiten a.L.L.	2.237,20	6012 Nachlässe f. Fremdbauteile 2600 Vorsteuer	1.880,00 357,20
3)	6012 Nachlässe f. Fremdbauteile	1.880,00	6010 Aufwendungen f. Fremdbauteile	1.880,00
4)	4400 Verbindlichkeiten a.L.L.	8.948,80	2800 Bankguthaben	8.948,80

Lieferantenboni

Boni sind Umsatzrückvergütungen für das Erreichen bestimmter Umsatzziele. Der Zeitraum (Monat, Quartal, Jahr), die Höhe (Bonussatz in Prozent) und die Berechnung (Bezugsbasis z. B. Nettoumsätze) von Lieferantenboni müssen in Rahmenvereinbarungen zum Kaufvertrag mit dem Lieferer vereinbart werden.

Beispiel Die Mannes AG gewährt den Fly Bike Werken einen Quartalsbonus in Höhe von 1 %, da der Quartalsumsatz den Betrag von 50.000,00 € übersteigt.

Bonusabrechnung (Auszug)

Bonus 1. Quartal 20XX
Nettoumsätze vom 01.01.20XX bis zum 31.03.20XX .... 52.600,00 €

Bonussatz 1 %	526,00 €
+ 19 % Umsatzsteuer	99,94 €
= Bruttogutschrift	625,94 €

Gewährung eines Quartalsbonus	Nettorechnungs-betrag = 100 %	Vorsteuer = 19 %	Bruttorechnungs-betrag = 119 %
Umsätze vor Bonus	52.600,00 €	9.994,00 €	62.594,00 €
Bonus (1 %)	526,00 €	99,94 €	625,94 €
Werte nach Bonus (99 %)	52.074,00 €	9.894,06 €	61.968,06 €

1) Gutschrift für den Quartalsbonus der Mannes AG
2) Umbuchung des Kontos Nachlässe am Ende des Abrechnungszeitraumes

Grundbuch (bestandsorientierte Buchungstechnik):

Nr.	Soll	€	Haben	€
1)	4400 Verbindlichkeiten a.L.L.	625,94	2002 Nachlässe f. Rohstoffe 2600 Vorsteuer	526,00 99,94
2)	2002 Nachlässe f. Rohstoffe	526,00	2000 Rohstoffe	526,00

Grundbuch (aufwandsorientierte Buchungstechnik):

Nr.	Soll	€	Haben	€
1)	4400 Verbindlichkeiten a.L.L.	625,94	6002 Nachlässe f. Rohstoffe 2600 Vorsteuer	526,00 99,94
2)	6002 Nachlässe f. Rohstoffe	526,00	6000 Aufwendungen f. Rohstoffe	526,00

Lieferantenskonti

Beispiel Die Fly Bike Werke GmbH kauft Rohstoffe auf Ziel bei der AWB Aluminiumwerke AG in Bonn. Den Rechnungsbetrag in Höhe von 5.950,00 € überweist sie innerhalb der gewährten Frist unter Abzug von 2 % Skonto.

	Bruttoskonto	119,00 €
−	Vorsteuer	19,00 €
=	Nettoskonto	100,00 €

$$\frac{BS \cdot 100}{119} = \text{Nettoskonto}$$

$$\frac{BS \cdot 19}{119} = \text{Vorsteuer-berichtigung}$$

BS = Bruttoskonto

Zahlung unter Abzug von Skonto	Nettorechnungs-betrag = 100 %	Vorsteuer = 19 %	Bruttorechnungs-betrag = 119 %
Rechnungsbetrag vor Skonto	5.000,00 €	950,00 €	5.950,00 €
Skonto (2 %)	100,00 €	19,00 €	119,00 €
Zahlungsbetrag nach Skonto (98 %)	4.900,00 €	931,00 €	5.831,00 €

1) Eingangsrechnung der AWB Aluminiumwerke, Bonn
2) Zahlung unter Abzug von Skonto an die AWB Aluminiumwerke, Bonn
3) Umbuchung des Kontos Nachlässe am Ende des Abrechnungszeitraumes

Grundbuch (bestandsorientierte Buchungstechnik):

Nr.	Soll	€	Haben	€
1)	2000 Rohstoffe 2600 Vorsteuer	5.000,00 950,00	4400 Verbindlichkeiten a.L.L.	5.950,00
2)	4400 Verbindlichkeiten a.L.L.	5.950,00	2800 Bankguthaben 2002 Nachlässe f. Rohstoffe 2600 Vorsteuer	5.831,00 100,00 19,00
3)	2002 Nachlässe f. Rohstoffe	100,00	2000 Rohstoffe	100,00

Grundbuch (aufwandsorientierte Buchungstechnik):

Nr.	Soll	€	Haben	€
1)	6000 Aufwendungen f. Rohstoffe 2600 Vorsteuer	5.000,00 950,00	4400 Verbindlichkeiten a.L.L.	5.950,00
2)	4400 Verbindlichkeiten a.L.L.	5.950,00	2800 Bankguthaben 6002 Nachlässe f. Rohstoffe 2600 Vorsteuer	5.831,00 100,00 19,00
3)	6002 Nachlässe f. Rohstoffe	100,00	6000 Aufwendungen f. Rohstoffe	100,00

1.2 Buchungen bei Absatzprozessen

AB → Lernsituation 47

Absatzprozesse enden nicht mit Wareneingang und Rechnungsausgleich. In der Finanzbuchhaltung lösen sie **unterstützende Prozesse der Dokumentation** aus, die nach den Grundsätzen ordnungsmäßiger Buchhaltung im Rahmen der Debitorenbuchhaltung ausgeführt werden.

Fly Bike Werke GmbH

FBW GmbH   ·   Rostocker Str. 334   ·   26121 Oldenburg

Zweiradhandelsgesellschaft mbH
Unter den Linden 42
10178 Berlin

Konto	Soll	Haber
2400	41.771,40	
5000		35.102,02
4800		6.669,38

Gebucht: 02.06.20XX Lo/Ta

Rechnung Nr. 258

Bearbeiter	Kundennr.	Ihre Bestellung Nr.	vom	Versanddatum
Herr Baumann Tel. 0441 88592-12	10007	22	30.05.20XX	02.06.20XX

Versandart/Freivermerk		Verpackungsart		Geliefert am
Lkw/frei Lager		Kartonage		02.06.20XX

Pos.-Nr.	Artikel-Nr.	Artikelbezeichnung	Menge	Einzelpreis in €	Rabatt in %	Gesamtpreis in €
1	201	Trekking Light	170	299,25	31,00	35.102,02
					Nettorechnungsbetrag in €	35.102,02
					+19 % Umsatzsteuer in €	6.669,38
					Bruttorechnungsbetrag in €	41.771,40

Bitte überweisen Sie unter Angabe der Rechnungsnummer.

	Datum	Skonto	Skonto in €	Betrag in €
Innerhalb der Skontofrist bis:	10.06.20XX	2%	835,43	40.935,97
Innerhalb der Zahlungsfrist bis:	01.07.20XX	–	–	41.771,40

Die Verkaufspreise der Fly Bike Werke GmbH sind die unverbindlichen Endverbraucherpreise zuzüglich 19 % Umsatzsteuer (unverbindliche Preisempfehlung). Darauf erhalten die Kunden der Fly Bike Werke GmbH, die Fahrradhändler, einen mengenabhängigen **Wiederverkäuferrabatt**.

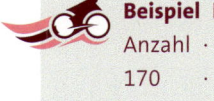
Beispiel Berechnung Nettorechnungsbetrag

Anzahl ·	Stückpreis in € =	Gesamtpreis in €
170 ·	299,25 =	50.872,50
	− 31 % Rabatt =	15.770,48
	Nettorechnungsbetrag =	35.102,02

Rabattstaffel

Stückzahl	Rabatt
1–10	27,5 %
11–50	29,0 %
51–100	30,0 %
101–250	31,0 %
251–500	32,0 %
> 500	33,0 %

1.2.1 Sofortrabatte bei Ausgangsrechnungen

 Beispiel Verkauf von Fahrrädern (eigene Erzeugnisse) an die Zweiradhandels-gesellschaft mbH, Berlin, auf Ziel

Ausgangsrechnung Nr. 312 (Auszug)

Artikel-Nr.	Artikelbezeichnung	Stück	Einzelpreis	Rabatt	Gesamtpreis
201	Trekking Light	170	299,25 €	31,00 %	35.102,03 €
			Nettorechnungsbetrag in €		35.102,03 €
Versandart	Freivermerk		+ 19 % USt		6.669,39 €
Lkw	frei Lager		Bruttorechnungsbetrag in €		41.771,42 €

Sofortrabatte aller Art sind in Ausgangsrechnungen bereits ausgewiesen und verringern den Listeneinkaufspreis für den Kunden. Auf den Umsatzerlöskonten werden nur die Nettorechnungsbeträge – nach Abzug der Rabatte – gebucht.

1) Buchung der Ausgangsrechnung an die Zweiradhandelsgesellschaft für eigene Erzeugnisse

Grundbuch:

Nr.	Soll	€	Haben	€
1)	2400 Forderungen a. L. L.	41.771,42	5000 Umsatzerlöse f. eigene Erzeugn.	35.102,03
			4800 Umsatzsteuer	6.669,39

 **Beispiel** Verkauf von Fahrradanhängern (Handelswaren) an die Radbauer GmbH, München, auf Ziel

Ausgangsrechnung Nr. 412 (Auszug)

Artikel-Nr.	Artikelbezeichnung	Stück	Einzelpreis	Rabatt	Gesamtpreis
601	Fahrradanhänger Kelly	10	90,72 €	10,00 %	816,48 €
605	Fahrradanhänger Sven	10	196,57 €	10,00 %	1.769,13 €
			Nettorechnungsbetrag in €		2.585,61 €
Versandart	Freivermerk		+ 19 % USt		491,27 €
Lkw	frei Lager		Bruttorechnungsbetrag in €		3.076,88 €

2) Buchung der Ausgangsrechnung an die Radbauer GmbH für Handelswaren

Grundbuch:

Nr.	Soll	€	Haben	€
1)	2400 Forderungen a. L. L.	3.076,88	5100 Umsatzerlöse für Waren	2.585,61
			4800 Umsatzsteuer	491,27

1.2.2 Weiterbelastungen von Aufwendungen an den Kunden

Werden den Kunden z. B. Verpackungs- oder Transportkosten in Rechnung gestellt, so sind diese den Umsatzerlösen hinzuzurechnen. Derartige Rechnungspositionen werden bei Absatzprozessen nicht auf gesonderten Konten erfasst – im Gegensatz zu den Buchungen im Beschaffungsbereich.

 Beispiel Verkauf von Handelswaren an die Radplus GmbH unter Berechnung von Transport- und Verpackungskosten auf Ziel

Ausgangsrechnung Nr. 304 (Auszug)

Artikel-Nr.	Artikelbezeichnung	Stück	Einzelpreis	Rabatt	Gesamtpreis
601	Fahrradanhänger Kelly	10	90,72 €	10%	816,48 €
10	Verpackungskosten		25,00 €	0%	25,00 €
20	Transportkostenanteil		50,00 €	0%	50,00 €
			Nettorechnungsbetrag in €		891,48 €
Versandart	Freivermerk		+ 19% USt		169,38 €
Bahnfracht	ab Werk		Bruttorechnungsbetrag in €		1.060,86 €

Grundbuch:

1) Buchung der Ausgangsrechnung an die Radplus GmbH

Nr.	Soll	€	Haben	€
1)	2400 Forderungen a. L. L.	1.060,86	5100 Umsatzerlöse f. Waren	891,48
			4800 Umsatzsteuer	169,38

Exkurs: Vertriebskosten

Im folgenden Beispiel handelt es sich um Einkäufe, die nicht in der Debitorenbuchhaltung, sondern als Aufwendungen zu erfassen sind. Werden Vertriebskosten an einen Kunden weiterbelastet, werden sie in der Ausgangsrechnung aufgeführt und direkt als Umsatzerlöse verbucht.

Weiterbelastungen von Aufwendungen an den Kunden, siehe oben

Grundbuch:

1) Barkauf von Verpackungsmaterial, 595,00 € brutto
2) Transport von Erzeugnissen durch eine Spedition an einen Kunden auf Ziel, 1.904,00 € brutto
3) Abschluss der Aufwandskonten über das GuV-Konto

Nr.	Soll	€	Haben	€
1)	6040 Aufw. f. Verpackungsmaterial	500,00		
	2600 Vorsteuer	95,00	2880 Kasse	595,00
2)	6140 Frachten und Fremdlager	1.600,00		
	2600 Vorsteuer	304,00	4400 Verbindlichkeiten a. L. L.	1.904,00
3.1)	8020 GuV-Konto	500,00	6040 Aufw. f. Verpackungsmaterial	500,00
3.2)	8020 GuV-Konto	1.600,00	6140 Frachten und Fremdlager	1.600,00

1.2.3 Rücksendungen durch Kunden

Beispiel Die Fly Bike Werke GmbH hat an die Radbauer GmbH in München eine Falschlieferung veranlasst, da eine falsche Artikelnummer eingegeben wurde. Die Radbauer GmbH sendet die Ware zurück und erhält eine Gutschrift.

Gutschrift Nr. 010 (Auszug)

Artikel-Nr.	Artikelbezeichnung	Stück	Einzelpreis	Rabatt	Gesamtpreis
601	Fahrradanhänger Kelly	10	90,72 €	10 %	816,48 €
	Nettogutschrift in €				816,48 €
	+ 19 % USt				155,13 €
	Bruttogutschrift in €				971,61 €

Grundbuch:
1) Buchung der Ausgangsrechnung an die Radbauer GmbH, München
2) Buchung der Gutschrift an die Radbauer GmbH, München (Stornobuchung)

Nr.	Soll	€	Haben	€
1)	2400 Forderungen a. L. L.	971,61	5100 Umsatzerlöse f. Waren	816,48
			4800 Umsatzsteuer	155,13
2)	5100 Umsatzerlöse f. Waren	816,48		
	4800 Umsatzsteuer	155,13	2400 Forderungen a. L. L.	971,61

Rücksendungen erhöhen die Menge und den Wert der wieder vorhandenen Artikel. Da auch das vereinbarte Entgelt (Nettorechnungsbetrag) für die Gesamtlieferung durch die Rücksendung mit anschließender Gutschrift sinkt, ist die Umsatzsteuer entsprechend zu vermindern. Die Umsatzsteuerminderung erfolgt durch eine Sollbuchung auf dem Konto 4800 Umsatzsteuer.

1.2.4 Nachträgliche Preisnachlässe

Nachträgliche Preisnachlässe für Kunden vermindern nur die Höhe der Umsatzerlöse, ohne dass Artikel zurückgenommen werden. Diese Preisnachlässe werden zur Erleichterung von Kontrollen auf Unterkonten der Umsatzerlöskonten, dem Konto 5001 Erlösberichtigungen, erfasst. Auch hier wird das vereinbarte Entgelt (ursprünglicher Nettorechnungsbetrag) für die Gesamtlieferung durch den Preisnachlass nachträglich gesenkt. Die Umsatzsteuer ist entsprechend durch eine Sollbuchung auf dem Konto 4800 Umsatzsteuer zu vermindern.

Preisnachlässe nach Mängelrügen von Kunden

Bei berechtigten Mängelrügen von Kunden ist es häufig sinnvoll, dem Kunden einen Preisnachlass zu gewähren, wenn er dann bereit ist, die gekauften Artikel trotz des Mangels zu behalten. Neben den eigenen Kosten, z. B. für eine Nachbesserung, entfallen für den Hersteller auch die zusätzlichen Transportkosten und eventuell weitere neue Vertriebskosten.

 **Beispiel** Gutschrift an den Kunden Zweiradhandelsgesellschaft mbH, Berlin, aufgrund von Lackschäden an verschiedenen Fahrrädern in Höhe von 10 %.

Mängel an Fahrrädern	Nettorechnungs- betrag = 100 %	Umsatzsteuer = 19 %	Bruttorechnungs- betrag = 119 %
Ausgangsrechnung	30.000,00 €	5.700,00 €	35.700,00 €
Gutschrift (10 %)	3.000,00 €	570,00 €	3.570,00 €
Zahlung (90 %)	27.000,00 €	5.130,00 €	32.130,00 €

Grundbuch:

1) Buchung der Ausgangsrechnung an die Zweiradhandelsgesellschaft mbH, Berlin
2) Buchung der Gutschrift an die Zweiradhandelsgesellschaft mbH, Berlin
3) Buchung der Banküberweisung der Zweiradhandelsgesellschaft mbH, Berlin
4) Umbuchung des Kontos Erlösberichtigungen am Ende der Abrechnungsperiode

Nr.	Soll	€	Haben	€
1)	2400 Forderungen a. L. L.	35.700,00	5000 Umsatzerlöse f. eigene Erzeugn. 4800 Umsatzsteuer	30.000,00 5.700,00
2)	5001 Erlösberichtigungen 4800 Umsatzsteuer	3.000,00 570,00	2400 Forderungen a. L. L.	3.570,00
3)	2800 Bankguthaben	32.130,00	2400 Forderungen a. L. L.	32.130,00
4)	5000 Umsatzerlöse f. eigene Erzeugn.	3.000,00	5001 Erlösberichtigungen	3.000,00

Preisnachlässe durch Kundenboni

 **Beispiel** Der Kunde Zweirad GmbH hat im letzten Geschäftsjahr 2.145 Fahr- räder gekauft. Der Bonussatz beträgt 1 %.

Gewährung eines Jahresbonus	Nettorechnungs- betrag = 100 %	Umsatzsteuer = 19 %	Bruttorechnungs- betrag = 119 %
Jahresumsatz vor Bonusgutschrift	543.731,60 €	103.309,00 €	647.040,60 €
Bonusgutschrift (1 %)	5.437,32 €	1.033,09 €	6.470,41 €
Jahresumsatz nach Bonusgutschrift (99 %)	538.294,28 €	102.275,91 €	640.570,19 €

Grundbuch:

1) Buchung der Gutschrift für Jahresbonus an die Zweirad GmbH
2) Umbuchung der Erlösberichtigung am Ende der Abrechnungsperiode

Nr.	Soll	€	Haben	€
1)	5001 Erlösberichtigungen 4800 Umsatzsteuer	5.437,32 1.033,09	2400 Forderungen a. L. L.	6.470,41
2)	5000 Umsatzerlöse f. eigene Erzeugn.	5.437,32	5001 Erlösberichtigungen	5.437,32

Preisnachlässe durch Kundenskonti

 **Beispiel** Der Kunde Zweiradhandelsgesellschaft mbH begleicht eine Ausgangsrechnung innerhalb der Skontofrist unter Ausnutzung von 2 % Skonto.

Bruttoskonto 720,20 €
− Vorsteuer 114,99 €
= Nettoskonto 605,21 €

$$\frac{BS \cdot 100}{119} = \text{Nettoskonto}$$

$$\frac{BS \cdot 19}{119} = \text{Vorsteuer-}$$
$$\text{berichtigung}$$

BS = Bruttoskonto

Zahlung unter Abzug von Skonto	Nettorechnungs- betrag = 100 %	Umsatzsteuer = 19 %	Bruttorechnungs- betrag = 119 %
Rechnungsbetrag vor Skonto	30.260,37 €	5.749,47 €	36.009,84 €
Skonto (2 %)	605,21 €	114,99 €	720,20 €
Zahlungsbetrag nach Skonto (98 %)	29.655,16 €	5.634,48 €	35.289,64 €

Grundbuch:

1) Buchung der Ausgangsrechnung an die Zweiradhandelsgesellschaft mbH
2) Buchung des Zahlungseingangs
3) Umbuchung des Kontos Erlösberichtigungen am Ende der Abrechnungsperiode

Nr.	Soll	€	Haben	€
1)	2400 Forderungen a. L. L.	36.009,84	5000 Umsatzerlöse f. eigene Erzeugn. 4800 Umsatzsteuer	30.260,37 5.749,47
2)	2800 Bankguthaben 5001 Erlösberichtigungen 4800 Umsatzsteuer	35.289,64 605,21 114,99	2400 Forderungen a. L. L.	36.009,84
3)	5000 Umsatzerlöse f. eigene Erzeugn.	605,21	5001 Erlösberichtigungen	605,21

2 Soziale Sicherung

Die Gesamtabzüge vom Bruttogehalt einschließlich der Sozialbeiträge eines Arbeitnehmers liegen je nach dem persönlichen Steuersatz zwischen 30 % und 50 %. Keine Frage, bei einem Blick auf die Gehaltsabrechnung fragt sich der Arbeitnehmer, ob das richtig ist. Aber er zahlt dieses Geld nicht vergebens. Er bekommt dafür im Bedarfsfall vom Staat und von den Sozialversicherungen eine Gegenleistung.

Gehaltsabrechnung, vgl. **3**

Im Rahmen der sozialen Absicherung spricht man in Deutschland auch von dem **Fünf-Säulen-System**. Die fünf Säulen symbolisieren dabei jeweils eine Sozialversicherung, die den Arbeitnehmer im Bedarfsfall absichert:

Übersicht Sozialversicherungsbeiträge, vgl. **3.3**

- Krankenversicherung
- Pflegeversicherung
- Rentenversicherung
- Arbeitslosenversicherung
- gesetzliche Unfallversicherung

Das System der Sozialversicherung beruht auf dem sogenannten **Versicherungsprinzip:** Nur derjenige hat Anspruch auf eine Versicherungsleistung, der vorher auch seinen Beitrag gezahlt hat.

2.1 Gesetzliche Krankenversicherung

Aufgabe der gesetzlichen Krankenversicherung (KV) ist es, Arbeitnehmer und ihre Familien für den Krankheitsfall abzusichern. **Träger** der gesetzlichen Krankenversicherung sind Orts-, Betriebs- und Innungskrankenkassen sowie die Ersatzkassen, denen ein Versicherter beitreten kann. Es besteht **freie Kassenwahl**, d. h., jedes Mitglied der gesetzlichen Krankenkasse kann wählen, bei welcher Kasse es sich versichern lassen möchte. Versicherte können die Mitgliedschaft bei ihrer Krankenkasse zum Ende des übernächsten Monats kündigen. An die Wahl der gesetzlichen Krankenkasse sind die Mitglieder 18 Monate gebunden.

Der **Beitragssatz** für die gesetzliche Krankenversicherung beträgt einheitlich 14,6 % (Stand 2017). Arbeitnehmer und Arbeitgeber zahlen je 50 % des Beitrages. Zusätzlich können die Krankenkassen einkommensabhängige Zusatzbeiträge von ihren Versicherten erheben. Da diese allein von den Arbeitnehmern getragen werden, führt dies zu einer Entlastung der Arbeitgeber.

2.2 Pflegeversicherung

Die 1995 eingeführte Pflegeversicherung (PV) soll die finanziellen Risiken der Pflege absichern. Die Pflegeversicherung verfolgt u. a. folgende Ziele:

- Jeder soll sich darauf verlassen können, im Bedarfsfall ausreichende Pflegeleistungen zu erhalten.
- Pflegebedürftige Menschen sollen nicht auf Sozialhilfe angewiesen sein.
- Pflegekosten sollen nicht dem Staat aufgebürdet werden.
- Pflege durch Angehörige soll finanziell honoriert werden.

Es gilt der Grundsatz: „Pflegeversicherung folgt Krankenversicherung." Das heißt: Wer in der gesetzlichen Krankenversicherung versichert ist, gehört automatisch auch der gesetzlichen Pflegeversicherung an. **Träger** der Pflegeversicherung sind die Pflegekassen der Krankenkassen und der privaten Krankenversicherungen.

Die Pflegeversicherung bezuschusst die Pflege, die entweder im Hause des Pflegebedürftigen oder im Heim erfolgen kann. Die Leistungen der Pflegeversicherung richten sich nach dem Grad der Bedürftigkeit, d. h., sie sind abhängig von der sogenannten Pflegestufe. Die Pflegestufen wurden 2017 in **Pflegegrade** überführt.

Überleitung von Pflegestufe zu Pflegegrad (ab 2017)

Menschen mit ausschließlich körperlichen Einschränkungen		Menschen mit erheblich eingeschränkter Alltagskompetenz	
Pflegestufe bis 2016	Pflegegrad ab 2017	Pflegestufe bis 2016	Pflegegrad ab 2017
0	1		1
I	2	0	2
II	3	I	3
III	4	II	4
III (Härtefall)	5	III	5

Monatliche Leistungen der Pflegeversicherung

Geldleistung
Zuschuss für pflegende Angehörige, Nachbarn oder Freunde

Sachleistung
Übernahme der Kosten für ambulante Pflegedienste

Entlastungsbeitrag
Zuschuss zu den Kosten für zusätzliche Betreuungsangebote sowie für Angebote zur Entlastung von Pflegenden und zur Entlastung im Alltag

Pflegegrad	Geldleistung (ambulant)	Sachleistung (ambulant)	Entlastungsbetrag (ambulant, zweckgebunden)	Leistungsbetrag (vollstationär)
1	–	–	125,00 €	125,00 €
2	316,00 €	689,00 €	125,00 €	770,00 €
3	545,00 €	1.298,00 €	125,00 €	1.262,00 €
4	728,00 €	1.612,00 €	125,00 €	1.775,00 €
5	901,00 €	1.995,00 €	125,00 €	2.005,00 €

Für 2017 gilt ein Beitragssatz in Höhe von 2,55 %, der je zur Hälfte vom Arbeitgeber und Arbeitnehmer zu tragen ist. Kinderlose ab dem 23. Lebensjahr zahlen einen zusätzlichen Beitragssatz in Höhe von 0,25 Prozentpunkten.

2.3 Rentenversicherung

www.deutsche-rentenversicherung.de

Aufgabe der gesetzlichen Rentenversicherung (RV) ist die finanzielle Sicherung der Arbeitnehmer und ihrer Familien bei Erwerbsunfähigkeit, Alter und Tod. **Träger** ist die Deutsche Rentenversicherung. Leistungen werden nur gewährt, wenn ihr der Versicherte eine Mindestanzahl von Versicherungsjahren (sogenannte Wartezeit) angehört hat. Die **Leistungen** der Rentenversicherung lassen sich in vier große Bereiche untergliedern.

Leistungen der Rentenversicherung			
Altersrente	Erwerbsminderungsrente	Hinterbliebenenrente	sonstige Leistungen

Altersrente

Die Regelaltersrente erhält der Versicherte, wenn er das 65. Lebensjahr erreicht und die allgemeine Wartezeit von fünf Jahren erfüllt hat. Zwischen den Jahren 2012 und 2029 wird die Regelaltersgrenze schrittweise auf 67 Jahre angehoben; ab dem Geburtsjahr 1964 ist ein Alter von 67 Jahren die Regelaltersgrenze. Versicherte können zwar vorzeitig in Rente gehen, müssen allerdings dann grundsätzlich Abzüge bei ihren Rentenansprüchen in Kauf nehmen.

Für besonders langjährig Versicherte besteht seit dem 1. Juli 2014 die Möglichkeit, die Altersrente bereits mit 63 Jahren (+ Zusatzmonate abhängig vom Geburtsjahr) ohne Abschläge in Anspruch zu nehmen.

Erwerbsminderungsrente

Können Arbeitnehmer aufgrund einer gesundheitlichen Einschränkung gar nicht mehr oder nur noch weniger als drei Stunden täglich arbeiten, erhalten sie aus der Rentenkasse die volle Erwerbsminderungsrente. Die halbe Erwerbsminderungsrente erhält der Versicherte, wenn er noch mindestens drei und maximal sechs Stunden täglich arbeiten kann. Erwerbsminderungsrenten werden i. d. R. für einen begrenzten Zeitraum gezahlt, können aber wiederholt beantragt werden.

Hinterbliebenenrente

Stirbt ein Versicherter, zahlt die Rentenversicherung an den hinterbliebenen Ehepartner und/oder die Kinder eine Rente.

Sonstige Leistungen

Neben der Zahlung von Renten hat die Deutsche Rentenversicherung die Aufgabe, die Erwerbsfähigkeit der Versicherten zu erhalten, zu verbessern oder ggf. wiederherzustellen. Dies tut sie, indem sie Heilbehandlungen und Berufsförderungsmaßnahmen bei Bedarf für die Versicherten finanziert.

Der gesetzlichen Rentenversicherung liegt das Prinzip des **Generationenvertrages** zugrunde. Durch die Beitragszahlungen der Erwerbstätigen werden die Rentenzahlungen der nicht mehr Erwerbstätigen finanziert (Umlagefinanzierung). Dies setzt voraus, dass es genügend Erwerbstätige gibt, die in die Rentenkasse einzahlen. Angesichts sinkender Geburtenraten, steigender Lebenserwartung und hoher Arbeitslosigkeit steht die Rentenversicherung vor großen finanziellen Problemen und langfristig sicherlich vor weitreichenden Veränderungen.

© Bergmoser + Höller Verlag AG

Neben der Absicherung gegen die Risiken des Alters durch die gesetzliche Rentenversicherung haben inzwischen die betriebliche Altersvorsorge und die individuelle Vorsorge für die Zeit nach der Erwerbstätigkeit an Bedeutung zugenommen.

Der aktuelle **Beitragssatz** zur Rentenversicherung beträgt zurzeit 18,7 % (Stand 2017) und wird je zur Hälfte vom Arbeitnehmer und vom Arbeitgeber gezahlt.

Übersicht Sozialversicherungsbeiträge, vgl. **3.3**

2.4 Arbeitslosenversicherung

Die Arbeitslosenversicherung versichert das Risiko der Arbeitslosigkeit und der damit verbundenen Einkommenseinbußen. **Träger** der Arbeitslosenversicherung ist die Bundesagentur für Arbeit mit Sitz in Nürnberg.

Die Bundesagentur für Arbeit erbringt u. a. folgende **Leistungen** im Rahmen der Arbeitslosenversicherung:

- Zahlung von Entgeltersatzleistungen (Arbeitslosengeld, Teilarbeitslosengeld, Übergangsgeld, Saison-Kurzarbeitergeld, Wintergeld, Insolvenzgeld und Zahlung der Beiträge zur Sozialversicherung für Arbeitslose)
- Berufsberatung
- Förderung der beruflichen Aus- und Weiterbildung
- Kindergeldzahlung als Familienkasse

Arbeitslosengeld I (ALG I) erhält, wer die folgenden Voraussetzungen gemeinsam erfüllt:

- arbeitslos ist,
- die Anwartschaftszeit für das Arbeitslosengeld erfüllt hat und
- sich persönlich arbeitslos gemeldet hat.

Die persönliche Meldung über die Beendigung des Arbeitsverhältnisses oder eines sonstigen Versicherungspflichtverhältnisses muss unmittelbar nach Kenntnis über die Beendigung des Arbeitsverhältnisses (z. B. bei Erhalt der Kündigung), spätestens drei Monate vor dessen Beendigung erfolgen. Diese Regelung gilt nicht für betriebliche Ausbildungsverhältnisse. Erfolgt die Meldung nicht rechtzeitig, so kommt es zu Kürzungen des Arbeitslosengeldes.

Die **Höhe des Arbeitslosengeldes** beläuft sich auf 60 % (bzw. 67 % für Arbeitslose mit Kind) des Nettoentgelts, das in der letzten Beschäftigung vor der Arbeitslosigkeit durchschnittlich erzielt wurde.

Der **Beitragssatz** zur Arbeitslosenversicherung beträgt zurzeit 3 % (Stand 2017) und wird je zur Hälfte vom Arbeitgeber und vom Arbeitnehmer gezahlt.

Nach Ablauf des Anspruchs auf Arbeitslosengeld hat der Arbeitslose die Möglichkeit, **Arbeitslosengeld II** (ALG II) bei der Bundesagentur für Arbeit zu beantragen. Das Arbeitslosengeld II ist allerdings keine Leistung der Arbeitslosenversicherung, sondern wird als staatliche Transferleistung durch Steuergelder finanziert.

www.arbeitsagentur.de

Arbeitsmarkt- und Beschäftigungspolitik, vgl. **TAF 12.6**, **3.4.2**

Übersicht Sozialversicherungsbeiträge, vgl. **3.3**

Nur wer die in der folgenden Karikatur genannten vier Kriterien erfüllt, wird in den offiziellen Arbeitslosenstatistiken als arbeitslos geführt und hat unter bestimmten Voraussetzungen Anspruch auf Arbeitslosengeld I (ALG I).

2.5 Unfallversicherung

Die Beiträge zur gesetzlichen Unfallversicherung werden vom Arbeitgeber allein gezahlt. Die **Beitragshöhe** richtet sich nach Gefahrenklassen (z. B. muss ein Dachdeckerbetrieb wegen der größeren Unfallgefahr höhere Beiträge zahlen als ein Großhandelsunternehmen) und nach der Betriebsgröße (Lohn- und Gehaltssummen des Betriebs). **Träger** der Unfallversicherung sind die Berufsgenossenschaften der unterschiedlichen Branchen oder bei Schülern die Gemeindeunfallversicherung.

Übersicht: Gesetzliche Sozialversicherung

	Krankenversicherung	Pflegeversicherung	Rentenversicherung	Arbeitslosenversicherung	Unfallversicherung
Träger	Orts-, Betriebs- und Innungskrankenkassen, Ersatzkassen	Pflegekassen	Deutsche Rentenversicherung Bund	Bundesagentur für Arbeit	Berufsgenossenschaften
Leistungen	Behandlung im Krankheitsfall Vorsorgeuntersuchungen Krankengeld Mutterschaftsgeld Familienhilfe …	Pflegegeld Häusliche Pflege Stationäre Pflege …	Altersrente Erwerbsminderungsrente Hinterbliebenenrente …	Entgeltersatzleistungen Arbeitsvermittlung Berufsberatung …	Heilbehandlungen Übergangsgeld Verletztengeld Rehabilitation Unfallrente Maßnahmen zur Unfallverhütung …
Beitragssatz (Stand 2017 und 2018)	14,6 %	2,55 %	18,7 % (2017) 18,6 % (2018)	3,0 %	Abhängig von Branche und Tätigkeit, Einteilung in Gefahrenklassen
Beitragsaufteilung (Stand 2017)	½ AN (+ kassenindividueller Zusatzbeitragssatz) ½ AG	½ AN (+ 0,25 %-Punkte ab Vollendung des 23. Lebensjahres) ½ AG	½ AN ½ AG	½ AN ½ AG	AG allein

AN = Arbeitnehmer
AG = Arbeitgeber

2.6 Private Absicherung und Vermögensbildung

Altersvorsorge gefördert durch den Staat

Rentenversicherung, vgl. **2.3**

Die Arbeitnehmer zahlen Beiträge in die gesetzliche Rentenversicherung, die sofort für die laufenden Renten ausgegeben werden. Dieses System funktioniert langfristig nicht mehr, denn immer mehr Rentner stehen immer weniger Arbeitnehmern gegenüber. Die Höhe der Renten wird sinken. Die Differenz zwischen dem finanziellen Bedarf im Ruhestand und der tatsächlich gezahlten Nettorente wird als **Versorgungslücke** im Alter bezeichnet. Die Verbraucherzentrale Stiftung Finanztest schlägt vor, dass im Alter ca. 80 % des letzten Nettogehalts zur Verfügung stehen sollen. Eine betriebliche oder/und private Altersvorsorge wird immer wichtiger.

Ein Beispiel für die **private Altersvorsorge** ist die Riester-Rente, die es allen Arbeitnehmern ermöglicht, vorzusorgen und dafür eine staatliche Förderung zu erhalten. Wer privat mit einer Riester-Rente vorsorgt, wird durch den Staat mit Geldzulagen und Steuerfreiheit der Beiträge gefördert. Am Ende der Sparphase – also zu Beginn der Rente – sind mindestens die eingezahlten Beiträge einschließlich der staatlichen Zulage garantiert. Die Förderung ist für alle Riester-Produkte gleich. Für kinderreiche Familien lohnt sich die Riester-Rente aufgrund der Kinderzulage besonders. Die Beiträge sind Aufwendungen, die vom zu versteuernden Einkommen abgesetzt werden können.

Riester-Rente
Zusätzliche Altersvorsorge mit staatlicher Förderung

Wer wird gefördert?
Pflichtversicherte der gesetzlichen Rentenversicherung; pflichtversicherte Landwirte; Beamte, Richter, Soldaten; Ehegatten und eingetragene Lebenspartner der Förderberechtigten

Was wird gefördert?
Kapitalanlagen im Rahmen anerkannter (zertifizierter) Altersvorsorgeverträge:

- *Banksparpläne*
- *Private Rentenversicherungen*
- *Fondssparpläne*
- *Anlage in selbstgenutztem Wohneigentum (Eigenheimrente)*

ZAHLENBILDER

© Bergmoser + Höller Verlag AG   149 480

Staatliche Zulagen bei einer Sparleistung* von 4 % des versicherungspflichtigen Bruttoeinkommens (ab 2008) (*Sparleistung = Eigenbeitrag+Zulagen)	
Grundzulage	**154 €**
Kinderzulage je Kind	**185 €**
Kinderzulage ab Geburtsjahr 2008	**300 €**
Mindesteigenbeitrag: (pro Jahr)	**60 €**
Steuerliche Berücksichtigung der Sparbeiträge als Sonderausgaben bis zu	**2 100 €**
Einmalige Zulage für Berufseinsteiger unter 25	**100 €**

Gefördert werden nur die Altersvorsorgeverträge, die von der Zertifizierungsstelle der Bundesanstalt für Finanzdienstleistungsaufsicht (BaFin) zertifiziert wurden. Das können z. B. sein: Rentenversicherungen, Fondssparpläne, Banksparpläne oder sogar Bausparverträge.

Seit 2002 muss jeder Arbeitgeber seinen Arbeitnehmern die Möglichkeit anbieten, in eine **betriebliche Altersversorgung** einzuzahlen. Jeder Arbeitnehmer hat einen Anspruch auf eine förderfähige Entgeltumwandlung in Höhe von 4 % der Beitragsbemessungsgrenze. Der Arbeitgeber kann die betriebliche Altersversorgung zum Beispiel über eine Direktversicherung, eine Pensionskasse, einen Pensionsfond oder eine Unterstützungskasse organisieren.

Vermögensbildung gefördert durch den Staat

Aus gesellschaftspolitischen Gründen hält der Staat es für unterstützenswert, dass sich abhängig beschäftigte Arbeitnehmer ein eigenes Vermögen aufbauen. Deshalb hat der Staat Gesetze geschaffen, mit denen die Arbeitnehmer zum Sparen angeregt werden sollen. Ein solches Gesetz ist das **5. Vermögensbildungsgesetz** (VermBG). Vermögensbildung nach diesem Gesetz wird unter bestimmten Voraussetzungen sowohl vom Staat als auch vom Arbeitgeber gefördert.

Der Arbeitgeber fördert den Arbeitnehmer, indem er zusätzlich zum Gehalt **Vermögenswirksame Leistungen** (VL) zahlt und für ihn langfristig anlegt. Der Anspruch des Arbeitnehmers auf Vermögenswirksame Leistungen wird in Tarifverträgen, Betriebsvereinbarungen oder dem Arbeitsvertrag geregelt. Damit ein Arbeitnehmer die VL erhält, muss er zunächst mit einem Anlageinstitut (z. B. Kreditinstitut oder Bausparkasse) einen Vermögenswirksamen Sparvertrag abschließen. Eine Durchschrift des Sparvertrags reicht er dann in der Personalabteilung ein, damit diese den entsprechenden Betrag an das Anlageinstitut überweisen kann.

Staatlich gefördert wird die Anlage der VL in Bausparverträgen und in Investmentsparverträgen (Aktienfonds). Die staatliche Förderung wird **Arbeitnehmersparzulage** genannt. Diese muss jährlich vom Arbeitnehmer mit der Einkommensteuererklärung beantragt werden. Das Anlageinstitut sendet dem Sparer automatisch eine Bescheinigung zu, die der Einkommensteuererklärung beigelegt wird. Die Arbeitnehmersparzulage wird nach Ablauf einer siebenjährigen Sperrfrist gezahlt. Der Sparer zahlt sechs Jahre in die gewählte Anlageform ein, im siebten Jahr ruht der Sparvertrag. Nach Ablauf der Sperrfrist kann sich der Sparer den gesamten Sparbetrag und die Arbeitnehmersparzulage auszahlen lassen. Die betrieblich gezahlte VL ist häufig geringer als die maximale staatlich geförderte Sparleistung. Deshalb kann es sinnvoll sein, wenn der Arbeitnehmer die betriebliche VL aus seinem Gehalt aufstockt. So kann er die maximale Arbeitnehmersparleistung erhalten. Erhält ein Arbeitnehmer keine Arbeitnehmersparzulage, weil er die Voraussetzungen nicht erfüllt, so kann er die VL auch in Banksparplänen oder in Form einer Kapitallebensversicherung anlegen.

Voraussetzungen zur staatlichen Förderung

Anlageform	Arbeitnehmersparzulage	Maximal geförderte Sparleistung	Wer erhält die Arbeitnehmersparzulage (Einkommensgrenze)?
Bausparvertrag	9 %	470,00 € im Jahr	– Ledige: 17.900,00 € pro Jahr – Verheiratete: 35.800,00 € pro Jahr
Investmentsparverträge	20 %	400,00 € im Jahr	– Ledige: 20.000,00 € pro Jahr – Verheiratete: 40.000,00 € pro Jahr

Die Anlageformen Bausparvertrag und Investmentsparverträge sind kombinierbar, d. h., beide Formen können gleichzeitig angespart und gefördert werden. Die maximale Sparzulage des Staates beträgt dann 122,30 €.

AB → Lernsituation 48,
Lernsituation 49

3 Die Gehaltsabrechnung

Für einen Arbeitnehmer stellt die monatliche Entgeltzahlung (Lohn oder Gehalt) das Einkommen, seine Lebensgrundlage, dar. Allerdings besteht ein wesentlicher Unterschied zwischen dem Bruttogehalt, das in seinem Arbeitsvertrag festgeschrieben ist, und dem Nettogehalt, das er am Monatsende tatsächlich zur Verfügung hat.

Stufen der Lohn-/Gehaltsabrechnung	
	monatliches Bruttogehalt lt. Arbeitsvertrag
+	Sonderzahlungen (z. B. Weihnachts- und Urlaubsgeld, übertarifliche Zulagen)
+	vermögenswirksame Leistungen (Arbeitgeberanteil)
=	**sozialversicherungspflichtiges Bruttoentgelt**
–	Steuerfreibetrag (vom Finanzamt auf Antrag vorab gewährt)
=	**steuerpflichtiges Bruttoentgelt**
–	steuerliche Abzüge (Abzug vom SV-pflichtigen Bruttoentgelt)
–	Sozialversicherungsbeiträge (Abzug vom SV-pflichtigen Bruttoentgelt)
=	**Nettoentgelt**
–	Vorschuss
–	vermögenswirksames Sparen (Arbeitgeber- + Arbeitnehmeranteil)
=	**Nettoauszahlungsbetrag**

Das steuerpflichtige Bruttoentgelt ist Berechnungsbasis für die Steuern (LSt, KiSt, SolZ). Die ermittelten Steuerbeträge selbst werden aber vom SV-pflichtigen Bruttoentgelt abgezogen.

3.1 Ermittlung des Bruttogehalts

Die Höhe des Bruttogehalts wird im Arbeitsvertrag schriftlich fixiert. Zugrunde gelegt wird häufig die Einstufung des Arbeitnehmers in eine tarifvertraglich geregelte **Beschäftigungsgruppe**. Diese richtet sich nach der Ausbildung und dem Aufgabengebiet des Arbeitnehmers.

Zudem ist die Gehaltshöhe abhängig von der **Beschäftigungsdauer** innerhalb der jeweiligen Gruppe (Beschäftigungsjahr).

Ermittlung des sozialversicherungspflichtigen Bruttoentgeltes

Zum Bruttoentgelt gehören alle Leistungen, die dem Arbeitnehmer im Rahmen seines Arbeitsverhältnisses gezahlt werden. Auch die neben dem Bruttogehalt gezahlten betrieblichen Zusatzleistungen wie z. B. Urlaubsgeld, Weihnachtsgeld, Prämien, Fahrtkostenerstattung, vermögenswirksame Leistungen und Sachwerte (z. B. privat zu nutzender Firmenwagen) erhöhen das Bruttoentgelt.

Das Bruttoentgelt ist Grundlage für die Berechnung der gesetzlichen Sozialversicherungsbeiträge und wird auch als sozialversicherungspflichtiges Bruttoentgelt bezeichnet.

Ermittlung des steuerpflichtigen Bruttoentgeltes

Das steuerpflichtige Bruttoentgelt bildet die Grundlage für die Berechnung der steuerlichen Abzüge. Das sozialversicherungspflichtige Bruttoentgelt und das steuerpflichtige Bruttoentgelt stimmen oft überein. Nur wenn der Arbeitnehmer beim zuständigen Finanzamt einen Steuerfreibetrag beantragt hat, muss dieser vom sozialversicherungspflichtigen Bruttoentgelt abgezogen werden, um das steuerpflichtige Bruttoentgelt zu erhalten.

Steuerfreibeträge mindern das steuerpflichtige Arbeitsentgelt. Sie werden entweder vorab vom Finanzamt auf Antrag gewährt und damit bereits bei der monatlichen Berechnung der Steuern berücksichtigt, oder sie können vom Arbeitnehmer am Jahresende durch die Einkommensteuererklärung zurückgefordert werden. Steuerfreibeträge können vom Finanzamt bei erhöhten Werbungskosten, Sonderausgaben oder außergewöhnlichen Belastungen eingetragen werden.

3.2 Berechnung der steuerlichen Abzüge

Die steuerlichen Abzüge setzen sich zusammen aus:
- Lohnsteuer/Einkommensteuer
- evtl. Kirchensteuer
- Solidaritätszuschlag

Grundlage für die Berechnung der steuerlichen Abzüge bilden das steuerpflichtige Bruttoentgelt und die individuellen Lebensverhältnisse eines jeden Arbeitnehmers:
- der Familienstand
- die Anzahl und die Höhe von Kinderfreibeträgen
- der steuerliche Freibetrag

Der Staat erhebt auf die Einkommen aller natürlichen Personen, die im Inland wohnen und arbeiten, **Einkommensteuer**. Diese stellt eine der wichtigsten Einnahmequellen des Staates dar. Die **Lohnsteuer** ist eine besondere Form der Einkommensteuer, die nur die Einkünfte aus nicht selbstständiger Arbeit besteuert. Die Lohnsteuer wird jeden Monat vom steuerpflichtigen Bruttoentgelt abgezogen und vom Arbeitgeber an das Finanzamt überwiesen. Arbeitnehmer, die einer Steuer erhebenden Religionsgemeinschaft angehören, zahlen außerdem **Kirchensteuer**. Die derzeitige Kirchensteuer beträgt 9 % (in Bayern und Baden-Württemberg 8 %) von der zu zahlenden Lohnsteuer.

Als Maßnahme zur Bewältigung der finanziellen Erblasten im Zusammenhang mit der deutschen Wiedervereinigung und zur langfristigen Sicherung des Aufbaus in den neuen Ländern wird ein **Solidaritätszuschlag** in Höhe von derzeit 5,5 % der Lohnsteuer erhoben.

Die Angaben für die Berechnung der steuerlichen Abzüge (Lohnsteuerabzugsmerkmale) werden den Arbeitgebern seit 2011 über ein elektronisches Verfahren zum Abruf bereitgestellt. Zuvor entnahmen die Arbeitgeber diese Angaben den vom Einwohnermeldeamt ausgestellten Lohnsteuerkarten.

Wichtige **Lohnsteuerabzugsmerkmale** sind:

- die Steuerklasse
- die Zahl der Kinderfreibeträge
- der zu berücksichtigende Steuerfreibetrag
- die Religionszugehörigkeit

Die Höhe der steuerlichen Abzüge ermittelt der Arbeitgeber mithilfe von **Lohnsteuertabellen**. Aus diesen Tabellen lässt sich in Abhängigkeit der Steuerklasse und der Anzahl der Kinder für jedes Bruttoentgelt die Höhe der Lohn- und Kirchensteuer sowie des Solidaritätszuschlags ablesen. Auch EDV-gestützte Lohn- und Gehaltsabrechnungsprogramme ermitteln die Steuerabzüge nach amtlich anerkannten Formeln. Die **Steuerklassen** spiegeln die familiären Lebensverhältnisse der Arbeitnehmer wider und führen zu einem unterschiedlichen Steuerabzug. Die geringsten steuerlichen Abzüge müssen bei der Steuerklasse III, die höchsten Abzüge bei Steuerklasse VI hingenommen werden.

Steuerklasse	Arbeitnehmer
I	ledige und geschiedene Arbeitnehmer sowie verwitwete Arbeitnehmer, sofern sie nicht in die Steuerklasse II oder III fallen
II	ledige, geschiedene und verwitwete Arbeitnehmer, denen der Entlastungsbetrag für Alleinerziehende zusteht. Der Entlastungsbetrag für Alleinerziehende steht grundsätzlich einem im Übrigen alleinstehenden Arbeitnehmer zu, in dessen Haushalt mindestens ein Kind mit Haupt- oder Nebenwohnung gemeldet ist, das auf der Lohnsteuerkarte dieses Arbeitnehmers unter der Kinderfreibetragszahl zu berücksichtigen ist oder für das er Kindergeld erhält.
III	– Verheiratete, wenn der Ehepartner keine Einkünfte erzielt oder – der arbeitende Ehepartner die Steuerklasse V gewählt hat – verwitwete Arbeitnehmer für das Kalenderjahr, das auf das Todesjahr des Ehepartners folgt
IV	Verheiratete, wenn beide Ehepartner Arbeitslohn beziehen und an Stelle der Steuerklasse III + V die Steuerklassen IV + IV gewählt haben
V	Verheiratete, wenn der Ehepartner die Steuerklasse III gewählt hat
VI	Arbeitnehmer, die gleichzeitig von mehreren Arbeitgebern Arbeitslohn erhalten, für weitere Beschäftigungsverhältnisse (kein Mini-Job)

Buchung von Gehältern, vgl. **3.5**

Die Lohnsteuer, Kirchensteuer und der Solidaritätszuschlag werden vom Arbeitgeber bei jeder Lohnzahlung vom Bruttoentgelt einbehalten und an das Finanzamt bis spätestens zum 10. des Folgemonats abgeführt. Der Arbeitgeber ist somit der **Steuerschuldner**, der Arbeitnehmer ist der **Steuerträger**.

Am Jahresende erhält der Arbeitnehmer vom Arbeitgeber eine **Lohnsteuerbescheinigung** für das abgelaufene Kalenderjahr. Diese Bescheinigung dient dem Arbeitnehmer als Nachweis über das erhaltene Jahresbruttogehalt, die darauf gezahlten Steuern und Sozialversicherungsbeiträge. Der Arbeitnehmer benötigt diese Informationen für seine Einkommensteuererklärung.

3.3 Gesetzliche Sozialversicherungsbeiträge

Neben den steuerlichen Abzügen sind die gesetzlichen Sozialversicherungsbeiträge der zweite große Block an Abzügen, die der Arbeitnehmer zahlen muss. Der Arbeitnehmer muss für folgende Sozialversicherungen Beiträge zahlen:

Gesetzliche Sozialversicherungen, vgl. **2**

- Rentenversicherung,
- Arbeitslosenversicherung,
- Krankenversicherung und
- Pflegeversicherung.

Aber nicht nur der Arbeitnehmer zahlt für seine soziale Absicherung in diese Sozialversicherungskassen ein, sondern **auch der Arbeitgeber**, der noch einmal fast die gleichen Beiträge beisteuert.

Sozialversicherungsbeiträge 2017/2018

Versicherungszweig	Gesamtbeitragssatz	Arbeitgeberanteil	Arbeitnehmeranteil	Beitragsbemessungsgrenzen (Monat)	
				West	Ost
Rentenversicherung	18,7 % (2017) 18,6 % (2018)	9,35 % (2017) 9,30 % (2018)	9,35 % (2017) 9,30 % (2018)	6.350,00 € (2017) 6.500,00 € (2018)	5.700,00 € (2017) 5.800,00 € (2018)
Arbeitslosenversicherung	3,0 %	1,5 %	1,5 %		
Krankenversicherung	14,6 %	7,3 %	7,3 % + X[1]	West und Ost 4.350,00 € (2017) 4.425,00 € (2018)	
Pflegeversicherung	2,55 %	1,275 %	1,275 % + 0,25 %[2]		

1) X = Arbeitnehmerzusatzbeitrag: Für 2018 wird ein durchschnittlicher Zusatzbeitrag von 1,0 %-Punkten erwartet.
2) Den Zuschlagssatz von 0,25 Prozentpunkten zahlen Kinderlose ab dem 23. Lebensjahr; eine Sonderregelung zur Pflegeversicherung gilt für das Land Sachsen.

Die Beitragssätze für die Sozialversicherungen beziehen sich auf das sozialversicherungspflichtige Bruttoentgelt. Je mehr ein Arbeitnehmer also verdient, desto höhere Beiträge muss er entrichten. Es findet jedoch ein sozialer Ausgleich zwischen den Versicherten statt: Trotz unterschiedlich hoher Beiträge erhalten alle Mitglieder die gleichen Versicherungsleistungen (**Solidaritätsprinzip**).

Das sozialversicherungspflichtige Bruttoentgelt wird zur Berechnung der Sozialversicherungsbeiträge aber nur bis zu einer bestimmten Höhe herangezogen (**Beitragsbemessungsgrenze**). Liegt das Bruttoentgelt eines Arbeitnehmers über der jeweiligen Beitragsbemessungsgrenze, so wird der Beitragssatz nur bis zu dieser Bemessungsgrenze erhoben. Das darüber liegende Gehalt bleibt beitragsfrei. Abhängig beschäftigte Arbeitnehmer sind grundsätzlich **pflichtversichert**.

Beispiel Ein verheirateter Arbeitnehmer mit einem Kind verdient brutto 4.500,00 € im Monat. Die Beiträge zur Kranken- und Pflegeversicherung werden nun nicht von den 4.500,00 € berechnet, sondern von der Beitragsbemessungsgrenze 4.425,00 € (Grundwert).

Berechnung der Arbeitnehmerbeiträge:

Krankenversicherung	Pflegeversicherung
Arbeitnehmeranteil: 7,3 % + 1,1 %[1] = 8,4 %	Arbeitnehmeranteil: 1,275 %
Beitrag: 8,4 % von 4.425,00 € = 371,70 €	Beitrag: 1,275 % von 4.425,00 € = 56,42 €

1) 1,1 %: angenommener kassenindividueller Zusatzbeitragssatz

Prinzip der Versicherungspflicht

Ab einem gewissen Einkommen steht es dem Arbeitnehmer frei, die gesetzliche Kranken- und Pflegekasse zu verlassen und sich privat zu versichern. Voraussetzung für einen Wechsel im Folgejahr ist, dass der Arbeitnehmer mit seinem Einkommen über der **Versicherungspflichtgrenze** liegt. Für die Renten- und Arbeitslosenversicherung besteht eine solche Möglichkeit nicht. Hier bleibt jeder abhängig Beschäftigte, unabhängig von seinem Verdienst, pflichtversichert.

> Die **Versicherungspflichtgrenze** liegt im Jahr 2017 bei einem monatlichen Bruttoeinkommen von 4.800,00 € (jährlich: 57.600,00 €).

> Sozialversicherungsträger, vgl. **2**

Genau wie die Steuerabzüge werden auch die vom Arbeitnehmer zu tragenden Sozialversicherungsbeiträge direkt **vom Arbeitgeber einbehalten**. Der Arbeitgeber führt die Arbeitnehmer- und Arbeitgeberanteile an die Krankenkasse des jeweiligen Arbeitnehmers bis zum drittletzten Bankarbeitstag des jeweiligen Monats ab. Die jeweilige Krankenkasse hat dann die Aufgabe, die verschiedenen Beiträge an die entsprechenden Sozialversicherungsträger zu überweisen.

3.4 Berechnung des Nettoauszahlungsbetrages

Zieht man vom sozialversicherungspflichtigen Bruttoentgelt die vom Arbeitnehmer zu tragende Lohnsteuer, Kirchensteuer und den Solidaritätszuschlag sowie die Sozialversicherungsbeiträge ab, so erhält man das **Nettoentgelt**. Das Nettoentgelt stellt jedoch nicht zwangsläufig auch den Nettoauszahlungsbetrag dar. In vielen Fällen wird das Nettogehalt noch um persönliche Abzugsbeträge gekürzt, wie z.B. vermögenswirksame Sparleistungen und Vorschüsse.

Aus gesellschaftspolitischen Gründen hält der Staat es für unterstützenswert, dass sich Arbeitnehmer ein eigenes Vermögen aufbauen. Deshalb hat der Staat Gesetze geschaffen, mit denen die Arbeitnehmer zur individuellen Vorsorge angeregt werden sollen. Ein solches Gesetz ist das **5. Vermögensbildungsgesetz (VermBG)**, das alle Arbeitnehmer begünstigt, die abhängig beschäftigt sind. Vermögensbildung nach diesem Gesetz wird unter bestimmten Voraussetzungen sowohl vom Staat als auch vom Arbeitgeber gefördert. Voraussetzung für die Förderung durch den Arbeitgeber ist die tarifliche, betriebsvereinbarte bzw. arbeitsvertragliche Vereinbarung über die Zahlung vermögenswirksamer Leistungen.

Vermögenswirksame Leistungen (VL) sind Geldleistungen, die dem Arbeitnehmer in der Regel nicht zur freien Verfügung ausgezahlt, sondern für ihn langfristig angelegt werden. Sie sind für den Arbeitnehmer arbeitsrechtlich Bestandteil des Gehalts und somit lohnsteuer- und sozialversicherungspflichtig. In der Gehaltsabrechnung müssen die vermögenswirksamen Leistungen und die vermögenswirksame Sparleistung auseinandergehalten werden.

Die **vermögenswirksame Sparleistung** setzt sich zusammen aus der vom Arbeitgeber geleisteten vermögenswirksamen Leistung und dem freiwillig erbrachten Anteil des Arbeitnehmers. Die Sparleistung wird vom Nettoentgelt abgezogen und vom Arbeitgeber einbehalten, sie mindert also den Auszahlungsbetrag. Der Arbeitgeber muss, je nach Anlageart, die Sparleistung z. B. auf ein Bausparkonto überweisen.

Erfolgt die Anlage der vermögenswirksamen Sparleistung in bestimmten Anlageformen, erhält der Arbeitnehmer u. U. auch eine staatliche Förderung, die sogenannte **Arbeitnehmersparzulage**.

Vermögenswirksame Leistung
(vom Arbeitgeber)
+ freiwilliger Sparbetrag
(vom Arbeitnehmer)
= vermögenswirksame
Sparleistung

3.5 Entgeltabrechnung mit vermögenswirksamen Leistungen

Beispiel Der Bürokaufmann Rainer Gilles ist ledig und hat keine Kinder. Er ist kirchensteuerpflichtig (Kirchensteuersatz: 9 %) und über 23 Jahre alt (0,25 Prozentpunkte Zuschlag für die Pflegeversicherung).

Entgeltabrechnung (Steuerklasse I, kein Kinderfreibetrag) im Januar 2018		
	Bruttogehalt	2.608,00 €
+	Vermögenswirksame Leistungen (VL) des Arbeitgebers	26,59 €
+	Sonderzahlungen (z. B. Prämien oder Überstundenvergütung)	283,37 €
=	**Bruttoentgelt**	**2.917,96 €**
−	Lohnsteuer (LSt)	404,66 €
−	Solidaritätszuschlag (SolZ) 5,5 % der Lohnsteuer	22,25 €
−	Kirchensteuer (KiSt) 9 % der Lohnsteuer	36,41 €
	Summe steuerliche Abzüge	**463,32 €**
−	Rentenversicherung 9,3 % des Bruttoentgelts	271,37 €
−	Arbeitslosenversicherung 1,5 % des Bruttoentgelts	43,77 €
−	Krankenversicherung 8,4 % des Bruttoentgelts[1]	245,11 €
−	Pflegeversicherung 1,525 % des Bruttoentgelts[2]	44,50 €
	Summe Sozialversicherungsbeiträge des Arbeitnehmers	**604,75 €**
=	Nettoentgelt	1.849,89 €
−	Vermögenswirksame Sparrate des Arbeitnehmers	40,00 €
=	**Auszahlungsbetrag**	**1.809,89 €**

1) einschließlich 1,1 Prozentpunkte krankenkassenindividueller Zusatzbeitrag für Arbeitnehmer
2) einschließlich 0,25 Prozentpunkte Zusatzbeitrag für kinderlose Arbeitnehmer ab 23 Jahren

Die Entgeltabrechnung wird nun in vier Schritten gebucht:

(1) Abführung der Sozialversicherungsbeiträge

Die Beiträge zur gesetzlichen Sozialversicherung werden bereits abgeführt, noch bevor durch die Entgeltabrechnung eine konkrete Beitragspflicht entsteht. Buchungstechnisch müssen sie aus Unternehmenssicht deshalb wie ein **Vorschuss an die Sozialkassen** behandelt werden. Dieser wird auf das Konto 2640 „SV-Vorauszahlung" gebucht. Abgeführt werden aber nicht nur die Arbeitnehmer-, sondern auch die Arbeitgeberanteile.

Beispiel Im vorliegenden Fall beträgt der **Arbeitnehmeranteil** 604,75 €. Der **Arbeitgeberanteil** entspricht bei der Renten- und Arbeitslosenversicherung dem Arbeitnehmeranteil, ist jedoch bei der Kranken- und Pflegeversicherung geringer.

- Krankenversicherungsanteil Arbeitgeber: **7,3 %** von 2.917,96 € = **213,01 €**
- Pflegeversicherungsanteil Arbeitgeber: **1,275 %** von 2.917,96 € = **37,20 €**
- Gesamtanteil Arbeitgeber: 271,37 € + 43,77 € + **213,01 €** + **37,20 €** = 565,35 €
- Sozialversicherungsbeitrag gesamt: 565,35 € (AG) + 604,75 € (AN) = 1.170,10 €

Nr.	Soll	€	Haben	€
1)	2640 SV-Vorauszahlung	1.170,10	2800 Bankguthaben	1.170,10

Alle Beiträge werden unabhängig vom Versicherungsträger an die Krankenkasse überwiesen, die die Weiterleitung übernimmt.

(2) Entgeltabrechnung

Mit der Entgeltabrechnung müssen folgende Personalbuchungen erfolgen:

- Die quasi als Vorschuss erbrachte Leistung der Sozialversicherungsbeiträge ist nun in eine Beitragspflicht umzuwandeln, das Konto SV-Vorauszahlung ist auszugleichen und auf „0" zu stellen. Dies geschieht bei der Entgeltabrechnung zunächst mit dem Arbeitnehmeranteil.
- Mit der Entgeltabrechnung entsteht gleichfalls die Steuerpflicht. Da die einbehaltenen Steuerabzüge aber erst im folgenden Monat ans Finanzamt weitergeleitet werden, entsteht zunächst eine Verbindlichkeit gegenüber dem Finanzamt.
- Ebenfalls fällig ist der Beitrag des Arbeitnehmers zum vermögenswirksamen Sparen. Solange der Betrieb diesen einbehalten, aber noch nicht weitergeleitet hat, entstehen hier Verbindlichkeiten aus vermögenswirksamen Leistungen.
- Die Belastung des Bankkontos entspricht dem Nettoauszahlungsbetrag aus der Entgeltabrechnung.

Nr.	Soll	€	Haben	€
2)	6300 Gehälter	2.891,37	2640 SV-Vorauszahlung	604,75
	6320 Sonstige tarifliche Leistungen	26,59	4830 Verbindlichkeiten ggü. Finanzbehörden	463,32
			4860 Verbindlichkeiten aus VL	40,00
			2800 Bankguthaben	1.809,89

(3) Buchung des Arbeitgeberanteils zur Sozialversicherung

Mit (2) wurde der Arbeitnehmeranteil des Sozialversicherungsbeitrags von einem Vorschuss in einen Gehaltsabzug umgestellt. Der mit der Entgeltabrechnung nun ebenfalls abgabepflichtige Arbeitgeberanteil muss – anstelle des Vorschusses – als weiterer Aufwand neben dem Bruttolohn erfasst werden. Hierfür steht das Konto 6400 bzw. 6410 „Arbeitgeberanteil zur Sozialversicherung" zur Verfügung.

Nr.	Soll	€	Haben	€
3)	6410 Arbeitgeberanteil zur SV	565,35	2640 SV-Vorauszahlung	565,35

(4) Abführung noch einbehaltener Abzüge

Während die SV-Abzüge bereits vorab überwiesen wurden, sind nach der Entgeltabrechnung noch die Steuerabzüge und Arbeitnehmer-Sparbeiträge im Rahmen der vermögenswirksamen Leistungen abzuführen.

Nr.	Soll	€	Haben	€
4)	4830 Verbindlichkeiten ggü. Finanzbehörden	463,32	2800 Bankguthaben	463,32
	4860 Verbindlichkeiten aus VL	40,00	2800 Bankguthaben	40,00

4 Unternehmensergebnisse aufbereiten und bewerten

Hat zum Ende eines Geschäftsjahres die Inventur z.B. im Warenlager stattgefunden (Mengen- und Wertermittlung), stehen die tatsächlichen Ist-Werte aus der Inventur für die Bilanz fest. Die Salden zu den rechnerischen Werten aus der Buchhaltung als Soll-Werte müssen jetzt überprüft und ggf. korrigiert werden.

Inventur, vgl. **TAF 11.3, 2.1**

Wertunterschiede zwischen Soll-(Buch-)Werten und Ist-Werten (Inventurwerten) haben ihre Ursache in

- unterlassenen, doppelten oder fehlerhaften Buchungen,
- nicht erfassten Mengenveränderungen (z.B. Schwund, Diebstahl),
- nicht erfassten Werteveränderungen (z.B. gesunkene Wiederbeschaffungskosten, Beschädigungen).

Sind alle Inventurdifferenzen geklärt und gebucht, muss der **Jahresabschluss** vorbereitet werden. Bevor jedoch eine endgültige Bilanz und eine Gewinn- und Verlustrechnung aufgestellt werden können, sind noch vielfältige Abgrenzungs- und Bewertungsentscheidungen zu treffen, zu dokumentieren und ggf. als vorbereitende Abschlussbuchungen (Umbuchungen) zu erfassen.

4.1 Zeitliche Erfolgsabgrenzung

AB → Lernsituation 50

Besonders gegen Ende des Geschäftsjahres können Ausgaben und Einnahmen getätigt werden, die schon Aufwendungen und Erträge des nächsten Geschäftsjahres betreffen. Ebenfalls könnten bereits Aufwendungen und Erträge entstanden sein, die deshalb noch nicht erfasst wurden, weil bis zum Ende des Geschäftsjahres noch keine Zahlung (Auszahlung oder Einzahlung) erfolgt ist. Will man den Erfolg (Gewinn/Verlust) eines Geschäftsjahres ermitteln, müssen diese Vorgänge dem sie betreffenden Zeitraum (also der richtigen Rechnungsperiode) zugeordnet werden. Diese Zuordnung nennt man **periodengerechte Erfolgsabgrenzung**.

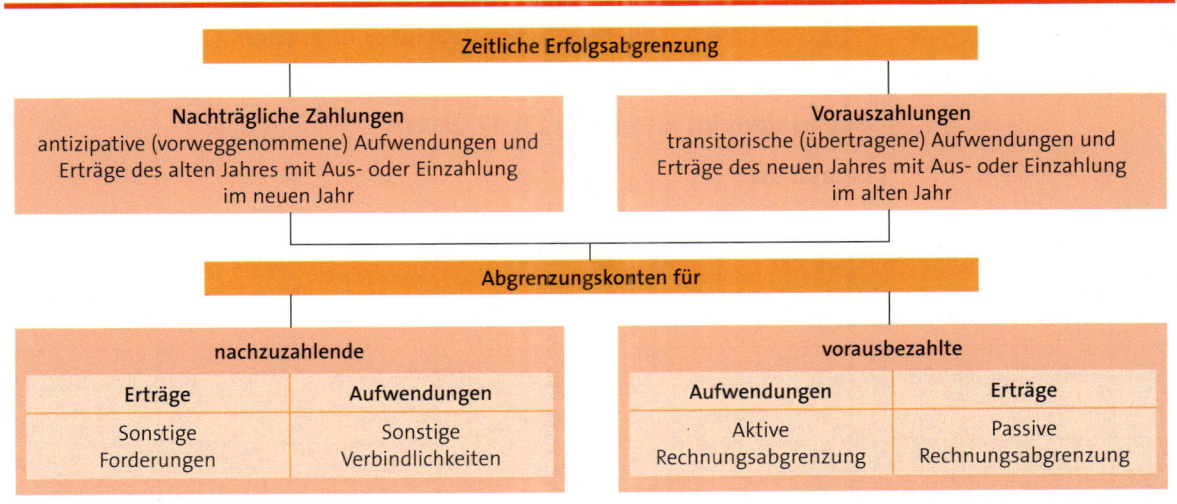

Zeitliche Erfolgsabgrenzung	
Nachträgliche Zahlungen antizipative (vorweggenommene) Aufwendungen und Erträge des alten Jahres mit Aus- oder Einzahlung im neuen Jahr	**Vorauszahlungen** transitorische (übertragene) Aufwendungen und Erträge des neuen Jahres mit Aus- oder Einzahlung im alten Jahr

Abgrenzungskonten für	
nachzuzahlende	**vorausbezahlte**

Erträge	Aufwendungen	Aufwendungen	Erträge
Sonstige Forderungen	Sonstige Verbindlichkeiten	Aktive Rechnungsabgrenzung	Passive Rechnungsabgrenzung

§ 5 (5) Satz 2 EStG
Abschnitt 31 b EStR

Im Gegensatz zu den **transitorischen** Rechnungsabgrenzungsposten, bei denen die Ein- bzw. Auszahlungen in der abgelaufenen Geschäftsperiode getätigt wurden, werden bei den **antizipativen** Posten die Aufwendungen bzw. Erträge als erfolgswirksame Vorgänge vorweggenommen, obwohl sie noch keine Zahlungen im abgelaufenen Geschäftsjahr bewirken.

4.1.1 Sonstige Forderungen

> **Beispiel** 31.12. 20X1: Die Mietzahlung für den Monat Dezember in Höhe von 800,00 € für ein vermietetes Bürogebäude ist noch nicht überwiesen. Die Einzahlung durch den Mieter erfolgt am 31.01. zusammen mit der Miete für den Monat Januar.

Zuordnung der Forderungen

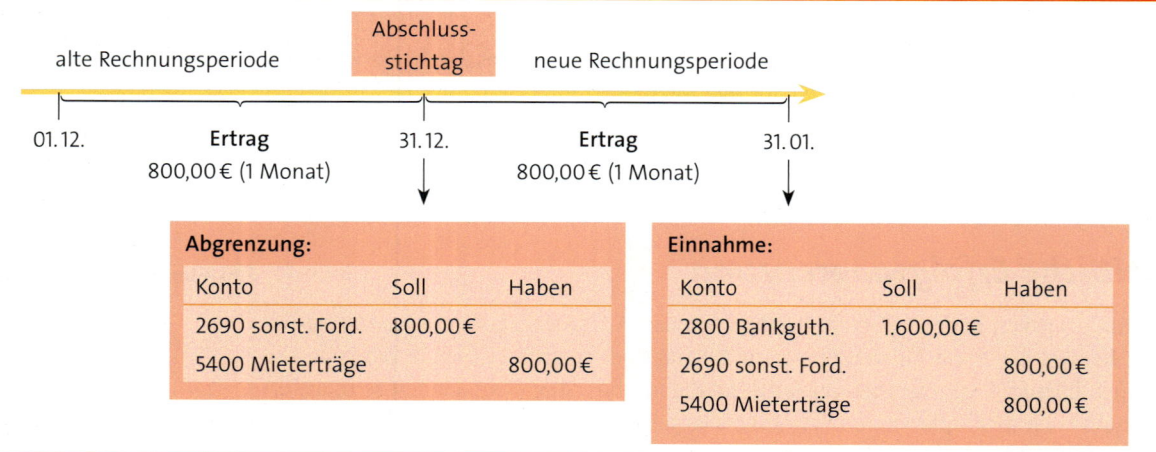

Nachträgliche Einzahlungen:
Sonstige Forderungen

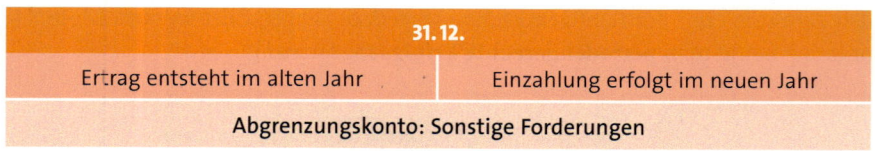

Buchungen im alten Jahr (31.12. 20X1)

Grundbuch:
1) Buchung der sonstigen Forderungen und des Miertrages der abgelaufenen Rechnungsperiode zur periodengerechten Erfolgsermittlung
2) Abschlussbuchung des Ertragskontos Mieterträge
3) Abschlussbuchung des Kontos Sonstige Forderungen

	Datum	Soll	€	Haben	€
1)	31.12.	2690 Sonst. Forderungen	800,00	5400 Mieterträge	800,00
2)	31.12.	5400 Mieterträge	800,00	8020 GuV	800,00
3)	31.12.	8010 SBK	800,00	2690 Sonst. Forderungen	800,00

Hauptbuch:

S	2690 sonstige Forderungen		H		S	5400 Mieterträge		H
1) 5400	800,00	3) 8010	800,00		2) 8020	800,00	1) 2690	800,00

S	8010 SBK	H		S	8020 GuV		H
3) 2690	800,00					2) 5400	800,00

Buchungen im neuen Jahr (20X2)

Grundbuch:

1) Eröffnungsbuchung des Kontos sonstige Forderungen
2) Buchung der Einzahlung am 31.01. zum Ausgleich der Forderungen und für die Mieterträge der neuen Rechnungsperiode

	Datum	Soll	€	Haben	€
1)	01.01.	2690 Sonst. Forderungen	800,00	8000 EBK	800,00
2)	31.01.	2800 Bankguthaben	1.600,00	2690 Sonst. Forderungen 5400 Mieterträge	800,00 800,00

Hauptbuch:

S	8000 EBK		H		S	2800 Bankguthaben		H
		1) 2690	800,00		2) 2690 5400	1.600,00		

S	2690 sonstige Forderungen		H		S	5400 Mieterträge		H
1) 8000	800,00	2) 2800	800,00				2) 2800	800,00

Die zeitliche Erfolgsabgrenzung mit der Buchung ‚Sonstige Forderungen an ein Ertragskonto" erhöht für das alte Jahr das Vermögen in der Bilanz und die Erträge im GuV-Konto. Es handelt sich immer um **Geldforderungen**; der Gewinn steigt.

4.1.2 Sonstige Verbindlichkeiten

Langfristige Kreditfinanzierung, vgl. **TAF 12.4, 4.3.2**

 **Beispiel** 30.10.: Aufnahme eines Darlehens

Höhe des Darlehens:	90.000,00 € (Rückzahlungsbetrag)
Ausgabekurs:	100 % (kein Damnum)
Zinszahlung:	halbjährlich nachträglich
Zinstermine:	02.11. und 02.05.
Zinssatz:	12 %
Laufzeit:	5 Jahre

Die Zinsaufwendungen für die Zinsperiode vom 02.11. der alten Rechnungsperiode bis zum 02.05. der neuen Rechnungsperiode betreffen zwei Geschäftsjahre. Würden die Zinsaufwendungen der alten Rechnungsperiode nicht bei der Erfolgsermittlung berücksichtigt, würde der Gewinn zu hoch ausfallen, der dann besteuert werden müsste. Sie werden deshalb als Geldverbindlichkeiten im abgelaufenen Geschäftsjahr berücksichtigt.

> **Beispiel** Berechnung der Zinsaufwendungen für die Fly Bike Werke GmbH
> für die alte Rechnungsperiode: $\frac{90.000 \cdot 2 \cdot 12}{12 \cdot 100} = 1.800,00\,€.$
>
> Die Zinsaufwendungen für die alte Rechnungsperiode betragen 1.800,00 €.

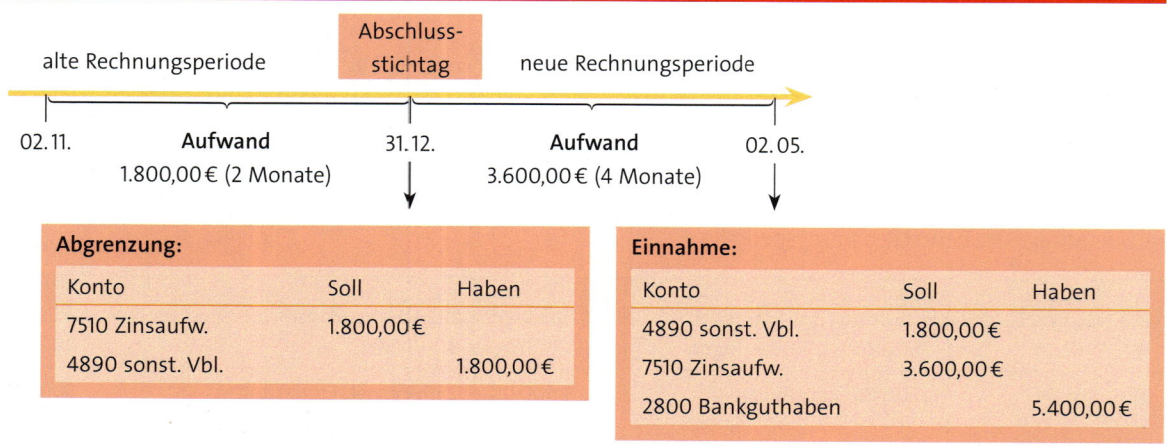

Nachträgliche Auszahlungen:
Sonstige Verbindlichkeiten

31. 12.	
Aufwand entsteht im alten Jahr	Auszahlung erfolgt im neuen Jahr
Abgrenzungskonto: Sonstige Verblindlichkeiten	

Buchungen im alten Jahr (31. 12. 20X1)

Grundbuch:

1) Buchung der sonstigen Verbindlichkeiten und des Zinsaufwands der abgelaufenen Rechnungsperiode zur periodengerechten Erfolgsermittlung
2) Abschlussbuchung des Aufwandskontos Zinsaufwendungen
3) Abschlussbuchung des Kontos sonstige Verbindlichkeiten

	Datum	Soll	€	Haben	€
1)	31. 12.	7510 Zinsaufwendungen	1.800,00	4890 Sonst. Vbl.	1.800,00
2)	31. 12.	8020 GuV	1.800,00	7510 Zinsaufwendungen	1.800,00
3)	31. 12.	4890 Sonst. Vbl.	1.800,00	8010 SBK	1.800,00

Hauptbuch:

S	4890 Sonstige Verbindlichkeiten		H
3) 8010	1.800,00	1) 7510	1.800,00

S	7510 Zinsaufwendungen		H
1) 4890	1.800,00	2) 8020	1.800,00

S	8010 SBK		H
		3) 4890	1.800,00

S	8020 GuV		H
2) 7510	1.800,00		

Buchungen im neuen Jahr (20X2)

Grundbuch:

1) Eröffnungsbuchung des Kontos sonstige Verbindlichkeiten
2) Buchung der Auszahlung für die Zinsaufwendungen am 02.05. für die Zinsperiode vom 01.11. bis 30.04.
3) Buchung der Zinszahlung am 02.11. für die Zinsperiode vom 01.05. bis 31.10.

	Datum	Soll	€	Haben	€
1)	01.01.	8000 EBK	1.800,00	4890 Sonst. Vbl.	1.800,00
2)	02.05.	4890 Sonst. Vbl.	1.800,00	2800 Bankguthaben	5.400,00
		7510 Zinsaufwendungen	3.600,00		
3)	02.11.	7510 Zinsaufwendungen	5.400,00	2800 Bankguthaben	5.400,00

Hauptbuch:

S	8000 EBK		H	S	2800 Bankguthaben		H
1) 4890	1.800,00					2) 7510	5.400,00
						3) 7510	5.400,00

S	7510 Zinsaufwendungen		H	S	4890 Sonstige Verbindlichkeiten		H
2) 2800	3.600,00			2) 2800	1.800,00	1) 8000	1.800,00
3) 2800	5.400,00						

Da die Zinszahlungen für den Kredit laufend fortgeführt werden, erfolgt die nächste Zinszahlung am 02.11. Diese Auszahlung für Zinsaufwand stellt allerdings kein Problem der zeitlichen Rechnungsabgrenzung dar, da ja nur ein Geschäftsjahr (Zinszeitraum vom 01.05. bis 31.10.) berührt wird.

Die zeitliche Erfolgsabgrenzung mit der Buchung „Aufwandskonto an Sonstige Verbindlichkeiten" erhöht für das alte Jahr die Schulden in der Bilanz und die Aufwendungen im GuV-Konto. Es handelt sich immer um **Geldverbindlichkeiten**; der Gewinn sinkt.

4.1.3 *Aktive Rechnungsabgrenzung*

> **Beispiel** Für ein betrieblich genutztes Kraftfahrzeug wurde die Kfz-Steuer in Höhe von 330,00 € am 01.10. für ein Jahr im Voraus bezahlt.
> Geschäftsjahr vom 01.01. bis 31.12.

Die Aufwendungen, die durch den obigen Fall entstanden sind, betreffen zwei Geschäftsjahre. Ein Teil der Aufwendungen (vom 01.01. bis 30.09.) reicht in das neue Geschäftsjahr. Dieser Teil der Aufwendungen schmälert den Gewinn des ablaufenden Geschäftsjahres, sodass die Steuern vom Gewinn ebenfalls geringer würden.

Unternehmerische Intentionen widersprechen gesetzlichen Regeln.

Genau das will aber der Gesetzgeber verhindern. Gewinn- und Steuerverschiebungen sollen vermieden werden. Es soll der Gewinn versteuert werden, der in der Rechnungsperiode tatsächlich angefallen ist.

Auszahlungen im Voraus:
Aktive Rechnungsabgrenzung

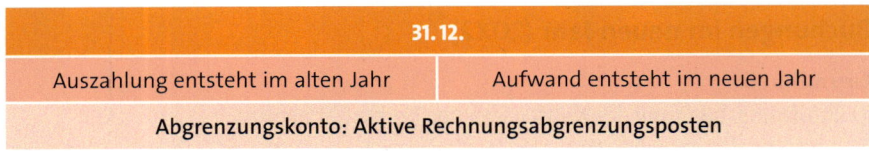

31. 12.	
Auszahlung entsteht im alten Jahr	Aufwand entsteht im neuen Jahr
Abgrenzungskonto: Aktive Rechnungsabgrenzungsposten	

Zuordnung des Aufwands

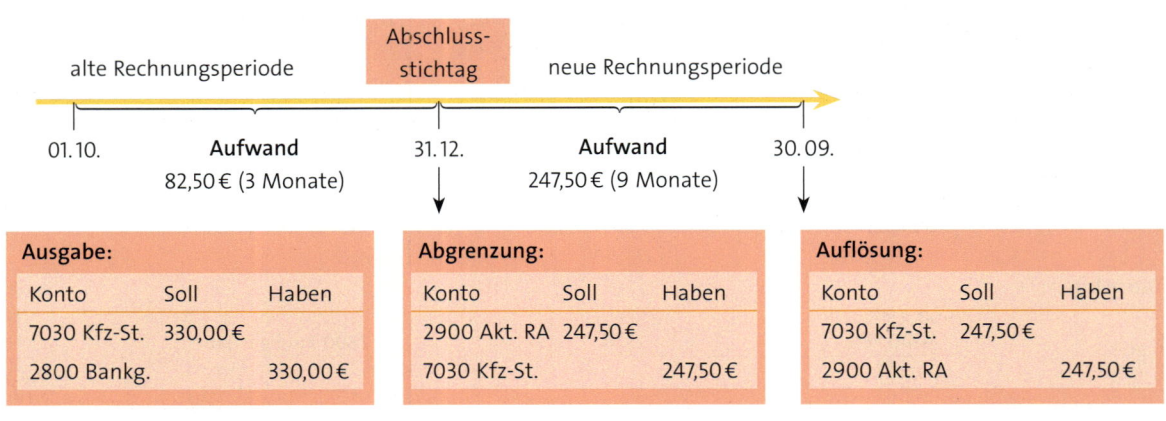

Buchungen im alten Jahr (20X1)

Grundbuch:

1) Buchung der Auszahlung für die Kfz-Steuer
2) Buchung der Aktiven Rechnungsabgrenzung zur periodengerechten Erfolgsermittlung
3) Abschlussbuchung des Aufwandskontos Kfz-Steuer
4) Abschlussbuchung des Kontos Aktive Rechnungsabgrenzung (Aktive RA)

	Datum	Soll	€	Haben	€
1)	01.10.	7030 Kfz-Steuer	330,00	2800 Bankguthaben	330,00
2)	31.12.	2900 Aktive RA	247,50	7030 Kfz-Steuer	247,50
3)	31.12.	8020 GuV	82,50	7030 Kfz-Steuer	82,50
4)	31.12.	8010 SBK	247,50	2900 Aktive RA	247,50

Hauptbuch:

S	7030 Kfz-Steuer		H	S	2800 Bankguthaben	H
1) 2800	330,00	2) 2900	247,50		1) 7030	330,00
		3) 8020	82,50			
	330,00		330,00			

S	2900 Aktive RA		H
2) 7030	247,50	4) 8010	247,50

S	8010 SBK	H	S	8020 GuV	H
4) 2900	247,50		3) 7030	82,50	

Buchungen im neuen Jahr (01.01.20X2)

Grundbuch:

1) Eröffnungsbuchung des Kontos Aktive Rechnungsabgrenzung
2) Auflösung des Kontos Aktive Rechnungsabgrenzung und Zuordnung des Aufwands in die richtige Abrechnungsperiode

	Datum	Soll	€	Haben	€
1)	01.01.	2900 Aktive RA	247,50	8000 EBK	247,50
2)	01.01.	7030 Kfz-Steuer	247,50	2900 Aktive RA	247,50

Hauptbuch:

```
S            8000 EBK            H
                1) 2900        247,50


S          2900 Aktive RA       H     S          7030 Kfz-Steuer        H
1) 8000  247,50 | 2) 7030   247,50    2) 2900   247,50 |
```

Die Bildung von Aktiven Rechnungsabgrenzungsposten kann vereinfacht werden, wenn bereits im alten Jahr bei der Buchung des Aufwandes sofort die Erfolgsabgrenzung durchgeführt wird.

Vereinfachte Buchung

Grundbuch:

1) Überweisung der Versicherungsprämie mit sofortiger Erfolgsabgrenzung.

	Datum	Soll	€	Haben	€
1)	01.10.	7030 Kfz-Steuer 2900 Aktive RA	82,50 247,50	2800 Bankguthaben	330,00

Die zeitliche Erfolgsabgrenzung mit der Buchung „Aktive Rechnungsabgrenzungsposten an ein Aufwandskonto" erhöht für das alte Jahr das Vermögen in der Bilanz und mindert die Aufwendungen im GuV-Konto. Es handelt sich immer um **Leistungsforderungen**; der Gewinn steigt.

4.1.4 *Passive Rechnungsabgrenzung*

Beispiel Am 01.12.20X1 hat ein Untermieter der Lagerhalle der Fly Bike Werke GmbH bereits die Miete für die Monate Dezember 20X1 bis einschließlich Februar 20X2 in Höhe von 1.200,00 € auf das Bankkonto der Fly Bike Werke GmbH überwiesen. Für die Monate Januar und Februar 20X2 ($^2/_3$ der Mieteinzahlung = 800,00 €) wird also eine Vorauszahlung getätigt, deren Ertragswirksamkeit aus Sicht der Fly Bike Werke GmbH dem Folgejahr zugerechnet werden muss.

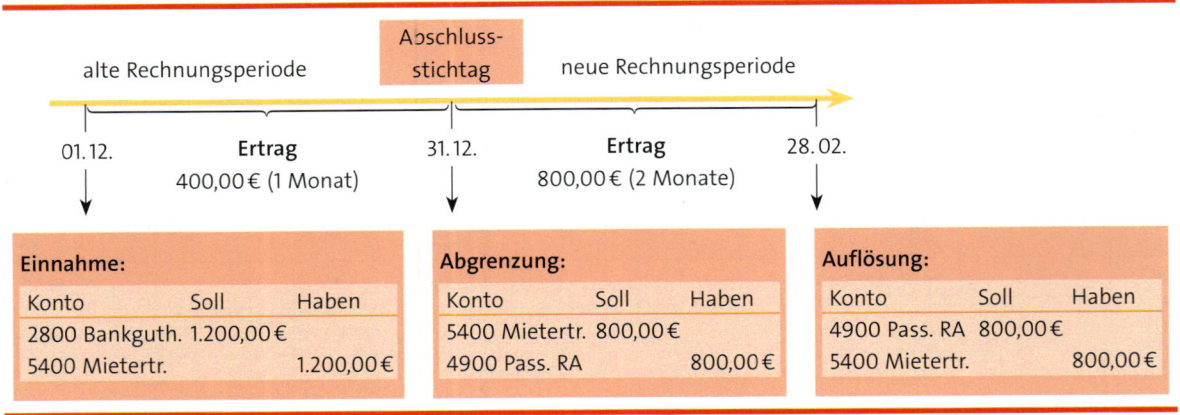

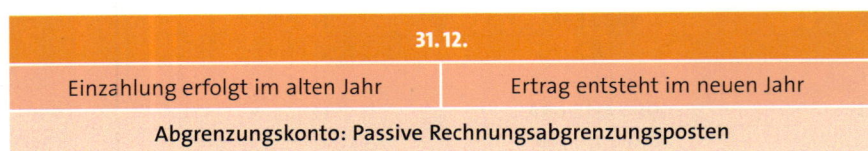

Einzahlungen im Voraus:
Passive Rechnungsabgrenzung

31.12.	
Einzahlung erfolgt im alten Jahr	Ertrag entsteht im neuen Jahr
Abgrenzungskonto: Passive Rechnungsabgrenzungsposten	

Buchungen im alten Jahr (01.01.20X1)

Grundbuch:

1) Buchung der Bankgutschrift der Mieteinzahlung (01.12.20X1)
2) Abgrenzung der auf das Folgejahr entfallenden Mieterträge (31.12.20X1)
3) Abschluss Konto Mieterträge (31.12.20X1)
4) Abschluss Konto Passive Rechnungsabgrenzung (31.12.20X1)

	Datum	Soll	€	Haben	€
1)	01.12.	2800 Bankguthaben	1.200,00	5400 Mieterträge	1.200,00
2)	31.12.	5400 Mieterträge	800,00	4900 Passive RA	800,00
3)	31.12.	5400 Mieterträge	400,00	8020 GuV	400,00
4)	31.12.	4900 Passive RA	800,00	8010 SBK	800,00

Hauptbuch:

```
S        5400 Mieterträge        H        S        2800 Bankguthaben        H
2) 4900      800,00   1) 2800   1.200,00   1) 5400    1.200,00
3) 8020      400,00
           1.200,00             1.200,00   S           8010 SBK            H
                                                                4) 4900      800,00

S        4900 Passive RA         H
4) 8010      800,00   2) 5400     800,00    S         8020 GuV-Konto        H
                                                                3) 5400      400,00
```

Buchungen im neuen Jahr (01.01.20X2)

Grundbuch:

1) Eröffnung Konto Passive Rechnungsabgrenzung
2) Auflösung des Kontos Passive Rechnungsabgrenzung

	Datum	Soll	€	Haben	€
1)	01.01.	8000 EBK	800,00	4900 Passive RA	800,00
2)	01.01.	4900 Passive RA	800,00	5400 Mieterträge	800,00

Hauptbuch:

S	8000 EBK		H
1) 4900	800,00		

S	4900 Passive RA		H	S	5400 Mieterträge		H
2) 5400	800,00	1) 8000	800,00		2) 4900		800,00

Die Bildung von Passiven Rechnungsabgrenzungsposten kann ebenfalls wie folgt vereinfacht werden:

Vereinfachte Buchung

Grundbuch:

1) Bankgutschrift der Mieteinzahlung mit sofortiger Erfolgsabgrenzung

	Datum	Soll	€	Haben	€
1)	01.12.	2800 Bankguthaben	1.200,00	5400 Mieterträge	400,00
				4900 Passive RA	800,00

Die zeitliche Erfolgsabgrenzung mit der Buchung „Ertragskonto an Passive Rechnungsabgrenzungsposten" erhöht für das alte Jahr die Schulden in der Bilanz und mindert die Erträge im GuV-Konto. Es handelt sich immer um **Leistungsverbindlichkeiten**; der Gewinn sinkt.

Eine Buchung der **Umsatzsteuer** bei umsatzsteuerpflichtigen Aufwendungen oder Erträgen ist nur dann notwendig, wenn die Leistung bereits erbracht ist. Zum Buchungszeitpunkt muss ein Beleg vorhanden sein. Anderenfalls darf keine Umsatzsteuerbuchung vorgenommen werden, es ist der Nettobetrag abzugrenzen.

Zeitliche Erfolgsabgrenzung und Umsatzsteuer

Übersicht: *Zeitliche Erfolgsabgrenzung*

	Antizipative Erfolgsabgrenzung		Transitorische Erfolgsabgrenzung	
Buchungssatz	Sonstige Forderungen an Ertragskonto	Aufwandskonto an Sonstige Verbindlichkeiten	Aktive Rechnungsabgrenzungsposten an Aufwandskonto	Ertragskonto an Passive Rechnungsabgrenzungsposten
es handelt sich um	Geldforderungen	Geldverbindlichkeiten	Leistungsforderungen	Leistungsverbindlichkeiten
Werteveränderungen	Vermögen steigt	Schulden steigen	Vermögen steigt	Schulden steigen
	Erträge steigen	Aufwendungen steigen	Aufwendungen sinken	Erträge sinken
	Gewinn steigt	Gewinn sinkt	Gewinn steigt	Gewinn sinkt

AB → Lernsituation 51   ## 4.2 *Rückstellungen*

| Pohl GmbH |
| dachdecker und Fassadenarbeiten |

Pohl

Kostenvoranschlag   Datum: 22.12.20XX

Behebung von Fassadenschäden der Fly Bike Werke GmbH, Rostocker Str. 334, 26121 Oldenburg

Lohnkosten	32.000,00 €
Materialienkosten	22.000,00 €
Summe	54.000,00 €
+19 % Umsatzsteuer	10.260,00 €

gez. *Hartmut Pohl*
Dachdeckermeister

> **Beispiel** Im November 20X1 sind Schäden an der Fassade des Bürogebäudes festgestellt worden (kein versicherter Schadensfall). Die Fly Bike Werke GmbH beauftragt einen Bauunternehmer, einen Kostenvoranschlag zu erstellen, der die wahrscheinlichen Reparaturkosten beziffert. Die Reparatur ist für das Folgejahr fest eingeplant.

Auszahlungshöhe oder -zeitpunkt unsicher: Rückstellung

31. 12.	
Aufwand entsteht im alten Jahr	Auszahlungshöhe unbekannt und/oder Auszahlungszeitpunkt unbekannt (Schätzung)
Abgrenzungskonto: Sonstige Rückstellungen	

Für Aufwendungen oder Schulden, die wirtschaftlich einem bestimmten Geschäftsjahr zugeordnet werden können (der Fassadenschaden im Beispiel dem Jahr 20X1), **müssen** Unternehmen Rückstellungen bilden, wenn deren Höhe noch nicht sicher feststeht und/oder der Zahlungszeitpunkt erst in späteren Geschäftsjahren liegt. Bei Instandhaltungsaufwendungen (Fassadenschaden) gilt das allerdings nur dann, wenn die Reparatur innerhalb von drei Monaten im Folgejahr nachgeholt wird. Mit einer Aufwandsbuchung „Aufwandskonto an sonstige Rückstellungen" wird jedoch schon im aktuellen, den Aufwand begründenden Geschäftsjahr der Gewinn gemindert und als durchaus gewünschter „Nebeneffekt" auch die aktuelle Steuerlast des Unternehmens gesenkt. Dementsprechend gibt es für derartige Rückstellungen **beschränkende gesetzliche Regelungen**.

Abraum
Bergwerke, taubes Gestein

> **§ 249 HGB Rückstellungen**
> (1) Rückstellungen sind für ungewisse Verbindlichkeiten und für drohende Verluste aus schwebenden Geschäften zu bilden. Ferner sind Rückstellungen zu bilden für
> 1. im Geschäftsjahr unterlassene Aufwendungen für Instandhaltung, die im folgenden Geschäftsjahr innerhalb von drei Monaten, oder für **Abraum**beseitigung, die im folgenden Geschäftsjahr nachgeholt werden,
> 2. Gewährleistungen, die ohne rechtliche Verpflichtung erbracht werden.
> (2) Für andere als die in Absatz 1 bezeichneten Zwecke dürfen Rückstellungen nicht gebildet werden. Rückstellungen dürfen nur aufgelöst werden, soweit der Grund hierfür entfallen ist.

Für alle Rückstellungen gilt, dass die Begründung für ihre wirtschaftliche Ursache in einem Geschäftsjahr liegt, in dem noch keine Zahlung erfolgt. Im Unterschied zu normalen Verbindlichkeiten stehen aber die Höhe und/oder der tatsächliche Zeitpunkt der Zahlung noch nicht mit Gewissheit fest. Der Rückstellungsbetrag muss daher geschätzt werden. Die Schätzung muss einer vernünftigen kaufmännischen Beurteilung entsprechen.

4.2.1 Bildung einer Rückstellung

Beispiel Herr Peters plant, den Fassadenschaden im Jahr 20X2 bis Monat März beheben zu lassen. In der Finanzbuchhaltung soll deshalb in Höhe des Kostenvoranschlages eine Rückstellung gebildet werden. Dabei muss die im Kostenvoranschlag angegebene Umsatzsteuer unberücksichtigt bleiben, da die Leistung ja noch nicht erbracht wurde und eine Rechnung natürlich nicht vorliegt.

Buchungen im alten Jahr (31.12.20X1)

Grundbuch:

1) Rückstellungsbildung für die Fassadenreparatur (Instandhaltungskosten)
2) Abschluss Konto Fremdinstandhaltung
3) Abschluss Konto Sonstige Rückstellungen

	Datum	Soll	€	Haben	€
1)	31.12.	6160 Fremdinstandhaltung	54.000,00	3990 Sonst. Rückstellungen	54.000,00
2)	31.12.	8020 GuV	54.000,00	6160 Fremdinstandhaltung	54.000,00
3)	31.12.	3990 Sonst. Rückstellungen	54.000,00	8010 SBK	54.000,00

Hauptbuch:

S	6160 Fremdinstandhaltung	H	S	3990 Sonstige Rückstellungen	H
1) 3990	54.000,00	2) 8020 54.000,00	3) 8010	54.000,00	1) 6160 54.000,00

S	8020 GuV-Konto	H	S	8010 SBK	H
2) 6160	54.000,00			3) 3990	54.000,00

Die Bildung einer Rückstellung mit der Buchung „Aufwandskonto an Sonstige Rückstellungen" erhöht die Schulden in der Bilanz und die Aufwendungen in der Gewinn- und Verlustrechnung. Es handelt sich immer um **ungewisse Verbindlichkeiten**, d.h., die Höhe des Betrages und/oder der Zahlungszeitpunkt sind Schätzwerte, der Gewinn sinkt.

4.2.2 Auflösung einer Rückstellung

Rückstellungen müssen aufgelöst werden, wenn die geplante Maßnahme (hier die Fassadenreparatur) durchgeführt oder die Verpflichtung erfüllt wurde oder wenn der Grund für die Rückstellungsbildung weggefallen ist. Bei der Schätzung von zukünftigen Aufwandsbeträgen ist es immer möglich, dass der Schätzwert auch tatsächlich eingehalten wird. In diesem Fall wird die Rückstellung im Folgejahr – hier nach Durchführung der Reparatur – „erfolgsneutral" aufgelöst.

Beispiel Tatsächliche Reparaturkosten entsprechen dem Kostenvoranschlag.

tatsächliche Aufwandshöhe = Rückstellungsbetrag
54.000,00 €   = 54.000,00 €

Buchungen im neuen Jahr (20X2) bei Einhaltung des Rückstellungsbetrages

Grundbuch:
1) Buchung der Reparaturkosten (Lohn- und Materialkosten) bei Rechnungs-eingang zzgl. 19 % Umsatzsteuer
2) Banküberweisung des Rechnungsbetrages ohne Abzüge

	Datum	Soll	€	Haben	€
1)	01.03.	3990 Sonst. Rückstellungen 2600 Vorsteuer	54.000,00 10.260,00	4400 Verbindlichkeiten a. L. L.	64.260,00
2)	09.03.	4400 Verbindlichkeiten a. L. L.	64.260,00	2800 Bankguthaben	64.260,00

Natürlich kann die tatsächliche Aufwandshöhe den Rückstellungsbetrag auch unter- oder überschreiten.

Buchungen im neuen Jahr (20X2) bei Unterschreiten des Rückstellungsbetrages

Beispiel Tatsächliche Reparaturkosten unterschreiten den Kostenvoranschlag um 10 %.

tatsächliche Aufwandshöhe < Rückstellungsbetrag
48.600,00 €   < 54.000,00 €

Wird der Rückstellungsbetrag für die im Folgejahr abgerechnete Reparatur nicht voll in Anspruch genommen, ist der Unterschreitungsbetrag im Folgejahr als **perioden-fremder Ertrag** gewinnerhöhend zu buchen.

Grundbuch:

Betrag netto	48.600,00
+ 19 % Umsatzsteuer	9.234,00
= Betrag brutto	57.834,00

1) Buchung der Reparaturkosten (Lohn- und Materialkosten) bei Rechnungsein-gang zzgl. 19 % Umsatzsteuer
2) Banküberweisung des Rechnungsbetrages ohne Abzüge

	Datum	Soll	€	Haben	€
1)	01.03.	3990 Sonst. Rückstellungen 2600 Vorsteuer	54.000,00 9.234,00	4400 Verbindlichkeiten a. L. L. 5490 Periodenfremde Erträge	57.834,00 5.400,00
2)	09.03.	4400 Verbindlichkeiten a. L. L.	57.834,00	2800 Bankguthaben	57.834,00

Buchungen im neuen Jahr (20X2) bei Überschreiten des Rückstellungsbetrages

Beispiel Tatsächliche Reparaturkosten überschreiten den Kostenvoranschlag um 10 %.

tatsächliche Aufwandshöhe > Rückstellungsbetrag
59.400,00 €   > 54.000,00 €

Grundbuch:

1) Buchung der Reparaturkosten (Lohn- und Materialkosten) bei Rechnungseingang zzgl. 19 % Umsatzsteuer
2) Banküberweisung des Rechnungsbetrages ohne Abzüge

Betrag netto	59.400,00
+ 19 % Umsatzsteuer	11.268,00
= Betrag brutto	70.686,00

	Datum	Soll	€	Haben	€
1)	01.03.	3990 Sonst. Rückstellungen	54.000,00	4400 Verbindlichkeiten a. L. L.	70.686,00
		2600 Vorsteuer	11.286,00		
		6990 Periodenfremde Aufw.	5.400,00		
2)	09.03.	4400 Verbindlichkeiten a. L. L.	70.686,00	2800 Bankguthaben	70.686,00

Reicht der Rückstellungsbetrag für den im Folgejahr abgerechneten Reparaturauftrag nicht aus, ist der Überschreitungsbetrag im Folgejahr als **periodenfremder Aufwand** gewinnmindernd zu buchen. Eine Buchung auf dem Konto Instandhaltung ist im Folgejahr nicht mehr möglich, da der Fassadenschaden bereits im Vorjahr entstanden ist.

Schätzfehler erhöhen oder vermindern durch die Buchung von periodenfremden Erträgen oder Aufwendungen den Gewinn in Folgejahren. In allen Fällen ist das Konto Rückstellungen nach Abschluss der Fassadenreparatur ausgeglichen.

S	3990 Sonst. Rückstellungen		H
4400	54.000,00	8000	54.000,00

Übersicht: *Rückstellungen*

Rückstellungen		
Beeinflussung der Gewinnermittlung	**Fremdkapital**	**Buchung**
Aufwendungen werden erhöht	Höhe und Fälligkeit sind unbekannt	a) Bildung (Aufwendungen an Rückstellungen)
Gewinne werden gesenkt	Schätzung:	b) Auflösung
Ziel: Senkung der Steuern auf den Gewinn	– vernünftige kaufmännische Beurteilung – zur Erfüllung der Verpflichtung	– Rückstellungen = Verpflichtung – Rückstellung > Verpflichtung (periodenfremde Erträge) – Rückstellung < Verpflichtung (periodenfremde Aufwendungen)

AB → Lernsituation 52   ## *4.3 Abschreibungen*

> **§ 253 HGB Wertansätze der Vermögensgegenstände und Schulden**
>
> (...)
>
> (3) Bei Vermögensgegenständen des Anlagevermögens, deren Nutzung zeitlich begrenzt ist, sind die Anschaffungs- oder die Herstellungskosten um planmäßige Abschreibungen zu vermindern. Der Plan muss die Anschaffungs- oder Herstellungskosten auf die Geschäftsjahre verteilen, in denen der Vermögensgegenstand voraussichtlich genutzt werden kann. Ohne Rücksicht darauf, ob ihre Nutzung zeitlich begrenzt ist, sind bei Vermögensgegenstanden des Anlagevermögens bei voraussichtlich dauernder Wertminderung außerplanmäßige Abschreibungen vorzunehmen, um diese mit dem niedrigeren Wert anzusetzen, der ihnen am Abschlussstichtag beizulegen ist. Bei Finanzanlagen können außerplanmäßige Abschreibungen auch bei voraussichtlich nicht dauernder Wertminderung vorgenommen werden.

Planmäßige und außerplanmäßige Abschreibung

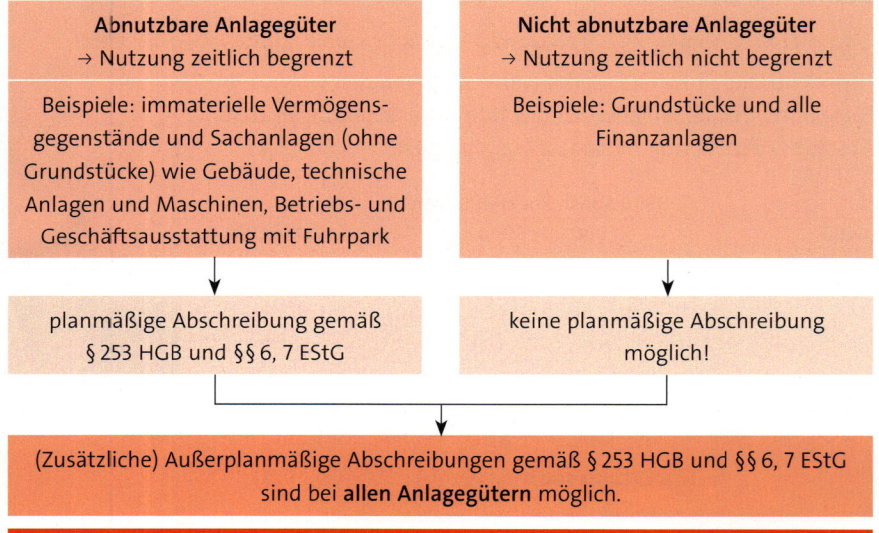

Gründe für die planmäßige Abschreibung sind der normale technische Verschleiß, der sowohl durch die Nutzung als auch als natürlicher (ruhender) Verschleiß (z. B. Qualitätsverminderung) entstehen kann, der Ablauf der Nutzungsdauer und in besonderen Fällen die Substanzverringerung (z. B. bei Kiesgruben).

4.3.1 Abschreibungsmethoden

AfA = Absetzung für Abnutzung (planmäßige Abschreibung)

Die **planmäßige Abschreibung** verteilt die Anschaffungs- oder Herstellungskosten eines Anlagegutes, dessen Nutzung zeitlich begrenzt ist, über die Jahre seiner betriebsgewöhnlichen Nutzungsdauer. Diese Nutzungsdauern werden vom Bundesministerium der Finanzen in sogenannten **AfA**-Tabellen festgelegt.

Die Höhe der Abschreibungswerte im Ablauf der Nutzungsjahre ist abhängig von der Art des Anlagegutes, der Höhe der Anschaffungs- oder Herstellungskosten und der gewählten Abschreibungsmethode.

In der **AfA-Tabelle AV** ist die betriebsgewöhnliche Nutzungsdauer für Anlagegüter ausgewiesen, die nicht branchenspezifisch genutzt werden.

Auszug aus der amtlichen AfA-Tabelle AV

Fundstelle	Anlagegüter	Nutzungsdauer in Jahren
3.5	Hochregallager	15
4.2.1	Personenkraftwagen und Kombiwagen	6
4.2.2	Motorräder, Motorroller, Fahrräder u. Ä.	7
4.2.3	Lastkraftwagen, Sattelschlepper, Kipper	9
5.23	Verpackungsmaschinen, Folienschweißgeräte	13
6.1	Wirtschaftsgüter der Werkstätten-, Labor- und Lagereinrichtungen	14

§ 7 Abs. 1 Satz 2 EStG

Abschreibungstabelle für allgemein verwendbare Anlagegüter
Die AfA-Tabellen sind unter www.bundesfinanzministerium.de
→ Sucheingabe: AfA-Tabellen abrufbar.

Abschreibungsmethoden	
lineare Abschreibung § 7 (1) S. 1–3 EStG	Anwendung bei allen abnutzbaren Anlagegütern erlaubt.
Leistungsabschreibung § 7 (1) S. 4 EStG	Anwendung nur bei beweglichen abnutzbaren Anlagegütern, wenn die Leistung des Anlagegutes messbar ist und die tatsächliche Leistung (z. B. km, produzierte Einheiten, Laufzeiten) nachgewiesen wird.

Betragen die Anschaffungs- bzw. Herstellungskosten für ein einzelnes, abnutzbares, bewertbares und selbständig nutzbares Anlagegut nicht mehr als 1.000,00 € (ohne USt), so handelt es sich um ein **geringwertiges Wirtschaftsgut (GWG)**. GWG können, ebenso wie alle anderen beweglichen und abnutzbaren Wirtschaftsgüter, die den Wert von 150,00 € (ab 2018: 250,00 €) überschreiten, über ihre betriebsgewöhnliche Nutzungsdauer abgeschrieben werden. Alternativ können GWG bis zu 410,00 € (ab 2018: 800,00 €) Anschaffungskosten auch im Jahr ihrer Anschaffung in voller Höhe als Betriebsausgabe abgesetzt werden. Allerdings müssen dann alle Wirtschaftsgüter mit einem Nettoanschaffungswert über 410,00 € (ab 2018: 800,00 €) wieder innerhalb ihrer betriebsgewöhnlichen Nutzungsdauer abgeschrieben werden. Alle Wirtschaftsgüter, deren Anschaffungskosten mehr als 150,00 € (ab 2018: 250,00 €) netto bis einschließlich 1.000,00 € netto betragen, können andererseits in einem Sammelposten erfasst werden, der dann linear über fünf Jahre abgeschrieben werden muss. Die genannten Regelungen dürfen nicht nebeneinander angewendet werden; man muss sich für jedes Geschäftsjahr neu für eine Variante entscheiden.

GWG mit Anschaffungskosten bis 150,00 € (ab 2018: 250,00 €) netto werden von allen Unternehmen regelmäßig sofort als Aufwand (z. B. als Büromaterial) erfasst. Eine Abschreibung entfällt in diesen Fällen natürlich.

Lineare Abschreibung

Kennzeichen: unveränderter Prozentsatz von den Anschaffungskosten, gleich hohe Abschreibungsbeträge.

 Beispiel Die Fly Bike Werke GmbH hat im Rahmen der Anlagenverwaltung einen Abschreibungsplan für den im Januar erworbenen neuen Lkw erstellt. Die Abschreibungspläne werden von dem in der Anlagenbuchhaltung eingesetzten EDV-System automatisch erstellt.

Ermittlung der Abschreibungsbeträge

$$\text{Abschreibungsbetrag p.a.} = \frac{\text{Anschaffungskosten}}{\text{Nutzungsdauer}} \blacktriangleright \frac{61.470\,€}{9} = 6.830,00\,€$$

$$\text{Abschreibungssatz in \%} = \frac{100}{\text{Nutzungsdauer}} \blacktriangleright \frac{100}{9} = 11,11\,\%$$

Leistungsabschreibung

Kennzeichen: Ermittlung der Abschreibungsbeträge in Höhe der tatsächlich erbrachten Leistung.

 Beispiel Beträgt die Ist-Leistung im ersten Geschäftsjahr 40.000 km und die geplante Gesamtleistung des Lkw 300.000 km, ergibt sich folgende Berechnung.

$$\text{Abschreibungsbetrag} = \frac{\text{Anschaffungskosten} \cdot \text{Ist-Leistung}}{\text{geplante Gesamtleistung}}$$

$$= \frac{61.470 \cdot 40.000}{300.000} = 8.196,00\,€$$

Auswahl einer Abschreibungsmethode

Beispiel In der folgenden Abschreibungstabelle für beide Abschreibungsmethoden über die gesamte Nutzungsdauer des Lkw wurden die Leistungsabschreibungen für den Lkw mit Planwerten ermittelt (km-Leistung im jeweiligen Nutzungsjahr: 1. Jahr 40.000 km, 2. und 3. Jahr je 50.000 km, 4. und 5. Jahr je 40.000 km, 6. Jahr 30.000 km, 7. Jahr 20.000 km, 8. und 9. Jahr je 15.000 km). Die tatsächlichen Abschreibungsbeträge können immer erst am Ende des tatsächlichen Nutzungsjahres ermittelt werden.

Wird das Anlagegut nach Ablauf der Nutzungsdauer weiter im Unternehmen genutzt, verbleibt es mit einem Erinnerungswert von 1,00 € in der Anlagenkartei; die letzte Abschreibung wird dann um diesen Betrag gemindert.

Abschreibungstabelle: beide Abschreibungsmethoden (Abschreibungsbeträge in €):		
Abschreibungsverlauf	lineare Abschreibung	Leistungsabschreibung
Anschaffungskosten	61.470,00	61.470,00
− Abschreibung 1. Jahr	6.830,00	8.196,00
= Buchwert Ende 1. Jahr	54.640,00	53.274,00
− Abschreibung 2. Jahr	6.830,00	10.245,00
= Buchwert Ende 2. Jahr	47.810,00	43.029,00
− Abschreibung 3. Jahr	6.830,00	10.245,00
= Buchwert Ende 3. Jahr	40.980,00	32.784,00

Abschreibungen, die sich auf die Bilanz und die Gewinn- und Verlustrechnung eines Unternehmens auswirken (bilanzielle Abschreibungen), werden unter Berücksichtigung der folgenden Auswirkungen ausgewählt.

Auswirkungen von Abschreibungen	
Auswirkungen auf die Erfolgsrechnung	– Aufwand in der GuV – Verminderung des Gewinns – Verminderung der gewinnabhängigen Steuern – Verminderung der Gewinnausschüttung an die Unternehmenseigner
Auswirkungen auf die Bilanz	– Vermögensminderung in der Bilanz – geringerer Wert des Anlagevermögens – geringere Kreditwürdigkeit durch sinkende Vermögenswerte und Gewinne – höhere Liquidität durch geringeren Abfluss von flüssigen Mitteln für die Steuern und die Gewinnausschüttungen

Mit der Auswahl einer Abschreibungsmethode können **höhere oder geringere Abschreibungsbeträge** ermittelt werden. Je höher diese Beträge sind, desto größer sind die oben dargestellten Auswirkungen. Allerdings muss dabei beachtet werden, dass das Vorziehen hoher Abschreibungen am Ende der Nutzungsdauer zu niedrigeren Abschreibungsbeträgen führt, da während der Nutzungsdauer maximal die Höhe der Anschaffungskosten für die Gesamtabschreibung zur Verfügung steht.

- Ein Unternehmen wird dann eher die **höchstmöglichen Abschreibungsbeträge** erfassen, wenn hohe Gewinne erzielt werden. Damit kann der Abfluss von finanziellen Mitteln (für die Steuer und die Gewinnausschüttung) vermindert werden. Der Nachteil der sinkenden Kreditwürdigkeit kann durch die erhöhte Liquidität zumeist ausgeglichen werden.
- Eher **niedrige Abschreibungsbeträge** werden dann erfasst, wenn bereits Verluste gemacht werden. In diesem Fall können weder Steuern noch Gewinnausschüttungen gekürzt werden. Hier kann die Situation in der Bilanz und der Erfolgsrechnung durch hohe Abschreibungen nur verschlechtert werden.

Letztlich ist die Auswahl der Abschreibungsmethode ein Bestandteil der **Bilanzpolitik**, d. h., es wird die Abschreibungsmethode ausgewählt, die den Erstellern des Jahresabschlusses als optimal erscheint.

Abschreibungen, die in die Kalkulation der Verkaufspreise einfließen, werden in der Kosten- und Leistungsrechnung nach anderen Entscheidungskriterien ermittelt. Hier werden die Abschreibungsbeträge unabhängig von steuerpolitischen Einflüssen berechnet. Diese sogenannten **kalkulatorischen Abschreibungen** müssen im Abschreibungskreislauf den Neukauf verbrauchter Anlagen ermöglichen. Nur planmäßige Abschreibungen, die bei der Ermittlung der Selbstkosten in der Verkaufspreiskalkulation berücksichtigt werden, ermöglichen einen Neukauf verbrauchter Anlagen.

kalkulatorische Abschreibungen, vgl **TAF 12.5, 2.2**

Preisgestaltung,
vgl. **TAF 12.1**, **4.2**

Während der Nutzungsdauer fließen die Abschreibungen der Anlagegüter zusammen mit allen anderen Kosten in die **Kalkulation der Verkaufspreise** ein. Werden Erzeugnisse oder Handelswaren zu den kalkulierten Verkaufspreisen am Markt abgesetzt, erhält das Unternehmen über die Verkaufserlöse das Geld für alle Kosten (z. B. Mieten, Löhne, Gehälter), einschließlich der Abschreibungen, vom Kunden zurück.

Auch der geplante Gewinn ist in den Verkaufserlösen enthalten. Je höher die in den Verkaufspreisen enthaltenen Abschreibungen sind, desto höher muss auch der Verkaufspreis sein. Um Erzeugnisse oder Handelswaren zu konkurrenzfähigen Preisen anbieten zu können, muss das Unternehmen den betriebsindividuellen Werteverzehr seiner Anlagen ermitteln.

Finanzierung durch Abschreibungen

4.3.2 Buchung der Abschreibung

Beispiel Die Fly Bike Werke GmbH schreibt ihren neuen Lkw gemäß Anlagekartei linear ab, da sie von einer in etwa gleichmäßig verteilten km-Leistung während der betriebsgewöhnlichen Nutzungsdauer ausgeht. Für das erste Jahr wird deshalb ein Abschreibungsbetrag in Höhe von 6.830,00 € ermittelt. Der Buchwert am Ende des 1. Nutzungsjahres beträgt damit 54.640,00 €. Diese Daten können in der Praxis an ein Finanzbuchhaltungsprogramm übertragen werden. Die einzelne Buchung für diesen Lkw lautet wie folgt.

Grundbuch:

1) Buchung der Lkw-Abschreibung am Geschäftsjahresende
2) Abschluss Aufwandskonto Abschreibungen auf Sachlagen auf das Konto GuV-Konto
3) Abschluss Bestandskonto Fuhrpark auf das Konto SBK

	Soll	€	Haben	€
1)	6520 Abschreibungen a.S.	6.830,00	0840 Fuhrpark	6.830,00
2)	8020 GuV-Konto	6.830,00	6520 Abschreibungen a.S.	6.830,00
3)	8010 SBK	54.640,00	0840 Fuhrpark	54.640,00

Hauptbuch mit Abschlussbuchungen:

S	0840 Fuhrpark		H		S	6520 Abschreibungen a.S.		H
1) 4400	61.470,00	1) 6520	6.830,00		1) 0840	6.830,00	2) 8020	6.830,00
		3) 8010	54.640,00					

S	8010 SBK	H		S	8020 GuV-Konto	H
3) 0840	54.640,00			2) 6520	6.830,00	

Zeitanteilige planmäßige Abschreibung auf Sachanlagen

Bei der Berechnung der planmäßigen Abschreibungen für ein bestimmtes Geschäftsjahr ist jedoch nicht nur die Höhe der Anschaffungskosten, sondern auch das **Anschaffungsdatum** zu berücksichtigen. Abnutzbare Anlagegüter dürfen beim Kauf oder Verkauf im Laufe eines Geschäftsjahres nämlich nur zeitanteilig – auf volle Monate aufgerundet – abgeschrieben werden.

Beispiel Die Anschaffungskosten für einen Pkw betragen 60 000,00 € bei sechs Jahren betriebsgewöhnlicher Nutzungsdauer lt. AfA-Tabelle. Die Jahresabschreibung beträgt somit 10.000,00 €. Bei Anschaffung im April dürfen davon im Kaufjahr aber nur $^9/_{12}$ = 7.500,00 € abgeschrieben werden.

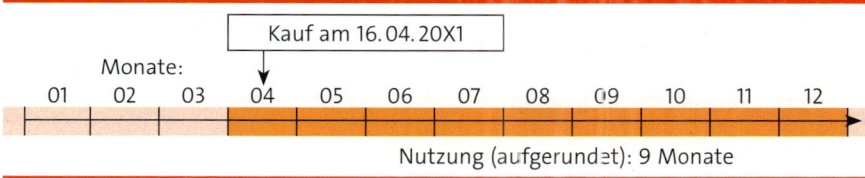

Im April des übernächsten Nutzungsjahres wird der Pkw wieder verkauft. Bei einer Jahresabschreibung von 10.000,00 € müssen im Verkaufsjahr noch **4/12** = 3.333,33 € gebucht werden.

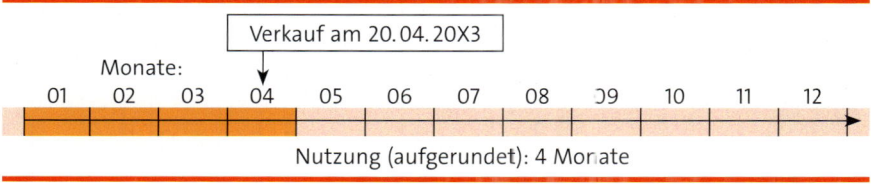

Außerplanmäßige Abschreibung

Beispiel Ein Pkw mit einer betriebsgewöhnlichen Nutzungsdauer von sechs Jahren laut AfA-Tabelle ist drei Jahre lang linear abgeschrieben worden. Der Buchwert zu Beginn des vierten Nutzungsjahres betrug 17.400,00 €. Da andere Fahrzeuge des Fuhrparks häufig nicht zur Verfügung standen, ist das Fahrzeug weit über das geplante Maß hinaus genutzt worden. Durch diese außergewöhnliche technische Abnutzung verringert sich im vierten Nutzungsjahr nicht nur der Wert über die planmäßige Abschreibung hinaus erheblich, sondern auch die Nutzungsdauer sinkt um ein Jahr. Die Gesamtnutzungsdauer für das Fahrzeug verkürzt sich damit auf fünf Jahre. Ein Gutachten des TÜV bescheinigt dem Fahrzeug einen aktuellen Wert von 2.500,00 €. Damit ergibt sich die Notwendigkeit, am Ende des vierten Nutzungsjahres eine außerplanmäßige Abschreibung vorzunehmen. Im fünften Nutzungsjahr wird der Restbuchwert dann vollständig abgeschrieben.

Planmäßige und außerplanmäßige Abschreibung eines Fahrzeugs im vierten Nutzungsjahr auf einen Restwert von 2.500,00 €.

Abschreibungstabelle		
Anschaffungskosten		34.800,00 €
− Abschreibungsbetrag 1. Jahr	−	5.800,00 €
= Buchwert Ende 1. Nutzungsjahr	=	29.000,00 €
− Abschreibungsbetrag 2. Jahr	−	5.800,00 €
= Buchwert Ende 2. Nutzungsjahr	=	23.200,00 €
− Abschreibungsbetrag 3. Jahr	−	5.800,00 €
= Buchwert Ende 3. Nutzungsjahr	=	17.400,00 €
− Abschreibungsbetrag 4. Jahr (planmäßig)	−	5.800,00 €
außerplanmäßige Abschreibung		9.100,00 €
= Buchwert Ende 4. Nutzungsjahr (nach planmäßiger und außerplanmäßiger Abschreibung)	=	2.500,00 €
− Abschreibungsbetrag 5. Jahr	−	2.500,00 €
= Buchwert Ende 5. Nutzungsjahr	=	0,00 €

Buchung von außerplanmäßigen Abschreibungen auf Sachanlagen

Grundbuch (viertes Nutzungsjahr):
1) Planmäßige Abschreibung im vierten Nutzungsjahr
2) Außerplanmäßige Abschreibung im vierten Nutzungsjahr

Nr.	Soll	€	Haben	€
1)	6520 Abschreibungen a. S.	5.800,00	0840 Fuhrpark	5.800,00
2)	6550 Außerplanm. Abschreibungen a. S.	9.100,00	0840 Fuhrpark	9.100,00

Hauptbuch (viertes Nutzungsjahr):

S	0840 Fuhrpark		H
8000	17.400,00	1) 6520	5.800,00
		2) 6550	9.100,00
		Saldo	2.500,00
		= Restbuchwert	

S	6520 Abschreibungen auf Sachanlagen		H
1) 0840	5.800,00		

S	6550 Außerplanmäßige Abschr. a. S.		H
2) 0840	9.100,00		

Nach der planmäßigen und der außerplanmäßigen Abschreibung ergibt sich auf dem Konto Fuhrpark am Ende des vierten Nutzungsjahres als Saldo der Restwert von 2.500,00 €, der im fünften Nutzungsjahr vollständig abgeschrieben werden kann.

Außerplanmäßige Abschreibungen sind allerdings nicht „endgültig". Sollte der Grund für die außerplanmäßige Abschreibung in einem späteren Geschäftsjahr wegfallen (eine Maschine wird z. B. doch repariert und wieder genutzt), gilt das **Wertaufholungsgebot**. Wertaufholung bedeutet hier, dass gewinnerhöhende Zuschreibungen vorgenommen werden müssen.

§ 253 Abs. 5 Satz 1 HGB

Übersicht: *Abschreibungsmethoden*

Methode	lineare Abschreibung	Leistungsabschreibung
Anwendung	Anwendung bei allen abnutzbaren Anlagegütern erlaubt. Anwendung sinnvoll, wenn der Werteverlust gleichmäßig erfolgt.	Anwendung nur bei abnutzbaren Anlagegütern, deren tatsächliche Leistung gemessen wird. Anwendung sinnvoll, wenn der Werteverlust in Abhängigkeit von der Leistung schwankt.
AfA-Satz	$\dfrac{100}{\text{betriebsgewöhnliche Nutzungsdauer}}$	$\dfrac{\text{Ist-Leistung des Abschreibungsjahres}}{\text{geplante Gesamtleistung}} \cdot 100$
AfA-Betrag	$\dfrac{\text{Anschaffungskosten}}{\text{betriebsgewöhnliche Nutzungsdauer}}$	$\dfrac{\text{Anschaffungskosten} \cdot \text{Ist-Leistung}}{\text{geplante Gesamtleistung}}$

Alles klar?

1 Bilden Sie die Buchungssätze für nachfolgende Geschäftsvorfälle aus dem Einkaufsbereich.

Kapitel 1

1. **Eingangsrechnung:** Einkauf von Rohstoffen auf Ziel, Listenpreis 12.000,00 €, Rabatt 10 %, 200,00 € Verpackungskosten und 350,00 € Transportkosten zzgl. 19 % USt. (bestandsorientierte Buchungstechnik)

2. **Gutschrift:** Rücksendung von Rohstoffen, die für den sofortigen Einsatz in der Produktion eingekauft wurden, an den Lieferer gegen Gutschrift, Nettogutschrift 1.000,00 € zzgl. 19 % USt. (aufwandsorientierte Buchungstechnik)

3. **Gutschrift:** Preisnachlass für „auf Lager" eingekaufte Fremdbauteile ohne Rücksendung nach einer Mängelrüge, Gutschrift 2.000,00 € zzgl. 19 % USt. (bestandsorientierte Buchungstechnik)

4. **Kontoauszug:** Überweisung für Betriebsstoffeinkäufe zum sofortigen Verbrauch auf Ziel innerhalb der Skontofrist abzüglich 3 % Skonto in Höhe von 13.851,60 € (Überweisungsbetrag) vom Bankkonto (aufwandsorientierte Buchungstechnik).

5. **Eigenbelege:** Umbuchungen vor dem Jahresabschluss
   a Bezugskosten für Rohstoffe   500,00 € (bestandsorientierte Buchungstechnik)
   b Nachlässe für Betriebsstoffe   900,00 € (aufwandsorientierte Buchungstechnik)
   c Mehrbestand Fremdbauteile   800,00 € (bei aufwandsorientierter Buchungstechnik)

2 Bilden Sie die Buchungssätze für nachfolgende Geschäftsvorfälle aus dem Ein- und Verkaufsbereich.

1. **Ausgangsrechnung:** Verkauf von eigenen Erzeugnissen auf Ziel, Rechnungsbetrag inkl. 19 % Umsatzsteuer 99.365,00 €. Im Rechnungsbetrag ist eine Frachtkostenpauschale in Höhe von 595,00 € (brutto) enthalten.

2. **Eingangsrechnung:** Einkauf von Rohstoffen auf Ziel für die aktuelle Produktion, Nettowert 22.500,00 €, 15 % Rabatt, 500,00 € Verpackungskostenpauschale zzgl. 19 % USt.

3. **Eingangsrechnung:** Einkauf von Handelswaren zur Aufstockung des Warenlagers auf Ziel. Listenpreis des Lieferanten 22.000,00 €, Großkundenrabatt 20 %, Frachtkostenpauschale 1.200,00 € zzgl. 19 % USt.

4. **Gutschrift eines Lieferanten:** Bevorratete Fremdbauteile wurden an den Lieferer zurückgeschickt. Die Fremdbauteile entsprachen nicht der vereinbarten Qualität. Gutschriftsbetrag inkl. 19 % USt. 7.140,00 €.

5. **Kontoauszug mit Banklastschrift:** Banküberweisung an einen Hilfsstofflieferer. Die just in time gelieferten Hilfsstoffe werden unter Abzug von 2 % Skonto bezahlt. Rechnungsbetrag 14.280,00 €.

6. **Bonusgutschrift eines Lieferanten:** Für das Vorratslager eingekaufte Betriebsstoffe im 1. Quartal dieses Jahres im Nettowert von 45.000,00 € erhalten wir einen Nettobonus von 1,2 % zzgl. 19 % USt.

7. **Kontoauszug mit Bankgutschrift:** Ein Käufer unserer Erzeugnisse überweist nach Abzug von 3 % Skonto 18.468,80 € auf unser Bankkonto.

8. **Eingangsrechnung:** Verpackungsmaterialeinkauf auf Ziel für den sofortigen Verbrauch (Verpackung eigener Erzeugnisse) zum Nettopreis von 8.500,00 € zzgl. Anlieferungskosten von 300,00 € netto zzgl. 19 % USt.

Kapitel 2

3 Wer zahlt was?
(1) Krankenversicherung, (2) Pflegeversicherung, (3) Rentenversicherung, (4) Arbeitslosenversicherung, (5) Unfallversicherung
a Ordnen Sie die richtige Sozialversicherung zu und
b benennen Sie die Art der Leistung.

1. Herr Müller war 14 Jahre bei der Wolf OHG beschäftigt. Ihm wurde dann wirksam betriebsbedingt nach einer Sozialauswahl gekündigt. Die Kündigungsfrist ist jetzt abgelaufen.

2. Frau Klein stolpert auf dem direkten Weg zu ihrer Arbeitsstätte und erleidet einen Beinbruch.

3. Der Sohn (Schüler, 12 Jahre alt) einer Vollzeit beschäftigten alleinerziehenden Krankenschwester benötigt eine neue Spenderniere – dringend!

4. Frau Sonne, verheiratet, hat ihren Arbeitsplatz gekündigt, um ihre 87-jährige Mutter zu Hause pflegen zu können. Die Mutter ist erheblich pflegebedürftig.

5. Werner Klein hat es geschafft, nach 45 Arbeitsjahren kann er „abschlagsfrei" mit 63 Jahren seinen Job aufgeben.

6. Berufsfachschüler Werner Rolf weiß noch nicht genau, was er nach der Schule machen soll.

7. Der Ehemann von Frau Wallner, die selbst nie berufstätig war, ist gestorben.

8. Die seit Jahren allein lebende Rentnerin Renate Kraushaar (94 Jahre alt, keine Kinder) ist in ihrer Wohnung gestürzt. Danach bleibt sie auf Dauer schwerstpflegebedürftig.

9. Herr Claasen, 56 Jahre alt, Dachdecker, „kann nicht mehr". Probleme mit der Wirbelsäule ermöglichen ihm – ärztlich bescheinigt – nur noch weniger als drei Stunden Arbeit pro Tag. Natürlich nicht mehr auf Dächern!

10. Frau Selig, 43 Jahre alt, arbeitet seit 15 Jahren in einer Chemiefabrik in der Produktion. Nach einem Unfall im Betrieb liegt sie jetzt im Krankenhaus und weiß noch nicht, ob sie jemals wieder arbeiten kann.

11. Susi Sorglos, noch in der Ausbildung und erst 17 Jahre alt, wird bald Mutter von Zwillingen. Morgen beginnt die Zeit des Beschäftigungsverbotes.

12. Der Arzt von Herrn Sollner (60 Jahre alt) ist auf seinen langjährigen Patienten sauer. Er kommt nur dann in die Praxis, wenn er krank ist. Das soll sich ab sofort ändern!

13. Klaus Adam ist verzweifelt, seine Ehefrau liegt für mindestens 14 Tage im Krankenhaus. Wer soll sich jetzt um die Kinder (2 Jahre, 4 Jahre und 6 Jahre alt) kümmern? Er muss doch ins Büro!

14. Julia Klein ist unglücklich, denn bereits im ersten Lehrjahr merkt sie, dass der zurzeit erlernte Beruf gar nichts für sie ist.

4 Zusätzlich zu den Gehaltsabrechnungen muss der Arbeitgeber oft weitere Personalkosten per Bank überweisen.

Kapitel 3

Buchen Sie:

a Beiträge zur Unfallversicherung der Arbeitnehmer 500,00 €

b Erstattung einer Reisekostenabrechnung eines Arbeitnehmers 595,00 € brutto inkl. 19 % USt.

5 Bilden Sie (nur) die Abgrenzungsbuchungen am Geschäftsjahresende.

Kapitel 4

a Wir überweisen die Kfz-Steuer für das neue Jahr in Höhe von 900,00 € bereits am 29.12. des alten Jahres von unserem Bankkonto an das Finanzamt.

b Wir erhalten die Miete für die Untervermietung von Büroräumen für das 1. Quartal des neuen Jahres in Höhe von 3.000,00 € bereits am 28.12. des alten Jahres auf dem Bankkonto gutgeschrieben.

c Unsere Provisionsabrechnung für das 4. Quartal des alten Jahres mit einer Provisionsforderung in Höhe von 12.000,00 € zzgl. USt. kann erst im neuen Jahr erstellt werden.

d Unsere Grundsteuer für die Geschäftsgrundstücke in Höhe von 24.000,00 € für 12 Monate wird erst am 30.06. des neuen Jahres rückwirkend für 12 Monate von unserem Bankkonto abgebucht.

6 Am 01.09. erhalten wir die Zinszahlung eines Darlehensnehmers (Mitarbeiterdarlehen) für ein halbes Jahr im Voraus auf unserem Bankkonto gutgeschrieben (Darlehensbetrag 10.000,00 €, Darlehenszinssatz 5 %). Buchen Sie:

Altes Jahr
a 01.09.20X1 Zinsgutschrift
b 31.12.20X1 Erfolgsabgrenzung
c 31.12.20X1 Abschlussbuchung Erfolgskonto
d 31.12.20X1 Abschlussbuchung Abgrenzungskonto

Neues Jahr
e 01.01.20X2 Eröffnung des Abgrenzungskontos
f 01.01.20X2 Auflösung des Abgrenzungskontos

7 Die Reparatur einer Klimaanlage, die im Dezember des alten Jahres nicht mehr durchgeführt werden konnte, wird auf das neue Jahr (Januar) verschoben. Der Kostenvoranschlag der Servicefirma beläuft sich auf 26.000,00 € zzgl. USt. Ende Januar des Folgejahres wird die Klimaanlage repariert und in Rechnung gestellt.
- Fall 1: Nettorechnungsbetrag 22.000,00 € zzgl. 19 % USt.
- Fall 2: Nettorechnungsbetrag 26.000,00 € zzgl. 19 % USt.
- Fall 3: Nettorechnungsbetrag 32.000,00 € zzgl. 19 % USt.

Buchen Sie
a den Kostenvoranschlag der Servicefirma im alten Jahr und
b den Rechnungseingang der Servicefirma im neuen Jahr (Fall 1 bis 3).

8 Ein Fahrzeug wird für 40.000,00 € netto abzüglich 10 % Rabatt und 2 % Skonto im Jahr 20X1 am 15.09. angeschafft. Die Umsatzsteuer beträgt 19 %. Die Nutzungsdauer beträgt 6 Jahre; das Fahrzeug wird linear abgeschrieben.
a Buchen Sie
 1. den Zielkauf und
 2. die Banküberweisung unter Abzug von Skonto.
b Berechnen Sie den Buchwert des Fahrzeuges am Ende des Jahres 20X4.
c Im Jahr 20X5 wird das Fahrzeug am 14.05. für 1.000,00 € (netto) auf Ziel verkauft. Ermitteln Sie den Gewinn oder den Verlust aus dem Fahrzeugverkauf.

12.4 Unternehmensgründung

AB → Lernsituation 53

1 Rahmenbedingungen für eine Unternehmensgründung

Die Gründung eines Unternehmens bedeutet für die Gründer den Schritt in die **berufliche Selbstständigkeit**. Berufliche Selbstständigkeit heißt, alle wichtigen Entscheidungen selbst treffen zu können, keine Vorgesetzten zu haben und bei Erfolg des Unternehmens ein gutes Einkommen erzielen zu können. Gleichzeitig trägt der Unternehmer das Risiko des wirtschaftlichen Scheiterns und verzichtet auf ein geregeltes Einkommen und den Schutz durch die gesetzliche Sozialversicherung.

Die **Motive**, diesen Weg einzuschlagen, sind vielfältig. So sind die einen Gründer mit ihrem bisherigen beruflichen Umfeld unzufrieden und wollen lieber selbst bestimmen, was und wie viel sie arbeiten. Andere haben eine Erfolg versprechende Geschäftsidee entwickelt und glauben, dass die Zeit für die Umsetzung reif ist. Für einige wiederum ist es eine Möglichkeit, der Arbeitslosigkeit zu entfliehen.

Um das beträchtliche **Risiko** des Scheiterns beim Start zu begrenzen, wählen einige Gründer den Weg des Teilzeitunternehmers, der neben seiner unternehmerischen Tätigkeit weiter einer abhängigen Beschäftigung nachgeht. Eine weitere Möglichkeit zur Minderung des unternehmerischen Risikos ist die Übernahme eines bereits bestehenden Unternehmens oder der Einstieg in ein bereits funktionierendes Geschäftskonzept. Hier bietet sich das sogenannte Franchising an.

Franchising, vgl. **TAF 12.1, 5.4**

Die wichtigste Grundlage für eine Unternehmensgründung ist eine geeignete **Geschäftsidee**. Ideen können aus der beruflichen Tätigkeit oder aus einem Hobby entstehen. Bei vielen erfolgreichen Geschäftsideen handelt es sich um bereits bestehende Ideen, die weiterentwickelt, verbessert oder auf neue Märkte übertragen wurden. Im Internet beispielsweise findet man Geschäftsideen aus der ganzen Welt.

Beispiel Holger Larsen ist schon seit fünf Jahren als gelernter Zweiradmechatroniker in der Produktion der Fly Bike Werke GmbH tätig. Wie man Fahrräder konstruiert, aus vorgefertigten Baugruppen montiert und natürlich auch repariert, beherrscht er mittlerweile „aus dem Effeff". Nun überlegt er, ob er seine Leidenschaft für Fahrräder zur Grundlage einer eigenen unternehmerischen Existenz machen soll. Kunden zu beraten und ihnen ein genau auf ihre Bedürfnisse zugeschnittenes Fahrrad zu verkaufen, das würde ihm großen Spaß machen. Bekannte und Freunde suchen schon jetzt ständig seinen Rat und seine Hilfe. Er wendet sich mit seiner Idee an einen Gründungsberater, der ihn darüber informiert, dass das Erstellen eines Businessplans für die konkrete Realisierung seiner Idee unumgänglich ist.

Um aus einer Idee ein ausgereiftes **Geschäftskonzept** zu entwickeln, ist eine Vielzahl von konkreten Überlegungen und Recherchen anzustellen, die in einem **Businessplan** festgehalten werden können.

1.1 Businessplan

Mit der Erstellung eines Businessplans verfolgt der Gründer folgende **Ziele**:

- Der Businessplan dient als **Instrument zur Beschaffung von Kapital**, z. B. bei Businessplan-Wettbewerben, **Wagniskapital**-Gebern, **Business Angels** und Banken.
- Der Businessplan ist ein **Fahrplan für die Gründer** zur Strukturierung und Umsetzung von Ideen in der Anfangsphase der Unternehmensentwicklung.
- Der Businessplan ist Grundlage für das **interne und externe Controlling**.

Ein Businessplan enthält folgende **Elemente**:

1. Anhand des **Management Summary** sollen außenstehende Dritte in sehr kurzer Zeit entscheiden können, ob die detaillierte Prüfung des gesamten Businessplans sinnvoll ist. Auf maximal zwei Seiten wird der Inhalt des Businessplans, insbesondere der Kern der Geschäftsidee, komprimiert dargestellt.
2. Die **Unternehmensdarstellung** erläutert sodann die gewählte Rechtsform, z. B. eine **GbR** oder eine **GmbH**, die Eigentumsverhältnisse (Inhaber, Beteiligungen, strategische Partner), die angestrebten Unternehmensziele und die geplante Strategie zur Erreichung dieser Ziele.
3. Bei der Beschreibung des **Leistungsprogramms** stehen die Identifizierung der Kundenbedürfnisse, die Problemanalyse und -lösung sowie die Konkretisierung des Kundennutzens im Mittelpunkt. Angestrebte Alleinstellungsmerkmale (**USP**) und bestehende oder noch zu entwickelnde Wettbewerbsvorteile sind aufzuzeigen. Dabei sind auch die voraussichtlichen Kosten sowie die zu erzielenden Absatzpreise und Deckungsbeiträge zu kalkulieren.
4. Eine große Bedeutung kommt der Darstellung der **Markt- und Wettbewerbssituation** zu. Marktpotenzial und Marktentwicklung sowie besondere Charakteristika des Marktes sind zu analysieren und zu bewerten. Kundengruppen sind zu identifizieren und Teilmärkte zu segmentieren. Eine Stärken- und Schwächenanalyse dient schließlich als Grundlage für eine Wettbewerbsstrategie.
5. Auf Basis der zuvor dargestellten Wettbewerbsstrategie kann nun ein **Marketingmix** entworfen werden. Dabei sind Elemente der Leistungs- und Preispolitik, der Vertriebspolitik und der Kommunikationspolitik zu einem in sich stimmigen und widerspruchsfreien Gesamtkonzept zu verbinden.
6. Schließlich ist dem neu zu gründenden Unternehmen eine **Organisation** zu geben. Durch eine genaue Aufgabenanalyse und -synthese sind Stellen zu bilden (Aufbauorganisation), Prozessabläufe zu gestalten (Ablauforganisation) und die Unternehmensleitung zu gestalten (Leitungssystem).
7. Für einen Zeitraum von drei bis fünf Jahren ist schließlich eine **Finanz- und Liquiditätsplanung** vorzulegen. Sie beschreibt den Kapitalbedarf zur **Finanzierung** der geplanten Investitionen, z. B. Beschaffung von Betriebsmitteln, Gebäuden und Materialien, Erwerb von Lizenzen, Entwicklung einer Software usw. Eine möglichst genaue Planung der voraussichtlichen Ein- und Auszahlungen soll sicherstellen, dass das Unternehmen stets liquide, also zahlungsfähig bleibt.
8. Den Abschluss bildet eine zusammenfassende **Beurteilung der Chancen und Risiken** der Unternehmensgründung, bei der man sich häufig der **Szenariomethode** bedient.

Weitere Materialien zum Businessplan finden Sie auf der Internetseite www.existenzgruender.de des **BMWi** (Suchbegriff „Checklisten").

Wagniskapital wird auch Venture Capital genannt.

Business Angels
beraten die Existenzgründer vor und während der Gründung eines Unternehmens, unterstützen sie mit Knowhow und Kontakten und beteiligen sich oft auch finanziell an dem neuen Unternehmen.

Das **Management Summary** wird häufig auch als „Executive Summary" bezeichnet.

GbR
Gesellschaft bürgerlichen Rechts, vgl. **2.3.1**

GmbH
Gesellschaft mit beschränkter Haftung, vgl. **2.4.1**

USP
Unique selling proposition: einzigartiger Vorteil, der so bei keinem Konkurrenzprodukt vorhanden ist, vgl. **TAF 12.1, 3.1**

Marketingmix
vgl. **TAF 12.1, 1.1**

Organisation
vgl. **TAF 11.1, 3.1** und **3.2**

Finanzierung
vgl. **3** und **4**

Szenariomethode
Methode, mit der alternative Entwicklungen der Zukunft (z. B. Best-Case-Szenario, Worst-Case-Szenario und wahrscheinliches Trendszenario) analysiert und dargestellt werden können

BMWi
Bundesministerium für Wirtschaft und Energie

1.2 Persönliche Voraussetzungen

Beispiel Holger Larsen hat eine Ausbildung als Zweiradmechaniker abgeschlossen und konnte bereits Erfahrungen in der Produktion der Fly Bike Werke GmbH sammeln. Auch in seiner Freizeit stehen Radfahren und Räder an erster Stelle. Er ist sich aber nicht sicher, ob diese Voraussetzungen ausreichen.

Eine gute Geschäftsidee ist wichtig, aber man muss auch davon überzeugt sein und andere davon überzeugen können, dass man selbst in der Lage ist, sie in die Praxis umzusetzen. Nicht jede und nicht jeder ist ein „Unternehmertyp".

Branchenbezogene Kenntnisse und Erfahrungen sind bei einem Schritt in die Selbstständigkeit natürlich sehr wichtig. Aber auch ein gewisses Maß an **kaufmännischen Kenntnissen** ist für eine dauerhafte und erfolgreiche Unternehmertätigkeit unabdingbar. Fehlen diese Kenntnisse, müssen sie erworben werden (z. B. in Existenzgründungsseminaren). Externe Beratung und Hilfe vor allem in steuerlichen und anderen rechtlichen Fragen sollten hinzugezogen werden.

Wer sich selbstständig macht, sollte **körperlich und psychisch fit** sein. Lange Arbeitszeiten und die häufig unsichere Situation belasten den Gründer. Eine längere Krankheit kann dazu führen, dass man kein Geld mehr verdient und das Unternehmen gefährdet ist.

Existenzgründungsportal des Bundesministeriums für Wirtschaft und Technologie, www.existenzgruender.de

Ein Selbstständiger muss auf viele gesetzliche oder tarifliche Errungenschaften, die für einen Arbeitnehmer selbstverständlich sind, verzichten. Ihm steht kein festes Gehalt, kein fester Urlaubsanspruch und keine Lohnfortzahlung im Krankheitsfall zu. Unregelmäßiges Einkommen ist die Regel. In der Anlaufphase des Unternehmens ist sogar mit gar keinem Einkommen zu rechnen. Vor allem muss sich der Gründer um seine soziale Absicherung bei Krankheit, schlechter Auftragslage, Berufs- oder Erwerbsunfähigkeit selbst kümmern.

Durch die Unternehmensgründung sind auch das **persönliche Umfeld** und die Familie betroffen. Ein einplanbares Einkommen fällt weg und auch zeitlich kommen persönliche Beziehungen häufig zu kurz.

Um Kunden, Mitarbeiter und mögliche Geldgeber von seinen Ideen überzeugen zu können, bedarf es außerdem einer guten **Kommunikationsfähigkeit**. Darüber hinaus verfügen erfolgreiche Unternehmer beispielsweise über Eigenschaften wie Selbstdisziplin, Zielstrebigkeit, Kreativität und Risikobereitschaft sowie Freude an der Arbeit.

Industrie- und Handelskammern, Handwerkskammern, zuständige Ministerien etc. stellen kostenlos Materialien zur Verfügung, anhand derer man überprüfen kann, ob man persönlich zum Unternehmer geeignet ist.

Sind Sie ein „Unternehmertyp"?

Die Checkliste hilft Ihnen dabei festzustellen, ob Sie ein „Unternehmertyp" sind oder nicht. Je öfter Sie mit „Ja" antworten, desto eher erfüllen Sie die Voraussetzungen für eine erfolgreiche Existenzgründung. Weitere Gründertests finden Sie unter www.existenz-gruender.de.

	Eher ja	Eher nein		Eher ja	Eher nein
Antriebsstärke			**Kreativität**		
– Sind Sie begeisterungsfähig?	○	○	– Fällt es Ihnen leicht, neue Ideen zu entwickeln?	○	○
– Sind Sie entscheidungsfreudig?	○	○	– Denken Sie: Es gibt für jedes Problem eine		
– Nehmen Sie Herausforderungen gern an?	○	○	Lösung?	○	○
– Sind Sie hartnäckig, wenn es um Ihre Sache geht?	○	○	– Finden Sie Routine auf Dauer langweilig?	○	○
Unabhängigkeit			**Kontakt**		
– Sind Sie jemand, der gern die Initiative ergreift?	○	○	– Fällt es Ihnen leicht, mit fremden Menschen ins Gespräch zu kommen?	○	○
– Geht es Ihnen eher gegen den Strich, wenn Ihnen jemand sagt, was Sie zu tun haben?	○	○	– Können Sie sich gut gegen andere durchsetzen?	○	○
– Genießen Sie es, selber entscheiden zu dürfen?	○	○	– Übernehmen Sie gern Verantwortung?	○	○
– Haben Sie eigene Ziele, die Sie erreichen wollen?	○	○	– Können Sie sich gut auf andere Menschen einstellen?	○	○
			– Können Sie andere begeistern?	○	○
Risikobereitschaft					
– Sind Sie ein optimistischer Mensch?	○	○	**Leistung**		
– Sind Sie bereit, Risiken einzugehen, wenn Sie etwas erreichen wollen?	○	○	– Sind Sie ehrgeizig?	○	○
– Kommen Sie gut über Frustrationen hinweg?	○	○	– Sind Sie ein/-e disziplinierte/-r Arbeiter/-in?	○	○
– Hätten Sie als Unternehmer/-in Angst davor zu scheitern?	○	○	– Kommen Sie mit Stresssituationen gut zurecht?	○	○
– Sind Sie bereit, als Selbstständige/-r auf ein sicheres und regelmäßiges Einkommen zu verzichten?	○	○	– Wären Sie bereit, als Selbstständige/-r 60 Stunden und mehr in der Woche zu arbeiten?	○	○

Auswertung: Für ein „eher ja" gibt es 1 Punkt, für ein „eher nein" 0 Punkte. Addieren Sie Ihre Punktzahl:

0 bis 10 Punkte: Sie sind wahrscheinlich nicht die geborene Unternehmerin oder der geborene Unternehmer. Wahrscheinlich sind Sie als Angestellte/-r zufriedener.

11 bis 20 Punkte: Das Ergebnis fällt nicht eindeutig aus. Die geborene Unternehmerin oder der geborene Unternehmer sind Sie wahrscheinlich nicht. Aber Sie zeigen schon eine ganze Reihe von Eigenschaften, die man als Unternehmer/-in gut gebrauchen kann.

21 bis 25 Punkte: Wir gratulieren: Sie scheinen viel von einer Unternehmerperson zu haben. Wenn Sie mit dem Gedanken spielen, sich tatsächlich selbständig zu machen, sollten Sie sich gut über den Weg dorthin informieren.

Quelle: Starthilfe, Existenzgründerbroschüre des Bundesministeriums für Wirtschaft und Energie, Berlin 2016, S. 12; in Zusammenarbeit mit Prof. Dr. Günter F. Müller, Universität Koblenz-Landau

1.3 Wirtschaftliche Voraussetzungen

1.3.1 Marketingplan

Beispiel Holger Larsen macht sich Gedanken darüber, ob es ihm gelingen kann, genügend Kunden für sein Unternehmen zu gewinnen, um davon auf Dauer leben zu können. Konkurrenz gibt es an seinem Wohnort noch keine. Aber wie kann er seine Kunden auf seinen Fahrradladen aufmerksam machen? Und woran soll er seine Preisgestaltung orientieren?

Wer ein Unternehmen gründet, sollte über genaue **Kenntnisse des relevanten Marktes** verfügen. Bedürfnisse und Erwartungen der Kunden müssen möglichst genau in Erfahrung gebracht werden. Falls das Unternehmen keine Marktnische gefunden hat, ist auch die Konkurrenz zu analysieren. Welche Produkte werden dort zu welchen Preisen angeboten? Natürlich muss man sich auch überlegen, wie man die Kunden auf die Produkte oder Dienstleistung aufmerksam machen kann. All diese Überlegungen werden in einem **Marketingkonzept** zusammengefasst.

Markterkundung, -forschung, vgl. **TAF 12.1, 2**

Marketinginstrumente, vgl. **TAF 12.1, 1.2**

1.3.2 Standortwahl

Beispiel Holger Larsen möchte sich in jedem Fall in seiner Heimatstadt selbstständig machen. Er begibt sich auf die Suche nach geeigneten Räumlichkeiten. Es muss Platz für eine kleine Werkstatt und einen Verkaufsraum vorhanden sein. Zu viele Kosten dürfen am Anfang nicht entstehen, es sollte aber die Möglichkeit einer späteren Geschäftsvergrößerung gegeben sein.

Der wirtschaftliche Erfolg eines Betriebes ist nicht nur von der unternehmerischen Leistungsfähigkeit abhängig. Man muss auch einen Standort finden, der das Geschäftskonzept und die Zielsetzungen des Unternehmens am besten unterstützt. Sowohl das Umfeld als auch die Größe und die besonderen Eigenschaften der Räumlichkeiten haben einen wichtigen Einfluss auf den Erfolg.

Der Standort entscheidet beispielsweise über

- die Nähe zu Kunden und zu Lieferanten,
- die Nähe zur Konkurrenz,
- die Höhe der Miete, Pacht oder Kaufsumme für ein Gebäude,
- die Höhe der zu entrichtenden Steuern,
- das Angebot an qualifizierten Fachkräften,
- die Höhe der Lohn- und Lohnnebenkosten,
- die Inanspruchnahme kommunaler Fördermittel,
- Verkehrswege und -anbindung.
- Umweltauflagen, die bei Produktion oder Transport zu berücksichtigen sind,
- die Möglichkeit einer späteren Unternehmenserweiterung.

Standortfaktoren

ZAHLENBILDER 201 106   © Bergmoser + Höller Verlag AG

Welcher Standort für ein Unternehmen der richtige ist, hängt stark von der Branche, von seiner Zielsetzung und von seinen betrieblichen Besonderheiten ab.

Beschaffungsorientierung

Insbesondere produzierende Unternehmen profitieren von einer günstigen Lage zu ihren Lieferanten. So wirken sich z. B. niedrige Transportkosten vorteilhaft auf die Verkaufspreise und die Konkurrenzfähigkeit eines Unternehmens aus.

Absatzorientierung

Die Orientierung an den Absatzmärkten ist für viele Dienstleister und Handelsbetriebe entscheidend. Die Nähe zu den Kunden sorgt dafür, dass der Betrieb überhaupt wahrgenommen wird. Kurze Wege sparen Zeit und Geld. Es muss sichergestellt sein, dass genügend potenzielle Kunden mit der entsprechenden Kaufkraft am Standort leben oder arbeiten.

Arbeits- und Lohnorientierung

Betriebe, die viele Arbeitskräfte benötigen, legen ihren Standort dorthin, wo entsprechend qualifizierte Arbeitskräfte in ausreichender Zahl vorhanden sind. Auch die unterschiedliche Höhe der Lohn- und Lohnnebenkosten ist ein wichtiger Standortfaktor. Häufig werden deshalb ländliche Gebiete oder Billiglohnländer als Standort gewählt.

Je höher die Qualifikation der Arbeitskräfte sein muss, desto wichtiger wird die Nähe zu Universitäten und Forschungszentren. Auch der Freizeitwert eines Standorts spielt für die Bereitschaft eines Mitarbeiters, dort arbeiten zu wollen, eine nicht unerhebliche Rolle.

Verkehrsorientierung

Eine günstige Verkehrsanbindung ist für alle Betriebe wichtig, die Waren schnell und günstig beschaffen und/oder schnell und günstig absetzen müssen. Auch Kunden und Mitarbeiter wünschen sich möglichst kurze und bequeme Anfahrtswege. Es muss geprüft werden, ob der Standort z. B. über einen Autobahnanschluss und ein Schienennetz in der Nähe verfügt.

Beispiel Für die Fly Bike Werke GmbH hat sich der Standort Oldenburg von Anfang an positiv auf die Unternehmensentwicklung ausgewirkt. Die Nähe der Häfen von Bremen und Wilhelmshaven, die Anbindung an die Autobahnen A28 und A29 sowie der eigene Gleisanschluss auf dem Werksgelände bieten der Fly Bike Werke GmbH eine optimale Infrastruktur. Die Stadt selbst mit über 150 000 Einwohnern ist auch für neue Mitarbeiter stets überaus attraktiv.

Standortfaktoren

ZAHLENBILDER 201 106 © Bergmoser + Höller Verlag AG

Übersicht: *Standortwahl*

Standortfaktoren	
Beschaffungsorientierung	geringe räumliche Entfernung zu den Lieferanten
Absatzorientierung	geringe räumliche Entfernung zu den Kunden
Arbeits- und Lohnorientierung	genügend qualifiziertes Personal und/oder günstige Löhne
Verkehrsorientierung	günstige Anbindung an das Verkehrsnetz (Wasserwege, Straße, Schiene usw.)

1.3.3 Personalbedarf

Beispiel Holger Larsen überlegt, ob er die anfallenden Verwaltungs- und Reparaturarbeiten alleine erledigen kann oder ob es besser ist, einen zusätzlichen Mitarbeiter einzustellen. Er macht sich auch Gedanken darüber, was ist, wenn er einmal krank wird. Einen geschlossenen Laden kann er sich am Anfang sicher nicht erlauben.

Bei der Verwirklichung einer Geschäftsidee sind Unternehmensgründer häufig auf die Unterstützung durch geeignetes Personal angewiesen. Auf der einen Seite muss ausreichend Personal vorhanden sein, um die anfallenden Aufgaben zu erledigen, auf der anderen Seite dürfen aber gerade in der Anfangsphase keine unnötigen Kosten durch eine Überbesetzung entstehen. Zur Festlegung der Anzahl der Mitarbeiter (**quantitativer Personalbedarf**) hilft das Erstellen eines **Stellenplans**.

Ein Unternehmensgründer muss auch das gewünschte Qualifikationsprofil seiner zukünftigen Mitarbeiter (**qualitativer Personalbedarf**) festlegen, das sich daraus ergebende Gehaltsniveau und wie und wo er dieses Personal finden kann.

Personalbeschaffung, vgl. **TAF 12.5, 5.3**

Nicht vergessen darf die Existenzgründerin oder der Existenzgründer, dass Mitarbeiter beim Finanzamt und bei der Sozialversicherung angemeldet werden müssen.

Sozialversicherung, vgl. **TAF 12.3, 2**

1.3.4 Finanzierungsplan

Beispiel Holger Larsen denkt über den Kapitalbedarf seiner Existenzgründung nach. Die Einrichtung des Ladengeschäftes mit Regalen, einer Theke und einem Kassensystem, die Ausstattung der Werkstatt mit Werkzeugen, die Anschaffung eines ersten Warenbestandes und erhebliche Werbeausgaben zur Bekanntmachung seines Geschäftes werden sicher mehrere zehntausend Euro verschlingen. Außerdem muss er damit rechnen, dass sein Geschäft in der Anfangsphase noch keinen Gewinn erwirtschaftet: er kann also zunächst noch kein festes Einkommen einplanen.

Zwar hat er einige Ersparnisse und seine Eltern haben ihm ein zinsloses Familiendarlehen in Aussicht gestellt. Dennoch wird er sicher auf einen Bankkredit zurückgreifen müssen. Im Existenzgründerseminar der IHK erfährt er, dass der Staat Existenzgründern u. a. mit besonders günstigen Darlehen der KfW-Bankengruppe hilft.

KfW
früher „Kreditanstalt für Wiederaufbau"; vgl. www.kfw.de/inlandsfoerderung/Unternehmen/Gründen-Erweitern/

Kapitalbedarf, vgl. **3**

In der ersten Phase einer Unternehmensgründung entsteht der höchste **Kapitalbedarf**. So muss z. B. die Büroeinrichtung gekauft werden, Waren müssen bestellt und bezahlt werden, Miete und Versicherungen müssen überwiesen werden. Und dies alles, bevor nur ein Kunde die Produkte oder Dienstleistungen kauft. War der Schritt in die Selbstständigkeit erfolgreich, fließt später genügend Geld durch den Verkauf der Produkte und/oder Dienstleistungen in das Unternehmen zurück.

Um den entstehenden Kapitalbedarf decken zu können, muss der Gründer in der Regel **Kredite** bei einem Kreditinstitut beantragen. Es empfiehlt sich, die anstehenden Finanzierungsgespräche gut vorzubereiten und z. B. das Kreditinstitut durch einen durchdachten **Businessplan** von den Erfolgsaussichten des Unternehmens zu überzeugen. Außerdem muss er sich darum kümmern, welche **staatlichen Existenzgründungskredite und Förderprogramme** es gibt und ob sie für ihn infrage kommen. Die entsprechenden Anträge müssen anschließend gestellt werden.

Businessplan vgl. **1.1**

Finanzierungsarten, vgl. **4**

Vor allem aber muss der Gründer über ausreichendes **Eigenkapital** verfügen. Nicht zuletzt davon hängt seine Kreditwürdigkeit ab. Ein zu geringes Eigenkapital ist einer der häufigsten Gründe für das Scheitern einer Unternehmensgründung.

1.4 Rechtliche Voraussetzungen

1.4.1 Grundsatz der Gewerbefreiheit

§ 1 Gewerbeordnung

In Deutschland besteht **Gewerbefreiheit**. Danach hat jeder grundsätzlich das Recht, sich selbstständig zu machen und ein Gewerbe zu betreiben. Zum Schutz der Öffentlichkeit sind für die Erlaubnis und Zulassung einiger Gewerbe **besondere Nachweise** wie polizeiliches Führungszeugnis, besondere Fachkundenachweise oder Genehmigungen notwendig. Außerdem dürfen manche Betriebe nur von einem Handwerksmeister geführt werden (z. B. im Elektro-, KFZ- und Gas-/Wasserhandwerk).

Dieser „Meisterzwang" wird in der Handwerksordnung geregelt (§ 1 i. V. m. § 7).

Ausländische Staatsangehörige aus Nicht-EU-Mitgliedsstaaten dürfen eine selbstständige Gewerbetätigkeit nur dann ausüben, wenn dies nach ihrem Aufenthaltsstatus zulässig ist.

1.4.2 Anmeldepflichten

Bevor ein Existenzgründer sein Unternehmen starten kann, muss er seinen Betrieb unter anderem bei folgenden Behörden und Organisationen anmelden:

- Jeder Gewerbebetrieb muss beim zuständigen **Gewerbeamt** angemeldet werden.
- Mit der Anmeldung beim **Finanzamt** erhält der Unternehmer eine Steuernummer zugeteilt, unter der er in Zukunft seinen Steuerpflichten nachkommen muss.
- Selbstständige Handwerker müssen ihre Tätigkeit bei der **Handwerkskammer** anzeigen und sich in der Regel in die „Handwerksrolle" eintragen lassen.
- Alle anderen Unternehmer werden kraft Gesetzes Mitglied der örtlich zuständigen **Industrie- und Handelskammer (IHK).** Die Gewerbeämter informieren die Kammern über die Gewerbeanmeldung.

1.4.3 Kaufmannsstatus und Kaufmannseigenschaften

> **Beispiel** Holger Larsen ist sich nicht sicher, ob er mit seinem neuen Unternehmen ein Kaufmann mit all seinen Rechten, aber auch Pflichten sein wird. Bei einem Existenzgründungsseminar hat er erfahren, dass Kaufleute viel strengeren Rechtsvorschriften unterliegen. Auf einen Kaufmann werde das Handelsgesetzbuch (HGB) angewendet und das sei viel strenger als das Bürgerliche Gesetzbuch (BGB).

Unter der Bezeichnung „Kaufmann" versteht man im täglichen Sprachgebrauch Menschen, die eine kaufmännische Ausbildung absolviert haben oder im Handel tätig sind. Im juristischen Sinne ist dieser Begriff jedoch anders definiert. Wer Kaufmann ist, legt das **Handelsgesetzbuch (HGB)** in seinem ersten Paragrafen fest.

Kaufmannsstatus

> **§1 HGB**
> (1) Kaufmann im Sinne dieses Gesetzbuchs ist, wer ein Handelsgewerbe betreibt.
> (2) Handelsgewerbe ist jeder Gewerbebetrieb, es sei denn, dass das Unternehmen nach Art oder Umfang einen in kaufmännischer Weise eingerichteten Geschäftsbetrieb nicht erfordert.

Art, Größe und Rechtsform des neu zu gründenden Unternehmens entscheiden also, ob der Betreiber als „Kaufmann" im rechtlichen Sinn zu behandeln ist. Auf Kaufleute sind die Vorschriften des HGB voll anwendbar. Die Anwendung des HGB hat u. a. Auswirkungen auf die **Namensgebung** (Firma) des Unternehmens, die **Buchführungspflicht** und die **Abwicklung von Kaufverträgen.** Kaufleute sind grundsätzlich verpflichtet, sich ins **Handelsregister** eintragen zu lassen. Außerdem gelten für sie bestimmte anerkannte **Handelsbräuche**, z. B. müssen sie dafür sorgen, dass ihnen schriftliche Mitteilungen auch bei Abwesenheit vom Geschäft (durch Urlaub, Krankheit usw.) zugestellt werden.

Firma,
vgl. 1.4.4

Handelsregister,
vgl. 1.4.5

Kaufmannseigenschaften

Der Begriff des **Handelsgewerbes** ist unabhängig von der Branche des Unternehmens. Auch ein Handwerker oder der Inhaber eines Hotels kann also Kaufmann sein.

Das HGB geht vom Begriff des **Handelsgewerbes** aus. Als Gewerbe bezeichnet man jede erlaubte und fortgesetzte selbstständige Tätigkeit, die auf die Erzielung von Gewinn ausgerichtet ist.

Führt der Gewerbetreibende einen „in kaufmännischer Weise eingerichteten Geschäftsbetrieb", ist er **Istkaufmann** im Sinne des § 1 HGB. Ob ein solcher Geschäftsbetrieb vorliegt, muss im Einzelfall entschieden werden. Beurteilungskriterien sind u. a. die Höhe von Umsatz, Forderungen und Vermögen, die Mitarbeiterzahl sowie die Anzahl/Größe der Geschäftsräume. Für ein kleines Unternehmen mit geringer Umsatzhöhe und nur einem Mitarbeiter ist z. B. kein kaufmännischer Geschäftsbetrieb erforderlich. Ein solches Unternehmen fällt unter den Begriff **Kleingewerbe**.

Aber auch der Betreiber eines Kleingewerbes kann den Status eines Kaufmannes erwerben, indem er sich freiwillig ins Handelsregister eintragen lässt. Er ist nach § 2 HGB ein sogenannter **Kannkaufmann**.

Rechtsformen, vgl. **2**

Für Handels- und Kapitalgesellschaften (z. B. OHG, GmbH) gelten ebenfalls die Bestimmungen des HGB. Sie sind gemäß § 6 HGB sogenannte **Formkaufleute**.

Übersicht: *Kaufmannsstatus und Kaufmannseigenschaften*

Kaufmannsbegriff nach HGB

Istkaufmann	Kannkaufmann	Formkaufmann
Kaufmann kraft kaufmännisch eingerichteten Geschäftsbetriebes § 1 HGB	Kaufmann kraft Eintragung ins Handelsregister Eintragung ist freiwillig §§ 2, 3 HGB	Kaufmann kraft Rechtsform, bei Handelsgesellschaften, z. B. OHG, GmbH § 6 HGB

1.4.4 Firma

> **§ 17 HGB**
> (1) Die Firma eines Kaufmannes ist der Name, unter dem er seine Geschäfte betreibt und die Unterschrift abgibt.
> (2) Ein Kaufmann kann unter seiner Firma klagen und verklagt werden.

Kaufleute müssen eine Firma führen. Die Firmenführung ist jedoch auf den Geschäftsbetrieb beschränkt, sie wird nicht in den Pass oder Personalausweis eingetragen. Dagegen kann der Kaufmann, der für sein Unternehmen einen Dienstwagen unterhält, einen Kraftfahrzeugschein auf seine Firma ausstellen lassen. Es werden folgende **Firmenarten** unterschieden:

- Personenfirma, bestehend aus einem oder mehreren Personennamen
- Sachfirma, abgeleitet vom Unternehmensgegenstand
- Fantasiefirma, häufig eine von Markennamen abgeleitete werbewirksame Bezeichnung
- gemischte Firma, die sowohl Personennamen als auch den Unternehmensgegenstand enthält

Die Wahl der Firma hängt von der Rechtsform des Unternehmens ab. Bei Einzelkaufleuten muss z. B. die Bezeichnung „eingetragener Kaufmann" bzw. „eingetragene Kauffrau" (e. K. oder e. Kfm. bzw. e. Kfr.) in der Firma enthalten sein. Dieser **Rechtsformzusatz** ist auch auf Geschäftsbriefen, Visitenkarten, Katalogen usw. zu vermerken.

Die Firma ist an bestimmte rechtliche Grundsätze gebunden. Dazu gehören:

Firmenklarheit (§ 18 Abs. 1 HGB): Die Firma muss den Kaufmann eindeutig **kennzeichnen**, d. h. eine „Namensfunktion" haben (z. B. hat "@@@@" diese Funktion nicht), und **Unterscheidungskraft** besitzen, d. h., sie muss sich von anderen Firmen deutlich abgrenzen („Bauunternehmung" reicht z. B. nicht).

Firmenwahrheit (§ 18 Abs. 2 HGB): Die Firma darf nicht irreführend sein. Sie muss den tatsächlichen Rechtsverhältnissen entsprechen. Dieser Grundsatz schützt die Geschäftspartner, denn die Rechtsform gibt Auskunft über die Größe und die Finanzkraft des Unternehmens.

Firmenausschließlichkeit (§ 30 Abs. 1 HGB): Die Firma darf nicht die gleiche Bezeichnung tragen wie eine andere Firma am gleichen Ort. Bei der Eintragung ins Handelsregister wird dies geprüft. Auch dieser Grundsatz bedeutet eine Sicherheit für die Geschäftspartner, da er hilft, Verwechslungen zwischen den Firmen zu vermeiden.

Firmenbeständigkeit (§ 21, 22, 23 HGB): Beim Wechsel des Inhabers darf die Firma weitergeführt werden. Hierbei muss jedoch im Zweifel die Firmenwahrheit beachtet werden, da sich durch einen Inhaberwechsel auch die Rechtsform ändern kann. Wenn z. B. ein Vater seine Tochter als Teilhaberin in die Firma aufnehmen möchte und sich dadurch die Rechtsform von einem Einzelunternehmen in eine Offene Handelsgesellschaft ändert, muss der Zusatz OHG aufgenommen werden. Aus der Firma Elektro Erich Karl e. K. könnte dann z. B. Elektro Karl OHG werden.

Firmenöffentlichkeit (§ 29, 125 a HGB): Die Eintragung ins Handelsregister muss erfolgen, damit die Öffentlichkeit über die Gründung der Firma informiert wird. Die Firma muss auf den Geschäftsbriefen stehen.

1.4.5 Handelsregister

> **§ 29 HGB**
> Jeder Kaufmann ist verpflichtet, seine Firma und den Ort seiner Handelsniederlassung bei dem Gericht, in dessen Bezirk sich die Niederlassung befindet, zur Eintragung in das Handelsregister anzumelden; er hat seine Namensunterschrift unter Angabe der Firma zur Aufbewahrung bei dem Gericht zu zeichnen.

Kaufleute unterliegen in ihren Geschäften z. T. anderen (strengeren) Vorschriften als Nichtkaufleute. Deshalb muss allen, die mit ihnen Geschäfte abschließen, bekannt sein, dass sie es mit Kaufleuten zu tun haben. Alle Tatsachen, die für die Geschäftspartner eines Kaufmannes rechtlich bedeutsam sein können, werden deshalb durch die **Eintragung ins Handelsregister** öffentlich registriert.

Das Handelsregister

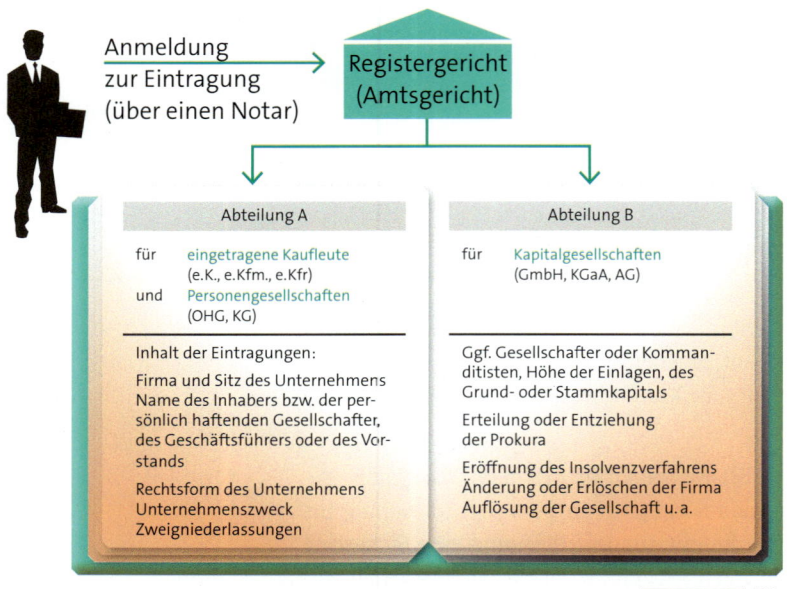

Anmeldung zur Eintragung (über einen Notar) → Registergericht (Amtsgericht)

Abteilung A

für eingetragene Kaufleute (e.K., e.Kfm., e.Kfr)
und Personengesellschaften (OHG, KG)

Inhalt der Eintragungen:

Firma und Sitz des Unternehmens
Name des Inhabers bzw. der persönlich haftenden Gesellschafter, des Geschäftsführers oder des Vorstands

Rechtsform des Unternehmens
Unternehmenszweck
Zweigniederlassungen

Abteilung B

für Kapitalgesellschaften (GmbH, KGaA, AG)

Ggf. Gesellschafter oder Kommanditisten, Höhe der Einlagen, des Grund- oder Stammkapitals

Erteilung oder Entziehung der Prokura

Eröffnung des Insolvenzverfahrens
Änderung oder Erlöschen der Firma
Auflösung der Gesellschaft u. a.

© Bergmoser + Höller Verlag AG   201 315   ZAHLENBILDER

www.handelregister.de

Das Handelsregister ist ein beim Amtsgericht geführtes Verzeichnis aller Kaufleute eines Amtsgerichtsbezirks. Es dient dem Zweck, die Öffentlichkeit zu informieren und zu schützen. Jedermann hat das Recht, in das Register einzusehen. Die Eintragungen erfolgen auf Anmeldung des Kaufmannes mit notarieller Beglaubigung oder von Amts wegen (z. B. bei Eröffnung eines Insolvenzverfahrens). Das Gericht muss die Eintragungen veröffentlichen; das Handelsregister wird seit 2007 vollständig elektronisch geführt.

Das Handelsregister genießt **öffentlichen Glauben**. Das Vertrauen auf seinen Inhalt ist geschützt. Solange eine Tatsache, die ins Register eingetragen werden müsste, noch nicht eingetragen ist, kann sie einem Dritten gegenüber nicht geltend gemacht werden.

Die Eintragung hat häufig nur eine **rechtsbezeugende** (deklaratorische) Wirkung, d. h., die ins Register aufgenommenen Tatsachen waren bereits vor dem Eintrag rechtsgültig und werden nun öffentlich bekanntgemacht. Dies ist z. B. beim Eintrag eines Istkaufmannes der Fall. Entsteht die Kaufmannseigenschaft jedoch – wie beim Kannkaufmann – erst durch den Registereintrag, hat dieser **rechtsbegründende** (konstitutive) Wirkung.

Übersicht: Rahmenbedingungen für eine Unternehmensgründung

Persönliche Voraussetzungen	branchenbezogene und kaufmännische Kenntnisse physische und psychische Belastbarkeit Kommunikationsfähigkeit Selbstdisziplin, Freude an der Arbeit, Risikofreudigkeit usw.
Wirtschaftliche Voraussetzungen	Aufstellung eines Marketingplans Wahl eines geeigneten Standorts Personalbedarfsplanung Aufstellung eines Finanzierungsplans
Rechtliche Voraussetzungen	
Anmeldepflichten	Anmeldung des Gewerbes beim Gewerbeamt, Finanzamt usw.
Kaufmann	Rechtsstatus eines Unternehmens, wonach es den Rechten und Pflichten des Handelsrechts (HGB) unterliegt. In der Regel ist es dann zu einem kaufmännisch eingerichteten Geschäftsbetrieb verpflichtet.
Firma	Name eines Kaufmanns, unter dem er seine Geschäfte betreibt
Handelsregister	Verzeichnis aller Kaufleute eines Amtsgerichtsbezirks

2 Rechtsformen von Unternehmen

AB → Lernsituation 54

2.1 Kriterien der Rechtsformwahl

Für jeden Unternehmensgründer stellt sich die Frage, welche Rechtsform den Zielsetzungen seines Unternehmens am besten entspricht. Er hat die Wahl zwischen verschiedenen gesetzlich beschriebenen Rechtsformen, neben denen in der Praxis weitere, vom Gesetzgeber zunächst gar nicht vorgesehene Mischformen entstanden sind.

Für die Wahl der Rechtsform gibt es keine Patentlösung. Jede Form hat Vor- und Nachteile und wirkt sich auf wichtige betriebswirtschaftliche Grundfragen aus:

- Möglichkeiten der **Kapitalbeschaffung**: Welche Personen oder Personengruppen sollen als **Eigenkapitalgeber** in das Unternehmen einbezogen werden?
- **Geschäftsführung**: Wer soll die Geschäftsführung des Unternehmens übernehmen (allein oder gemeinsam, selbst oder durch Dritte)?
- **Gewinn- und Verlustverteilung**: Wer soll am Erfolg des Unternehmens beteiligt werden (Gewinn und Verlustverteilung nach der Anzahl der Gesellschafter [Köpfe] oder nach Höhe der Beteiligung am Unternehmen [Einlage])?
- **Haftung**: Wer soll die Haftung übernehmen und in welcher Höhe (persönliche Haftung oder auf die Höhe der Einlage beschränkt)?
- **Besteuerung**: Welche Folgen hat die Wahl für die Besteuerung des Unternehmens (Einkommensteuer, Gewerbesteuer, Körperschaftsteuer)?

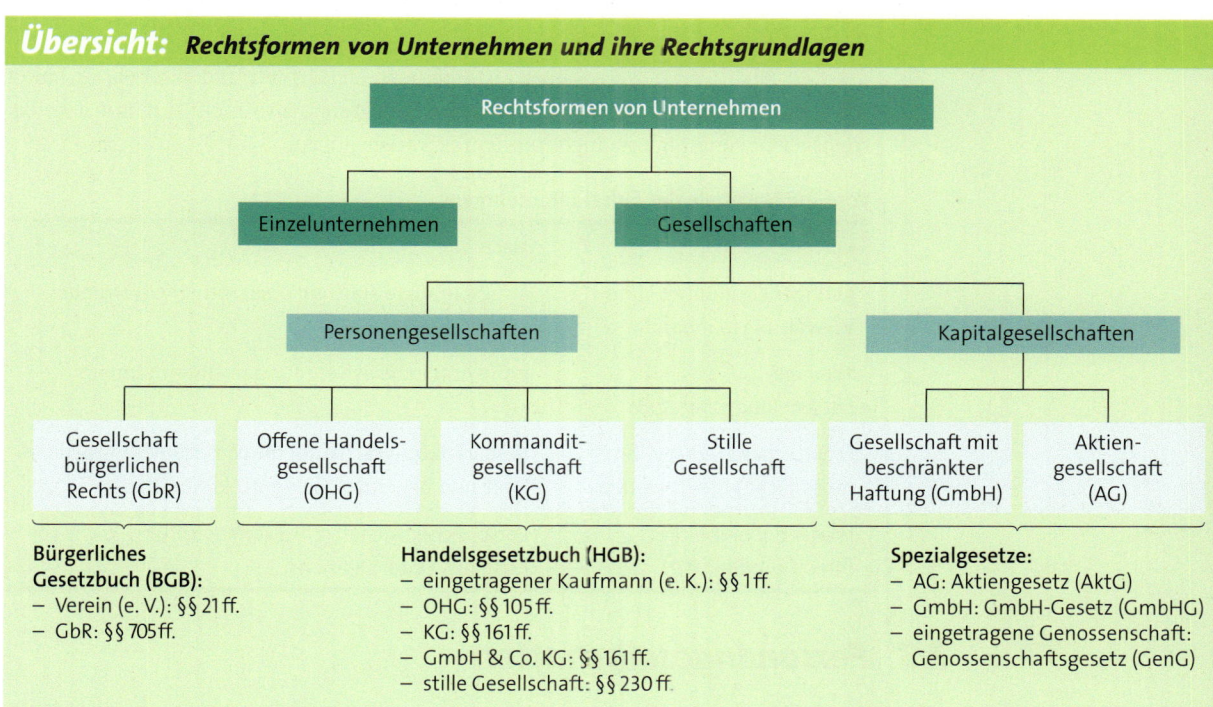

Übersicht: *Rechtsformen von Unternehmen und ihre Rechtsgrundlagen*

Rechtsformen von Unternehmen

Einzelunternehmen — Gesellschaften

Personengesellschaften — Kapitalgesellschaften

Gesellschaft bürgerlichen Rechts (GbR) — Offene Handelsgesellschaft (OHG) — Kommanditgesellschaft (KG) — Stille Gesellschaft — Gesellschaft mit beschränkter Haftung (GmbH) — Aktiengesellschaft (AG)

Bürgerliches Gesetzbuch (BGB):
– Verein (e. V.): §§ 21 ff.
– GbR: §§ 705 ff.

Handelsgesetzbuch (HGB):
– eingetragener Kaufmann (e. K.): §§ 1 ff.
– OHG: §§ 105 ff.
– KG: §§ 161 ff.
– GmbH & Co. KG: §§ 161 ff.
– stille Gesellschaft: §§ 230 ff.

Spezialgesetze:
– AG: Aktiengesetz (AktG)
– GmbH: GmbH-Gesetz (GmbHG)
– eingetragene Genossenschaft: Genossenschaftsgesetz (GenG)

2.2 Einzelunternehmen

Beispiel Kopfzerbrechen bereitet Holger Larsen die Wahl einer geeigneten Rechtsform für seine Existenzgründung. Soll er einfach loslegen, also mit dem geringstmöglichen Verwaltungsaufwand starten und ein Einzelunternehmen gründen? Einen Geschäftspartner benötigt er eigentlich nicht und auch die Gründung einer GmbH erscheint ihm zu aufwändig. In einer GmbH wäre zwar das Haftungsrisiko beschränkt, aber er hätte auch viel mehr Verwaltungsaufwand und seine Kreditwürdigkeit würde darunter leiden. Er entscheidet sich also für das Einzelunternehmen und beantragt dessen Eintragung in das Handelsregister unter der Firma „Larsen e. K. Fahrrad & More".

Kaufmannseigenschaften,
vgl. **1.4.3**

Die Gründung eines Einzelunternehmens ist insoweit einfach, als das Einzelunternehmen nicht an eine bestimmte Form gebunden ist. Ist für das Unternehmen jedoch ein kaufmännischer Geschäftsbetrieb erforderlich, muss eine Eintragung ins Handelsregister vorgenommen werden.

Einerseits muss der Einzelunternehmer das Kapital zur Finanzierung des Unternehmens allein aufbringen, womit ein hohes finanzielles Risiko verbunden sein kann. Andererseits steht ihm auch der gesamte erzielte Gewinn zu. Die Führung des Betriebes liegt ausschließlich in seiner Hand. Er trägt allein die Verantwortung gegenüber Mitarbeitern, Lieferanten und Kunden. Er haftet für alle Schulden des Betriebes, und zwar unbegrenzt, also nicht nur mit dem Betriebsvermögen, sondern auch mit dem Privatvermögen.

Vor- und Nachteile des Einzelunternehmens

Vorteile	Nachteile
geringer Gründungs- und Verwaltungsaufwand	unbeschränkte Haftung auch mit Privatvermögen
alleinige Entscheidungsbefugnis	hohe Arbeitsbelastung für den Unternehmer
Erwirtschafteter Gewinn muss nicht geteilt werden.	beschränktes Wachstum durch begrenzte Arbeitskraft und begrenzte Geldmittel (Kreditbasis)
relativ hohe Bonität (Kreditwürdigkeit)	Persönlicher Ausfall (z. B. Krankheit) führt leicht zur Krise des Unternehmens.

2.3 Personengesellschaften

Eine GmbH z. B. ist eine juristische Person. Sie kann u. a. ein Arbeitsverhältnis mit einer Angestellten eingehen. Möchte sich die Angestellte z. B. gegen ihre Kündigung wehren, klagt sie gegen die GmbH, nicht gegen die natürliche Person, die die Kündigung unterzeichnet hat.

Als Gesellschaft wird grundsätzlich eine Vereinigung von Personen oder eine abstrakte Vermögensmasse (Zweckvermögen, z. B. eine Stiftung) bezeichnet, deren Träger auf der Basis des Privatrechts ein gemeinsames Ziel verfolgen. Innerhalb der Gesellschaften unterscheidet man **Personengesellschaften**, bei denen die (natürlichen) Personen als Handelnde im Vordergrund stehen, und **Kapitalgesellschaften**, die als juristische Person agieren. Unter einer juristischen Person wird eine Vereinigung von Personen bezeichnet, die rechtsfähig, d. h. Träger von Rechten und Pflichten ist.

Grundprinzipien der Personengesellschaften	
Geschäftsführung und Vertretung	Die Gesellschafter müssen sich mit ihrer Arbeitskraft persönlich für die Gesellschaft einsetzen. Die Geschäftsführung durch außenstehende Dritte ist ausgeschlossen.
Willensbildung	Die Willensbildung innerhalb der Gesellschaft folgt dem Prinzip der Einstimmigkeit.
Haftung	Die Gesellschafter müssen auch mit ihrem Privatvermögen für Verbindlichkeiten der Gesellschaft unmittelbar, unbeschränkt und gesamtschuldnerisch einstehen. Ausnahme: Die Kommanditisten einer KG haften nur mit ihrer Geschäftseinlage.
Gesellschafterwechsel	Die Aufnahme neuer Gesellschafter bedarf der Zustimmung aller Mitgesellschafter. Kündigt ein Gesellschafter die Gesellschaft oder stirbt ein Gesellschafter, so wird die Gesellschaft grundsätzlich aufgelöst. Sie kann aber auch weitergeführt werden.
Kaufmannseigenschaft	OHG und KG betreiben ein Handelsgewerbe und haben deshalb Kaufmannseigenschaft. Auf die gewerbetreibende GbR ist das Handelsgesetzbuch dagegen nur dann anwendbar, wenn sie ins Handelsregister eingetragen ist (Kannkaufmann).

2.3.1 Gesellschaft bürgerlichen Rechts (GbR)

Die Grundform der Personengesellschaft ist die Gesellschaft bürgerlichen Rechts. Sie besteht aus mindestens zwei Gesellschaftern. In einem Gesellschaftervertrag verpflichten sie sich gegenseitig, die Erreichung eines gemeinsamen Zieles zu fördern. Ziel kann z. B. ein gemeinsamer Geschäftsbetrieb – mit Ausnahme eines Handelsgewerbes – sein, d. h., die Gesellschafter einer GbR dürfen keine Kaufleute im Sinne des HGB sein. Daher erklärt sich auch der Name der Gesellschaft: Für sie gelten nur die Vorschriften des Bürgerlichen Gesetzbuches (BGB).

Der Gesellschaftervertrag kann auch formlos geschlossen werden.

Jeder Gesellschafter muss einen Beitrag leisten, z. B. Geld- oder Sachkapital, Arbeitsleistungen, Einbringung von Kunden oder Know-how. Falls nichts Abweichendes vereinbart wird, haben die Gesellschafter gleiche Beiträge zu leisten und deshalb auch gleichen Anteil an Gewinn und Verlust. Die Beiträge und die durch die Geschäftsführung erworbenen Gegenstände werden gemeinschaftliches Vermögen (Gesellschaftsvermögen). Haben die Gesellschafter vertraglich keine speziellen Abmachungen getroffen, steht ihnen die Geschäftsführung gemeinschaftlich zu (Grundsatz der Einstimmigkeit). Grundsätzlich haften die Gesellschafter auch mit ihrem Privatvermögen.

Freiberufler, wie z. B. Ärzte oder Architekten, können sich zu einer GbR zusammenschließen.

2.3.2 Offene Handelsgesellschaft (OHG)

Beispiel Holger Larsen hat sich schon Gedanken darüber gemacht, was er tun will, wenn sein Geschäftskonzept aufgeht und die Nachfrage nach Fahrradreparaturen größer ist, als er alleine befriedigen kann. Er würde eine größere Werkstatt benötigen und müsste einen oder zwei Fahrradmechaniker einstellen. Dazu reichen seine derzeitigen finanziellen Möglichkeiten bei weitem nicht aus und auch seine Hausbank würde dieses Risiko zum derzeitigen Zeitpunkt nicht eingehen. Er würde für diesen Fall einen oder mehrere weitere Teilhaber benötigen, die von seinem Konzept überzeugt sind.

Die offene Handelsgesellschaft ist eine Personengesellschaft, deren Zweck auf den Betrieb eines Handelsgewerbes unter gemeinschaftlicher Firma gerichtet ist. Charakteristisch an dieser Rechtsform ist, dass die Gesellschafter gegenüber den Gesellschaftsgläubigern voll haften. Hieraus erklärt sich auch der Name.

Die OHG ist „offen", weil der Zugriff der Gläubiger auf das Vermögen der Gesellschafter offen ist. Insofern besteht auch eine enge Bindung der Gesellschafter, denn alle haben für das Handeln der jeweils anderen einzustehen (solidarische oder gesamtschuldnerische Haftung).

Offene Handelsgesellschaft (OHG)

Die **Gründung der OHG** vollzieht sich in zwei Stufen: in dem Abschluss eines Gesellschaftervertrages und in der Anmeldung zum Handelsregister. Der Gesellschaftervertrag ist ohne Einhaltung einer bestimmten Form möglich, d.h., man muss ihn in der Regel nicht notariell beurkunden lassen. Zuständig für die Anmeldung zum Handelsregister ist das Gericht, in dessen Bezirk die Gesellschaft ihren Sitz hat.

Alle Gesellschafter sind zur Geschäftsführung berechtigt bzw. verpflichtet. Anders als bei der GbR geht das Gesetz bei der OHG von einer **Einzelgeschäftsführungsbefugnis** aus, d.h., jeder Gesellschafter ist berechtigt, allein zu handeln. Soll das anders sein, so können die Gesellschafter in ihren Vertrag aufnehmen, dass nur zusammen gehandelt werden kann. Bei dieser sogenannten **Gesamtgeschäftsführungsbefugnis** bedarf es dann für jedes Geschäft der Zustimmung aller Gesellschafter.

Für die Verbindlichkeiten der OHG haften die Gesellschafter sowohl mit dem Gesellschaftsvermögen als auch persönlich, d.h. mit ihrem Privatvermögen. Selbst nach dem Ausscheiden eines Gesellschafters aus der OHG besteht auch später noch eine sogenannte **Nachhaftung**. Vorteil dieser vollen Haftung ist jedoch, dass dadurch meist eine größere Kreditwürdigkeit bei Kreditinstituten besteht.

Häufig ist ein erhöhter Kapitalbedarf der Grund für die Bildung einer OHG. Aber auch wenn z. B. ein Einzelunternehmer aus Altersgründen die Geschäftsführung mehreren Kindern übertragen will, wird diese Rechtsform oft gewählt.

2.3.3 Kommanditgesellschaft (KG)

Bei der Kommanditgesellschaft ist die Haftung eines oder mehrerer Gesellschafter auf den Betrag ihrer Vermögenseinlage beschränkt **(Kommanditist)**, während mindestens ein Gesellschafter unbeschränkt haftet **(Komplementär)**. Die Höhe der Haftsumme der Kommanditisten ist ins Handelsregister einzutragen. Ist die Einlage vom Kommanditisten vollständig bezahlt, dann kann er auch nicht mehr unmittelbar für die Verbindlichkeiten der Gesellschaft haftbar gemacht werden.

Prokura
im HGB geregelte
Vertretungsvollmacht

Die **Gründung der KG** vollzieht sich nach den gleichen rechtlichen Schritten wie bei der OHG. Die Kommanditisten sind von der Geschäftsführung ausgeschlossen und grundsätzlich auch nicht zu einer Vertretung der Gesellschaft nach außen ermächtigt, es sei denn, es wird ihnen ausdrücklich **Prokura** erteilt.

Vorteil der KG ist also, dass man mit einer begrenzten Vermögensmasse Teilhaber werden kann; dafür ist man aber von der Geschäftsführung ausgeschlossen.

Der Komplementär einer KG kann auch eine juristische Person, z. B. eine GmbH, sein. Die Rechtsform ist dann die **GmbH & Co. KG**. Bei dieser Rechtsform ist eine Vermischung zweier Grundtypen erfolgt. Wichtig ist, dass es sich dabei insgesamt um eine Personengesellschaft und nicht um eine Kapitalgesellschaft handelt.

Allerdings haftet in der GmbH & Co. KG keine natürliche Person unbeschränkt.

Kommanditgesellschaft (KG)

ZAHLENBILDER 201 130

© Bergmoser + Höller Verlag AG

2.3.4 Stille Gesellschaft

Beispiel Als Holger Larsen seinem Cousin Wilfried von dem Vorhaben erzählt, einen eigenen Betrieb zu gründen, zeigt dieser sich sehr interessiert und überzeugt von Holgers Geschäftsidee. Wilfried möchte Erich gern unterstützen, indem er sich ohne großes Aufsehen mit einer Kapitaleinlage von 20.000,00 € am neuen Unternehmen beteiligt.

Werden einem Einzelunternehmen von einem Außenstehenden zusätzliche finanzielle Mittel zur Verfügung gestellt, ohne dass diese Person nach außen in Erscheinung treten will (sie beansprucht also z. B. keinerlei Geschäftsführungs- und Weisungsbefugnisse), dann spricht man von einer stillen Gesellschaft.

Ein stiller Gesellschafter wird **nicht ins Handelsregister** eingetragen; die **Firma** des Unternehmens ändert sich durch seinen Beitritt nicht. Im Gesellschaftsvertrag kann geregelt werden, ob und in welcher Höhe ein stiller Gesellschafter an einem **Verlust** beteiligt sein soll (maximal bis zur Höhe der Einlage). Ihm steht jedoch in jedem Fall eine **Gewinnbeteiligung** zu. Die **Haftung** des stillen Gesellschafters ist auf die Höhe seiner Einlage beschränkt (keine persönliche Haftung).

Sind z. B. über Banken bzw. Kreditinstitute keine finanziellen Mittel für ein Einzelunternehmen zu erhalten, so kann eine stille Gesellschaft durchaus vorteilhaft sein.

2.4 Kapitalgesellschaften

Kapitalgesellschaften sind **juristische Personen** und damit rechtsfähig. Im Gegensatz zu den Personengesellschaften, wo Eigenkapitalgeber (Gesellschafter) und Geschäftsführer normalerweise identisch sind, liegen Eigentum und Unternehmensführung bei Kapitalgesellschaften grundsätzlich nicht beieinander. Häufig beschränkt sich der Einfluss der Gesellschafter auf ihr Stimmrecht in der Gesellschafter- bzw. Hauptversammlung, ihr Risiko auf die geleistete Kapitaleinlage.

Das einzusetzende **Mindestkapital** ist gesetzlich festgelegt. Gesellschafter einer Kapitalgesellschaft können sowohl natürliche als auch juristische Personen sein.

Die **Geschäftsführung** sowie die Vertretung der Gesellschaft nach außen ist Aufgabe des **Vorstands** (AG) bzw. der **Geschäftsführer** (GmbH). Diese Leitungsorgane erstellen außerdem den Jahresabschluss (einschließlich Anhang und Lagebericht) und sind gegenüber den anderen Gesellschaftsorganen berichtspflichtig,

Die **Kontrolle der Geschäftsführung** sowie deren Bestellung und Abberufung ist einem **Aufsichtsrat** übertragen. Er nimmt seine Aufgaben v.a. im Interesse der Anteilseigner wahr und bestimmt gemeinsam mit der Unternehmensleitung die Grundsätze der Geschäftspolitik.

Die **Gewinnbeteiligung** ist anhängig von der Höhe der Kapitaleinlage jedes einzelnen Gesellschafters. Verluste gehen zu Lasten der Kapitalkonten der Gesellschaft. Sie werden als Verlustvortrag in der Bilanz ausgewiesen. Eine persönliche Verlustbeteiligung ist wegen der Haftungsbeschränkung auf die Einlage ausgeschlossen.

2.4.1 Gesellschaft mit beschränkter Haftung (GmbH)

> **Beispiel** Sowohl die Existenzgründung als Einzelunternehmen als auch die Gründung einer Personengesellschaft hätten für Holger Larsen einen großen Nachteil: Im Falle einer Insolvenz müsste er für alle Schulden unbegrenzt haften, und zwar nicht nur mit seinem jetzigen, sondern auch noch mit seinem zukünftigen Privatvermögen. Der Gründungsberater der IHK rät ihm also, über die Errichtung einer Gesellschaft mit beschränkter Haftung bzw. einer Mini-GmbH nachzudenken. Bei einer Insolvenz wäre zwar seine Geschäftseinlage verloren, sein Privatvermögen bliebe aber unangetastet. Außerdem könnte er jederzeit einen zusätzlichen Gesellschafter aufnehmen, ohne die Geschäftsführung mit diesem teilen zu müssen. Allerdings ist die Gründung einer GmbH mit deutlich mehr Aufwand verbunden und die Bonität gegenüber den Banken wird auch schlechter. Ohne zusätzliche Sicherheiten, z.B. ein Pfandrecht an einem Grundstück, werden ihm die Banken vermutlich keinen Kredit geben.

Das Wort Gesellschaft darf man hier nicht allzu wörtlich nehmen. Holger könnte alleiniger Eigentümer (Gesellschafter) und gleichzeitig Geschäftsführer seiner GmbH sein.

Nachschusspflicht
Verpflichtung der Gesellschafter, unter bestimmten Voraussetzungen weitere Geldleistungen an die Gesellschaft zu erbringen

Die GmbH ist eine Kapitalgesellschaft, deren Gesellschafter sich an dem Stammkapital beteiligt haben, ohne persönlich für die Verbindlichkeiten der Gesellschaft zu haften. Die Gläubiger können sich mit ihren Forderungen nur an das **Gesellschaftsvermögen**, nicht aber an die Gesellschafter halten. Im Gesellschaftsvertrag kann jedoch eine beschränkte oder unbeschränkte **Nachschusspflicht** vereinbart werden.

Da die Zahl der Gesellschafter nicht vorgeschrieben ist, kann die GmbH auch von nur einer Person errichtet werden (**Einmann-GmbH**).

Die Gründung einer GmbH ist aufwendiger als die Gründung einer Personengesellschaft, weil der **Gesellschaftsvertrag** der notariellen Form bedarf.

Gesellschaft mit beschränkter Haftung (GmbH)

ZAHLENBILDER 201 135 © Bergmoser + Höller Verlag AG

Bei der Gründung wird ein **Stammkapital** in Höhe von mindestens 25.000,00 € vorausgesetzt. Auf dieses Kapital muss jeder Gesellschafter eine **Stammeinlage** von mindestens 100,00 € leisten. Die Einlagen können in Form von Geld- oder Sachleistungen erbracht werden. Um die GmbH beim Handelsregister anmelden zu können, muss auf jede Stammeinlage mindestens ein Viertel gezahlt und dabei insgesamt mindestens die Hälfte des Stammkapitals angesammelt worden sein (also mindestens 12.500,00 €). Sachleistungen müssen voll erbracht werden.

Um handeln zu können, bedarf es bei der GmbH verschiedener **Organe**.

- **Geschäftsführer** können einzelne oder mehrere Gesellschafter sein; es können jedoch auch Nichtgesellschafter berufen werden. Sie führen das Unternehmen in eigener Verantwortung und vertreten die Gesellschaft nach außen. Für ihre Tätigkeit erhalten Geschäftsführer ein vereinbartes Gehalt.
- Die **Gesellschafterversammlung** wird von der Geschäftsführung einberufen und entscheidet u. a. über die Verwendung des Gewinnes sowie die Bestellung und Abberufung von Geschäftsführern und Prokuristen.
- Hat die GmbH mehr als 500 Beschäftigte, ist ein **Aufsichtsrat** gesetzlich vorgeschrieben. Der Aufsichtsrat setzt sich aus Vertretern der Gesellschafter und der Arbeitnehmer zusammen. Seine Aufgabe besteht v. a. in der Überwachung der Geschäftsführung und der Prüfung von Jahresabschluss und Lagebericht.

Die GmbH ist die klassische Rechtsform für kleine und mittelständische Unternehmen. Die Gründung ähnlicher Gesellschaftsformen im EU-Ausland ist aber weniger zeitaufwendig und kostenintensiv. Daher hat der deutsche Gesetzgeber 2008 die Gründung einer **Mini-GmbH** mit einem Stammkapital zwischen 1,00 € und 24.999,99 € ermöglicht. Die Firmenbezeichnung erhält den Zusatz **Unternehmergesellschaft (haftungsbeschränkt)**. Im Unterschied zur normalen GmbH können die Gesellschafter über den erwirtschafteten Gewinn nicht ganz frei verfügen. Jeweils 25 % des Jahresüberschusses (Gewinns) müssen in die gesetzliche Rücklage eingestellt werden, bis das Stammkapital durch eine Kapitalerhöhung aus Gesellschaftsmitteln 25.000,00 € beträgt.

Bei Sachleistungen muss der Gegenstand (z. B. ein Fahrzeug oder ein Kopierer) und der hierfür veranschlagte Betrag im Gesellschaftsvertrag festgehalten werden.

Aufgrund der EU-weit geltenden Niederlassungsfreiheit können deutsche Unternehmer im europäischen Ausland eine Gesellschaft gründen, den Verwaltungssitz der Gesellschaft nach Deutschland verlegen und dann in Deutschland tätig werden. Besonders beliebt ist die britische Limited (Ltd.).

UG haftungsbeschränkt

Eigenkapital einer GmbH =
Stammkapital
+ gesetzliche Rücklage
+ freiwillige Rücklage
+/− Jahresüberschuss/
Jahresfehlbetrag

UG Unternehmergesellschaft (haftungsbeschränkt)

Gründung kostensparend durch

Musterprotokoll mit Gesellschaftsvertrag, Geschäftsführerbestellung, Gesellschafterliste

Stammkapital ab 1 EUR (voll einzuzahlen, keine Sacheinlagen)

muss notariell beurkundet werden

Geschäftsführung

Gesellschafterversammlung

Weisung, Kontrolle

Geschäftsführer — ggf. in einer Person vereinigt

Droht Zahlungsunfähigkeit, muss der Geschäftsführer unverzüglich eine Gesellschafterversammlung einberufen

Gewinnverwendung

¼ des Jahresüberschusses wird einer gesetzlichen Rücklage zugeführt

Diese darf nur zur Verlustdeckung und zur Erhöhung des Stammkapitals verwendet werden

Firma Beispiel:

Karl Kabel Unternehmergesellschaft (haftungsbeschränkt)

oder: UG (haftungsbeschränkt)

vorgeschriebene Bezeichnung

Eintragung ins Handelsregister

Haftung

wie bei der GmbH beschränkt auf das Gesellschaftsvermögen

Umfirmierung

25000 EUR

GmbH

UG

Ist ein Stammkapital von 25000 EUR erreicht, kann sich die UG zur GmbH umfirmieren

ZAHLENBILDER 201137

© Bergmoser + Höller Verlag AG

Das Mindestkapital einer normalen GmbH soll so nach und nach angespart werden. Erst dann ist die Umwandlung in eine richtige GmbH möglich, aber keine Pflicht.

Auch bei der Gründung einer „normalen GmbH" mit maximal 3 Gesellschaftern ist eine Vereinfachung möglich geworden. Wenn ein im GmbH-Gesetz angefügter **Mustergesellschaftsvertrag** verwendet wird, entfällt die notarielle Beurkundung. Die Gründung kann dadurch innerhalb einer sehr kurzen Frist erfolgen.

Problem der GmbH: geringe Bonität am Fremdkapitalmarkt

Eigenkapital der GmbH und der UG = Stammkapital + etwaige Rücklagen)

Dass bei einer GmbH und einer UG die Haftung auf deren Eigenkapital beschränkt ist, wissen kreditgebende Banken natürlich auch. Die in den letzten Jahren deutlich verschärften Anforderungen der Banken bei der Vergabe von Krediten (v. a. Basel-III-Regelwerk) haben die Kreditwürdigkeit (Bonität) einer GmbH daher erheblich verschlechtert. Eine GmbH wird meist nur dann einen Bankkredit erhalten können, wenn sie durch das Verpfänden einer Immobilie oder anderer wertbeständiger Vermögensgegenstände oder durch die Bürgschaft einer Person mit hoher Bonität eine zusätzliche Sicherheit beibringen kann.

Auch die Hersteller oder Großhändler von Rohstoffen und Waren, z.B. die Fly Bike Werke GmbH als Hersteller der von Holger Larsen zu verkaufenden Fahrräder, werden einen Existenzgründer in der Rechtsform der GmbH nicht ohne Weiteres „auf Rechnung" beliefern. Müsste Holger sein Geschäft schon nach kurzer Zeit wieder schließen, könnten sich ihre noch offenen Forderungen als uneinbringlich herausstellen.

*Bei der Suche nach **privaten Beteiligungsgesellschaften (PE = Private Equity)** hilft Existenzgründern der Bundesverband Deutscher Kapitalbeteiligungsgesellschaften (www.bvkap.de). Er berät Jungunternehmer und vermittelt passende Finanzierungspartner.*

Daher kommt gerade bei der Existenzgründung in Form einer GmbH den Gebern von **Risiko- oder Wagniskapital (VC = Venture Capital)** eine besonders große Bedeutung zu. Diese – privaten oder öffentlich-rechtlichen – **Kapitalbeteiligungsgesellschaften** stellen jungen Unternehmen („Start-ups") vor allem in der Frühphase, d. h. in der Gründungs- und Aufbauphase, haftendes Kapital zur Verfügung und leisten zudem eine unternehmerische Betreuung der Existenzgründer.

2.4.2 Aktiengesellschaft (AG)

Auch die Aktiengesellschaft ist eine Kapitalgesellschaft, also eine juristische Person. Sie ist die geeignete Rechtsform für Großunternehmen. Durch sie können große Kapitalbeträge aufgebracht werden, da der Kapitaleinsatz auf viele Schultern verteilt werden kann.

Das **Grundkapital** dieser Gesellschaft in Höhe von mindestens 50.000,00 € ist in **Aktien** zerlegt. Jeder Kapitalanteil ist als Wertpapier verbrieft und dem Kapitalmarkt zugänglich. Die Aktien von börsennotierten AGs können an der Börse gehandelt werden. Der Kurswert (der Kauf- bzw. Verkaufspreis) einer Aktie unterliegt Schwankungen, die sich jeweils durch Angebot und Nachfrage ergeben.

Die **Gründung der AG** erfolgt durch eine oder mehrere Personen. Bei der Feststellung des Gesellschaftsvertrages (Satzung) ist notarielle Beurkundung erforderlich. Die Gesellschafter (Aktionäre) übernehmen die Aktien gegen Zahlung einer Einlage. Sie werden am Gewinn der AG durch eine sogenannte **Dividende** beteiligt.

Dividende
Anteil vom Bilanzgewinn (in Prozent) pro Aktie

Die **Haftung** ist bei der AG auf das Gesellschaftsvermögen beschränkt.

Der Vorstand, der Aufsichtsrat und die Hauptversammlung bilden die **Organe** der AG:

- Die AG wird gerichtlich und außergerichtlich durch den **Vorstand** („leitendes Organ") vertreten, der auch zur Geschäftsführung befugt ist. Dabei ist er nicht an Weisungen des Aufsichtsrates oder der Hauptversammlung gebunden. Der Vorstand wird vom Aufsichtsrat bestellt und besteht aus einer oder mehreren Personen, die keine Aktionäre sein müssen. Gibt es mehrere Vorstandsmitglieder, handeln diese in der Regel gemeinschaftlich (Gesamtgeschäftsführungsbefugnis).
- Der **Aufsichtsrat** („überwachendes Organ") besteht aus mindestens drei Mitgliedern und wird von der Hauptversammlung alle vier Jahre zu zwei Dritteln gewählt. Wählbar sind nur natürliche Personen, die nicht dem Vorstand angehören und nicht leitende Angestellte der AG sind. Ein Teil des Aufsichtsrates wird gemäß Drittelbeteiligungsgesetz von Arbeitnehmern gebildet. Seine Hauptaufgabe besteht in der Bestellung, Abberufung und Überwachung des Vorstandes.
- Die Gesellschafter (Aktionäre) werden regelmäßig einmal im Jahr vom Vorstand zur **Hauptversammlung** („beschließendes Organ") eingeladen. Sie beschließen dort u. a. über die Verwendung des Bilanzgewinns, über die Entlastung des Vorstandes und des Aufsichtsrates und sie wählen ihre Vertreter in den Aufsichtsrat. Bei der Beschlussfassung hat jeder Aktionär normalerweise ein Stimmrecht pro Aktie. In der Regel gilt für Beschlüsse der Hauptversammlung die einfache Stimmenmehrheit, für Entscheidungen von besonderer Tragweite (z. B. Satzungsänderungen oder Kapitalerhöhungen) bedarf es jedoch einer qualifizierten Mehrheit von 75 % des bei der Beschlussfassung vertretenen Grundkapitals.

Ein Aktionär muss sein **Stimmrecht** nicht selbst ausüben, sondern kann sich hierbei durch einen Bevollmächtigten vertreten lassen. Da die Aktien überwiegend in Banken deponiert sind, vertreten diese durch Ausübung des Depotstimmrechts den Aktionär.

Bilanz,
vgl. **5.2**

GuV,
vgl. **5.3**

Kapitalgesellschaften unterliegen wegen ihrer Haftungsbeschränkung einer besonderen Offenlegungspflicht **(Publizitätspflicht).** Nach dem HGB ist der Jahresabschluss im Elektronischen Bundesanzeiger zu veröffentlichen. Der Vorstand hat in den ersten drei Monaten des Geschäftsjahres den Jahresabschluss des Vorjahres zu erstellen. Neben der Bilanz und der GuV gehört zur ordnungsgemäßen Rechnungslegung einer AG auch das regelmäßige Erstellen von Geschäftsberichten.

Aktiengesellschaft (AG)

© Bergmoser + Höller Verlag AG

Übersicht: *Rechtsformen*

Eine Entscheidung darüber, in welcher Rechtsform ein Unternehmen geführt werden soll, muss das erste Mal bei seiner Gründung fallen. Die Rechtsform muss nach außen durch Namenszusätze (z. B. Baustoff GmbH) dokumentiert werden und gibt damit den Kunden, Lieferanten oder anderen Interessengruppen wichtige Hinweise auf die Eigenschaften des Unternehmens.

Die gewählte Rechtsform regelt u. a.
– die Geschäftsführung,
– die Gewinnbeteiligung,
– die Haftung sowie
– die Beschaffungsmöglichkeiten des erforderlichen Eigenkapitals.

Unternehmen können als Einzelunternehmen oder in der Form einer Gesellschaft geführt werden. Gesellschaften können als Personen- oder als Kapitalgesellschaft ausgestaltet sein.

	Personengesellschaften	Kapitalgesellschaften
Rechtliche Organisationsform	Zusammenschluss der Gesellschafter	juristische Person
Mindestkapital	nein	ja
Haftendes Vermögen	Gesellschaftsvermögen und Privatvermögen	Gesellschaftsvermögen
Geschäftsführung und Vertretung	durch Gesellschafter	durch Organe
Gewinnverteilung	nach Köpfen oder „im angemessenen Verhältnis" bzw. nach vertraglicher Vereinbarung	nach Höhe der Kapitaleinlage bzw. nach vertraglicher Vereinbarung

3 Kapitalbedarf und Kapitalbedarfsermittlung

Eine Unternehmensgründung erfordert Kapital. Jeder Unternehmensgründer muss sich daher sorgfältige Gedanken über seine Finanzierungsstrategie machen. Stehen genügend Geldmittel für die Gründungsphase, aber auch für weitere lang- und kurzfristige Investitionen zur Verfügung?

Der betriebliche Leistungsprozess vollzieht sich in drei Teilbereichen: Beschaffung, Produktion und Absatz. Dieser Betriebsprozess kann nur ablaufen, wenn finanzielle Mittel zur Beschaffung der betrieblichen Leistungsfaktoren Arbeit, Betriebsmittel und Werkstoffe zur Verfügung stehen und durch den Absatz der Produkte über den Markt wieder zurückgewonnen („verdient") werden. Ein **güterwirtschaftlicher** und ein **finanzwirtschaftlicher** Bereich des Betriebes stehen einander gegenüber.

Betriebliche Produktionsfaktoren, vgl. **TAF 12.5**, **1.2**

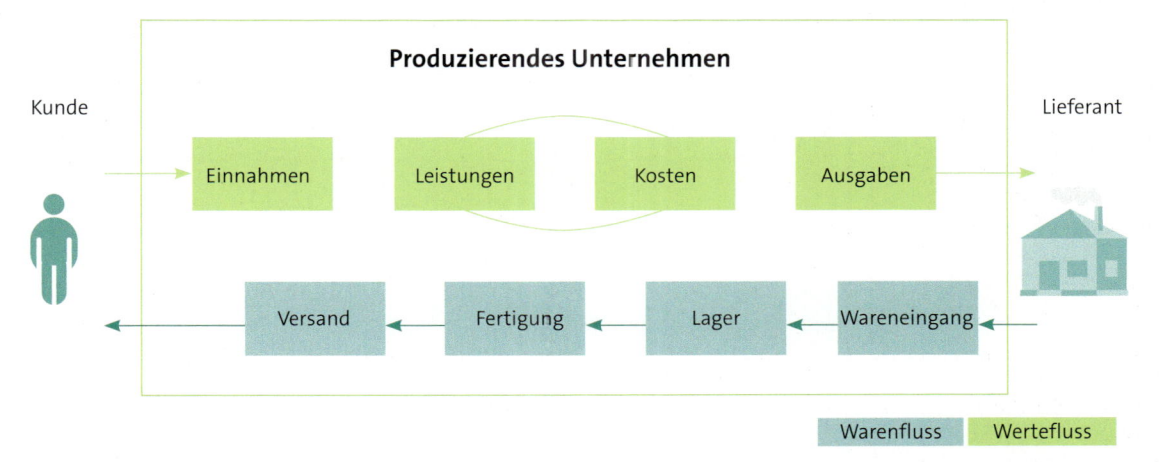

Der güterwirtschaftliche Bereich findet seinen Niederschlag im **Warenfluss**, der finanzwirtschaftliche im **Wertefluss**. Beide Ströme fließen in entgegengesetzte Richtungen. Allerdings sind sie nicht völlig deckungsgleich, denn es gibt auch Werteflüsse, denen keine Warenflüsse gegenüberstehen (z.B. eine Betriebsspende an das Rote Kreuz).

Die Beschaffung von Produktionsfaktoren führt zu **Ausgaben**, der Absatz der produzierten Güter hat **Einnahmen** zur Folge. Ausgaben und Einnahmen fallen im Normalfall zeitlich erheblich auseinander, wodurch ein **Kapitalbedarf** entsteht.

Waren- und Werteflüsse in einem Unternehmen optimal zu steuern ist Aufgabe des **Finanzmanagements**. Ein solides Finanzmanagement, d.h. die ausgewogene Planung von Finanzierungs- und Investitionsvorhaben durch alle Bereiche des Unternehmens, ist der Dreh- und Angelpunkt betriebswirtschaftlicher Entscheidungen.

3.1 Die Notwendigkeit der Finanzierung

> **Beispiel** Die Fly Bike Werke GmbH bestellt Federgabeln und lagert sie ein, bis entsprechende Bestellungen eingehen. Erst wenn Kunden den Artikel bestellen und bezahlen, fließt das investierte Kapital zurück an die Fly Bike Werke GmbH.

Die Beschaffung von Waren bindet Kapital, der Absatz der Waren setzt Kapital frei. Die sich über den Markt vollziehende Umwandlung von z.B. in Sachwerten investierten Geldbeträgen in liquide Mittel wird **Desinvestition** genannt. Der gesamte Betriebsprozess lässt sich als ein Prozess laufender **Investitionen** und Desinvestitionen bezeichnen. Durch das zeitliche Auseinanderfallen der Kapitalbindung und der Kapitalfreisetzung entsteht ein **Kapitalbedarf**.

Kapitalbindung und Kapitalfreisetzung

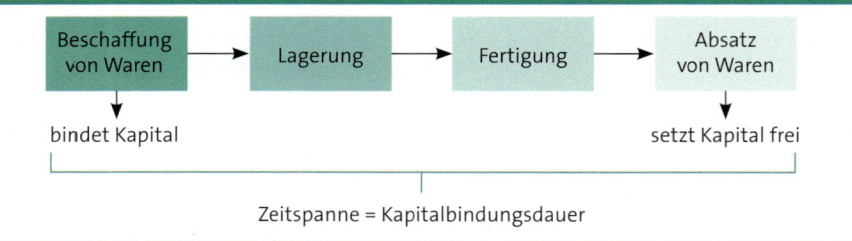

Der Kapitalbedarf wird durch die Höhe der jeweiligen Ausgaben und Einnahmen sowie durch die Kapitalbindungsdauer bestimmt. Ein bestehender Kapitalbedarf muss durch die Beschaffung von Kapital gedeckt werden. Unter **Finanzierung** versteht man alle Maßnahmen der lang-, mittel- und kurzfristigen **Kapitalbeschaffung** eines Unternehmens.

Finanzierung = Kapitalbeschaffung

Dem Begriff der Kapitalbeschaffung ist der Begriff der **Kapitalverwendung** gegenüberzustellen. Unter **Investition** versteht man alle Maßnahmen, die der Verwendung finanzieller Mittel zur Beschaffung von Sachvermögen, immateriellen Vermögen oder Finanzvermögen dienen.

Investition = Kapitalverwendung

In der **Bilanz** zeigt sich die Kapitalbeschaffung auf der Passivseite, die Kapitalverwendung dagegen in den Positionen des Anlage- und Umlaufvermögens auf der Aktivseite. Während die Passivseite darüber Auskunft gibt, welche Kapitalbeträge dem Unternehmen überlassen worden sind und in welcher Form (Eigen- oder Fremdkapital) dies geschehen ist, gibt die Aktivseite Auskunft darüber, wie das Kapital im Unternehmen gebunden ist.

*Bilanz, vgl. **TAF 11.3**, **2.3** vgl. **5.2***

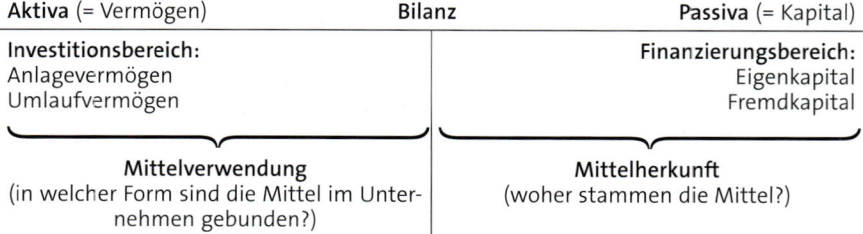

Die Begriffe Finanzierung und Investition stehen in engem Zusammenhang, denn eine Kapitalverwendung setzt immer eine Kapitalbeschaffung voraus. Ein Investitionsvorhaben ist ohne Bedeutung, wenn es nicht finanziert werden kann. Andererseits ist die Beschaffung finanzieller Mittel für einen Betrieb ohne praktischen Wert, wenn er keine ertragreiche Verwendung für sie findet. Kapitalbeschaffung muss also grundsätzlich auch Mittelverwendung zur Folge haben.

Investition folgt Finanzierung!

Investitions- und Finanzierungsprozesse gehören in einem kundenorientierten Unternehmensmodell zu den **Unterstützungsprozessen** (Supportleistungen), d. h., sie unterstützen andere Geschäftsprozesse durch Versorgungs- und Steuerungsleistungen. Sie lassen sich in Teilprozesse aufgliedern, die sich von der Ermittlung des Kapitalbedarfs über die Kapitalbeschaffung bis hin zur Kapitalverwendung erstrecken.

3.2 Ermittlung des Kapitalbedarfs und Aufstellung des Finanzplans

AB → Lernsituation 55

Die Höhe des Kapitalbedarfs wird von mehreren Faktoren bestimmt. Hierzu zählen z. B. die zeitliche Abfolge güter- und finanzwirtschaftlicher Vorgänge, das Beschäftigungsniveau, die Betriebsgröße und das Preisniveau. Der Kapitalbedarf ist die Differenz zwischen den **kumulierten** Auszahlungen und den kumulierten Einzahlungen zu einem bestimmten Zeitpunkt oder innerhalb eines bestimmten Zeitraums. Die Höhe des Kapitalbedarfs schwankt in aller Regel im Zeitablauf.

kumuliert
die Summe der in einem Zeitraum angelaufenen Beträge

> **Beispiel** Ein Unternehmen plant für das Folgejahr die Eröffnung eines neuen Zweigwerkes (Änderung der Betriebsgröße). In diesem Fall ist zuerst der Kapitalbedarf für das notwendige **Anlagevermögen** zu planen. Der Kapitalbedarf ergibt sich hier aus der Summe der Anschaffungswerte aller Anlagegüter einschließlich notwendiger Nebenkosten (Grundstück, Gebäude, Maschinen, Betriebs- und Geschäftsausstattung, Fahrzeuge usw.). Hinzuzurechnen ist ggf. ein im Werk vorzuhaltender Mindestbestand an Materialien. Der Kapitalbedarf für das **Umlaufvermögen** ist abhängig von der täglich geplanten Produktionsmenge, der durchschnittlichen Lagerdauer und den von Lieferanten und an Kunden gewährten Zahlungszielen.

Kapitalbindungsdauer beim Umlaufvermögen (Beispiel)

Lagerdauer Material 5 Tage	Fertigungsdauer 10 Tage	Lagerdauer Erzeugnisse 10 Tage	Zahlungsziel an Kunden 20 Tage
Zahlungsziel der Lieferanten 10 Tage	Kapitalbindungsdauer für Materialkosten: 35 Tage		
	Kapitalbindungsdauer für Fertigungskosten: 40 Tage		
Kapitalbindungsdauer für Verwaltungs- und Vertriebskosten: 45 Tage			

Materialkosten je Tag = 18.750,00 € · 35 Tage = 656.250,00 €

\+ Fertigungskosten je Tag = 13.200,00 € · 40 Tage = 528.000,00 €

\+ Verwaltungs- und Vertriebskosten je Tag 2.000,00 € · 45 Tage = 90.000,00 €

= Kapitalbedarf für das Umlaufvermögen = 1.274.250,00 €

Berechnungen

> **Erläuterungen zum Beispiel** Vom Materialeingang bis zum Ende des Kundenzahlungs-
> ziels vergehen 45 Tage. Die Materialkosten müssen also vom Unternehmen „vorfinan-
> ziert" werden. Dabei helfen regelmäßig die Lieferanten, deren Zahlungsziel – bei des-
> sen Ausnutzung – die Kapitalbindungsdauer verkürzt (45 Tage – 10 Tage Lieferanten-
> zahlungsziel = 35 Tage Kapitalbindungsdauer). Die Fertigungskosten beginnen erst mit
> der Produktionsaufnahme; die Kapitalbindungsdauer beträgt damit 40 Tage. Verwal-
> tungs- und Vertriebsgemeinkosten fallen während des gesamten Ablaufs an (45 Tage).

Dieser zusätzliche Kapitalbedarf muss für eine bestimmte Abrechnungsperiode (z. B.
Monat August 20XX) in einem **Finanzplan** eingeplant werden. Darin werden alle
Einzahlungen, Auszahlungen und Geldbestände für zukünftige Abrechnungsperio-
den in tabellarischer Form gegenübergestellt. Der Finanzplan gibt also stets Auskunft
über den jeweils aktuell notwendigen Kapitalbedarf und die zu seiner Deckung mo-
mentan vorhandenen und in Zukunft erwarteten finanziellen Mittel. Der Finanzplan
soll sicherstellen, dass das für die fälligen Zahlungsverpflichtungen benötigte Geld
zur richtigen Zeit, am richtigen Ort und in ausreichender Menge zur Verfügung steht.
Er soll Überliquidität und Liquiditätsengpässe aufzeigen.

> Bei einer zu hohen Liquidität kann z. B. das überschüssige Geld bei der Hausbank (z. B. als Festgeld) angelegt werden; bei einer zu niedrigen Liquidität ist die Finanzierung z. B. durch das Ausschöpfen von Kreditlimits bzw. von Zahlungszielen der Kreditoren oder durch die Aufnahme kurzfristiger Kredite zu sichern.

Beispiel Finanzplan der Fly Bike Werke GmbH vom 01.06. bis 31.08.20XX

	Juni	Juli	August
1. Zahlungsmittelbestand (Überschuss oder Fehlbetrag)	−32.000,00 €	50.000,00 €	−58.500,00 €
Einnahmen:			
Nettoumsatzerlöse	712.000,00 €	720.000,00 €	725.000,00 €
Anlagenverkäufe	3.200,00 €	–	15.000,00 €
Sonstige Einnahmen	15.000,00 €	20.000,00 €	5.000,00 €
2. Summe Einnahmen	730.200,00 €	740.000,00 €	745.000,00 €
Ausgaben:			
Material	350.000,00 €	360.000,00 €	365.000,00 €
Personal	170.000,00 €	190.000,00 €	165.000,00 €
Instandhaltung	2.500,00 €	12.500,00 €	12.500,00 €
Energie	13.500,00 €	14.000,00 €	14.000,00 €
Mieten/Pachten	8.000,00 €	8.000,00 €	8.000,00 €
Steuern	19.000,00 €	20.000,00 €	20.000,00 €
Versicherungen und Beiträge	3.500,00 €	3.500,00 €	3.500,00 €
Aufw. für Kommunikation	25.000,00 €	25.000,00 €	25.000,00 €
Leasing	5.500,00 €	5.500,00 €	5.500,00 €
Zinsen Fremdkapital	14.000,00 €	13.500,00 €	13.000,00 €
Tilgung Fremdkapital	20.000,00 €	20.000,00 €	–
Investitionen	5.000,00 €	160.000,00 €	60.000,00 €
Sonstige Ausgaben	12.200,00 €	16.500,00 €	12.500,00 €
3. Summe Ausgaben	648.200,00 €	848.500,00 €	704.000,00 €
4. Zahlungsmittelbestand	50.000,00 €	−58.500,00 €	−17.500,00 €
5. Kapitalbedarf	–	58.500,00 €	17.500,00 €

> Der Zahlungsmittelbestand ist die Differenz zwischen Einnahmen und Ausgaben.

Finanzpläne können innerhalb des dargelegten Rahmens auch anders gestaltet
werden.

4 Finanzierungsarten

4.1 Überblick

Finanzierungsarten lassen sich nach verschiedenen Kriterien unterscheiden:
- nach der Herkunft des Kapitals
- nach der Rechtsstellung des Kapitalgebers
- nach der Dauer der Kapitalüberlassung (Fristigkeit)

In den meisten Fällen stehen die Frage nach der Herkunft des Kapitals und nach der Rechtsstellung des Kapitalgebers im Vordergrund. Teilt man die Finanzierungsarten nach der **Herkunft des Kapitals** ein, so kann man zwischen Innen- und Außenfinanzierung unterscheiden. Werden die Mittel im Unternehmen selbst im Rahmen des betrieblichen Umsatzprozesses erwirtschaftet bzw. freigesetzt, handelt es sich um eine **Innenfinanzierung**; stammen die finanziellen Mittel vom Kapitalmarkt, liegt eine **Außenfinanzierung** vor.

Nach der **Rechtsstellung des Kapitalgebers** unterscheidet man Eigen- und Fremdfinanzierung (Kreditfinanzierung). Werden die finanziellen Mittel von den bisherigen oder neu hinzukommenden Eigentümern des Unternehmens aufgebracht, liegt eine **Eigenfinanzierung** in Form von Beteiligungs- oder Einlagenfinanzierung vor. Werden die finanziellen Mittel von Kapitalgebern aufgebracht, die eine Gläubigerposition gegenüber dem Unternehmen einnehmen, liegt eine **Fremdfinanzierung** vor.

Wie die Abbildung zeigt, sind die Kriterien nicht alternativ, sondern additiv anzuwenden, d.h. eine Eigenfinanzierung z. B. kann sowohl aus innerbetrieblichen Quellen stammen (Innenfinanzierung) als auch aus externer Eigenkapitalbeschaffung (Außenfinanzierung).

Finanzierungsarten im Überblick

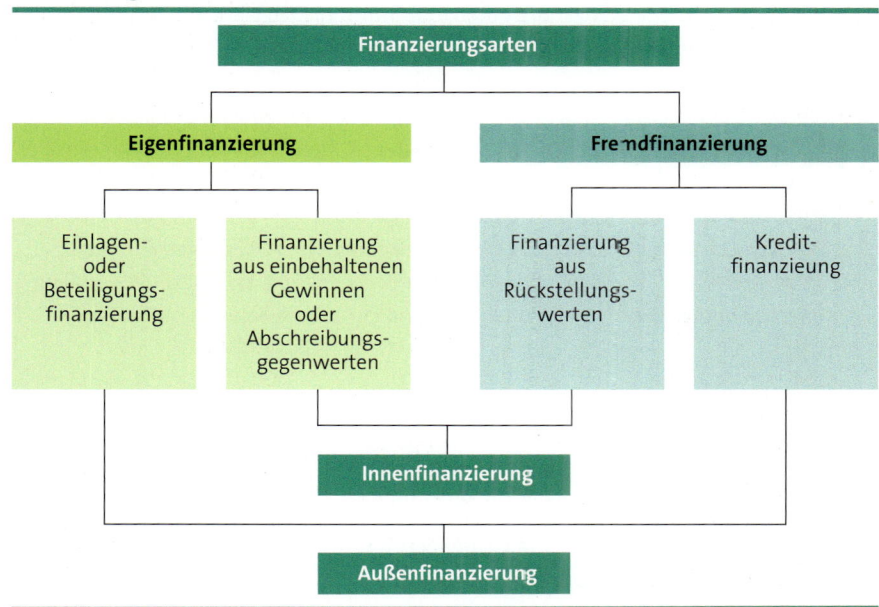

4.2 Innenfinanzierung

Bei der Innenfinanzierung erfolgt die Kapitalbeschaffung aus **innerbetrieblichen Finanzierungsquellen**. Sie umfasst die Finanzierung aus einbehaltenen Gewinnen (die Selbstfinanzierung), die Finanzierung aus Abschreibungsgegenwerten und die Finanzierung aus Rückstellungsgegenwerten.

4.2.1 Finanzierung aus einbehaltenen Gewinnen

Bei der Finanzierung aus einbehaltenen Gewinnen unterscheidet man zwischen der offenen und der verdeckten (stillen) Selbstfinanzierung. Die **offene Selbstfinanzierung** ist die Einbehaltung ausgewiesener Gewinne. Ausgewiesene und versteuerte Gewinne werden nicht an die Eigentümer ausgeschüttet, sondern verbleiben im Unternehmen. Bei Personengesellschaften erfolgt dies durch Gutschrift auf den Kapitalkonten der Gesellschafter und den Verzicht auf eine Gewinnentnahme, bei Kapitalgesellschaften durch die Überführung in die Gewinnrücklage. Die **offene Rücklage** kann freiwillig oder auf Grund gesetzlicher Bestimmungen erfolgen. So ist z. B. eine Aktiengesellschaft nach dem Aktiengesetz verpflichtet, eine gesetzliche (offene) Rücklage zu bilden.

Die **verdeckte (stille) Selbstfinanzierung** erfolgt durch den Einbehalt nicht ausgewiesener Gewinne. Die zur Finanzierung des Kapitalbedarfs dienenden Gewinne sind in verdeckter Form in Vermögens- und Schuldenpositionen als sogenannte **stille Reserven** enthalten. Stille Reserven entstehen, wenn auf Grund der Bilanzierungs- und Bewertungsvorschriften bestimmte Vermögenswerte (Aktiva) nicht erfasst bzw. zu niedrig bewertet werden oder wenn bestimmte Verbindlichkeiten (Passiva) über dem tatsächlichen Wert ausgewiesen werden.

Die **Unterbewertung von Aktiva** der Bilanz kann z. B. erfolgen durch die Wahl der Abschreibungsmethode, durch die Nichtaktivierung aktivierungsfähiger, aber nicht aktivierungspflichtiger Wirtschaftsgüter und durch niedrigstmögliche Wertansätze des Umlaufvermögens. Die **Überbewertung von Passiva** der Bilanz kann z. B. durch hohe Rückstellungen und hohe Rechnungsabgrenzungsposten erfolgen.

Beispiel Die Fly Bike Werke GmbH hat in Oldenburg vor vielen Jahren ein Grundstück zu einem geringen Wert erworben. Solange sich das Grundstück im Eigentum des Unternehmens befindet, darf es nur mit diesen geringen Anschaffungskosten bewertet werden, obwohl es inzwischen einen viel höheren Verkehrswert hat. Wird das Grundstück zum Verkehrswert verkauft, übersteigt der Rückfluss von liquidem Kapital den Buchwert des Grundstücks und die stille Reserve ist aufgelöst.

Bei der stillen Selbstfinanzierung erreicht das Unternehmen eine Steuerstundung, da die stillen Reserven erst bei ihrer Auflösung zu versteuern sind. Dadurch entsteht in jedem Fall ein Liquiditätseffekt, da die Steuerzahlungen hinausgeschoben werden und die Liquiditätsbelastung erst zum Zeitpunkt der Nachversteuerung erfolgt.

Für die Nichtausschüttung von Gewinnen kann es in Abhängigkeit von der Rechtsform des Unternehmens drei Gründe geben:
- freiwillige Selbstfinanzierung
- satzungsgemäße Selbstfinanzierung
- gesetzliche Einbehaltung

4.2.2 Finanzierung aus Abschreibungsgegenwerten

Abschreibungen verteilen die Anschaffungs- oder Herstellungskosten von Wirtschaftsgütern mit mehrjähriger Nutzungsdauer auf die einzelnen Nutzungsjahre. Sie berichtigen gleichzeitig den Anschaffungswert um den jeweiligen Werteverzehr, d. h., der Werteverlust des Anlagevermögens wird über Abschreibungen erfasst. Daneben haben Abschreibungen eine kalkulatorische Funktion. Sie werden zusammen mit anderen Kosten in die Verkaufspreise der Waren eines Unternehmens eingerechnet.

Abschreibungen,
vgl. **TAF 12.3**, **4.3**

Beim Verkauf einer Ware fließen dem Unternehmen liquide Mittel in Höhe des Verkaufspreises zu. Der Teil der Erlöse, der die Abschreibungen deckt, wird als **Abschreibungsgegenwert** bezeichnet. Das ursprünglich im Anlagevermögen gebundene Kapital wird also über den Umsatzprozess zu Liquidität (Desinvestition), sodass die Anlagen am Ende der Nutzungsdauer aus diesen Mitteln wieder ersetzt werden können (Ersatzinvestitionen) und die betriebliche Substanz erhalten bleibt. Die Abschreibung fließt auf diese Weise in einem ständigen Kreislauf aus dem Anlage- in das Umlaufvermögen und von dort aus über die Umsatzerlöse in das Anlagevermögen zurück, wo der Kreislauf von neuem beginnt.

kalkulatorische Abschreibungen,
vgl. **TAF 12.5**, **2.2**

Da die Wirtschaftsgüter in der Regel zu unterschiedlichen Zeiten erneuert werden müssen, fließen die Abschreibungsgegenwerte dem Unternehmen zu einem Zeitpunkt zu, zu welchem sie noch nicht für Ersatzinvestitionen benötigt werden **(Kapitalfreisetzungseffekt)**, wodurch liquide Mittel entstehen. Für die Wahrung des finanziellen Gleichgewichts eines Unternehmens ist es jedoch nicht erforderlich, diese Abschreibungsgegenwerte bis zur Ersatzbeschaffung anzusparen.

Es genügt vielmehr, dass die erforderliche Reinvestition am Ende der Nutzungsdauer erfolgen kann. Hieraus ergibt sich die **finanzwirtschaftliche Funktion** von Abschreibungen. Die gewonnene Liquidität kann bis zur Wiederbeschaffung der Anlage zu Finanzierungszwecken genutzt werden. Dies nennt man Finanzierung aus Abschreibungsgegenwerten.

Finanzierung aus Abschreibungsgegenwerten (Kreislaufdarstellung)

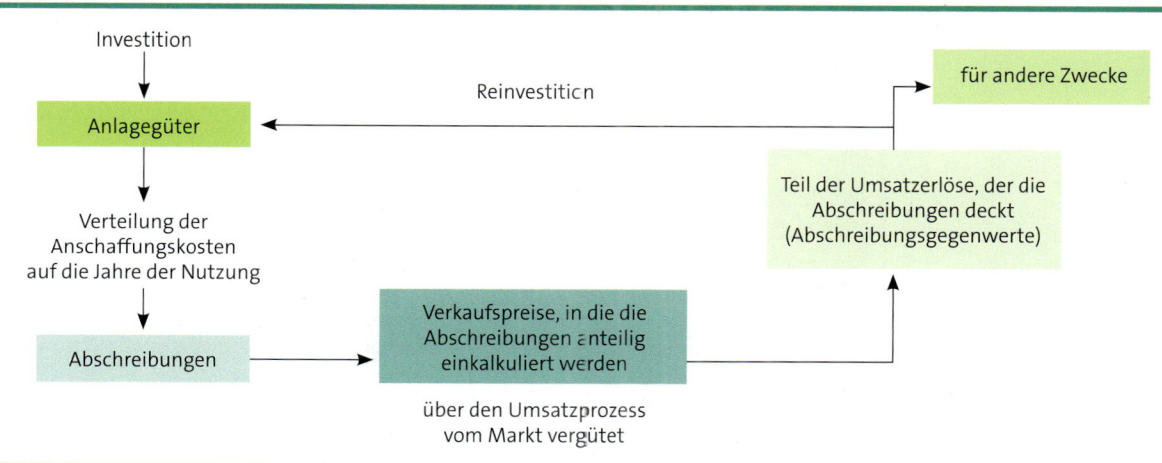

385

4.2.3 Finanzierung aus Rückstellungsgegenwerten

Rückstellungen, vgl. TAF 12.3, 4.2

Rückstellungen werden für zukünftige Verpflichtungen gebildet, die dem Grunde und/oder der Höhe und der Fälligkeit nach ungewiss sind. Die Bildung von Rückstellungen ist im HGB festgelegt.

Wie bei der Finanzierung aus Abschreibungsgegenwerten stehen die finanziellen Gegenwerte der Rückstellungen zwischen ihrer Bildung und ihrer Auflösung für Finanzierungszwecke zur Verfügung. Daraus ergibt sich, dass Rückstellungen unter Finanzierungsaspekten umso wertvoller sind, je länger sie dem Unternehmen zur Verfügung stehen. Finanzwirtschaftliche Bedeutung haben insbesondere die Pensionsrückstellungen.

4.3 Außenfinanzierung

Eine Außenfinanzierung liegt vor, wenn dem Unternehmen Finanzierungsmittel von Eigen- oder Fremdkapitalgebern von außen zugeführt werden.

4.3.1 Einlagen-/Beteiligungsfinanzierung

Eine Einlagen- bzw. Beteiligungsfinanzierung liegt vor, wenn dem Unternehmen **Eigenkapital von außen** zugeführt wird. Dies geschieht beispielsweise bei der Gründung des Unternehmens, der Aufnahme neuer Gesellschafter oder anlässlich einer Kapitalerhöhung. Der Mittelzufluss kann in Form von Geldeinlagen, Sachwerten (Maschinen, Waren, Grundstücke) oder Rechten (Patente, Lizenzen) geschehen. Kapitalgeber sind bisherige oder neue Eigentümer.

Personengesellschaften – Einlagenfinanzierung

Kapitalgesellschaften – Beteiligungsfinanzierung

Die Eigenkapitalbeschaffung wird von der Rechtsform des Unternehmens und den Zugangsmöglichkeiten zu den Wertpapierbörsen geprägt. Bei Einzelunternehmen oder Personengesellschaften kann das Eigenkapital durch Einlagenfinanzierung, bei Kapitalgesellschaften durch Beteiligungsfinanzierung erhöht werden.

Rechtsformen, vgl. 2

Bei der **Einzelunternehmung** wird die Eigenkapitalbeschaffung durch das Vermögen des Inhabers begrenzt. Innerhalb dieser Grenzen sind Kapitalerhöhungen nur durch Konsumverzicht und die Nichtentnahme von Gewinnen (Selbstfinanzierung) möglich.

Für die **OHG** kommen Einlagen der bisherigen vollhaftenden Gesellschafter in Frage; ggf. bietet sich die Aufnahme neuer Gesellschafter an.

Bei der **KG** erfolgen Eigenkapitalerhöhungen durch Komplementäreinlagen der vollhaftenden Gesellschafter (Komplementäre) oder Kommanditeinlagen der nur mit ihrem Geschäftsanteil haftenden Kommanditisten. Auch hier kann die Eigenkapitalbasis durch Aufnahme neuer Gesellschafter gestärkt werden.

Der **GmbH** wird neues Eigenkapital durch Erhöhung der Beteiligungen (Stammeinlagen) bereits vorhandener Gesellschafter oder durch die Aufnahme weiterer Gesellschafter zugeführt. Der Gesellschaftsvertrag muss entsprechend geändert und die Änderung im Handelsregister eingetragen werden.

Aktiengesellschaften versorgen sich über die Ausgabe von Aktien mit Eigenkapital. Durch Beschluss der Hauptversammlung können eine Kapitalerhöhung vorgenommen und „Junge Aktien" herausgegeben werden. Satzung und Handelsregistereintrag müssen entsprechend geändert werden. Börsennotierten Aktiengesellschaften stehen gegenüber nicht börsennotierten Aktiengesellschaften bedeutend erleichterte Möglichkeiten zur Eigenkapitalbeschaffung offen.

Die **Vorteile** dieser Finanzierungsart bestehen darin, dass das Kapital langfristig zur Verfügung steht und – insbesondere bei Verlusten – keine Zinszahlungspflicht besteht. Außerdem erhöht eine größere Eigenkapitalbasis die Kreditwürdigkeit und die Unabhängigkeit eines Unternehmens.

4.3.2 Fremdfinanzierung

AB → Lernsituation 56, 57

Die Fremdfinanzierung führt dem Unternehmen **Fremdkapital von außen** zu.

Die weitaus häufigste Form ist die **Kreditfinanzierung**. Daneben gibt es für ein Unternehmen auch noch die Möglichkeit der Herausgabe von Gläubigerpapieren, in denen sich ein Unternehmen zu einem festen Zinssatz als Schuldner verpflichtet. Hierauf wird im Weiteren nicht näher eingegangen.

Eine Kreditfinanzierung liegt vor, wenn dem Unternehmen von externen Kapitalgebern (v. a. Kreditinstituten) oder von Miteigentümern Finanzierungsmittel auf Kreditbasis für einen vertraglich begrenzten Zeitraum zur Verfügung gestellt werden. Der Kreditgeber erhält dafür ein fest vereinbartes Entgelt – den Zins.

Das Risiko des Kapitalgebers besteht vor allem darin, dass der Kreditnehmer seinen (aus Tilgung und Zinsen) bestehenden Zahlungsverpflichtungen nicht mehr nachkommt. Kreditgeber verlangen deshalb i. d. R. Kreditsicherheiten. Hierzu zählen vor allem: Bürgschaften, Pfandrechte an beweglichen und unbeweglichen Sachen, Sicherungsübereignungen sowie Eigentumsvorbehalte.

Kredite können dem Unternehmen kurz-, mittel- oder langfristig zur Verfügung gestellt werden.

Kurzfristige Kreditfinanzierung

Die für ein Unternehmen wichtigsten Formen der kurzfristigen Fremdfinanzierung (Dauer bis zu einem Jahr) sind der Kontokorrentkredit und der Lieferantenkredit.

> **Beispiel** Die Fly Bike Werke GmbH befindet sich in einem finanziellen Engpass. Der Geschäftsführer nimmt deshalb mit der Hausbank Gespräche auf, um die aufgetretenen Zahlungsschwierigkeiten zu bewältigen. Die Bank erklärt sich bereit, die Kreditlinie um 15.000,00 € zu erhöhen.

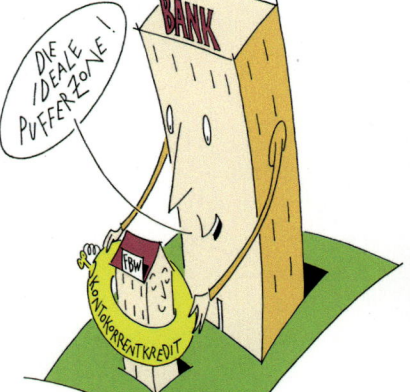

Der **Kontokorrentkredit** dient dazu, kurzzeitige Schwankungen im Kapitalbedarf eines Unternehmens abzudecken. Dazu räumt ein Kreditinstitut dem Kreditnehmer einen Kredit in einer bestimmten Höhe ein, den der Kreditnehmer seinem Kapitalbedarf entsprechend bis zum vereinbarten Maximalbetrag (Kreditlinie) in Anspruch nehmen kann.

Die Einräumung eines Kontokorrentkredits setzt üblicherweise voraus, dass der Kreditnehmer seinen Zahlungsverkehr zu einem erheblichen Teil über das Kreditinstitut abwickelt. Der Kontokorrentkredit ist ein **kurzfristiger Kredit**, seine Laufzeit wird meist auf sechs Monate vereinbart. Sofern der Kreditnehmer keinen Anlass zur Auflösung des Vertragsverhältnisses gibt, wird der Kontokorrentkredit verlängert, sodass er meist langfristig zur Verfügung steht.

Als Kapitalkosten fallen üblicherweise Sollzinsen auf den in Anspruch genommenen Kredit an und zusätzlich Überziehungszinsen, wenn das vereinbarte Limit überschritten wird.

Beispiel Die Fly Bike Werke GmbH erhält von der Color GmbH eine Rechnung über 1.190,00 € inkl. 19 % USt. mit folgender Zahlungsvereinbarung: „Bei Zahlung innerhalb von 30 Tagen netto Kasse, bei Zahlung innerhalb von 10 Tagen 3 % Skonto."

Skonto, vgl. **TAF 11.2**, **1.4.2**

Der **Lieferantenkredit** ist ein kurzfristiger Handelskredit, bei dem zwischen Käufer und Verkäufer eine Kreditbeziehung entsteht. Der Käufer erhält Waren oder Dienstleistungen, ohne diese umgehend zu bezahlen, unter Stundung des Kaufpreises („auf Ziel").

Zwar wird für den Lieferantenkredit kein Zins gezahlt, das heißt jedoch nicht, dass er „umsonst" gewährt wird. Dem Zins entspricht vielmehr der Skonto, denn dieser wird in der Regel bei der Preisfestsetzung für einen Artikel einkalkuliert. Somit ist der Skonto das Entgelt für den Lieferantenkredit.

Beispiel Zahlt die Fly Bike Werke GmbH innerhalb von 10 Tagen, dann darf sie 3 % vom Rechnungsbetrag einbehalten, sie würde folglich nur 1.154,30 € überweisen. Zahlt sie erst nach dem 10. Tag, so muss sie den kompletten Rechnungsbetrag, also 1.190,00 €, bezahlen.

Zur Berechnung der Jahresverzinsung des Lieferantenkredits wird in der Praxis folgende Faustformel herangezogen:

$$\text{Jahreszinssatz} = \frac{\text{Skontosatz} \cdot 360}{\text{Zahlungsziel} - \text{Skontofrist}} \blacktriangleright \frac{0{,}03}{30 - 10} \cdot 360 = 0{,}54 = 54\,\%$$

Eine genauere Berechnung des effektiven Jahreszinssatzes erfolgt durch folgende Formel:

$$\frac{\text{Effektiver}}{\text{Jahreszinssatz}} = \frac{\text{Netto-Skontobetrag} \cdot 100 \cdot 360}{\text{Überweisungsbetrag} \cdot (\text{Zahlungsziel} - \text{Skontofrist})} \blacktriangleright \frac{30 \cdot 100 \cdot 360}{1.154{,}30 \cdot 20} = 46{,}78\,\%$$

Für die im vorherigen Beispiel angegebenen Zahlungsbedingungen ergibt sich eine Jahresverzinsung von 54 % bzw. von 46,78 %. Der Lieferantenkredit ist also ein sehr teurer Kredit, sodass es unter Rentabilitätsgesichtspunkten immer sinnvoller ist, den Skonto auszunutzen, selbst wenn dazu ein Bankkredit in Anspruch genommen werden muss.

Rentabilität, vgl. **5.3**

Langfristige Kreditfinanzierung

Sollen mittel- oder langfristige Investitionen getätigt werden, muss auch mittel- bzw. langfristig finanziert werden. Die wichtigste Form der langfristigen Kreditfinanzierung ist das **Darlehen**, die Laufzeit beträgt in der Regel mehr als vier Jahre.

Ein Darlehen ist die Hingabe eines Geldbetrages mit der Verpflichtung, dass der Darlehensnehmer diesen mit einem geschuldeten Zins bei Fälligkeit dem Darlehensgeber zurückerstattet.

> **Beispiel** Die in der Fly Bike Werke GmbH geplante Einführung eines ERP-Systems wird Kosten von 80.000,00 € verursachen. Davon sollen 60.000,00 € über einen langfristigen Bankkredit finanziert werden. Die Hausbank der Fly Bike Werke GmbH bietet die Finanzierung zu 8 % an bei einer Laufzeit von 6 Jahren. Andere Kosten fallen nicht an. Es stehen verschiedene Tilgungsmöglichkeiten zur Auswahl:
> 1. eine einmalige Gesamttilgung am Ende der Laufzeit
> 2. eine Tilgung des Kredits in sechs gleichen Annuitäten
> 3. eine gleichbleibende Tilgung mit abnehmender Zinsbelastung

Darlehen
§ 488 BGB

Annuität
gleichbleibende, regelmäßige Zahlung

Nach der Form der Darlehenstilgung lassen sich drei Arten von Darlehen unterscheiden: Fälligkeitsdarlehen, Annuitätendarlehen und Abzahlungsdarlehen.

Fälligkeitsdarlehen
Beim Fälligkeitsdarlehen wird das Darlehen am Ende der Laufzeit in einem Betrag getilgt. Während der Laufzeit werden ausschließlich Zinszahlungen geleistet.

Rückzahlungsplan beim Fälligkeitsdarlehen

	Tilgungsplan (in €)				
	Darlehensschuld am Jahresanfang	Rate	Zinsen	Tilgung	Darlehensschuld am Jahresende
1. Jahr	60.000,00	4.800,00	4.800,00	–	60.000,00
2. Jahr	60.000,00	4.800,00	4.800,00	–	60.000,00
3. Jahr	60.000,00	4.800,00	4.800,00	–	60.000,00
4. Jahr	60.000,00	4.800,00	4.800,00	–	60.000,00
5. Jahr	60.000,00	4.800,00	4.800,00	–	60.000,00
6. Jahr	60.000,00	64.800,00	4.800,00	60.000,00	0,00
Summe			28.800,00	60.000,00	

Wählt die Fly Bike Werke GmbH ein Fälligkeitsdarlehen, müsste sie 6 Jahre lang 8 % Zinsen auf die Gesamtsumme von 60.000,00 € zahlen, pro Jahr also 4.800,00 €. Am Ende der Laufzeit muss sie 60.000,00 € aufbringen.

Annuitätendarlehen
Das Annuitätendarlehen ist durch eine **konstante Annuität** (Zins- und Tilgungszahlung) während der gesamten Laufzeit gekennzeichnet. Dabei ist zunächst die Höhe der Annuität zu ermitteln und dann die Aufteilung der gleich bleibenden Annuität in Zins- und Tilgungsanteil vorzunehmen. Rechnerisch wird die Annuität durch Multiplikation des Darlehensbetrages mit dem sogenannten **Kapitalwiedergewinnungsfaktor** ermittelt:

$$\text{Kapitalwiedergewinnungsfaktor} = \frac{i \cdot (1 + i)^n}{(1 + i)^n - 1} \blacktriangleright \frac{0{,}08 \cdot (1 + 0{,}08)^6}{(1 + 0{,}08)^6 - 1} = 0{,}216315$$

i = Zinssatz
n = Laufzeit

Beispiel Berechnung der Annuität

Der Kapitalwiedergewinnungsfaktor für das Darlehen beträgt 0,216315. Für die Fly Bike Werke GmbH ergibt sich also eine Annuität von 60.000,00 · 0,216315 = 12.978,92 €.

Rückzahlungsplan beim Annuitätendarlehen

	Tilgungsplan (in €)				
	Darlehensschuld am Jahresanfang	Rate	Zinsen	Tilgung	Darlehensschuld am Jahresende
1. Jahr	60.000,00	12.978,92	4.800,00	8.178,90	51.821,10
2. Jahr	51.821,10	12.978,92	4.145,69	8.833,21	42.987,89
3. Jahr	42.987,89	12.978,92	3.439,03	9.539,87	33.448,02
4. Jahr	33.448,02	12.978,92	2.675,84	10.303,06	23.144,96
5. Jahr	23.144,96	12.978,92	1.851,60	11.127,30	12.017,66
6. Jahr	12.017,66	12.978,92	961,41	12.017,66	0,00
Summe			17.873,57	60.000,00	

Wählt die Fly Bike Werke GmbH ein Annuitätendarlehen, müsste sie 6 Jahre lang 12.978,92 € pro Jahr zahlen. Insgesamt kostet der Kredit 17.873,54 €.

Abzahlungsdarlehen

Beim Abzahlungsdarlehen sind die jährlichen Tilgungsbeiträge gleich hoch. Die Zinszahlungen nehmen aufgrund der geringer werdenden Restschuld ab. Somit sinkt auch die jährliche Gesamtbelastung, die sich aus Zins- und Tilgungszahlungen zusammensetzt.

Rückzahlungsplan beim Abzahlungsdarlehen

	Tilgungsplan (in €)				
	Darlehensschuld am Jahresanfang	Rate	Zinsen	Tilgung	Darlehensschuld am Jahresende
1. Jahr	60.000,00	14.800,00	4.800,00	10.000,00	50.000,00
2. Jahr	50.000,00	14.000,00	4.000,00	10.000,00	40.000,00
3. Jahr	40.000,00	13.200,00	3.200,00	10.000,00	30.000,00
4. Jahr	30.000,00	12.400,00	2.400,00	10.000,00	20.000,00
5. Jahr	20.000,00	11.600,00	1.600,00	10.000,00	10.000,00
6. Jahr	10.000,00	10.800,00	800,00	10.000,00	0,00
Summe			16.800,00	60.000,00	

Ein Abzahlungsdarlehen kostet die Fly Bike Werke GmbH 16.800,00 €.

4.3.3 Leasing

AB → Lernsituation 58

Ein Unternehmen kann sich auch mit den notwendigen Gütern versorgen, ohne die Kapitalmittel in vollem Umfang bereitstellen zu müssen. Zu solchen „Eigenkapital schonenden" Finanzierungsarten gehört das Leasing. Das Leasing „schont" das Eigenkapital, weil ein alternativer Kreditkauf den Anteil des Fremdkapitals in der Bilanz steigern würde, was zu einer fallenden Eigenkapitalquote führt.

Eigenkapitalquote, vgl. **5.2.3**

Leasing ist die Überlassung von Investitions- oder Konsumgütern gegen Zahlung eines Mietzinses, der Leasingrate. Der Leasingvertrag ist eine Sonderform des Miet- bzw. Pachtvertrages. Durch einen Leasingvertrag erwirbt der Leasingnehmer gegen Entgelt Nutzungsrechte am jeweiligen Leasingobjekt (z. B. Auto, Produktionsmaschinen). Der Leasingnehmer verzichtet dabei auf den Eigentumserwerb. Gesetzlich gibt es in Deutschland noch keine Regelung für den Leasingvertrag, der sich nach amerikanischem Vorbild entwickelt hat.

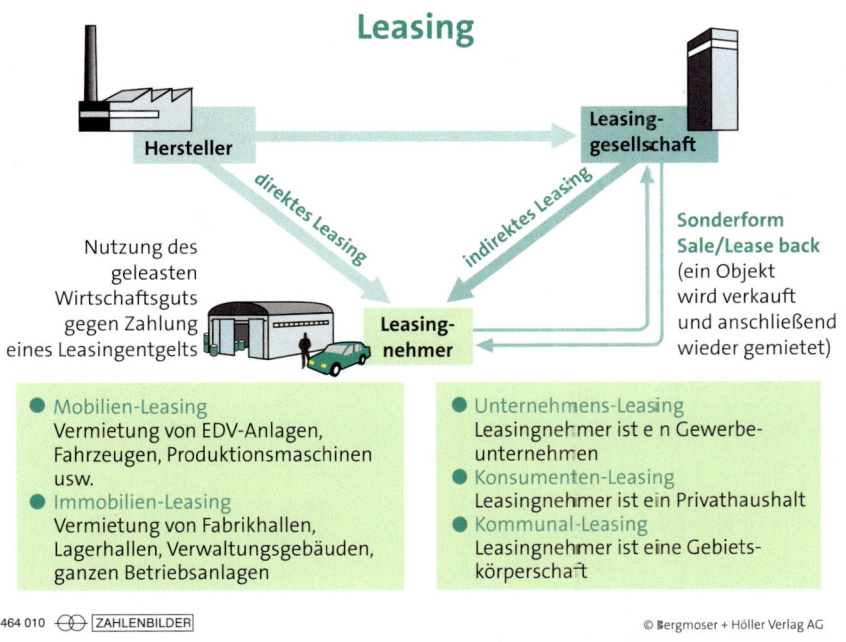

Leasing

Hersteller

Leasing-gesellschaft

direktes Leasing

indirektes Leasing

Nutzung des geleasten Wirtschaftsguts gegen Zahlung eines Leasingentgelts

Leasing-nehmer

Sonderform Sale/Lease back (ein Objekt wird verkauft und anschließend wieder gemietet)

- **Mobilien-Leasing** Vermietung von EDV-Anlagen, Fahrzeugen, Produktionsmaschinen usw.
- **Immobilien-Leasing** Vermietung von Fabrikhallen, Lagerhallen, Verwaltungsgebäuden, ganzen Betriebsanlagen

- **Unternehmens-Leasing** Leasingnehmer ist ein Gewerbeunternehmen
- **Konsumenten-Leasing** Leasingnehmer ist ein Privathaushalt
- **Kommunal-Leasing** Leasingnehmer ist eine Gebietskörperschaft

464 010 ZAHLENBILDER © Bergmoser + Höller Verlag AG

Beim Leasing wird zwischen dem direkten und indirekten Leasing unterschieden. Beim **direkten Leasing** tritt der Hersteller als Leasinggeber auf, beim **indirekten Leasing** ist es eine herstellerunabhängige Bank bzw. Leasinggesellschaft.

Weiterhin lassen sich das Operate Leasing und das Financial Leasing unterscheiden. Beim **Operate Leasing** wird ein Gut kurzfristig verleast und nach Rückgabe vom Leasinggeber an weitere Leasingnehmer weiterverleast. Beim **Financial Leasing** entspricht die Leasingdauer bis zu 90 % der Nutzungsdauer des Leasinggutes. Demnach wird das Gut während seiner Nutzungsdauer in der Regel auch nur an einen einzigen Leasingnehmer verleast. Die Wahl der Leasingart und damit die Laufzeit hängt von der Art des geleasten Gutes ab. Langlebige Wirtschaftsgüter und Spezialanfertigungen werden in der Regel per Finacial Leasing verleast, Güter, die über eine kurze Zeitdauer benötigt werden, per Operate Leasing.

Abhängig vom gewählten Leasingverfahren entscheidet sich, was **nach Ablauf der Leasingzeit** passiert. Während beim Operate Leasing der Leasinggegenstand zurückgegeben wird, hat der Leasingnehmer beim Financial Leasing in der Regel die Wahl. Er kann den Leasinggegenstand zurückgeben, ein Anschlussleasing abschließen oder den Leasinggegenstand unter eng festgelegten steuerlichen Voraussetzungen zum **Restkaufwert** kaufen und damit dann auch das Eigentum am geleasten Gegenstand erwerben.

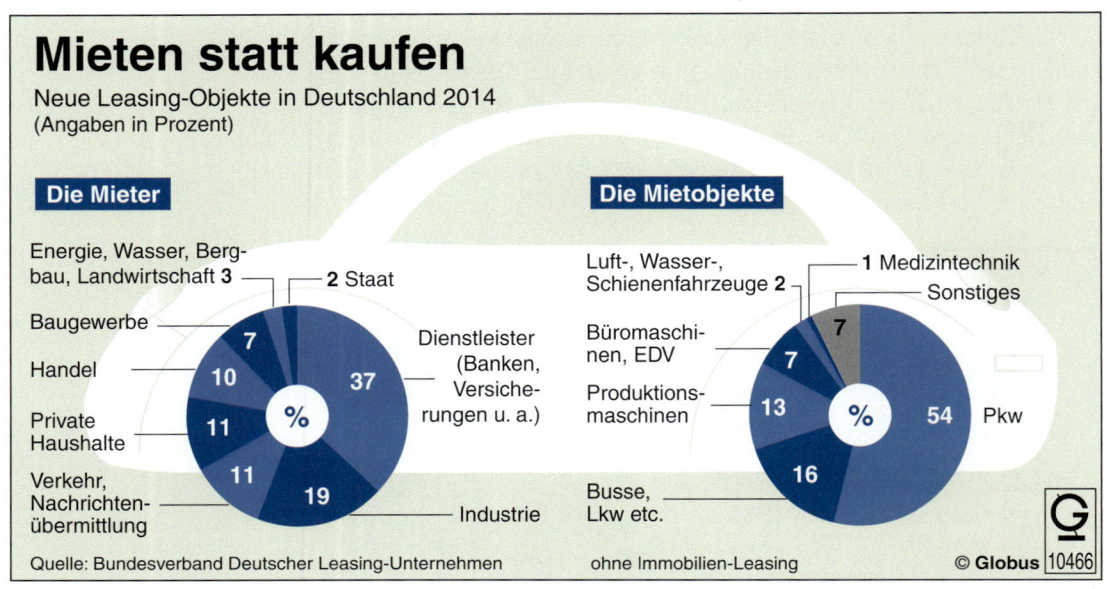

Mieten statt kaufen
Neue Leasing-Objekte in Deutschland 2014
(Angaben in Prozent)

Die Mieter

Energie, Wasser, Bergbau, Landwirtschaft **3**
2 Staat
Baugewerbe — 7
Dienstleister (Banken, Versicherungen u. a.) 37
Handel — 10
Private Haushalte — 11
%
Verkehr, Nachrichtenübermittlung — 11
19
Industrie

Die Mietobjekte

Luft-, Wasser-, Schienenfahrzeuge **2**
1 Medizintechnik
Sonstiges
7
Büromaschinen, EDV 7
Produktionsmaschinen 13
%
54 Pkw
Busse, Lkw etc. 16

Quelle: Bundesverband Deutscher Leasing-Unternehmen   ohne Immobilien-Leasing   © **Globus** 10466

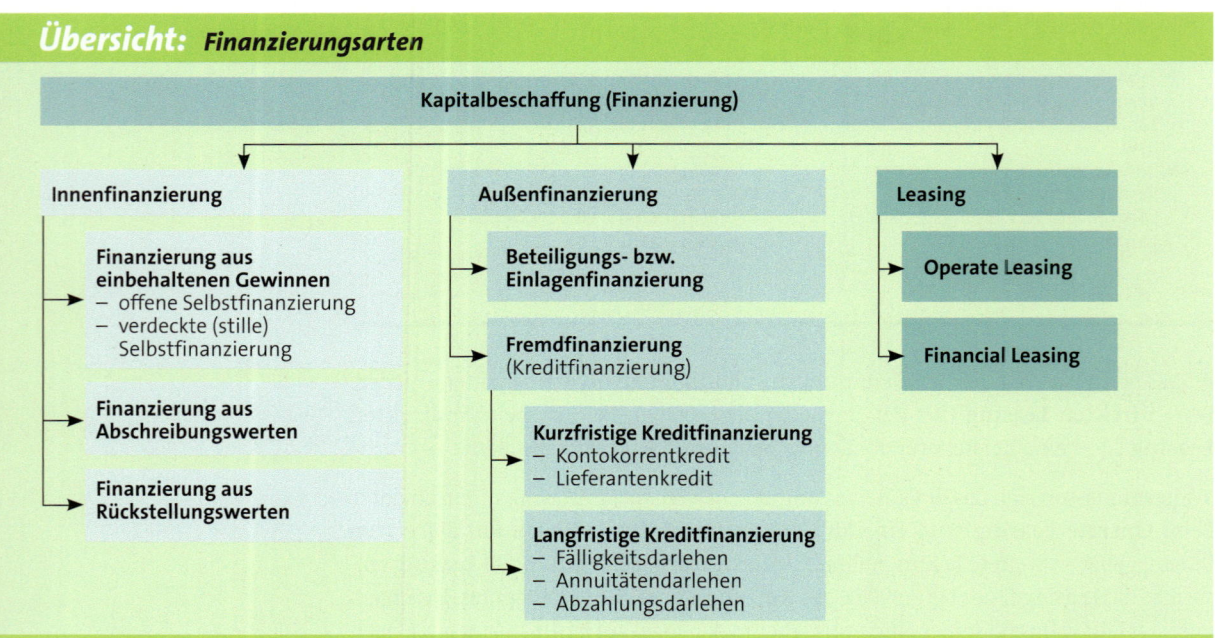

Übersicht: *Finanzierungsarten*

Kapitalbeschaffung (Finanzierung)

Innenfinanzierung

Finanzierung aus einbehaltenen Gewinnen
– offene Selbstfinanzierung
– verdeckte (stille) Selbstfinanzierung

Finanzierung aus Abschreibungswerten

Finanzierung aus Rückstellungswerten

Außenfinanzierung

Beteiligungs- bzw. Einlagenfinanzierung

Fremdfinanzierung (Kreditfinanzierung)

Kurzfristige Kreditfinanzierung
– Kontokorrentkredit
– Lieferantenkredit

Langfristige Kreditfinanzierung
– Fälligkeitsdarlehen
– Annuitätendarlehen
– Abzahlungsdarlehen

Leasing

Operate Leasing

Financial Leasing

5 Bilanzanalyse

AB → Lernsituation 59

5.1 Bedeutung des Jahresabschlusses

> **Beispiel** Die Fly Bike Werke GmbH plant eine Betriebserweiterung für das kommende Jahr. Um die finanziellen Voraussetzungen hierfür zu prüfen, muss sie eine Beurteilung ihrer aktuellen Vermögens-, Finanz- und Ertragslage vornehmen.

Der Jahresabschluss eines Unternehmens liefert wichtige Informationen zur Vermögens-, Finanz- und Ertragslage des vergangenen Jahres. Das Unternehmen kann sehen, wo es steht – im Vergleich zum Vorjahr und im Vergleich zur Konkurrenz – und kann zukünftige Geschäftsentscheidungen daraus ableiten.

Die Beurteilung eines Unternehmens hinsichtlich seiner Vermögens- und Finanzlage kann mithilfe von Bilanzkennzahlen erfolgen. Die Beurteilung der Ertragslage erfolgt mit Kennzahlen auf der Grundlage der Erfolgsrechnung. Basis für alle Auswertungen sind also die Bilanz und die Gewinn- und Verlustrechnung eines Unternehmens.

Sowohl interne als auch externe Interessierte verfügen anhand dieser Informationen über wichtige Anhaltspunkte, ob die individuellen Zielsetzungen, die sie mit dieser Unternehmung verbinden, realisiert werden konnten bzw. auch in Zukunft zu realisieren sind.

Empfänger von Jahresabschlüssen

Empfänger	Mögliche Zielsetzungen
Gesellschafter (Anteilseigner)	dauerhafte (hohe) Gewinnausschüttungen, Unternehmenswachstum
Gläubiger	Sicherheit für Zins- und Tilgungszahlungen
Kunden	dauerhafte Lieferbereitschaft
Lieferer	dauerhafte Kauf- und Zahlungsfähigkeit
Mitarbeiter	sicherer Arbeitsplatz

Die Datenbasis der Informationsempfänger ist unterschiedlich umfangreich.

Externer Empfänger	Interner Empfänger
– Jahresabschluss nach HGB mit Bilanz, GuV-Rechnung, ggf. Anhang und Lagebericht (Offenlegungspflichten beachten) – weitere Veröffentlichungen des Unternehmens – Presseberichte über das Unternehmen	– Jahresabschluss nach HGB mit Bilanz, GuV-Rechnung, ggf. Anhang und Lagebericht – Steuerbilanz – interne Bilanzen nach alternativen internen Rechnungslegungsprinzipien – Daten der Kosten- und Leistungsrechnung – weitere Planungs- und Ergebnisrechnungen aller Art, Unternehmensziele
beschränkte Informationsbasis	je nach internem Empfänger (in Abhängigkeit von Hierarchiestufen und der internen Informationspolitik) mehr oder weniger vollständige Informationsbasis

5.2 Auswertung der Bilanz

Bevor die Bilanz der Fly Bike Werke GmbH mithilfe von Kennzahlen ausgewertet wird, werden einzelne Bilanzpositionen zusammengefasst und die Bilanz in eine übersichtlichere Form, die sogenannte Strukturbilanz, gebracht.

5.2.1 Aufbereitung der Bilanz

Beispiel Um die geplante Betriebserweiterung finanzieren zu können, haben die Gesellschafter der Fly Bike Werke GmbH im Vorjahr den Jahresüberschuss von 100.000,00 € komplett in die Gewinnrücklagen eingestellt. Auch in diesem Jahr soll der Jahresüberschuss im Unternehmen verbleiben.

Bilanz der Fly Bike Werke GmbH, Oldenburg, zum 31.12.20XX (in €)

Aktiva	Vorjahr	Berichtsjahr	Passiva	Vorjahr	Berichtsjahr
A. Anlagevermögen			**A. Eigenkapital**		
1. Grundstücke und Bauten	635.200,00	612.850,00	1. Gezeichnetes Kapital	300.000,00	300.000,00
2. Technische Anlagen und Maschinen	224.904,00	131.870,00	2. Gewinnrücklagen	300.000,00	400.000,00
			3. Jahresüberschuss	100.000,00	150.000,00
3. Betriebs- und Geschäftsausstattung	138.371,00	97.505,00	**B. Verbindlichkeiten**		
B. Umlaufvermögen			1. Langfristige Bankverbindlichkeiten	639.000,00	602.000,00
1. Roh-, Hilfs- und Betriebsstoffe	224.800,00	288.000,00	2. Verbindlichkeiten aus Lieferungen und Leistungen	697.600,00	926.225,00
2. Unfertige Erzeugnisse	36.000,00	48.000,00	3. Sonstige Verbindlichkeiten	13.000,00	24.000,00
3. Fertige Erzeugnisse	72.900,00	140.000,00			
4. Handelswaren	0,00	4.000,00			
5. Forderungen aus Lieferungen und Leistungen	541.520,00	720.000,00			
6. Kasse	3.105,00	2.400,00			
7. Bankguthaben	172.800,00	357.600,00			
	2.049.600,00	2.402.225,00		2.049.600,00	2.402.225,00

In der **Strukturbilanz** werden die Bilanzposten zu Anlage- bzw. Umlaufvermögen und zu Eigen- bzw. Fremdkapital zusammengefasst. Im Umlaufvermögen müssen zusätzlich die flüssigen Mittel (bei der Fly Bike Werke GmbH die Bilanzposition Kasse und Bankguthaben) separat ausgewiesen werden. Auf der Passivseite findet nur der Teil des Jahresüberschusses im Eigenkapital der Strukturbilanz Berücksichtigung, der als Gewinnrücklage im Unternehmen verbleibt (bei der Fly Bike Werke GmbH der volle Betrag).

Aktiva		Strukturbilanz der Fly Bike Werke GmbH			Passiva
	Vorjahr	Berichtsjahr		Vorjahr	Berichtsjahr
Anlagevermögen	998.475,00	842.225 00	Eigenkapital	700.000,00	850.000,00
Umlaufvermögen	1.051.125,00	1.560.000 00	Fremdkapital	1.349.600,00	1.552.225,00
– Forderungen	541.520,00	720.000,00	– langfristig	639.000,00	602.000,00
– Flüssige Mittel	175.905,00	360.000,00	– kurzfristig	710.600,00	950.225,00
Gesamtvermögen	2.049.600,00	2.402.225,00	Gesamtkapital	2.049.600,00	2.402.225,00

Die Strukturbilanz dient als Basis für die Bilanzanalyse. Dabei werden mithilfe verschiedener Kennzahlen die Unternehmensergebnisse verdeutlicht und vergleichbar gemacht.

Bei der **vertikalen Bilanzanalyse** werden jeweils nur die Werte der Aktiva- oder der Passivaseite der Bilanz zueinander in Beziehung gesetzt (Vermögens- und Kapitalstruktur). Die **horizontale Bilanzanalyse** setzt Aktiva- und Passivaposten der Bilanz miteinander in Beziehung (Liquidität und Anlagendeckung).

Aufbau und Bestandteile der Bilanzanalyse

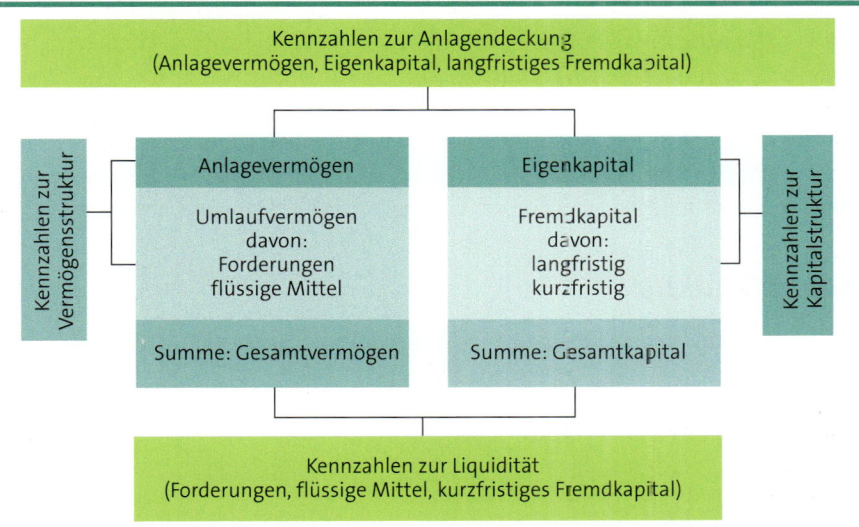

Aussagekraft und Grenzen der Bilanzanalyse: Grundsätzlich ist bei der Bilanzanalyse (Jahresabschlussanalyse) zu beachten, dass die Unternehmensverantwortlichen gerne ein positives Bild ihrer Unternehmen vorzeigen wollen. Durch gezielte Maßnahmen (z. B. Wertpapierverkäufe zur Verbesserung der Liquidität) können einzelne Kennzahlen für einen Stichtag, der bei der Veröffentlichung der Zahlen in der Vergangenheit liegt, „verschönert" werden; die Aussagekraft dieser Kennzahlen sinkt.

Darüber hinaus können nicht alle wichtigen Informationen über ein Unternehmen mit vergangenheitsbezogenen Kennzahlen dargestellt werden. Die Bilanzanalyse bleibt eine eingeschränkte und unvollständige Informationsbasis.

5.2.2 Vermögensstruktur

Die Vermögensstruktur zeigt den prozentualen Anteil des Anlage- und des Umlaufvermögens am Gesamtvermögen des Unternehmens an.

Kennzahlen zur Vermögensstruktur

$$\text{Anlagenintensität (Anlagenquote)} = \frac{\text{Anlagevermögen}}{\text{Gesamtvermögen}}$$

$$\text{Umlaufintensität (Quote des Umlaufvermögens)} = \frac{\text{Umlaufvermögen}}{\text{Gesamtvermögen}}$$

Da sich das Gesamtvermögen aus der Summe von Anlage- und Umlaufvermögen ergibt und sich beide Kennzahlen auf das Gesamtvermögen als Grundwert beziehen, addieren sich die Quoten immer zu 100 %.

Eventuelle Abweichungen in den Beispielrechnungen sind rundungsbedingt.

Beispiel Vermögensstruktur der Fly Bike Werke GmbH:

Vorjahr		Berichtsjahr	
Anlagenintensität			
$\dfrac{998.475,00}{2.049.600,00}$	= 0,4872 = **48,72 %**	$\dfrac{842.225,00}{2.402.225,00}$	= 0,3506 = **35,06 %**
Umlaufintensität			
$\dfrac{1.051.125,00}{2.049.600,00}$	= 0,5128 = **51,28 %**	$\dfrac{1.560.000,00}{2.402.225,00}$	= 0,6494 = **64,94 %**

Für ein Industrieunternehmen ist eine Anlagenquote (hier nur Sachanlagen) von über 40 % nichts Außergewöhnliches. Das Sachanlagevermögen verursacht aber zwangsläufig hohe fixe Kosten (z. B. kalkulatorische Abschreibungen, Zinsen und ggf. Wagnisse oder Versicherungsprämien). Gewinnträger ist immer das Umlaufvermögen, welches im Berichtsjahr wertmäßig stark gestiegen ist. Der Verkauf des zusätzlichen Vorratsvermögens macht den zukünftigen Gewinn des Unternehmens aus.

5.2.3 Kapitalstruktur

Eigenkapitalquote = Grad der finanziellen Unabhängigkeit

Die Kapitalstruktur zeigt den prozentualen Anteil des Eigen- und des Fremdkapitals am Gesamtkapital des Unternehmens an.

Fremdkapitalquote = Verschuldungsgrad

Kennzahlen zur Kapitalstruktur

$$\text{Eigenkapitalintensität (Eigenkapitalquote)} = \frac{\text{Eigenkapital}}{\text{Gesamtkapital}}$$

$$\text{Fremdkapitalintensität (Fremdkapitalquote)} = \frac{\text{Fremdkapital}}{\text{Gesamtkapital}}$$

Da sich das Gesamtkapital aus der Summe von Eigen- und Fremdkapital ergibt und sich beide Kennzahlen auf das Gesamtkapital als Grundwert beziehen, addieren sich die Quoten auch hier immer zu 100 %.

Beispiel Kapitalstruktur der Fly Bike Werke GmbH:

Vorjahr	Berichtsjahr
Eigenkapitalquote	
$\dfrac{700.000,00}{2.049.600,00} = 0{,}3415 = \mathbf{34{,}15\,\%}$	$\dfrac{850.000,00}{2.402.225,00} = 0{,}3538 = \mathbf{35{,}38\,\%}$
Fremdkapitalquote	
$\dfrac{1.349.600,00}{2.049.600,00} = 0{,}6585 = \mathbf{65{,}85\,\%}$	$\dfrac{1.552.225,00}{2.402.225,00} = 0{,}6462 = \mathbf{64{,}62\,\%}$

Eine **Eigenkapitalquote** von über 30 % ist für ein Industrieunternehmen positiv zu bewerten. Die Quote konnte im Berichtsjahr sogar leicht verbessert werden.

Eine hohe Eigenkapitalquote – in Verbindung mit einem angemessenen Gewinn – wirkt sich positiv auf die Kreditwürdigkeit eines Unternehmens bei Banken und auch Lieferanten aus. Alternativ kann aber bei hohem Eigenkapitalanteil unter Umständen auch auf die Ausschöpfung von zins- und tilgungspflichtigen Kreditlinien ganz verzichtet werden – das erhöht zusätzlich den Gewinn.

5.2.4 Anlagendeckung

Bei der Überprüfung der Anlagendeckung werden Kapitalbeschaffung (Passivposten) und Kapitalverwendung (Aktivposten) in Beziehung gesetzt. Wichtige Grundlage ist die **„goldene Bilanzregel"**. Sie verlangt in ihrer engen Fassung, dass Anlagevermögen durch Eigenkapital, in ihrer weiteren Fassung, dass Anlagevermögen durch Eigenkapital und langfristiges Fremdkapital zu finanzieren ist.

Die „goldene Bilanzregel" findet ihren Niederschlag in den Kennzahlen der Anlagendeckung. **Anlagendeckungsgrade** zeigen, in welchem Umfang das langfristig im Unternehmen gebundene Anlagevermögen durch langfristiges Kapital gedeckt wird.

Anlagendeckung I (Deckungsgrad I oder A)	$= \dfrac{\text{Eigenkapital}}{\text{Anlagevermögen}}$
Anlagendeckung II (Deckungsgrad II oder B)	$= \dfrac{\text{Eigenkapital + langfristiges Fremdkapital}}{\text{Anlagevermögen}}$

Beispiel Anlagendeckungsgrade der Fly Bike Werke GmbH:

Vorjahr	Berichtsjahr
Anlagendeckung I	
$\dfrac{700.000,00}{998.475,00} = 0{,}7011 = \mathbf{70{,}11\,\%}$	$\dfrac{850.000,00}{842.225,00} = 1{,}0092 = \mathbf{100{,}92\,\%}$
Anlagendeckung II	
$\dfrac{1.339.000,00}{998.475,00} = 1{,}3410 = \mathbf{134{,}10\,\%}$	$\dfrac{1.452.000,00}{842.225,00} = 1{,}7240 = \mathbf{172{,}40\,\%}$

Als ausreichend wird ein Anlagendeckungsgrad bezeichnet, wenn mit dem langfristigen Kapital das gesamte Anlagevermögen, das ja die Voraussetzung für die Leistungserstellung des Unternehmens ist, gedeckt wird (Anlagendeckung > 1). Das „schafft" die Fly Bike Werke GmbH im Berichtsjahr schon mit der **Anlagendeckung I**, d. h., dieses Unternehmen finanziert das gesamte Anlagevermögen mit Eigenkapital. Das Anlagevermögen ist also für das Unternehmen „sicher". Eventuell notwendige Fremdkapitalrückzahlungen gefährden die Betriebsbereitschaft nicht.

5.2.5 Verschuldungsgrad

Für Fremdkapitalgeber ist häufig die Höhe des Verschuldungsgrades eines Unternehmens ein wichtiger Faktor für eine Kreditentscheidung.

$$\text{Verschuldungsgrad} = \frac{\text{Fremdkapital}}{\text{Eigenkapital}}$$

In einer strengen Fassung wurde oft verlangt, dass der Eigenkapitalanteil den Fremdkapitalanteil nicht unterschreiten sollte, das Verhältnis von Eigen- zu Fremdkapital also 1 : 1 betragen müsse (= Verschuldungsgrad = maximal 100 %). Eine weitere Auslegung dieser Regel fordert nur ein Mindestverhältnis von 1 : 2 (Verschuldungsgrad = maximal 200 %). Letztlich entscheidet der Kreditgeber, welches Verhältnis für ihn noch akzeptabel ist.

Beispiel Verschuldungsgrad der Fly Bike Werke GmbH

Vorjahr		Berichtsjahr	
$\dfrac{1.349.600,00}{700.000,00}$	$= 1,9280 = 192,80\,\%$	$\dfrac{1.552.225,00}{850.000,00}$	$= 1,8261 = 182,61\,\%$

Wie bei vielen Unternehmen kann der Verschuldungsgrad der Fly Bike Werke GmbH nur im Rahmen einer weiten Auslegung dieser Regel noch als ausreichend betrachtet werden. Allerdings hat er sich im Berichtsjahr verbessert.

5.2.6 Liquidität

Liquidität
Verfügung über genügend Zahlungsmittel

Liquiditätskennzahlen zeigen zum Bilanzstichtag das Verhältnis von bestimmten Vermögenswerten und den kurzfristigen Verbindlichkeiten in Prozent.

Liquiditätskennzahlen

$$\text{Liquidität I (Liquidität 1. Grades)} = \frac{\text{flüssige Mittel}}{\text{kurzfristiges Fremdkapital}}$$

$$\text{Liquidität II (Liquidität 2. Grades)} = \frac{\text{flüssige Mittel + Forderungen}}{\text{kurzfristiges Fremdkapital}}$$

$$\text{Liquidität III (Liquidität 3. Grades)} = \frac{\text{Umlaufvermögen}}{\text{kurzfristiges Fremdkapital}}$$

Ein Betrieb ist liquide (flüssig), wenn er in der Lage ist, allen Zahlungsverpflichtungen nachzukommen, die zu dem betreffenden Zeitpunkt oder in einer bestimmten

Periode fällig werden. Die Wahrung der Liquidität ist ein Kernproblem der finanzwirtschaftlichen Planung. Nach geltendem Recht droht Insolvenz, wenn fällige Zahlungsverpflichtungen dauerhaft nicht erfüllt werden können. Dies gilt auch für ein mit Gewinn arbeitendes Unternehmen.

Beispiel Liquiditätskennzahlen der Fly Bike Werke GmbH:

Vorjahr		Berichtsjahr	
Liquidität I			
$\dfrac{175.905,00}{710.600,00}$ = 0,2475 = **24,75 %**		$\dfrac{360.000,00}{950.225,00}$ = 0,3789 = **37,89 %**	
Liquidität II			
$\dfrac{717.425,00}{710.600,00}$ = 1,0096 = **100,96 %**		$\dfrac{1.080.000,00}{950.225,00}$ = 1,1366 = **113,66 %**	
Liquidität III			
$\dfrac{1.051.125,00}{710.600,00}$ = 1,4792 = **147,92 %**		$\dfrac{1.560.000,00}{950.225,00}$ = 1,6417 = **164,17 %**	

Im Falle der Fly Bike Werke GmbH sind die Liquiditätskennzahlen als gut zu beurteilen. Eine **Liquidität II** in Höhe von um die 100 % wird allgemein als durchaus ausreichend angesehen. Die Fly Bike Werke GmbH ist also in der Lage, ihren kurzfristigen Zahlungsverpflichtungen nachzukommen.

Ausreichende Liquidität ist wichtig für ein Unternehmen, aber falls die Liquidität überhöht ist, geht sie immer zu Lasten der Rentabilität (Gewinn im Verhältnis zu Kapitalwerten), d. h. das Unternehmen hat die flüssigen Mittel nicht ertragbringend angelegt.

Die Liquidität ist aus einer Bilanz jedoch kaum nachhaltig abzuleiten. Bilanzdaten gelten nur für den Aufstellungstag und die Liquidität kann sich „täglich" und erheblich ändern. Aus hohen Liquiditätskennzahlen der Vergangenheit (Bilanzdatum) wird aber immer wieder – häufig mangels aktueller Informationen im Laufe eines Geschäftsjahres – auf die zukünftige Zahlungsfähigkeit geschlossen.

5.3 Auswertung der Gewinn- und Verlustrechnung anhand von Rentabilitätskennzahlen

Rentabilitätskennzahlen setzen den Gewinn (Jahresüberschuss) in ein Verhältnis zum Kapitaleinsatz oder zum erzielten Umsatz. Die absolute Höhe des Gewinns sagt nämlich noch nichts darüber aus, ob die betriebliche Verwendung des eingesetzten Kapitals wirtschaftlich (rentabel) erfolgte.

Gewinn- und Verlustrechnung		
Gesamtkostenverfahren, Beträge in €	VORJAHR	BERICHTSJAHR
1. Umsatzerlöse	5.800.000,00	6.893.555,85
2. Erhöhung des Bestands an fertigen und unfertigen Erzeugnissen	18.000,00	105.500,00
3. aktivierte Eigenleistungen	3.000,00	3.600,00
4. sonstige betriebliche Erträge	–	4.000,00
5. Materialaufwand und Wareneinsatz	3.271.300,00	3.565.000,00
Rohergebnis	2.549.700,00	3.441.655,85
6. Personalaufwand	1.845.990,00	2.250.000,00
7. Abschreibungen	170.000,00	210.000,00
8. sonstige betriebliche Aufwendungen	324.000,00	344.000,00
Betriebsergebnis	209.710,00	637.655,85
9. Erträge aus Beteiligungen	–	–
10. Erträge aus anderen WP/Finanzanlagen	–	–
11. sonstige Zinsen	–	–
12. Abschreibungen auf WP des UV/Finanzanlagen	–	355.412,35
13. Zinsaufwendungen	60.480,00	47.628,00
9. bis 13. Finanzergebnis	– 60.480,00	– 403.040,35
14. **Steuern vom Einkommen und vom Ertrag**	47.230,00	82.115,50
15. **Ergebnis nach Steuern**	102.000,00	152.500,00
16. **Sonstige Steuern**	2.000,00	2.500,00
17. **Jahresüberschuss/Jahresfehlbetrag**	100.000,00	150.000,00

WP = Wertpapiere, UV = Umlaufvermögen

Rentabilitätskennzahlen

Gewinn
Jahresüberschuss (Gewinn nach Steuern, Pos. 17 lt. GuV)

Fremdkapitalzinsen
Zinsen und ähnliche Aufwendungen (Pos. 13 lt. GuV)

$$\text{Eigenkapitalrentabilität (Unternehmerrentabilität)} = \frac{\textbf{Gewinn}}{\text{Eigenkapital}}$$

$$\text{Gesamtkapitalrentabilität (Unternehmensrentabilität)} = \frac{\text{Gewinn} + \textbf{Fremdkapitalzinsen}}{\text{Gesamtkapital}}$$

$$\text{Umsatzrentabilität} = \frac{\text{Gewinn}}{\text{Umsatzerlöse}}$$

🚴 **Beispiel** Rentabilitätskennzahlen der Fly Bike Werke GmbH:

Vorjahr	Berichtsjahr
Eigenkapitalrentabilität	
$\frac{100.000,00}{600.000,00} = 0,1667 = \textbf{16,67\%}$	$\frac{150.000,00}{700.000,00} = 0,2143 = \textbf{21,43\%}$
Gesamtkapitalrentabilität	
$\frac{160.480,00}{1.994.600,00} = 0,0805 = \textbf{8,05\%}$	$\frac{197.628,00}{2.252.225,00} = 0,0877 = \textbf{8,77\%}$
Umsatzrentabilität	
$\frac{100.000,00}{5.800.000,00} = 0,0172 = \textbf{1,72\%}$	$\frac{150.000,00}{6.893.555,85} = 0,0218 = \textbf{2,18\%}$

Eine **Eigenkapitalrentabilität** von über 20 %, die im Berichtsjahr erreicht wurde, kann als überdurchschnittlich gut angesehen werden. Für die Gesellschafter muss sich das Risiko lohnen, in das Unternehmen zu investieren. Die Verzinsung des Eigenkapitals muss deshalb über dem Zinssatz liegen, der auf dem Kapitalmarkt für eine sichere, langfristige Geldanlage (z. B. in Bundesschatzbriefen) erzielt werden kann. Beträgt der Kapitalmarktzinssatz z. B. 5 % und die Eigenkapitalrentabilität der Fly Bike Werke GmbH im Berichtsjahr 21,43 %, dann wird das unternehmerische Risiko der Gesellschafter mit 16,43 % (21,43 % − 5 %) „belohnt".

Wenn auch die **Gesamtkapitalrentabilität** noch über dem Kapitalmarktzinssatz liegt, dürfte auch die Kreditwürdigkeit des Unternehmens positiv bewertet werden. Die Aufnahme weiteren Fremdkapitals führt dann zu einer Erhöhung der Eigenkapitalrentabilität (**positiver Leverage-Effekt**).

Die **Umsatzrentabilität** von um die 2 % ist im Branchenvergleich eher gering, eine große Absatzmenge muss hier die niedrigen Gewinne je verkaufter Einheit ausgleichen. Das Unternehmen muss sich also bemühen, durch Vermehrung der Umsätze (Preiserhöhung, Absatzerweiterung) oder Verminderung der Kosten das Verhältnis Gewinn zu Umsätzen zu verbessern.

Das Eigenkapital entspricht den Bilanzwerten der Fly Bike Werke GmbH ohne den erst im Geschäftsjahr erwirtschafteten Jahresüberschuss.

Das Fremdkapital der Fly Bike Werke GmbH schwankt im Jahresverlauf nur gering. Für die Ermittlung der Kennzahl „Gesamtkapitalrentabilität" wurde deshalb der Wert des Fremdkapitals zum Ende des Geschäftsjahres angesetzt. Alternativ könnten bei starken Kapitalveränderungen im Laufe des Jahres auch Jahresdurchschnittswerte (Anfangsbestand + Endbestand)/2 angesetzt werden.

Alles klar?

1 Am Beginn jeder gelungenen **Unternehmensgründung** muss eine innovative und Erfolg versprechende Geschäftsidee stehen. Ist eine geeignete Geschäftsidee gefunden, kann ein **Businessplan** erstellt werden.
   a Nennen und beschreiben Sie kurz die neun üblichen Elemente eines Businessplans.
   b Erläutern Sie drei Aufgaben, die ein Businessplan erfüllen soll.
   c Nennen Sie fünf Informationsquellen, die einem Existenzgründer helfen können, die Erfolgsaussichten seiner Geschäftsidee richtig einzuschätzen.

Kapitel 1

2 Jeder Unternehmensgründer sollte sich zunächst sehr genau mit den Absichten (Motiven) seiner geplanten Selbstständigkeit auseinandersetzen.
   a Beschreiben Sie drei für eine Existenzgründung geeignete Motive.
   b „Ich will schnell reich werden und dann ein sorgenfreies Leben führen!" – Erläutern Sie, warum dies kein geeignetes Motiv ist.

3 Jede Unternehmensgründung verläuft anders und es wird keinen stets gültigen Katalog von unbedingt zu beachtenden Regeln geben. Gerade ein Existenzgründer wird sich manches Mal über bestehende Regeln hinwegsetzen und Dinge ganz bewusst anders machen müssen, als „man" sie bislang gemacht hat. Erfolgreiche Gründerikonen wie Bill Gates oder Marc Zuckerberg bestätigen dies eindrücklich. Dennoch gibt es sicherlich einige gravierende Fehler, die ein Existenzgründer auf jeden Fall vermeiden sollte. Beschreiben und begründen Sie ausführlich drei solche möglichen Fehler.

4 Nennen und erläutern Sie die Kriterien, nach denen Betriebe ihre Standorte allgemein auswählen.

5 Erläutern Sie, aus welchem Grund eine Standortentscheidung in der Regel mit hohen Kosten verbunden ist.

6 Recherchieren und beschreiben Sie, welche Standortüberlegungen im Jahr 2001 dazu führten, dass BMW sein neues Werk im Leipziger Norden ansiedelte.

7 Die Beschaffung des benötigten Kapitals ist stets eines der schwierigsten Probleme, mit denen sich ein Existenzgründer konfrontiert sieht. Stellen Sie sich vor, Sie wollten sich in ca. 10 Jahren in einem von Ihnen erlernten Beruf selbstständig machen. Erläutern Sie drei Möglichkeiten der Kapitalbeschaffung, die Ihnen persönlich zur Verfügung stehen könnten. Seien Sie dabei realistisch und beurteilen Sie sowohl die Vorteile als auch die jeweiligen Nachteile dieser Finanzierungsformen.

8 Frau Seifert ist kaufmännische Angestellte in einem mittelständischen Unternehmen. Erläutern Sie, ob sie Kaufmann im Sinne des HGB ist.

9 Erklären Sie den Begriff „Firma".

10 Nennen Sie die Kaufmannseigenschaft, die die Rechtsform Ihres Ausbildungsbetriebs voraussetzt.

11 Erläutern Sie, warum Kaufleute im Handelsregister eingetragen sein müssen.

12 Erläutern Sie, um welche Kaufmannseigenschaften es sich in den folgenden Beispielen handelt:
a Molkerei X. Franzerl (Familienbetrieb)
b FX Marketinggesellschaft mbH
c Tischlerei Norbert Schwarz (ein Geselle)
d Pharma AG (800 Mitarbeiter)
e Buchgroßhandel Werner KG (20 Beschäftigte)

13 Erläutern Sie, warum die Firma eines Unternehmens besonders wichtig für seinen Fortbestand ist.

Kapitel 2 **14** Die Rechtsform ist ein wesentliches Merkmal eines Unternehmens. Vergleichen Sie Einzelunternehmen, Personengesellschaft (in Form der Kommanditgesellschaft) und Kapitalgesellschaft (in Form der GmbH) anhand der wichtigsten Kriterien.

15 Holger Larsen ist der Selbstständige in den Beispielen in Kapitel 2. Erläutern Sie, welche Unternehmensform Sie Holger Larsen vorschlagen würden.

16 Erläutern Sie, bei welcher Unternehmensform Holger Larsen größere unternehmerische Freiheiten hätte.

Kapitel 3 **17** Herr Suppert ist in der Finanzabteilung einer Werkzeugfabrik beschäftigt. Sein Arbeitgeber hat die Gründung einer Niederlassung in München beschlossen. Herr Suppert hat folgende Informationen zusammengestellt:

- Anschaffungskosten für ein Grundstück mit Lagerhalle und Büros 280.000,00 €
- Eine Maschine, deren Anschaffungspreis 45.000,00 € beträgt. Auf diesen Anschaffungspreis gewährt der Hersteller 15 % Rabatt und 2 % Skonto. Die Lieferungs- und Montagekosten (nicht skontierfähig) betragen 6.200,00 €. Weitere Anschaffungskosten für die Betriebs- und Geschäftsausstattung 120.000,00 €.
- Materialkosten je Tag = 32.000,00 €
- Fertigungskosten je Tag = 8.000,00 €
- Verwaltungs- und Vertriebskosten je Tag = 700,00 €

Die zu berücksichtigenden Zeiten:

- durchschnittliche Lagerdauer der eingekauften Materialien: 18 Tage
- durchschnittliche Produktionsdauer: 5 Tage
- durchschnittliche Lagerdauer der fertigen Erzeugnisse: 4 Tage
- durchschnittliches Zahlungsziel der Lieferanten: 10 Tage
- durchschnittliches Zahlungsziel für die Kunden: 14 Tage

Ermitteln Sie den Kapitalbedarf
a im Anlagevermögen und
b im Umlaufvermögen.

18 Ein Industrieunternehmen nimmt Ende Juni bereits einen Kontokorrentkredit in Anspruch. Der Überziehungszinssatz der Bank beträgt 16 %. Jetzt muss das Unternehmen entscheiden, ob eine fällige Eingangsrechnung in Höhe von 15.000,00 € netto zzgl. 19 % USt. unter Abzug von 2 % Skonto überwiesen werden soll (die Bank wird die Überweisung erfahrungsgemäß ausführen). Die Zahlungsfrist des Lieferanten beträgt 30 Tage, die Skontofrist 10 Tage. Ermitteln Sie

a die Bankzinsen,
b den Finanzierungserfolg bei kreditfinanzierter Skontoausnutzung und
c die effektive Verzinsung des Lieferantenkredits.

Kapitel 4

19 Ein Lkw wird zu folgenden Konditionen angeboten: Listenpreis 500.000,00 €, Sonderausstattungen 50.000,00 €, 10 % Rabatt, Überführungs- und Zulassungskosten 1.000,00 €.

a Ermitteln Sie den Kapitalbedarf (Anschaffungskosten).
b Der Verkäufer bietet ein Darlehen in Höhe der Anschaffungskosten oder einen Leasingvertrag an.

Darlehen	Leasing
Darlehensart: Fälligkeitsdarlehen (Kredittilgung am Ende der Kreditlaufzeit in einer Summe) Laufzeit: 6 Jahre Zinssatz: 6 %	Sonderzahlung: 50.000,00 € Leasingdauer: 6 Jahre Monatliche Leasingrate: 10.200,00 € Restwert: 50.000,00 €

Ermitteln Sie die Gesamtzahlungen bei **ba** Darlehensfinanzierung, **bb** Leasing (bei Kauf des Lkw zum Restwert am Ende der Leasingdauer).

Kapitel 5

20 Beachten Sie nachfolgende Strukturbilanz einer Kapitalgesellschaft.

Aktiva	Strukturbilanz				Passiva
	Vorjahr	Berichtsjahr		Vorjahr	Berichtsjahr
Anlagevermögen	400.000,00	450.000,00	Eigenkapital	250.000,00	350.000,00
Umlaufvermögen	600.000,00	750.000,00	Fremdkapital	750.000,00	850.000,00
− Vorräte	200.000,00	250.000,00	− langfristig	550.000,00	600.000,00
− Forderungen	300.000,00	350.000,00	− kurzfristig	200.000,00	250.000,00
− flüssige Mittel	100.000,00	150.000,00			
Gesamtvermögen	1.000.000,00	1.200.000,00	Gesamtkapital	1.000.000,00	1.200.000,00

Ermitteln Sie alle Kennzahlen zur
a Vermögensstruktur, **b** Kapitalstruktur, **c** Anlagendeckung, **d** Liquidität und
e zum Verschuldungsgrad für das Vorjahr und das Berichtsjahr.

21 Zwei Unternehmen erzielen nachfolgende Werte:

Unternehmen 1		Unternehmen 2	
Umsatzerlöse	8.600.000,00	Umsatzerlöse	14.600.000,00
Gewinn	400.000,00	Gewinn	400.000,00
Fremdkapitalzinsen	320.000,00	Fremdkapitalzinsen	420.000,00
ø Eigenkapital	2.000.000,00	ø Eigenkapital	4.000.000,00
ø Fremdkapital	3.000.000,00	ø Fremdkapital	6.000.000,00

Ermitteln Sie für beide Unternehmen **a** die Eigenkapitalrentabilität, **b** die
Gesamtkapitalrentabilität, **c** die Umsatzrentabilität.

22 Ein Unternehmen hat folgende Jahresabschlusswerte (in Tsd. €) in seiner
Bilanz ermittelt:

Anlagevermögen	2.500	Eigenkapital	2.000
Umlaufvermögen	4.500	Fremdkapital	5.000
davon		davon	
Vorräte	2.500	langfristiges FK	3.200
kurzfr. Forderungen	1.750	kurzfristiges FK	1.800
flüssige Mittel	250		

Ermitteln Sie auf zwei Nachkommastellen kaufmännisch gerundet
a die Liquidität 1. Grades, **b** den Deckungsgrad I, **c** die Fremdkapitalquote,
d den Verschuldungsgrad, **e** die Anlagenquote (-intensität).

12.5 Prozesse der Leistungserstellung im Industrie- und Dienstleistungsbereich

1 Der Prozess der Leistungserstellung

1.1 Produktionsbegriff

Der Begriff **Produktion** taucht innerhalb der Industrie in den verschiedensten Zusammenhängen auf: Vorherrschend ist das Verständnis von Produktion als **Prozess**.

Produktion = Abteilung (organisatorische Einheit)	Produktion = Produkte (Ergebnis des Produzierens)	Produktion = Prozess des Produzierens
„Herr Schneider, holen Sie doch mal die Fertigungsaufträge aus der Produktion."	„Die Öfen waren zu heiß eingestellt. Wir können die ganze Tagesproduktion auf den Müll schmeißen."	„Aufgrund eines Maschinenschadens konnte die Produktion in der Frühschicht erst um 07:15 Uhr anlaufen."

Güter
Sachgüter und Dienstleistungen

Produktion im weitesten Sinne ist **jegliche Art innerbetrieblicher Transformation** (Umwandlung) von **Gütern** in höherwertige Güter. Diese weite Definition des Begriffes Produktion kann nicht nur auf Industriebetriebe, sondern auch auf Banken („Bankprodukte"), Versicherungen („Versicherungsprodukte") und andere Branchen angewendet werden.

Im Folgenden wird die engere Definition des Produktionsbegriffs zugrunde gelegt

(Industrielle) **Produktion im engeren Sinne** ist die sich in Industriebetrieben vollziehende systematische und technische Transformation von Sachgütern in andere höherwertige Sachgüter. Diese Sachgüter sollen auf externen Märkten veräußert oder innerbetrieblich weiterverwendet werden. Industrielle Produktion findet überwiegend in dafür geeigneten und speziell zu diesem Zweck errichteten Produktionsstätten (**Fabriken**) statt.

fabricia
(lat.) Werkstatt

Beispiel Produktion als Transformationsprozess in der Fly Bike Werke GmbH:
– Die Erstellung von Sachgütern erfordert, dass Input in Form menschlicher Arbeitskraft (z. B. Techniker, Ingenieure), von Betriebsmitteln (z. B. Gebäude, Maschinen) und von Werkstoffen (z. B. Rahmen, Sättel) über die Beschaffungsmärkte ins Unternehmen gelangt.
– Das Management des Unternehmens plant, organisiert und überwacht den Leistungserstellungsprozess.
– Nicht alle produzierten Fahrräder können sofort abgesetzt werden. Je nach Marktlage müssen Produkte im Fertigwarenlager „geparkt" werden, d. h., der gesamte Output lässt sich in Absatz- und Lagerprodukte einteilen.

1.2 Betriebliche Produktionsfaktoren

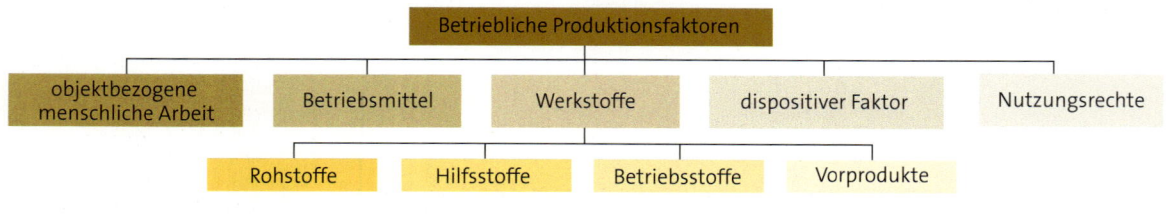

Um Leistungen herzustellen, benötigt das Unternehmen betriebliche Produktionsfaktoren, die mithilfe von Informationen kombiniert werden. Man unterscheidet die **Elementarfaktoren** (menschliche Arbeit, Betriebsmittel und Werkstoffe) und den **dispositiven** Faktor.

Objektbezogene menschliche Arbeit ist die geistige und körperliche Tätigkeit des Menschen zum Zwecke der Leistungserstellung. Durch die ständige Weiterentwicklung der Technik nimmt die körperliche Arbeit immer mehr ab und die geistige Arbeit (z. B. Bedienung komplexer Maschinen) immer mehr zu.

Betriebsmittel sind alle beweglichen und unbeweglichen Mittel, die der Leistungserstellung dienen und nicht in das Erzeugnis eingehen. Betriebsmittel werden in der Bilanz unter Anlagevermögen (Sachanlagen) auf der Aktivseite geführt. Zu den **Betriebsmitteln** gehören:
- Grundstücke, Gebäude und bauliche Anlagen
- Maschinen und maschinelle Einrichtungen
- Transport- und Fördermittel
- Mess- und Prüfwerkzeuge
- Büro- und Geschäftsausstattung

Werkstoffe sind Roh-, Hilfs-, Betriebsstoffe und Vorprodukte. Sie werden auf der Aktivseite der Bilanz unter Umlaufvermögen als Teil des Vorratsvermögens geführt.
- **Rohstoffe** sind wesentliche Bestandteile der zu fertigenden Produkte und gehen unmittelbar in die Fertigerzeugnisse ein (z. B. Stahlrohr für Fahrradrahmen).
- Auch **Hilfsstoffe** sind Bestandteil des Fertigerzeugnisses, aber zu einem wert- und mengenmäßig deutlich geringeren Anteil als Rohstoffe (z. B. Schrauben).
- **Betriebsstoffe** gehen nicht in das Fertigerzeugnis ein, sondern werden zum Betreiben der Fertigungsmaschinen benötigt (z. B. Schmieröl).
- **Vorprodukte** sind Zukaufteile, die von anderen Unternehmen bezogen werden und ohne Veränderung in das Fertigerzeugnis eingehen (z. B. Lenkergriffe).
- Objekte des Materialflusses können auch **Handelswaren** sein, also Güter, die gekauft und unverändert wiederverkauft werden (z. B. Fahrradanhänger).

Der **dispositive Faktor** umfasst die Faktoren Leitung, Planung, Organisation und Kontrolle der Arbeitsabläufe und somit die Fähigkeit der Menschen, die Elementarfaktoren zum Zwecke der Leistungserstellung zu kombinieren.

Elementarfaktoren und Aufgaben des dispositiven Faktors

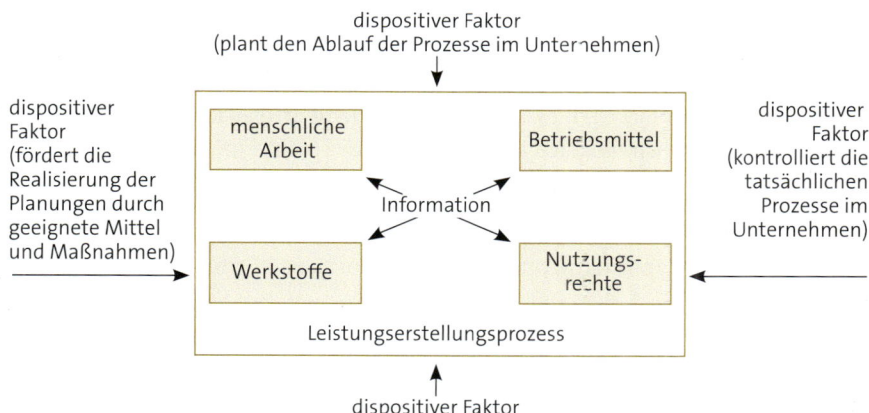

dispositiver Faktor
(plant den Ablauf der Prozesse im Unternehmen)

dispositiver Faktor (fördert die Realisierung der Planungen durch geeignete Mittel und Maßnahmen)

dispositiver Faktor (kontrolliert die tatsächlichen Prozesse im Unternehmen)

menschliche Arbeit

Betriebsmittel

Information

Werkstoffe

Nutzungsrechte

Leistungserstellungsprozess

dispositiver Faktor
(entscheidet über die optimale Zusammenstellung der Produktionsfaktoren)

dispositiv
anordnend

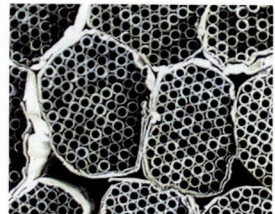

Rohstoffe (Stahlrohr)

Hilfsstoffe (Schrauben)

Vorprodukte (Griffe)

Handelswaren (Anhänger)

Zu den immateriellen Produktionsfaktoren zählen ferner gewerbliche Nutzungsrechte (z. B. Patente, Marken), die selbst entwickelten Erzeugnissen und Fertigungsverfahren Rechtsschutz verleihen.

1.3 Ziele der Fertigungswirtschaft

Der betriebliche Produktionsprozess ist so zu gestalten, dass die Ziele **Effizienz** und **Effektivität** bestmöglich erfüllt werden. Dies bedeutet in der Fly Bike Werke GmbH

- zum einen, dass nur die Fahrräder produziert werden, die der Kunde wünscht (**Effektivität** = „die richtigen Dinge tun"), und
- zum anderen, dass die Fahrradherstellung möglichst kostengünstig erfolgt (**Effizienz** = „die Dinge richtig tun").

Der gesamte Produktionsprozess stellt sich als **Wertschöpfungsprozess** dar. Die Wertschöpfung (positive Differenz zwischen Leistungen und Kosten) besteht darin, dass die betrieblichen Leistungsfaktoren (Input) in Produkte (Output) höheren Wertes transformiert werden. Die wesentliche Aufgabe der Produktion ist die **Planung**, die **Durchführung** und die **Kontrolle** der Herstellung von Sachgütern.

Bei der Produktion müssen die folgenden **Ziele** berücksichtigt werden:

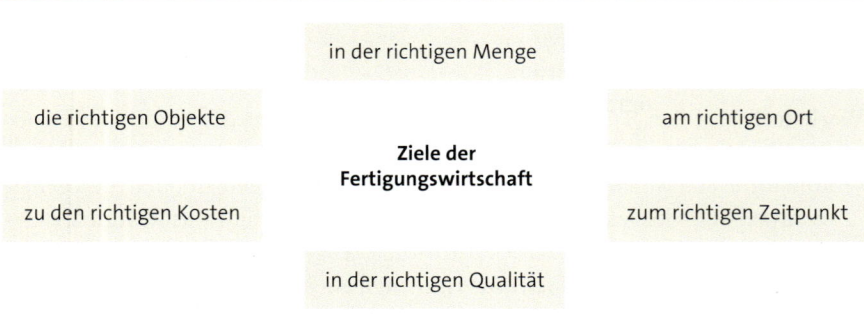

	in der richtigen Menge	
die richtigen Objekte		am richtigen Ort
	Ziele der Fertigungswirtschaft	
zu den richtigen Kosten		zum richtigen Zeitpunkt
	in der richtigen Qualität	

Um das Zusammenwirken der Elementarfaktoren sinnvoll zu gestalten, muss geklärt werden, wer was, wann, wie, warum, wo, womit und mit welchem Ergebnis zu erledigen hat. Dementsprechend sind die notwendigen Elementarfaktoren (wer, womit?) zur richtigen Zeit (wann?) am richtigen Ort (wo?) in der benötigten Qualität und Menge bereitzustellen. Diese Aufgaben übernimmt der dispositive Faktor, der i.d.R. vom Management bzw. der Geschäftsleitung, aber auch der Abteilungsleitung verkörpert wird. Darüber hinaus müssen Pläne für die entsprechenden Bereiche existieren, damit diese genaue Informationen darüber besitzen, was von ihnen wie und warum erwartet wird.

Gerade im Produktionsbereich eines Unternehmens wird deutlich, dass technische und betriebswirtschaftliche Überlegungen immer wieder zu Meinungsverschiedenheiten darüber führen, was ein erfolgreiches Produkt ausmacht:

- Aus technischer Sicht gilt es, ein technisch **hochwertiges Produkt** zu fertigen.
- Die Kunden jedoch möchten oft ein Produkt, das nicht nur die gewünschten Eigenschaften hat, sondern auch möglichst **kostengünstig** angeboten wird.

Daraus ergibt sich, dass die Produktion von Sachgütern unter dem betriebswirtschaftlichen Nebenziel der Minimierung von Produktionskosten erfolgen muss.

> **Beispiel** So kann z.B. ein Blu-ray-Player, der nur die Grundfunktionen bietet, kommerziell gesehen wesentlich erfolgreicher sein als ein ähnliches Gerät, das eine Menge von Zusatzfunktionen liefert, die aber von den Kunden als überflüssig angesehen und somit nicht bezahlt werden.

1.4 Kernprozesse der Leistungserstellung

Die industriebetriebliche Leistungserstellung vollzieht sich stets als Umwandlung der betrieblichen **Leistungsfaktoren** menschliche Arbeit, Betriebsmittel, Werkstoffe sowie Dienstleistungen und Informationen (Inputfaktoren) im Rahmen eines **Transformationsprozesses** in die **Produkte** (Erzeugnisse, Outputfaktoren) des Betriebes.

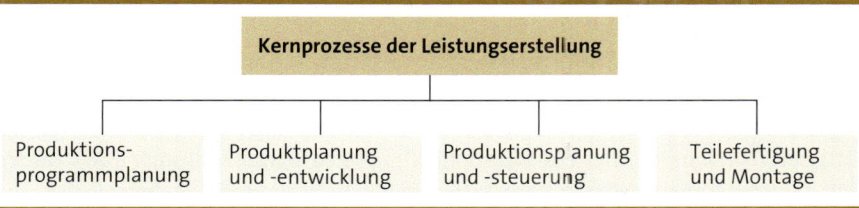

Die richtigen Produkte zu konkurrenzfähigen Preisen am Markt anzubieten ist entscheidend für die langfristige Wettbewerbsfähigkeit eines Industrieunternehmens: Die **Planung des eigenen Produktionsprogramms** ist somit der erste zentrale Kernprozess innerhalb der Leistungserstellung. Sie teilt sich auf in

- die **qualitative Programmplanung** (Festlegung des Leistungsprogramms des Betriebs nach seiner Art) und
- die **quantitative Programmplanung** (Festlegung der zu fertigenden Mengen).

Die **Produktplanung und -entwicklung** ist der zweite Kernprozess der Leistungserstellung. Hier kommt den Forschern, Konstrukteuren und Designern die Aufgabe zu, funktionsfähige, fertigungsreife und kostengünstige Erzeugnisse zu entwickeln. Im Rahmen der Produktplanung und -entwicklung werden Weichen gestellt, die in den folgenden Prozessen nur begrenzt beeinflusst werden können.

> **Beispiel** Gerade kleinere Konstruktionsfehler werden im Automobilbau häufig erst nach der Markteinführung neuer Modelle durch vermehrte Reklamationen der Kunden entdeckt und führen durch aufwändige Rückrufaktionen zu enormen Folgekosten.

Der Produktplanungs- und -entwicklungsprozess liefert in Form von Konstruktionszeichnungen und Modellen, Stücklisten, Rezepturen usw. die Planungsgrundlagen für die sich anschließende Planung und Steuerung des Produktionsprozesses.

Bei der **Produktionsplanung und -steuerung** (PPS), dem dritten Kernprozess der Leistungserstellung, werden

- die auszuführenden Arbeitsabläufe festgelegt,
- die einzusetzenden Betriebsmittel und Arbeitskräfte bestimmt,
- die notwendigen Bedarfe an Betriebsmitteln und Werkstoffen ermittelt,
- die Reihenfolge der Auftragsdurchführung festgelegt und
- deren Ablauf sowie die Qualität der gefertigten Erzeugnisse überwacht.

So wird die Produktion der Erzeugnisse unter Berücksichtigung der Wirtschaftlichkeit vorgedacht, definiert und zeitlich geplant und überwacht.

Während der **Teilefertigung und Montage** (also während der eigentlichen Fertigung) vollzieht sich schließlich der stoffliche Umwandlungsprozess der eingesetzten Rohmaterialien in Einzelteile, Zwischenprodukte und Baugruppen sowie versandfertige Enderzeugnisse. Dabei wird die geometrische Gestalt, die chemische oder physikalische Beschaffenheit oder die Oberfläche des Grundmaterials verändert.

Die Auswahl der einzusetzenden Werkstoffe und Fertigungstechnologien vollzieht sich dabei stets im Spannungsfeld physikalisch-technologischer Anforderungen auf der einen und wirtschaftlicher Notwendigkeiten auf der anderen Seite.

Beispiel Ein wegen des Einsatzes hochwertiger Werkstoffe und aufwändiger Fertigungsverfahren technisch-qualitativ perfektes Produkt wird wahrscheinlich in der Herstellung so teuer sein, dass es – wenn überhaupt - nur einen sehr kleinen Markt findet.

Der durchgängige EDV-Einsatz in allen Teilschritten der Fertigung – vom Eingang des Kundenauftrages bis zur Auslieferung der Produkte – lässt den Zeitbedarf für die Auftragsdurchführung immer weiter sinken. Die vollständige EDV-Integration aller Fertigungsbereiche ist Ziel des Computer Integrated Manufacturing (CIM). Dabei geht der Trend immer stärker von der zentralen zur dezentralen Steuerung der einzelnen in einem Netzwerk (sog. LAN = local area network) verbundenen Arbeitsstationen.

Übersicht: **Kernprozesse der Leistungserstellung**

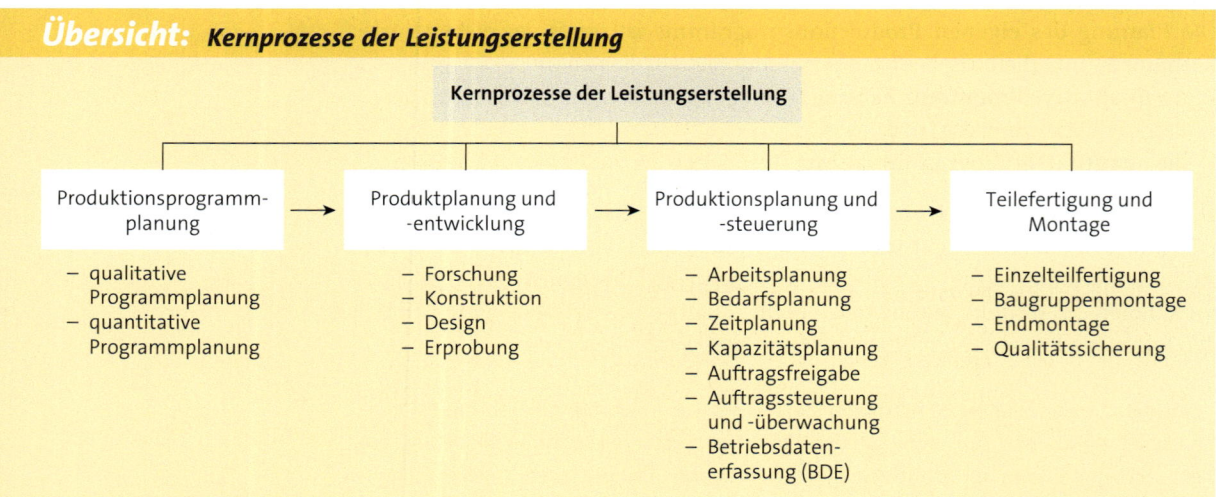

Kernprozesse der Leistungserstellung

Produktionsprogramm-planung	Produktplanung und -entwicklung	Produktionsplanung und -steuerung	Teilefertigung und Montage
– qualitative Programmplanung – quantitative Programmplanung	– Forschung – Konstruktion – Design – Erprobung	– Arbeitsplanung – Bedarfsplanung – Zeitplanung – Kapazitätsplanung – Auftragsfreigabe – Auftragssteuerung und -überwachung – Betriebsdaten-erfassung (BDE)	– Einzelteilfertigung – Baugruppenmontage – Endmontage – Qualitätssicherung

AB → Lernsituation 60

1.5 *Bestimmung des Produktionsprogramms*

1.5.1 *Produktionsprogrammbreite und -tiefe*

Bei der Produktionsprogrammplanung entscheidet ein Industriebetrieb über Art und Anzahl der von ihm selbst hergestellten Erzeugnisse. Das **Produktionsprogramm** besteht aus den Gütern, die vom Unternehmen selbst produziert werden. Dies können sowohl selbst gefertigte Sachgüter als auch Dienstleistungen sein.

Produktionsprogramm der Fly Bike Werke GmbH

City-Räder	Trekkingräder	Mountain-Bikes	Rennräder	Kinderräder
Modelle – Glide – Surf	Modelle – Light – Free – Nature	Modelle – Dispo – Constitution – Unlimited	Modelle – Fast – Superfast	Modelle – Twist – Cool

> **Beispiel** Die Geschäftsleitung der Fly Bike Werke GmbH hat die Entscheidung getroffen, ein neu zu entwickelndes Fitness-Bike in das Produktionsprogramm des Unternehmens aufzunehmen. Mit dieser Entscheidung wird eine Erweiterung des Produktionsprogramms vorgenommen. Das Produktionsprogramm der Fly Bike Werke GmbH wird durch das neue Fitness-Bike **verbreitert**.

Die **Produktionsprogrammbreite** gibt die Anzahl der von einem Unternehmen produzierten Produktarten bzw. Produktlinien an. Mit der Erhöhung der Produktionsprogrammbreite sind sowohl Vor- als auch Nachteile verbunden.

Vorteile:

- Risikostreuung (das Absatzrisiko verteilt sich auf mehr Produktarten)
- bessere Absatzchancen (Einkaufsbequemlichkeit für den Kunden)
- Möglichkeiten der Mischkalkulation (unterschiedliche Verkaufszuschläge)
- Möglichkeiten der Verwertung von Abfällen (Kuppelproduktion)

Nachteile:

- Die Gesamtkosten steigen (z. B. für die Umrüstung der Maschinen).
- Die Betriebsstruktur wird schwerer überschaubar.
- Es wird schwieriger, das Markenprofil des Unternehmens zu schärfen.
- Eine Zersplitterung der Kräfte im Einkaufs- und Absatzbereich (Multimarktkonzept) verhindert Spezialisierungsmöglichkeiten.

> **Beispiel** Die Geschäftsleitung der Fly Bike Werke GmbH muss ebenfalls entscheiden, welche Varianten des neuen Fitness-Bikes produziert und angeboten werden sollen. Neben den Rahmengrößen und -arten (Herren- und Damenrahmen) sind die unterschiedlichen Ausstattungsvarianten (z. B. Lenkerarten, Ketten- oder Narbenschaltungen, Farben) festzulegen. Das Produktionsprogramm der Fly Bike Werke GmbH wird durch die verschiedenen Varianten des Fitness-Bikes **vertieft**.

Die **Produktionsprogrammtiefe** bezieht sich auf die Anzahl der Varianten und Typen, die innerhalb einer Produktart angeboten werden:

- Typen umfassen Artikel, die in bestimmten Eigenschaften übereinstimmen.
- Artikel sind kleinste, nicht mehr teilbare Einheiten eines Produktionsprogramms.

Die Bestimmung des Produktionsprogramms nach Art und Menge der herzustellenden Güter hat unter Beachtung des erwerbswirtschaftlichen Prinzips zu erfolgen. Optimal ist das Produktionsprogramm, wenn damit der maximale Gewinn erzielt wird.

Die Programmplanung unterliegt einer Vielzahl von **Bedingungen**:

- **Beschaffungsbedingungen**: Die zur Herstellung der Güter erforderlichen Einsatzstoffe stehen nur in begrenzten Mengen zur Verfügung.
- **Kapazitätsbedingungen**: Es können nicht mehr Güter produziert werden, als mit den vorhandenen maschinellen und personellen Ressourcen möglich ist.
- **Absatzbedingungen**: Es sollten nicht mehr Güter produziert werden, als das Unternehmen bei gegebener Nachfrage am Markt absetzen kann.

Die **Fertigungstiefe** bezieht sich auf die Erzeugnisstruktur. Sie zeigt auf, wie viele Fertigungsstufen ein Erzeugnis im Betrieb durchläuft, wie viele Fertigungsschritte also selbst durchgeführt werden.

Unter dem Oberbegriff „**lean production**" (*engl.: schlanke Fertigung*) haben unterschiedliche Managementkonzepte in der Industrie zu einer zum Teil drastischen Verringerung der Fertigungstiefe geführt. Der japanische Automobilkonzern Toyota führt z. B. nur noch knapp ein Drittel aller für die Fertigung seiner Fahrzeuge notwendigen Produktionsschritte selbst aus:

- Im Zentrum dieser Entwicklung steht das Ziel, durch Konzentration auf die Kernprozesse des Unternehmens unnötige Kosten zu vermeiden und Produkte schneller zur Marktreife zu bringen.
- Kehrseite der „schlanken" Fertigung ist aber eine Zunahme der Abhängigkeit von Vorlieferanten sowie ein Verlust an Knowhow und Kontrollmöglichkeiten.

1.5.2 Programmplanung mithilfe der linearen Optimierung

Bei der linearen Optimierung geht es darum, den Wert einer Größe unter einschränkenden Bedingungen zu maximieren oder zu minimieren. Man will z. B. für ein Industrieunternehmen, das mehrere Produkte herstellt, ermitteln, wie viele Mengeneinheiten zu produzieren sind, damit der Gewinn möglichst groß wird. Dabei sind die Produktionsmöglichkeiten aber durch Kapazitätsgrenzen, Finanzierungsengpässe oder sonstige Restriktionen eingeschränkt. Diese Einschränkungen werden durch lineare Ungleichungen erfasst.

> **Beispiel** Die Schmidt KG produziert Kühl- und Gefrierschränke. Es gelten folgende Beschränkungen. Kapazitätsbeschränkung: Die Produktionskapazitäten lassen nur zu, dass von beiden Produkten zusammen höchstens 200 Stück pro Tag hergestellt werden können. Kostenbeschränkung: Pro Tag dürfen höchstens 45.000,00 € an Kosten bei der Produktion der Kühlgeräte anfallen. Die Herstellung der Kühlschränke verursacht 150,00 € pro Stück, die erheblich aufwendigere Fertigung der Gefriergeräte 300,00 € pro Stück.

Lineare Ungleichungen aufstellen und zugehörende Funktionen ermitteln

Grafische Darstellung der Restriktionen in einem Koordinatensystem

Bezeichnet man mit x die Variable für die Anzahl der Kühlschränke und mit y die Variable für die Anzahl der Gefrierschränke, so lassen sich die folgenden **linearen Ungleichungen** aufstellen. Aus diesen wiederum können die Funktionen f(x) und g(x) abgeleitet und deren Graphen in einem Koordinatensystem veranschaulicht werden (graphisches Verfahren). Da es keinen Sinn ergibt, negative Werte für x und y zuzulassen, unterliegen die Variablen der sogenannten **Nichtnegativitätsbedingung**, d. h. $x \geq 0$; $y \geq 0$.

$x + y$	≤ 200	▶ Kapazitätsbeschränkung
y	$\leq -x + 200$	▶ umgeformte Beschränkung
$f(x)$	$= -x + 200$	▶ zugehörige Funktion
$150\,x + 300\,y$	≤ 45.000	▶ Kostenbeschränkung
y	$\leq -0,5\,x + 150$	▶ umgeformte Beschränkung
$g(x)$	$= -0,5x + 150$	▶ zugehörige Funktion

Ein System von Ungleichungen mit den Variablen x und y heißt lineares Ungleichungssystem. Die Lösungen eines solchen Systems lassen sich in einem kartesischen Koordinatensystem als Punktmengen veranschaulichen. Im Beispiel liegen im beige markierten **Planungsvieleck** und auf seinen Seiten alle Punkte, deren Koordinaten die Kombinationsmöglichkeiten von Stückzahlen angeben, die unter den gegebenen Restriktionen produziert werden können. Man bezeichnet diese Punktmenge als **Lösungsraum**.

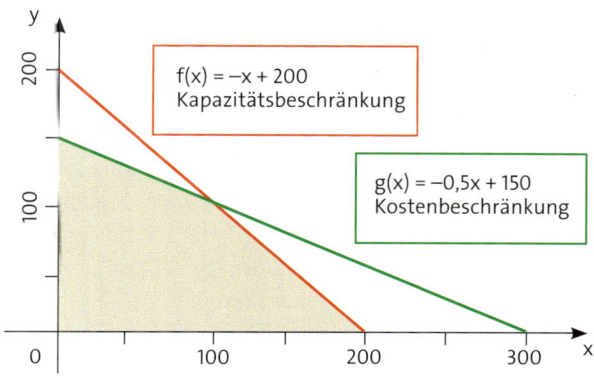

Beispiel Der Gewinn pro Kühlschrank beträgt 100,00 € und pro Gefrierschrank 150,00 €. Wie viele Kühlschränke bzw. Gefrierschränke müssen produziert (und verkauft) werden, damit der Gewinn möglichst groß ist?

Der Gewinn ist die Summe aus den beiden Gewinnanteilen, die entstehen, wenn jeweils der Stückgewinn mit der Stückzahl multipliziert wird.

Gewinngleichung aufstellen

$G = 100x + 150y$ ▶ Gewinngleichung

$y = -\frac{2}{3}x + \frac{G}{150}$ ▶ umgeformte Gewinngleichung

Die Graphen dieser Funktionsschar sind **parallele Geraden (Isogewinnlinien)**. Sie haben den Steigungsfaktor $-\frac{2}{3}$. Punkte auf einer bestimmten Isogewinnlinie geben die Kombinationen von Stückzahlen der produzierten Kühl- bzw. Gefrierschränke wieder, die alle zu demselben Gesamtgewinn führen. Die Gerade, die z.B. bei 200 die y-Achse schneidet, repräsentiert einen Gewinn von 30.000,00 €.

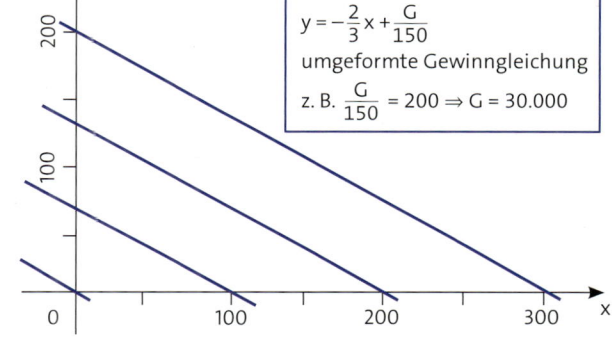

Die **Maximierung des Gewinns** unter den gegebenen Restriktionen bedeutet, die Gerade aus der ganzen Schar auszuwählen, die „möglichst weit oben" die y-Achse schneidet, auf der aber mindestens noch *ein* Punkt des Lösungsraumes liegt. Zeichnet man eine beliebige Gerade aus der Geradenschar, z.B. die Gerade, die durch den Ursprung geht, in das Koordinatensystem ein, so erreicht man durch Parallelverschiebung dieser Geraden in Richtung der positiven y-Achse, dass die Werte für G immer größer werden.

Grafische Lösung: Ermittlung des maximalen Gewinns durch Parallelverschiebung der Isogewinnlinien

Die Gerade, die unter den gegebenen Bedingungen durch den Punkt ‹100|100› geht, ist diejenige optimale Gewinngerade, die den maximalen Gewinn anzeigt. Geraden, die weiter oberhalb verlaufen, haben keinen Punkt mehr mit dem Lösungsraum gemeinsam.

Gewinnmaximaler Punkt: ‹100|100›

Maximaler Gewinn: $G = 100 \cdot 100 + 150 \cdot 100$
$= 25.000$

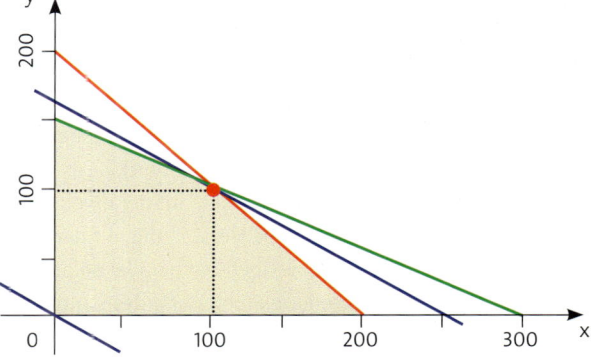

Der Punkt ‹100|100› ist der gewinnmaximale Punkt, er ist ein Eckpunkt des Planungsvielecks. Der maximale Gewinn beträgt 25.000,00 €. Er wird erreicht, wenn 100 Kühlschränke und 100 Gefrierschränke produziert und verkauft werden.

1.6 Zeitliche und mengenmäßige Abstimmung zwischen Absatz- und Produktionsprogramm

Die zeitliche und mengenmäßige Planung des Produktionsprogramms stellt insbesondere dann eine schwierige Entscheidungssituation dar, wenn die Absatzmengen im Jahresverlauf mehr oder minder stark schwanken. Bei einer **auftragsorientierten** Fertigung würde der Industriebetrieb in diesem Fall darauf warten, dass konkrete Aufträge der Kunden vorliegen, um diese dann entsprechend den bestellten Mengen zu fertigen.

Als Alternative bietet sich eine **marktorientierte** Fertigung an, bei der sich die Produktionsmengen an Absatzprognosen, also den zu erwartenden Absatzmengen, orientieren. In diesem Fall müssen Absatz und Produktion mengenmäßig und zeitlich aufeinander abgestimmt werden, damit unnötig hohe Kosten vermieden werden

Varianten	Erläuterung
Marktorientierte Fertigung (Emanzipation) x = Menge in Stück t = Zeitablauf -- = geplanter Absatz — = geplante Produktion ▨ = Lagerzugang ▨ = Lagerabgang	Die marktorientierte Fertigung (auch Lagerfertigung genannt) findet sich vor allem im Konsumgüterbereich. Sie zeichnet sich dadurch aus, dass die Produktionsmengen trotz schwankender Absatzzahlen konstant gehalten werden. Man bezeichnet dies auch als zeit- und mengenmäßige Emanzipation. Auf diese Weise können möglichst alle Kundenaufträge kurzfristig aus dem Absatzwarenlager bedient werden. Dies setzt voraus, dass aufgrund von Absatzprognosen bekannt ist bzw. geschätzt werden kann, wie viele Bestellungen pro Periode anfallen. Der Absatzbereich gibt die entsprechenden Werte an den Fertigungsbereich weiter. Aus dem geschätzten Jahresabsatz wird dann das Produktionsprogramm abgeleitet. Wenn das Lager ausreichend gefüllt ist, kann der Kunde direkt beliefert werden. Nach der Auslieferung der Ware wird der Lagerbestand um die Liefermenge reduziert. Aufgaben des Prozessmanagements sind hier die kontinuierliche Überwachung der Lagerbestände und der Einsatz geeigneter Bestellverfahren. Diese Form der Fertigung ermöglicht eine konstante Auslastung der Produktionsmittel und eine nahezu optimale Dimensionierung der Produktionskapazitäten. Andererseits führt die Emanzipation bei schwankenden Absatzmengen zeitweilig zu hohen Beständen im Warenlager und damit verbundenen Lagerkosten. 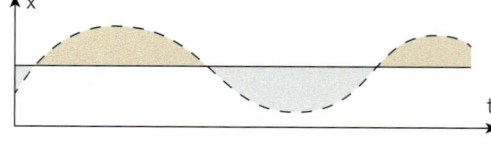
Auftragsorientierte Fertigung (Synchronisation)	Bei der auftragsorientierten Fertigung (auch Auftragsfertigung genannt) werden die Produktionsmengen synchron, also zeitlich parallel zu den Absatzmengen, geplant. Diese Form der Mengenplanung findet man vor allem im Bereich von Investitionsgütern, die auf speziellen Kundenwunsch gefertigt werden (z. B. Luxusuhren, spezialisierte Werkzeugmaschinen oder medizinische Geräte). Die Lager- und Absatzrisiken sind bei der Auftragsfertigung minimal. Auch können spezielle Kundenwünsche bestmöglich realisiert werden. Andererseits hat dies jedoch stets den Nachteil, dass mit längeren Lieferzeiten entsprechend den verfügbaren Produktionskapazitäten zu rechnen ist. Hier bietet sich das Verfahren des Simultaneous Engineering an, bei dem Entwicklungs- und Konstruktionsarbeiten auf der einen und die eigentliche Herstellung auf der anderen Seite weitgehend parallel ablaufen. Eine intensive Einbindung des Kunden in alle Planungsarbeiten ist dabei unverzichtbar. 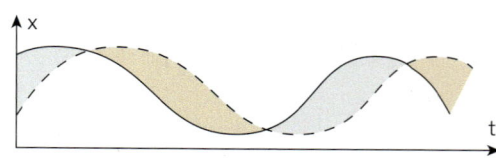

Varianten	Erläuterung
Programmfertigung (partielle Synchronisation)	Die Programmfertigung ist eine Mischform aus markt- und auftragsorientierter Fertigung. So weit wie möglich werden ständig benötigte Standardteile auf Lager vorrätig gehalten und kundenauftragsabhängige Teile erst dann bestellt, wenn sie benötigt werden. Sie findet sich verbreitet bei hochwertigen und langlebigen Konsumgütern (z. B. Pkw, Segelyachten oder Wohnmöbel und Einbauküchen von Markerherstellern), wo Produkte entsprechend den unterschiedlichen Kundenwünschen (z. B. Ausstattung, Farbe) auf Basis standardisierter Baugruppen gefertigt werden können.

1.7 Produktionsplanung und -steuerung

AB → Lernsituation 61

1.7.1 Termine planen

Bei der **Durchlaufterminierung** werden die zeitlichen Zusammenhänge der einzelnen Arbeitsgänge der Fertigung dargestellt. Um eine möglichst große **Liefertreue**, aber eine kurze Durchlaufzeit bzw. Wiederbeschaffungszeit zu garantieren, werden die Fertigungsaufträge mit Terminen versehen.

Für die Terminplanung bei selbst gefertigten Teilen wird die **Durchlaufzeit** der Fertigung benötigt und bei Kaufteilen die **Wiederbeschaffungszeit**.

Liefertreue
Fähigkeit eines Anbieters, Kundenaufträge wie zugesagt, d. h. pünktlich und mängelfrei, auszuführen (vgl. auch **Termintreue**, S. 418)

Durchlaufzeit
Zeitspanne, die bei der Fertigung eines Produkts zwischen dem Beginn des ersten Arbeitsgangs und dem Ende des letzten Arbeitsgangs verstreicht

Durchlaufzeit

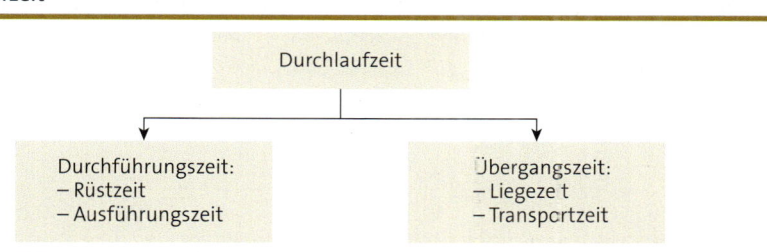

Die **Durchlaufzeit** umfasst Durchführungs- und Übergangszeiten:

- Die **Durchführungszeit** setzt sich aus Rüst- und Ausführungszeit zusammen. In der Rüstzeit ist die Zeit enthalten, die der Vorbereitung der auftragsgemäß auszuführenden Arbeit, insbesondere der Betriebs- und Hilfsmittel, und deren Rückversetzung in den ursprünglichen Zustand dient. Die Rüstzeit wird in der Regel einmal je Auftrag (oder Teilauftrag) benötigt. Die Ausführungszeit ist die Zeit, die für die Arbeit an allen Einheiten (z. B. Stücken) des Auftrages insgesamt vorzugeben ist.
- Die **Übergangszeit** wird für den Übergang von einem Arbeitsplatz zum folgenden Arbeitsplatz angesetzt (Summe aus Liege- und Transportzeit).

Die **Wiederbeschaffungszeit** umfasst die Zeitspanne vom Erkennen des Bedarfs im Lager bzw. in der verbrauchenden Stelle und dem Eintreffen der beschafften Teile im Lager bzw. bei der verbrauchenden Stelle.

Ein **Arbeitsplan** ist die Auflistung der zur Fertigung eines Teils/Produkts notwendigen Arbeitsgänge, ihrer Reihenfolge, der beanspruchten Betriebsmittel, der benötigten Zeit und des notwendigen Materials. Ein Arbeitsplan muss folgende Informationen enthalten:

- Was ist zu fertigen? (Angaben zum Produkt)
- Wo ist zu fertigen? (Angaben zur Werkstatt bzw. Bearbeitungsmaschine)
- Wie ist zu fertigen? (Angaben zur Reihenfolge der auszuführenden Arbeitsgänge)
- Womit ist zu fertigen? (Angaben zu den zu verwendenden Werkzeugen)

Fertigungslos (= **Losgröße**)
Menge gleichartiger Produkte, die ohne Unterbrechung hintereinander gefertigt werden

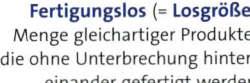 **Beispiel** Für das neu in das Produktionsprogramm aufgenommene Fitness-Bike der Fly Bike Werke GmbH wird ein Arbeitsplan erstellt.

Arbeitsplan

Fitness-Bike (**Fertigungslos**: 100 Stück/1 Arbeitstag = 8 Stunden)

Arbeitsgänge	Maschinen/ Werkstatt	Lohnsatz/Std. in €	Rüstzeit + Transportzeit in Min.	Ausführungszeit in Min. pro Stück	Gesamtauftragszeit	
					Min.	Std.
1. Gabeln richten und reinigen	Rohbau	10,13	8	4,72	480	8
2. Rahmen richten und reinigen	Rohbau	10,13	8	9,52	960	16
3. Gabeln grundieren und nass lackieren	Lackiererei	10,13	150	8,10	960	16
4. Rahmen grundieren und nass lackieren	Lackiererei	10,13	150	8,10	960	16
5. Vormontage der Rahmen-Gabel-Baugruppe	Vormontage	10,13	13	14,27	1440	24
6. Vormontage Lenker	Lenkervormontage	10,13	4	4,76	480	8
7. Vormontage Baugruppen (Sattel, Schutzblech, Gepäckträger)	Teilevormontage	9,46	13	9,47	960	16
8. Einspeichen, Zentrieren und Bereifen der hinteren und vorderen Laufräder	Laufradmontage	9,46	18	19,02	1920	32
9. Montage der Baugruppen und Teile zum Endprodukt	Endmontage	10,13	22	23,78	2400	40
10. Kontrolle der Fahrräder	Qualitätskontrolle	10,69	8	4,72	480	8
Summe					11040	184

Die Gesamtauftragszeit beträgt 184 Stunden (23 Arbeitstage zu 8 Stunden).

Unter Verwendung der im Arbeitsplan enthaltenen Daten, d.h. Arbeitsgänge und Zeiten, wird der **Fristenplan** (in Form eines Balkendiagramms) erstellt. Der Fristenplan gibt einen Überblick über die Reihenfolge, die Zeitdauer und den Beginn der einzelnen Fertigungsvorgänge eines Produkts. Im Fristenplan werden noch keine konkreten Kalenderdaten und Termine angegeben.

 **Beispiel** Fristenplan der Fly Bike Werke GmbH für die Fertigung des Fitness-Bikes der Fly Bike Werke GmbH

Nr.	Arbeitsgänge / Arbeitstage	1	2	3	4	5	6	7	8	9	10	11	12	13	14	15	16	17	18	19	20	21	22	23
1.	Gabeln richten und reinigen	▓																						
2.	Rahmen richten und reinigen		▓	▓																				
3.	Gabeln grundieren und nass lackieren				▓																			
4.	Rahmen grundieren und nass lackieren					▓	▓																	
5.	Vormontage der Rahmen-Gabel-Baugruppe								▓	▓														
6.	Vormontage Lenker										▓	▓												
7.	Vormontage Baugruppen (Sattel, Schutzblech, Gepäckträger)												▓	▓										
8.	Einspeichen, Zentrieren und Bereifen der hinteren und vorderen Laufräder														▓	▓	▓	▓						
9.	Montage der Baugruppen und Teile zum Endprodukt																		▓	▓	▓	▓	▓	
10.	Kontrolle der Fahrräder																							▓

1.7.2 Maschinen belegen

Stehen hinreichende Kapazitäten zur Verfügung, können die vorhandenen Betriebsmittel mit den geplanten Fertigungsaufträgen belegt werden. Der Erfolg der Maschinenbelegungsplanung ist abhängig von der **Losgröße** des zu fertigenden Produkts, der geplanten Produktionsreihenfolge und der Einhaltung der Auftragstermine.

Aufgabe der Maschinenbelegungsplanung ist es, die Maschinenauslastung zu optimieren, indem z.B. Rüstzeiten minimiert und Leerlauf- bzw. Wartezeiten an den Maschinen vermieden werden. **Maschinenbelegungstafeln** sind Balkendiagramme, die mit einer Zeitleiste ausgestattet und nach Wochentagen eingeteilt sind.

Losgröße (= **Fertigungslos**)
Menge gleichartiger Produkte, die ohne Unterbrechung hintereinander gefertigt werden

Beispiel Auf drei Maschinen A, B, C sind fünf Aufträge zur Herstellung einer bestimmten Zahl von Fahrrädern zu bearbeiten, die alle die Reihenfolge A, B, C einhalten müssen. Es handelt sich um die Maschinen Rohbau (A), Lackiererei (B) und Vormontage (C). Die Aufträge benötigen an den Maschinen die folgenden Zeiten (Angaben in Stunden):

Maschinen Auftrag	A	B	C
1	8	4	6
2	3	7	2
3	5	2	6
4	1	8	3
5	6	0	5

Ein mögliches Verfahren zur Optimierung der Maschinenauslastung ist die Regel der kürzesten Anfangs- und Endzeiten: Es wird der Auftrag zuerst bearbeitet, der die kürzeste Zeit auf der ersten Maschine hat, und der Auftrag zuletzt, der die kürzeste Zeit auf der letzten Maschine hat. Wenn die Regel immer wieder auf die verbleibenden Aufträge angewandt wird, dann sind die Aufträge in der folgenden Reihenfolge zu bearbeiten: 4, 3, 1, 5, 2.

Die Gesamtlaufzeit (Zykluszeit) beträgt bei dieser Reihenfolge 32 Stunden. Das nachstehende Schaubild zeigt die Maschinenbelegung nach der Regel der kürzesten Anfangs- und Endzeiten in der grafischen Form des Balkendiagramms. Die weißen Flächen stellen Leerzeiten (Lz.) dar bzw. Zeiten, in denen die Maschinen für andere Aufträge genutzt werden können. Zur planerischen Unterstützung und zur besseren Veranschaulichung benutzen Betriebe häufig Maschinenbelegungstafeln:

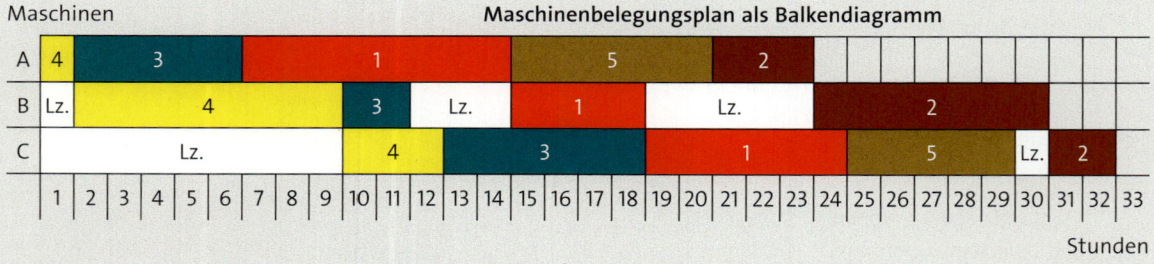

1.8 Fertigungsverfahren

Um Fertigungsprozesse sinnvoll planen, steuern und kontrollieren zu können, sind neben einer Vielzahl von Arbeitsplätzen die für die Fertigung benötigten Betriebsmittel in Form von Gebäuden, Maschinen und Werkzeugen so zu organisieren, dass eine „funktionierende Fabrik" entsteht.

1.8.1 Organisationstypen der Fertigung

Werkstatt-, Fließ- und Gruppenfertigung gehören zu den sogenannten Organisationstypen der Fertigung. Die Unterscheidung nach dem Organisationstyp erfolgt unter dem Gesichtspunkt der Anordnung der Betriebsmittel im Fertigungsprozess. Diese kann sich am Verrichtungsprinzip oder am Objektprinzip orientieren.

Organisationstypen der Fertigung

Anordnung der Produktionsfaktoren	Werkstattfertigung	Gruppenfertigung	Fließfertigung
	Verrichtungsorientierung	Objektorientierung	
Charakteristisches Merkmal	räumliche Zusammenfassung von Betriebsmitteln gleicher oder ähnlicher Verrichtung	räumliche Zusammenfassung verschiedener Betriebsmittel zu Funktionsgruppen (Möglichkeit der Anwendung neuer Formen der Arbeitsstrukturierung, z. B. teilautonome Gruppen)	Anordnung der Betriebsmittel und Arbeitsplätze nach der Arbeitsgangfolge (kontinuierlicher Fertigungsfluss wird durch die zeitliche Abstimmung der Arbeitstakte erreicht)
Typischer Anwendungsbereich	Werkzeugmaschinenbau	wie bei der Werkstatt- und Fließfertigung	Konsumgüter- und Kraftfahrzeugindustrie

Die **Werkstattfertigung** ist nach dem **Verrichtungsprinzip** organisiert, d. h., Maschinen gleicher oder ähnlicher Verrichtung und gleicher Fertigungstechnologie werden räumlich zusammengefasst (Werkstatt im industriellen Sinn). Da die Arbeitsgänge bei der Werkstattfertigung zeitlich nicht genau aufeinander abgestimmt werden können, sind Lager für Rohmaterial, Halbfertig- und Fertigerzeugnisse nötig.

Die Fertigung erfolgt entsprechend der im Arbeitsplan aufgeführten Reihenfolge, wobei die Werkstücke auftragsweise von Werkstatt zu Werkstatt transportiert werden müssen. Wegen der fehlenden Abstimmung der Bearbeitungs- und Transportzeiten kann es zu Wartezeiten vor den Maschinen und zu hohen Werkstattbeständen kommen.

Trotz hoher Aufwendungen für Planung und Steuerung entstehen lange Durchlaufzeiten und eine unbefriedigende **Termintreue**. Aus Wettbewerbsgründen müssen Unternehmen zunehmend Lieferzeiten reduzieren und kurze Durchlaufzeiten realisieren. Der Kostendruck zwingt Unternehmen dazu, niedrige Umlaufbestände und damit möglichst wenig Kapital im Fertigungsprozess zu binden. Deshalb findet die Werkstattfertigung nur noch Anwendung bei der Einzel- oder Kleinserienfertigung, wo es auf hohe Flexibilität in der Fertigungstechnologie ankommt.

Die **Fließfertigung** ist nach dem **Objektprinzip** organisiert. Die Anordnung der Betriebsmittel und Maschinen erfolgt nach der Reihenfolge der sich aus dem Arbeitsplan ergebenden Arbeitsgänge für das zu bearbeitende Arbeitsobjekt.

Aufgrund ihrer hohen Produktivität ist die Fließfertigung der mit weitem Abstand häufigste Organisationstyp industrieller Fertigung. Das Gesetz der Massenproduktion, also die Verteilung auflagefixer Kosten auf eine große Anzahl von Produkten, und die Gewinnung von Rationalisierungsvorteilen durch Arbeitsteilung lassen sich hier optimal verwirklichen.

Können die Arbeitnehmer ihr Arbeitstempo selbst bestimmen, spricht man von **Reihenfertigung**. Die zeitlich nicht vollständig aufeinander abgestimmten Teilprozesse an den einzelnen Arbeitsplätzen werden dabei durch Pufferlager aufgefangen.

Die Schweißerei oder die Lackiererei sind Beispiele für den Organisationstyp der Werkstattfertigung.

Termintreue
Fähigkeit eines Anbieters, Kundenaufträge pünktlich zum vereinbarten Termin auszuführen (Teil der **Liefertreue**, vgl. S. 415)

Fließfertigung in der Automobilindustrie: Im Beisein von Wilhelm von Opel wird 1931 der 10 000ste Opel-Wagen in Rüsselsheim vollendet. Darunter die Produktion eines Opel Corsa im Opel-Werk Eisenach 2011.

inhuman
(lat.) unmenschlich, nicht menschenwürdig

Fluktuation
(lat.) Schwankung, Wechsel; hier der Abgang von Mitarbeitern

Zahlreiche Produktionsprozesse in der chemischen oder pharmazeutischen Industrie, aber auch in der Lebensmittel- und Getränkeherstellung dürfen aus verfahrenstechnischen Gründen nicht unterbrochen werden. Ein Stillstand des Prozesses vor seiner Beendigung würde häufig das komplette Fertigungslos unbrauchbar machen. Man bezeichnet diese Form der Fließfertigung daher als **Zwangslauffertigung**.

Unter dem maßgeblichen Einfluss des US-amerikanischen Ingenieurs F. W. TAYLOR (1856–1915) entstand zu Beginn des 20. Jahrhunderts in den Schlachthöfen und Automobilwerken Chicagos die **Fließbandfertigung**.

Bei der Fließbandfertigung werden die Werkstücke mittels Fließbändern von einer Arbeitsstation zur nächsten transportiert. Die Arbeit wird so aufgeteilt, dass an jeder Station nur wenige einfache Arbeitsschritte durchgeführt werden, die auch von angelernten Arbeitern effektiv ausgeführt werden können.

Ihre im Vergleich zur Werkstattfertigung geringe Anpassungsfähigkeit an Marktveränderungen ist eine zentrale Schwachstelle der Fließfertigung. Ein kompletter Modellwechsel ist für Pkw-Hersteller mit Umrüstkosten im mehrstelligen Millionenbereich und einem mehrmonatigen Stillstand der Produktion verbunden.

Hinzu kommen die wegen ihrer Monotonie als „**inhuman**" empfundenen Arbeitsbedingungen am Fließband. Neben einer hohen **Fluktuation** aufgrund von Verschleißerkrankungen und Frustration stellen Qualitätsmängel ein zentrales Problem der Fließbandfertigung dar. Wegen ihrer langen Durchlaufzeiten und hohen Stückkosten ist die Werkstattfertigung aber in der Regel keine echte Alternative.

Das Konzept der **Gruppenfertigung** durch Einrichtung sogenannter Fertigungsinseln versucht, die jeweiligen Vorteile beider Organisationstypen zu verbinden und gleichzeitig deren Nachteile zu vermeiden. Dabei wird folgendermaßen verfahren: Werkstücke, die auf den gleichen Betriebsmitteln gefertigt werden können, werden zu Erzeugnisfamilien gebündelt. So entstehen Gruppen von Erzeugnissen mit gleichartigen Bearbeitungsabläufen (z. B. robotergeschweißte Standardrahmen aus Stahlrohr und handgeschweißte Spezialrahmen aus Aluminium).

Sodann sind die entsprechenden Betriebsmittel zur möglichst vollständigen Bearbeitung einer Erzeugnisfamilie – nach dem Objektprinzip – räumlich und organisatorisch zusammenzufassen. Auf diese Weise erhält man jeweils eine Fertigungsinsel je Erzeugnisfamilie. Die NC-gesteuerten Betriebsmittel weisen eine hohe Flexibilität bei gleichzeitig hoher Produktivität auf. Innerhalb der Fertigungsinsel erfolgt der Transport der Werkstücke nach dem Flussprinzip, sodass die Teile an einem Ort in einem Zuge komplett bearbeitet werden können.

Den Mitarbeitern der Fertigungsinsel werden möglichst alle den Ablauf vor Ort betreffende Aufgaben übertragen, z. B. aus den Bereichen Arbeitsplanung, Terminsteuerung oder Qualitätssicherung. Die Mitarbeiter handeln als weitgehend autonome Arbeitsgruppen, die Planungs-, Entscheidungs- und Kontrollaufgaben innerhalb vorgegebener Rahmenbedingungen selbstständig wahrnehmen.

Damit die Vorteile des übersichtlichen Zusammenwirkens erhalten bleiben können, umfassen die Gruppen etwa sechs bis acht Personen. Um die Fertigungsinsel bei Ausfällen, z.B. durch Krankheit oder Urlaub, funktionsfähig halten zu können, müssen die Mitglieder der Gruppe jeweils mehrere verschiedene Aufgaben innerhalb des gesamten Aufgabenspektrums beherrschen. Die für die Fließfertigung typische starre Arbeitsteilung ist aufzugeben.

In Betrieben der Bauwirtschaft und des Großanlagenbaus ist die **Baustellenfertigung** anzutreffen. Dabei müssen sämtliche Produktionsfaktoren (Betriebsmittel, Materialien und Arbeitskräfte) an den Ort gebracht werden, an dem das Produkt (Wohn- oder Geschäftsgebäude, Brücken, Fabrikhallen, Kraftwerke usw.) seine spätere Verwendung finden soll. Um sowohl die Baukosten als auch die Erstellungszeiten zu senken, wird häufig mit vorgefertigten Bauteilen gearbeitet, die nach einem Baukastensystem zusammengeführt werden.

1.8.2 Produktionstypen der Fertigung (Fertigungstypen)

Produktionstypen der Fertigung

Charakteristisches Merkmal	Einzelfertigung	Serienfertigung	Sortenfertigung	Chargenfertigung	Massenfertigung
	– Erstellung eines einzelnen Produkts – direkte Ausrichtung auf Kundenwünsche	– Produktion einer begrenzten Zahl identischer Erzeugnisse – Problem der Umrüstung	– Produktion mehrerer Varianten eines Grundprodukts – Spezialfall der Massenproduktion	– Produktion mehrerer Chargen (Charge = Füllmenge eines Produktionsvorganges)	– Produktion von Standardprodukten – Produktionsprozess nach festgelegtem Standardablauf
Typischer Anwendungsbereich	– Anlagenbau – Werkzeugmaschinenbau	– Elektrogeräte – Automobile	– Bekleidungsindustrie – Bier	– Getränkeindustrie – Stahlindustrie – chemische Industrie	– Lebensmittelindustrie – Schrauben

Unter dem Gesichtspunkt der Wiederholung gleicher oder ähnlicher Erzeugnisse werden Einzel-, Serien-, Sorten-, Chargen- und Massenfertigung unterschieden.

Bei der **Einzelfertigung** wird ein einzelnes Erzeugnis gefertigt. Dabei kann zwischen **Kundenproduktion** (make to order) und **Marktproduktion** (make to stock) unterschieden werden. Bei der Marktproduktion muss die Nachfrage geschätzt werden. Um das Risiko, dass die falschen Erzeugnisse produziert werden, zu minimieren, wird die Montage meist kundenorientiert (assemble to order) durchgeführt. Beispiele für Einzelfertigung sind Anlagen- und Werkzeugmaschinenbau.

Bei der **Serienfertigung** werden mehrere Produktarten oder Varianten eines Grundtyps in unterschiedlichen Mengen gefertigt. Die Produktarten und -varianten unterscheiden sich konstruktiv deutlich voneinander. Die Serienfertigung ist der am weitesten verbreitete Produktionstyp in der Industrie.

Bei der Umstellung von einer Serie auf eine andere muss der Fertigungsprozess unterbrochen werden, um die Betriebsmittel umzurüsten. So müssen häufig die an einer Maschine zum Einsatz kommenden Werkzeuge gewechselt und die Maschineneinstellungen verändert werden. Die Fertigung der verschiedenen Fahrradmodelle bei der Fly Bike Werke GmbH ist hierfür ein gutes Beispiel.

Bei der **Sortenfertigung** werden aus dem gleichen Rohstoff verschiedene Ausprägungen (Sorten) des gleichen Produkts gefertigt (z. B. Stahlprofile, Biersorten). Die Erzeugnisse sind eng miteinander verwandt und unterscheiden sich nur in Merkmalen wie z. B. Größe, Farbe und Design. Die verschiedenen Sorten werden in der gleichen Fertigungsfolge und auf denselben Maschinen hergestellt, sodass nur geringe Umrüstungen erforderlich sind. In der Lebensmittelindustrie werden z. B. unterschiedliche Sorten durch die Verwendung unterschiedlicher Rezepturen erzielt.

Bei der **Chargenfertigung** – z. B. in Stahlwerken, Spinnereien oder bei Tapetenproduzenten – treten regelmäßig ungewollte Qualitätsunterschiede zwischen den verschiedenen Produktionsmengen (Chargen) gleicher Produkte auf. Verantwortlich für diese Abweichungen sind zum einen nicht zu vermeidende Qualitätsunterschiede der zumeist natürlichen Rohstoffe (Eisenerz, Rohkaffee usw.), zum anderen lassen sich die Produktionsprozesse häufig nicht vollständig kontrollieren. Absolut gleiche Produktqualitäten können daher immer nur für die Produkte einer Charge garantiert werden, sodass diese Produkte stets mit einer Chargennummer zu versehen sind. Weiterhin ist bei der Herstellung und Lagerung auf eine sorgfältige Trennung der Chargen und eine Vermeidung von dann unverkäuflichen Restposten zu achten.

In **Massenfertigung** werden Erzeugnisse ein und derselben Art in hoher Stückzahl (z. B. Güter der Energieversorgung) in der Regel für einen anonymen Markt gefertigt. Organisations- und Produktionstypen sind miteinander gekoppelt. Eine Massenfertigung nach dem Fließprinzip sollte z. B. so gestaltet werden, dass für ein Grunderzeugnis mit wenigen Varianten möglichst eine Fließfertigung eingerichtet wird. Kurze Durchlaufzeiten und wenig Stillstandzeiten für Umrüstungen sind die Folge. Das Material kann maschinell transportiert werden und die Steuerung bezieht sich nur noch auf die Reihenfolge. Zu beachten ist, dass die Fertigungsanlagen nach dem Fließprinzip nicht zu lang werden, weil sonst die Gefahr des Ausfalls der gesamten Fertigungsanlage zunimmt, wenn nur ein Arbeitssystem ausfällt. Eine solche Kettenreaktion ist unerwünscht und kann durch gesteuerte Puffer vermieden werden.

Übersicht: *Merkmale des Leistungserstellungsprozesses*

Produktion	Umwandlung von Gütern (Input) in andere Güter (Output)
Kernprozesse der Produktion	Produktionsprogrammplanung, Produktplanung und -entwicklung, Produktionsplanung und -steuerung (z. B. Termine planen und Maschinen belegen), Teilefertigung und Montage
Produktionsprogrammbreite	Anzahl der hergestellten Produktarten in einem Unternehmen
Produktionsprogrammtiefe	Anzahl der Artikel, die innerhalb einer Produktart hergestellt werden
Fertigungstiefe	Anzahl der zu durchlaufenden Fertigungsstufen eines Produktes in einem Unternehmen
Betriebliche Produktionsfaktoren	menschliche Arbeit, Betriebsmittel, Werkstoffe, dispositiver Faktor
Organisationstypen der Fertigung	Werkstattfertigung, Gruppenfertigung, Fließfertigung
Produktionstypen der Fertigung	Einzel-, Serien-, Sorten-, Chargen- und Massenfertigung

2 Kosten- und Leistungsrechnung

Beispiel Laut Erfolgsrechnung hat die Fly Bike Werke GmbH im letzten Geschäftsjahr einen Gesamtgewinn in Höhe von 150.000,00 € erzielt. Obwohl die Geschäftsführung mit dieser Entwicklung zufrieden ist, möchte sie in Zukunft noch bessere Ergebnisse erreichen. Voraussetzung dafür ist, dass sich die Leistungen des Unternehmens im Vergleich zu den Kosten weiterhin positiv entwickeln. Neben der Erfolgsrechnung der Finanzbuchhaltung ist deshalb eine Kosten- und Leistungsrechnung in einer Betriebsbuchhaltung notwendig.

In der **Finanzbuchhaltung** werden alle Geschäftsvorfälle des Unternehmens nach handels- und steuerrechtlichen Vorschriften erfasst (Basis für die Information z. B. an Banken, Gläubiger oder Finanzbehörden). Nach Abschluss der Erfolgskonten über das Gewinn- und Verlustkonto wird dort das **Gesamtergebnis** des Unternehmens ermittelt.

Gesamtergebnis
Aufwendungen – Erträge

Mithilfe der **Kosten- und Leistungsrechnung** (Betriebsbuchhaltung), die weitgehend von handels- und steuerrechtlichen Vorschriften unbeeinflusst bleibt, kann nach betriebsindividuellen Vorgaben das **Betriebsergebnis** ermittelt werden. Das Betriebsergebnis dient der Beurteilung der Wirtschaftlichkeit und der Rentabilität. Es liefert außerdem eine Grundlage für die Planung und Kontrolle (z. B. Soll-Ist-Vergleich) sowie für die Preisermittlung. Die Beurteilung der eigenen Leistungskraft anhand des Betriebsergebnisses ist von überragender Bedeutung, denn das Gesamtergebnis der Finanzbuchhaltung kann zu einer falschen Interpretation der Unternehmenslage verleiten.

Betriebsergebnis
Leistungen – Kosten

In der Kosten- und Leistungsrechnung der Fly Bike Werke GmbH werden keine „Buchungen" vorgenommen, sondern sie wird in tabellarischer Form erstellt.

Finanzbuchhaltung	Betriebsbuchhaltung
Basis für das Gesamtergebnis: Aufwendungen und Erträge	Basis für das Betriebsergebnis: Kosten und Leistungen
Erträge > Aufwendungen = Gesamtgewinn	Leistungen > Kosten = Betriebsgewinn
Erträge < Aufwendungen = Gesamtverlust	Leistungen < Kosten = Betriebsverlust

Kosten sind ordentliche, sachzielbezogene und bewertete Güterverbräuche eines Unternehmens innerhalb einer Rechnungsperiode. **Leistungen** sind ordentliche, sachzielbezogene und bewertete Gütererstellungen eines Unternehmens in einer Rechnungsperiode.

Sachziele sind bei einem Fahrradhersteller z. B. der Kauf und Verkauf von Fahrrädern, Fahrradanhängern usw. Sie beziehen sich immer auf die Unternehmensziele.

AB → Lernsituation 62

2.1 Abgrenzung Erträge – Leistungen

 Beispiel Laut Gewinn- und Verlustrechnung weist das abgelaufene Geschäftsjahr Gesamterträge in Höhe von 7.006.655,80 € und Gesamtaufwendungen in Höhe von 6.772.040,35 € auf. Damit wurde ein Gesamtgewinn erzielt. Trotzdem könnte das Unternehmen bei der Verfolgung seiner Sachziele verlustbringend gearbeitet haben. Welche Erträge auf die eigene Leistungskraft zurückzuführen sind und welche Aufwendungen zur Erzielung dieser Erträge notwendig waren, muss durch eine Untersuchung der Erfolgsquellen geklärt werden.

Die in der Finanzbuchhaltung gebuchten Erträge entsprechen den Leistungen in der Betriebsbuchhaltung nur dann, wenn sie den Merkmalen **sachzielbezogen**, **ordentlich** und **periodenbezogen** genügen (**Zweckerträge** bzw. **Grundleistungen**).

Neben den Zweckerträgen kann ein Industriebetrieb auch noch **neutrale Erträge** erwirtschaften, die entweder in keinem Zusammenhang zu den Sachzielen des Unternehmens stehen (betriebsfremd) oder unvorhersehbar waren (betrieblich außerordentlich) oder in anderen Rechnungsperioden entstanden sind (periodenfremd). Neutrale Erträge werden in der Finanzbuchhaltung gebucht, würden aber das Betriebsergebnis verfälschen.

Abgrenzung von Erträgen und Leistungen

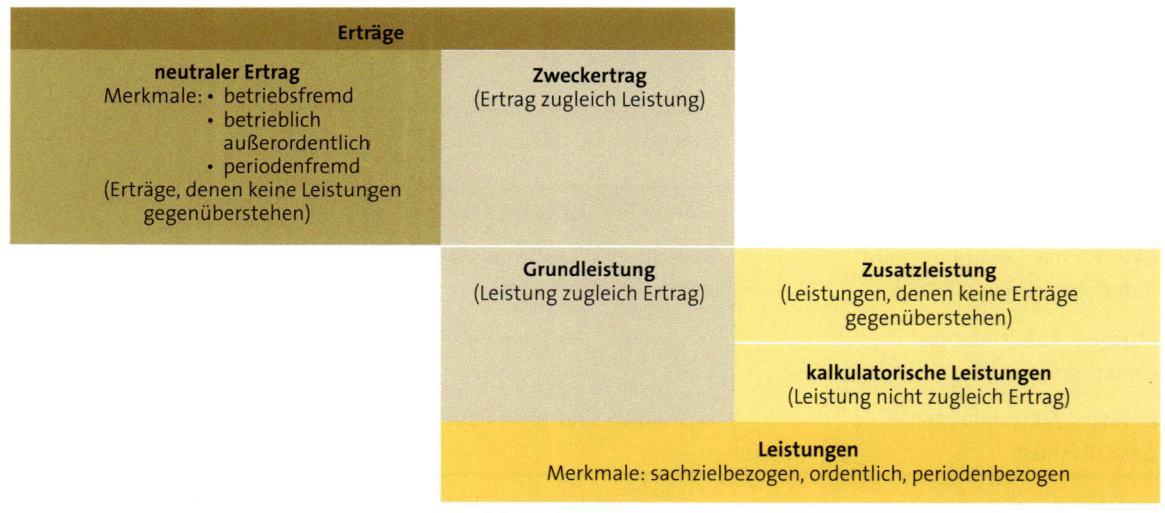

Betriebsfremde Erträge sind das Ergebnis der Verfolgung von Nebenzielen. Zweck dieser Erträge ist das Erwirtschaften zusätzlicher Gewinne oder die Streuung des Risikos (Diversifikation).

Neutrale Erträge dokumentieren nicht die eigene Leistungskraft des Unternehmens.

 Beispiel Mieterträge Es gehört nicht zu den eigentlichen Aufgaben (Sachziel) der Fly Bike Werke GmbH, Gebäude zu vermieten.

Betrieblich außerordentliche Erträge sind zwar betriebsbedingt, fallen aber unregelmäßig, unvorhersehbar und/oder in außergewöhnlicher Höhe an.

Beispiel Erträge aus dem Abgang von Gegenständen des Anlagevermögens, z. B. Verkauf einer betrieblich genutzten Maschine über Buchwert.

Periodenfremde Erträge sind betriebsbedingt, können aber dem abgelaufenen Abrechnungszeitraum nicht zugeordnet werden. Sie resultieren meist aus zu hoch angesetzten Aufwendungen vergangener Perioden.

Beispiel Rückerstattung von gezahlten Aufwandssteuern aus Vorperioden (z. B. Gewerbeertragsteuer).

Grundleistungen resultieren aus der Arbeit eines Industriebetriebes. Sie entsprechen dem Betriebszweck und setzen sich zusammen aus:

- Absatzleistungen (Umsatzerlöse aus hergestellten und verkauften Produkten),
- Lagerleistungen (Bestandserhöhungen im Lager aufgrund hergestellter, aber noch nicht verkaufter Produkte),
- unentgeltlichen Wertabgaben (Privatentnahmen, z. B. Unternehmer entnimmt Produkte für den Eigengebrauch),
- aktivierten Eigenleistungen (selbst erstellten Vermögensgegenständen).

2.2 Abgrenzung Aufwendungen – Kosten

Dienen die in der Finanzbuchhaltung gebuchten Aufwendungen dem eigentlichen Betriebszweck, so bezeichnet man diese als **Zweckaufwand** bzw. **Grundkosten** (Aufwand zugleich Kosten).

Abgrenzung von Aufwand und Kosten

Finanzbuchhaltung		
Aufwand		
neutraler Aufwand (Aufwand nicht zugleich Kosten) Merkmale: • betriebsfremd • betrieblich außerordentlich • periodenfremd		**Zweckaufwand** (Aufwand zugleich Kosten)
(Aufwand, dem keine Kosten gegenüberstehen)	(Aufwand, dem Kosten in anderer Höhe gegenüberstehen)	
	Grundkosten (Kosten zugleich Aufwand)	**Anderskosten** (Kosten, denen Aufwand in anderer Höhe gegenübersteht) / **Zusatzkosten** (Kosten, denen kein Aufwand gegenübersteht)
		kalkulatorische Kosten (Kosten nicht zugleich Aufwand)
		Kosten Merkmale sachzielbezogen, ordentlich, periodenbezogen
	Betriebsbuchhaltung	

Neben dem Zweckaufwand existieren in der Finanzbuchhaltung noch andere Aufwendungen, die in keinem Zusammenhang mit den eigentlichen Aufgaben eines Industriebetriebes stehen oder unvorhersehbar waren oder in anderen Rechnungsperioden entstanden sind. Diese sogenannten **neutralen Aufwendungen** werden als Werteverzehr in der Finanzbuchhaltung gebucht, würden aber das Betriebsergebnis verfälschen.

> **Beispiel** für **betriebsfremde Aufwendungen**: Spenden oder Instandhaltungsaufwendungen für ein vermietetes (nicht betrieblich genutztes) Gebäude, da die Vermietung nicht zum Sachziel eines Handelsbetriebes gehört.
>
> **Beispiel** für **betrieblich außerordentliche Aufwendungen**: Verluste aus Schadensfällen wie Diebstahl oder Verderb, die nicht versichert sind.
>
> **Beispiel** für **periodenfremde Aufwendungen**: Gewerbesteuernachzahlungen für die vorangegangene Rechnungsperiode, für die keine ausreichenden Rückstellungen gebildet wurden.

Kalkulatorische Kosten

Problem: Hohe Kosten führen zu hohen Preisen! Das gilt für alle Kostenarten.

Neben den Grundkosten werden in der Betriebsbuchhaltung die kalkulatorischen Kosten berücksichtigt. Kalkulatorische Kosten lassen sich nicht auf Ausgaben zurückführen. Ihnen stehen in der Finanzbuchhaltung Aufwendungen entweder in anderer Höhe gegenüber (**Anderskosten**) oder ihnen stehen überhaupt keine Aufwendungen in der Finanzbuchhaltung gegenüber (**Zusatzkosten**).

Kostenorientierte Preisgestaltung, vgl. **TAF 12.1**, **4.2.1**

Kalkulatorische Kosten müssen für die kostenorientierte Preisermittlung berücksichtigt werden, damit der Unternehmer seine Tätigkeit, seine Risikobereitschaft und sein Eigenkapital vergütet bekommt und die Substanz des Unternehmens erhalten bleibt. Nur betriebswirtschaftlich sinnvoll begründbare Kosten dürfen dabei angesetzt werden.

> **Beispiel** Würde in einem Ein-Personen-Unternehmen nur der Materialeinsatz und die Miete, nicht jedoch der kalkulatorische Unternehmerlohn in die Preise eingerechnet werden, dann würde der Unternehmer seine eigene Arbeitszeit nicht vergütet bekommen.

Kalkulatorische Abschreibungen

Abschreibungen, vgl. **TAF 12.3**, **4.3**

> **Beispiel** Die Fly Bike Werke GmbH stellte in der Vergangenheit fest, dass die in der Finanzbuchhaltung erfassten Abschreibungen auf den Fuhrpark nicht ausgereicht haben, um die Fahrzeuge nach Ablauf der Nutzungsdauer zu ersetzen. Die Preise für Wiederbeschaffungen waren meist gestiegen, sodass zur Finanzierung zusätzliche Mittel benötigt wurden.

Kalkulatorische Abschreibung: In der Kosten- und Leistungsrechnung wird nicht von den Anschaffungs-, sondern von Wiederbeschaffungskosten abgeschrieben, da die Kunden über die Verkaufspreise mit den kalkulierten Abschreibungen die zukünftigen – meist teureren – Neuanschaffungen ermöglichen sollen.

Das Handels- und Steuerrecht beschränkt Abschreibungsbeträge in ihrer Höhe dadurch, dass maximal nur von den Anschaffungskosten und nach der betriebsgewöhnlichen Nutzungsdauer abgeschrieben werden darf. Dem stehen in der Betriebsbuchhaltung **kalkulatorische Abschreibungen** gegenüber, die an **keinerlei Gesetze gebunden** sind.

Kalkulatorische Kosten ermöglichen, dass man sich im Rahmen der Kosten- und Leistungsrechnung an der tatsächlichen Wertminderung im eigenen Betrieb (Realität) orientiert. Damit beim Ersatz des Gegenstandes keine Finanzierungslücke entsteht, wird von Wiederbeschaffungswerten und nach der betriebsindividuellen Nutzungsdauer abgeschrieben.

Wiederbeschaffungswerte sind die Preise, die gezahlt werden müssen, wenn der Gegenstand nach Ablauf der Nutzungsdauer ersetzt werden muss. Diese können höher (z.B. durch Inflation) oder niedriger (z.B. durch technischen Fortschritt) sein als der ursprünglich gezahlte Anschaffungspreis. Damit weicht die Kosten- und Leistungsrechnung von den Daten der Finanzbuchhaltung ab, ist aber bezogen auf die tatsächlichen Verhältnisse realistischer.

Beispiel Der Kauf eines Pkws für die Geschäftsleitung hat Anschaffungskosten in Höhe von 36.000,00 € verursacht. Laut AfA-Tabelle beträgt die betriebsgewöhnliche Nutzungsdauer sechs Jahre. Die Fly Bike Werke GmbH rechnet abweichend von diesen Vorgaben aufgrund betrieblicher Erfahrungen mit einer betriebsindividuellen Nutzungsdauer von nur fünf Jahren und schätzt die Wiederbeschaffungskosten für ein vergleichbares Fahrzeug auf 42.000,00 €.

Bei linearer Abschreibung ergibt sich folgender bilanzieller Abschreibungsbetrag:

$$\text{bilanzmäßiger Abschreibungsbetrag} = \frac{\text{Anschaffungskosten}}{\text{betriebsgewöhnliche Nutzungsdauer}} \blacktriangleright \frac{36.000,00\ €}{6\ \text{Jahre}} = 6.000,00\ €/\text{Jahr}$$

Da eine gleichmäßige Nutzung unterstellt wird, ergibt sich folgender kalkulatorischer Abschreibungsbetrag:

$$\text{kalkulatorischer Abschreibungsbetrag} = \frac{\text{Wiederbeschaffungskosten}}{\text{betriebsindividuelle Nutzungsdauer}} \blacktriangleright \frac{42.000,00\ €}{5\ \text{Jahre}} = 8.400,00\ €/\text{Jahr}$$

Bei kostendeckenden Preisen stehen dem Betrieb nach Ablauf der betriebsindividuellen Nutzungsdauer von sechs Jahren 42.000,00 € zur Ersatzinvestition zur Verfügung. Dem Unternehmen entsteht beim Kauf eines neuen Fahrzeugs keine Finanzierungslücke, da der höhere Abschreibungsbetrag in den Verkaufspreisen der Produkte berücksichtigt wird. Problematisch ist dabei immer die realitätsnahe Ermittlung der Wiederbeschaffungskosten.

Abschreibungen werden also in der Kostenrechnung anders berechnet als in der Finanzbuchhaltung. Sie werden deshalb auch **Anderskosten** genannt.

Kalkulatorischer Unternehmerlohn

Rechtsformen von Unternehmen, vgl. **TAF 12.4, 2**

Die Unternehmensleitungen von Kapitalgesellschaften (z.B. Geschäftsführer einer GmbH) erhalten für ihre Tätigkeit Gehälter, die in der Finanzbuchhaltung als Aufwand gebucht werden und so als Grundkosten in die Kosten- und Leistungsrechnung eingehen. Die Eigentümer (z.B. Aktionäre einer AG) haben oft nur einen rechtlichen Anspruch auf eine (Teil-)Gewinnausschüttung.

Der Einzelunternehmer und die in der Geschäftsführung tätigen Vollhafter einer Personengesellschaft können sich kein Gehalt in Form von Personalkosten zahlen. Sie müssen vom Gewinn leben. Damit der Unternehmer für seine Tätigkeit ein entsprechendes Entgelt beziehen kann, muss er es in die Preise einkalkulieren. Durch die Berücksichtigung dieses kalkulatorischen Unternehmerlohns entstehen **echte Zusatzkosten**, denen keine Aufwendungen in der Finanzbuchhaltung gegenüberstehen.

Kalkulatorische Zinsen

In der Finanzbuchhaltung werden nur die für das Fremdkapital tatsächlich gezahlten Zinsen erfasst. Für die Überlassung von Eigenkapital kann der Eigentümer jedoch ebenfalls eine Verzinsung erwarten, denn anderenfalls könnte der Unternehmer das Geld auch bei einer Bank zu marktüblichen Zinsen anlegen. Deshalb wird in der Kosten- und Leistungsrechnung das **betriebsnotwendige** Kapital (Eigen- und Fremdkapital) verzinst.

betriebsnotwendig
dauernd, dem Betriebszweck dienend

Ausgangspunkt der Berechnung ist das **betriebsnotwendige Vermögen**, wobei beim Anlagevermögen die Restwerte nach kalkulatorischer Abschreibung anzusetzen sind.

Gesamtvermögen (Anlagevermögen + Umlaufvermögen)	
−	nicht betriebsnotwendiges Anlagevermögen (z.B. vermietete Gebäude, stillgelegte Anlagen)
−	überhöhtes Umlaufvermögen (z.B. Wertpapiere zur Spekulation)
=	betriebsnotwendiges Vermögen
−	zinsfreies Fremdkapital (Anzahlungen von Kunden, Verbindlichkeiten a.L.L.)
=	**betriebsnotwendiges Kapital**

Als anzusetzender Zinssatz gilt der aktuelle Marktzinssatz für langfristige Kapitalanlagen. Beträgt das betriebsnotwendige Kapital z.B. 3.000.000,00 € und der Marktzinssatz zurzeit 7 %, so ergeben sich die kalkulatorischen Zinsen pro Monat nach folgender Zinsformel:

Ermittlung der kalkulatorischen Zinsen

$$\frac{\text{betriebsnotwendiges Kapital} \cdot \text{Marktzinssatz} \cdot 30}{360} \blacktriangleright \frac{3.000.000 \cdot 7 \cdot 30}{360} = 17.500,00 \text{ €}$$

Kalkulatorische Zinsen sind damit **sowohl Anderskosten** (Anteil auf das zinspflichtige Fremdkapital) **als auch Zusatzkosten** (Anteil auf das Eigenkapital).

Kalkulatorische Wagnisse

Die unternehmerische Tätigkeit beinhaltet vielfache **Wagnisse**. Einzelne „Problemfelder" eines Unternehmens (**Einzelwagnisse**), z. B. Diebstahl, Verderb, Forderungsausfälle, Schäden am Fuhrpark, sind zumindest vom Grundsatz her vorhersehbar.

Das **allgemeine unternehmerische Risiko** (Verluste im normalen Geschäftsablauf, Insolvenz) ist dagegen nicht kalkulierbar, dafür erhalten die Unternehmensinhaber – wenn alles wie geplant abläuft – den erhofften Gewinn. Allgemeine Wagnisse werden in der Betriebsbuchhaltung nicht erfasst.

Die Verrechnung kalkulatorischer Einzelwagnisse ermöglicht Preiskalkulationen, die für einen bestimmten Abrechnungszeitraum konstant sind. Dabei ist die Berechnung schwierig. Oft werden Durchschnittssätze der in der Vergangenheit eingetretenen Verluste ermittelt und gleichmäßig in die Zukunft fortgeschrieben.

> **Beispiel** In den letzten fünf Jahren betrugen die Forderungsausfälle im Durchschnitt 1,0 % der jeweiligen Forderungssummen. Bei geplanten Zielverkäufen im nächsten Jahr in Höhe von 850.000,00 € kann mit diesem Erfahrungswert ein möglicher Forderungsausfall von 8.500,00 € für die Kostenrechnung ermittelt werden.

Konkret eingetretene Wagnisse (z. B. tatsächliche Forderungsverluste) werden in der Finanzbuchhaltung erfasst. Kalkulatorische Wagnisse sind allerdings noch nicht konkret eingetreten, sondern beruhen auf Erfahrungswerten aus der Vergangenheit. Damit sind kalkulatorische Wagnisse **Anderskosten**.

Kalkulatorische Miete

Nicht alle Unternehmen setzen eine kalkulatorische Miete für betrieblich genutztes Unternehmenseigentum an Gebäuden und Grundstücken an. Durch den Ansatz einer kalkulatorischen Miete können ungleichmäßig anfallende Aufwendungen (z. B. für eine Dachreparatur) in der Kosten- und Leistungsrechnung zum Teil vermieden werden. Die kalkulatorische Miete wird in der Regel in Höhe der ortsüblichen Miete oder als betriebsindividuelle Kostenmiete (Durchschnittswert der Kosten vergangener Rechnungsperioden) angesetzt.

Stellt bei einem Einzelunternehmen oder einer Personengesellschaft ein Inhaber dem Unternehmen kostenlos ein Grundstück oder Räume zur Verfügung, so sind die darauf entfallenden kalkulatorischen Mietkosten aus Sicht des Unternehmens **Zusatzkosten**, da ja in der Finanzbuchhaltung keine Zahlungen erfasst werden.

Übersicht: *Kosten- und Leistungsarten*

Mit der **Finanzbuchhaltung** wird das Gesamtergebnis (Aufwendungen – Erträge) ermittelt.

Die **Kostenrechnung** dient unter anderem der Ermittlung des Betriebsergebnisses (Leistungen – Kosten).

Kosten sind sachzielbezogene, ordentliche und periodenbezogene Güterverbräuche eines Unternehmens.

Aufwendungen, die dem eigentlichen Betriebszweck dienen, nennt man **Grundkosten**.

Erträge, die aus der Arbeit eines Unternehmens resultieren, werden **Grundleistungen** genannt.

Kalkulatorische Kosten sind keine Ausgaben. Ihnen stehen Aufwendungen in anderer Höhe (Anderskosten) oder gar keine Aufwendungen (Zusatzkosten) gegenüber.

Wagnisse
Unternehmerische Risiken

2.3 Aufbau der Kosten- und Leistungsrechnung

Die Kosten- und Leistungsrechnung besteht aus drei Teilen:

Kriterien	Kostenrechnung	Leistungsrechnung
Welche?	**Kostenartenrechnung** beschäftigt sich u.a. mit dem Begriff der Gliederung und der Erfassung der Kosten. („Welche Kosten sind angefallen und wie verhalten sie sich?")	**Leistungsartenrechnung** beschäftigt sich u.a. mit dem Begriff der Gliederung und der Erfassung der Leistungen. („Welche Leistungen können erbracht werden und wie verhalten sie sich?")
Wo?	**Kostenstellenrechnung** beschäftigt sich mit der Frage, wo die Kosten angefallen sind, um sie am Ort ihrer Entstehung kontrollieren und beeinflussen zu können und um die Verantwortlichen für die Kostenstelle zur Rechenschaft zu ziehen.	**Leistungsstellenrechnung** beschäftigt sich mit der Frage, wo die Leistungen angefallen sind (z.B. beim Kunden), um sie am Ort ihrer Entstehung kontrollieren und beeinflussen zu können und um die Verantwortlichen zur Rechenschaft zu ziehen.
Wofür?	**Kostenträgerrechnung** beschäftigt sich mit der Preisermittlung (Kalkulation) für die einzelnen Kostenträger (z.B. Erzeugnis, Kunde, Auftrag).	**Leistungsträgerrechnung** beschäftigt sich mit der Durchsetzung der Preise am Markt (Preispolitik) für die einzelnen Kostenträger (z.B. Erzeugnis, Kunde, Auftrag) in den einzelnen Leistungsstellen.

Eine vereinfachte Darstellung der Zusammenhänge zeigt folgendes Schema zum Aufbau der Kostenrechnung:

Aufbau der Kostenrechnung

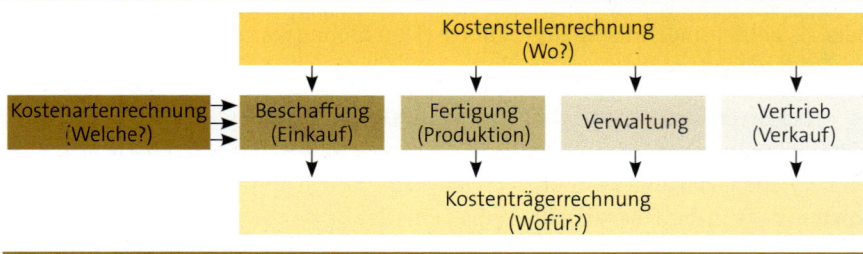

In den nachfolgenden Kapiteln wird der Aufbau der Kostenrechnung näher erläutert.

2.4 Kostenartenrechnung

Die Kostenartenrechnung ermittelt, welche Arten von Kosten angefallen sind. Neben der Art der anfallenden Kosten werden sie auch nach ihrem Verhalten in Abhängigkeit von der Beschäftigung in **fixe** und **variable** Kosten unterschieden. Daneben können Kosten auch nach Zurechenbarkeit der Kosten auf die Kostenträger eingeteilt werden.

2.4.1 Abhängigkeit der Kosten von der Beschäftigung

Nicht alle Kosten fallen während einer Abrechnungsperiode immer in derselben Höhe an. In Abhängigkeit von der Beschäftigung (Produktionsmenge) steigen oder sinken aber nur bestimmte Kosten. In der Deckungsbeitragsrechnung werden diese Kostenveränderungen aufgezeigt und für preispolitische Maßnahmen aktiv genutzt. Man unterscheidet hier zwischen fixen und variablen Kosten.

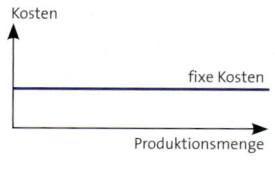

Fixe Kosten: Innerhalb der Rechnungsperiode hat das Unternehmen auf diese Kosten keinen Einfluss. Sie fallen in konstanter Höhe auf jeden Fall an, unabhängig davon, ob und wie viele Produkte hergestellt werden. Deshalb werden sie auch als beschäftigungsunabhängige Kosten bezeichnet. Beispiele sind Grundgehälter, Abschreibungen und Mieten.

Sprungfixe Kosten: Sie steigen oder fallen nur dann, wenn z. B. in einer Abrechnungsperiode die Kapazität erhöht oder gesenkt wird. Beispiele sind der Kauf eines neuen Fahrzeugs oder die Stilllegung einer Verpackungsmaschine.

Variable Kosten: Sie steigen oder sinken mit der Produktionsmenge (Beschäftigung). Deshalb werden sie auch als beschäftigungsabhängige Kosten bezeichnet. Beispiele für variable Kosten sind der Verbrauch von Roh-, Hilfs- oder Betriebsstoffen oder leistungsabhängige Löhne.

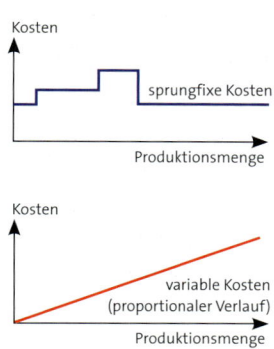

Nicht alle variablen Kosten haben einen proportionalen Verlauf (gleichmäßige Kostensteigerung in Abhängig von der Absatzmenge). Auch überproportionale Kostenverläufe (z. B. erhöhte Lohnkostensteigerungen bei Überstunden) oder unterproportionale Kostenverläufe (z. B. Einsparungen beim Verpackungsmaterial bei steigenden Absatzmengen) sind möglich.

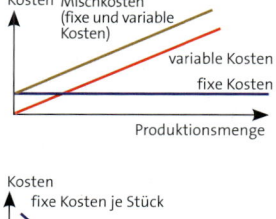

Mischkosten: Viele Kostenarten haben sowohl fixe als auch variable Bestandteile. Bei Energiekosten sind z. B. die Zähler- oder Bereitstellungskosten fix. Die Kosten für den Energieverbrauch selbst sind dagegen variabel.

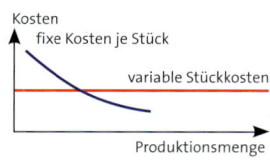

Stückkosten: Betrachtet man nicht die Gesamtkosten des Unternehmens, sondern die Kosten je Stück, so zeigt die nebenstehende Grafik den Kostenverlauf. Während die variablen (proportionalen) Stückkosten bei steigender Produktionsmenge konstant bleiben, sinken die fixen Kosten je Stück kontinuierlich ab. Diese **Fixkostendegression** ermöglicht bei hohen Absatzmengen steigende Gewinne.

Fixkostendegression
Bei steigender Produktionsmenge werden die fixen Kosten auf eine immer größere Stückzahl verteilt, so dass die fixen Kosten pro Stück und damit auch die Kosten pro Stück sinken.

Da den Unternehmen normalerweise sowohl fixe als auch variable Kosten entstehen, setzen sich die Gesamtkosten zusammen aus den fixen Gesamtkosten (als unveränderlicher Kostenblock für einen bestimmten Zeitraum) plus den variablen Stückkosten, multipliziert mit der Anzahl der produzierten Menge, oder mathematisch ausgedrückt:

KG = Gesamtkosten
KF = fixe Gesamtkosten
kv = variable Stückkosten
x = produzierte Menge

$$KG(x) = KF + kv \cdot x$$

Beispiel Für einen betrieblich genutzten Pkw betragen die Anschaffungskosten 30.000 €, die fixen Abschreibungskosten 3.000,00 € und die variablen Abschreibungskosten je km 0,10 €. Es ergeben sich folgende Gesamt- und Stückkosten:

km	Gesamtkosten in €			Stückkosten in €		
	KG	KF	KV	kg	kf	kv
0	3.000,00	3.000,00	0,00	–	–	–
1.000	3.100,00	3.000,00	100,00	3,10	3,00	0,10
2.500	3.250,00	3.000,00	250,00	1,30	1,20	0,10
5.000	3.500,00	3.000,00	500,00	0,70	0,60	0,10
7.500	3.750,00	3.000,00	750,00	0,50	0,40	0,10
10.000	4.000,00	3.000,00	1.000,00	0,40	0,30	0,10
15.000	4.500,00	3.000,00	1.500,00	0,30	0,20	0,10
20.000	5.000,00	3.000,00	2.000,00	0,25	0,15	0,10

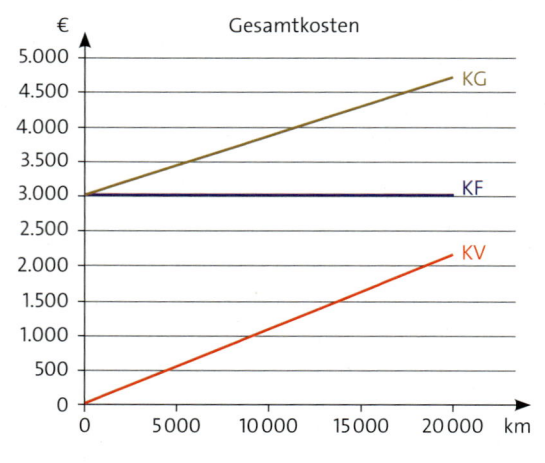

Legende Gesamtkosten (Großbuchstaben):
KG = Gesamtkostenfunktion
KF = Fixe Gesamtkosten
KV = Variable Gesamtkosten

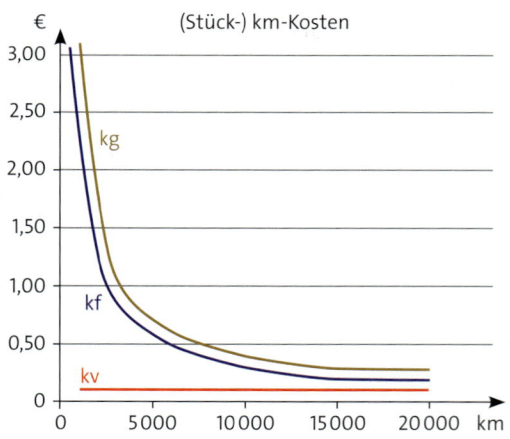

Legende Stückkosten (Kleinbuchstaben)
kg = gesamte Kosten je Stück
kf = fixe Stückkosten
kv = variable Stückkosten

2.4.2 Zurechenbarkeit der Kosten auf die Kostenträger

Nicht alle entstandenen Kosten können ohne weiteres einem bestimmten Kostenträger zugeordnet werden. Man unterscheidet zwischen **Einzelkosten** und **Gemeinkosten**.

Einzelkosten sind dem einzelnen Kostenträger (Produkt, Kunde, Auftrag) direkt zurechenbare und direkt zugerechnete Kosten, z. B. Verbrauch von Rohstoffen, Anschaffungskosten für fremdbezogene Fertigteile oder Akkordlöhne.

Gemeinkosten sind dem einzelnen Kostenträger nicht direkt zurechenbare (echte) oder nicht direkt zugeordnete (unechte) Kosten.

- **Echte Gemeinkosten** können dem einzelnen Kostenträger unmöglich zugerechnet werden (kein ursächlicher Zusammenhang), d. h., sie sind nicht zurechenbar, z. B. das Gehalt einer Sekretärin in der Verwaltung kann nicht sinnvoll auf die einzelnen Produkte verteilt werden. Es besteht kein direktes Verhältnis zwischen dem Gehalt und der Herstellung des Produktes.
- **Unechte Gemeinkosten** werden aus Gründen der Wirtschaftlichkeit nicht zugerechnet, obwohl eine genaue Zurechnung grundsätzlich möglich, jedoch i. d. R zu aufwändig wäre. Beispiele sind die exakte Erfassung von Farben und Lacken.

Wichtige Kostenarten im Überblick

Kostenart	Erklärung
Materialkosten	Verbrauch von Rohstoffen, fremdbezogenen Fertigteilen oder Hilfsstoffen
Personalkosten	Fertigungslöhne werden bezahlt, wenn Arbeiter direkt mit der Herstellung eines Erzeugnisses beschäftigt sind. Der Arbeiter erhält für jedes hergestellte Stück einen Geldbetrag oder eine Zeitgutschrift.
	Gehälter werden am Ende eines Zeitraums (z. B. Woche, Monat) an Angestellte unabhängig von ihrer erbrachten Leistung gezahlt.
Abschreibungen	Abschreibungen erfassen den Wertverlust von Vermögensgegenständen.
Energiekosten	Energiekosten werden zwar nicht Bestandteil eines Produktes. Aber sie werden benötigt, um Produktionsmaschinen zu betreiben (z. B. Öl) oder Räume zu heizen (z. B. Strom) etc.

Übersicht: Kostenartenrechnung

Die **Kostenrechnung** besteht aus der Kostenarten-, Kostenstellen- und Kostenträgerrechnung.

Die **Kostenartenrechnung** zeigt auf, welche Kosten entstanden sind.

Fixe Kosten sind unabhängig von der Produktionsmenge, **variable Kosten** steigen mit der Herstellungsmenge.

Einzelkosten sind einem einzelnen Kostenträger zurechenbar.

Gemeinkosten sind einem einzelnen Kostenträger nicht direkt zurechenbar.

AB → Lernsituation 63

2.5 Kostenstellenrechnung

2.5.1 Ziele der Kostenstellenrechnung

Beispiel Vor einigen Jahren hatte die Fly Bike Werke GmbH durch die Verfolgung des eigentlichen Betriebszwecks einen Verlust in Höhe von 40.125,00 € erwirtschaftet. Dies widersprach vollkommen den Zielen, die sich das Unternehmen gesetzt hatte.

Grundsätzlich ergeben sich folgende Möglichkeiten, das Betriebsergebnis positiv zu beeinflussen:

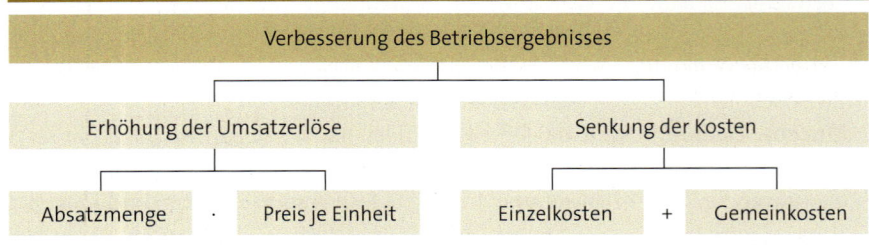

Da Preissteigerungen am Markt aufgund der Konkurrenzbedingungen und der relativ starken Stellung der Kunden nicht möglich waren, sollten die Kosten gesenkt werden. Die Zulieferer ließen keine Preissenkungen bei den Bezugspreisen zu und eine Senkung der Fertigungslöhne erschien aussichtslos, sodass der Einfluss auf die Einzelkosten gering war. Deshalb sollten die Gemeinkosten gesenkt werden. Seitdem ist eine regelmäßige Kontrolle der Gemeinkosten unerlässlich.

Es ergeben sich folgende **Ziele**, die ein Unternehmen mit der Kostenstellenrechnung verfolgt:

- Controlling der Kostenstellen (Soll-Ist-Vergleich): Erhöhte Verbräuche von Energie etc. sollen erkannt, die Gründe dafür analysiert und gegebenenfalls Einsparungsmaßnahmen eingeleitet werden.
- Ermittlung der Gemeinkosten-Zuschlagssätze, um die Höhe der Selbstkosten für die Herstellung eines Produktes bestimmen zu können.
- Ermittlung des Betriebsergebnisses
- Ermittlung von Basisdaten für die anderen Entscheidungsrechnungen, z. B. für zukünftige Investitionen

2.5.2 Grundsätze der Kostenstellenbildung

Einteilungskriterien des gesamten Kostenfeldes könnten sein:
– Verantwortungsbereiche
– betriebliche (betriebswirtschaftliche) Grundfunktionen
– räumliche Einheiten
– kostenrechnerische Gesichtspunkte

Um die Kosten an den Orten ihrer Entstehung kontrollieren und beeinflussen zu können, bedarf es der Unterteilung des Gesamtbetriebs (Kostenfeld) in abgegrenzte Teilbereiche (Kostenstellen). Nur durch die Schaffung selbstständiger Verantwortungsbereiche können die Verantwortlichen (Kostenstelleninhaber) für Kostenabweichungen zur Rechenschaft gezogen werden. Die Anzahl der zu bildenden Kostenstellen ist von folgenden Überlegungen abhängig: Unternehmensgröße, Branche, Sortiment, organisatorische Gliederung des Unternehmens, angestrebte Kalkulationsgenauigkeit, angestrebte Kontrollmöglichkeiten, verursachende Kosten.

Kostenfeld und Kostenstelle				
Gesamtbetrieb				**= Kostenfeld**
Einkauf	Fertigung	Verwaltung	Vertrieb	= Bildung von Kostenstellen nach betrieblichen Grundfunktionen

Kostenstellen			
Einkauf	**Fertigung**	**Verwaltung**	**Vertrieb**
– Bestellwesen – Rechnungsprüfung – Beschaffungsplanung – Terminüberwachung – Beschaffungsmarketing	Kostenstellenbildung in Abhängigkeit von der Anordnung der Betriebsmittel und der Arbeitsplätze nach gleichartigen Tätigkeiten, nach dem Arbeitsablauf oder von Arbeitsgruppen. Bildung von Vorkostenstellen, z. B. Arbeitsvorbereitung, Zwischenlager, Reparaturwerkstatt usw.	– Unternehmensleitung – Personalabteilung – Finanzwesen – Rechnungswesen	– Marktforschung – Werbung – Auftragsbearbeitung – Verkauf nach Erzeugnisgruppen oder nach räumlichen Gesichtspunkten – Absatzmarketing

Tätigen einzelne Kostenstellen Leistungen (Hilfsfunktionen wie z. B. Kantine, EDV, Fuhrpark usw.), die mehreren bzw. allen anderen Kostenstellen zugute kommen, werden **allgemeine Hilfskostenstellen** eingerichtet. Diese Kosten werden auf alle Vor- und Hauptkostenstellen umgelegt. (Im unteren Schaubild werden die Kosten der allgemeinen Kostenstelle Controlling (0) auf alle weiteren Vor- und Hauptkostenstellen umgelegt, die diese Kosten verursacht haben).

Im Rahmen des Fertigungsprozesses fallen Gemeinkosten an, die nicht einer einzigen Fertigungshauptstelle zugerechnet werden können. **Vorkostenstellen** erfassen Gemeinkosten, die durch Unterstützungsleistungen, z. B. Konstruktion oder Qualitätssicherung, entstanden sind. Die durch diese Kostenstellen erbrachten Vorleistungen werden dann über Verteilungsschlüssel auf die Hauptkostenstellen (**Endkostenstellen**) umgelegt.

	Allgemeine Hilfskostenstellen				Vorkostenstellen erbringen Vorleistungen für Hauptkostenstellen (z. B. für die Fertigung)			Endkostenstellen Hauptkostenstellen				
	Controlling	Zentralsekretariat	Instandhaltung	EDV	Konstruktion	Arbeitsvorbereitung	Qualitätssicherung	Einkauf	Fertigung I	Fertigung II	Verwaltung	Vertrieb
	(0)	(1)	(2)	(3)	(4)	(5)	(6)	(7)	(8)	(9)	(10)	(11)
a)		x	x	x	x	x	x	x	x	x	x	x
b)									x	x		

Verteilungshinweise:
a) z. B.: Verteilung der Kosten des Controllings auf alle Kostenstellen, die Kosten verursacht haben.
b) z. B.: Verteilung der Kosten der Vorkostenstellen (4), (5) und (6) auf die Kostenstellen (8) und (9), die Kosten verursacht haben.

2.5.3 Ermittlung der Verteilungsgrundlagen

Beispiel Das Energieunternehmen EVO (Energieversorgung Oldenburg) bucht die Pauschale für die Heiz- und Warmwasserkosten der Fly Bike Werke GmbH für die letzten zwei Monate in Höhe von 7.200,00 € ab. Diese Kosten lassen sich nicht verursachungsgerecht den Kostenträgern (z. B. Mountainbike Modell Unlimited) zuordnen. Wie können Gemeinkosten verteilt und kontrolliert werden?

Die eigentliche Problematik der Kostenstellenrechnung ist die Ermittlung einer möglichst verursachungsgemäßen Verteilungsgrundlage und der Verteilungsschlüssel. Können Gemeinkosten den Kostenstellen direkt (eindeutig) aufgrund von Belegen, besonderen Aufzeichnungen oder Messeinrichtungen zugerechnet werden, spricht man von Kostenstelleneinzelkosten. **Verteilungsprobleme** bereiten die Gemeinkosten, die den einzelnen Kostenstellen nicht direkt (eindeutig) zugerechnet werden können. So können z. B. aus wirtschaftlichen Gründen nicht für jede Kostenstelle Messeinrichtungen (z. B. Zähler) installiert werden.

Verteilungsprobleme und Verteilungsmöglichkeiten	
Gemeinkostenarten	Verteilungsmöglichkeiten (direkt/indirekt)
Heizkosten	Räume nach m² oder m³, Verdunstungssystem an den Heizkörpern
Warmwasserkosten	Zähler nach m³
Stromkosten	Zähler nach kWh
Treibstoffkosten	Zähler nach gefahrenen Kilometern
Unfallversicherung	Anzahl der Arbeitnehmer der einzelnen Kostenstellen bzw. die Unfallhäufigkeit in der Vergangenheit
Gehaltskosten	Anzahl der Angestellten nach Gehaltslisten
Instandhaltungskosten	angefallene Reparaturen nach Eingangsrechnungen
Kfz-Steuer	Zähler nach gefahrenen Kilometern

2.5.4 Durchführung der Kostenstellenrechnung mithilfe des Betriebsabrechnungsbogens (BAB)

Die Kostenstellenrechnung verteilt die Gemeinkosten in statistisch-tabellarischer Form mithilfe des **Betriebsabrechnungsbogens (BAB)** auf die einzelnen Kostenstellen. Man unterscheidet dabei zwischen **direkt zurechenbaren** (z. B. durch Belege) und **indirekt zurechenbaren** Gemeinkosten (z. B. Umlage durch Schlüssel). Die Aufstellung des BAB erfolgt meist kurzfristig, z. B. monatlich, um dem Ziel einer regelmäßigen Kontrolle der einzelnen Kostenarten in den einzelnen Kostenstellen (z. B. Soll-Ist-Vergleich) nachkommen zu können und wirkungsvoll Einfluss auf Abweichungen zu nehmen, welche durch Preis-, Beschäftigungs- oder/und Verbrauchsschwankungen hervorgerufen sein könnten. Daneben zeigt die kurzfristige Ermittlung des Betriebsergebnisses, ob das geplante Jahresergebnis durch die aktuelle Strategie erreicht werden kann oder nicht.

Einstufiger BAB und Kostenträgerzeitrechnung

 Beispiel Die Fly Bike Werke GmbH nutzt einen einstufigen BAB zur Verteilung der Gemeinkosten.

Energieaufwendungen		Soziale Abgaben	
Kostenstelle	Verbrauch	Kostenstelle	Anteil der Kostenstelle an den zu tragenden Kosten
Material (Einkauf)	7.000 kWh	Material (Einkauf)	3 Teile
Fertigung I	27.000 kWh	Fertigung I	4 Teile
Fertigung II	30.000 kWh	Fertigung II	5 Teile
Verwaltung	16.000 kWh	Verwaltung	4 Teile
Vertrieb	10.000 kWh	Vertrieb	2 Teile
Summe	90.000 kWh	Summe	18 Teile

27.000 €/90.000 kWh = 0,30 €/kWh
Energieaufwendungen, die auf die Kostenstelle Material fallen:
7.000 kWh · 0,3 €/kWh = 2.100 €

18 Teile = 360.000 € / :18
1 Teil = 20.000 €
Soziale Abgaben, die auf die Kostenstelle Material entfallen:
20.000 € · 3 Teile = 60.000 €

Einstufiger Betriebsabrechnungsbogen

Kostenart	Gesamt in €	Verteilungsgrundlage	Hauptkostenstelle				
			Einkauf (Material) in €	Fertigung I in €	Fertigung II in €	Verwaltung in €	Vertrieb in €
Aufwendungen für Hilfsstoffe	450.000	Material-entnahmeschein (MES)	0	150.000	300.000	0	0
Aufwendungen für Betriebsstoffe	240.000	Material-entnahmeschein (MES)	0	160.000	80.000	0	0
Energie	27.000	kWh	2.100	8.100	9.000	4.800	3.000
Gehälter	870.000	Gehaltsliste	106.700	120.000	83.300	301.450	258.550
Soziale Abgaben	360.000	3:4:5:4:2	60.000	80.000	100.000	80.000	40.000
Mieten, Pachten	60.000	150:400:350:200:100	7.500	20.000	17.500	10.000	5.000
Kosten des Geldverkehrs	4.000	2:0:0:9:5	500	0	0	2.250	1.250
Büromaterial	18.000	6:1:1:3:4	7.200	1.200	1.200	3.600	4.800
Werbung	85.000	Eingangsrechnung	0	0	0	0	85.000
Fremdinstandhaltung	150.000	1:3:2:2:4	12.500	37.500	25.000	25.000	50.000
Abschreibungen	180.000	Wiederbeschaffung	9.000	81.000	63.000	9.000	18.000
Zinsen	65.100	Betriebsnotwendiges Kapital	7.800	13.000	26.100	6.500	11.700
Kalk. Wagnisse	132.100	Konkrete Risiken	13.200	26.400	52.900	13.200	26.400
Kalk. Miete	70.000	qm	3.500	14.000	42.000	4.200	6.300
Summe	2.711.200		230.000	711.200	800.000	460.000	510.000
Zuschlagsgrundlage			2.875.000	680.000	400.000	5.590.700	5.590.700
Zuschlagssatz (%)			3	104,58823	200	8,22794	9,12229

Damit auch die Gemeinkosten je Kostenstelle in die Produktpreise einfließen, werden sie in Form eines Zuschlages auf die Einzelkosten berücksichtigt. Dabei stellt sich die Frage der geeigneten Zuschlagsgrundlage. Dahinter steht der Gedanke, dass z. B. mit der Menge der eingekauften Rohstoffe auch höhere Gemeinkosten in der Kostenstelle Einkauf (Material) anfallen. Allerdings trifft diese Annahme eines proportionalen Zusammenhangs nicht immer zu.

Herstellkosten der Erzeugung
Materialeinzelkosten
+ Materialgemeinkosten
+ Fertigungseinzelkosten I + II
+ Fertigungsgemeinkosten I + II

Zur Ermittlung der Verwaltungs- und Vertriebsgemeinkosten-Zuschlagssätze müssen zunächst die **Herstellkosten der Erzeugung** ermittelt werden. Die Herstellkosten der Erzeugung setzen sich aus den Material- und den Fertigungskosten zusammen. Diese betragen im Beispiel 5.696.200,00 €.

Allerdings fallen Vertriebsgemeinkosten nur für verkaufte Produkte an. Aber nicht alle hergestellten Produkte werden auch abgesetzt. Somit sind nicht die Herstellkosten der Erzeugung, sondern die Herstellkosten der abgesetzten Produkte (Herstellkosten des Umsatzes) die geeignete Zuschlagsbasis.

Deshalb müssen die Herstellkosten der Erzeugung um die Lagerbestandsveränderungen an (un)fertigen Erzeugnissen korrigiert werden. Dies geschieht, indem man Lagerbestandsmehrungen von den Herstellkosten der Erzeugung abzieht, denn für Produkte, die eingelagert wurden, sind eben keine Vertriebskosten angefallen. Umgekehrt muss der Wert der Lagerbestandsminderungen zu den Herstellkosten der Erzeugung hinzuaddiert werden. Dies hat folgenden Grund: Auch für die in dieser Periode nicht hergestellten, aber nun abgesetzten Produkte sind Vertriebsgemeinkosten entstanden.

Bestandsmehrungen und -minderungen können durch eine Inventur ermittelt werden, vgl. **TAF 11.3**, **2.1**

Herstellkosten der Erzeugung	5.696.200 €
− Bestandsmehrung an fertigen Erzeugnissen	135.500 €
+ Bestandsminderung an fertigen Erzeugnissen	30.000 €
= Herstellkosten des Umsatzes	5.590.700 €

Daraus ergeben sich folgende Gemeinkosten-Zuschlagssätze:

Materialgemeinkosten-Zuschlagssatz	$=$	$\dfrac{\text{Materialgemeinkosten} \cdot 100}{\text{Materialeinzelkosten}}$	$\blacktriangleright \dfrac{230.000 \cdot 100}{2.875.000}$	$= 8\,\%$
Fertigungsgemeinkosten-Zuschlagssatz I	$=$	$\dfrac{\text{Fertigungsgemeinkosten I} \cdot 100}{\text{Fertigungseinzelkosten I}}$	$\blacktriangleright \dfrac{711.200 \cdot 100}{680.000}$	$= 104{,}58823\,\%$
Fertigungsgemeinkosten-Zuschlagssatz II	$=$	$\dfrac{\text{Fertigungsgemeinkosten II} \cdot 100}{\text{Fertigungseinzelkosten II}}$	$\blacktriangleright \dfrac{800.000 \cdot 100}{400.000}$	$= 200\,\%$
Verwaltungsgemeinkosten-Zuschlagssatz	$=$	$\dfrac{\text{Verwaltungsgemeinkosten} \cdot 100}{\text{Herstellkosten des Umsatzes}}$	$\blacktriangleright \dfrac{460.000 \cdot 100}{5.590.700}$	$= 8{,}22794\,\%$
Vertriebsgemeinkosten-Zuschlagssatz	$=$	$\dfrac{\text{Vertriebsgemeinkosten} \cdot 100}{\text{Herstellkosten des Umsatzes}}$	$\blacktriangleright \dfrac{510.000 \cdot 100}{5.590.700}$	$= 9{,}12229\,\%$

Die folgende Übersicht enthält Beispiele für die verschiedenen Kostenarten:

Kosten	
Materialeinzelkosten	6000 Aufwendungen für Rohstoffe, 6010 Aufwendungen für Vorprodukte/Fremdbauteile, soweit sachzielbezogen verbraucht
Fertigungseinzelkosten	6200 Fertigungslöhne, z. B. als Akkordlöhne dem einzelnen Erzeugnis direkt zurechenbar
Sondereinzelkosten der Fertigung	Einzelkosten im Rahmen der Fertigung, die einem Produkt, Kunden oder Auftrag zurechenbar sind, z. B. Prototypen, Modelle, Lizenzgebühren, Spezialwerkzeuge usw.
Sondereinzelkosten des Vertriebs	Einzelkosten im Rahmen des Vertriebs, die einem Produkt, Kunden oder Auftrag zurechenbar sind, z. B. Spezialverpackung, Vertriebsprovisionen usw.

Daraus ergeben sich die Zahlen für die **Kostenträgerzeitrechnung**. Sie zeigt die erzielten Ergebnisse einer abgelaufenen Rechnungsperiode.

 **Beispiel** für die Kostenträgerzeitrechnung

Errechnung der Selbstkosten des Umsatzes	Gesamt in €
Materialeinzelkosten	2.875.000,00 €
+ Materialgemeinkosten	230.000,00 €
+ Fertigungseinzelkosten I	680.000,00 €
+ Fertigungsgemeinkosten I	711.200,00 €
+ Fertigungseinzelkosten II	400.000,00 €
+ Fertigungsgemeinkosten II	800.000,00 €
= HERSTELLKOSTEN DER ERZEUGUNG	5.696.200,00 €
+ Lagerbestandsminderungen an (un)fertigen Erzeugnissen	30.000,00 €
− Lagerbestandsmehrungen an (un)fertigen Erzeugnissen	135.500,00 €
= HERSTELLKOSTEN DES UMSATZES	5.590.700,00 €
+ Verwaltungsgemeinkosten	460.000,00 €
+ Vertriebsgemeinkosten	510.000,00 €
SELBSTKOSTEN DES UMSATZES	6.560.700,00 €
UMSATZERLÖSE	6.893.555,85 €
BETRIEBSERGEBNIS	332.855,85 €

Mehrstufiger BAB und Kostenträgerzeitrechnung

Zur effektiveren Kostenkontrolle und exakteren Kalkulation bei mehrstufigen Produktionsprozessen werden in der Praxis mehrere Hauptkostenstellen in der Fertigung eingerichtet. Daneben werden der Fertigung besondere Vor- bzw. Hilfskostenstellen untergeordnet, die ausschließlich Leistungen für die Fertigungsabteilungen erbringen.

Nach der Verteilung der (Primär-)Kostenarten auf alle Kostenstellen folgt die Umlage (Überwälzung) der Kosten der allgemeinen Hilfskostenstellen und der speziellen Vorkostenstellen auf die Kostenstellen, die Leistungen empfangen haben.

Beispiel Zweistufiger Produktionsprozess bei der Superbike GmbH

Kostenarten \ Kostenstellen	Verteilungsgrundlage/ -schlüssel	Con (0)	Sek (1)	Inst (2)	EDV (3)	Kon (4)	AV (5)	Qu (6)	E (7)	F I (8)	F II (9)	Vw (10)	Vt (11)	∑
6020 Aufwendungen für Hilfsstoffe	MES	0	0	5	0	2	0	1	0	12	80	0	0	100
6030 Aufwendungen für Betriebsstoffe	MES	0	0	2	0	1	0	1	0	20	76	0	0	100
6050 Energie	kWh	2	2	5	4	4	3	2	9	25	36	3	5	100
6300 Gehälter	Gehaltsliste													0
6400 soziale Abgaben	Gehaltsliste													0
6700 Mieten, Pachten	ER	0	0	0	5	5	5	0	5	20	25	10	25	100
6750 Kosten des Geldverkehrs	Liste	0	20	0	0	0	0	0	30	0	0	25	25	100
6800 Büromaterial	MES	4	12	1	12	3	6	2	18	3	3	20	16	100
6850 Reisekosten	Abrechnungen	5	5	0	0	1	1	1	10	0	3	20	54	100
6870 Werbung	ER	0	0	0	0	0	0	0	0	0	0	0	100	100
70/77 Steuern	u.a. Anlagekartei	0	0	0	0	0	0	0	10	15	45	10	20	100
kalkulatorische Abschreibungen	Wiederbeschaffung	0	0	0	0	0	0	0	5	45	35	5	10	100
kalkulatorische Zinsen	betriebsnotwend. Kap.	0	0	0	0	0	0	0	12	20	40	10	18	100
kalkulatorische Wagnisse	konkrete Risiken	0	0	0	0	0	0	0	10	20	40	10	20	100
kalkulatorische Miete	m²	0	0	0	0	0	0	0	50	200	600	60	90	1000

Die Verteilungsschlüssel zeigen deutlich, dass die Allgemeinen Hilfskostenstellen Leistungen für alle nachgelagerten Kostenstellen erbringen. Die speziellen Vorkostenstellen der Fertigung (Konstruktion, Arbeitsvorbereitung, Qualitätssicherung) geben ausschließlich Leistungen an die Produktion ab.

Abgebende Kst. \ Empfangende Kst.	Verteilungsgrundlage	Con (0)	Sek (1)	Inst (2)	EDV (3)	Kon (4)	AV (5)	Qu (6)	E (7)	F I (8)	F II (9)	Vw (10)	Vt (11)	∑
Umlage Controlling	Stunden		2	2	5	4	4	4	10	16	20	10	23	100
Umlage Zentralsekretariat	Stunden			1	2	4	3	2	18	10	12	30	18	100
Umlage Instandhaltung	Stunden				5	4	2	6	4	36	32	5	6	100
Umlage EDV	Stunden					8	8	4	14	22	18	14	12	100
Umlage Konstruktion	Stunden									30	70			100
Umlage AV	Stunden									15	85			100
Umlage Qualitätssicherung	Stunden									20	80			100

Superbike GmbH: Mehrstufiger Betriebsabrechnungsbogen und Kostenträgerzeitrechnung (Vollkostenrechnung)

Kostenarten	Gesamt in €	Allgemeine Hilfskostenstellen				Vorkostenstellen			Hauptkostenstellen				
		Controlling (0)	Zentralsekretar. (1)	Instandhaltung (2)	EDV (3)	Konstruktion (4)	Arbeitsvorbereitung (5)	Qualitätssicherung (6)	Einkauf (7)	Fertigung I (8)	Fertigung II (9)	Verwaltung (10)	Vertrieb (11)
6020 Aufwendungen für Hilfsstoffe	700.000	0	0	35.000	0	14.000	0	7.000	0	84.000	560.000	0	0
6030 Aufwendungen für Betriebsstoffe	171.463	0	0	3.429	0	1.715	0	1.715	0	34.293	130.312	0	0
6050 Energieaufw.	27.000	540	540	1.350	1.080	1.080	810	540	2.430	6.750	9.720	810	1.350
6300 Gehälter	891.011	57.500	36.000	11.250	44.500	57.500	139.000	11.250	130.000	14.400	14.400	155.211	220.000
6400 Soziale Abgaben	273.718	17.664	11.059	3.456	13.670	17.664	42.701	3.456	39.936	4.424	4.424	47.681	67.584
6700 Mieten, Pachten	60.000	0	0	0	3.000	3.000	3.000	0	3.000	12.000	15.000	6.000	15.000
6750 Kosten des Geldverkehrs	4.375	0	875	0	0	0	0	0	1.313	0	0	1.094	1.094
6800 Büromaterial	19.217	769	2.306	192	2.306	576	1.153	384	3.459	576	576	3.843	3.075
6850 Reisekosten	22.800	1.140	1.140	0	0	228	228	228	2.280	0	684	4.560	12.312
6870 Werbung	85.500	0	0	0	0	0	0	0	0	0	0	0	85.500
70/77 Steuern	127.888	0	0	0	0	0	0	0	12.789	19.183	57.550	12.789	25.578
kalkulatorische Abschreibungen	180.000	0	0	0	0	0	0	0	9.000	81.000	63.000	9.000	18.000
kalkulatorische Zinsen	65.371	0	0	0	0	0	0	0	7.844	13.074	26.148	6.537	11.767
kalkulatorische Wagnisse	132.291	0	0	0	0	0	0	0	13.229	26.458	52.916	13.229	26.458
kalkulatorische Miete	70.000	0	0	0	0	0	0	0	3.500	14.000	42.000	4.200	6.300
Summe	2.830.632	77.613	51.920	54.677	64.556	95.763	186.892	24.573	228.780	310.158	976.730	264.953	494.017

Abgebende Kst. \ Empfangende Kst.	Betrag	Controlling (0)	Zentralsekretar. (1)	Instandhaltung (2)	EDV (3)	Konstruktion (4)	Arbeitsvorbereitung (5)	Qualitätssicherung (6)	Einkauf (7)	Fertigung I (8)	Fertigung II (9)	Verwaltung (10)	Vertrieb (11)
Summe	2.830.632	77.613	51.920	54.677	64.556	95.763	186.892	24.573	228.780	310.158	976.730	264.953	494.017
Umlage Controlling	77.613		1.552	1.552	3.881	3.105	3.105	3.105	7.761	12.418	15.523	7.761	17.851
Kostenstellenkosten			53.472	56.229	68.437	98.868	189.996	27.677	236.541	322.576	992.252	272.714	511.868
Umlage Zentralsekretariat	53.472			535	1.069	2.139	1.604	1.069	9.625	5.347	6.417	16.042	9.625
Kostenstellenkosten				56.764	69.506	101.007	191.600	28.747	246.166	327.923	998.669	288.756	521.493
Umlage Instandhaltung	56.764				2.838	2.271	1.135	3.406	2.271	20.435	18.165	2.838	3.406
Kostenstellenkosten					72.345	103.277	192.736	32.153	248.437	348.359	1.016.834	291.594	524.898
Umlage EDV	72.345					5.788	5.788	2.894	10.128	15.916	13.022	10.128	8.681
Kostenstellenkosten						109.065	198.523	35.047	258.565	364.275	1.029.856	301.722	533.580
Umlage Konstruktion	109.065									32.719	76.345		
Umlage AV	198.523									29.778	168.745		
Umlage Q-sicherung	35.047									7.009	28.037		
Kostenstellenkosten	2.830.632								258.565	433.782	1.302.983	301.722	533.580
Zuschlagsgrundlage	3.977.567								3.500.000	50.806	426.770	6.089.305	6.089.305
Gk-zuschlagssatz									7,3876%	853,8007%	305,3127%	4,9549%	8,7626%

Beispiel Kostenträgerzeitrechnung für die Superbike GmbH (Auszug)

Nr.	Kostenträgerzeitrechnung (alle Modelle; Basis: mehrstufiger BAB)	Zuschlagssatz	Gesamt in € (für alle Erzeugnisgruppen)	Erzeugnisgruppen (in €)					
				2 Trekking			3 Mountain		
				101 Pro Connect S	102 Pro Connect C	103 Pro Connect LX	101 Sahel	102 Tasman	103 Aspen
1	Materialeinzelkosten		3.500.000	340.975	410.238	116.422	196.611	231.344	372.324
2	+ MGK laut BAB	7,3876%	285.565	25.190	30.307	8.601	14.525	17.091	27.506
3	= Materialkosten		3.758.565	366.165	440.544	125.023	211.136	248.435	399.829
4	Fertigungseinzelkosten I		50.806	5.400	5.670	1.350	2.585	1.982	2.973
5	+ FGK I laut BAB	853,8007%	433.782	46.105	48.410	11.526	22.072	16.922	25.382
6	= Fertigungskosten I		484.588	51.505	54.080	12.876	24.657	18.904	28.355
7	Fertigungseinzelkosten II		426.770	45.360	47.628	11.340	21.715	16.648	24.972
8	+ FGK II laut BAB	305,3127%	1.302.983	138.490	145.414	34.622	66.298	50.829	76.243
9	= Fertigungskosten II		1.729.753	183.850	193.042	45.962	88.013	67.477	101.215
10	= Herstellkosten der Erzeugung		5.972.905	601.520	687.667	183.861	323.806	334.815	529.400
11	+ AB unfertige Erzeugnisse		48.000	15.300	17.727	0	0	0	0
12	− SB unfertige Erzeugnisse		25.199	5.668	5.625	0	0	0	0
13	+ AB fertige Erzeugnisse		144.000	42.885	31.339	19.688	2.411	0	3.214
14	− SB fertige Erzeugnisse		50.401	5.861	6.429	1.688	3.214	3.616	4.821
15	= Herstellkosten des Umsatzes		6.089.305	648.176	724.680	201.861	323.002	331.199	527.793
16	+ VwGK laut BAB	4,9549%	301.722	32.117	35.908	10.002	16.005	16.411	26.152
17	+ VtGK laut BAB	8,7626%	533.580	56.797	63.501	17.688	28.303	29.022	46.248
18	+ Sondereinzelkosten des Vertriebs		42.750	4.500	4.725	1.125	2.250	1.688	2.025
19	= Selbstkosten des Umsatzes		6.967.357	741.590	828.813	230.677	369.560	378.319	602.218
20	Umsatzerlöse		6.899.274	631.647	777.133	237.148	409.364	482.489	964.600
21	Betriebsergebnis eigene Erzeugnisse		−68.084	−109.943	−51.680	6.471	39.804	104.170	362.382
22	Gewinn-/Verlustbringer		Verlust	Verlust	Verlust	Gewinn	Gewinn	Gewinn	Gewinn

2.6 Kostenträgerstückrechnung (Kalkulation)

2.6.1 Zuschlagskalkulationen

Von Zuschlagskalkulationen spricht man dann, wenn auf die Einzelkosten (die dem Kostenträger direkt zugerechnet werden) mithilfe von Zuschlagssätzen die Gemeinkosten (die in den Kostenstellen angefallen sind und den Kostenträgern nicht direkt zurechenbar sind oder aus wirtschaftlichen Gründen nicht direkt zugerechnet werden) „zugeschlagen" werden.

Beispiel Herr Müller aus der Betriebsbuchhaltung (Kosten- und Leistungsrechnung), der u. a. auch für die Preisermittlung (Kalkulation) für die einzelnen Fahrräder zuständig ist, will den Verkaufspreis für das Erzeugnis 201 Light aus der Erzeugnisgruppe Trekkingräder kalkulieren. Dabei will er alle Kosten berücksichtigen, die im Betrieb angefallen sind (Vollkostenprinzip). Zunächst ermittelt Herr Müller die Einzelkosten. Dazu stellt er die entsprechenden Bezugskosten für Rohstoffe und bezogene Teile pro Produkt fest. Diese Werte kann er der Komponentenliste entnehmen. Die Grundlage zur Ermittlung der Fertigungseinzelkosten ist der Arbeitsplan. Aus ihm gehen die Fertigungszeiten hervor Daneben sind die Lohnkosten zu berücksichtigen, die für die Herstellung des Fahrrads nötig sind.

Komponentenliste
Liste, die alle Teile (inkl. Bezugspreise) erfasst, die für die Produktion eines bestimmten Produktes benötigt werden.

Einzelkosten wie der Verbrauch von Rohstoffen (Be- und Verarbeitung) und Fertigteilen (Montage) sowie die Fertigungslöhne (Stückgeldakkord oder Stückzeitakkordlohn) können dem Kostenträger (hier: Fahrrad) direkt zugerechnet werden.

Beispiel Herr Müller nutzt für die anstehende (Vor-)Kalkulation die vorher ermittelten Gemeinkosten-Zuschlagssätze. Außerdem kalkuliert er in den Preis einen Gewinn in Höhe von 14,325 % ein. Um den Verkäufern einen Anreiz zu geben, möglichst viele Räder zu verkaufen, erhalten diese eine Vertriebsprovision von 2 % je verkauftes Rad. Als Anreiz, möglichst innerhalb von zehn Tagen nach Rechnungsdatum zu bezahlen, erhalten die Kunden Skonto in Höhe von 3 %. Damit die Kunden möglichst viele Räder bei einem Bestellvorgang abnehmen, gewährt die Fly Bike Werke GmbH einen Rabatt, der die gekaufte Menge berücksichtigt. Nachdem der Auftrag ausgeführt wurde, kontrolliert Herr Müller mithilfe einer Nachkalkulation, ob er die Kosten und den Gewinn, die er im Rahmen der Vorkalkulation eingeplant hatte, auch realisieren konnte. Er ist vom Ergebnis enttäuscht. Zwar waren die Einzelmaterialkosten (Rohre) im Preis um 2 % gesunken, dafür stiegen aber die Lohnkosten unmittelbar vor Ausführung des Auftrags um 4 %. Auch die zahlreichen Kostenarten (z. B. Energiekosten, Gehälter, Abschreibungen), die sich hinter den Materialgemeinkosten, Fertigungsgemeinkosten I, Fertigungsgemeinkosten II sowie den Verwaltungs- und Vertriebsgemeinkosten verbergen, hatten sich während der Ausführungsphase des Auftrags verändert. Somit müssen bei der Nachkalkulation die aktualisierten Werte berücksichtigt werden. Die auf der Basis der Istkosten resultierenden Gemeinkosten-Zuschlagssätze konnten in der folgenden Abrechnungsperiode nicht realisiert werden, sodass der geplante Gewinnzuschlagssatz in Höhe von 14,325 % auf ca. 8 % sank.

Preis- und Konditionenpolitik, vgl. **TAF 12.1, 4**

Daraus ergibt sich das folgende Kalkulationsschema:

Kalkulationsschema	Vorkalkulation		Nachkalkulation	
	Beträge in €	Zuschlagssatz	Beträge in €	Zuschlagssatz
Materialeinzelkosten	116,00		113,68	
+ Materialgemeinkosten	9,28	8 %	11,37	10 %
= Materialkosten	125,28		125,05	
Fertigungseinzelkosten I	1,00		1,04	
+ Fertigungsgemeinkosten Fertigung I	1,05	104,58823 %	1,56	150 %
= Fertigungskosten Fertigung I	2,05		2,60	
Fertigungseinzelkosten II	12,60		13,10	
+ Fertigungsgemeinkosten Fertigung II	25,20	200 %	30,13	230 %
= Fertigungskosten Fertigung II	37,80		43,23	
= Herstellkosten der Erzeugung	165,13		170,88	
+ Verwaltungsgemeinkosten	13,59	8,22794 %	15,38	9 %
+ Vertriebsgemeinkosten	15,06	9,12229 %	18,80	11 %
= Selbstkosten	193,78		205,06	
+ Gewinnzuschlag	27,76	14,325 %	16,48	8,0366722 %
= Barverkaufspreis	221,54		221,54	
+ Kundenskonto	7,00	3,00 %	7,00	
+ Vertriebsprovision	4,66	2,00 %	4,66	
= Zielverkaufspreis	233,20		233,20	
+ Kundenrabatt	41,15	15,00 %	41,15	
= Listenverkaufspreis	274,35		274,35	

2.6.2 Zuschlagskalkulation für Handelswaren

In der **Bezugskalkulation** werden die Einstandspreise von Waren ermittelt:

Beispiel Die Fly Bike Werke GmbH will ihr Handelswarensortiment um Packtaschen für Trekkingräder erweitern. Der Lieferant gewährt 15 % Rabatt und 2 % Skonto. Zusätzlich stellt er eine Lieferpauschale für seine Transport- und Verpackungskosten in Höhe von 5 % auf seinen Zielverkaufspreis in Rechnung. Bei einem Stückpreis von 9,00 € soll eine Menge von 100 Stück bestellt werden

Kalkulationsschema der Bezugskalkulation	Prozentsatz	Berechnung	Wert
Listeneinkaufspreis		9,00 € · 100 Stück	900,00 €
− Lieferantenrabatt	15 %	900,00 € · 15 %	− 135,00 €
= Zieleinkaufspreis		900,00 € − 135,00 €	= 765,00 €
− Lieferantenskonto	2 %	765,00 € · 2 %	− 15,30 €
= Bareinkaufspreis		765,00 € − 15,30 €	= 749,70 €
+ Bezugskosten	5 %	765,00 € · 5 %	+ 38,25 €
= Einstandspreis (Bezugspreis)		749,70 € + 38,25 €	= 787,95 €

Selbstkostenkalkulation: Auf diesen Einstandspreis müssen die Fly Bike Werke einen Aufschlag (Handlungskostenzuschlag) für alle Kosten berechnen, die mit Einkauf, Lagerung und Verkauf von Handelswaren regelmäßig im Unternehmen entstehen.

Kalkulationsschema der Sebstkostenkalkulation	Prozentsatz	Berechnung	Wert
Einstandspreis (Bezugspreis)			787,95 €
+ Handlungskosten	20 %	787,95 € · 20 %	+ 157,59 €
= Selbstkosten		787,95 € + 157,59 €	= 945,54 €

Verkaufskalkulation: Natürlich will die Fly Bike Werke GmbH auch mit Handelswaren Gewinne erzielen. Die müssen unter Beachtung von üblichen Preisnachlässen in der Verkaufskalkulation berücksichtigt („einkalkuliert") werden. Kundenskonto und Kundenrabatt müssen dabei in einer „Im-Hundert-Rechnung" ermittelt und aufaddiert werden, da der Kunde die ihm bekannten Preisnachlässe in Prozent immer „vom Hundert" berechnet und vom Listen- bzw. Zielverkaufspreis abzieht.

Kalkulationsschema der Verkaufskalkulation	Prozent-satz	Berechnung	Wert
Selbstkosten			945,54 €
+ Gewinn	15 %	945,54 € · 15 %	+ 141,83 €
= Barverkaufspreis		945,54 € + 141,83 €	= 1.087,37 €
+ Kundenskonto	2 %	$\frac{1.087,37 € \cdot 2 \%}{(100 \% - 2 \%)}$	+ 22,19 €
= Zielverkaufspreis		1.087,37 € + 22,19 €	= 1.109,56 €
+ Kundenrabatt	5 %	$\frac{1.109,56 € \cdot 5 \%}{(100 \% - 5 \%)}$	+ 58,40 €
= Listenverkaufspreis		1.109,56 € + 58,40 €	= 1.167,96 €

Mit Ausnahme der Selbstkostenkalkulation entsprechen alle Berechnungen der Bezugskalkulation (z. B. für eingekaufte Rohstoffe) und der Verkaufskalkulation (z. B. für Erzeugnisse) den Berechnungen, die auch für selbst produzierte Erzeugnisse gelten.

2.6.3 Divisionskalkulationen

Divisionskalkulationen unterscheiden nicht nach Einzel- und Gemeinkosten. Sie sind deshalb für Unternehmen geeignet, die nur ein Produkt oder gleichartige Erzeugnisse bzw. **Varianten** herstellen.

Varianten
gleicher Ausgangsstoff; geringe Veränderungen bei den erstellten Erzeugnissen, z. B. unterschiedliche Stärken, Farben

Beispiel Die Fly Bike Werke GmbH stellt zu Beginn ihrer Geschäftstätigkeit (Einproduktunternehmen) ausschließlich ein Trekkingrad, nämlich das Modell Light, her. Dabei entstanden ihr in einer Abrechnungsperiode bei einer Produktionsmenge von 3 000 Stück folgende Kosten:

Kostenarten	€
Fertigungsmaterial (laut Komponentenliste) Menge: 3 000 Stück à 116,00 €	348.000,00
+ sonstige Hilfs- und Betriebsstoffe	34.800,00
+ Personalkosten	139.200,00
+ Abschreibungen	52.200,00
+ sonstige Kosten	17.400,00
= Herstellkosten der Fertigung	591.600,00
Herstellkosten je Stück (3 000 Stück)	197,20

Beispiel Von diesem Produkt Modell Trekking Light wurden in der Abrechnungsperiode 2 700 Stück verkauft, sodass die absatzbedingten Verwaltungs- und Vertriebsgemeinkosten nur auf diese Menge bezogen werden dürfen. Diese Kostenarten wurden den Kostenstellen Verwaltung und Vertrieb zugeordnet.

Berechnung Selbstkosten	€
Herstellkosten der Fertigung für 3 000 Stück	591.600,00
− Bestandsmehrung (300 Stück)	59.160,00
= Herstellkosten des Umsatzes	532.440,00
+ Verwaltungs- und Vertriebsgemeinkosten	88.740,00
= Selbstkosten	621.180,00
Selbstkosten je Stück (2 700 Stück)	230,07

Gleichartige Erzeugnisse (Varianten), die sich aufgrund des verwendeten Materials und ihrer Herstellung nur unwesentlich unterscheiden, können mithilfe von **Äquivalenzziffern** kalkuliert werden. Diese Wertigkeitsziffern drücken das Kostenverhältnis aus, das sich aus dem unterschiedlichen Verbrauch an Werkstoffen oder der verschiedenen Bearbeitungsintensität der einzelnen Varianten ergibt.

 **Beispiel** Die apv GmbH, ein Kartonagenhersteller und Zulieferer der Fly Bike Werke GmbH, kalkuliert ihre Artikel mithilfe der Äquivalenzziffernrechnung.

Stülp-Kartons				Material-verbrauch	Äquivalenz-ziffer
Artikel	Länge in cm	Höhe in cm	Dicke in cm	cm³	Basis: 30401
City (XL)	400,0	120,0	0,5	24.000	1
Trekking (L)	420,0	130,0	0,7	38.220	1,5925
Mountain (M)	380,0	120,0	1,0	45.600	1,9
Rennrad (S)	360,0	120,0	1,2	51.840	2,16
Kid (XS)	300,0	100,0	0,5	15.000	0,625

Das Erzeugnis 30401 (Stülp-Kartons XL für City Räder) erhält die Äquivalenzziffer 1. Die Wertigkeitszahlen für die vier anderen Erzeugnisse ergeben sich aus dem Verhältnis des Materialverbrauchs (in Kubikzentimetern):

$$\text{Äquivalenzziffer} = \frac{\text{Materialverbrauch eines Artikels}}{\text{Materialverbrauch des Artikels mit der Äquivalenzziffer 1}}$$

- 38 220 : 24 000 = 1,5925; d. h., der Materialverbrauch eines Stülp-Kartons L für Trekkingräder ist 1,5925-mal größer als der eines Kartons XL
- 15 000 : 24 000 = 0,625; d. h., der Materialverbrauch des Stülp-Kartons XS (für Kinderräder) beträgt nur das 0,625-fache des Kartons XL
- 11 840 : 24 000 = 2,16; d. h., der Materialverbrauch für die Verpackung der Rennräder (S) ist 2,16-mal größer (aufwändiger) als die Verpackung der City-Räder (XL)

Artikel	Äquivalenz-ziffern	Produktions-menge	Verrech-nungs-einheiten	Herstell-kosten insgesamt	Herstell-kosten je Stück
City (XL)	1	10 000	10 000	6.300,00 €	0,63 €
Trekking (L)	1,5925	16 000	25 480	16.052,40 €	1,00 €
Mountain (M)	1,9	18 000	34 200	21.546,00 €	1,20 €
Rennrad (S)	2,16	3 000	6 480	4.082,40 €	1,36 €
Kid (XS)	0,625	20 000	12 500	7.875,00 €	0,39 €
			88 660	55.855,80 €	
			1	0,63 €	

Beispiel Die apv GmbH ermittelt die Herstellkosten der einzelnen Varianten ihrer Artikelgruppe „Stülp-Kartons" mithilfe der Äquivalenzziffernrechnung. Der Materialverbrauch wird hier als zentrale Verursachungsgröße für die Verteilung der Kosten unterstellt. Spielen auch andere Kostenarten bei der Verursachung der Kosten für die Kostenträger eine Rolle oder ändern sich die Materialverbräuche, sind die Äquivalenzziffern als Verteilungsgröße falsch.

Regelmäßige Kontrolle der Äquivalenzziffern ist notwendig!

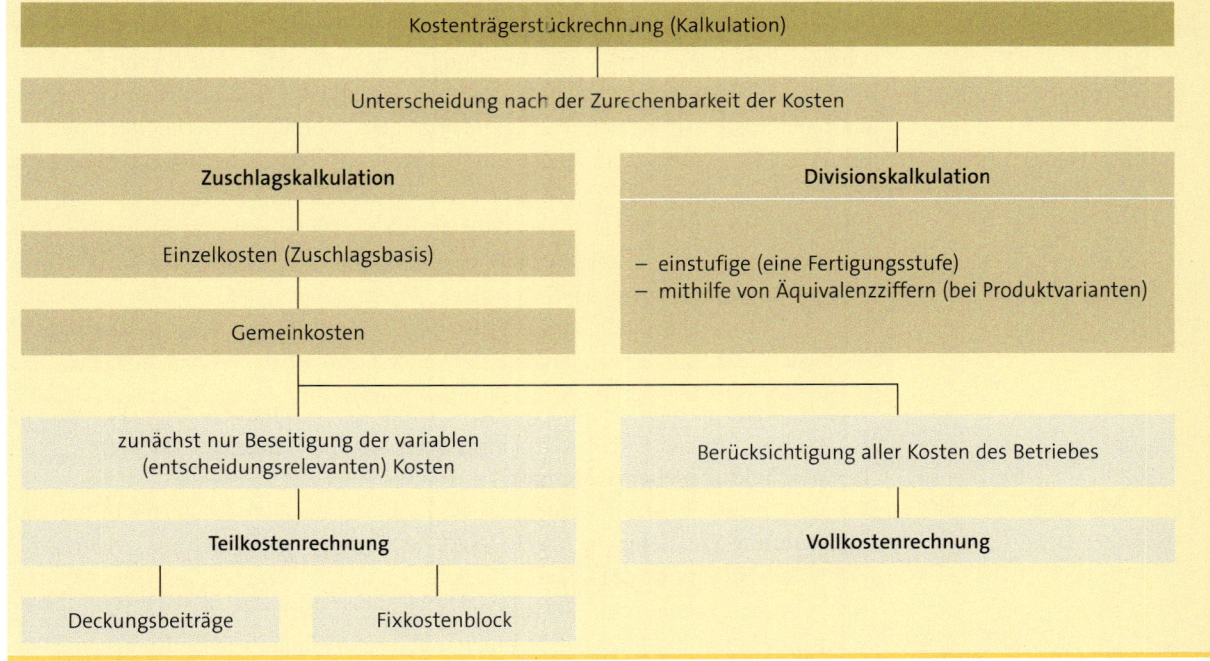

Übersicht: **Kostenträgerstückrechnung (Kalkulation)**

Kostenträgerstückrechnung (Kalkulation)

Unterscheidung nach der Zurechenbarkeit der Kosten

Zuschlagskalkulation

Einzelkosten (Zuschlagsbasis)

Gemeinkosten

Divisionskalkulation

– einstufige (eine Fertigungsstufe)
– mithilfe von Äquivalenzziffern (bei Produktvarianten)

zunächst nur Beseitigung der variablen (entscheidungsrelevanten) Kosten

Berücksichtigung aller Kosten des Betriebes

Teilkostenrechnung

Vollkostenrechnung

Deckungsbeiträge

Fixkostenblock

AB → Lernsituation 64, Lernsituation 65

2.7 Teilkostenrechnung (Deckungsbeitragsrechnung)

2.7.1 Vergleich Vollkostenrechnung – Teilkostenrechnung

> **Beispiel** Ein Industriebetrieb hat sein Produktionsprogramm bereinigt und sich von sogenannten „Verlustbringern" getrennt. Obwohl das Unternehmen mit allen Artikeln „Stückgewinne" erzielt, ist das Betriebsergebnis am Ende der Abrechnungsperiode negativ (Verlust).

Die Kostenträgerstückrechnung als Vollkostenrechnung geht von der Annahme aus, dass sich alle Kosten auf die Kostenträger (z. B. Erzeugnis) überwälzen lassen. Sie unterscheidet nicht zwischen fixen und variablen Kosten. Aus dieser Tatsache resultiert folgender wesentlicher Mangel:

Bei der Vollkostenrechnung verhalten sich die fixen Kosten wie die variablen Kosten. Sie sind also von der Beschäftigung (z. B. Produktion und Absatz) abhängig.

- Das führt bei **abnehmender Beschäftigung** dazu, dass die fixen Kosten nicht vollständig gedeckt werden (negative Beschäftigungsabweichung: Gewinne fallen geringer bzw. Verluste höher aus).
- Bei **zunehmender Beschäftigung** sind die fixen Kosten längst gedeckt. Sie werden aber den Kunden in den Preisen weiterberechnet. Dies kann den Vorteil weiterer Gewinne mit sich bringen, aber auch den Nachteil haben, dass die Preise am Markt zu hoch sind und man sich aus dem Markt herauskalkuliert bzw. Marktchancen verpasst.

Da keine verursachungsgemäße Verteilung der fixen Kosten auf die Erzeugnisse möglich ist, kann es sein, dass Erzeugnisse wegen der falschen (willkürlichen) Verteilung der fixen Kosten zu sogenannten „Verlustbringern" werden. In Wirklichkeit aber decken diese Erzeugnisse fixe Kosten und tragen somit zur Erhöhung des Gewinns bei.

> **Beispiel** Eine kleine Fahrradmanufaktur, die ein Modell (Mountainbike) herstellt, hat bei einem Absatz von 600 Rädern und einem Beschäftigungsgrad von 75 % 360.000,00 € Gesamtkosten. Der Anteil der fixen Kosten beträgt 144.000,00 €. Der Umsatz beläuft sich auf 432.000,00 €. Das Unternehmen hat die Möglichkeit, einen Zusatzauftrag in Höhe von 100 Rädern anzunehmen. Der Kunde bietet einen Preis von 500,00 €. Der „normale" Preis beträgt 720,00 €. Sollte dieser Zusatzauftrag angenommen werden?

Reihenfolge der Entscheidungen beachten

1. Entscheidungsebene (Menge):

Zunächst muss überprüft werden, ob die Kapazität des Betriebs ausreicht, um den Zusatzauftrag anzunehmen.

  75 % Beschäftigungsgrad = 600 Einheiten
100 % Beschäftigungsgrad = 800 Einheiten (Kapazitätsgrenze)
  x % Beschäftigungsgrad = 700 Einheiten (einschließlich Zusatzauftrag)

$$\frac{100 \cdot 700}{800} = 87,5$$

Der neue Beschäftigungsgrad beträgt 87,5 %; der Zusatzauftrag kann mengenmäßig angenommen werden.

2. Entscheidungsebene (Gewinn):

Die zweite Voraussetzung, die noch erfüllt werden sollte, ist die Erwirtschaftung eines Gewinnes.

Vollkostenrechnung		Teilkostenrechnung	
Preis (p)	500,00 €	Preis (p)	500,00 €
– Gesamtkosten je Stück (kg) 360.000/600 = KG/x	600,00 €	– variable Kosten pro Stück (kv) 216.000/600 = Kv/x	360,00 €
= Verlust je Stück · Absatz 100 Stück (Zusatzauftrag)	–100,00 €	= Stückdeckungsbeitrag (dB) · Absatz 100 Stück (Zusatzauftrag)	140,00 €
= Gesamtverlust durch Zusatzauftrag	–10.000,00 €	= Gesamtdeckungsbeitrag	14.000,00 €
Entscheidung: Ablehnung des Zusatzauftrags		Entscheidung: Annahme des Zusatzauftrags	
Begründung: Die Gesamtkosten (600,00 €) sind höher als der erzielbare Preis (500,00 €). Dies bedeutet einen Verlust pro Stück in Höhe von 100,00 € und bei Annahme des Auftrags einen Verlust von insgesamt 10.000,00 €		Begründung: Der Preis deckt die variablen Kosten. 140,00 € pro Stück verbleiben zur Deckung der fixen Kosten, die sich durch die Annahme des Auftrags nicht verändern. Da aber die fixen Kosten bereits gedeckt sind, tragen in dem Fall die Deckungsbeiträge in vollem Umfang zur Erhöhung des Gewinns bei.	
Fazit: Die Vollkostenrechnung unterscheidet nicht zwischen fixen und variablen Kosten. Entscheidungen, die auf dieses System zurückgehen, sind immer falsch.		Fazit: Nur Entscheidungen auf Basis der Teilkostenrechnung (Deckungsbeitragsrechnung) sind rational nachvollziehbar und begründet.	

Preisuntergrenzen, vgl. TAF 12.1, 4.2.4

Unter dem **Deckungsbeitrag** versteht man die Differenz zwischen den **Umsatzerlösen** und den variablen Kosten für einen bestimmten Artikel. Erzielt ein Artikel einen positiven Deckungsbeitrag, so leistet er damit einen Beitrag zur Deckung der fixen Kosten des Unternehmens. Erst wenn die Summe aller positiven Deckungsbeiträge aller abgesetzten Artikel die Höhe der gesamten Fixkosten überschreitet, erzielt das Unternehmen einen Gewinn.

Umsatzerlöse
Absatzmenge · realisierter Barverkaufspreis

2.7.2 Break-even-Punkt

Um auch in Zukunft zu entscheiden, ob die Deckungsbeiträge direkt zu einer Erhöhung des Gewinns beitragen, will die Fahrradmanufaktur analysieren, ab welcher Menge die gesamten Kosten gedeckt sind. Wegen der fixen Kosten, die auch entstehen, wenn nicht abgesetzt wird, muss der Absatz gesucht werden, ab dem die gesamten Kosten durch die Erlöse gedeckt werden. Dort, wo die Erlöse gleich den Kosten sind, ist der Gewinn gleich null. Ein Unternehmer hat ein grundsätzliches Interesse daran, zu erfahren, wie viel Stück er verkaufen muss, bis er diesen wichtigen Punkt erreicht hat. Denn natürlich macht das Unternehmen bis zu diesem Punkt (**Break-even-Punkt**) Verluste und nach diesem Punkt Gewinne.

Break-even-Punkt
Gewinnschwelle

An diesem Punkt gilt:
Gewinn = 0
Erlöse = Kosten

Erlöse je Stück: 720,00 €
fixe Kosten: 144.000,00 €
variable Kosten je Stück:
360,00 €
E = 720 · 400 = 288.000,00 €

KG = 144.000 + (360 · 40)
= 288.000,00

Ermittlung des Break-even-Punktes

$$E(x) = KG(x)$$
$$G(x) = 0$$
$$E(x) = 720 x$$
$$KG(x) = 144.000 + 360 x$$
$$720 x = 144.000 + 360 x$$
$$360 x = 144.000$$
$$x = 400 \text{ Räder (Break-even-Punkt)}$$

Deckungsbeitrags-Analyse

ab der Absatzmenge
von 600 Stück:

neuer VP	500,00 €
− kv	360,00 €
neuer db	140,00 €

(Zusatzauftrag)

Merke:
Nach dem Break-even-Punkt
sind alle fixen Kosten gedeckt,
sodass der Stückdeckungsbei-
trag zum Stückgewinn wird!

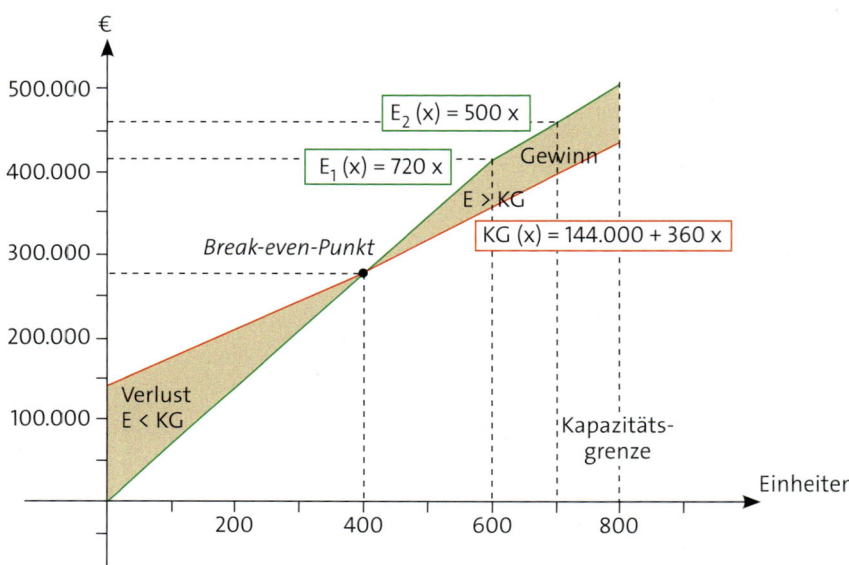

Legende: E (x) = Erlösfunktion KG (x) = Gesamtkostenfunktion

Bei linearen Erlös- und Kostenverläufen (Gerade) ließe sich der Gewinn bis ins Un-
endliche steigern, wären da nicht Absatz- und Kapazitätsgrenzen.

2.7.3 Einstufige Deckungsbeitragsrechnung

Beispiel Die Fly Bike Werke GmbH kann aus ihrer Deckungsbeitragsrech-
nung ersehen, dass alle Erzeugnisse bis auf Kinder Twist einen positiven De-
ckungsbeitrag haben.
Erzeugnis Twist der Erzeugnisgruppe Kinder hat einen negativen Deckungsbeitrag.
Es werden nicht einmal mehr die direkt mit der Produktion des Erzeugnisses Twist
(Kostenträger) entstandenen relevanten Kosten gedeckt.
Sprechen keine anderen betriebswirtschaftlichen Gründe (z.B. Komplementärgut,
Kunde kauft auch andere Erzeugnisse und erwartet den Verkauf dieses Erzeugnisses
durch uns, Imageträger) für einen Verbleib im Absatzprogramm, sollten die Produk-
tion und der Vertrieb dieses Erzeugnisses aus kostenrechnerischen Gründen einge-
stellt werden.

Erzeugnisgruppe		2 Trekking			5 Kinder	
Erzeugnis		201 Light	202 Free	203 Nature	501 Twist	502 Cool
Verkaufspreis	p	175,46 €	205,59 €	263,50 €	114,87 €	153,53 €
− variable Stückkosten	− kv	160,11 €	180,00 €	210,00 €	125,00 €	130,00 €
= Stückdeckungsbeitrag Erzeugnis	= db	15,35 €	25,59 €	53,50 €	−10,13 €	23,53 €
· Absatz	· x	3 600 Stück	3 780 Stück	900 Stück	6 000 Stück	4 800 Stück
= Gesamtdeckungsbeitrag Erzeugnis	= DB	55.260,00 €	96.730,20 €	48.150,00 €	−60.780,00 €	112.944,00 €
= Gesamtdeckungsbeitrag Erzeugnisgruppen	= DB_{Gr}	200.140,20 €			52.164,00 €	
= Gesamtdeckungsbeitrag Trekking/Kinder	= $DB_{Gr\,2\,u.\,5}$	252.304,20 €				

2.7.4 Relativer Deckungsbeitrag – Produktionsprogramm bei einem Engpass in der Produktion

Beispiel Die Qualitätsprüfung von City- und Rennrädern der Fly Bike Werke GmbH wird aufgrund ihres besonders empfindlichen Rahmens mithilfe einer besonderen Prüfmaschine durchgeführt. Die Prüfzeiten der verschiedenen Produkte sind aufgrund ihrer unterschiedlichen Komplexität verschieden.

	City Glide	City Surf	Renn Fast	Renn Superfast
(Absoluter) Stückdeckungsbeitrag in €	20	30	25	40
Prüfzeit in Minuten	5	6	10	15
Absatzmenge	1200	850	450	300

Können alle absetzbaren Produkte auch hergestellt werden, da kein Engpass in der Produktion existiert, richtet sich die Reihenfolge der Herstellung nach der Höhe der absoluten Stückdeckungsbeiträge. Daraus ergibt sich folgende Rangfolge:

Rang	Produkt	Absoluter Deckungsbeitrag
1	Renn Superfast	40 €
2	City Surf	30 €
3	Renn Fast	25 €
4	City Glide	20 €

Beispiel In diesem Monat kommt es in der Produktion zu einem Engpass. Die Prüfmaschine für die City- und Rennräder steht aufgrund eines Defektes nur an 14 400 Minuten zur Verfügung. Nun stellt sich die Frage: Welche Produktart soll in welchen Mengen in welcher Reihenfolge hergestellt werden?

Das Rennrad Superfast erzielt zwar einen Deckungsbeitrag von 40 € pro Stück. Allerdings beträgt die Prüfzeit 15 Minuten. Im gleichen Zeitraum könnten alternativ drei City-Glides geprüft werden. Mit diesen drei Rädern würde in 15 Minuten ein Deckungsbeitrag in Höhe von 60 € erzielt werden. Deshalb dienen bei einem zeitlichen Engpass die relativen Deckungsbeiträge als Entscheidungshilfe. Ein **relativer Deckungsbeitrag** gibt an, wie viel Euro ein Erzeugnis in einer Zeiteinheit, z. B. Minute, zur Deckung der fixen Kosten beiträgt. Die Ertragskraft der einzelnen Erzeugnisse wird vergleichbar gemacht.

$$\text{Relativer Deckungsbeitrag} = \frac{\text{Stückdeckungsbeitrag}}{\text{Benötigte Zeit im Engpass}}$$

Es ergeben sich folgende relative Deckungsbeiträge:

	City Glide	City Surf	Renn Fast	Renn Superfast
(Absoluter) Stückdeckungsbeitrag in €	20	30	25	40
Prüfzeit in Minuten	5	6	10	15
Relativer Deckungsbeitrag in €/Min.	4	5	2,5	2,67
Rang	2	1	4	3

Ermittlung des monatlichen Produktionsprogramms mit Engpass:

Produkt nach Rang	Anzahl (Stück)	Zeit pro Stück (Min.)	Zeit (Min.)	Zeit kumuliert (Min.)	Deckungsbeitrag je Produktart
City Surf	850	6	5 100	5 100	25.500 €
City Glide	1 200	5	6 000	11 100	24.000 €
Renn Superfast	220	15	3 300	14 400	8.800 €
Renn Fast	0				
				Gesamter Deckungsbeitrag	58.300 €

Die benötigte Gesamtbearbeitungszeit je Fahrrad ergibt sich, indem die Bearbeitungszeit je Rad mit der Absatzmenge multipliziert wird.

Nachdem alle absetzbaren Räder der Sorten City Surf und City Glide hergestellt wurden, verbleiben 3 300 Minuten zur Prüfung weiterer Fahrräder (Engpass). Es können 3 300 Min./15 Min. pro Stück = 220 Stück produziert werden. Für die Produktion von „Renn Fast" steht keine Zeit mehr zur Verfügung. Mit diesem Produktionsprogramm wird ein Gesamtdeckungsbeitrag von 58.300 € erzielt.

2.8 Eigenfertigung oder Fremdbezug (make or buy)

Die Entwicklung zu einer verstärkten Arbeitsteilung und Spezialisierung hat zur Folge, dass der **Zukauf** (Fremdbezug) bestimmter Teile vorteilhafter sein kann als die Eigenfertigung. Die Entscheidung für den Zukauf ist auf lange Sicht eine unternehmenspolitische Entscheidung, auf kurze Sicht jedoch abhängig von dem möglichst exakten Kostenvergleich zwischen diesen beiden Alternativen. Können die bisher mit der Eigenfertigung beschäftigten Stellen mit anderen Arbeiten beschäftigt werden, das heißt, sind freie Kapazitäten vorhanden, ist durch Vergleich festzustellen, ob der Zukaufspreis niedriger ist als die eigenen Kosten. Dabei sind mit den Anschaffungskosten (Bezugspreis) alle Kosten zu vergleichen, die durch die Eigenfertigung entstehen.

 **Beispiel** Die Fly Bike Werke GmbH muss entscheiden, ob sie die Komponente Sattel in Zukunft selbst fertigen oder ob sie zugekauft werden soll.

Fremdbezug	Eigenfertigung
Bezugspreis je Sattel: 6,12 €	Variable Kosten pro Stück: 4,61 € Fixe Kosten: 81.540,00 €
Kostenfunktion für Fremdbezug (FB): $K_{FB}(x) = k_{vFB} \cdot x$ $K_{FB}(x) = 6{,}12 \cdot x$	Kostenfunktion für Eigenfertigung (EF): $K_{EF}(x) = k_{vEF} \cdot x + K_F$ $K_{EF}(x) = 4{,}61 \cdot x + 81.540{,}00$

$$
\begin{aligned}
\text{Kosten Fremdbezug} &= \text{Kosten Eigenfertigung} \\
kv_{FB} \cdot x &= KF + kv_{EF} \cdot x \\
6{,}12\,x &= 81.540{,}00 + 4{,}61\,x \\
1{,}51\,x &= 81.540{,}00 \\
x &= 54.000
\end{aligned}
$$

Kostenvergleich

strategische Entscheidung:		
bei genau	54 000 Stück	Fremdbezug = Eigenfertigung
bis	53 999 Stück	Fremdbezug
ab	54 001 Stück	Eigenfertigung

Eigenfertigung oder Fremdbezug

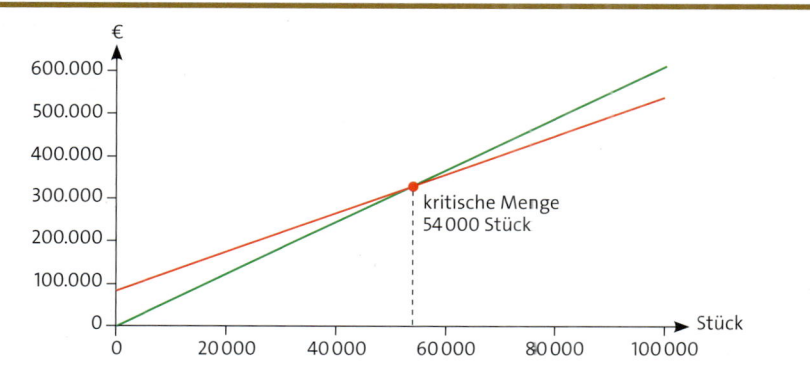

—— Fremdbezug
—— Eigenfertigung

kritische Menge:
Gesamtkosten der Eigenfertigung = Gesamtkosten des Fremdbezugs

Beispiel Die Fly Bike Werke GmbH prognostiziert den Bedarf im kommenden Geschäftsjahr mit 45 000 Stück.

Fremdbezug:	45 000 Stück · 6,12 €	= 275.400,00 €
Eigenfertigung:	81.540,00 € + 4,61 € · 45 000 Stück	= 288.990,00 €

Kostenrechnerische Entscheidung: Fremdbezug, da 13.590,00 € kostengünstiger.
Betriebswirtschaftliche Argumente, die gegen die kostenrechnerische Entscheidung sprechen könnten:
- Arbeitsplatzsicherung, Wahrung von Betriebsgeheimnissen (Know-how), kontinuierlicher Produktionsablauf
- Wahrung der Unabhängigkeit
- Nutzung der gut ausgebildeten Arbeitskräfte (die sonst vielleicht abwandern)

Bei der Frage, ob bestimmte Teile selbst gefertigt oder eingekauft werden, sollten nicht nur die Kosten entscheidend sein. Ein Unternehmen muss auch weitere Vor- und Nachteile beachten.

Eigenfertigung (make)		Fremdbezug (buy)	
Vorteile	**Nachteile**	**Vorteile**	**Nachteile**
– Unabhängigkeit von Zulieferern – Ausnutzen eigener Kapazitäten – Eigene Vorstellungen können besser berücksichtigt werden – Qualitätssicherung	– Evtl. Investitionen sowie Kosten für Wartung und Instandhaltung – Abschreibungen – Lohnkosten – Nicht genutzte Betriebsmittel bei Produktionsschwankungen	– Evtl. geringere Kosten – Teilhabe am Know-how des Lieferers – Flexibilität bei großer Lieferzahl mit großem Sortiment – Fundiertes Spezialwissen des Lieferers	Abhängigkeit aufgrund von: – Lieferzeitschwankungen – Qualitätsschwankungen – Preisschwankungen – Langfristigen Lieferverträgen

Übersicht: *Teilkostenrechnung und Make or buy*

Break-even-Punkt	Der Break-even-Punkt gibt die Produktionsmenge an, bei der die Kosten den Erlösen entsprechen. Bei Herstellungsmengen, die über diesem Punkt liegen, wird ein Gewinn erzielt.
Engpassbezogene Deckungsbeiträge	Liegt ein Produktionsengpass vor, werden die Produkte in der Reihenfolge der absteigenden spezifischen Deckungsbeiträge hergestellt.
Make or buy	Eine Eigenfertigung von Produkten lohnt sich, wenn die Kosten für die Eigenfertigung geringer als die Kosten für Fremdbezug sind. Dies ist bei Produktionsmengen der Fall, die höher als die kritische Menge sind. Bei Herstellungsmengen unterhalb der kritischen Menge lohnt sich der Fremdbezug.

3 Lagerprozesse

Um stets verkaufsbereit zu sein und die Kunden jederzeit wunschgemäß beliefern zu können, muss jedes Unternehmen darauf achten, seine Waren rechtzeitig und in ausreichender Menge zu beschaffen. Da nicht immer alle eingekauften Roh- und Hilfsstoffe sofort verbraucht werden, benötigen Unternehmen ein Lager.

Beschaffungsprozesse, vgl. **TAF 11.2, 2**

Neben der Verfügbarkeit der Rohstoffe wird ein Unternehmer aber auch auf die Wirtschaftlichkeit der Lagerung achten, um die Kosten für Beschaffung und Lagerhaltung gering zu halten. Dazu dienen Lagerkennziffern und die Berechnung der (wirtschaftlich) optimalen Bestellmenge. Außerdem sollten Überlegungen angestellt werden, für welche Produkte diese grundlegenden Planungen durchzuführen sind.

3.1 Funktionen des Lagers

Im Rahmen der Lagerhaltung fallen verschiedene Aufgaben an: die allgemeinen Lagerverwaltungsaufgaben einschließlich der Lagerbuchführung, die Sicherstellung, dass alle Waren rechtzeitig zur Verfügung stehen, die Durchführung der Warenannahme und Qualitätskontrolle, die Ein-, Um- und Auslagerung von Waren, die Pflege der Lagergüter, die Optimierung der Lagerbestände unter betriebswirtschaftlichen Gesichtspunkten. Dabei erfüllen Lager verschiedene Funktionen.

Zeitüberbrückungsfunktion: Beschaffung und Absatz lassen sich weder zeitlich noch mengenmäßig vollständig aufeinander abstimmen, d. h. synchronisieren. Vor diesem Hintergrund dienen Lager als Puffer.

Sicherungsfunktion: Transportstörungen, Lieferzeitüberschreitungen, Streiks und ungeplante Mehrverkäufe sind Beispiele für unvorhergesehene Liefer- oder Bedarfsschwankungen. Als notwendige Konsequenz sind Sicherheitsbestände einzuplanen, die die Schwankungen ausgleichen.

Spekulationsfunktion: Preise unterliegen häufig Schwankungen. Wenn steigende Preise vorauszusehen sind, bietet es sich an, Waren in größeren Mengen einzukaufen, als dies aufgrund der aktuellen Auftragslage notwendig wäre. Ein Teil der Waren kann später zum höheren Preis verkauft werden. Es kommt zu einem Gewinn. Dabei lassen sich als positiver Nebeneffekt auch Mengenrabatte ausnutzen. Die Einsparung an Beschaffungskosten ist allerdings mit einer Erhöhung der Lagerkosten verbunden.

3.2 Kosten der Lagerhaltung

Durch die Lagerhaltung entstehen vielfältige Kosten, von denen einige von der Menge oder dem Wert der eingelagerten Waren abhängig sind. Durch eine optimal geplante und durchgeführte Lagerorganisation und ein durchdachtes Beschaffungsverhalten lassen sich die Kosten der Lagerhaltung möglichst gering halten.

Lagerkosten	Beispiele
Betriebsmittel	– Zinsen, Abschreibungen – Instandhaltung – Transport – Energie – Versicherung
Personal und Verwaltung	– Löhne, Gehälter – Sozialaufwendungen – Büromaterial – EDV
Lagergüter	– Zinsen für das gebundene Kapital – Kosten des Bestandsrisikos (z. B. Diebstahl, Verderb und Schwund) – Warenpflege

AB → Lernsituation 66

3.3 Lagerkennziffern

Auch die Lagerhaltung unterliegt dem Wirtschaftlichkeitsprinzip, d. h., sie ist so kostengünstig wie möglich zu gestalten. Um die Aussagekraft und Vergleichbarkeit der Daten zu erhöhen, werden in der Praxis die folgenden Lagerkennziffern verwendet:

- durchschnittlicher Lagerbestand
- Umschlagshäufigkeit
- durchschnittliche Lagerdauer
- Lagerzinssatz und Lagerzinsen

Ausgangsgröße für alle weiteren Berechnungen ist der durchschnittliche Lagerbestand ($\varnothing$ LB).

Anhand des **durchschnittlichen Lagerbestands** wird errechnet, wie hoch der Bestand an Vorräten in einem Zeitraum (z. B. ein Jahr) durchschnittlich ist.

Alternative Basisformeln für den durchschnittlichen Lagerbestand ($\varnothing$ LB)

Variante	Formel	Erläuterungen
Jahresanfangsbestand (AB) Jahresendbestand (EB)	$\dfrac{AB + EB}{2}$	ungenau
Jahresanfangsbestand (AB) 12-Monats-Endbestände (EB)	$\dfrac{AB + 12 \cdot EB}{13}$	genauer als erste Variante
Bestellmenge (BeM) Mindestbestand (MiB)	$\dfrac{BeM}{2} + MiB$	am besten geeignet bei konstantem Lagerabgang

Die **Umschlagshäufigkeit** (UH) gibt an, wie oft der durchschnittliche Lagerbestand in einem Jahr umgesetzt wurde. Die Berechnung kann sowohl auf Mengen- als auch auf Wertbasis (d. h. als Produkt aus Menge und Stückpreis) erfolgen.

Die Umschlagshäufigkeit wird ermittelt, indem man den Jahresverbrauch durch den durchschnittlichen Lagerbestand teilt. Je niedriger der durchschnittliche Lagerbestand ist, desto höher ist die Umschlagshäufigkeit. Bei der Interpretation ist der Zusammenhang zur Kapitalbindung zu berücksichtigen: je höher die Umschlagshäufigkeit, desto niedriger das im Lager gebundene Kapital. Dieses gebundene Kapital könnte bei einer Anlage auf der Bank Zinsen erbringen.

$$\text{Umschlagshäufigkeit} \quad = \quad \frac{\text{Jahresverbrauch}}{\text{Ø Lagerbestand}}$$

Aus der Umschlagshäufigkeit lässt sich die durchschnittliche Lagerdauer (Ø LD in Tagen) errechnen, indem man 360 (Tage) durch die Umschlagshäufigkeit teilt.

Die **durchschnittliche Lagerdauer** gibt an, wie lange die Materialien im Durchschnitt im Lager verbleiben, bevor sie verbraucht werden. Je kürzer dieser Zeitraum ist, desto besser, denn desto kürzer ist auch die Kapitalbindungsdauer. Die durchschnittliche Lagerdauer ist umso geringer, je höher die Umschlagshäufigkeit ist.

$$\text{Ø Lagerdauer} \quad = \quad \frac{360 \text{ Tage}}{\text{Umschlagshäufigkeit}}$$

Die Kosten (in Form von entgangenen Zinsen), die für das in den Lagergütern gebundene Kapital entstehen, werden mithilfe des **Lagerzinssatzes** (LZS) ermittelt.

Dazu dividiert man den Jahreszinssatz durch die Umschlagshäufigkeit. Je höher die Umschlagshäufigkeit, desto niedriger ist der Lagerzinssatz.

$$\text{Lagerzinssatz} \quad = \quad \frac{\text{Jahreszinssatz}}{\text{Umschlagshäufigkeit}} \quad \text{oder} \quad \frac{\text{Jahreszinssatz} \cdot \text{Ø Lagerdauer}}{360}$$

Aus dem Lagerzinssatz lassen sich mithilfe der Zinsformel und des Wertes des durchschnittlichen Lagerbestandes die **Lagerzinsen** (LZ) berechnen. Anhand der Lagerzinsen wird der Wert berechnet, der dem Unternehmen während der Lagerdauer entgeht.

$$\text{Lagerzinsen} \quad = \quad \frac{\text{Wert des Ø Lagerbestandes} \cdot \text{Lagerzinssatz}}{100}$$

ICH SEHE, IHR SEID SCHON LÄNGER HIER!

Die Lagerkennziffern liefern wichtige Informationen bezüglich der Wirtschaftlichkeit der Lagerhaltung. Das folgende Schaubild verdeutlicht, dass ein geringer durchschnittlicher Lagerbestand, eine hohe Umschlagshäufigkeit und eine kurze Lagerdauer grundsätzlich Anhaltspunkte für niedrige Lagerkosten sind.

Zusammenhänge zwischen Bestellmenge und Lagerkennziffern

hohe Bestellmengen = seltene Bestellungen	niedrige Bestellmengen = häufige Bestellungen
↓	↓
hoher durchschnittlicher Lagerbestand geringe Umschlagshäufigkeit lange Lagerdauer	geringer durchschnittlicher Lagerbestand hohe Umschlagshäufigkeit kurze Lagerdauer
↓	↓
viel im Lager gebundenes Kapital	wenig im Lager gebundenes Kapital
↓	↓
hohe Lagerzinsen = hohe Lagerkosten	niedrige Lagerzinsen = niedrige Lagerkosten

Just In Time (JIT), vgl. **1**

Im Extremfall wäre dem Unternehmen mit einer Just-in-time-Strategie am besten gedient, da dann ein Lagerbestand kaum noch vonnöten ist. Dies setzt voraus, dass die Lieferungen pünktlich eintreffen.

Beispiel Lagerkennziffern der Fly Bike Werke GmbH für Artikel 7060 (Sattel für Mountainbike Constitution)

– Einstandspreis je Stück	25,015 €
– Jahresverbrauch	1 350 Stück
– Höchstbestand für Artikel	450 Stück
– Bestellmenge je Bestellung	342 Stück
– eiserner Bestand	108 Stück
– Jahreszinssatz	10 %

Ø Lagerbestand	$\text{Ø LB} = \dfrac{342}{2} + 108$	279 Stück
Umschlagshäufigkeit	$\text{UH} = \dfrac{1\,350}{279}$	4,839
Ø Lagerdauer	$\text{Ø LD} = \dfrac{360 \text{ (Tage)}}{4,839}$	74,396 Tage
Lagerzinssatz	$\text{LZS} = \dfrac{10}{4,839}$	2,067 %
Lagerzinsen	$\text{LZ} = \dfrac{279 \cdot 25{,}015 \cdot 2{,}067}{100}$	144,26 €

3.4 Optimaler Bestellzeitpunkt

AB → Lernsituation 67

Ein Unternehmen muss darauf achten, dass grundsätzlich genügend Werkstoffe zur Herstellung der Produkte vorhanden sind. Gleichzeitig muss es auf die Wirtschaftlichkeit achten. Die Lagerkosten dürfen nicht unangemessen hoch sein. Dies führt zur Frage, wann Werkstoffe nachbestellt werden sollten, um einerseits kontinuierlich fertigen zu können und andererseits hohe Lagerkosten zu vermeiden.

Zur Ermittlung des optimalen Bestellzeitpunktes sind die Begriffe Mindestbestand, Meldebestand und Höchstbestand zu klären.

Der **Mindestbestand** ist ein vom Unternehmen festgelegter Bestand, der die Lieferbereitschaft auch bei unvorhergesehenen Zwischenfällen sichern soll. Er stellt eine Sicherheitsreserve dar, die im Normalfall nicht angegriffen werden soll. Bei unvorhersehbaren Ereignissen wie einer Lieferverzögerung oder besonders hohem Verbrauch dient der Mindestbestand zur Aufrechterhaltung der Produktionsbereitschaft.

Der **Mindestbestand** wird auch als „Sicherheitsbestand" oder „eiserne Reserve" bezeichnet.

 Beispiel Für die Reifen von City-Fahrrädern beschließt die Geschäftsleitung der Fly Bike Werke GmbH einen Mindestbestand von 300 Stück.

Der **Meldebestand** legt den genauen Bestellzeitpunkt fest. Bei Erreichen des Meldebestandes muss eine bestimmte Menge der Ware bestellt werden bzw. die Bestellung wird automatisch ausgelöst. Die folgende Formel zur Errechnung des Meldebestandes gewährleistet, dass in der Zeitspanne zwischen Bestellung und Lieferung der Ware der Mindestbestand im Normalfall nicht unterschritten wird.

Meldebestand = Mindestbestand + (Tagesverbrauch · Lieferzeit)

Beispiel Der Mindestbestand von Fahrradreifen liegt bei 300 Stück. Der Lieferant, die Continent AG, benötigt eine Lieferzeit von fünf Tagen. Pro Tag werden etwa 100 Reifen verbraucht.

Ermittlung des Meldebestandes: 300 + (100 · 5) = 800 Reifen

Bei Erreichen des Bestandes von 800 Reifen wird eine Bestellung ausgelöst.

Der **Höchstbestand** ist ein ebenfalls vom Unternehmen festgelegter Bestand, der die Höchstlagerungsmenge der Ware bestimmt. Er ist abhängig von der räumlichen Lagerungskapazität, von der täglich verkauften Menge und schützt das Unternehmen vor zu hohen Lagerkosten durch gebundenes Kapital.

Beispiel Da die Bestellung und die Lieferung sowohl Personal- als auch Transportkosten verursachen, ist es wichtig, einerseits nicht zu oft zu bestellen, andererseits aber auch nicht zu hohe Mengen auf Lager zu halten. Diese Überlegungen veranlassten den Abteilungsleiter für Einkauf und Logistik, Herrn Thüne, dazu, den Höchstbestand auf den Tagesverbrauch von 10 Arbeitstagen (10 Tage · 100 Stück = 1 000 Stück) zuzüglich Mindestbestand festzulegen. Damit ergibt sich ein Höchstbestand von 1 300 Reifen im Lager.

Grafische Darstellung des optimalen Bestellzeitpunktes

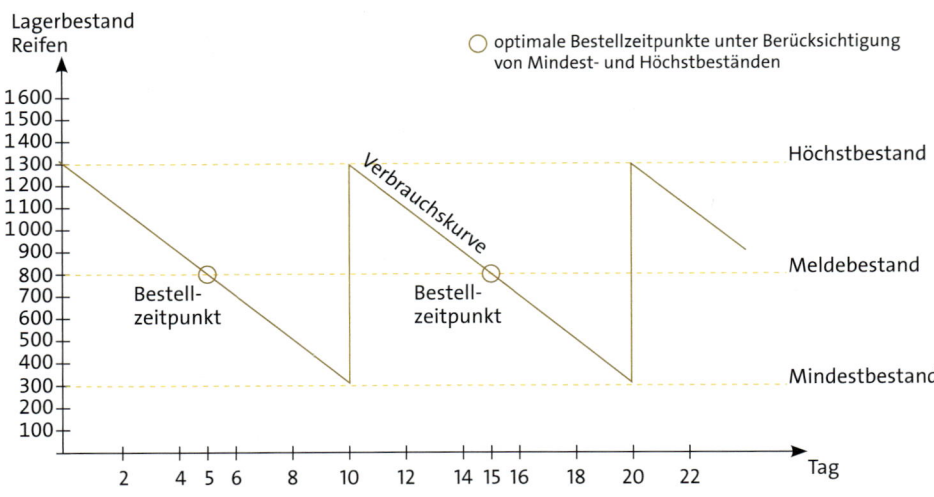

Beispiel Für Reifen von City-Fahrrädern muss eine Bestellung am 5. und am 15. Tag erfolgen. Zu diesen Bestellzeitpunkten wird der Meldebestand erreicht. Alle 10 Arbeitstage werden 1 000 Reifen bestellt, das ist die Menge, die bei Eintreffen der Lieferung zum Höchstbestand von 1 300 Reifen führt. Der Höchstbestand baut sich in den folgenden 10 Tagen bis zum Mindestbestand in Höhe von 300 Reifen ab (z. B. von Tag 0 bis Tag 10). Am 10. Tag wird durch das Eintreffen einer neuen Lieferung wieder der Höchstbestand erreicht.

AB → Lernsituation 68

3.5 *Optimale Bestellmenge*

Um das Ziel einer möglichst kostengünstigen Beschaffung zu realisieren, müssen die Material-, Bestell- und Lagerkosten optimiert werden.

Die **Materialkosten** sind abhängig davon, wie groß die Bestellmenge ist. Die Bewertung der beschafften Materialien erfolgt über die jeweiligen Einstandspreise.

Die **Bestellkosten** setzen sich aus den anteiligen Personal- und Sachkosten des Bestellvorgangs, der Wareneingangs- und der Rechnungsprüfung zusammen.

Dazu zählen z. B.:
- Gehälter für die Sachbearbeiter im Einkauf
- Kosten für verbrauchtes Büromaterial
- Kosten der Datenverarbeitung

Sie sind unabhängig von der Höhe der jeweiligen Bestellmenge (bestellfixe Kosten), aber in ihrem Gesamtbetrag abhängig von der Anzahl der Bestellungen innerhalb eines betrachteten Zeitraums.

Lagerkosten sind z. B. abhängig von der Höhe des im Lager gebundenen Kapitals und der Höhe des anzusetzenden Marktzinssatzes.

Die **optimale Bestellmenge** ist die Menge, bei der die Summe aus Bestell- und Lagerhaltungskosten im Planungszeitraum ein Minimum aufweist.

 **Beispiel** Berechnung der optimalen Bestellmenge in der Fly Bike Werke GmbH

Die Fly Bike Werke GmbH kauft Bremsen für die von ihr zu produzierenden Fahrräder ein. Die Bremsen werden für verschiedene Fahrradmodelle verwendet. Im Rahmen einer Bedarfsermittlung ist festgestellt worden, dass der jährliche Verbrauch 12 000 Stück beträgt. Der Bezugspreis pro Stück beträgt 9,60 €. Die Controlling-Abteilung gibt für die Höhe der bestellfixen Kosten einen Betrag von 300,00 € pro Bestellung und einen Lagerkostensatz von 20 % vor. Zur Ermittlung der optimalen Bestellmenge wird die folgende Formel genutzt.

$$\text{Optimale Bestellmenge} = \sqrt{\frac{200 \cdot \text{bestellfixe Kosten} \cdot \text{Jahresverbrauchsmenge}}{\text{Bezugspreis/Stück} \cdot \text{Lagerkostensatz}}}$$

$$= \sqrt{\frac{200 \cdot 300 \cdot 12\,000}{9,60 \cdot 20}}$$

$$= 1\,936,49 \text{ Stück}$$

$$\text{Anzahl der Bestellungen} = \frac{12\,000 \text{ Stück}}{1\,936,49 \text{ Stück}} = 6,1968 \text{ Bestellungen pro Jahr}$$

Ergebnis: Die optimale Bestellmenge liegt also, rechnerisch ermittelt, bei ca. 1 937 Stück. Es sollten danach pro Jahr zwischen sechs und sieben Bestellungen aufgegeben werden, um die benötigte Anzahl an Bremsen einzukaufen.

Tabellarische Ermittlung der optimalen Bestellmenge:

1	2	3	4	5	6	7	8
Anzahl der Bestellungen	Bestellmenge in Stück	Bestellkosten in €	durchschnittlicher Lagerbestand in Stück	durchschnittlicher Lagerbestandswert in €	Lagerkosten in €	Gesamtkosten in €	Kosten/Stück in € (aufgerundet)
	12 000/ Spalte 1	300 · Spalte 1	Spalte 2/2	Spalte 4 · 9,60 €	20 % von Spalte 5	Spalte 3 + Spalte 6	Spalte 7/ 12 000
1	12 000	300,00	6 000	57.600,00	11.520,00	11.820,00	0,99
2	6 000	600,00	3 000	28.800,00	5.760,00	6.360,00	0,53
3	4 000	900,00	2 000	19.200,00	3.840,00	4.740,00	0,40
4	3 000	1.200,00	1500	14.400,00	2.880,00	4.080,00	0,34
5	2 400	1.500,00	1200	11.520,00	2.304,00	3.804,00	0,32
6	2 000	1.800,00	1000	9.600,00	1.920,00	**3.720,00**	0,31
7	1714	2.100,00	857	8.227,20	1.645,44	3.745,44	0,31
8	1500	2.400,00	750	7.200,00	1.440,00	3.840,00	0,32
9	1333	2.700,00	667	6.403,20	1.280,64	3.980,64	0,33

Ergebnis: Nach der tabellarischen Ermittlung liegt die optimale Bestellmenge bei 2 000 Stück. Die optimale Bestellhäufigkeit beträgt 6 Bestellungen pro Jahr.

Optimale Bestellmenge: grafische Lösung

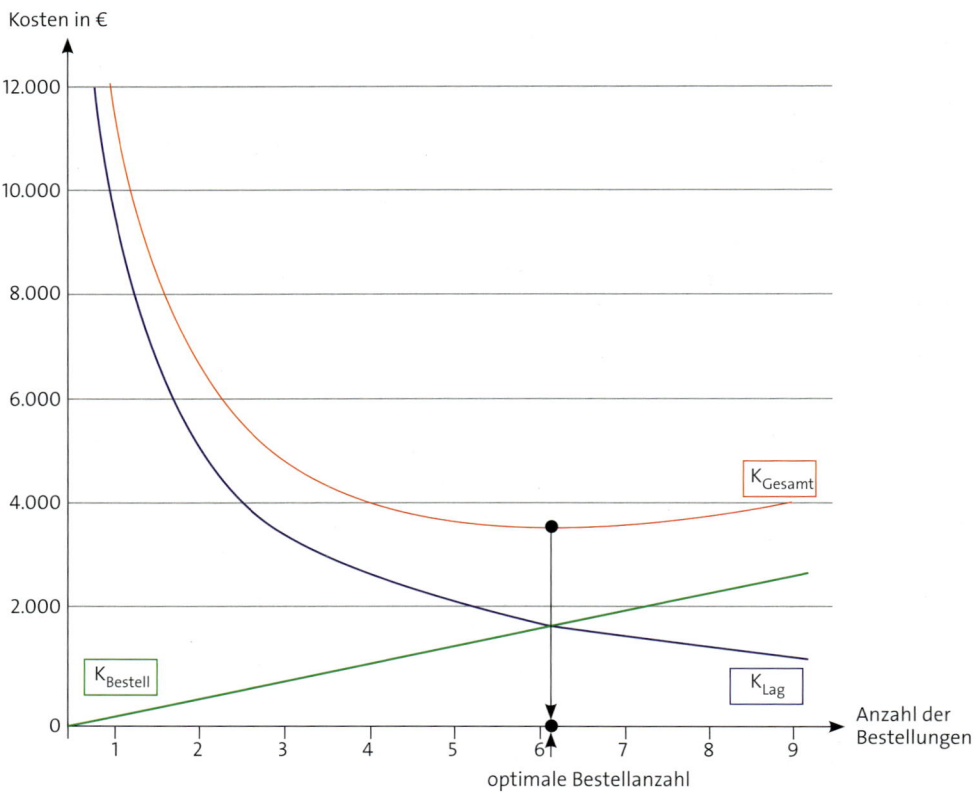

optimale Bestellanzahl

Das Modell der optimalen Bestellmenge unterstellt zahlreiche Annahmen, die **in der Realität nicht zutreffen**. Hierzu gehören beispielsweise

- die als fix unterstellten Bestellkosten,
- der gleichbleibende und mengenunabhängige Lagerkostensatz und
- der konstante und von der Bestellmenge unabhängige Einstandspreis.

Zudem muss beachtet werden, dass die Festlegung der Bestellmenge nicht nur von den Bestell- und Lagerkosten abhängig ist. Es gibt **zahlreiche weitere Aspekte, die die Bestellmenge beeinflussen** können und letztlich Gründe dafür sind, von der errechneten optimalen Bestellmenge abzuweichen, z. B.:

- eine zu geringe Lagerkapazität
- mangelnde Liquidität
- beschränkte Lagerfähigkeit (Haltbarkeit) des Materials
- Ausnutzen von Mengenrabatten oder Sonderangeboten
- erwartete Preisveränderungen
- Bedarfsschwankungen (z. B. saisonal)
- Vorgabe von Verpackungseinheiten durch den Lieferanten

Somit ist die optimale Bestellmenge nur ein Anhaltspunkt unter vielen, die die Festlegung der tatsächlichen Bestellmenge beeinflussen.

3.6 ABC-Analyse

AB → Lernsituation 69

Unternehmen müssen häufig eine Vielzahl von Materialien beschaffen. Diese haben – gemessen am jährlichen Verbrauchswert in Euro – ganz unterschiedliche Bedeutungen für die Beschaffungsplanung.

> **Beispiel** In der Fly Bike Werke GmbH werden jährlich 15 000 hochwertige Fahrradrahmen aus Carbon zum Bezugspreis von 450,00 € eingekauft. Der Jahresverbrauchswert dieses Materials beträgt 15 000 · 450,00 € = 6.750.000,00 €. Neben vielen weiteren Materialien werden auch kleine Schrauben zum Bezugspreis von 15,00 € für 1 000 Stück eingekauft. Die jährliche Verbrauchsmenge von 50 000 Stück verursacht einen Jahresverbrauchswert von nur 750,00 €.

Aufgrund der sehr unterschiedlichen Verbrauchswerte ist es nicht sinnvoll, jedem Material in der Beschaffungsplanung die gleiche Aufmerksamkeit zukommen zu lassen. In diesem Zusammenhang ist die ABC-Analyse ein Hilfsmittel, um **Schwerpunkte in der Beschaffungsplanung** festzulegen, den Arbeitsaufwand sinnvoll zu steuern und damit die Kosten der Beschaffungsplanung zu reduzieren.

Mithilfe einer **ABC-Analyse** werden die zu beschaffenden Materialien in **bedeutende Güter (A-Güter), durchschnittlich bedeutende Güter (B-Güter) und wenig bedeutende Güter (C-Güter)** unterteilt. Kriterium hierfür ist der jährliche Verbrauchswert der einzelnen Materialien. Nur für jene Materialien, die einen hohen jährlichen Verbrauchswert haben (A-Güter), ist eine aufwendige Beschaffungsplanung gerechtfertigt, weil bei diesen Materialien schon geringfügige Verbesserungen (z. B. des Bezugspreises oder der Bestellmenge) einen bedeutsamen wirtschaftlichen Vorteil bewirken.

> Für die zur Fertigung eines bestimmten Fahrradtyps benötigten Materialien wird heute in der Fly Bike Werke GmbH eine ABC-Analyse durchgeführt. Der Einkaufsleiter listet zunächst in der **Grundtabelle** alle Materialien (Spalte 1) mit dem Jahresverbrauch in Stück (Spalte 2) und den jeweiligen Bezugspreisen (Spalte 3) auf. Durch Multiplikation der Jahresverbräuche mit den Bezugspreisen erhält er die einzelnen Jahresverbrauchswerte (Spalte 4). Mithilfe der Summe aller Jahresverbrauchswerte kann er für jedes Material den prozentualen Anteil daran ermitteln (Spalte 5).

Aus Vereinfachungsgründen stellt die Tabelle nur einen Auszug der Materialien dar.

Material Nr.	Jahresverbrauch in Stück	Bezugs- preis in €	wertmäßiger Jahresverbrauch in €	Anteil am gesamten Jahresverbrauch
SW-0801	20 000	4,50	90.000,00	4,73 %
SW-0802	12 000	24,50	294.000,00	15,46 %
SW-0803	22 500	7,50	168.750,00	8,87 %
SW-0804	15 000	2,30	34.500,00	1,81 %
SW-0805	75 000	0,15	11.250,00	0,59 %
SW-0806	5 000	105,00	525.000,00	27,60 %
SW-0807	7 500	8,50	63.750,00	3,35 %
SW-0808	11 000	65,00	715.000,00	37,59 %
Summe			1.902.250,00	100,00 %

Nun erstellt der Einkaufsleiter die **sortierte Tabelle**, in der er die Materialien nach sinkenden Anteilswerten (höchster Anteilswert oben / niedrigster Anteilswert unten) auflistet. In der dritten Spalte summiert er die Anteilswerte auf.

Material Nr.	Anteil am gesamten wertmäßigen Jahresverbrauch	Aufsummierte Anteilswerte	ABC-Kategorie
SW-0808	37,59 %	37,59 %	A
SW-0806	27,60 %	65,19 %	A
SW-0802	15,46 %	80,65 %	B
SW-0803	8,87 %	89,52 %	B
SW-0801	4,73 %	94,25 %	C
SW-0807	3,35 %	97,60 %	C
SW-0804	1,81 %	99,41 %	C
SW-0805	0,59 %	100,00 %	C

Für die abschließende Kategorisierung der Materialien beachtet der Einkaufsleiter folgende innerbetriebliche Regel: Die A-Güter enden spätestens bei einem aufsummierten Anteilswert von 70 %, die B-Güter bei 90 % und die C-Güter bilden den Rest.

Die Grenzen zwischen A-, B- und C-Gütern müssen von jedem Unternehmen individuell festgelegt werden und können sogar situationsbedingt unterschiedlich sein.

In der betrieblichen Praxis steht die ABC-Analyse am Anfang der Beschaffungsplanung, da diese durch Erkenntnisse aus der ABC-Analyse beeinflusst wird.

Die Ergebnisse einer ABC-Analyse sind ein wichtiges Hilfsmittel, um Schwerpunkte bei der Beschaffungsplanung zu bestimmen und die vorhandenen (personellen) Ressourcen dort einzusetzen, wo das größte **Einsparpotenzial** besteht. Das folgende Schaubild veranschaulicht mögliche **Konsequenzen aus einer ABC-Analyse**.

Mögliche Handlungskonsequenzen aus einer ABC-Analyse

für A-Güter	für B-Güter	für C-Güter
hoher Aufwand, z. B.	**mittlerer Aufwand**	**geringer Aufwand, z. B.**
– intensive und regelmäßige Bezugsquellenermittlung – häufige Angebotsvergleiche – intensive Preisverhandlungen mit Lieferanten – exakte Planung der Bestellmengen (optimale Bestellmenge) – niedrige Lagerbestände, nach Möglichkeit Just-in-time-Beschaffung	Für diese Güter wird ein Mittelweg zwischen dem Umgang mit A-Gütern und C-Gütern gewählt und im Einzelfall entschieden.	– einfache Bezugsquellenermittlung durch Beschränkung auf interne Informationsquellen – Beschränkung auf quantitativen Angebotsvergleich – geringe Bestellhäufigkeit durch höhere Bestellmengen – vereinfachte Abwicklung des Bestellverfahrens

Übersicht: *Lagerprozesse*

Funktionen der Lagerhaltung	Zeitüberbrückungs-, Sicherungs- und Spekulationsfunktion
Bei Lagerhaltung fallen Kosten an für	Betriebsmittel, Personal, Verwaltung und für Lagergüter
Wirtschaftlichkeit der Lagerhaltung	Mithilfe der Lagerkennziffern (durchschnittlicher Lagerbestand, Umschlagshäufigkeit, durchschnittliche Lagerdauer, Lagerzinssatz und Lagerzinsen) lassen sich Aussagen über die Wirtschaftlichkeit der Lagerhaltung treffen.
Optimale Bestellmenge	Die optimale Bestellmenge ist die Menge, bei der die Summe aus Bestell- und Lagerkosten minimal ist. Sie ist abhängig vom Verbrauch, den bestellfixen Kosten, dem Bezugspreis und dem Lagerkostensatz.
Mindestbestand	Der Mindestbestand dient der Absicherung gegenüber unvorhergesehenen Zwischenfällen.
Meldebestand	Meldebestand = Mindestbestand + (Tagesverbrauch · Lieferzeit). Bei Erreichen des Meldebestands wird eine Bestellung ausgelöst.
ABC-Analyse	Durch eine ABC-Analyse werden die bezogenen Materialien nach den Jahresverbrauchswerten in A-, B- und C-Güter eingeteilt. Diese Einteilung gibt Hinweise auf verschiedene unternehmerische Handlungsweisen.

AB → Lernsituation 70

4 Menschliche Arbeitsleistung

Loyalität
(franz.) Anständigkeit, Treue, Verbundenheit

Mitarbeiter, die ihre Arbeit mit Lust und Laune erledigen, arbeiten nicht nur besser und schneller, sondern sie sind auch zufriedener, zeigen mehr **Loyalität** dem Unternehmen gegenüber. Durch ihre Leistungsbereitschaft tragen motivierte Mitarbeiter entscheidend zum Erfolg eines Unternehmens bei.

Motivation
handlungstreibende Kraft, die menschlichem Handeln eine spezifische Ausrichtung verleiht

Die Frage, welche Faktoren die Arbeits**motivation** und die Arbeitszufriedenheit fördern, ist Gegenstand arbeitspsychologischer Forschung. Motivationstheorien bieten einen Zugang zum Verständnis menschlichen Handelns und versuchen bestimmte Verhaltensweisen im Zusammenhang mit ihren verhaltensrelevanten Motiven zu erklären.

4.1 Leistungsbereitschaft

Zufriedenheit, Engagement und Motivation der Mitarbeiter sind besonders mit
- dem Arbeitseinsatz im Unternehmen und der damit verbundenen Freude an der Arbeit (Arbeitsorganisation, Arbeitszeitgestaltung, Arbeitsinhalten),
- der Anerkennung der Arbeitsleistung durch Vorgesetzte (Führungsverhalten),
- einer guten Arbeitsatmosphäre (Betriebsklima) und
- einer angemessenen Bezahlung (Entlohnung)

verbunden.

4.1.1 Arbeitsorganisation

Ein Unternehmen kann durch verschiedene Formen der Arbeitsorganisation die Motivation und die Freude an der Tätigkeit positiv beeinflussen.

Die Arbeitsorganisation beinhaltet die Gestaltung von Inhalten, Umfang und Bedingungen der Arbeit. In der betrieblichen Praxis haben sich insbesondere vier Formen der Arbeitsorganisation durchgesetzt, die entscheidend zur Förderung der Arbeitsmotivation und Arbeitszufriedenheit beitragen sollen. Ziel dieser Modelle ist die Erweiterung des individuellen **Handlungsspielraums** von Mitarbeitern.

Bestandteile des Handlungsspielraums

Handlungsspielraum	
Tätigkeitsspielraum (Aufgabenvielfalt)	Entscheidungs- und Kontrollspielraum (Autonomie)

Der Handlungsspielraum beinhaltet zum einen die Erweiterung des **Tätigkeitsspielraums**, d.h. die Verschiedenartigkeit der einzelnen Tätigkeiten. Ansätze zur Erhöhung des Tätigkeitsspielraums sollen negativen Folgen einer zu starken Spezialisierung vorbeugen, insbesondere im Fertigungsbereich (z. B. monotone Fließbandarbeit).

Zu berücksichtigen sind ferner arbeitsorganisatorische Ansätze, die auf eine Erweiterung des **Entscheidungs- und Kontrollspielraums** abzielen. Dadurch wird das Ausmaß selbstständigen und selbstbestimmten Handelns der Mitarbeiter erhöht.

Als motivationsfördernde Formen der Arbeitsorganisation haben sich die nachfolgenden Ansätze etabliert:

Job Rotation

Das Modell der Job Rotation (systematischer Arbeitsplatzwechsel) beinhaltet einen Wechsel strukturell gleichartiger Arbeitsplätze bis hin zu einem totalen Rundumwechsel nach vorgeschriebenen oder selbst gewählten Zeit- und Reihenfolgen.

 Beispiel Ein Mitarbeiter der Fly Bike Werke GmbH ist im Warenausgangslager beschäftigt. Daneben wird er im Wechsel mit anderer Arbeitnehmern auch im Rohstofflager oder im Versand tätig.

Die Übernahme von Aufgaben an anderer Stelle ist mit den bisherigen Aufgaben auf gleicher hierarchischer Ebene angesiedelt. Dabei soll der Mitarbeiter neue Erfahrungen sammeln und eine Erweiterung der Qualifikation erfahren. Die Funktionsausübung erfolgt in eigener Verantwortung und selbstständig. Job Rotation bezieht sich überwiegend auf die Erweiterung des Tätigkeitsspielraums von Mitarbeitern.

Job Rotation (systematischer Arbeitsplatzwechsel)	
Vorteile	– Es werden Generalisten und keine Spezialisten ausgebildet. – Der Zwang zur Bewältigung neuer Probleme erhöht die Flexibilität der Mitarbeiter und verringert die Monotonie. – Neue Mitarbeiter bringen neue Ideen in die Arbeitsbereiche ein. – Frei werdende Arbeitsplätze können leichter intern besetzt werden. – Die Personaleinsatzplanung, z. B. bei Krankheit, wird flexibler.
Nachteile	– Einarbeitungszeiten fallen an. – Vorgesetzte fürchten, gute Mitarbeiter zu verlieren. – Zu kurze Einsatzzeiten verhindern eine wirkliche Identifikation mit der Aufgabe.

Job Enlargement

Job Enlargement (Aufgabenerweiterung) heißt, dass das Aufgabenfeld eines Mitarbeiters um neue, strukturell ähnliche Aufgaben erweitert wird.

 Beispiel Die Fly Bike Werke GmbH setzen die Mitarbeiter des Eingangslagers künftig auch für die Tätigkeiten im Ausgangslager ein.

Kennzeichnend ist, dass alte und neue Aufgaben zusammengeführt werden. Damit erfolgt eine Verlängerung des Arbeitszyklus und einer etwaigen Monotonie in der Arbeit wird entgegengewirkt. Da das Anforderungsniveau annähernd unverändert und eine Fremdbestimmung des Arbeitnehmers bestehen bleibt, setzt das Modell des Job Enlargements ebenfalls bei der Erweiterung des Tätigkeitsspielraums an.

Job Enrichment

Dem begrenzten Motivationszuwachs beim Job Enlargement kann das Modell des Job Enrichment (Aufgabenbereicherung) entgegenwirken. Beim Job Enrichment werden einer Stelle neue, und zwar qualitativ höherwertige Aufgaben hinzugefügt, wodurch eine Verschiebung auf ein höheres Anforderungsniveau stattfindet.

> **Beispiel** Die Mitarbeiter im Eingangslager der Fly Bike Werke GmbH verwalten nicht nur die ankommenden Rohstoffe. Sie können dem Einkauf auch Vorschläge für Bezugsquellen machen und erste Vorgespräche mit Lieferanten führen.

Teilautonome Gruppen

Als **teilautonome Gruppen** werden Arbeitsgruppen bezeichnet, denen im Rahmen ihrer Aufgabenerfüllung Befugnisse für die Planungs-, Regelungs- und Kontrollfunktion übertragen werden. Als **Vorteile** teilautonomer Gruppen werden gesehen:

- eine Verbesserung des Leistungsverhaltens der Mitarbeiter
- eine Vermittlung von Zusatzqualifikationen i.S.d. Personaleinsatzplanung
- die Möglichkeit der Entwicklung von Führungskräften aus eigener Reihe
- Verringerung von Abstimmungswegen und Koordinationsaufwand
- Förderung der Fach-, Sozial- und Methodenkompetenz

4.1.2 Arbeitszeitgestaltung

Der globale Wettbewerb bedingt in den Betrieben enorme Veränderungen und fordert Flexibilisierung, auch beim Faktor Arbeit. Das klassische Arbeitszeitmodell von acht Stunden täglich (Montag bis Freitag) ist nicht mehr zeitgemäß. Flexible Arbeitszeitgestaltung hat sich zunehmend in den Betrieben durchgesetzt.

Bei der Forderung nach flexibler Arbeitszeitgestaltung stehen aus Sicht des Mitarbeiters Werte wie Vereinbarkeit von Beruf und Familie, Selbstverwirklichung und Selbstbestimmung der individuellen Zeiteinteilung immer stärker im Vordergrund. Für die Betriebe ist es entscheidend, das Arbeitsvolumen an Nachfrageschwankungen des Marktes anpassen zu können, Maschinen besser auszulasten, Überstunden zu reduzieren und somit Produktionskosten zu senken.

Arbeitszeiten,
vgl. **TAF 11.1, 2.2**

Grundsätzlich sind der flexiblen Arbeitszeitgestaltung **rechtliche Schranken** gesetzt, so z.B. über das Arbeitszeitgesetz und Jugendarbeitsschutzgesetz.

Der Begriff „**flexible Arbeitszeit**" umfasst verschiedene Arbeitszeitmodelle. Aus der Reihe der Möglichkeiten werden im Folgenden die wichtigsten Formen dargestellt.

Gerade in größeren Industriebetrieben wird häufig in **Schichtarbeit** gearbeitet. Dabei wechseln die Arbeitnehmer beispielsweise alle zwei Tage zwischen der Frühschicht, der Spätschicht und der Nachtschicht. Schichtarbeit gibt vor allem dem Unternehmen Flexibilität, da rund um die Uhr produziert werden kann. Die Mitarbeiter haben in der Regel einen fest vorgegebenen Schichtplan. Vor allem die Nachtarbeit wird aber aus gesundheitlicher Sicht zunehmend sehr kritisch gesehen, da der Mensch entgegen seinem natürlichen Biorhythmus arbeitet.

Minijob
geringfügige Beschäftigungen, bei denen die monatliche Verdienstgrenze bis zu 450,00 € beträgt

Vielen Arbeitnehmern (vorrangig Frauen) bietet **Teilzeitarbeit** eine wichtige Möglichkeit der Flexibilisierung, um wesentliche Lebensaufgaben wie Kindererziehung, die Pflege von Angehörigen oder andere persönliche Verpflichtungen oder Interessen durch eine Reduzierung der Regelarbeitszeit wahrnehmen zu können. Arbeitnehmer sind teilzeitbeschäftigt, wenn ihre regelmäßige Wochenarbeitszeit kürzer ist als die vergleichbarer vollzeitbeschäftigter Arbeitnehmer. Eine Sonderform der Teilzeitarbeit ist die sogenannte **geringfügige Beschäftigung (Minijobs)**.

Arbeitgeber sollten ihrer sozialen Verantwortung gerecht werden und Teilzeitwünsche ihrer Mitarbeiter nach Möglichkeit erfüllen. Dies gilt insbesondere, da Teilzeitarbeit gerne von jungen Eltern – insbesondere Müttern – genutzt wird. Eine Teilzeitbeschäftigung kann in bestimmten Fällen auch aus Sicht des Betriebs sinnvoll und gewünscht sein. Bei einem Auftragsrückgang könnte beispielsweise der Wunsch entstehen, Stellen zu reduzieren, um Personalkosten zu sparen.

Bei der **gleitenden Arbeitszeit** erhalten vor allem die Arbeitnehmer Flexibilität, da sie ihren Arbeitsbeginn und ihr Arbeitsende weitgehend frei gestalten können. Das Modell der gleitenden Arbeitszeit kann mit oder ohne Zeitausgleich angewendet werden. **Ohne Zeitausgleich** endet der Arbeitstag nach einer immer gleichen festen Anzahl an Arbeitsstunden. Mitarbeiter, die später angefangen haben, müssen zwingend auch länger arbeiten. **Mit Zeitausgleich** ist es den Mitarbeitern erlaubt, auch weniger oder mehr als die erforderliche Tagesarbeitszeit zu arbeiten. Damit Unternehmen und Arbeitnehmer hierbei den Überblick behalten, müssen **Arbeitszeitkonten** eingerichtet und Regelungen bezüglich der Grenzen für Plus- und Minusstunden getroffen werden.

Beispiel In der Verwaltung der Fly Bike Werke GmbH wird ein Gleitzeitmodell mit Zeitausgleich angewendet. Für die meisten Mitarbeiter gilt eine Kernzeit (Pflichtanwesenheit) zwischen 10:00 Uhr und 14:00 Uhr. Alle Mitarbeiter können frühestens um 7:30 Uhr und müssen spätestens um 10:00 Uhr anfangen. Das Arbeitsende können sie zwischen 14:00 Uhr und 18:00 Uhr frei wählen. Die geleisteten Arbeitsstunden werden auf einem Arbeitszeitkonto erfasst und mit dem Jahresstundensoll abgeglichen.

Bei der **bedarfsbedingten Arbeitszeit** vereinbaren Arbeitgeber und Arbeitnehmer für einen bestimmten Zeitraum im Voraus die vom Arbeitnehmer geschuldete Arbeitsleistung (Arbeitszeitdauer), wobei dem Arbeitgeber die Möglichkeit verbleibt, die Arbeitszeit durch Abruf zu bestimmen.

Abrufarbeit

Diese Arbeitszeitregelung wird auch als **kapazitätsorientierte variable Arbeitszeit (KAPOVAZ)** bezeichnet. Richtiger ist die Bezeichnung bedarfsabhängige variable Arbeitszeit, da die Arbeitszeit nicht von der Kapazität des Arbeitgebers, sondern von seinem Bedarf abhängt.

Flexible Arbeitszeitgestaltung	
Vorteile für den Arbeitnehmer	– Selbstbestimmung von Dauer und Lage der Arbeitszeit – längere Pausen und Arbeitsunterbrechungen möglich – zusätzliche freie Tage möglich – längere zusätzliche Freizeitphasen – bessere Abstimmung zwischen Beruf und Privatleben – höhere Arbeitsmotivation und Arbeitszufriedenheit – bessere Abstimmung auf Verkehrszeiten – stärkere Identifikation mit dem Unternehmen
Vorteile für den Arbeitgeber	– Anpassung des Arbeitsvolumens an Nachfrageschwankungen – Einbeziehung des Samstags in die Betriebszeit – kostengünstige Bewältigung von Arbeitszeiten – höhere Produktivität – weniger Fehlzeiten und Verspätungen – Verringerung teurer Überstunden – bessere Orientierung am Kundenbedarf möglich – Standortsicherung, Wettbewerbsstärke – Imagesteigerung des Unternehmens

4.1.3 Führungsverhalten

Beispiel Der Geschäftsführer, Herr Peters, ist ein enger Freund der Firmengründer und hat den Betrieb schon souverän durch verschiedene Krisen manövriert. Probleme werden von ihm systematisch analysiert und rational gelöst. Seinen Mitarbeitern gegenüber verhält er sich überwiegend distanziert, wird jedoch aufgrund seiner fachlichen Kompetenz und seines charismatischen Auftretens geschätzt und respektiert. Bei Sitzungen mit den Abteilungsleitern gibt Herr Peters den Ton an.

Die Produktionsleiterin, Frau Rother, ist als Praktikumsanleiterin im Betrieb immer die erste Ansprechpartnerin für ihre Praktikanten und deren Belange. Frau Rother kennt die betrieblichen Abläufe in- und auswendig und hat in kritischen Situationen schon oft pragmatische Lösungen gefunden. Für das Verständnis komplexer betrieblicher Zusammenhänge hat sie immer anschauliche Erklärungen parat und steht allen Fragen offen gegenüber. Frau Rother ist Initiatorin der jährlich im Sommer stattfindenden Fly Bike Radtour mit anschließendem Betriebsfest.

Der Betrieb ist nicht nur ein wirtschaftliches, sondern auch ein **soziales Gebilde**, in dem die zwischenmenschlichen Beziehungen für den Arbeitsablauf eine entscheidende Rolle spielen. Soziale und formale Organisation können jedoch auch in einem Konfliktverhältnis zueinander stehen, da Mitarbeiter und ihr Sozialverhalten immer von individuellen Persönlichkeitsmerkmalen bestimmt werden. Die Art und Weise, wie sich Vorgesetzte ihren Mitarbeitern gegenüber verhalten, bezeichnet man als **Führungsverhalten**. So wie jeder Mitarbeiter seine Arbeitsleistung individuell gestaltet, nehmen auch Vorgesetzte ihre Führungsaufgaben unterschiedlich wahr.

Führungsstile sind typische Verhaltensmuster, nach denen sich das Verhalten von Vorgesetzten kategorisieren, bewerten und im Sinne eines harmonischeren Arbeitsklimas optimieren lässt.

Führungsstile			
autoritär	V entscheidet, Durchsetzung notfalls mit „Zwang"		V = Vorgesetzter
patriarchisch	V entscheidet, Durchsetzung mit „Manipulation"		M = Mitarbeiter
informierend	V entscheidet, Durchsetzung mit „Überzeugung"	Entscheidungskompetenz durch V	
beratend	V informiert, Meinungsäußerung der Betroffenen		
kooperativ	M entwickelt Vorschläge, V wählt aus		
partizitiv	M entscheidet in vereinbartem Rahmen autonom	Entscheidungskompetenz durch M	
demokratisch	M entscheidet autonom, V als Integrator, Koordinator		

Nach: Schierenbeck, Henner, Grundzüge der BWL, München und Wien 2000.

Grundlegend kann ein Führungsstil zwei extreme Ausprägungen annehmen:

Als **autoritärer Führungsstil** wird ein Führungsverhalten bezeichnet, bei dem der Vorgesetzte seine Entscheidungen allein, ohne Beratung mit seinen Mitarbeitern, trifft. Er macht Gebrauch von seiner uneingeschränkten Entscheidungs- und Anweisungskompetenz, die Mitarbeiter sind lediglich ausführende Kräfte. Der Informationsaustausch erfolgt weisungsgebunden auf dem Dienstweg und konzentriert sich ausschließlich auf die Informationen zur Aufgabenerfüllung. Eine Vielzahl organisatorischer Regeln ist erforderlich. Der Vorgesetzte verhält sich gegenüber den Mitarbeitern weitgehend distanziert. Sein Hauptaufgabengebiet sind die Überwachung der Leistungsziele und der Pflichterfüllung sowie umfassende Kontrollen.

Der **demokratische Führungsstil** ist gekennzeichnet durch gemeinsam mit den Mitarbeitern getroffene Entscheidungen als Ergebnis einer Diskussion, wobei der Vorgesetzte diesen Entscheidungsprozess moderiert. In bestimmtem Rahmen kann jeder Mitarbeiter selbstständig entscheiden. Voraussetzung ist, dass allen Beteiligten ausreichende Informationen leicht zugänglich zur Verfügung stehen. Die Mitarbeiter besitzen einen hohen Sachverstand und der Vorgesetzte achtet darauf, dass sowohl Leistungsziele als auch Gruppen- und Individualziele erreicht werden können. Mitarbeiter werden durch Mitverantwortung geleitet.

Ausgehend von dieser grundlegenden Einteilung kann der Führungsstil eines Vorgesetzten auf einer Skala von „autoritär" bis „demokratisch" eingestuft werden. Die Zuordnung erfolgt danach, ob die Entscheidungskompetenz eher beim Vorgesetzten oder beim Mitarbeiter liegt.

4.1.4 Arbeitsklima

Mitarbeiter fühlen sich in einer guten und stabilen Arbeitsatmosphäre wohl. Dazu müssen die passenden Rahmenbedingungen geschaffen werden, z.B. wirkt sich eine Arbeitsumgebung mit hellen, luftigen und farbenfreundlichen Räumen positiv auf die Leistungsbereitschaft aus. Mitarbeiter möchten ihre Arbeit ohne unnötige Störungen verrichten können, deshalb sollten funktionierende Arbeitsgeräte in ausreichender Zahl, sauber und ordentlich an ihrem Platz stehen. Mit der Einrichtung von Betriebskindergärten ermöglicht man den Eltern ein Arbeiten mit weniger Stress und einen flexibleren Arbeitseinsatz. Das Arbeitsklima wird von Mitarbeitern dann als besonders angenehm empfunden, wenn der Teamgeist stimmt.

4.2 Leistungsvermögen

Neben der Leistungsbereitschaft der Mitarbeiter ist auch deren Leistungsvermögen für den Unternehmenserfolg entscheidend. Das Leistungsvermögen der Mitarbeiter kann z. B. durch eine geeignete Personalentwicklung oder eine gesundheitsfördernde Arbeitsplatzgestaltung positiv beeinflusst bzw. verändert werden.

4.2.1 Personalentwicklung

Qualifizierte Mitarbeiter sind für das Unternehmen eine entscheidende Voraussetzung, um im Wettbewerb erfolgreich bestehen zu können. Die Notwendigkeit zur Erweiterung der in der Erstausbildung gewonnenen Qualifikationen ergibt sich durch den zunehmenden technologischen Wandel und die daraus resultierenden neuen Anforderungen an Unternehmen und ihre Mitarbeiter. Für den einzelnen Mitarbeiter sind berufliche Weiterentwicklung und betrieblicher Aufstieg nur durch kontinuierliche Weiterqualifizierung möglich. Leitbild ist hierbei die Orientierung am „lebenslangen Lernen" in der heutigen Wissensgesellschaft.

Die Personalentwicklung umfasst alle Maßnahmen zur Vermittlung von Qualifikationen, die unter Beachtung der individuellen Entwicklungsziele der Mitarbeiter zur Bewältigung gegenwärtiger und zukünftiger betrieblicher Aufgaben erforderlich sind.

Mögliche Maßnahmen der Personalentwicklung sind die **Ausbildung** sowie die **Fort- und Weiterbildung**.

Die Ausbildung beinhaltet alle Bildungsmaßnahmen, mit denen Auszubildenden die erforderlichen Grundqualifikationen für bestimmte Tätigkeiten oder Berufe vermittelt werden. In der beruflichen Fort- und Weiterbildung werden Kenntnisse, Fähigkeiten und Verhaltensweisen vermittelt, mit denen die Qualifizierung eines Mitarbeiters erhalten oder verbessert werden soll. Fort- und Weiterbildungsmaßnahmen haben folgende Ziele:

- Erhaltung der Qualifikation der Mitarbeiter
- Erhöhung der Bereitschaft, Veränderungen mitzutragen oder herbeizuführen
- Vermittlung von Zusatzqualifikationen
- Vorbereitung auf höherwertige Tätigkeiten
- Entwicklung von Führungskräften aus den eigenen Reihen
- Verbesserung und Anpassung des Sozialverhaltens
- Sicherung des Bestands an Fach- und Führungskräften

Aufstiegsfortbildungen sind Maßnahmen der Personalentwicklung, die üblicherweise auf einer abgeschlossenen Berufsausbildung aufbauen und Mitarbeiter für anspruchsvollere Aufgaben mit einem größeren Verantwortungsbereich qualifizieren sollen. Hierzu gehören z. B. Handelsfachwirte und Wirtschaftsassistenten. In **Anpassungsfortbildungen** geht es darum, die Qualifikationen der Mitarbeiter an technische, wirtschaftliche, organisatorische oder soziale Veränderungen anzupassen. Das geschieht in der Regel über kurzzeitige Maßnahmen, die auf die jeweilige konkrete Notwendigkeit ausgerichtet sind.

Beispiel Aufstiegs- und Anpassungsfortbildung

Frau Rother arbeitete vor ihrer Tätigkeit als Leiterin der Abteilung Produktion viele Jahre in der Arbeitsvorbereitung dieser Abteilung. Als ihr Vorgänger ausschied, wurde die Stelle betriebsintern ausgeschrieben. Frau Rother bewarb sich, musste jedoch zuvor eine Aufstiegsfortbildung zu Management und Führungsverhalten absolvieren. Der Lehrgang wurde von einem privaten Bildungsträger angeboten.

Herr Sammer arbeitet in der Produktion an einem Roboter, der Rohre zuschneidet. Vor Anschaffung dieser Anlage wurden diese Tätigkeiten mit einem halbautomatischen Schneidegerät durchgeführt. Um am Roboter arbeiten zu können, musste Herr Sammer eine Anpassungsfortbildung absolvieren, die ihn in der Betätigung dieser Anlage unterwies.

4.2.2 Arbeitsplatzgestaltung

Durch optimal an den Menschen angepasste Arbeitsplätze können die Gesundheit von Arbeitnehmern und damit auch gute Arbeitsergebnisse gefördert werden.

Kriterien für eine optimale Gestaltung der Arbeitsbedingungen		
Arbeits-platzhöhe	stehende Tätigkeiten	– Männer: ca. 102 cm – Frauen: ca. 95 cm
	sitzende Tätigkeiten	– Männer: ca. 72 cm – Frauen: ca. 69 cm
Griffbereich	– abhängig von der Größe der Gliedmaßen – nicht alle Bereiche des Griffbereiches lassen sich mit der gleichen Schnelligkeit und Kraft erreichen	
Gesichtsfeld	– umfasst grundsätzlich 60° – kann durch Kopfbewegungen erweitert werden – Lichtverhältnisse am Arbeitsplatz beeinflussen die Größe des Gesichtsfeldes	
Beleuchtung	ausreichend, gleichmäßig, Vermeidung von Blendung, gute Farbwiedergabe	
Klima	Temperatur, Feuchtigkeit, Sauberkeit, Luftbewegung	
Lärm	Lautstärke, Dauer, Zusammensetzung	
Lüftung	Sauerstoffgehalt ca. 21 %, ansonsten Müdigkeit und Konzentrationsschwäche	
Farben	beeinflussen subjektives Temperaturempfinden und Raumwirkung	

4.3 Formen des betrieblichen Entgelts

Der Begriff **„Entgelt"** ist der formal korrekte Überbegriff für alle Formen der Vergütung von Mitarbeitern, insbesondere für den **Lohn** von Arbeitern und das **Gehalt** von Angestellten.

> ### Prämien spornen Mitarbeiter an
>
> Jeder vierte deutsche Arbeitnehmer erhält zusätzlich zum Festgehalt Prämien. Für die Mehrheit sind sie eine Motivation, im Beruf mehr zu leisten.
>
> Das ist das Ergebnis einer aktuellen Studie des Marktforschungsinstituts IFAK unter 2 000 Erwerbstätigen. Demnach kommen insbesondere Führungskräfte in den Genuss von Prämien. Nur 22 Prozent der Angestellten ohne Personalverantwortung erhalten leistungsbezogene Komponenten.
>
> Für zwei Drittel der Arbeitnehmer mit variablen Gehaltsanteilen stellen diese der Umfrage zufolge einen besonderen Anreiz zu mehr Engagement dar. Die zu erreichenden Ziele müssten jedoch klar und umsetzungsorientiert formuliert sein.
>
> Quelle: www.focus.de/finanzen/karriere/berufsleben/gehalt/gehalt_aid_228420.html; entnommen am 16.01.2017

Neben den zuvor beschriebenen immateriellen Möglichkeiten zur Förderung der Mitarbeitermotivation stellen insbesondere die verschiedenen Arten der Entlohnung Möglichkeiten dar, die menschliche Arbeitsleistung zu beeinflussen.

„Jedem das Seine geben: Das wäre die Gerechtigkeit wollen und das Chaos erreichen."

Friedrich Wilhelm Nietzsche, deutscher Philosoph und Dichter (1844–1900)

Eine der wichtigsten Pflichten des Arbeitgebers gegenüber den Arbeitnehmern ist die **Vergütungspflicht**. Die Mitarbeiter stellen dem Unternehmen ihre Arbeitskraft zur Verfügung und erwarten als Gegenleistung eine **gerechte Vergütung**. Da das Entgelt für die Arbeitnehmer ihr Einkommen, für den Arbeitgeber jedoch (Personal-)Kosten darstellt, sind die Ansichten über eine „gerechte" Vergütung oft unterschiedlich. Im Rahmen verschiedener Entgeltformen wird versucht, folgende **Kriterien einer gerechten Vergütung** zu berücksichtigen:

- **Anforderungsgerechtigkeit:** Das Anforderungsniveau der Tätigkeit bzw. die Qualifikation des Mitarbeiters sollen berücksichtigt werden.
- **Leistungsgerechtigkeit:** Die tatsächliche (qualitative oder quantitative) Leistung des Mitarbeiters soll berücksichtigt werden.
- **Sozialgerechtigkeit:** Soziale Aspekte wie ein gleicher Lohn für Frauen und Männer sollen berücksichtigt werden.

Als **Grundformen des Entgelts** werden Zeitlohn, Akkordlohn und Prämienlohn unterschieden. Während beim **Zeitlohn** ausschließlich die Anwesenheitszeit bezahlt wird, erfolgt mit dem **Akkordlohn** eine direkte Entlohnung nach der Leistung (= **Leistungslohn**) des Mitarbeiters. Der **Prämienlohn** ist eine Mischform, da leistungsabhängige Prämien zusätzlich zum Zeitlohn gezahlt werden.

4.3.1 Zeitlohn (Lohn und Gehalt)

Beim Zeitlohn erfolgt die **Vergütung nach der Anwesenheitszeit** des Mitarbeiters. So erhalten **gewerbliche Arbeitnehmer** häufig einen **Stundenlohn**. Am Monatsende werden ihre tatsächlich geleisteten Stunden mit dem Stundenlohn multipliziert. **Kaufmännische Arbeitnehmer** hingegen erhalten normalerweise ein gleich bleibendes **Monatsgehalt**. In beiden Fällen erfolgt die **Bezahlung unabhängig von der tatsächlichen Leistung** des Mitarbeiters.

gewerbliche Arbeitnehmer
= Arbeiter

kaufmännische Arbeitnehmer
= Angestellte

Beispiel Dirk Sammer erhält in der Fly Bike Werke GmbH einen Stundenlohn von 14,80 €. Zum Ende des Monats Mai werden 175,5 Anwesenheitsstunden ermittelt und sein Gesamtverdienst wird folgendermaßen berechnet:

Stundenlohn	·	Anzahl Stunden	= Gesamtverdienst
14,80 €	·	175,5 Stunden	= 2.597,40 €

Um dem Ziel einer „gerechten Entlohnung" zu entsprechen, werden die Empfänger von Zeitlöhnen häufig in unterschiedliche **Tarif- bzw. Lohngruppen** eingeordnet. Hierbei werden das Anforderungsniveau der jeweiligen Stelle und die Qualifikation des Mitarbeiters berücksichtigt. Innerhalb der einzelnen Lohngruppen erfolgt häufig noch eine Steigerung des Lohns mit den Berufsjahren.

Die Tarifparteien orientieren sich häufig an diesem **Lohngruppenverfahren** und regeln in Rahmentarifverträgen die Eingruppierung der Arbeitnehmer in Lohn- bzw. Gehaltsgruppen gemäß bestimmter Tätigkeitsmerkmale.

Beispiel In der Fly Bike Werke GmbH haben Arbeitgeber und Betriebsrat in einer Betriebsvereinbarung in Anlehnung an den geltenden Tarifvertrag folgende **Gehaltsgruppen** vereinbart:

Gruppe	Qualifikations- und Tätigkeitsmerkmale	Beispiel
G1	Angestellte ohne Berufsausbildung, die ausschließlich einfache Tätigkeiten verrichten	Bürohilfskraft für Registratur
G2	Angestellte mit einfachen Tätigkeiten, die eine zweijährige Ausbildung oder praktische Erfahrung bzw. umfangreiche Einarbeitung erfordern	Sachbearbeiter für Post und Büromaterial
G3	Angestellte, die Tätigkeiten verrichten, für die eine einschlägige dreijährige Ausbildung erforderlich ist	Sachbearbeiter Allg. Verwaltung
G4	Angestellte wie in G3, die auf Anweisung anspruchsvolle Tätigkeiten ausüben, die zusätzlich entsprechende Berufserfahrung und Fachkenntnisse erfordern	Sachbearbeiter Personalverwaltung
G5	Angestellte mit qualifizierten Tätigkeiten und geringer Personalverantwortung, die nur allgemeine Anweisungen erhalten und weitgehend anspruchsvolle Aufgaben selbstständig und verantwortlich ausüben	Gruppenleiter
G6	Angestellte mit größtenteils planenden, leitenden und organisierenden Aufgaben und mit umfangreicher Personalverantwortung	Abteilungsleiter

In jeder Gehaltsgruppe kann in Abhängigkeit von den Berufsjahren und der Betriebszugehörigkeit eine Einteilung in die Untergruppen A, B, C und D erfolgen.

Die **Anwendung eines Zeitlohns** ist angebracht, bei

- **anspruchsvollen Arbeiten**, die Gewissenhaftigkeit und Sorgfalt erfordern, weil es vor allem auf die Qualität ankommt,
- **gefährlichen Arbeiten**, da Leistungsdruck die Sicherheit gefährden könnte und
- Arbeiten, deren (mengenmäßiges) **Ergebnis nicht** oder nur mit viel Aufwand **messbar** ist (z. B. Bürotätigkeiten).

Zeitlohn

Vorteile	Nachteile
– einfache und schnelle Berechnung	– geringerer Leistungsanreiz, da der Arbeitnehmer durch seine Leistung die Höhe seiner Entlohnung nicht beeinflussen kann
– qualitativ bessere Arbeit, weniger Fehler und weniger Ausschuss	
– geringerer Leistungsdruck ist gesünder für den Mitarbeiter	– Arbeitskontrollen sind erforderlich, um zu prüfen, ob der Mitarbeiter eine bestimmte Leistungserwartung erfüllt
– geringere Unfallgefahren	
– weniger Personalausfall	– steigende Lohnstückkosten, wenn ein Mitarbeiter weniger als Normalleistung erbringt
– sinkende Lohnstückkosten, wenn ein Mitarbeiter mehr als Normalleistung erbringt	

Ausschuss
= Fehlproduktion

Beispiel Bei der Werbeartikel Schnürer GmbH werden edle Holzkugelschreiber produziert. Die Mitarbeiter in der Produktion erhalten dort einen Stundenlohn von 15,00 €. Der Produktionsleiter, Herr Jörg Möller, erläutert einem Mitarbeiter anhand einer Tabelle, wie sich die Lohnstückkosten eines Kugelschreibers verändern, wenn ein Mitarbeiter in der Produktion bei der Fertigung der Kugelschreiber eine Mehr- oder Minderleistung erbringt. Die Normalleistung pro Stunde beträgt 30 Stück.

Leistung pro Stunde	Lohnkosten pro Stück
10 Stück	1,50 €
20 Stück	0,75 €
30 Stück	0,50 €
40 Stück	0,38 €
50 Stück	0,30 €

4.3.2 Akkordlohn

Beim Akkordlohn erfolgt die **Vergütung nach der mengenmäßigen Leistung** des Mitarbeiters. **Voraussetzungen des Akkordlohns** sind, dass

- sich eine gleichartige einfache Arbeit ständig wiederholt,
- der Zeitbedarf und das Arbeitsergebnis messbar sind (**Stück**, kg, m usw.) und
- der Arbeiter sein Arbeitstempo beeinflussen kann.

Aufgrund dieser Voraussetzungen wird der Akkordlohn vorrangig bei bestimmten körperlichen Tätigkeiten in Industrie- oder Handwerksbetrieben angewandt.

Da als Arbeitsergebnis häufig die produzierte Stückzahl zugrunde liegt, wird der Akkordlohn auch als **Stücklohn** bezeichnet.

Ausgangspunkt der Berechnung eines Akkordlohns ist in der Regel ein tariflicher oder betrieblicher **Mindestlohn**. Dieser steht dem Akkordarbeiter mindestens zu, auch wenn er eine Minderleistung erbringt. Da Akkordarbeit für den Arbeitnehmer eine höhere physische und psychische Belastung bedeutet, wird zum Mindestlohn ein **Akkordzuschlag** hinzugerechnet. Auch dieser wird häufig in Tarifverträgen oder Betriebsvereinbarungen festgelegt. Beides zusammen ergibt den **Akkordrichtsatz**. Dies ist der Stundenverdienst eines Akkordarbeiters bei Normalleistung.

Der Akkordrichtsatz wird auch als **Grundlohn** bezeichnet.

Beispiel Früher wurden bei der Werbeartikel Schnürer GmbH die Holzkugelschreiber im Akkord gefertigt. Da das Unternehmen tarifgebunden ist, wurden der Mindestlohn für die entsprechende Tätigkeit in Höhe von 12,00 € und der Akkordzuschlag von 15 % dem geltenden Tarifvertrag entnommen. Der Akkordrichtsatz ergab sich somit folgendermaßen:

	Mindestlohn	12,00 €
+	Akkordzuschlag (15 %)	1,80 €
=	Akkordrichtsatz	13,80 €

Durch statistische Auswertungen von Arbeitsbeobachtungen in der Vergangenheit wurde ermittelt, dass die **Normalleistung** pro Stunde 30 Stück beträgt.

Ausgehend vom Akkordrichtsatz und der Normalleistung kann der Akkordlohn eines Mitarbeiters ermittelt werden. Die Grundidee ist, dass jeder Akkordarbeiter einen festen Geldbetrag je Stück bekommt. Dieser **Stückakkordsatz** wird zur Berechnung des Gesamtlohns mit der gefertigten Stückzahl multipliziert.

Der **Stückakkordsatz** wird auch als **Stücklohnsatz** oder **Stückgeld** bezeichnet.

Beispiel In der Werbeartikel Schnürer GmbH wurde zunächst für die Kugelschreiberfertigung der Stückakkordsatz errechnet:

$$\text{Stückakkordsatz} = \frac{\text{Akkordrichtsatz}}{\text{Normalleistung je Stunde}} = \frac{13,80 \, €}{30 \, \text{Stück}} = 0,46 \, €$$

Anschließend wurde für zwei Akkordmitarbeiter der Gesamtlohn für eine Arbeitswoche (38 Stunden) berechnet.

	Menge	·	Stückakkordsatz	=	Gesamtlohn
Stephan Korte:	1 360	·	0,46 €	=	625,60 €
Dirk Dammeyer:	930	·	0,46 €	=	427,80 €

Da der tarifliche Mindestlohn (38 · 12,00 €) mit 456,00 € höher als der Akkordlohn von Dirk Dammeyer ist, bekommt er den Mindestlohn von 456,00 € gezahlt.

Akkordlohn

Vorteile	Nachteile
– Leistungsanreiz für den Mitarbeiter durch die Möglichkeit des Mehrverdienstes – Leistungsgerechtigkeit – fixe Lohnstückkosten ermöglichen eine zuverlässigere Kalkulation und Kostenrechnung – hoher Nutzungsgrad der Betriebsmittel	– gesundheitliche Beeinträchtigungen durch Leistungsdruck und Eile – stärkere Abnutzung der Betriebsmittel – Gefahr der Qualitätsminderung und höherer Fehlproduktion durch oberflächliches Arbeiten – zeitlicher Aufwand für die Ermittlung der Normalleistung und der tatsächlichen Stückzahlen

Eine Weiterentwicklung des klassischen (Einzel-)Akkordlohns ist der **Gruppenakkord**. Er bietet sich an, wenn mehrere Akkordarbeiter in Teamarbeit gemeinsam ein messbares Arbeitsergebnis erzielen. Der für die Gruppe zu errechnende Gesamtlohn wird dann i. d. R. zu gleichen Teilen auf die einzelnen Gruppenmitglieder verteilt.

Angestrebt werden mit dieser Lohnform die **Vorteile der Teamarbeit** wie
- verbesserte Arbeitsergebnisse durch Nutzung unterschiedlicher Stärken,
- Motivation durch Förderung der Gruppenzugehörigkeit und
- weniger Fehler und Leistungssteigerung durch gegenseitige Kontrolle.

Andererseits liegen die **Gefahren bzw. Nachteile des Gruppenakkords** in
- Konflikten innerhalb der Gruppe bei unterschiedlichen Leistungen und
- einer Überforderung der schwächeren Gruppenmitglieder durch noch höheren Leistungsdruck.

4.3.3 Prämienlohn

Neben einem **Grundlohn** (in der Regel ein Zeitlohn) zahlen viele Arbeitgeber **Prämien für besondere Leistungen** der Arbeitnehmer. In solchen Fällen handelt es sich um einen **Prämienlohn**, eine Kombination aus Zeit- und Leistungslohn.

> Prämienlohn = Grundlohn (Zeitlohn) + Prämie (Leistungslohn)

> **Beispiel** In einer Werbeagentur werden Kundenaufträge in der Regel in Teams aus Grafik-Designer, Mediengestalter und Texter bearbeitet, die von der Kreativdirektorin koordiniert werden. Da diese Projekte immer häufiger unter Termindruck realisiert werden müssen, erhalten die Mitarbeiter bei Einhaltung der Termine eine Gruppenprämie. Diese wird in der Regel zu gleichen Teilen unter den beteiligten Mitarbeitern aufgeteilt und ihnen zusätzlich zum Monatsgehalt gezahlt.

Ähnlich wie der Akkordlohn sind Prämien eine **Form der leistungsabhängigen Vergütung**. Sie können jedoch vielseitiger eingesetzt werden und wesentlich mehr Aspekte der Leistung erfassen als die reine Arbeitsmenge. Entsprechend vielfältig sind die Gründe für die Zahlung von Prämien.

Typische **Prämienarten** sind:
- **Quantitätsprämie** (Mengenprämie) für eine hohe Produktionsmenge
- **Qualitätsprämie** für qualitativ gute Arbeitsergebnisse bzw. wenig Ausschussproduktion
- **Prämie für Verbesserungsvorschläge**, z. B. zur effizienteren Gestaltung von Arbeitsabläufen
- **Terminprämie** für die Einhaltung von (Kunden-)Terminen
- **Ersparnisprämie** für sparsamen Umgang mit Material oder Werkstoffen
- **Unfallverhütungsprämien** für einen Rückgang der Arbeitsunfälle

Neben der Kostenreduzierung werden mit Ersparnisprämien auch **ökologische Ziele** wie die Abfallvermeidung angestrebt.

Obwohl der Leistungsanreiz des Prämienlohns geringer als beim Akkordlohn ist, da dem Mitarbeiter nicht der volle Ertrag seiner Mehrleistung zugute kommt, hat die Bedeutung des Prämienlohns in Deutschland stark zugenommen. Das liegt zum einen daran, dass sich immer weniger Arbeiten für die Zahlung von Akkordlöhnen eignen. Beispielsweise führen Automatisierungsprozesse dazu, dass Arbeiter die Produktionsmengen nicht mehr beeinflussen können. Andererseits nehmen Qualitätsarbeiten, die hohe Sorgfalt erfordern, immer mehr zu.

4.3.4 *Besondere Formen des Entgelts*

Provisionen

Eine Provision ist ebenfalls ein leistungsabhängiges Entgelt mit dem Ziel, bestimmte Mitarbeiter zu motivieren. Sie wird in der Regel Verkäufern oder Außendienstmitarbeitern zusätzlich zu ihrem Grundlohn (= Fixum) als **prozentuale Beteiligung am** von ihnen bewirkten **Umsatz** gezahlt.

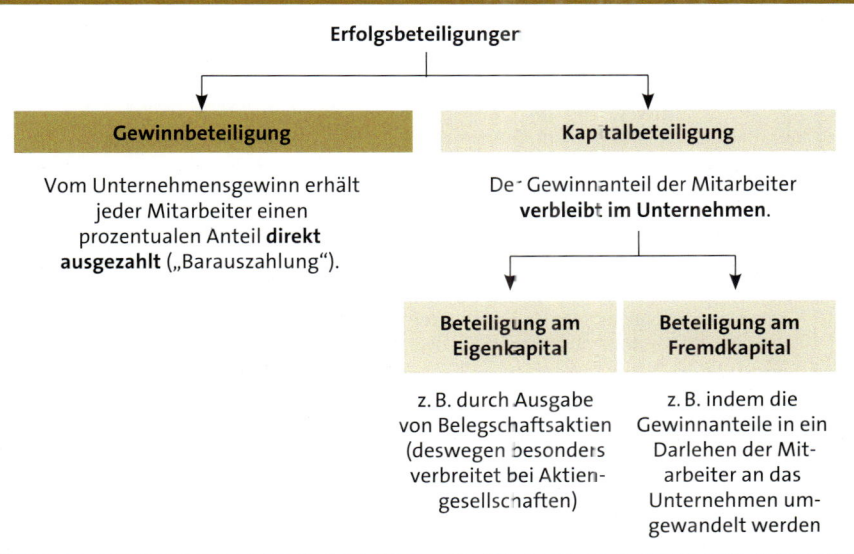

Beispiel In der Fly Bike Werke GmbH betreuen mehrere Außendienstmitarbeiter (Reisende) die Kunden. Im Arbeitsvertrag der Reisenden Anina Kühme wurde beispielsweise vereinbart, dass sie zusätzlich zu ihrem monatlichen Fixum von 1.700,00 € eine Provision von 1 % des Auftragswertes der von ihr bewirkten Kundenaufträge erhält.

Erfolgsbeteiligungen (Beteiligungslohn)

Die Beteiligung der Arbeitnehmer am Erfolg des Unternehmens ist eine der modernsten Formen, dem Ziel der Lohngerechtigkeit zu entsprechen.

> **Grundprinzip der Erfolgsbeteiligung:** „Je höher der Erfolg des Unternehmens ist, desto höher ist die Vergütung der Mitarbeiter."

Dieses Prinzip verwirklichen immer mehr Unternehmen, indem Sie in Betriebsvereinbarungen eine der folgenden Formen der Erfolgsbeteiligung für ihre Belegschaft regeln.

Ähnlich wie Prämien werden Erfolgsbeteiligungen zusätzlich zu einer Grundvergütung gezahlt. Da sie aber nicht an der individuellen Leistung eines einzelnen Mitarbeiters bemessen werden, sind sie keine Leistungslöhne im eigentlichen Sinne.

Im Gegensatz zu anderen Lohnformen stellen Erfolgsbeteiligungen für das Unternehmen **keine Aufwendungen** dar. Sie sind erfolgsneutral.

Erfolgsbeteiligungen

Gewinnbeteiligung

Vom Unternehmensgewinn erhält jeder Mitarbeiter einen prozentualen Anteil **direkt ausgezahlt** („Barauszahlung").

Kapitalbeteiligung

Der Gewinnanteil der Mitarbeiter **verbleibt im Unternehmen**.

Beteiligung am Eigenkapital

z. B. durch Ausgabe von Belegschaftsaktien (deswegen besonders verbreitet bei Aktiengesellschaften)

Beteiligung am Fremdkapital

z. B. indem die Gewinnanteile in ein Darlehen der Mitarbeiter an das Unternehmen umgewandelt werden

Neben den Vorzügen für die Arbeitnehmer, die vor allem in einem gerechteren und höheren Einkommen liegen, bieten Erfolgsbeteiligungen vor allem den Unternehmen zahlreiche Vorteile.

Fluktuation: ständiger Mitarbeiterwechsel

Positive Auswirkungen von Erfolgsbeteiligungen für das Unternehmen:
· höheres Engagement der Mitarbeiter durch den Leistungsanreiz (Motivation)
· stärkere Identifikation der Mitarbeiter mit dem Unternehmen und dadurch Verringerung der **Fluktuation**
· Stärkung des persönlichen Kostenbewusstseins der Mitarbeiter und höhere Motivation zu einsparenden Veränderungen
· höhere Bereitschaft zur Mehrarbeit
· Stärkung des Empfindens, am eigenen Arbeitserfolg „gerecht" beteiligt zu sein
· Rückgang von Fehlzeiten
· zusätzliche Finanzierungsmöglichkeiten (bei der Kapitalbeteiligung)

Zuschläge und Zulagen

Außer den Zuschlägen für Nachtarbeit (§ 6 ArbZG) besteht **kein gesetzlicher Anspruch auf Zuschläge und Zulagen**. Tarifgebundene Unternehmen müssen jedoch entsprechende **Tarifverträge** beachten. Ansonsten handelt es sich um freiwillige Zahlungen des Arbeitgebers, die in **Betriebsvereinbarungen** oder **Arbeitsverträgen** geregelt werden.

Zusätzlich zu ihrem Grundlohn können Arbeitnehmer aus verschiedenen Gründen noch Zuschläge oder Zulagen erhalten. Sie werden beispielsweise aufgrund ungünstiger Arbeitszeiten bzw. Arbeitsbedingungen oder aus sozialen Gründen gewährt.

Typische Zuschläge und Zulagen sind:
· Zuschläge für Nachtarbeit
· Überstundenzuschläge
· Sonn- und Feiertagszuschläge
· Zulagen für Schichtarbeit
· Erschwerniszulagen (wegen Schmutz, Hitze, Kälte, Gefahren, Lärm)
· Arbeitgeberzuschuss zu vermögenswirksamen Leistungen
· Zulagen zur betrieblichen Altersvorsorge („Betriebsrente")

Übersicht: *Menschliche Arbeitsleistung*

Leistungsbereitschaft	Immateriell beeinflussbar durch Arbeitsorganisation, flexible Arbeitsgestaltung, Führungsverhalten und Arbeitsklima
Formen der Arbeitsorganisationen	Job rotation, Job enlargement, Job enrichment, teilautonome Arbeitsgruppen
Flexible Arbeitszeitgestaltung	Teilzeitarbeit, Schichtarbeit, gleitende Arbeitszeit, bedarfsbedingte Arbeitzeit
Führungsverhalten	Autoritärer und demokratischer Führungsstil als extreme Ausprägungen
Personalentwicklung	Maßnahmen der Ausbildung, Fort- und Weiterbildung
Lohn- und Gehaltsformen	– Höhe des Arbeitsentgelts ist einzel- oder tarifvertraglich geregelt – Zeitlohn, Akkordlohn, Prämienlohn, Provisionen, Erfolgsbeteiligungen, Zuschläge und Zulagen

5 Personalwirtschaft

AB → Lernsituation 71

Die Kernaufgaben der Personalwirtschaft sind die Bereitstellung und der zielorientierte Einsatz von Personal. Zur Personalwirtschaft gehören u.a. die Personaleinsatzplanung, die Personalbedarfsplanung und die Personalbeschaffung.

5.1 Personaleinsatzplanung

Mithilfe der Personaleinsatzplanung versucht ein Unternehmen die Anzahl der Mitarbeiter zu planen bzw. festzulegen, die während der Produktions- bzw. Geschäftszeiten die anfallenden Arbeiten, wie z.B. Herstellen von Fahrrädern oder Verwaltungstätigkeiten, erledigen. Hierbei wird versucht, den Personaleinsatz so zu planen, dass auf der einen Seite ausreichend Personal vorhanden ist, auf der anderen Seite sollen aber auch möglichst keine unnötigen Kosten, z.B. durch eine Überbesetzung einer Abteilung, entstehen.

Bei der Personaleinsatzplanung sind u.a. die Arbeitszeit des Mitarbeiters und die Produktions- bzw. Geschäftszeiten zu berücksichtigen:

Arbeitszeit des Mitarbeiters

Jeder Mitarbeiter steht dem Unternehmen nur für einen begrenzten Zeitraum zur Verfügung. Dieser Zeitraum ergibt sich aus dem Arbeitsvertrag oder dem Tarifvertrag. Unter Umständen haben einige Mitarbeiter auch eine Teilzeitbeschäftigung in ihrem Arbeitsvertrag vereinbart, auch dies muss bei der Personaleinsatzplanung berücksichtigt werden.

Eine Beschäftigung über die vertraglich festgelegte Arbeitszeit hinaus ist zwar innerhalb gesetzlicher Grenzen möglich, kann aber zu stark steigenden Personalkosten führen. Dies ist immer dann der Fall, wenn Überstunden nicht durch Freizeit, sondern durch Zuschläge zum Gehalt abgegolten werden.

Formen des Entgelts, vgl. **4.3**

Produktions- bzw. Geschäftszeiten

Im Rahmen der durch das Arbeitszeitgesetz vorgegebenen maximalen Arbeitszeiten steht es dem Unternehmen frei, wann und wie lange es Güter produziert. Es wird sich hierbei an selbst gesteckten Produktionszielen oder der Anzahl der nachgefragten Güter orientieren. Die Produktionsmenge kann innerhalb eines Jahres schwanken. So wird z.B. zu Beginn des Jahres aufgrund des einsetzenden Frühlings eine höhere Anzahl an Fahrrädern verlangt als im Oktober. Diese **saisonalen Produktionsschwankungen** müssen ebenfalls in der Personaleinsatzplanung berücksichtigt werden. So kann z.B. betrieblich vereinbart werden, dass alle Mitarbeiter während einer bestimmten Zeit im Herbst oder Winter Urlaub nehmen müssen, weil dann der Arbeitsanfall geringer ist. Umgekehrt muss der hohe Personalbedarf während des Frühjahrs durch den Einsatz von Zeitarbeitskräften ausgeglichen werden.

Arbeitszeitgesetz, vgl. **TAF 11.1, 2.1**

Der wöchentliche Personaleinsatz wird durch einen Personaleinsatzplan festgelegt.

Beispiel Der Personaleinsatz im Reklamationscenter für die 48. Kalenderwoche 20XX wurde in der Fly Bike Werke GmbH festgelegt:

Mitarbeiter	Montag	Dienstag	Mittwoch	Donnerstag	Freitag
Mitarbeiter 1	8:00–16:00 Uhr	8:00–16:00 Uhr	8:00–16:00 Uhr	8:00–16:00 Uhr	8:00–16:00 Uhr
Mitarbeiter 2	10:00–18:00 Uhr	10:00–18:00 Uhr	10:00–18:00 Uhr	10:00–18:00 Uhr	10:00–18:00 Uhr
Mitarbeiter 3	12:00–20:00 Uhr	12:00–20:00 Uhr	12:00–20:00 Uhr	12:00–20:00 Uhr	12:00–20:00 Uhr

Es werden drei Vollzeitkräfte von Montag bis Freitag eingesetzt.

Ein effizienter Personaleinsatzplan setzt voraus, dass der Personalbedarf für den Planungszeitraum geklärt ist.

5.2 Personalbedarfsplanung

Als Teilgebiet der Personalwirtschaft ist es die Aufgabe der Personalbedarfsplanung abzuschätzen, wie groß der Personalbedarf eines Unternehmens in der Zukunft sein wird. Dabei geht es im Rahmen der Personalbedarfsermittlung nicht nur um absolute Mitarbeiterzahlen (Quantität), sondern auch um die notwendige Qualifikation (Qualität), die die Mitarbeiter haben müssen.

5.2.1 Quantitative Personalbedarfsplanung

Bei der quantitativen Personalbedarfsplanung wird vom aktuellen Personalbestand (Ist-Personalbestand) ausgegangen. Der Ist-Personalbestand gibt die gegenwärtige Anzahl von Mitarbeitern und damit die Zahl der besetzten Stellen an. Der Ist-Bestand kann sich durch vorhersehbare Abgänge verändern:

Beispiel Die folgenden vorhersehbaren Veränderungen beim Personalbestand der Fly Bike Werke GmbH stehen in den kommenden Monaten an:
- Frau Ganser, Sachbearbeiterin in der Abteilung Vertrieb der Fly Bike Werke GmbH, erreicht im nächsten Jahr die Altersgrenze und scheidet aus dem aktiven Erwerbsleben aus.
- Herr Larsen macht sich selbstständig.
- Herr Schumacher möchte nach seiner Berufsausbildung ein Studium beginnen und steht nicht mehr zur Verfügung.

Nicht planbar, sondern allenfalls schätzbar, sind dagegen unvorhergesehene Abgänge durch langfristige Krankheit, Elternzeit, Kündigung oder Tod. Alle genannten Personalabgänge führen dazu, dass bei gleich bleibender Geschäftslage ein **Ersatzbedarf** besteht, der rechtzeitig wieder gedeckt werden muss.

Ersatzbedarf ergibt sich, wenn bei gleich bleibender Beschäftigungslage Personal ausscheidet.

Dieser Ersatzbedarf kann durch Neueinstellungen oder durch geplante Zugänge, z. B. die Übernahme unternehmenseigener Auszubildender nach erfolgreichem Abschluss der Berufsausbildung, gedeckt werden.

So wie es einen **Neubedarf** an Mitarbeitern geben kann, z. B. durch unternehmerische Ziele (weitere Zweigwerke, Produktpalettenerweiterung usw.), kann es auch gute Gründe für Personaleinschränkungen geben. Der **Minderbedarf** muss natürlich auch geplant werden. Ursachen eines Minderbedarfs sind z. B.: **Rationalisierung**smaßnahmen, Rückgang der Aufträge, Schließen einzelner oder mehrerer Abteilungen.

Mithilfe des folgenden Schemas lässt sich der quantitative Personalbedarf für einen bestimmten Planungszeitpunkt ermitteln.

Ist-Personalbestand am Anfang der Planperiode	
−	voraussichtliche Personalabgänge
+	erwartete Personalzugänge
=	prognostizierter Personalbestand zum Planungszeitpunkt
	Vergleich zum Soll-Personalbestand entsprechend der Unternehmensplanung
=	Erforderlicher Personalbedarf (ggf. Personalabbau oder Personalbeschaffung)

Der Soll-Personalbestand wird vom Unternehmen auf Basis der Unternehmensziele ermittelt. Er gibt an, wie viele Mitarbeiter das Unternehmen benötigt, um ohne personelle Engpässe alle betrieblichen Aufgaben wahrnehmen zu können.

Eine ergänzende Möglichkeit zur Planung des zukünftigen Personalbedarfs bietet die **Kennzahlen-Methode**: Personalbedarfsplanung z. B. aufgrund der mutmaßlichen Umsatzentwicklung.

$$\text{Personalbedarf} = \frac{\text{geplanter Umsatz}}{\text{Umsatz pro Mitarbeiter}}$$

Beispiel Kennzahlen-Methode in der Fly Bike Werke GmbH
Die Umsatzerlöse der Fly Bike Werke GmbH betrugen 20X1 rund 6.950.000,00 €. Im selben Jahr waren 40 Personen im Unternehmen beschäftigt.

$$\text{Umsatz pro Mitarbeiter} = \frac{6.950.000\,€}{40} = 173.750\,€$$

Würde für 20X2 ein Umsatz von 7.200.000 € geplant werden, so ergäbe das rein rechnerisch einen Personalbedarf von

$$\text{Personalbedarf} = \frac{7.200.000}{173.750} = 41{,}44 \text{ Mitarbeiter}$$

Bezieht man diese Rechnung nur auf den Bereich Produktion, dann ergeben sich folgende Zahlen:

$$\text{Umsatz pro Mitarbeiter} = \frac{6.950.000\,€}{20} = 347.500\,€$$

Bei einem Umsatz von 7.200.000 € ergäbe sich rein rechnerisch:

$$\text{Personalbedarf} = \frac{7.200.000}{347.500} = 20{,}7 \text{ Mitarbeiter in der Abteilung Produktion}$$

Neubedarf
ergibt sich bei Betriebserweiterungen oder höherer Beschäftigung

Rationalisierung
Zweckmäßige Anordnung von Arbeitsabläufen zur Steigerung der Effizienz

Der Nachteil der Kennzahlen-Methode besteht darin, dass der Auslastungsgrad des Unternehmens keine Berücksichtigung findet. Auch geplante Neuerungen werden nicht berücksichtigt.

Die Planung des zukünftigen Personalbedarfs kann auch durch eine **Trendextrapolation** erfolgen. Bei diesem Verfahren findet eine Fortschreibung von Trends des Personalbedarfs aus der Vergangenheit und der Gegenwart in die Zukunft statt. Dieses Verfahren setzt eine unveränderte Trendentwicklung in der Zukunft voraus.

Beispiel In den letzten Jahren verzeichnete die Fly Bike Werke GmbH jeweils einen Anstieg der Nachfrage nach Fahrrädern um 20 %. Dadurch ergab sich ein Personalmehrbedarf von 10 % gegenüber dem jeweiligen Vorjahr. Auch für das nächste Jahr rechnet das Unternehmen mit dieser Entwicklung und plant einen Personalmehrbedarf in dieser Höhe.

5.2.2 Qualitative Personalbedarfsplanung

Die qualitative Personalbedarfsplanung geht nicht nur von absoluten Zahlen aus, sondern auch von den Qualifikationen der Mitarbeiter. Ein Abteilungsleiter braucht beispielsweise ein anderes Qualifikationsprofil als eine Teilzeitkraft in der Telefonzentrale. Die jeweiligen Stellenbeschreibungen, die für jede Stelle vorliegen sollten, geben über die von den einzelnen Stelleninhabern erwarteten Qualifikationen Auskunft.

Stellenbeschreibung

Eine Stellenbeschreibung ist ein wichtiges innerbetriebliches Organisationsmittel, denn sie enthält eine genaue Beschreibung der jeweiligen Stelle und ihre Einordnung in die betriebliche Organisation. Sie beschreibt, welche Befugnisse der Stelleninhaber hat, welchem anderen Mitarbeiter die Stelle unterstellt ist und wem gegenüber der Stelleninhaber weisungsbefugt ist.

Sie legt aber auch fest, welche Anforderungen an den Stelleninhaber gestellt werden, z. B.
- Schulbildung
- Berufsausbildung
- Praxiserfahrung
- Sprachkenntnisse
- EDV-Kenntnisse
- Kommunikationsfähigkeit
- Problemlösefähigkeit

Neben diesem eher tabellarischen Teil enthält die Stellenbeschreibung auch eine ausführliche Beschreibung der Aufgaben des Stelleninhabers. Die Stellenbeschreibung dient also als Grundlage z. B. für Stellenausschreibungen im Rahmen der Personalbeschaffung, ist aber auch eine wichtige Hilfe bei der Einarbeitung neuer Mitarbeiter, da sie alle wichtigen Informationen zur Stelle enthält.

Beispiel für eine Stellenbeschreibung der Stelle „Sachbearbeiter(in) Vertrieb – Bereich Fachhandel":

Stellenbezeichnung:	Sachbearbeiter(in) Vertrieb – Bereich Fachhandel
Übergeordnete Stelle	Abteilungsleitung Vertrieb
Untergeordnete Stellen	Keine
Aufgaben der Stelleninhaberin/des Stelleninhabers	– Pflege der direkten Kundenbeziehungen – Neugewinnung von Kunden im Fachhandel – Verkaufsgespräche inkl. fachliche Beratung der Kunden im Fachhandel – Abschluss von Kaufverträgen – Erstellen von Auftragsbestätigungen, Lieferscheinen und Rechnungen – Erstellen von Angeboten – Bearbeiten von Kundenreklamationen
Schulbildung	Mittlerer Abschluss, Fachhochschulreife oder Allgemeine Hochschulreife
Berufsbildung	Kaufmännische Berufsausbildung
Weitere Anforderungen	Gute Deutsch- und Englischkenntnisse in Wort und Schrift Gute Kenntnisse gängiger PC-Programme Kommunikative Fähigkeiten Freundliches Auftreten

5.3 Personalbeschaffung

 Beispiel Die Personalplanung der Fly Bike Werke GmbH hat ergeben, dass mittelfristig ein Ersatzbedarf in der Abteilung Vertrieb durch die bevorstehende Pensionierung von Frau Ganser besteht. Daneben sollen mehrere Stellen in der Abteilung „Einkauf/Logistik" neu geschaffen und besetzt werden. Aufgrund des festgestellten Personalbedarfs werden Personalbeschaffungsmaßnahmen eingeleitet.

Die Personalbeschaffung hat das Ziel, eine personelle Unterdeckung zu vermeiden. Mithilfe der Personalbeschaffung sollen die für das Unternehmen erforderlichen Arbeitskräfte in passender quantitativer, qualitativer, örtlicher und zeitlicher Hinsicht bereitgestellt werden. Bei der Personalauswahl sind dabei auch die Anforderungen des **Allgemeinen Gleichbehandlungsgesetzes (AGG)** zu beachten, um eventuelle Schadenersatzansprüche von abgelehnten Bewerbern zu vermeiden.

Die Personalbeschaffung beinhaltet das Suchen geeigneter Bewerber für eine offene Stelle. Dabei sind geeignete Kandidaten z. B. durch Stellenausschreibungen zu werben und eingehende Bewerbungen auszuwerten (Personalauswahl). **Ziel** des Personalauswahlprozesses ist es, den geeignetsten Bewerber zu finden.

Allgemeines Gleichbehandlungsgesetz (AGG)
Das Gesetz verbietet die Diskriminierung von Bewerbern aus Gründen der Rasse, der ethnischen Herkunft, des Geschlechts, der Religion, der Weltanschauung, einer Behinderung, des Alters oder der sexuellen Identität.

Voraussetzung dafür ist zum einen die Erstellung eines **Anforderungsprofils** der zu besetzenden Stelle auf Basis der Aufgaben (Sollprofil). Zum anderen muss im Rahmen der Auswertung der eingehenden Bewerbungen ein **Fähigkeitsprofil** der einzelnen Bewerber erstellt werden, das die individuellen Qualifikationen und Neigungen widerspiegelt (Istprofil). Das **Eignungsprofil** eines Bewerbers ergibt sich aus dem Vergleich von Anforderungs- und Fähigkeitsprofil.

Eignungsprofil

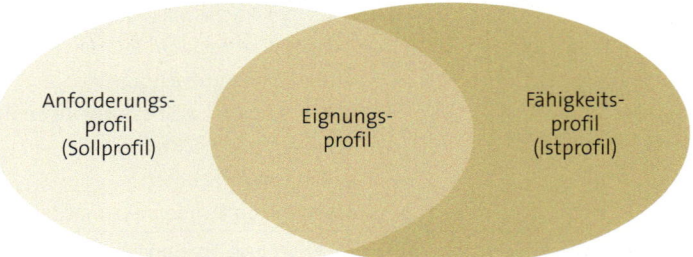

Anforderungs-
profil
(Sollprofil)

Eignungs-
profil

Fähigkeits-
profil
(Istprofil)

Der Entscheidung, wer am besten für die betreffende Stelle geeignet ist, kommt eine zentrale Bedeutung zu, um **Folgekosten aus Fehlbesetzungen** zu vermeiden. Mögliche Folgekosten können sich ergeben in Form von Leistungsmängeln des neuen Mitarbeiters, Nachqualifikationsmaßnahmen oder sogenannten Fluktuationskosten (z. B. aufgrund der Neubesetzung der Stelle).

Zu besetzende Stellen können vom Unternehmen sowohl innerbetrieblich als auch extern, also auf dem übrigen Arbeitsmarkt, angeboten werden.

5.3.1 Interne Personalbeschaffung

> **Beispiel** Für den Auszubildenden, Herrn Schumacher, steht das Ende seiner Berufsausbildung bevor. In diesem Zusammenhang hat die Geschäftsleitung ihn zu einem persönlichen Gespräch gebeten. Anwesend sind neben dem Geschäftsführer auch der Abteilungsleiter Verwaltung und die verantwortliche Kollegin für den Bereich Personal. Herrn Schumacher wird im unmittelbaren Anschluss an seinen Ausbildungsvertrag ein Arbeitsvertrag angeboten.

Aufgaben der internen (innerbetrieblichen) Personalbeschaffung sind:

- die Heranbildung von Nachwuchskräften (z. B. Auszubildende, Trainees) und deren Übernahme in ein Arbeitsverhältnis
- die Vorbereitung von Mitarbeitern auf neue Aufgaben durch Umschulungen und Fortbildungsmaßnahmen
- die Versetzung und Beförderung von Mitarbeitern

Interne Personalbeschaffung	
Vorteile	– geringes Risiko der Fehlbesetzung, da Mitarbeiter bekannt – Personal wird durch Aufstiegschancen motiviert; dadurch wird die Bindung an das Unternehmen erhöht. – Stellen können schnell und kostengünstig besetzt werden – Eingewöhnungsphase kann kurz gehalten werden – Stellen für Nachwuchs werden frei
Nachteile	– begrenzte Auswahl, ggf. hohe Fortbildungskosten – „Betriebsblindheit" (der kritische Abstand zum eigenen Unternehmen fehlt) – fehlende Autorität bei Besetzung von Leitungspositionen – abgelehnte Mitarbeiter können das Betriebsklima vergiften – Objektivität der Personalauswahl ist fraglich.

5.3.2 Externe Personalbeschaffung

Für die Besetzung offener Stellen gibt es bei der externen Personalbeschaffung z. B. folgende Möglichkeiten, neue Mitarbeiter zu finden:

- Stellenanzeigen in Printmedien (Zeitungen, Zeitschriften)
- Stellenanzeigen auf der eigenen Homepage
- Agentur für Arbeit (z. B. Vermittlung von Arbeitsuchenden)
- private Arbeitsvermittlungen
- Personalleasing (Zeitarbeitsunternehmen)
- Online-Stellenbörsen

Externe Personalbeschaffung	
Vorteile	– Je weiter verbreitet das entsprechende Medium, desto größer die Auswahl. – Mitarbeiter können Erfahrungen aus anderen Bereichen und Unternehmen einbringen. – Mitarbeiter können ihre eigene Autorität schaffen. – Abgelehnte Mitarbeiter haben keinen negativen Einfluss auf das Betriebsklima.
Nachteile	– Fehlbesetzungsrisiko – bietet Mitarbeitern keine Aufstiegschancen – langwierig und kostenintensiv – Einarbeitungs-/Eingewöhnungsphase

Beispiel Bei der Besetzung der Stelle einer Sachbearbeiterin/eines Sachbearbeiters im Vertrieb entscheidet sich die Geschäftsführung für eine Veröffentlichung der Stellenanzeige im Internet. So kann eine breitere Streuung als in Printmedien erreicht werden. Eine Internet-Anzeige ist außerdem günstiger als Print-Anzeigen und über den Link zur Homepage sind Informationen über das Unternehmen möglich. Bei mehreren großen Internet-Jobbörsen, auf den Internetseiten von Fachzeitschriften und auf der eigenen Homepage wurde die folgende Stellenanzeige veröffentlicht:

Fly Bike Werke GmbH

Wir gehören zu den führenden deutschen Herstellern qualitativ hochwertiger Sport- und Freizeiträder. Kundenorientierung und Kollegialität bestimmen unseren Erfolg. Unsere Mitarbeiter erhalten Förderung und Freiraum. Sind Sie dabei?

Unsere Kunden erwarten eine optimale und professionelle Auftragsabwicklung. Für Sie ist die Pflege der direkten Kundenbeziehungen genauso wichtig wie die kompetente und effiziente fachliche Beratung unserer Kunden. Sie haben bereits Erfahrungen im Bereich Vertrieb und wollen diese auch weiterhin optimal für unsere nationalen und internationalen Kunden im Groß- und Einzelhandel umsetzen. Dann sollten wir uns kennen lernen.

Wir suchen zum 1. Mai 20XX eine(n) **Sachbearbeiter(in) Vertrieb**.

Ihre Aufgaben
– Verhandlungen, Besprechungen und allgemeine Kundenpflege
– Abschluss von Kaufverträgen
– Erstellen von Auftragsbestätigungen, Lieferscheinen und Rechnungen
– Erstellen von Angeboten und Bearbeiten von Kundenreklamationen

Unser Angebot
– Mitarbeit in einem dynamischen Team
– Leistungsorientierte Vergütung
– Weiterbildungsmöglichkeiten
– Standort ist Oldenburg

Anforderungen
– Kaufmännische Berufsausbildung und mehrjährige Berufserfahrung im Bereich Vertrieb
– Verhandlungsgeschick
– Gute Kenntnisse gängiger PC-Programme
– Kundenorientierung, Flexibilität, Belastbarkeit, freundliches Auftreten
– gute Deutsch- und Englischkenntnisse in Wort und Schrift

Kontakt:
Fly Bike Werke GmbH, Herr C. Steffes
Rostocker Str. 334, D-26121 Oldenburg
Tel. 0441 885-0
E-Mail: c.steffes@flybike.de, www.flybike.de

Übersicht: *Personalwirtschaft*

Mithilfe der **Personaleinsatzplanung** wird die Anzahl an Mitarbeitern festgelegt, die die anfallenden Arbeiten während der Geschäftszeiten erledigen.

Aufgabe der **Personalbedarfsplanung** ist es, den künftigen Personalbedarf des Unternehmens quantitativ und qualitativ zu bestimmen.

Eine **Stellenbeschreibung** enthält genaue Angaben über eine Stelle, z. B. die Tätigkeiten und Kompetenzen des Inhabers, Anforderungen an den Stelleninhaber und die Einordnung der Stelle in den Betriebsprozess.

Die **Personalbeschaffung** kann intern oder extern erfolgen.

Alles klar?

1 Warum wird in der Produktionswirtschaft mit der engen Fassung des Produktionsbegriffs gearbeitet? Kapitel 1

2 Welcher Produktionsfaktor ist in Ihrem Ausbildungsbetrieb am wichtigsten?

3 Das Produktionsprogramm eines Backwarenherstellers sieht folgendermaßen aus: Kekse (Butterkekse, Biskuits, Mürbegebäck, Waffeln, Eiswaffeln), Kuchen (Sandkuchen, Stollen, Tortenböden), Chips (gesalzene Chips, Paprikachips, fettreduzierte Chips, Chips extra scharf).

   a Erläutern Sie am Beispiel dieses Produktionsprogramms die folgenden Begriffe: Produktionsprogrammbreite, Produktionsprogrammtiefe, Fertigungstiefe.

   b Beschreiben Sie zwei Vor- und zwei Nachteile, die für das Unternehmen mit einem breiten Produktionsprogramm verbunden sind.

4 Die zeitliche und mengenmäßige Abstimmung zwischen der Produktion und dem Absatz eines Industriebetriebes ergibt sich aus der nebenstehenden Grafik.

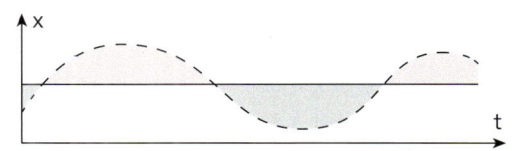

   a Erläutern Sie den Zusammenhang, der zwischen Produktion und Absatz in einer derartigen Situation vorliegt.

   b Beschreiben Sie die Folgen, die sich aus einer derartigen Situation für die Kosten des Betriebes ergeben.

5 Erläutern Sie die Durchlaufzeit mit Durchführungzeit und Übergangszeit.

6 Beschreiben Sie einen Arbeitsplan und nennen Sie die Informationen, die er enthält.

7 Beschreiben Sie einen Maschinenbelegungsplan.

8 Nennen Sie jeweils ein Beispiel für: Kapitel 2

   a Einzelkosten   **e** variable Kosten

   b echte Gemeinkosten   **f** betriebsfremde

   c Sondereinzelkosten des   Aufwendungen
       Vertriebs   **g** periodenfremde Erträge

   d fixe Kosten   **h** außerordentliche
                                Aufwendungen

9 Für eine Maschine sind die kalkulatorischen Monatsabschreibungen zu ermitteln: Anschaffungskosten 44.000,00 €, Wiederbeschaffungskosten 52.000,00 €, betriebsgewöhnliche Nutzungsdauer lt. AFA-Tabelle 8 Jahre, betriebsindividuelle Nutzungsdauer 6 Jahre, gleichmäßige Nutzung (lineare Abschreibung).

10 Ein Industrieunternehmen kalkuliert seine Zinsen mit einem kalkulatorischen Zinssatz von 9 %. Das betriebsnotwendige Anlagevermögen beträgt 12.400.000,00 €, das betriebsnotwendige Umlaufvermögen beträgt 6.400.000,00 €. Das Abzugskapital beträgt 2.000.000,00 €. Ermitteln Sie die kalkulatorischen Jahreszinsen für dieses Industrieunternehmen.

11 Folgende Daten einer Kostenträgerzeitrechnung liegen vor:

Fertigungsmaterial	250.000,00 €	Materialgemeinkosten	30 %
Fertigungslöhne	120.000,00 €	Fertigungsgemeinkosten	80 %
Sondereinzelkosten der Fertigung	20.000,00 €	Verwaltungsgemeinkosten	8 %
Sondereinzelkosten des Vertriebs	12.000,00 €	Vertriebsgemeinkosten	6 %
Bestandserhöhung fertige Erzeugnisse	24.000,00 €		

Ermitteln Sie:
a die Herstellkosten des Umsatzes und
b die Selbstkosten des Umsatzes.

12 Ein Industrieunternehmen bestellt 500 Stück Handelswaren zum Listeneinkaufspreis von 50,00 € je Stück. Der Hersteller gewährt bei dieser Abnahmemenge 12 % Rabatt und 3 % Skonto. Er berechnet zusätzlich 5 % Fracht- und Verpackungskosten auf den Zielverkaufspreis. Das Industrieunternehmen verkauft diese Handelswaren mit einem Handlungskostenzuschlagssatz von 20 % und einem Gewinnzuschlagssatz von 15 %. Die Kunden erhalten 2 % Skonto und 5 % Rabatt. Ermitteln Sie für 500 Stück Handelswaren

Hinweis: Runden Sie alle Zwischenergebnisse kaufmännisch.

a den Bezugspreis,
b die Selbstkosten,
c den Listenverkaufspreis.

13 Ein Getränkehersteller produziert im Monat September 60 000 Flaschen hochwertigen Sekt. Die fixen Kosten betragen 384.000,00 €, die variablen Kosten je Flasche betragen 9,20 €. Ermitteln Sie
a die Selbstkosten je Flasche,
b den Gewinn, wenn alle Flaschen zum Preis von 22,60 € verkauft werden können, und
c den Umsatz, bei dem die Gewinnschwelle erreicht wird.

Kapitel 3

14 Ordnen Sie den folgenden Fällen die jeweils passende Lagerfunktion zu.
a Aufgrund angekündigter Streiks der spanischen Speditionsunternehmen lagert ein deutscher Lebensmittelgroßhändler größere Mengen Olivenöl eines spanischen Lieferanten ein.
b Ein Produzent von Sonnenschirmen fertigt im Winter eine größere Stückzahl, um die Nachfrage im Frühjahr und Sommer befriedigen zu können.
c Ein Produzent von Elektrokabeln kauft eine große Menge Kupfer ein, da er mit einer Preissteigerung dieses Rohstoffs rechnet.

15 Beschreiben Sie, welche Lagerkosten mit steigendem Bestand an gelagerten Waren zunehmen.

16 Für einen benötigten Rohstoff liegen für das Jahr 20XX folgende Daten vor:
- Jahresanfangsbestand: 200 Stück
- Jahresendbestand: 180 Stück
- Einkaufmenge im Jahr 20XX: 1120 Stück
- durchschnittlicher Jahreszinssatz: 9 %
- durchschnittlicher Einstandspreis: 12,50 €

Ermitteln Sie:

a den durchschnittlichen Lagerbestand

b die Umschlagshäufigkeit

c die durchschnittliche Lagerdauer

d den Lagerzinssatz

e die Lagerzinsen

17 Begründen Sie, warum eine Beurteilung der Ergebnisse aus Aufgabe 16 schwierig ist.

18 Begründen Sie, welches Bestellverhalten optimal wäre, wenn die Lagerkosten minimiert werden sollten.

19 Bei einem Automobilproduzenten wurde für einen bestimmten Typ Alufelgen der Höchstbestand mit 500 Stück und der Mindestbestand mit 100 Stück festgelegt. Der Lieferant benötigt zwei Tage für die Lieferung, der durchschnittliche Tagesverbrauch der Alufelge beträgt 50 Stück und der durchschnittliche Einstandspreis 350,00 €.

a Begründen Sie, warum für den Artikel ein Höchstbestand festgelegt wurde.

b Begründen Sie, warum für den Artikel ein Mindestbestand festgelegt wurde.

c Ermitteln Sie den Meldebestand und erläutern Sie seine Bedeutung.

20 Die Julius GmbH möchte die optimale Bestellmenge für einen Werkstoff bei einem Jahresbedarf von 1000 Stück ermitteln. Die bestellfixen Kosten werden mit 40,00 € und der Lagerkostensatz wird mit 16 % kalkuliert. Der Einstandspreis beträgt 12,50 €.

a Ermitteln Sie die optimale Bestellmenge tabellarisch. Gehen Sie davon aus, dass als Bestellmengen 50, 100, 125, 200, 250, 500 oder 1000 Stück möglich sind.

b Berechnen Sie die optimale Bestellmenge rechnerisch.

21 Erläutern Sie den Zweck einer ABC-Analyse.

22 Begründen Sie, warum eine ABC-Analyse zu Beginn der Beschaffungsplanung durchgeführt werden sollte.

23 Geben Sie drei mögliche Konsequenzen wieder, die aus einer ABC-Analyse für die A-Güter gezogen werden könnten.

24 Beschreiben Sie, wovon die Leistungsbereitschaft von Mitarbeitern abhängt. Gehen Sie auch auf den Begriff „Handlungsspielraum" ein.

Kapitel 4

25 Geben Sie an, welche Form der Arbeitsorganisation in den folgenden Fällen genutzt wurde, um die Mitarbeitermotivation zu fördern.

a Die Werbeagentur BE Partners KG erhält einen Kundenauftrag über eine Werbekampagne. Drei Mitarbeiter der BE Partners KG erstellen die Werbekampagne nach den gewünschten Vorgaben eigenständig und teilen auch die Arbeit selbstständig auf.

b Die Mitarbeiter der Störungshotline eines großen Telekommunikationsunternehmens bearbeiten im wöchentlichen Wechsel die Störungsanrufe von Privatkunden und Geschäftskunden.

c Ein Einkaufssachbearbeiter, der bisher nur für die Erstellung von Anfragen und Bestellungen zuständig war, übernimmt zukünftig auch die Kontrolle der Eingangsrechnungen.

d Ein Mitarbeiter der Verkaufsabteilung, der bisher für die Auftragsannahme zuständig war, soll zukünftig auch Vorschläge für die Sortimentsgestaltung machen.

26 Erläutern Sie den Unterschied zwischen der Gleitzeit mit und ohne Zeitausgleich.

27 Nennen Sie neben der Gleitzeit zwei weitere Modelle zur Flexibilisierung der Arbeitszeit.

28 Begründen Sie, warum Arbeitszeit in Deutschland zunehmend flexibilisiert wird.

29 Unterscheiden Sie den autoritären und den demokratischen Führungsstil anhand der wesentlichen Merkmale.

30 Personalentwicklung ist für Unternehmen häufig mit hohen Kosten verbunden. Begründen Sie, warum Unternehmen diesem Bereich des Personalwesens trotzdem viel Aufmerksamkeit schenken sollten.

31 Beschreiben Sie, wie Unternehmen durch eine ansprechende Arbeitsplatzgestaltung die Leistungsbereitschaft der Mitarbeiter fördern können.

32 Erläutern Sie das Lohngruppenverfahren.

33 Nennen Sie drei Möglichkeiten einer leistungsabhängigen Vergütung.

34 Erläutern Sie den Unterschied zwischen Zeit- und Leistungslohn.

35 Grenzen Sie Akkordlohn und Prämienlohn gegeneinander ab.

36 Wägen Sie die Vorteile des Zeit- und Akkordlohns gegeneinander ab.

37 Nennen Sie fünf Prämienarten.

38 Begründen Sie, warum Mitarbeiter immer häufiger in den Genuss von Erfolgsbeteiligungen kommen.

Kapitel 5   **39** Nennen Sie zwei Einflussgrößen, die bei der Personaleinsatzplanung zu berücksichtigen sind.

40 Unterscheiden Sie quantitative und qualitative Personalbedarfsplanung.

41 Beschreiben Sie kurz drei betriebliche Situationen, in denen eine Stellenbeschreibung hilfreich ist.

42 Erläutern Sie den Zusammenhang zwischen Anforderungsprofil, Fähigkeitsprofil und Eignungsprofil bei der Personalbeschaffung.

43 Unterscheiden Sie interne und externe Personalbeschaffung und geben Sie möglichst viele konkrete Möglichkeiten der externen Personalbeschaffung an.

44 Wägen Sie die Vorteile einer externen und einer internen Personalbeschaffung gegeneinander ab.

12.6 Gesamtwirtschaftliche Entwicklungen und deren Auswirkungen auf die Beschäftigung

AB → Lernsituation 72

1 Ziele staatlicher Wirtschaftspolitik

Wirtschaftspolitik beeinflusst das wirtschaftliche Geschehen im Rahmen bestimmter Zielvorgaben. Da die Wirtschaft nur ein Teilbereich der Gesellschaft ist, müssen sich die wirtschaftspolitischen Ziele an übergeordneten **gesellschaftlichen Grundwerten** wie Freiheit, Gerechtigkeit, Sicherheit und Fortschritt orientieren.

gesellschaftliche Grundwerte, siehe auch Wirtschaftsordnung, vgl. **TAF 11.4, 7**

Freiheit schafft die Voraussetzung für die freie Entfaltung der eigenen Persönlichkeit. Die Wirtschaftspolitik muss sicherstellen, dass die persönliche Freiheit des Einzelnen auch bei seinen wirtschaftlichen Entscheidungen garantiert ist und z. B. nicht durch die wirtschaftliche Macht eines Monopolisten eingeschränkt wird.

Monopol, vgl. **TAF 11.4, 8.5**

Alle Bürger eines Staates haben die gleichen Rechte. Auf wirtschaftlichem Gebiet zielt die Forderung nach **Gerechtigkeit** insbesondere auf die Verteilungsgerechtigkeit, d. h., Einkommen und Vermögen sollten möglichst gerecht verteilt sein.

Einkommens- und Vermögensverteilung, vgl. **3.1**

Krankheit, Behinderung, Alter oder sonstige Umstände, die die Leistungsfähigkeit verringern, dürfen nicht zu sozialer Verelendung führen. Die Gesellschaft muss deshalb die soziale **Sicherheit** als solidarische Aufgabe aller Bürger begreifen.

soziale Sicherung, vgl. **3.2**

Umweltpolitik, vgl. **4**

Wirtschaftliches Wachstum kann nur dann **Fortschritt** bringen, wenn das Wachstum nicht nur ökonomischen, sondern auch sozialen, ökologischen und humanen Aspekten gerecht wird. Nur so lässt sich die Lebensqualität verbessern und das Gemeinwohl vermehren.

Wirtschaftspolitische Ziele sind Unterziele der Gesellschaftspolitik

Unter Berücksichtigung der gesellschaftlichen Grundwerte ergeben sich wichtige **wirtschaftspolitische Ziele**. Durch diese soll die wirtschaftliche Entwicklung stabilisiert und das **gesamtwirtschaftliche Gleichgewicht** gesichert werden. Im **Stabilitäts- und Wachstumsgesetz (StWG)** von 1967 sind folgende Teilziele formuliert:

Gesamtwirtschaftliches Gleichgewicht
Gleichgewicht auf allen Güter- und Faktormärkten

- ein stetiges und angemessenes Wirtschaftswachstum
- ein hohes Beschäftigungsniveau
- ein stabiles Preisniveau
- ein außenwirtschaftliches Gleichgewicht

gesellschaftliche Wohlfahrt:
– Sicherung der sozialen Grundwerte
– Sicherung der Versorgung der von der Gesellschaft nachgefragten Güter

Gesellschaftliche Grundwerte und wirtschaftspolitische Ziele

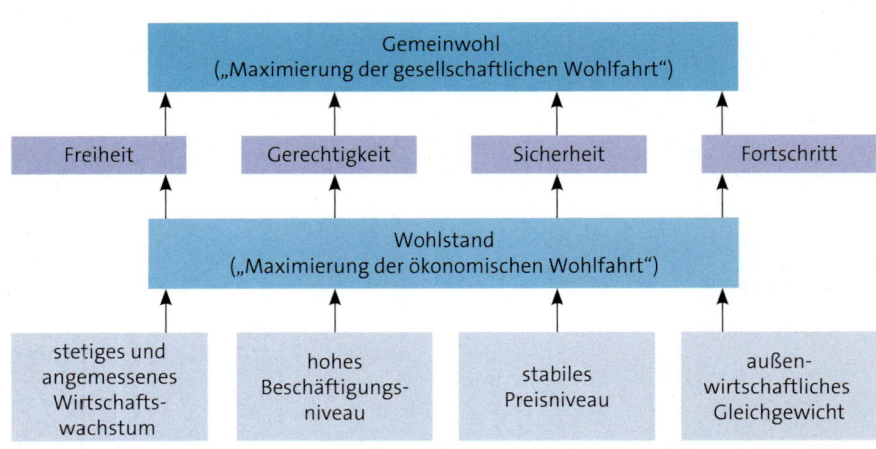

1. Stetiges und angemessenes Wirtschaftswachstum

Von wirtschaftlichem Wachstum wird gesprochen, wenn das Bruttoinlandsprodukt (BIP) in einem vergleichbaren Zeitraum zunimmt. Das Wachstum wird mithilfe der Volkswirtschaftlichen Gesamtrechnung (VGR) ermittelt. Wirtschaftswachstum ermöglicht z. B. den Arbeitnehmern höhere Lohnabschlüsse, den Unternehmern höhere Renditen und den öffentlichen Haushalten höhere Einnahmen.

*Bruttoinlandsprodukt, vgl. **2.1***

*Volkswirtschaftliche Gesamt-rechnung, vgl. **2.1.1***

2. Hohes Beschäftigungsniveau

Ein hohes Beschäftigungsniveau bedeutet, dass die Zahl der Arbeitslosen möglichst gering ist. Gemessen wird die Situation auf dem Arbeitsmarkt mithilfe der Arbeitslosenquote. Arbeitslosigkeit stellt ein schweres persönliches Schicksal dar. Sie geht einher mit finanziellen Einbußen und persönlichen Problemen und nicht zuletzt dem Verlust des Selbstwertgefühls. Jeder Arbeitslose bedeutet zugleich unter wirtschaftlichen Gesichtspunkten einen Verzicht auf die Nutzung volkswirtschaftlicher Ressourcen und einen Verzicht von Staatseinnahmen in Form von Steuern.

*Arbeitslosigkeit, vgl. **3.4***
*Arbeitslosenquote, vgl. **2.2***

3. Stabiles Preisniveau

Preisniveaustabilität bezieht sich auf die Entwicklung des Geldwertes (Kaufkraft des Geldes). Die Kaufkraft des Geldes gibt an, welche Gütermenge tatsächlich mit einer bestimmten Geldmenge erworben werden kann. Von Preisniveaustabilität wird gesprochen, wenn die Kaufkraft des Geldes erhalten bleibt.

*Kaufkraft des Geldes, vgl. **2.3***

4. Außenwirtschaftliches Gleichgewicht

Jeder Staat ist auf wirtschaftliche Beziehungen zu anderen Volkswirtschaften angewiesen. Außenwirtschaftliches Gleichgewicht wird sichergestellt, wenn Exporte und Importe sich entsprechen. Alle wirtschaftlichen Transaktionen mit dem Ausland werden in der Zahlungsbilanz erfasst. Ziel ist eine ausgeglichene Zahlungsbilanz, das heißt, vom Ausland empfangene Zahlungseingänge entsprechen den ins Ausland geflossenen Zahlungsausgängen.

*Außenwirtschaft, vgl. **8***

*Zahlungsbilanz, vgl. **2.4***

*Die vier Ziele aus dem Stabilitäts- und Wachstumsgesetz werden auch als **magisches Viereck** bezeichnet, da kurzfristig nicht alle Ziele gleichzeitig erreicht werden können.*

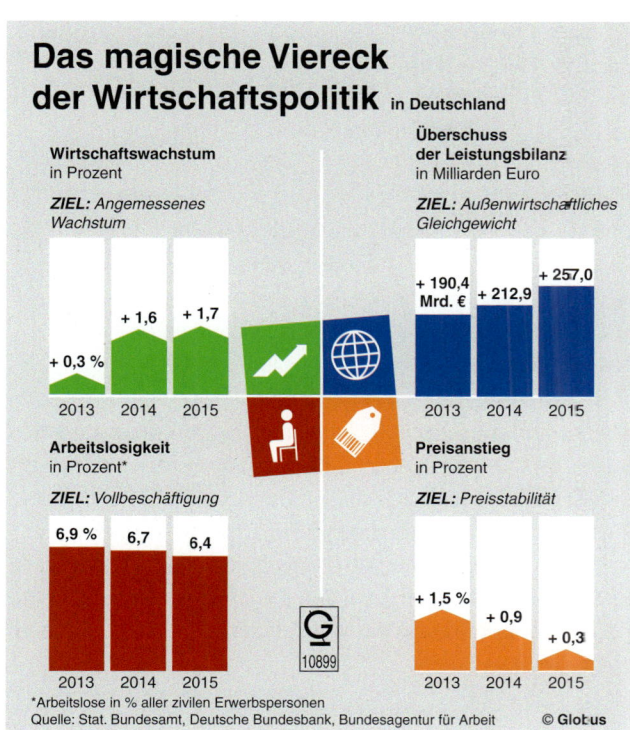

Das magische Viereck der Wirtschaftspolitik in Deutschland

Wirtschaftswachstum in Prozent
ZIEL: Angemessenes Wachstum
+ 0,3 % (2013) · + 1,6 (2014) · + 1,7 (2015)

Überschuss der Leistungsbilanz in Milliarden Euro
ZIEL: Außenwirtschaftliches Gleichgewicht
+ 190,4 Mrd. € (2013) · + 212,9 (2014) · + 257,0 (2015)

Arbeitslosigkeit in Prozent*
ZIEL: Vollbeschäftigung
6,9 % (2013) · 6,7 (2014) · 6,4 (2015)

Preisanstieg in Prozent
ZIEL: Preisstabilität
+ 1,5 % (2013) · + 0,9 (2014) · + 0,3 (2015)

*Arbeitslose in % aller zivilen Erwerbspersonen
Quelle: Stat. Bundesamt, Deutsche Bundesbank, Bundesagentur für Arbeit
© Globus

Die Liste der wirtschaftspolitischen Ziele hat sich in den letzten Jahren erweitert. Aus weiteren Gesetzen lassen sich zusätzlich zwei bedeutsame Ziele ableiten, sodass das sich aus dem magischen Viereck ein **magisches Sechseck** ergibt.

Einkommens- und Vermögensverteilung, vgl. **3.1**

5. Gerechte Einkommens- und Vermögensverteilung

Eine gerechte Einkommens- und Vermögensverteilung ist gesellschaftlich und wirtschaftlich von großer Bedeutung. Wenn große Teile der Bevölkerung vom gesellschaftlichen Wohlstand ausgeschlossen werden, kann dies zu erheblichen gesellschaftlichen Problemen führen. Nur wenn die bestehenden Einkommens- und Vermögensverhältnisse von der Bevölkerung akzeptiert werden, kann der soziale Frieden in einer Gesellschaft gewahrt werden.

Umweltschutz,
vgl. **TAF 11.4**, **6**

Umweltpolitik, vgl. **4**

6. Umweltschutz

Künftige Generationen sollen in einer lebenswerten Umwelt wirtschaften und leben können. Die Umweltpolitik des Staates muss daher darauf ausgerichtet sein, Umweltschäden zu verhindern und entstandene Umweltschäden zu beseitigen.

Zielformulierungen, Zielbeziehungen der wirtschaftspolitischen Ziele

Für die wirtschaftspolitischen Ziele gibt es keine Rangfolge und keine konkret festgelegten Zielformulierungen, wie z. B. „Die Arbeitslosigkeit darf 3 % nicht übersteigen". Die Bundesregierung gibt im Jahreswirtschaftsbericht zu Beginn eines Jahres wünschenswerte Zielwerte bekannt, von denen sie annimmt, dass sie in dem betreffenden Jahr erreicht werden können. Diese Zielvorgaben sind u. a. von der jeweiligen aktuellen wirtschaftlichen Situation abhängig.

Obwohl jedes der vier bzw. sechs wirtschaftspolitischen Ziele für sich genommen erstrebenswert ist, stehen alle Ziele in Wechselbeziehung zueinander. Ziele können einander neutral gegenüberstehen, miteinander harmonieren oder Konflikte auslösen.

> **Beispiele** Zielneutralität zwischen außenwirtschaftlichem Gleichgewicht und gerechter Einkommensverteilung: Das außenwirtschaftliche Gleichgewicht hat keinen Einfluss auf die gerechte Einkommensverteilung.
> – Zielharmonie zwischen Wirtschaftswachstum und hohem Beschäftigungsniveau: Wenn mehr Güter produziert und gehandelt werden, stellen die Unternehmen mehr Beschäftigte ein.
> – Zielkonflikt zwischen wirtschaftlichem Wachstum und Umweltschutz: Wirtschaftliches Wachstum kann nur sichergestellt werden, wenn mehr Güter produziert und gehandelt werden. Für die zunehmende Produktion der Güter werden z. B. mehr Rohstoffe verbraucht sowie neue Industrieanlagen gebaut. Dadurch werden Luft und Wasser verschmutzt und die Lebensqualität sinkt.

Zielkonflikte können überall dort auftreten, wo unterschiedliche Interessen aufeinander treffen. Unterschiedliche Vorstellungen und Erwartungen von einzelnen gesellschaftlichen Gruppen treten z. B. im Hinblick auf den Umweltschutz auf. Umweltschützer fordern höhere Umweltstandards. Vertreter der Wirtschaft argumentieren, dass hohe Auflagen zum Umweltschutz die Exportchancen verringern. Das gleiche Argument führen die Vertreter der Wirtschaft an, wenn die Gewerkschaften höhere Löhne fordern. Letztlich gilt es, die Konflikte in der Wirtschaftspolitik zu akzeptieren und zu bewältigen.

1.1 Träger und Akteure der Wirtschaftspolitik

Die staatlichen Organe sind die wesentlichen Träger der Wirtschaftspolitik in der Sozialen Marktwirtschaft. Das gilt auf Europa-, Bundes-, Landes- und Kommunalebene. Nur diese Organe besitzen staatlich legitimierte Hoheitsgewalt. Daneben nehmen folgende Interessengruppen Einfluss auf die Wirtschaftspolitik:

Soziale Marktwirtschaft, vgl. **TAF 11.4**, **7.3**

- Verbände (z. B. Kammern, Gewerkschaften, Arbeitgeberverbände),
- wissenschaftliche Berater (z. B. Club of Rome, Sachverständigenräte),
- **NGOs** (z. B. Greenpeace, Attac, Amnesty International) und auch die
- Medien

Die politischen Aktivitäten der nichtstaatlichen Gruppen werden auch als **Lobbyismus** bezeichnet. Sie besitzen keine staatlich legitimierte Hoheitsgewalt, sondern nehmen aufgrund gesellschaftlicher und moralischer Macht Einfluss. Lobbyisten versuchen auf die Ausformulierung von Gesetzen und Beschlüssen Einfluss zu nehmen, indem sie Abgeordnete und Fachreferenten der Ministerien beraten.

NGOs
non-governmental organizations (Nichtregierungsorganisationen), sind nicht auf Gewinnerzielung ausgerichtet. Dazu gehören z. B. auch gemeinnützige Vereine

Beispiele

- Die **Bundesregierung** versucht durch ihre Entscheidungen die Ziele der Wirtschaftspolitik zu realisieren. Dabei benötigt sie die Zustimmung des **Bundestages** und **Bundesrates**. Der Handlungsspielraum der Bundesregierung wird auch durch die außenwirtschaftlichen Verflechtungen eingeschränkt. So müssen z. B. die vom **Europäischen Rat** erlassenen Verordnungen umgesetzt werden.
- Auch die **Bundesbehörden** haben einen beträchtlichen Einfluss auf die politischen Entscheidungsprozesse. Besondere Bedeutung kommt der **Deutschen Bundesbank** zu. Sie ist im Zusammenwirken mit der **Europäischen Zentralbank** verantwortlich für die Geldversorgung der Wirtschaft und für die Stabilität der Währung.
- Die **Tarifpartner** (Arbeitgeberverbände und Gewerkschaften) beeinflussen durch die Lohnpolitik die Einkommensentwicklung und Einkommensverteilung.

Lobbyismus
Versuch, Abgeordnete durch Interessengruppen zu beeinflussen

Europäische Zentralbank, vgl. **7.2**

Träger und Akteure der Wirtschaftspolitik	Legitimation
EZB und die zentralen Notenbanken der Nationalstaaten	EZB-Gesetz sowie entsprechende nationale Gesetze
EU-Kommission und -Rat	Amsterdamer Vertrag
Bundestag und Bundesregierung	Grundgesetz
Länderparlamente und -regierungen	Länderverfassung
Kommunale Parlamente und Regierungen	Grundgesetz und Kommunalverfassungen
Berufsständische Verbände (z. B. Tarifpartner)	Gesellschaftliche Macht
Medien (Zeitung, Rundfunk, Fernsehen, Internet)	Gesellschaftliche Macht
NGOs wie Greenpeace oder Amnesty International	Moralische Macht
Interessenverbände	Moralische Macht

1.2 Handlungsfelder der Wirtschaftspolitik

Für die Klassifizierung wirtschaftspolitischen Handelns des Staates gibt es unterschiedliche Schemata. Das am häufigsten verwendete Schema unterteilt die Wirtschaftspolitik in drei Handlungsfelder.

Wirtschaftsordnung, vgl. **TAF 11.4**, **7**

Kartellrecht, vgl. **TAF 11.4**, **10.2**

Sozialordnung, vgl. **3.2** und **3.3**

Umweltschutz, vgl. **TAF 11.4**, **6**

Geldordnung, vgl. **7**

Im Rahmen der **Ordnungspolitik** legt der Staat bestimmte rechtliche, soziale und wirtschaftliche Grundnormen und Rahmenbedingungen fest, nach denen eine Wirtschaftordnung funktioniert. Mit der Ordnungspolitik schafft der Staat Institutionen, bestimmt Träger, weist Kompetenzen zu und entwickelt Instrumente zur Steuerung der Wirtschaftspolitik. Die Ordnungspolitik ist in der Regel **langfristig** angelegt. Daher eignet sie sich nicht für eine kurzfristige Feinabstimmung. Bereiche der Ordnungspolitik sind z. B. Wettbewerbsordnung (Kartellrecht), Verbraucher- und Umweltschutz, Geldordnung, Unternehmensverfassung und Arbeitsrecht. Ordnungspolitische Entscheidungen sind zum Teil in der Verfassung festgelegt, so z. B. der Schutz des Privateigentums und die Festschreibung der Tarifautonomie.

Einkommens- und Vermögensverteilung, vgl. **3.1**

Mithilfe der **Strukturpolitik** versucht der Staat, auf bestehende Strukturen einzuwirken. Die Strukturpolitik ist vorrangig auf den regionalen und sektoralen Strukturwandel ausgerichtet und eher **mittelfristig** angelegt. Im Rahmen der Regionalpolitik möchte der Staat z. B. benachteiligte Regionen durch besondere Infrastrukturmaßnahmen fördern. Mit der sektoralen Strukturpolitik werden einzelne Wirtschaftszweige bzw. Branchen unterstützt, um deren Konkurrenzfähigkeit zu sichern. Zur Strukturpolitik gehören aber auch Maßnahmen, die zu einer gerechten Einkommens- und Vermögensverteilung beitragen.

Die Prozesspolitik wird auch häufig als Ablaufpolitik bezeichnet.

Geldpolitik, vgl. **7**

Fiskalpolitik, vgl. **6**

Konjunkturpolitik, vgl. **5**

Mit der **Prozesspolitik** wird in allen Politikbereichen unmittelbar in das Wirtschaftsgeschehen eingegriffen. Dazu gehören alle Maßnahmen, die darauf abzielen, die gesamtwirtschaftliche Stabilität zu beeinflussen und günstige Bedingungen für ein anhaltendes Wirtschaftswachstum zu schaffen. Zur Prozesspolitik gehören die Maßnahmen der Deutschen Bundesbank im Rahmen der Geldpolitik und die Fiskalpolitik des Staates. Außerdem gehören Konjunktur- und Lohnpolitik zur Prozesspolitik. Im Unterschied zur Ordnungspolitik ist die Prozesspolitik **kurzfristig** angelegt.

Übersicht: Handlungsfelder der Wirtschaftspolitik

Ordnungspolitik	Strukturpolitik	Prozesspolitik
schafft grundlegende Rahmenbedingungen für wirtschaftspolitische Maßnahmen	zielt auf Weiterentwicklung bestehender wirtschaftlicher Strukturen ab	greift unmittelbar in das Wirtschaftsgeschehen ein
langfristig orientiert	mittelfristig orientiert	kurzfristig orientiert
Beispiele: Wettbewerbsordnung, Arbeitsrecht, Verbraucherschutz	Beispiele: Regionalpolitik, sektorale Strukturpolitik, Verteilungspolitik	Beispiele: Konjunkturpolitik, Geldpolitik, Fiskalpolitik

2 Indikatoren zur Messung der Ziele

Wenn man die Ergebnisse einer wirtschaftlichen Entwicklung beurteilen will, benötigt man Indikatoren, mit denen der Erfolg gemessen werden kann.

Ziel des StWG	Indikator
stetiges und angemessenes Wirtschaftswachstum	längerfristige Entwicklung des realen Bruttoinlandsproduktes
hohes Beschäftigungsniveau	Arbeitslosenquote
stabiles Preisniveau	Preisindex (Inflationsrate)
außenwirtschaftliches Gleichgewicht	Zahlungsbilanz mit Leistungsbilanz

2.1 Bruttoinlandsprodukt

AB → Lernsituation 73

Ein Indikator für die Messung des Wirtschaftswachstums ist das **Bruttoinlandsprodukt** (**BIP**). Auf Basis dieses Indikators werden wirtschaftspolitische Entscheidungen getroffen, z. B.:

- Um wie viel Prozent sollen und dürfen jährlich Löhne und Renten steigen?
- Welche Ausgaben soll und kann der Staat z. B. für Krankenhäuser, Schulen, Forschung, Rüstung und Straßenbau tätigen?

Das Bruttoinlandsprodukt misst den Wert aller Güter und Dienstleistungen, die in einem Jahr in einer Volkswirtschaft erstellt wurden. Das Bruttoinlandsprodukt misst nur die im Inland entstandenen wirtschaftlichen Leistungen. Dazu zählen die Einkünfte der **Inländer** im Inland sowie die Einkünfte der Ausländer im Inland. Dieses Konzept wird **Inlandskonzept** genannt.

Inländer
sind alle inländischen Wirtschaftssubjekte, z. B. private Haushalte, Unternehmen und Staat

Inlandskonzept: Wirtschaftliche Leistung wird im Inland erbracht.
– Inländer erbringen Leistungen im Inland.
– Ausländer erbringen Leistungen im Inland.

> **Beispiel** Herr Raul ist Deutscher und arbeitet in Deutschland. Seine Einkünfte fließen in die Berechnung des Bruttoinlandsproduktes ein (Einkünfte eines Inländers im Inland). Frau de Mol ist Niederländerin und wohnt in den Niederlanden. Sie arbeitet bei einem Unternehmen in Deutschland. Ihr Einkommen wird bei der Berechnung des Bruttoinlandsproduktes ebenfalls berücksichtigt (Einkünfte einer Ausländerin im Inland).

Das **Bruttonationaleinkommen (BNE)** ergibt sich aus den wirtschaftlichen Leistungen, die von Inländern erbracht werden. Dazu zählen die Einkünfte von Inländern im Inland und im Ausland. Dieses Konzept wird **Inländerkonzept** genannt.

Das Bruttonationaleinkommen wurde bis 1999 auch Bruttosozialprodukt (BSP) genannt.

> **Beispiel** Bei der Berechnung des Bruttonationaleinkommens werden die Einkünfte von Herrn Raul berücksichtigt. Frau Fischer lebt in Deutschland, arbeitet für ein dänisches Unternehmen und bezieht ihre Einkünfte aus Dänemark. Diese Einkünfte zählen ebenfalls zum Bruttonationaleinkommen (Einkünfte einer Inländerin im Ausland).

Inländerkonzept: Wirtschaftliche Leistung wird von Inländern erbracht.
– Inländer erbringen Leistungen im Inland.
– Inländer erbringen Leistungen im Ausland.

Das Bruttonationaleinkommen beleuchtet die Einkommensseite, das Bruttoinlandsprodukt dagegen die Produktionsseite. Das Bruttoinlandsprodukt wird im Rahmen der **Volkswirtschaftlichen Gesamtrechnung** (VGR) ermittelt. Diese setzt am Wirtschaftskreislauf an. Die Darstellung des Wirtschaftskreislaufes ist eine Vorstufe der Volkswirtschaftlichen Gesamtrechnung.

Volkswirtschaftliche Gesamtrechnung, vgl. **2.1.1**

Wirtschaftskreislauf, vgl. **TAF 11.4**

Beispiel Es wird angenommen, dass eine Volkswirtschaft aus drei Unternehmen und dem Sektor private Haushalte besteht. Ein Winzer (U1) baut Weintrauben an, veredelt diese zu Wein und füllt den Wein in Flaschen ab. Der Weinhändler (U2) kauft diesen Wein und verkauft ihn an einen Supermarkt (U3) weiter. Der Supermarkt verkauft den Wein an die privaten Haushalte weiter.

Der Winzer (U1) stellt den Wein her und füllt ihn in Flaschen ab. Er verkauft den Wein für 500 GE an den Weinhändler. Mit den 500 GE deckt der Winzer die Lohnkosten und erwirtschaftet einen Gewinn. Die 500 GE sind die Wertschöpfung des Winzers. Die Löhne gehen an die Angestellten und der Gewinn an den Winzer selbst. Oder anders ausgedrückt: Die Wertschöpfung des Winzers fließt den privaten Haushalten in Form von Einkommen zu. Der Weinhändler (U2) kauft den Wein vom Winzer und verkauft ihn für 900 GE weiter an einen Supermarkt (U3). In diesem Preis sind die 500 GE vom Winzer (U1) als Vorleistung enthalten. Die Wertschöpfung des Weinhändlers beträgt somit 400 GE. Die Löhne und Gehälter fließen an die privaten Haushalte. Der Supermarkt (U3) möchte beim Verkauf an die privaten Haushalte ebenfalls einen Gewinn erzielen. An seine Mitarbeiter zahlt er Löhne und Gehälter. Der Supermarkt verkauft den Wein für 1.100 GE. Die Wertschöpfung beträgt 200 GE. Das Bruttoinlandsprodukt kann nun als Summe der Wertschöpfung der drei Unternehmen ermittelt werden.

Wertschöpfung U1 500 GE
+ Wertschöpfung U2 400 GE
+ Wertschöpfung U3 200 GE
= BIP 1.100 GE

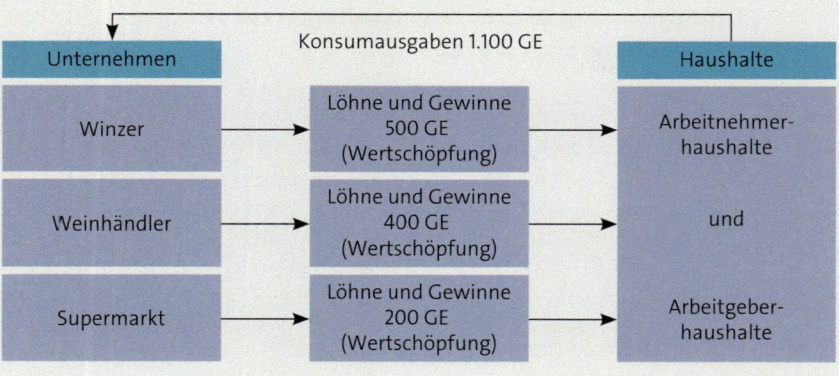

In der realen Volkswirtschaft wird das Bruttoinlandsprodukt über Hunderttausende von Unternehmen berechnet, wobei der im Beispiel dargestellte Grundgedanke erhalten bleibt. Man erhält so das **nominale Bruttoinlandsprodukt**, d. h. einen Wert, der den derzeitigen Preisen entspricht. Abhängig von den derzeitigen Preisen sinkt das nominale Bruttoinlandsprodukt bei sinkenden Marktpreisen (Deflation) und steigt bei steigenden Marktpreisen (Inflation). Damit das tatsächliche wirtschaftliche Wachstum gemessen werden kann, werden die Preise bereinigt. Dazu werden die Preise eines festgelegten Basisjahres zugrunde gelegt (Bruttoinlandsprodukt zu konstanten Preisen). Auf diese Weise erhält man das **reale Bruttoinlandsprodukt**.

$$\text{BIP real} = \frac{\text{BIP}_{nominal} \cdot 100}{\text{Preisindex}}$$

Preisindex: Aussage über Inflation bzw. Deflation

2.1.1 Bestandteile der Volkswirtschaftlichen Gesamtrechnung

Ziel der vom Statistischen Bundesamt durchgeführten Volkswirtschaftlichen Gesamtrechnung (VGR) ist die umfassende Darstellung des wirtschaftlichen Geschehens der Volkswirtschaft für einen abgeschlossenen Zeitraum. Schwerpunkt der VGR ist die Berechnung der Entstehung, der Verteilung und der Verwendung des Bruttoinlandsprodukts.

Die **Entstehungsrechnung** ermittelt die Wertschöpfung in den einzelnen Wirtschaftsbereichen. Die **Wertschöpfung** ist die Summe aller Werte, die durch die Produktion von Waren und Dienstleistungen neu entstanden sind. Die Berechnungsart wurde im vorangegangen Abschnitt am Beispiel des Winzers dargestellt.

Im Rahmen der **Verwendungsrechnung** wird ermittelt, von wem die produzierten Güter verbraucht werden. Der größte Teil wird von den Haushalten und vom Staat konsumiert. Ein kleinerer Teil wird von den Unternehmen in die Erhaltung oder Erweiterung ihrer Produktionsanlagen investiert. Die Investitionen bilden die Grundlage für die zukünftige Produktion. Güter, die vom Ausland konsumiert werden (Exporte), sind Teil des Bruttoinlandsprodukts. Güter, die allerdings vom Ausland importiert werden, sind nicht Teil des Bruttoinlandsprodukts. Die Differenz zwischen Exporten und Importen geht als **Außenbeitrag** in die Verwendungsrechnung ein.

Im Rahmen der **Verteilungsrechnung** wird ermittelt, wie das durch den Prozess der Wertschöpfung erwirtschaftete Geld verteilt wird. Grundlage der Verteilungsrechnung ist aber nicht direkt das Bruttonationaleinkommen, sondern das Volkseinkommen. Das Volkseinkommen errechnet sich wie folgt:

Bruttonationaleinkommen (BNE)
– Abschreibungen

= **Nettonationaleinkommen**
– Produktions- und Importabgaben an den Staat
+ Subventionen vom Staat

= **Volkseinkommen**

Das Volkseinkommen wird an Arbeitnehmer, Unternehmer und Kapitalgeber verteilt. Die Arbeitnehmer erhalten ihren Anteil als Löhne und Gehälter (**Arbeitnehmerentgelte**), die Unternehmer und Kapitalanleger als Gewinne, Zinsen, Mieten, Pachten und Dividenden (**Unternehmens- und Vermögenseinkommen**).

2.1.2 Das Bruttoinlandsprodukt als Wohlstandsindikator?

Die Veränderungsrate des Bruttoinlandsprodukts wird seit fast 100 Jahren genutzt, um das Wachstum der Wirtschaft und den Wohlstand eines Landes zu messen. Das Bruttoinlandsprodukt erfasst aber nur die Leistungen einer Wirtschaft, die auf den Märkten gehandelt werden. Für Hausfrauenarbeit, Kindererziehung und Nachbarschaftshilfe werden keine Entgelte gezahlt. Der Wert dieser Leistungen wird daher im Bruttoinlandsprodukt nicht erfasst. Auch die Benutzung von Straßen und Schulen fließt nicht direkt in die Berechnung ein, da sie vom Staat kostenlos zu Verfügung gestellt werden.

Der gesamte Bereich der Schwarzarbeit wird zwar entlohnt, aber offiziell nicht erfasst. Diese Tätigkeiten sind daher auch nicht Bestandteil des Bruttoinlandsprodukts.

www.destatis.de

Entstehungsrechnung (vereinfachte Darstellung)	
	Wertschöpfung Land- und Forstwirtschaft
+	Wertschöpfung produzierendes Gewerbe
+	Wertschöpfung Dienstleistungsgewerbe
=	BIP

Verwendungsrechnung	
	Privater Konsum
+	Staatsausgaben
+	Investitionen
+/–	Außenbeitrag
=	BIP

	Exporte von Waren und Dienstleistungen
–	Importe von Waren und Dienstleistungen
=	Außenbeitrag

	Verteilung	
Volkseinkommen	Arbeitnehmerentgelte	Bruttonationaleinkommen
	+ Unternehmens- und Vermögenseinkommen	
	– Subventionen von Staat	
	+ Produktions- und Importabgaben	
	+ Abschreibungen	
	+/– Saldo der Einkommen vom/ans Ausland	
	= BIP	

$$\text{Wachstumsrate} = \frac{\text{BIP (Jahr2)} - \text{BIP (Jahr1)}}{\text{BIP (Jahr1)}} \cdot 100$$

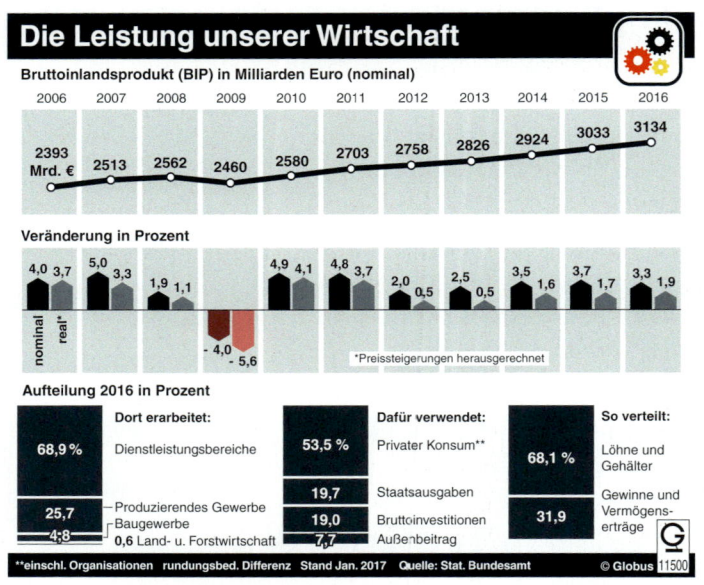

Die Leistung unserer Wirtschaft

Bruttoinlandsprodukt (BIP) in Milliarden Euro (nominal)

2006	2007	2008	2009	2010	2011	2012	2013	2014	2015	2016
2393 Mrd. €	2513	2562	2460	2580	2703	2758	2826	2924	3033	3134

Veränderung in Prozent

	nominal	real*
2006	4,0	3,7
2007	5,0	3,3
2008	1,9	1,1
2009	-4,0	-5,6
2010	4,9	4,1
2011	4,8	3,7
2012	2,0	0,5
2013	2,5	0,5
2014	3,5	1,6
2015	3,7	1,7
2016	3,3	1,9

*Preissteigerungen herausgerechnet

Aufteilung 2016 in Prozent

Dort erarbeitet:	Dafür verwendet:	So verteilt:
68,9 % Dienstleistungsbereiche	53,5 % Privater Konsum**	68,1 % Löhne und Gehälter
25,7 Produzierendes Gewerbe	19,7 Staatsausgaben	
4,8 Baugewerbe	19,0 Bruttoinvestitionen	31,9 Gewinne und Vermögenserträge
0,6 Land- u. Forstwirtschaft	7,7 Außenbeitrag	

**einschl. Organisationen rundungsbed. Differenz Stand Jan. 2017 Quelle: Stat. Bundesamt © Globus 11500

Im Bruttoinlandsprodukt sind außerdem Leistungen enthalten, die zwar am Markt entlohnt werden, aber tatsächlich hinsichtlich des Wachstums und des Wohlstands der Gesellschaft bewertet werden. Werden beispielsweise mit finanziellem Aufwand Umweltschäden beseitigt, so wirkt sich das zwar positiv auf das Bruttoinlandsprodukt aus, der Wohlstand und die Lebensqualität der Gesellschaft wären aber ohne die Umweltverschmutzung besser gewesen. Ähnlich verhält es sich mit einer Massenkarambolage auf der Autobahn. Die Beseitigung der Schäden steigert das Bruttoinlandsprodukt, die Vermeidung einer solchen Katastrophe wäre besser gewesen.

Mit dem Bruttoinlandsprodukt allein kann keine Aussage über den Wohlstand und die Lebensqualität der Menschen getroffen werden. In einer Gesellschaft kann es z. B. ein gesamtwirtschaftliches Wachstum geben, aber zugleich können sich die Lebensbedingungen insgesamt verschlechtern und bestimmte Personengruppen verarmen.

Nach zweijähriger Arbeit legte 2013 eine vom Deutschen Bundestag einberufene Enquete-Kommission mit dem Titel **„Wachstum, Wohlstand, Lebensqualität – Wege zu nachhaltigem Wirtschaften und gesellschaftlichem Fortschritt in der Sozialen Marktwirtschaft"** ihren Abschlussbericht vor. Ziel der Arbeit war es, Indikatoren zu beschreiben, die das Bruttoinlandsprodukt als Maßstab für Wachstum und Wohlstand ergänzen oder sogar ersetzen könnten. Ein Ergebnis der Enquete-Kommission sind die W3-Indikatoren, mit denen folgende Punkte zur Messung des Wohlstandes in Deutschland berücksichtigt werden sollen:

OECD, vgl. **8.6**

Kaufkraft des Geldes, vgl. **2.3**

- materieller Wohlstand (BIP, Einkommensverteilung, Staatsverschuldung)
- Soziales und Teilhabe (Beschäftigung, Bildung, Gesundheit, Freiheit)
- Ökologie (Treibhausgase, Stickstoffbelastung, Artenvielfalt)

Die Organisation für wirtschaftliche Zusammenarbeit und Entwicklung (OECD) hat vorgeschlagen, die Lebensqualität in einer Volkswirtschaft mithilfe von **Sozialindikatoren** messbar zu machen. Folgende Hauptzielbereiche sind dabei zu berücksichtigen:

- wirtschaftliche Situation und Kaufkraft des Geldes
- Gesundheit
- Qualität des Arbeitslebens
- persönliche Sicherheit
- Entwicklung der Persönlichkeit durch Bildung
- Zeiteinteilung und Freizeit
- physische Umwelt
- gesellschaftliche Beteiligungschancen

„Hurra, wieder 2,5 % höher!"
Karikatur von Haitzinger

2.2 Arbeitslosenquote

AB → Lernsituation 74

Menschen nutzen ihre Arbeitskraft für unterschiedliche Zwecke. Sie setzen ihre Kenntnisse, Fähigkeiten und Fertigkeiten z. B. für die Produktion von Gütern ein. Ihre Qualifikation, Motivation, Mobilität und Flexibilität bilden das **Humankapital** einer Gesellschaft. Die Anzahl der erwerbsfähigen Menschen und ihre Produktivität bestimmen das Wachstum und den Wohlstand einer Volkswirtschaft wesentlich.

Das Statistische Bundesamt und die Bundesagentur für Arbeit veröffentlichen regelmäßig Kennziffern zur Beschäftigungssituation in Deutschland. Nachfolgendes Schema zeigt die Einteilung der Wohnbevölkerung in Erwerbspersonen und Nichterwerbspersonen:

Arbeitslosigkeit, vgl. **3.4**

Wohnbevölkerung			
Erwerbspersonen		Nichterwerbspersonen	
Erwerbstätige	Erwerbslose bzw. Arbeitslose	Stille Reserve	Nichterwerbsfähige und Nichterwerbswillige
Erwerbspersonenpotenzial			

Nichterwerbspersonen treten am Arbeitsmarkt nicht als Anbieter ihrer Arbeitskraft auf. Das kann verschiedene Gründe haben:

- Nichterwerbsfähige aus Krankheits- oder Altersgründen (z. B. alle Personen unter 15 und die meisten über 65 Jahre, chronisch Kranke)
- Nichterwerbswillige (z. B. Hausfrauen und -männer, die unentgeltlich im privaten Umfeld tätig sind, Studenten und Schüler)
- Unter die stille Reserve fallen alle Erwerbsfähigen und Erwerbswilligen, die nicht bei der Bundesagentur für Arbeit als arbeitslos registriert sind.

Die monatlich verkündete Arbeitslosenzahl und Arbeitlosenquote werden von der Bundesagentur für Arbeit (BA) ermittelt. Die Berechnung der offiziellen Arbeitslosenzahl richtet sich nach den Vorschriften des Sozialgesetzbuches (SGB). Arbeitslose erfüllen demnach folgende Kriterien:

- Sie sind bei der Bundesagentur für Arbeit als arbeitslos registriert.
- Sie sind arbeitsuchend.
- Sie sind weniger als 15 Stunden in der Woche beschäftigt.

$$\text{Erwerbsquote (in \%)} = \frac{\text{Erwerbspersonen} \cdot 100\ \%}{\text{Wohnbevölkerung}}$$

$$\text{Arbeitslosenquote (in \%)} = \frac{\text{Arbeitslose} \cdot 100\ \%}{\text{Erwerbspersonen}}$$

$$\text{Erwerbslosenquote (in \%)} = \frac{\text{Erwerbslose} \cdot 100\ \%}{\text{Erwerbspersonen}}$$

Die Höhe der Arbeitslosenquote signalisiert, inwieweit das gesamtwirtschaftliche Ziel einer hohen Beschäftigungsquote erreicht ist. Sie ist die wichtigste Kennziffer zur Darstellung der Beschäftigungssituation in Deutschland. Sie erzeugt gegebenenfalls großen Handlungsdruck auf die Akteure der Wirtschaftspolitik.

Akteure der Wirtschaftspolitik, vgl. **1.1**

Das Statistische Bundesamt ermittelt die Anzahl der Erwerbslosen und die Erwerbslosenquote nach dem Labour-Force-Konzept der International Labour Organization (ILO). Das Messkonzept der ILO wird international angewendet und macht es möglich, die Zahlen der Länder miteinander zu vergleichen. Nach dem ILO-Konzept gilt bereits als erwerbslos, wer zwischen 15 und 74 Jahre alt ist, nicht mehr als eine Stunde pro Woche arbeitet und in den letzten vier Wochen aktiv nach Arbeit gesucht hat.

AB → Lernsituation 75

2.3 *Preisindex und Kaufkraft*

Für eine positive wirtschaftliche Entwicklung ist ein **stabiles Preisniveau** nicht unerheblich. Von einem stabilen Preisniveau wird gesprochen, wenn die Kaufkraft des Geldes erhalten bleibt. Die **Kaufkraft des Geldes** zeigt an, welche Gütermenge man mit einer bestimmten Geldmenge erwerben kann. Die Kaufkraft ist entscheidend abhängig von der allgemeinen Preisentwicklung, d. h. der Höhe der **Inflation**.

Inflation

Die Kaufkraft des Geldes sinkt aufgrund steigender Preise, vgl. **7.1**

Die Kaufkraft des Geldes und das Preisniveau stehen in einem umgekehrten Verhältnis.

$$\text{Kaufkraft} = \frac{100}{\text{Preisniveau}}$$

Steigt das Preisniveau, so sinkt die Kaufkraft des Geldes. Sinkt hingegen das Preisniveau, so steigt die Kaufkraft des Geldes.

$$\text{Preisindex der Lebenshaltung} = \frac{\text{Preisindex im Berichtsjahr} \cdot 100}{\text{Preisindex im Basisjahr}}$$

Die Kaufkraft des Geldes wird mit der **Warenkorbmethode** des Statistischen Bundesamtes gemessen. Bei der Berechnung geht man von einem „Warenkorb" aus, der sämtliche Waren und Dienstleistungen enthält, die für einen durchschnittlichen 4-Personen-Haushalt in Deutschland relevant sind. Dazu zählen z.B. Miete, Bekleidung und Lebensmittel, aber auch ein Friseurbesuch und ein Kinobesuch. Um die Veränderung der Preise zu ermitteln, erfassen Preiserheber in 94 Regionen (Städten und Gemeinden) in Deutschland Monat für Monat über 300 000 Einzelpreise der gleichen Produkte in denselben ca. 30 000 Geschäften sowie zentral im Internet und in Versandkatalogen. Nach der Preiserhebung werden die Güter des Warenkorbs in ca. 600 Güterarten eingeteilt.

Zur Ermittlung der gesamten **Preissteigerungsrate** der gekauften Waren und Dienstleistungen eines durchschnittlichen Haushaltes wird die durchschnittliche Preisentwicklung für eine Güterart jeweils mit dem Ausgabenanteil gewichtet. Der **Ausgabenanteil** gibt an, wie viel Prozent des monatlichen Einkommens der Haushalt für diese Güterart ausgibt. Die Gewichtungsinformationen sind im sogenannten **Wägungsschema** enthalten. Das Ergebnis der Berechnungen ist ein gewichteter Mittelwert für die Preisentwicklung in Deutschland, der **Verbraucherpreisindex**.

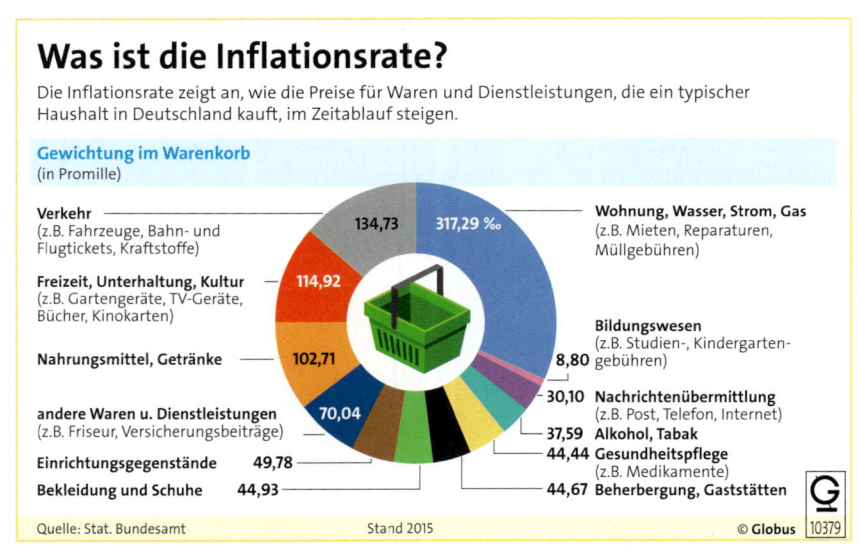

Was ist die Inflationsrate?

Die Inflationsrate zeigt an, wie die Preise für Waren und Dienstleistungen, die ein typischer Haushalt in Deutschland kauft, im Zeitablauf steigen.

Gewichtung im Warenkorb
(in Promille)

Verkehr (z.B. Fahrzeuge, Bahn- und Flugtickets, Kraftstoffe) 134,73

Freizeit, Unterhaltung, Kultur (z.B. Gartengeräte, TV-Geräte, Bücher, Kinokarten) 114,92

Nahrungsmittel, Getränke 102,71

andere Waren u. Dienstleistungen (z.B. Friseur, Versicherungsbeiträge) 70,04

Einrichtungsgegenstände 49,78

Bekleidung und Schuhe 44,93

Wohnung, Wasser, Strom, Gas (z.B. Mieten, Reparaturen, Müllgebühren) 317,29 ‰

Bildungswesen (z.B. Studien-, Kindergartengebühren) 8,80

Nachrichtenübermittlung (z.B. Post, Telefon, Internet) 30,10

Alkohol, Tabak 37,59

Gesundheitspflege (z.B. Medikamente) 44,44

Beherbergung, Gaststätten 44,67

Quelle: Stat. Bundesamt — Stand 2015 — © Globus 10379

Das Wägungsschema für den Verbraucherpreisindex wird alle fünf Jahre aktualisiert. Nur so kann die reine Preisentwicklung innerhalb des Fünfjahreszeitraumes unbeeinflusst von Änderungen der Ausgabengewichte dargestellt werden. Die Preise des Warenkorbs im ersten Jahr bilden das Basisjahr, mit dem die Preise der folgenden Berichtsjahre verglichen werden.

Für die Berechnung des Wägungsschemas erstellt das Statistische Bundesamt außerdem eine **Einkommens- und Verbrauchsstichprobe**. Ca. 60 000 teilnehmende Haushalte zeichnen freiwillig mehrere Monate lang ihre Einnahmen und Ausgaben auf und übermitteln diese Informationen an die statistischen Landesämter. Die genaue Aufteilung der Haushaltsausgaben auf die einzelnen Güterarten wird so erfasst.

Unter www.destatis.de bietet das Statistische Bundesamt einen „persönlichen Inflationsrechner" an.

Für die Europäische Union wurde ein **harmonisierter Verbraucherpreisindex (HVPI)** entwickelt. Er berücksichtigt ausschließlich Güter, die auch in den nationalen Warenkörben aller Mitgliedstaaten enthalten sind.

2.4 Zahlungsbilanz

Die Zahlungsbilanz erfasst alle **wirtschaftlichen Transaktionen** zwischen dem **Inland** und dem **Ausland** innerhalb einer Periode. Als Zahlungseingang wird jeder Zufluss an finanziellen Mitteln, als Zahlungsausgang wird jeder Abfluss an finanziellen Mitteln verbucht. Wenn vom Ziel des außenwirtschaftlichen Gleichgewichts gesprochen wird, so ist die ausgeglichene Zahlungsbilanz gemeint.

Außenhandel, vgl. **8**

Konjunkturpolitik, vgl. **5**

> **Beispiel** Wenn ein deutsches Unternehmen eine Maschine nach Frankreich verkauft, wird dies in der Zahlungsbilanz festgehalten. Das geschieht ebenso, wenn aus Kuwait Öl importiert wird, Touristen in Italien Geld ausgeben, ein Unternehmen in Österreich einen Kredit aufnimmt oder wenn ein Gastarbeiter Geld in seine Heimat überweist.

Um die Vielzahl der unterschiedlichen volkswirtschaftlichen Vorgänge systematisch und übersichtlich zu ordnen, wird die Zahlungsbilanz in **Teilbilanzen** unterteilt. Dies sind die Leistungsbilanz, Vermögensübertragungsbilanz, Kapitalbilanz und Devisenbilanz.

Erfassung aller wirtschaftlichen Transaktionen in der Zahlungsbilanz

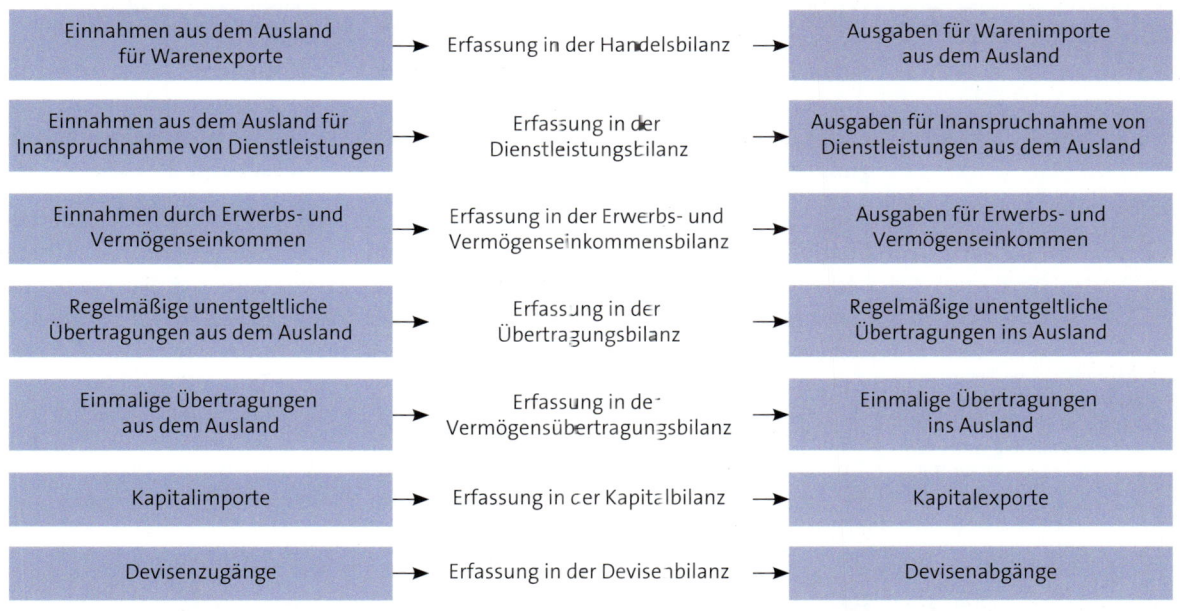

2.4.1 Leistungsbilanz

Die Leistungsbilanz setzt sich zusammen aus der Handelsbilanz, der Dienstleistungsbilanz, der Erwerbs- und Vermögenseinkommensbilanz und der Übertragungsbilanz. Die Differenz zwischen den Einnahmen und Ausgaben für Warengeschäfte, Dienstleistungen und den laufenden Erwerbs- und Vermögenseinkommen nennt man **Außenbeitrag**. Dieser kann positiv, negativ oder gleich null sein.

Traditionell führt die Bundesrepublik schon seit Jahren mehr Güter in fremde Länder aus, als sie aus dem Ausland importiert. Die Güterströme werden zahlenmäßig in der **Handelsbilanz** erfasst, die den Wert aller Importe und Exporte Deutschlands ausweist. Der Austausch von Dienstleistungen zwischen Inländern und Ausländern wird in der **Dienstleistungsbilanz** erfasst. Dazu gehören z. B. die Ausgaben der Deutschen im Reiseverkehr und die Einnahmen der Deutschen aus dem Reiseverkehr. Die Einkommen aus unselbstständiger Arbeit und aus Kapitalerträgen, die aus dem Ausland kommen oder an das Ausland gehen, werden in der **Erwerbs- und Vermögenseinkommensbilanz** dargestellt.

> **Beispiel** Herr Paul wohnt in der Nähe der niederländischen Grenze. Da er keine Arbeit in Deutschland gefunden hat, fährt er jeden Tag in die Niederlande, um zu arbeiten. Jeden Monat bekommt er sein Gehalt von dort auf sein deutsches Konto überwiesen. Es fließt also ein Erwerbseinkommen aus dem Ausland ins Inland.

Weltbank, vgl. **8.6**

In der **Übertragungsbilanz** werden alle Vorgänge ohne wirtschaftliche Gegenleistung festgehalten. Hierzu zählen einseitige Zahlungen an das Ausland und aus dem Ausland (z. B. Entwicklungshilfe, Zahlungen an internationale Einrichtungen, wie z. B. NATO, EU, Weltbank), Wiedergutmachungszahlungen aufgrund von Kriegen sowie Renten und Pensionen und Versicherungszahlungen im und aus dem Ausland, aber auch die Überweisungen ausländischer Arbeitnehmer in die Heimat.

2.4.2 *Vermögensübertragungs-, Kapital- und Devisenbilanz*

Einmalige Vermögensübertragungen, wie z. B. Schenkungen, Erbschaften, der Erlass von Schulden, Vermögensmitnahmen von Auswanderern bzw. Einwanderern oder Zuschüsse der EU für Infrastrukturmaßnamen, werden in der **Vermögensübertragungsbilanz** ausgewiesen.

Kapitalbewegungen zwischen dem Inland und dem Ausland werden in der **Kapitalbilanz** festgehalten. Langfristig sind dies vor allem: Direktinvestitionen, Kauf und Verkauf von Kapitalmarktpapieren, Kauf und Verkauf von Grundstücken sowie Kredite mit einer Laufzeit von über einem Jahr. Kurzfristig sind dies u. a. Bewegungen von **Devisen**, Sorten und Gold, Kauf von Geldmarktpapieren, Anzahlungen und Kredite mit einer Laufzeit von unter einem Jahr.

Devisen
Zahlungsmittel in ausländischer Währung, z. B. Guthaben bei ausländischen Banken und auf ausländische Währung lautende Schecks, vgl. **8.4**

Zentralbank, vgl. **7.2**

Die **Devisenbilanz** ist eine Art Kapitalbilanz der Zentralbank, d. h., hier werden alle ihre Kapitalbewegungen festgehalten. Sie erfasst alle Devisenzu- und -abgänge sowie die Änderungen der Auslandspositionen Deutschlands und die Änderungen der Goldbestände.

2.4.3 *Die wirtschaftliche Bedeutung der Zahlungsbilanz*

doppelte Buchführung, vgl. **TAF 11.3**, **3**

Die Zahlungsbilanz ist nach dem System der doppelten Buchführung aufgebaut und muss stets ausgeglichen sein. Die Teilbilanzen hingegen sind in der Regel immer unausgeglichen. In diesen Fällen wird von einem Zahlungsbilanzdefizit oder einem -überschuss gesprochen. Ungleichgewichte in den Teilbilanzen eines Landes führen automatisch zu Ungleichgewichten in den Teilbilanzen eines anderen Landes.

protektionistische Maßnahmen, vgl. **8.1**

> **Beispiel** Ein deutscher Exportüberschuss führt automatisch zu Importüberschüssen im Ausland. Im Ausland werden dadurch Forderungen nach protektionistischen Maßnahmen laut, die wiederum Rückwirkungen auf deutsche Exporteure haben können.

3 Sozial- und Verteilungspolitik

Im Grundgesetz (GG) ist verankert, dass Deutschland ein Sozialstaat ist. Der Sozialstaat soll eine soziale Grundsicherung ermöglichen und verhindern, dass einzelne Bürger in Armut leben. Die staatliche Sozialpolitik erfüllt vorrangig zwei Funktionen: eine Schutzfunktion und eine Verteilungsfunktion. Mit der **Schutzfunktion** soll die soziale Sicherheit aller Bürger gewährleistet werden. Hierzu gehört auch, dass der Staat die Menschen, die nicht in der Lage sind, ihre Existenz durch Erwerbstätigkeit zu sichern, wirtschaftlich und sozial unterstützt. Der Staat sichert durch entsprechende Sozialgesetze die Bürger gegen Risiken wie z. B. Krankheit, Arbeitslosigkeit, Invalidität, Alter und Unfall ab. Mit der **Verteilungsfunktion** übernimmt der Staat Umverteilungsaufgaben, die den Sozialcharakter der sozialen Marktwirtschaft stärken. Bürgern mit hohem Einkommen oder großem Vermögen werden durch Steuern und Beiträge finanzielle Mittel entzogen. Diese Mittel kommen dann als Transferleistungen solchen Personen zugute, die als bedürftig gelten.

Art. 20 Abs. 1 GG: „Die Bundesrepublik Deutschland ist ein demokratischer und sozialer Bundesstaat."

Erwerbstätigkeit, vgl. **2.2**

Gesetzliche Sozialversicherungen, vgl. **3.2**

soziale Marktwirtschaft, vgl. **TAF 11.4**, **7.3**

Transferleistungen, vgl. **3.3**

3.1 Die Einkommens- und Vermögensverteilung

Entscheidend für die Funktionsfähigkeit einer Volkswirtschaft ist auch die Frage, wie das Volkseinkommen auf einzelne Bürger oder Bevölkerungsgruppen verteilt wird. Werden einzelne Gruppen zu stark benachteiligt, ist der Staat genötigt, durch **Umverteilungsmaßnahmen** eine gerechtere Verteilung herbeizuführen. Eine gerechte Einkommens- und Vermögensverteilung ist daher ein wichtiges Ziel der deutschen Wirtschaftspolitik. Ausgangspunkt für die Betrachtung der Einkommens- und Vermögensverteilung ist das Bruttonationaleinkommen, aus dem sich das Volkseinkommen berechnet. Die Verteilung des Volkseinkommens kann unter verschiedenen Gesichtspunkten untersucht werden.

AB → Lernsituation 76

Volkseinkommen, vgl. **2.1.1**

Ziele der Wirtschaftspolitik, vgl. **1**

Bruttonationaleinkommen, Volkseinkommen, vgl. **2.1.1**

3.1.1 Funktionelle und personelle Einkommensverteilung

Die Wirtschaftssubjekte stellen einer Volkswirtschaft die Produktionsfaktoren, Arbeit, Kapital und Boden zur Erstellung von Gütern zur Verfügung. Dafür erhalten sie als vertragliche Gegenleistung ein Einkommen.

Produktionsfaktoren, vgl. **TAF 11.4**, **2.2**

Funktionelle Einkommensverteilung ist die Verteilung der Einkommen in Lohn- und Gewinneinkommen: Dabei ist das Lohneinkommen das Einkommen aus unselbstständiger Arbeit. Als Gewinneinkommen wird das Einkommen aus Unternehmertätigkeit und Vermögen (Gewinne, Pacht, Zinsen, Miete) bezeichnet. Der Anteil des Einkommens aus unselbstständiger Arbeit am Volkseinkommen bildet die **Lohnquote.** Einkommen aus Unternehmertätigkeit und Vermögen bildet die **Gewinnquote.**

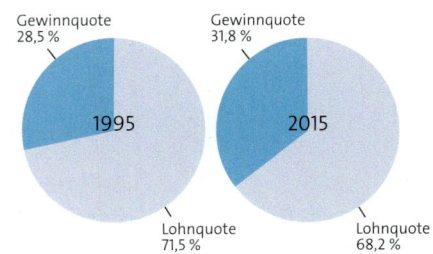

Gewinnquote 28,5 % — 1995 — Lohnquote 71,5 %

Gewinnquote 31,8 % — 2015 — Lohnquote 68,2 %

Diese Verteilung des Volkseinkommens nennt man auch **primäre Verteilung**. Die Primärverteilung wird vom Staat auf zweierlei Weise korrigiert:
- Korrektur durch Erhebung von Einkommensteuern
- Korrektur durch Zahlung von Transfereinkommen, wie z. B. Kindergeld, Wohngeld, Sozialhilfe und Arbeitslosengeld II (Hartz IV)

Transfereinkommen, vgl. **3.3**

Arbeitslosengeld II, vgl. **3.4**

Beide Maßnahmen staatlicher Umverteilung ergänzen sich. Das Ergebnis dieser Korrektur durch den Staat wird **sekundäre Einkommensverteilung** genannt.

507

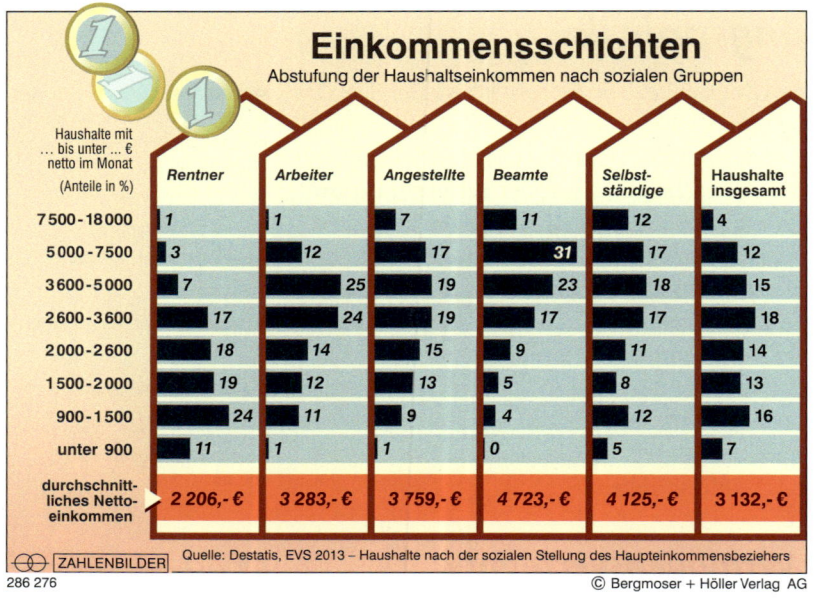

Einkommensschichten
Abstufung der Haushaltseinkommen nach sozialen Gruppen

Haushalte mit ... bis unter ... € netto im Monat (Anteile in %)	Rentner	Arbeiter	Angestellte	Beamte	Selbst-ständige	Haushalte insgesamt
7 500 – 18 000	1	1	7	11	12	4
5 000 – 7 500	3	12	17	31	17	12
3 600 – 5 000	7	25	19	23	18	15
2 600 – 3 600	17	24	19	17	17	18
2 000 – 2 600	18	14	15	9	11	14
1 500 – 2 000	19	12	13	5	8	13
900 – 1 500	24	11	9	4	12	16
unter 900	11	1	1	0	5	7
durchschnittliches Netto-einkommen	2 206,- €	3 283,- €	3 759,- €	4 723,- €	4 125,- €	3 132,- €

ZAHLENBILDER

Quelle: Destatis, EVS 2013 – Haushalte nach der sozialen Stellung des Haupteinkommensbeziehers

286 276

© Bergmoser + Höller Verlag AG

Die funktionelle Einkommensverteilung wird häufig als Indiz für eine gerechte Einkommensverteilung gewertet. Das ist jedoch umstritten. Denn an der funktionellen Einkommensverteilung lässt sich nicht ablesen, ob sich die Verteilungssituation zu Lasten der Arbeitnehmer verschlechtert und zugunsten der Unternehmen verbessert hat. Besser geeignet ist die personelle Einkommensverteilung.

Die **personelle Einkommensverteilung** zeigt, wie sich das Volkseinkommen auf die Personengruppen verteilt. Um die personelle Verteilung des Einkommens darzustellen und zu untersuchen, werden Einkommensklassen oder Haushaltsgruppen gebildet. Haushaltsgruppen sind beispielsweise die Gruppe der Selbstständigen, der Angestellten, der Beamten, der Rentner, der Arbeiter oder der Nichterwerbstätigen/Arbeitslosen. Darüber hinaus können mit der personellen Einkommensverteilung auch unterschiedliche Einkommens- und Entlohnungsverhältnisse zwischen Männern und Frauen untersucht werden.

3.1.2 *Gerechte Einkommensverteilung*

Ein solcher Maßstab wird nur akzeptiert, wenn er von allen weitgehend als gerecht empfunden wird.

Da in jeder Volkswirtschaft Verteilungskämpfe entstehen, muss die Gesellschaft einen Maßstab finden, nach dem das Volkseinkommen verteilt wird. Dabei orientiert sich die Gesellschaft in der Regel an drei Prinzipien.

Nach dem **Leistungsprinzip** soll die Einkommensverteilung von den erbrachten Leistungen abhängen. Eine ausschließlich leistungsorientierte Einkommensverteilung wird allgemein als ungerecht empfunden. Wer nicht am Leistungsprozess teilnehmen kann, z. B. Alte, Kranke und Arbeitslose, würde kein Einkommen erhalten.

*Bedürfnisse, vgl. **TAF 11.4, 2.1***

Nach dem **Bedürfnisprinzip** soll jeder ein Einkommen gemäß seiner Bedürfnisse erhalten. Aufgrund der begrenzten Mittel muss der Staat allerdings festlegen, welche Bedürfnisse befriedigt werden können. Die soziale Sicherung in Deutschland orientiert sich vorrangig am Bedürfnisprinzip und ergänzt damit das Leistungsprinzip.

Für die Sozialpolitik besteht das Problem darin, zwischen Leistungsprinzip und Bedürfnisprinzip die richtige Balance zu finden. Andernfalls besteht die Gefahr, dass die Umverteilung zugunsten der Bedürftigen ab einer bestimmten Höhe die Leistungsbereitschaft der Leistungsträger senkt.

Das **Gleichheitsprinzip** wird heute in seiner reinen Form nicht mehr vertreten. Zwar sind alle Menschen von Natur aus gleich, allerdings wäre es problematisch, wenn bei der Verteilung auf die unterschiedlichen Leistungen und Bedürfnisse keine Rücksicht genommen würde. Dennoch bleibt die Gleichverteilung ein theoretisch wichtiger Referenzpunkt: Je weiter die Einkommensverteilung von der Gleichverteilung abweicht, desto ungerechter erweist sich das Wirtschaftssystem für die Bürger.

3.2 Soziale Sicherung

Wenn Menschen wegen Krankheit, Pflegebedürftigkeit, Alter und Arbeitslosigkeit nicht berufstätig sein können, müssen sie vom Staat unterstützt werden (Schutzfunktion). Die **gesetzliche Sozialversicherung** soll die Folgen dieser Lebensrisiken abmildern.

Gesetzliche Sozialversicherungen, vgl. TAF 12.3, 2

Geringfügige Risiken des Lebens kann der Betroffene oft selbst tragen, etwa den Verlust der Geldbörse oder eine Schramme am eigenen Auto. Viele Menschen bilden gerade für solche Fälle Ersparnisse, um gegebenenfalls nicht in finanzielle Schwierigkeiten zu geraten. Heute kann man sich aber auch gegen fast alle Lebensrisiken **privat versichern**, z. B. mit einer Berufsunfähigkeits-, Lebens-, Haftpflicht- und Hausratversicherung. Gegen Zahlung einer Versicherungsprämie verpflichtet sich die Versicherungsgesellschaft, einen möglichen Schaden zu tragen. Niemand kann es sich leisten, sich gegen alle nur denkbaren Risiken zu versichern. Eine Versicherung ist vor allem dann sinnvoll, wenn der mögliche Schaden sehr hoch, aber die Eintrittswahrscheinlichkeit relativ niedrig ist, wie z. B. bei der Berufsunfähigkeitsversicherung.

Individualversicherung	Sozialversicherung
Freiwillige Selbstvorsorge	Staatlicher Versicherungszwang
Privatrechtlicher Vertrag	Öffentlich-rechtliche Pflichtversicherung
Versicherbare Risiken: nahezu alle Lebensrisiken, z. B. Sachschäden, Unfall, Berufsunfähigkeit	Versicherte Risiken: Krankheit, Pflegebedürftigkeit, Arbeitslosigkeit, Tod (Hinterbliebene), verminderte Erwerbsfähigkeit, Arbeitsunfall
Prämie nach Risiko, i. d. R. allein vom Versicherungsnehmer getragen	Beitrag nach Einkommen, getragen von Arbeitnehmer und Arbeitgeber; staatliche Zuschüsse
Vertraglich vereinbarte Versicherungsleistungen	Gesetzlich festgelegte Versicherungsleistungen
Gleichgewicht von Leistung und Gegenleistung (Äquivalenzprinzip)	Sozialer Ausgleich zwischen den Versicherten (Solidarprinzip)

3.3 Staatliche Transferleistungen

Zu den Transferleistungen zählen z. B. das Kindergeld, Sozialhilfe, Wohngeld und Arbeitslosengeld II (Hartz IV). Diese Leistungen unterscheiden sich in zwei wesentlichen Punkten von der gesetzlichen Sozialversicherung:

Transferleistungen haben einen direkten Einkommenseffekt.

- Der Staat gewährt Transferleistungen ohne besondere Gegenleistung. Der Empfänger muss also vorher keine Beiträge entrichtet haben.
- Die Finanzierung erfolgt aus dem Steuertopf. Die Finanzierungsbasis ist damit wesentlich breiter als bei der gesetzlichen Sozialversicherung.

Zu den Transferleistungen zählen nicht nur Geldleistungen, sondern auch Sachleistungen, z. B. ein kostenloser Platz im Kindergarten. Im Hinblick auf Geldleistungen unterscheidet man die Geldauszahlungen von den Steuerermäßigungen. Hier zahlt der Staat die Leistung nicht offen aus, sondern verlangt stattdessen weniger Steuern, z. B. über Kinderfreibeträge. Das Ergebnis aller Transferleistungen ist aber dasselbe: Das Einkommen der Empfänger erhöht sich.

Ein Kinderfreibetrag mindert die Steuerbemessungsgrundlage.

AB → Lernsituation 77

3.4 Arbeitslosigkeit – Gefahr für den Sozialstaat

Nach dem **Subsidiaritätsprinzip** sollte der Einzelne die ökonomische Hilfe anderer erst in Anspruch nehmen, wenn er sich selbst nicht mehr helfen kann. Für die meisten Menschen ist die Erwerbstätigkeit die wichtigste Möglichkeit, ohne fremde Hilfe den Lebensunterhalt zu sichern.

3.4.1 Ursachen und Folgen der Arbeitslosigkeit

Es gibt verschiedene Ursachen für Arbeitslosigkeit. Um zielgerichtet Maßnahmen zur Bekämpfung einzusetzen, unterscheidet man üblicherweise folgende Arten der Arbeitslosigkeit. Die **friktionelle Arbeitslosigkeit** entsteht, wenn Arbeitnehmer auf der Suche nach einem neuen Arbeitsplatz sind oder Unternehmen für einen unbesetzten Arbeitsplatz einen neuen Mitarbeiter suchen. Diese „Sucharbeitslosigkeit" trifft den Einzelnen nur vorübergehend.

Unter **saisonaler Arbeitslosigkeit** versteht man die Abhängigkeit bestimmter Arbeitsplätze von den Jahreszeiten, z. B. im Baugewerbe und im Tourismus.

Konjunkturelle Arbeitslosigkeit entsteht, wenn die gesamtwirtschaftliche Nachfrage nach Waren und Dienstleistungen sinkt. Dann werden Arbeitskräfte „freigesetzt", die aber bei steigender Nachfrage wieder eingestellt werden können.

Bei der **strukturellen Arbeitslosigkeit** sind Angebot und Nachfrage nach Arbeit nur schwer in Übereinstimmung zu bringen, da sich die Wirtschaftsstruktur verändert. Einflussfaktoren sind z. B. die Bevölkerungsentwicklung, politische und weltwirtschaftliche Einflüsse, die Erfindung neuer Produkte und Produktionsmethoden oder Veränderungen bei der Güternachfrage. Insbesondere die permanente Weiterentwicklung der Informations- und Kommunikationstechnologien verändert die Arbeitswelt schnell und nachhaltig. Räumliche Entfernungen spielen kaum noch eine Rolle. Durch den Einsatz der neuen Technologien verschwinden einige Berufsbilder, zugleich entstehen aber auch neue. Ein besonderes Problem der strukturellen Arbeitslosigkeit stellt die **regionale Arbeitslosigkeit** dar. Es gibt Regionen in Deutschland, z. B. Mecklenburg-Vorpommern, Sachsen-Anhalt und das Ruhrgebiet, die besonders vom Strukturwandel und damit von Arbeitslosigkeit betroffen sind.

Die Folgen der Arbeitslosigkeit sind sowohl für den Einzelnen als auch für die Gesellschaft vielfältig.

Folgen von Arbeitslosigkeit

	Finanzielle Belastungen	Soziale Belastungen
Folgen für den Einzelnen	– Einkommenseinbußen – Schulden entstehen – Lebensstandard sinkt – Humankapital wird vernichtet	– Soziale Kontakte fehlen – Gefühl, überflüssig zu sein – Spannungen in der Familie – Selbstachtung sinkt
Folgen für die Gesellschaft	– Mindereinnahmen bei den Sozialversicherungsbeiträgen und Steuern – Mehrausgaben für Versicherungsleistungen und Transfers	– Kluft zwischen Arm und Reich wächst – Soziale Spannungen entstehen – Gefahr der politischen Radikalisierung

3.4.2 Arbeitsmarkt- und Beschäftigungspolitik

Eine Kernaufgabe der Wirtschaftspolitik ist es, Arbeitslosigkeit zu verhindern bzw. zu verringern. Ziel ist ein hohes Beschäftigungsniveau. Zentraler Träger der Arbeitsmarkt- und Beschäftigungspolitik ist die **Bundesagentur für Arbeit**. Auf der örtlichen Ebene sind die **Agenturen für Arbeit** zuständig.

Wesentliche Aufgaben sind:
- Vermittlung in Ausbildungs- und Arbeitsstellen,
- Berufsberatung,
- Arbeitgeberberatung,
- Förderung der Berufsausbildung,
- Förderung der beruflichen Weiterbildung,
- Förderung der beruflichen Eingliederung von Menschen mit Behinderung,
- Leistungen zur Erhaltung und Schaffung von Arbeitsplätzen und
- Entgeltersatzleistungen, wie zum Beispiel Arbeitslosengeld oder Insolvenzgeld.

Die **passive Arbeitsmarkt- und Beschäftigungspolitik** sorgt dafür, dass die soziale Grundsicherung für die Arbeitslosen und deren Haushaltsmitglieder gewährleistet ist. Passive Arbeitsmarktpolitik umfasst die Zahlung von Entgeltersatzleistungen, um die finanziellen Folgen der Arbeitslosigkeit abzumildern.

Arbeitslosenversicherung, vgl. **TAF 12.3, 2.4**

Transferleistung, vgl. **3.3**

Zu den zentralen Entgeltersatzleistungen zählen das **Arbeitslosengeld (ALG) I und II**. Das ALG I ist eine Leistung der Arbeitslosenversicherung. Wird ein Arbeitnehmer arbeitslos, so hat er unter bestimmten Voraussetzungen für 1 oder 2 Jahre Anspruch auf Zahlung von Arbeitslosengeld. Die Höhe des ALG richtet sich unter anderem nach der Höhe des letztes Bruttoentgeltes. Das ALG II (auch Hartz IV genannt) ist eine unbefristete Transferzahlung des Staates. Sie dient zur Grundsicherung aller Arbeitsuchenden und auch Arbeitenden, soweit diese ihren Lebensunterhalt nicht oder nicht vollständig aus Einkommen, Vermögen oder anderen Einnahmen bestreiten können.

weitere Entgeltersatzleistungen:
- Kurzarbeitergeld
- Insolvenzgeld
- Wintergeld

Im Rahmen ihrer **aktiven Arbeitsmarkt- und Beschäftigungspolitik** will die Bundesagentur für Arbeit vorrangig die **Wiedereingliederung** von Arbeitslosen in den Arbeitsprozess ermöglichen. Leistungen der Bundesagentur für Arbeit sind an die Auflage gebunden, dass Leistungsempfänger aktiv an ihrer Wiedereingliederung mitwirken. In vielen Fällen liegt die Höhe der Leistungen der aktiven Arbeitsförderung im Ermessen der Sachbearbeiter. Sämtliche Bestrebungen sind grundsätzlich darauf ausgerichtet, arbeitslosen Erwerbsfähigen den Weg in den regulären Arbeitsmarkt (in den sogenannten **ersten Arbeitsmarkt**) zu ebnen.

Zweiter Arbeitsmarkt, z. B. Arbeitsbeschaffungsmaßnahmen und Ein-Euro-Jobs

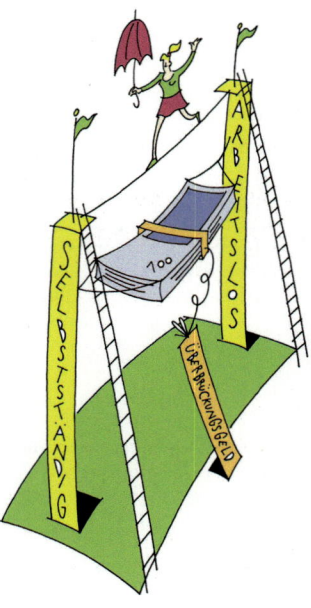

Die Vermittlung in den **zweiten Arbeitsmarkt** soll nach Möglichkeit auf besondere Fälle beschränkt bleiben. Der zweite Arbeitsmarkt umfasst alle staatlich subventionierten Arbeitsverhältnisse. Ziel des zweiten Arbeitsmarktes ist es, dass die dort beschäftigten Arbeitnehmer in den regulären (ersten) Arbeitsmarkt integriert werden. Er wird durch den Staat im Rahmen seiner aktiven Beschäftigungspolitik gesteuert. Zum zweiten Arbeitsmarkt zählen sowohl die **Arbeitsbeschaffungsmaßnahmen (ABM)** als auch die **Ein-Euro-Jobs**. Wiedereingliederung in Form von **selbstständiger Tätigkeit** ist aus Sicht der Bundesagentur für Arbeit eine Alternative zur Arbeitnehmertätigkeit. Selbstständigkeit macht unabhängig von Arbeits- und Transfereinkommen, ist aber nicht selten mit Anlaufschwierigkeiten und dem Risiko des Scheiterns verbunden.

AB → Lernsituation 78

4 Umweltpolitik

Ziele der Wirtschaftspolitik, vgl. **1**

Ordnungspolitik, vgl. **1.2**

Umweltbundesamt: www.umweltbundesamt.de

Bundesministerium für Umwelt, Naturschutz und Reaktor-sicherheit: www.bmu.de

Ein bedeutendes Handlungsfeld der Ordnungspolitik ist die Umweltpolitik. In Art. 20 a des Grundgesetzes ist der Umweltschutz seit 1994 als **Staatsziel** verankert. Die Erhaltung der natürlichen Lebensgrundlagen ist nicht nur Aufgabe der Umwelt-politik, sondern eine Querschnittsaufgabe aller staatlichen Politikbereiche. Die Rea-lisierung einer erfolgreichen Umweltpolitik erfordert

- einen strikten ordnungsrechtlichen Rahmen mit Umweltgeboten und -verboten,
- die Durchsetzung der Umweltauflagen mit einem entsprechenden Kontrollsystem,
- Maßnahmen einer marktwirtschaftlichen Umweltpolitik, die das Eigeninteresse aller Menschen für den Umweltschutz mobilisiert.

Das **Bundesumweltamt (UBA)** mit Sitz in Dessau ist die zentrale Fachbehörde des Bundes auf dem Gebiet des Umweltschutzes. Das Bundesumweltamt ist eine nachge-ordnete Behörde des Bundesministeriums für Umwelt, Naturschutz und Reaktor-sicherheit (BMU). Zu den Hauptaufgaben des UBA gehören:

- die wissenschaftliche Unterstützung des BMU auf den Gebieten Luftreinigung, Lärmbekämpfung, Abfallwirtschaft, Wasserwirtschaft und Bodenschutz,
- die Entwicklung von Hilfen für die Umweltplanung und die ökologische Begut-achtung umweltrelevanter Maßnahmen sowie die Aufklärung der Öffentlichkeit in Umweltfragen.

4.1 Ziele und Prinzipien staatlicher Umweltpolitik

Nachhaltiges Wirtschaften, vgl. **TAF 11.4**, **6**

Umweltpolitik ist die Gesamtheit der Maßnahmen, die erforderlich ist, um ein men-schenwürdiges Dasein zu sichern, um Boden, Luft, Wasser, Pflanzen und Tierwelt vor schädlichen menschlichen Tätigkeiten zu schützen und um Schäden und negative Folgen menschlicher Eingriffe in die Umwelt zu beseitigen.

Probleme des Verursacherprin-zips: Verursacher ist möglicher-weise unbekannt, Schäden sind nicht monetär messbar

Nach dem **Verursacherprinzip** soll derjenige, der Umweltschäden verursacht, auch mit den Kosten belastet werden. Dieses Prinzip soll verhindern, dass die Kosten für die Beseitigung von Umweltschäden auf die Allgemeinheit abgewälzt werden.

Problem des Vorsorgeprinzips: schwer durchsetzbar, Nutzen hat erst die nächste Generation

Das **Vorsorgeprinzip** soll sicherstellen, dass Umweltschäden erst gar nicht entstehen oder so weit wie möglich reduziert werden. Die Erfahrung hat gezeigt, dass die Kosten für die Beseitigung von Umweltschäden größer sind als die Kosten für die Vermei-dung von Umweltschäden.

Problem des Kooperations-prinzips: geeignete Strukturen müssen noch geschaffen wer-den, Kontrolle

Das **Kooperationsprinzip** soll sicherstellen, dass die staatlichen und gesellschaftli-chen Kräfte an der Verwirklichung der Umweltziele mitwirken. Dabei ist es das Ziel der Regierung, im Rahmen der rechtlichen Möglichkeiten die Unternehmen, Gewerk-schaften, Bürger, Umweltverbände und andere Institutionen mitverantwortlich an den Entscheidungen zu beteiligen. Das gilt nicht zuletzt für die internationale Ko-operation im Bereich des Umweltschutzes.

Problem des Gemeinlastprin-zips: kein Anreiz für Verursacher zur Reduzierung der Belastung

In einigen Fällen ersetzt oder ergänzt das **Gemeinlastprinzip** das Verursacherprin-zip. Nach diesem Prinzip wird der Staat mit öffentlichen Mitteln tätig, um Umwelt-schäden zu beseitigen oder zu vermindern.

4.2 Instrumente der Umweltpolitik

Negative **externe Effekte** entstehen, wenn die Handlung einer Person oder eines Unternehmens negative Auswirkungen auf eine andere Person hat. Externe Effekte treten insbesondere im **Umweltbereich** auf. Wird beispielsweise die Luft durch die Emissionen eines Industrieunternehmens verschmutzt, so sinkt die Lebensqualität der Anwohner oder ihre Gesundheit wird sogar beeinträchtigt. Nicht nur Unternehmen, sondern auch private Haushalte verursachen externe Effekte, z. B. durch die Luftverschmutzung beim Autofahren.

Die Kosten für die Beseitigung der externen Effekte entstehen nicht bei den verursachenden Unternehmen, sondern an unterschiedlichen Stellen der Gesellschaft, wenn beispielsweise die Behandlungen von Erkrankungen oder die Beseitigung von Umweltschäden bezahlt werden müssen. Da die Kosten nicht bei den Unternehmen entstehen, werden sie bei der Kalkulation nicht berücksichtigt und sind nicht in den Verkaufspreisen der Produkte enthalten.

Das hat volkswirtschaftliche Auswirkungen. Der Marktpreis ist zu niedrig oder anders ausgedrückt: Der Marktmechanismus versagt. Um dieses Marktversagen zu beheben, sind Eingriffe des Staates in Form verschiedener **Instrumente der Umweltpolitik** notwendig.

Planungsrechtliche Instrumente spielen vor allem bei Planungen für öffentliche Maßnahmen des Bundes, der Länder und der Kommunen eine Rolle. Das gilt z. B. für die Verkehrsplanung und die Erstellung von Flächennutzungsplänen. Ein wichtiges Instrument, das in der Planungsphase von Projekten eingesetzt wird, ist die Umweltverträglichkeitsprüfung (UVP).

Im Rahmen des Ordnungsrechts wendet der Staat das Vorsorgeprinzip an und erlässt **Gebote und Verbote**. Verbote können Umweltschäden völlig unterbinden (z. B. Produktionsstilllegungen). Gebote lassen weiterhin ein begrenztes Maß an Umweltbelastungen (z. B. Grenzwerte für Schadstoffabgaben) zu. Ge- und Verbote sind bisher in jedem Staat Hauptansatz und Ausgangspunkt der Umweltpolitik. Sie haben häufig den Vorteil schnellerer Wirksamkeit und einfacher Kontrolle. Einer der Hauptnachteile ist, dass Ge- und Verbote für alle gleich gelten. Es wird nicht berücksichtigt, dass die individuellen Kosten bei der Vermeidung von Umweltverschmutzungen unterschiedlich hoch sein können. So kann die Umwelt weiterhin prinzipiell zum Nulltarif genutzt werden.

Beim Einsatz **marktwirtschaftlicher Instrumente** wird angestrebt, dass die Verursacher von Umweltschäden die ökologischen Kosten in ihre Preiskalkulation miteinbeziehen (**Internalisierung externer Effekte**).

Das kann zum einen in Form einer **Steuer** realisiert werden. Jeder Verursacher eines externen Effektes kann entscheiden, ob die zahlenden Steuer oder die Vermeidungskosten günstiger sind. Außerdem werden ökonomische Anreize ausgelöst. Die Unternehmen sind bestrebt, Innovationen zu entwickeln, um die Kosten des Umweltschutzes zu senken.

Die Ausgabe von **Emissionslizenzen** sorgt dafür, dass die Preisbildung für bestimmte Umweltnutzungen nicht dem Staat überlassen, sondern dem Markt übertragen wird. Im Hinblick auf gewünschte Umweltqualitätsziele legt der Staat für bestimmte Schadstoffe Grenzwerte fest. Eine danach zu bestimmende Menge von gestückelten Emissionslizenzen wird vom Staat zur Verfügung gestellt. Ein Unternehmen, das an

Gesetz über die Umweltverträglichkeitsprüfung § 1 Zweck dieses Gesetzes ist es sicherzustellen, dass bei bestimmten öffentlichen und privaten Vorhaben (...) die Auswirkungen auf die Umwelt und die Ergebnisse der durchgeführten Umweltprüfungen so früh wie möglich berücksichtigt werden.

Der englische Ökonom Arthur Cecil Pigou (1877–1959) hatte 1912 die Idee einer solchen Steuer zur Verminderung der Umweltverschmutzung. (Pigou-Steuer)

Der Staat kann den Bestand an Lizenzen (z. B. durch Rückkauf) auch verknappen und so mehr Anreize für umweltschützende Innovationen schaffen.

Verschmutzungsrechten interessiert ist, muss Emissionslizenzen kaufen. Der Preis ergibt sich am Markt durch Angebot und Nachfrage. Emissionslizenzen vereinigen die Vorteile von Auflagen und Umweltabgaben, ohne die Nachteile dieser Instrumente zu übernehmen.

4.3 Nichtstaatliche Akteure der Umweltpolitik

Meilensteine einer globalen Umweltpolitik sind:
– 1972: Konferenz der Vereinten Nationen über die Umwelt des Menschen
– 1983: Weltkommission für Umwelt und Entwicklung
– 1992: Konferenz der Vereinten Nationen über Umwelt und Entwicklung (in Rio de Janeiro)
– 2002: Weltgipfel für nachhaltige Entwicklung

Im Rahmen der Umweltpolitik spielen nichtstaatliche Akteure eine wesentliche Rolle. Sie stellen Defizite im Umweltschutz fest und bringen umweltpolitische Themen immer wieder auf die Tagesordnung. Sie erarbeiten unkonventionelle und innovative Vorschläge. Sie sind ein unverzichtbarer Teil des umweltpolitischen Gesamtgeschehens. Da 80 % der Umweltpolitik in Europa von der EU bestimmt werden, haben viele Umweltverbände sich in Brüssel niedergelassen. Hier versuchen sie, in die verschiedenen Phasen der Umweltgesetzgebung einzugreifen. Ohne ihre Mitwirkung würden viele Gesetzesvorhaben völlig anders aussehen.

Interessensgruppen, vgl. **1.1**

Beispiel Zu den aktiven Umweltverbänden in Brüssel zählen Greenpeace, Europäisches Umweltbüro, BirdLife International, Friends of the Earth Europe, Climate Action Network Europe, European Federation for Transport and Environment, International Friends of Nature, WWF European Policy Office, EPHA Environmental Network.

Neben den Umweltverbänden sind wissenschaftliche Beratungsgremien von besonderer Bedeutung. Das sind auf deutscher Bundesebene vor allem der Rat von Sachverständigen für Umweltfragen (SRU) und der Wissenschaftliche Beirat der Bundesregierung Globale Umweltveränderungen (WBGU). Die unabhängigen Sachverständigen bewerten fortlaufend die Umweltpolitik und geben Empfehlungen für die zukünftige Ausrichtung der Umweltpolitik.

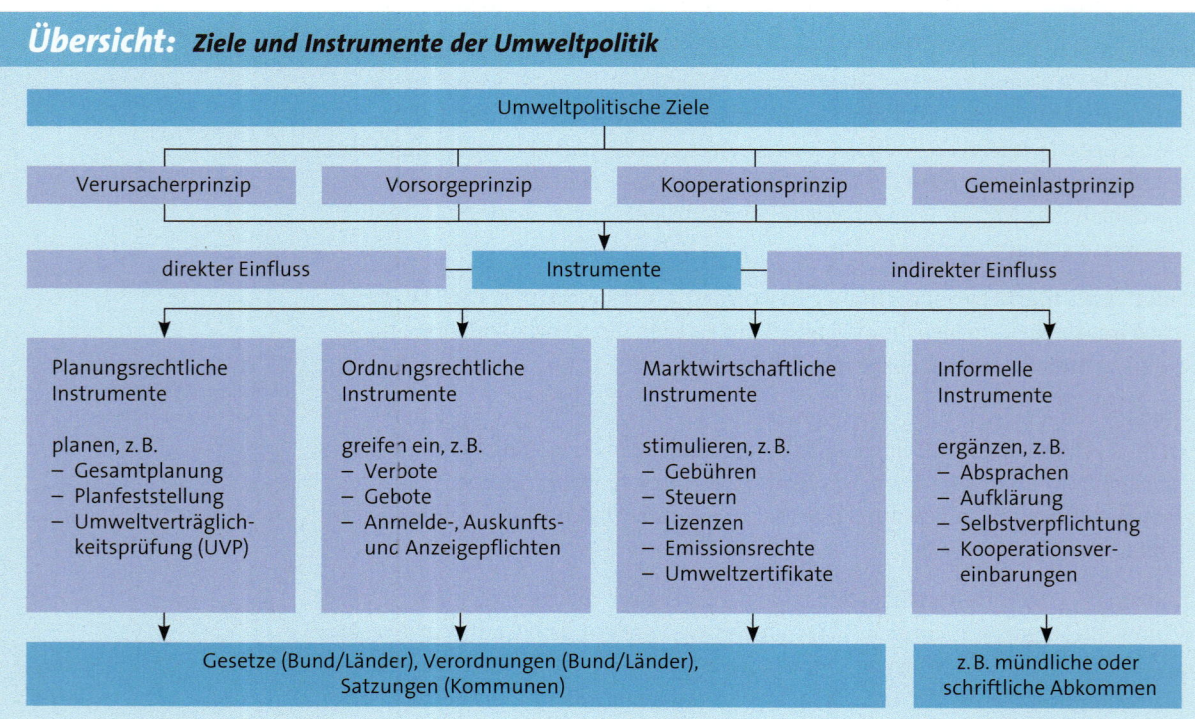

Übersicht: *Ziele und Instrumente der Umweltpolitik*

5 Wachstums- und Konjunkturschwankungen

AB → **Lernsituation 79**

5.1 Der Konjunkturzyklus

Das mehr oder weniger regelmäßige Auf und Ab der wirtschaftlichen Entwicklung wird als Konjunkturzyklus bezeichnet. Dieser setzt sich aus vier Phasen zusammen.

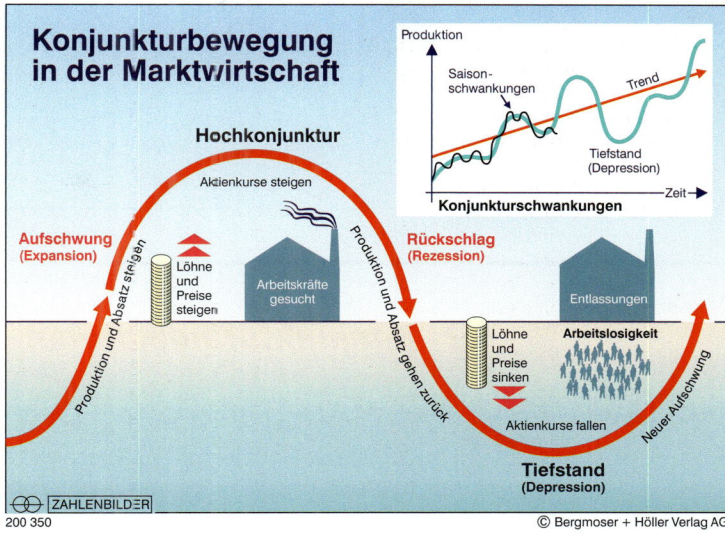

© Bergmoser + Höller Verlag AG

1. Im Aufschwung (Expansion) verbessert sich die Kapazitätsauslastung der Unternehmen. Die Wirtschaftssubjekte fassen Vertrauen in die Zukunft und erhöhen ihren Konsum. Private Investitionen, Lohnsumme und Volkseinkommen steigen.

2. Sind die Produktionsfaktoren voll ausgelastet, befindet sich die Wirtschaft in der Hochkonjunktur (Boom). Da die Nachfrage die Produktionsmöglichkeiten übersteigt, kommt es zu Lieferengpässen. Die Unternehmen versuchen, durch Investitionen ihre Kapazitäten zu erhöhen. Aufgrund der hohen Arbeitsnachfrage können die Gewerkschaften hohe Lohnsteigerungen aushandeln. Dadurch steigen die Kosten der Unternehmen. Sie werden versuchen, diese Kostensteigerung auf die Preise umzulegen. Folglich kommt es zu Preissteigerungen und möglichen Störungen auf dem Geld- und Kapitalmarkt.

3. Der Abschwung (Rezession) ist durch sinkende Nachfrage gekennzeichnet. Die in der Boomphase bei überhöhtem Zinsniveau durchgeführten Investitionen erweisen sich jetzt als unrentabel. Gewinne und Löhne sinken, zahlreiche Unternehmen geraten in Schwierigkeiten und müssen Arbeiter und Angestellte entlassen. Die Arbeitslosenquote steigt. Die Arbeitslosen haben weniger Geld zur Verfügung, kaufen weniger Güter, den Unternehmen fehlt die Nachfrage.

4. Die Depression bezeichnet den Tiefstand im Konjunkturzyklus (Krise). Da die Wirtschaftssubjekte pessimistische Zukunftserwartungen haben, konsumieren die Verbraucher weniger, die gesamtwirtschaftliche Nachfrage sinkt. Dadurch verzeichnen die Unternehmen zusätzliche Umsatzeinbußen. Die Krise ist gekennzeichnet durch geringe Kapazitätsauslastung, hohe Arbeitslosigkeit und hohe Bankenliquidität. Inflationsrate und Zinsniveau sind niedrig.

Neben kurzfristigen Konjunkturzyklen (4–10 Jahre) gibt es Wellenbewegungen langfristiger Natur. Diese wurden 1926 von N. D. Kondratieff (1892–1938) festgestellt und heißen daher **Kondratieff-Zyklen**. Sie dauern ca. 50–60 Jahre und können auf technische Neuerungen wie z.B. die Erfindung der Dampfmaschine, des Flugzeuges und der Raumfahrt zurückgeführt werden.

Ziele der Wirtschaftspolitik, vgl. **1**

Preisniveau, vgl. **2.3**

Handelsbilanz, vgl. **2.4.1**

Volkseinkommen, vgl. **2.1.1**

Arbeitslosenquote, vgl. **2.2**

Arbeitslosigkeit, vgl. **3.4**

Inflation, vgl. **7.1**

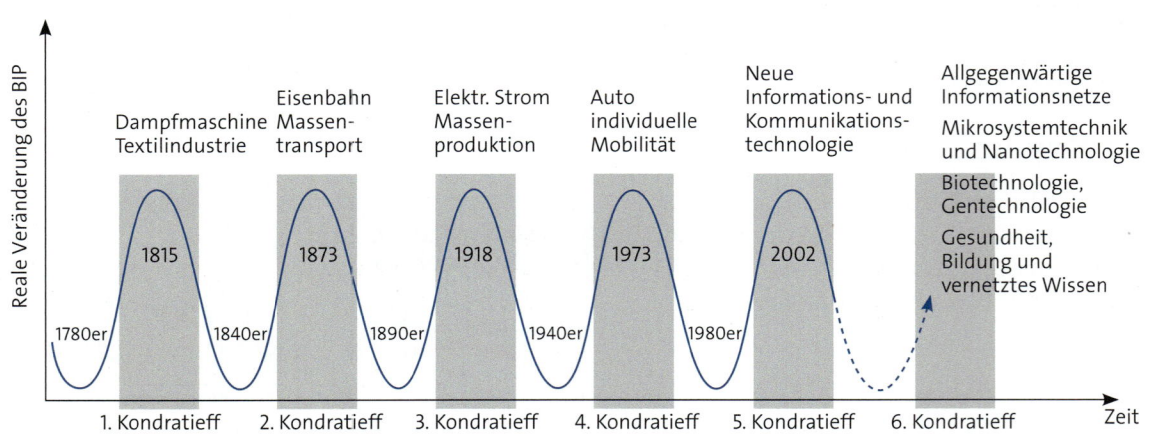

5.2 Konjunkturindikatoren

Daten für die Konjunktur-
indikatoren finden Sie auf den
Internetseiten:

Bundesagentur für Arbeit:
www.arbeitsagentur.de

Deutsche Bundesbank:
www.bundesbank.de

Statistisches Bundesamt:
www.destatis.de

Mit der Konjunkturpolitik versuchen Regierungen und die Zentralbanken den Konjunkturverlauf zu glätten. Die gegenwärtige Situation im Konjunkturverlauf bzw. zukünftige Entwicklungen (Prognose) können durch Indikatoren ermittelt werden. Indikatoren sind Messgrößen, die den Konjunkturverlauf anzeigen. Allgemein werden drei verschiedene Arten unterschieden.

Konjunkturindikatoren			
Frühindikatoren	Wendepunkte liegen zeitlich vor denen des Zyklus	z. B.	– Auftragseingänge – Lagerbestände
Präsensindikatoren	fallen mit dem Zyklus zusammen	z. B.	– industrielle Produktion – Einzelhandelsumsätze
Spätindikatoren	folgen dem Zyklus mit zeitlicher Verzögerung	z. B.	– Beschäftigung – Preise – Arbeitslosenzahlen – Tariflöhne – Gewinne

6 Öffentliche Finanzpolitik als Konjunkturpolitik

Damit der Staat seine vielfältigen Aufgaben im Rahmen der verschiedenen Politikbereiche erfüllen kann, benötigt er eigene Finanzmittel. Damit finanziert er Erziehung und Bildung, innere und äußere Sicherheit sowie das Verkehrswesen und die soziale Sicherung. Mit diesen Ausgaben des Staates, den öffentlichen Haushalten, deckt der Staat die Kollektivbedürfnisse der Bürger ab. Dies hat durch Einkommens- und Nachfrageeffekte auch Einflüsse auf die wirtschaftliche Lage, die Konjunktur. Im Gegensatz dazu hat die Fiskalpolitik als Teil der Finanzpolitik die direkte Steuerung der Wirtschaftsabläufe und damit der Konjunktur zum Ziel.

Fiskalpolitik, vgl. **6.2**

Prozesspolitik, vgl. **1.2**

6.1 Einnahmen und Ausgaben des Staates

Einnahmen können auf verschiedene Art und Weise beschafft werden:
- Steuern, z. B. Lohn- und Einkommensteuer
- Beiträge, z. B. Fremdenverkehrsbeiträge
- Gebühren, z. B. Passgebühren und Baugenehmigungen
- Einkünfte aus Kapitalbeteiligungen, z. B. Aktienbesitz an Unternehmen
- Kredite, z. B. Kreditaufnahme bei der Bundesbank und Ausgabe von Geldanleihen über den Kapitalmarkt

Da die Staatsaufgaben im Laufe der Zeit immer umfangreicher geworden sind, haben auch die **Ausgaben** zugenommen.

Die von der öffentlichen Hand zu tätigenden Ausgaben sind vielfältig:
- Sachaufwand, z. B. für Straßenbau oder Umrüstung der Bundeswehr
- Personalaufwand, z. B. für Löhne und Gehälter der Angestellten und Beamten, Richter und Soldaten
- Transferleistungen, z. B. Rente und Sozialhilfe, welche auch zu einer Umverteilung von Einkommen und Vermögen beitragen sollen
- Subventionen, die zweckgebunden bestimmten Unternehmen bzw. Wirtschaftszweigen in Form von Finanzhilfen oder Steuervergünstigungen zugute kommen
- Schuldendienst: Zinsen und Tilgung belasten den Staatshaushalt sehr.

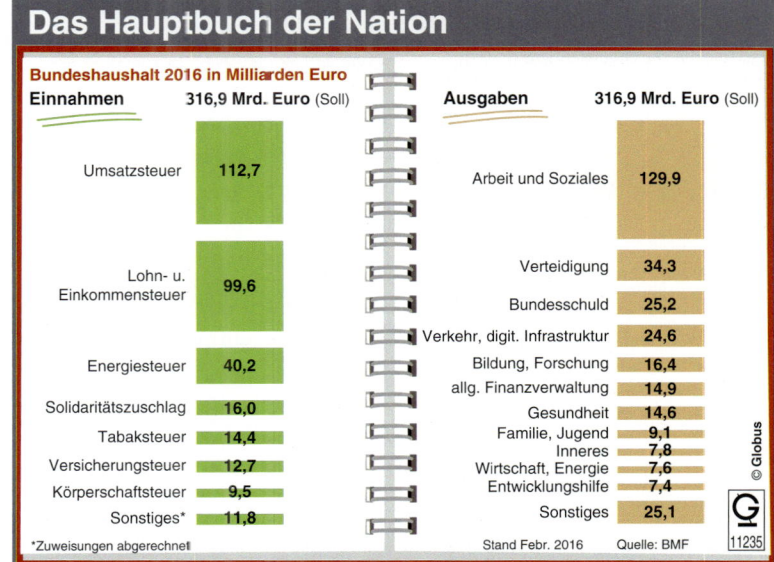

Im Hinblick auf die fiskalpolitischen Maßnahmen werden zwei Ansätze unterschieden: Nachfragepolitik und Angebotspolitik.

AB → Lernsituation 80 ## 6.2 *Nachfrageorientierte Konjunkturpolitik*

Körperschaftssteuer
Steuer, die eine juristische Person zahlen muss. Die Steuer ist abhängig vom Gewinn.

Konjunkturausgleichsrücklage
Bei zu starker Nachfrageausweitung werden eingesparte Geldmittel der Bundes- und Länderhaushalte unverzinst bei der Bundesbank hinterlegt. Bei einer Abschwächung der allgemeinen Wirtschaftstätigkeit sollen sie im Interesse des gesamtwirtschaftlichen Gleichgewichts zur Finanzierung zusätzlicher Ausgaben dienen.

Abschreibung, vgl. **TAF 12.3, 4.3**

Die Befürworter der Nachfragepolitik, deren Hauptvertreter John Maynard Keynes (1883–1946) ist, gehen von der Annahme aus, dass der Staat aktiv in das Wirtschaftsgeschehen eingreifen muss, um die Instabilität marktwirtschaftlicher Systeme auszugleichen. Konkret bedeutet dies, dass während der Rezession die Staatsausgaben erhöht werden müssen, um die Wirtschaft anzukurbeln. Da gleichzeitig die Steuereinnahmen sinken, kann der Staat seine Strategie nur verfolgen, indem er Kredite aufnimmt. Damit nimmt er ein Haushaltsdefizit in Kauf (deficit spending). In Boomphasen soll der Staat seine öffentlichen Ausgaben verringern und durch Steuererhöhungen den privaten Haushalten und Unternehmen Kaufkraft entziehen. Das bedeutet, dass sich der Staat im Hinblick auf die Konjunkturschwankungen **antizyklisch** verhält. Der Nachfragepolitik stehen folgende Maßnahmen zur Verfügung:

Steuerpolitik: Die progressive Einkommen- und **Körperschaftssteuer** hat automatisch eine gewisse antizyklische Wirkung. Steigt das Einkommen im Boom, so mindert ein höherer Steuersatz das verfügbare Einkommen. Die Wirtschaftssubjekte können weniger kaufen. Im Abschwung hingegen wirkt sich bei sinkendem Einkommen ein niedrigerer Steuersatz positiv aus, da die Wirtschaftssubjekte nun mehr konsumieren können. Außerdem können Lohn- und Körperschaftssteuer für die Dauer von maximal einem Jahr um 10 % variiert werden. Soll die Konjunktur durch eine Steuererhöhung gebremst werden, müssen die Mehreinnahmen in der **Konjunkturausgleichsrücklage** stillgelegt werden, damit sie nicht wieder zurück in den Umlauf gelangen. Zugleich sind für den Konjunkturverlauf psychologische Faktoren von nicht geringer Bedeutung: Haben die Wirtschaftssubjekte pessimistische Erwartungen, werden sie sich auch durch eine Steuersenkung nicht zu höheren Investitions- bzw. Konsumausgaben anregen lassen, sondern lieber ihre Ersparnisse erhöhen. Umgekehrt lösen sie diese bei optimistischen Annahmen auf, sodass eine Steuererhöhung unter Umständen wirkungslos bleibt.

Veränderungen der Abschreibungsregelungen: Abschreibungsregelungen beeinflussen die Steuerbelastung der Unternehmen und sollen die Investitionsgüternachfrage anregen bzw. bremsen. Verminderte Abschreibungsmöglichkeiten bedeuten für die Unternehmen höhere steuerpflichtige Gewinne. Die Steuereinnahmen steigen, während die verfügbaren Einkommen der Steuerpflichtigen sinken.

Direkte Staatsausgaben: Staatsausgaben können die gesamtwirtschaftliche Nachfrage unmittelbar beeinflussen, sind aber auch mit einigen Problemen behaftet. Zahlungen öffentlicher Gehälter bzw. Bezüge sind durch Tarifverträge festgelegt und können nicht kurzfristig verändert werden. Staatliche Investitionen können nur bedingt variiert werden, da sie einer langfristigen Planung bedürfen und durch Verträge gebunden sind. Letztlich hat die Bundesregierung nur einen begrenzten Zugriff auf die Investitionstätigkeit, da ein großer Teil auf die Gemeinden selbst entfällt. Diese zeigen jedoch oft ein prozyklisches Verhalten, indem sie z. B. in der Hochkonjunktur ihre Ausgaben für die Durchführung bisher zurückgestellter Projekte erhöhen.

Kreditaufnahme: Nach dem Prinzip der antizyklischen Wirtschaftspolitik soll der Staat in Schwächephasen die Ausgaben erhöhen, um die Gesamtnachfrage anzukurbeln. Zur Finanzierung kann der Staat entweder die Konjunkturausgleichsrücklage auflösen oder Kredite aufnehmen. Diese sollen dann im Aufschwung zurückgezahlt werden. Da eine Kreditrückzahlung im Aufschwung in der Praxis nicht konsequent umgesetzt wird, erhöht sich in der Regel die Staatsverschuldung.

Instrumente laut StabG (Auszug)	Auf-schwung	Rezession
Einnahmenpolitik (§§ 26 ff.)		
– Auf ein Jahr befristete Veränderung der Einkommens-/Körperschaftssteuer bis max. 10 %	erhöhen	senken
– Zeitweise Aussetzung der degressiven Abschreibung	ja	nein
– Anpassung von Steuervorauszahlungen für Einkommen-, Körperschafts- und Gewerbesteuer	erhöhen	senken
– Investitionsprämien als Abzug von der Steuerschuld bis zu 7,5 % der Investitionssumme	nein	ja
Ausgabenpolitik		
– Zusätzliche Ausgaben (§ 6)	nein	ja
– Streckung öffentlicher Baumaßnahmen (§ 6)	ja	nein
– Beschleunigung von Investitionsvorhaben (§ 11)	nein	ja
Sonstiges		
– Freiwillige Konjunkturausgleichsrücklage (§§ 5 f., §§ 15 f.)	bilden	auflösen
– Kredite (§§ 5 f., §§ 19 ff.)	tilgen	aufnehmen

Folgende Probleme ergeben sich bei der keynesianisch orientierten Fiskalpolitik:
- Zwar spielen ausgabenpolitische Mittel eine wichtige Rolle, da mit ihrer Hilfe direkte Effekte erzielt werden können. Ihr variabler Einsatz ist jedoch aufgrund internationaler Verpflichtungen, Gesetze oder Verträge beschränkt.
- Auch die Beeinflussung der Steuereinnahmen ist wegen der schwerfälligen Gesetzesmaschinerie begrenzt. Es vergeht viel Zeit, bis sich sämtliche Koalitionspartner und Parteien geeinigt haben.
- Die Diagnose der Konjunkturlage ist relativ ungewiss, sodass die Gefahr besteht, dass Politiker die Daten nutzen, die ihren Interessen entsprechen.
- Die Zunahme der Staatsschulden engt den Handlungsspielraum der Ausgabenpolitik immer weiter ein.
- Durch Zeitverzögerungen können die Maßnahmen nicht zum geeigneten Zeitpunkt wirken. Zunächst muss ein Problem erkannt und eine Gegenmaßnahme ergriffen werden. Zwischen Einsatz und Wirkung kommt es ebenfalls zu Verzögerungen, sodass Instrumente oftmals pro- statt antizyklisch wirken. Die Innenverzögerung umfasst den Zeitraum vom Auftreten des Problems bis zum Einsatz von Gegenmaßnahmen. Die Zeit, die zwischen Einsatz der Gegenmaßnahme und deren Wirkung vergeht, nennt man Außenverzögerung.

Zeitverzögerung bei wirtschaftspolitischen Maßnahmen

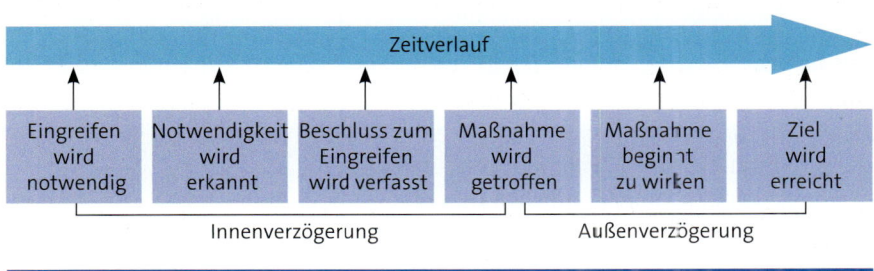

519

6.3 Angebotsorientierte Konjunkturpolitik

Die Angebotspolitik zielt darauf ab, die Rahmenbedingungen für die Investitionstätigkeit der Unternehmen zu verbessern. Investitionen sind die Grundbedingung für eine langfristig wachsende Wirtschaft. Sie schaffen zusätzliche Produktionsmöglichkeiten und somit auch eine höhere Beschäftigung. Mehrbeschäftigung bedeutet mehr Einkommen und schafft damit zusätzliche Nachfrage.

Wettbewerbspolitik, vgl. **TAF 11.4, 10**

Beispiele Vertreter der Angebotspolitik empfehlen z.B.:
- Unternehmenssteuern senken
- Infrastruktur verbessern und Innovationsprozesse beschleunigen
- Arbeitskosten im Bereich der Lohnnebenkosten senken (Arbeitgeberanteil zur Sozialversicherung, Lohnfortzahlung im Krankheitsfall, Sonderzahlungen wie Weihnachts- und Urlaubsgeld, Urlaub und Feiertage)
- flexible Entgelte (keine Mindestlöhne, Öffnungsklauseln für Tarifentgelte, Betriebsvereinbarungen statt Flächentarife, Entgeltsteigerungen nur in Verbindung mit Produktivitätssteigerungen)
- Kündigungsschutz aufheben oder beschränken
- Existenzgründungen und freie Marktzugänge erleichtern (Abschaffung des Meisterzwangs im Handwerk und des Beratungsmonopols im Bereich der Anwälte, Steuerberater und Wirtschaftsprüfer)
- bürokratische Hemmnisse beseitigen (Durchforstung von Gesetzen, Verschlankung bürokratischer Systeme, Beschleunigung von Genehmigungsverfahren und Vermittlungsverfahren, Erhöhung der Mobilität)
- Staatsverschuldung und Subventionen reduzieren
- Geld- und Fiskalpolitik verstetigen, auch bei Konjunkturschwankungen

Konjunkturschwankungen, vgl. **5**

Ein Hauptvertreter der Angebotspolitik ist Milton Friedman. Friedman (1912–2006) geht von der Stabilität des Marktes aus und führt Konjunkturschwankungen nicht zuletzt auf Staatsversagen zurück. Staatsversagen bedeutet in diesem Zusammenhang, dass der Staat durch sein Eingreifen die wirtschaftliche Entwicklung stört und dadurch zusätzliche Probleme schafft. Der Staat sollte daher laut Friedman auf jegliche kurzfristige Interventionen in den Wirtschaftsprozess verzichten. Im Mittelpunkt seiner Angebotspolitik steht nicht die Fiskalpolitik, sondern die Geldpolitik (Monetarismus). Die Zentralbank soll die Stabilität des Preisniveaus sichern. Die Geldmengenentwicklung ist hierzu am Wachstum des Produktionspotenzials auszurichten. Der Staat soll sich ausschließlich auf die Festsetzung der Rahmenbedingungen beschränken. Daher fordert Friedman den weitgehenden Verzicht auf Struktur- und Prozesspolitik sowie die Rücknahme staatlicher Regulierungen.

Geldpolitik, vgl. **7**

soziale Marktwirtschaft, vgl. **TAF 11.4, 7.3**

Marktversagen, vgl. **TAF 11.4, 8.6**

Vertreter der sozialen Marktwirtschaft kritisieren, dass in der Konzeption der Angebotspolitik Marktversagen nicht genügend berücksichtigt wird. Folgende Probleme bleiben unberücksichtigt:
- Konzentrations- und Wettbewerbsbeschränkungen
- Unterversorgung mit öffentlichen Gütern
- externe Effekte
- asymmetrische Information
- Konjunkturschwankungen
- Verteilungsungerechtigkeiten

7 Geld und Geldpolitik

In einer Volkswirtschaft hat Geld verschiedene Funktionen zu erfüllen. Geld stellt ein **Tauschmittel** dar, wodurch der Handel von Gütern ermöglicht wird. Geld dient als **Wertmesser** sowie **Recheneinheit**. Werte von Gütern können in Geldeinheiten ausgedrückt und vergleichbar gemacht werden. Dies führt zur Vereinfachung des Handels. Das Geld hat eine Funktion als gesetzliches **Zahlungsmittel** dadurch, dass – bis auf geringe Ausnahmen, z.B. bei kleinen Münzen – ein Annahmezwang besteht. Der

Tauschmittel

Zahlungsmittel

Wertmaßstab und Rechenmittel

Wertaufbewahrungsmittel

gesamte Handel wird somit erheblich erleichtert. Die Funktion als **Wertaufbewahrungsmittel** erfüllt Geld dadurch, dass es die Möglichkeit bietet, Werte zu speichern, bis sie für andere Zwecke verwendet werden. Durch das Sparen der Privatpersonen wird es möglich, Kredite zu vergeben. Diese Funktion hat das Geld aber nur dann, wenn es wertbeständig ist.

7.1 Geldwertstörungen

Im Fall einer **Inflation** sinkt der Binnenwert des Geldes: Mit einer bestimmten Menge Geld kann nicht mehr so viel gekauft werden wie zuvor. Der Binnenwert des Geldes entspricht der Kaufkraft des Geldes im Inland. Durch Inflation, z.B. ausgelöst durch Verschuldung des Staates, wird die in einer Volkswirtschaft umlaufende Geldmenge vermehrt. Die Geldmenge ist größer als die Gütermenge. Dadurch steigen die Güterpreise. Die Inflation ist eine gefährliche Störung des Wirtschaftsprozesses, da das Vertrauen in die Währung schwindet. Deshalb versuchen die Notenbanken eines Landes, die Inflation mit den Mitteln ihrer Geldpolitik strikt zu bekämpfen.

Kaufkraft des Geldes, vgl. **2.3**

Geldmenge, vgl. **7.3**

Der Verlust der Preisniveaustabilität gefährdet die betroffene Volkswirtschaft aus folgenden Gründen:

Preisniveaustabilität, vgl. **1**

- Durch die Inflation verliert das Geld seine Wertaufbewahrungsfunktion. Die Eigentümer von Geldvermögen flüchten aus Angst um den Vermögensverfall in Sachwerte, wie z.B. Grundstücke, Häuser oder Edelmetalle, anstatt ihr Geld in Wertpapieren, z.B. Aktien, anzulegen.
- Hohe Inflationsraten bedeuten Verluste für die Gläubiger, weil ihr Geld zum Tilgungszeitpunkt eine geringere Kaufkraft aufweist. Die Schuldner hingegen profitieren von der Inflation, weil sie ihre Raten einfacher aufbringen können.
- Die Bezieher von Renten, Pensionen oder Sozialhilfe zählen ebenfalls zu den Verlierern der Inflation. Ihre Bezüge werden zumeist jährlich an die Kaufkraftentwicklung angepasst, sie erleiden aber Verluste durch die Zeitverzögerung.
- Der Staat gewinnt kurzfristig durch eine hohe Inflation, weil die Einkünfte der Steuerzahler steigen und mit einem höheren Steuersatz belegt werden. Andererseits steigen aber die öffentlichen Ausgaben. Überdies verschlechtert sich mittelfristig die wirtschaftliche Situation, was die öffentlichen Einnahmen schmälert.

öffentliche Einnahmen, vgl. **6.1**

Es lassen sich verschiedene Arten der Inflation unterscheiden: Eine **offene Inflation** liegt vor, wenn die Preissteigerungen wahrgenommen werden und der Kaufkraftverlust des Geldes erkennbar ist. Man spricht von **verdeckter (zurückgestauter) Inflation**, wenn die Preise durch staatliche Einflüsse künstlich konstant gehalten werden. Solche Möglichkeiten sind z. B. die Festsetzung von Höchstpreisen oder eine Rationierung. Die **schleichende Inflation** ist durch einen geringen Anstieg des Preisniveaus gekennzeichnet. Man zählt hierzu einen jährlichen Preisanstieg von unter 5 %. **Trabende Inflation** liegt vor, wenn der Preisniveauanstieg im Jahr zwischen 5 % und 50 % liegt. Von **galoppierender Inflation** (Hyperinflation) spricht man, wenn die jährliche Preissteigerung über 50 % liegt. Auch heutzutage gibt es noch Länder, z. B. in Afrika, mit Inflationsraten über 1000 %. Da das Geld kaum noch einen Wert hat, wird es zur Bezahlung nicht mehr angenommen, sondern es wird auf Schwarzmärkten wieder mit Warengeld bezahlt. Ein Beispiel hierfür ist die Zigarrettenwährung nach dem Zweiten Weltkrieg.

Arbeitslosigkeit, vgl. **3.4**

Die **Stagflation** kennzeichnet eine Situation in einer Volkswirtschaft, in der sowohl Inflation als auch Stagnation, d. h. ein ausbleibendes Wachstum mit gleichzeitig hoher Arbeitslosigkeit vorliegt. Dieses Phänomen tritt jedoch nur selten auf.

Die **Deflation** ist durch fallende Preise gekennzeichnet, weil ein Überangebot von Gütern einer zu geringen Nachfrage gegenübersteht. Die Ursachen können in einer abnehmenden Nachfrage, einer Ausdehnung des Güterangebots oder in einer Verknappung der Geldmenge liegen. Die Geldmenge nimmt z. B. durch das Sparverhalten der privaten Haushalte und des Staates ab oder die Zentralbank sorgt mit entsprechenden Maßnahmen für eine Drosselung der Geldmenge. Wie im Fall der Inflation werden auch verschiedene Arten der Deflation unterschieden. **Offene Deflation** liegt vor, wenn das Sinken der Preise wahrgenommen wird. Von **verdeckter Deflation** wird gesprochen, wenn bei gleichbleibenden Preisen die Qualität und andere wertsteigernde Faktoren verbessert werden. Fallende Preise, ein auf den ersten Blick geradezu konsumentenfreundlicher Zustand, wirken sich aber genauso verheerend aus wie eine Inflation. Die Produktion von Gütern wird aufgrund der abnehmenden Nachfrage eingeschränkt und es kommt zum Beschäftigungsabbau. Eine Deflation wirkt sich negativ für langfristige Schuldner und den Staat aus. Gewinner sind Bezieher fester Einkommen, Gläubiger und Geldanleger.

Zentralbank, vgl. **7.2**

> **Beispiel** In der Weltwirtschaftskrise in den 30er-Jahren verzichteten die Konsumenten aufgrund pessimistischer Zukunftserwartungen auf Konsumausgaben, die Unternehmen auf Investitionen. Das Geld wurde gehortet und so dem Wirtschaftskreislauf entzogen. Die Folge war ein Überangebot auf den Gütermärkten und daraus resultierend fallende Preise. Die Unternehmen konnten ihre Produkte nicht oder nur unter den Herstellungskosten absetzen. Der Preisverfall führte damals zur Produktionsdrosselung und schließlich zur Vernichtung zahlreicher Unternehmen und zur Massenarbeitslosigkeit.

7.2 Akteure der Geldwirtschaft

Als Geldpolitik werden alle Maßnahmen bezeichnet, mit denen eine Zentralbank versucht, die verschiedenen wirtschaftspolitischen Ziele zu erreichen. Vorrangiges Ziel der Geldpolitik der **Europäischen Zentralbank** (EZB) im **Eurowährungsgebiet** ist es, die Preisniveaustabilität zu gewährleisten. Außerdem fördert sie das reibungslose Funktionieren des Zahlungsverkehrs und verwaltet die Währungsreserven der Mitgliedsländer. Zur Erreichung ihrer Ziele setzt die EZB sogenannte geldpolitische Instrumente ein, mit denen sie die Zinskonditionen und Geldmenge am Geldmarkt steuert.

Die wichtigste Aufgabe der EZB liegt in der Verantwortung und Umsetzung der einheitlichen Geldpolitik für das Eurosystem. Die **Deutsche Bundesbank** ist die nationale Zentralbank für Deutschland. Alle nationalen Zentralbanken sind gemäß Artikel 130 **EU-Vertrag** unabhängig, d. h., die EZB darf keine Weisungen von Organen der Gemeinschaft, Regierungen der Mitgliedstaaten oder anderen Stellen einholen oder entgegennehmen.

Eurowährungsgebiet
Belgien, Deutschland, Estland, Finnland, Frankreich, Griechenland, Irland, Italien, Lettland, Litauen, Luxemburg, Malta, Niederlande, Österreich, Portugal, Slowenien, Slowakei, Spanien, Zypern (Stand: 2017)

geldpolitische Instrumente, vgl. **7.4**

Weitere Informationen zur Europäischen Union finden Sie hier: http://europa.eu

Europäische Zentralbank: www.ecb.int

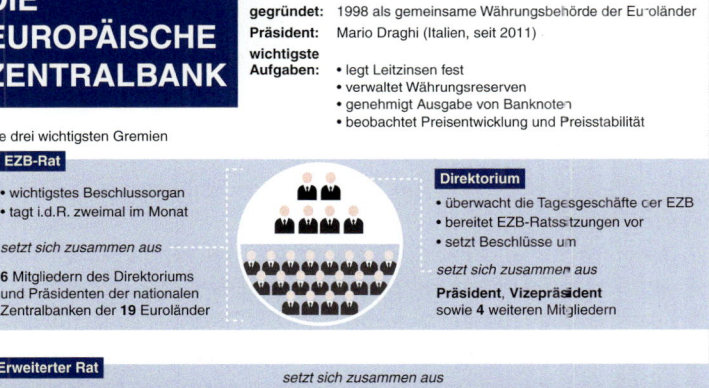

Deutsche Bundesbank; www.bundesbank.de

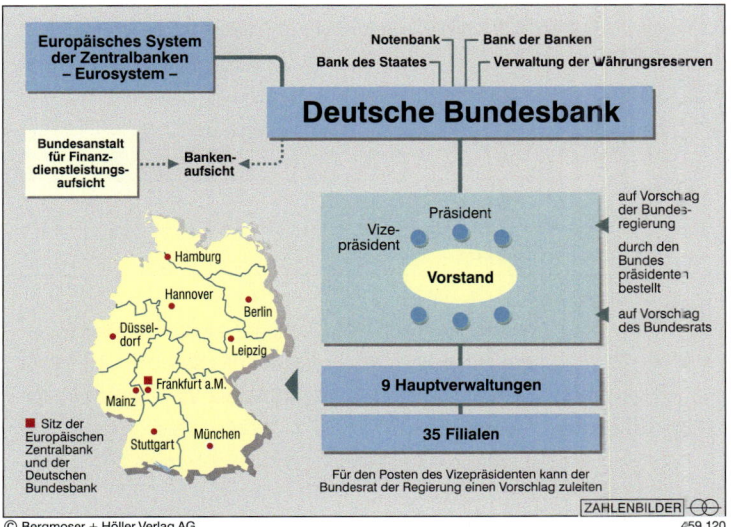

7.3 Geldmenge und Giralgeldschöpfung

Der Geldbestand einer Volkswirtschaft heißt Geldmenge. Das Eurosystem unterscheidet den Bestand des Geldes nach unterschiedlichen Geldmengendefinitionen:

- Geldmenge M1
- Geldmenge M2
- Geldmenge M3
- Zentralbankgeldmenge: Banken sind verpflichtet, **Mindestreserven**, die einem bestimmten Prozentsatz ihres Einlagenbetrages entsprechen, bei der Zentralbank zu halten.

Geldmengendefinitionen des Eurosystems

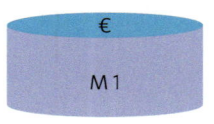

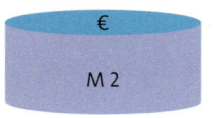

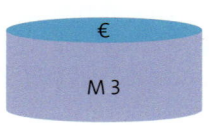

Bargeld + täglich fällige Einlagen	M1 + Einlagen mit vereinbarter Kündigungsfrist von bis zu drei Monaten, Termineinlagen (Laufzeit bis zu zwei Jahren)	M2 + Geldmarktfondsanteile und Geldmarktpapiere, Repogeschäfte, Schuldverschreibungen bis zu 2 Jahren

Die Zentralbankgeldmenge ist die Basis für die Giralgeldschöpfung des Bankensystems. Die einfachste Form der Giralgeldschöpfung ist die Einzahlung von Bargeld auf ein Bankkonto, wobei Bargeld in Giralgeld (Buchgeld) umgetauscht wird. Hier wird dann von **passiver Giralgeldschöpfung** gesprochen, die Geldmenge bleibt dabei unverändert. Bei der **aktiven Giralgeldschöpfung** wird Buchgeld geschaffen, welches nicht durch Bargeld gedeckt wird. Das Bankensystem ist also in der Lage, durch Gewährung von Krediten Giralgeld entstehen zu lassen und somit die Geldmenge zu erhöhen.

Beispiel Ein Kunde zahlt bei der Bank A Bargeld in Höhe von 25.000 € ein. Es entstehen 25.000 € Giralgeld. Die Bank A muss z. B. 20 % der Einlage, also 5.000 €, als Mindestreserve bei der Bundesbank halten. Das verbleibende Überschussguthaben in Höhe von 20.000 € darf sie als Kredit ausleihen (Überschussreserve). Das T-Konto der Bank A sieht nun wie folgt aus:

Aktiva		Passiva	
Reserven	5.000 €	Einlagen	25.000 €
Kredite	20.000 €		

Ein Industrieunternehmen möchte mit dem Kredit der Bank A die Rechnung eines Lieferanten bezahlen. Die Bank A überweist die Kreditsumme auf das Konto des Lieferanten bei der Bank B. Hier entsteht eine neue Einlage von 20.000 €. Von dieser Einlage darf sie 16.000 € als neuen Kredit weitergeben. ▶

Aktiva		Passiva	
Reserven	4.000 €	Einlagen	20.000 €
Kredite	16.000 €		

Herr Meier bekommt die gesamte Summe als Kredit von Bank B. Er kauft sich ein neues Auto und überweist den Betrag an einen Autohändler der Bank C.

Aktiva		Passiva	
Reserven	3.200 €	Einlagen	16.000 €
Kredite	12.800 €		

So könnte es noch weitergehen, bis aufgrund der Mindestreserve der Kreditbetrag 0 € beträgt. Aus dem Einzahlungsbetrag von 25.000 € sind 73.300 € geworden (25.000 € + 20.000 € + 16.000 € + 12.800 € = 73.800 €). Alle beteiligten Banken haben auf diesem Wege Giralgeld geschaffen. Theoretisch wäre es den Banken auf diese Weise möglich, bei einer Mindestreserve von 20 % aus dem Einzahlungsbetrag von 25.000 € einen Betrag von 125.000 € zu schöpfen. In diesem Zusammenhang wird auch von dem Geldschöpfungsmultiplikator gesprochen.

Die Kreditsumme, die das gesamte Bankensystem maximal ausleihen kann, wird durch den **Geldschöpfungsmultiplikator** errechnet.

Geldschöpfung bei teilweisem (partiellem) Bargeldrücklauf

Geldschöpfung der Banken und ihre Begrenzung

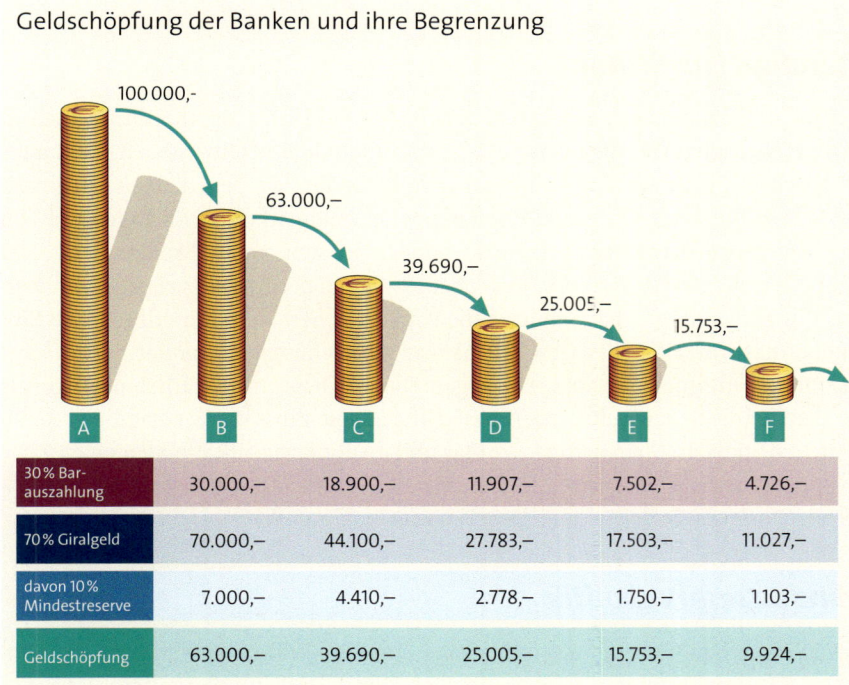

	A	B	C	D	E	F
30 % Barauszahlung	30.000,–	18.900,–	11.907,–	7.502,–	4.726,–	
70 % Giralgeld	70.000,–	44.100,–	27.783,–	17.503,–	11.027,–	
davon 10 % Mindestreserve	7.000,–	4.410,–	2.778,–	1.750,–	1.103,–	
Geldschöpfung	63.000,–	39.690,–	25.005,–	15.753,–	9.924,–	

AB → Lernsituation 81

7.4 Instrumente der Geldpolitik

Das **Europäische System der Zentralbanken** (ESZB) will mit seinen geldpolitischen Instrumenten die Giralgeldschöpfung des Bankensystems kontrollieren. Wenn ihm das gelingt, kann es über die Geld- und Kreditversorgung der Wirtschaft auf den Konsum und die Investitionstätigkeit Einfluss nehmen. Es kann somit auf das Wachstum, die Beschäftigung und das Preisniveau einwirken. Zur Erreichung seiner Ziele stehen dem ESZB drei geldpolitische Instrumente zur Verfügung.

7.4.1 Offenmarktgeschäfte

Geldschöpfung, vgl. **7.3**

Unter Offenmarktgeschäften wird der Kauf und der Verkauf von Wertpapieren durch die Zentralbank verstanden. Jeder kann als Nachfrager oder Anbieter auftreten. Die Zentralbank kann durch den Verkauf von Wertpapieren der Wirtschaft Geld entziehen oder durch Kauf die Geldmenge erweitern (Geldschöpfung). Wenn die EZB Wertpapiere für eine bestimmte Zeit ankauft (verkauft), wird von einer befristeten Transaktion gesprochen. Die verkaufende (kaufende) Bank muss sich verpflichten, die Wertpapiere nach einer bestimmten Zeit zu kaufen (zu verkaufen). Solche befristeten Geschäfte werden Pensionsgeschäfte genannt. Wenn die Zentralbank von einer Bank für eine bestimmte Zeit Wertpapiere ankauft, steht der Bank für diese Zeit Zentralbankgeld zur Verfügung. Dies bedeutet, dass die Bank mehr Kredite vergeben kann. Die Giralgeldschöpfung wird vergrößert. Kauft oder verkauft die EZB Wertpapiere endgültig, handelt es sich um ein definitives Geschäft. Der Bank wird endgültig Zentralbankgeld zur Verfügung gestellt. Die Geldmenge steigt.

7.4.2 Ständige Fazilitäten

Tagesgeld
Geld kann für einen bestimmten Zinssatz angelegt werden. Ist dieses Geld täglich ohne Zinsverlust verfügbar, wird von Tagesgeld gesprochen.

Neben der Offenmarktpolitik stehen dem ESZB zwei Fazilitäten (Kreditmöglichkeiten) zur Verfügung. Sie dienen dazu, Übernachtliquidität bereitzustellen oder zu beanspruchen. Die Zinssätze für die ständigen Fazilitäten werden auch als Leitzinsen bezeichnet. Sie setzen Ober- und Untergrenze der Geldmarktsätze für **Tagesgeld**. Um eine **Spitzenrefinanzierungsfazilität** handelt es sich, wenn Banken sich „über Nacht" Kredite verschaffen. Am folgenden Tag muss der Kredit zurückgezahlt werden. Für alle Kreditgeschäfte müssen die Banken Sicherheiten hinterlegen. Die **Einlagefaziliät** ermöglicht den Geschäftsbanken, überschüssige Liquidität „über Nacht" zu einem bestimmten Zinssatz festzulegen. Dieser Zinssatz ist natürlich niedriger als der Satz für die Spitzenrefinanzierungsfazilität. Diese Zinssätze der ständigen Fazilitäten, die Spitzenrefinanzierungsfazilität und die Einlagefazilität bilden einen Zinskorridor, innerhalb dessen sich der Tagesgeldzins am Geldmarkt bewegt. Als Leitzinsen signalisieren sie den allgemeinen Kurs der Geldpolitik.

7.4.3 Mindestreservepolitik

Zentralbank, vgl. **7.2**

Das ESZB verlangt von den Kreditinstituten im Euro-Währungsraum, dass sie Mindestreserven auf Konten bei den nationalen Zentralbanken unterhalten. Das heißt: Die Banken sind verpflichtet, bestimmte Prozentsätze der ihnen zur Verfügung gestellten Gelder als Mindestreserve bei der Zentralbank zu unterhalten. Die Einlagen werden vom ESZB verzinst, damit die Banken keinen Zinsverlust und keine Wettbewerbsnachteile gegenüber anderen Kredit- und Finanzinstituten außerhalb des Euro-Währungsraums erleiden.

Mindestreserven dienen der Sicherung der Kundschaftseinlagen bei den Banken. Außerdem sind sie ein wichtiges Instrument, um den Geldumlauf, den Umfang der Kreditgewährung der Banken und die Zinsbildung am Geldmarkt zu beeinflussen. Durch die Hinterlegung von Mindestreserven hat die EZB einen Hebel, um die Geldschöpfung der Banken und damit den Geldumlauf zu kontrollieren. Ferner verursacht die Mindestreserve eine gewisse Knappheit an Liquidität. Die Banken sind daher auf die Bereitstellung von Zentralbankgeld angewiesen, um Kredite vergeben zu können.

Welche Geldbeträge als Mindestreserve zu hinterlegen sind (Mindestreserve-Soll), bemisst sich nach dem Stand der reservepflichtigen Verbindlichkeiten am Ende des vorangegangenen Monats. Mindestreservepflichtig sind
- alle täglichen Einlagen,
- alle Einlagen mit einer vereinbarten Laufzeit/Kündigungsfrist von bis zu zwei Jahren,
- ausgegebene Schuldverschreibungen mit einer Laufzeit von bis zu zwei Jahren und
- Geldmarktpapiere.

Zentralbankgeld, vgl. **7.3**

Der derzeitige Mindestreservesatz, der vom EZB-Rat festgelegt wird, liegt bei 1%.

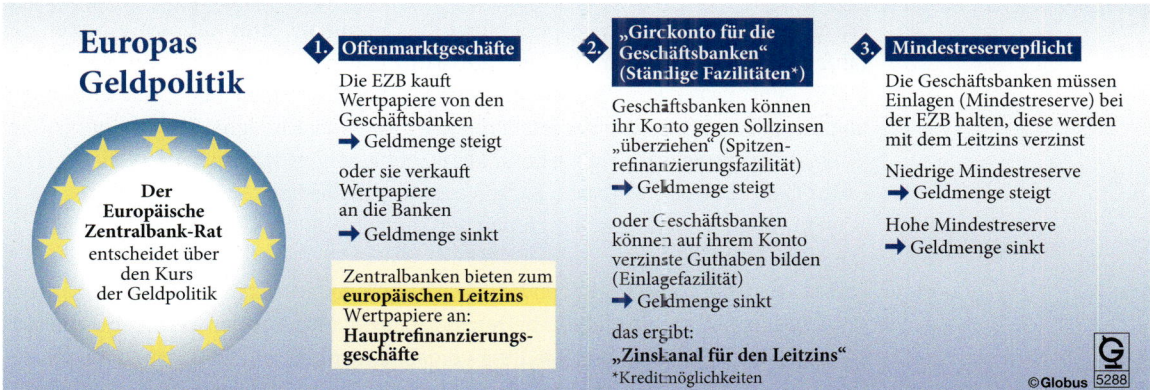

7.5 *Geldpolitische Strategien*

Das Hauptziel der EZB, die Sicherung der Preisniveaustabilität, wird anhand von zwei geldpolitischen Strategien verfolgt: expansiver und restriktiver Geldpolitik.

Das Ziel einer **expansiven** Geldpolitik ist es, die Nachfrage zu steigern und die Wirtschaftstätigkeit zu beleben. So verbilligen sich z. B. durch Senkung der ESZB-Zinsen die Refinanzierungskosten für die Banken. Dies hat folgende Wirkungskette zur Folge:

Die EZBB senkt ihre Zinsen. → Die Banken folgen der Maßnahme und senken ebenfalls die Zinsen für Kredite und Einlagen. → Private Haushalte sparen weniger und fragen mehr Kredite für Konsum nach. → Die gesamtwirtschaftliche Nachfrage steigt. → Den Unternehmen geht es durch die erhöhte Nachfrage besser. Deswegen und aufgrund der geringen Zinsen erhöhen sich ihre Investitionen. → Die Wirtschaftstätigkeit erhöht sich.

Die Geldpolitik war also erfolgreich. Eine ähnliche Wirkungskette kann durch den expansiven Einsatz der anderen Instrumente, Offenmarktgeschäfte und Mindestreserven, erreicht werden.

Ziel einer **restriktiven** Geldpolitik ist es, die Gesamtnachfrage zu dämpfen, um eine konjunkturelle Überhitzung zu vermeiden. Dies kann z. B. durch den Einsatz des geldpolitischen Instruments der Offenmarktgeschäfte erreicht werden.

Die EZB kauft Wertpapiere. → Geld wird der Volkswirtschaft entzogen. → Es werden weniger Kredite angeboten. → Die Nachfrage der privaten Haushalte sinkt. → Die Nachfrage der Unternehmen sinkt. → Die Gesamtnachfrage wird gedämpft, das geldpolitische Ziel ist erreicht.

Sowohl bei expansiven als auch bei restriktiven Maßnahmen kommt es zu Wirkungsverzögerungen im Ablauf. Sie entstehen aufgrund des nur schwer zu kalkulierenden zeitlichen Ablaufs. Diese Problematik ergibt sich aufgrund der Eigendynamik der Märkte, die von den Erwartungen und den Verhaltensweisen der Teilnehmer geprägt ist. Deshalb eignet sich die Geldpolitik nicht zur „Feinsteuerung" der Konjunktur. Geldpolitik muss vielmehr vorausschauend und längerfristig angelegt sein, damit das Ziel einer stabilitätsgemäßen Entwicklung von Geldmenge und Gütermenge gewährleistet wird.

Obwohl das Instrumentarium des ESZB sehr effektiv ist, hat die Geldpolitik mit **Problemen** zu kämpfen. Die Zentralbank allein kann das Geldangebot nicht exakt steuern, denn in einem Reservesystem hängt die Geldmenge sowohl vom Verhalten der Einleger als auch von dem der Geschäftsbanken ab.

- Die Zentralbank kann nicht kontrollieren, wie viel Einlagen die privaten Haushalte bei den Geschäftsbanken halten. Je größer die Einlagen, desto höher ist die Geldschöpfung. Umgekehrt kann kein Geld geschöpft werden, wenn die Anleger ihr Geld abheben, weil sie z. B. das Vertrauen in das Bankensystem verloren haben. So kann auch ohne Eingreifen der Zentralbank das Geldangebot zurückgehen.
- Die Geschäftsbanken sind verpflichtet, nur einen bestimmten Prozentsatz ihrer Einlagen als Reserve zu halten. Den darüber hinausgehenden Betrag müssen sie jedoch nicht in Form von Krediten vergeben. Verleihen die Geschäftsbanken also z. B. aus Gründen der Vorsicht nur einen Teil der Einlagen, kann weniger Geld geschöpft werden, als eigentlich möglich ist. Das Geldangebot verringert sich, ohne dass die Zentralbank dieses steuern kann.

Staat und EZB müssen ihre fiskalpolitischen und geldpolitischen Maßnahmen aufeinander abstimmen, um gemeinsam konjunkturpolitisch erfolgreich zu sein.

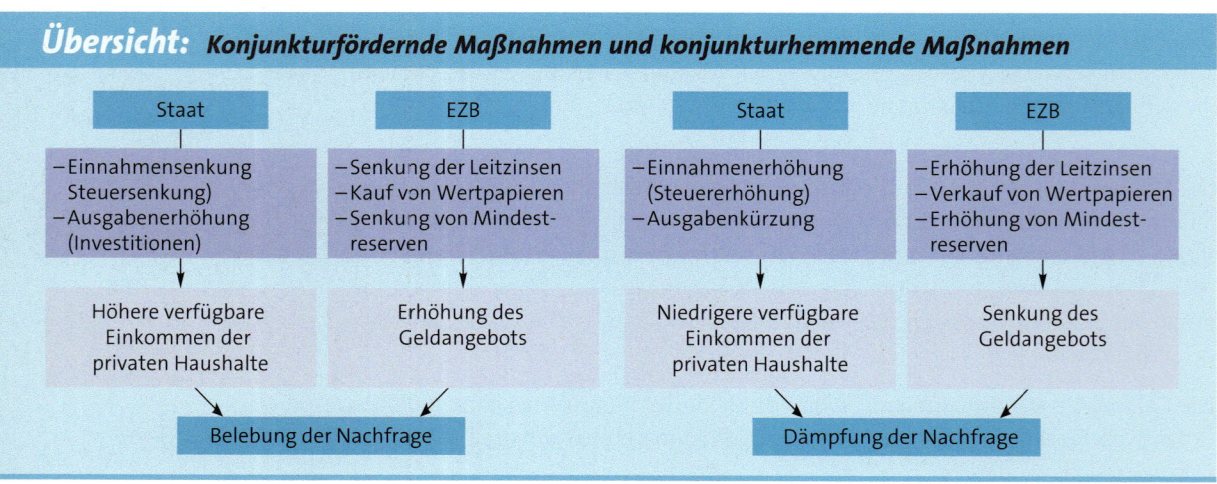

Übersicht: *Konjunkturfördernde Maßnahmen und konjunkturhemmende Maßnahmen*

Staat	EZB	Staat	EZB
– Einnahmensenkung Steuersenkung) – Ausgabenerhöhung (Investitionen)	– Senkung der Leitzinsen – Kauf von Wertpapieren – Senkung von Mindestreserven	– Einnahmenerhöhung (Steuererhöhung) – Ausgabenkürzung	– Erhöhung der Leitzinsen – Verkauf von Wertpapieren – Erhöhung von Mindestreserven
Höhere verfügbare Einkommen der privaten Haushalte	Erhöhung des Geldangebots	Niedrigere verfügbare Einkommen der privaten Haushalte	Senkung des Geldangebots
Belebung der Nachfrage		Dämpfung der Nachfrage	

Übersicht: **Geldpolitik und ihre Instrumente**

Geldpolitik

ist **expansiv** ausgerichtet, wenn sie dem Banken-sektor Zentralbankliquidität zuführt oder seine Geldbeschaffungskosten senkt. • soll durch niedrigere Zinsen die kreditfinanzierte Nachfrage des Nichtbankensektors erhöhen (Erhöhung der umlaufenden Geldmenge).	ist **restriktiv** ausgerichtet, wenn sie dem Banken-sektor Zentralbankliquidität entzieht oder seine Geldbeschaffungskosten erhöht. • soll durch höhere Zinsen die kreditfinanzierte Nachfrage des Nichtbankensektors bremsen (Senkung der umlaufenden Geldmenge).

Instrumente der EZB	expansiv	restriktiv
Offenmarktgeschäfte	Ankauf von Wertpapieren bzw. Erhöhung des Ankaufsvolumens **Folge:** Die Liquidität der Banken erhöht sich und der Marktzins sinkt, die gesamtwirt-schaftliche Nachfrage wird belebt	Verkauf von Wertpapieren bzw. Verringerung des Ankaufsvolumens **Folge:** Die Liquidität der Banken sinkt und der Marktzins steigt, die gesamtwirtschaftliche Nachfrage wird gedämpft
Ständige Fazilitäten	– Senkung des Spitzenrefinanzierungssatzes **Folge:** Banken erhalten günstiger Kredite „über Nacht", die gesamtwirtschaftliche Nachfrage wird belebt – Erhöhung des Zinssatzes für Einlagen **Folge:** Banken erhalten höhere Zinsen für „Über-Nacht"-Einlagen, die gesamtwirt-schaftliche Nachfrage wird belebt	– Erhöhung des Spitzenrefinanzierungssatzes **Folge:** Banken erhalten verteuerte Kredite „über Nacht", die gesamtwirtschaftliche Nachfrage wird gedämpft – Senkung des Zinssatzes für Einlagen **Folge:** Banken erhalten niedrigere Zinsen für „Über-Nacht"-Einlagen, die gesamtwirt-schaftliche Nachfrage wird gedämpft
Mindestreserve	Senkung des Mindestreservesatzes **Folge:** Mehr Geld kann geschöpft werden, die Liquidität steigt und die Zinsen sinken, die ge-samtwirtschaftliche Nachfrage wird belebt.	Erhöhung des Mindestreservesatzes **Folge:** Weniger Geld kann geschöpft werden, die Liquidität sinkt und die Zinsen steigen, die gesamtwirtschaftliche Nachfrage wird gedämpft.

AB → Lernsituation 82

8 Außenwirtschaftliche Beziehungen und Globalisierung

8.1 Gründe für den Außenhandel

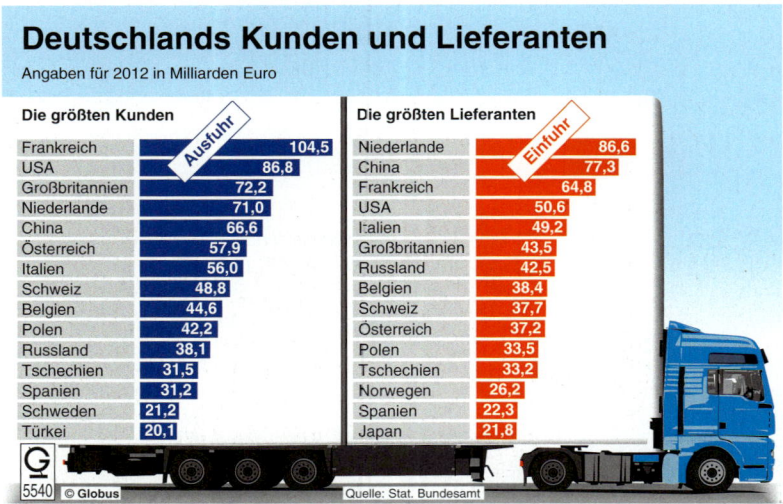

Deutschlands Kunden und Lieferanten
Angaben für 2012 in Milliarden Euro

Die größten Kunden (Ausfuhr)

Frankreich	104,5
USA	86,8
Großbritannien	72,2
Niederlande	71,0
China	66,6
Österreich	57,9
Italien	56,0
Schweiz	48,8
Belgien	44,6
Polen	42,2
Russland	38,1
Tschechien	31,5
Spanien	31,2
Schweden	21,2
Türkei	20,1

Die größten Lieferanten (Einfuhr)

Niederlande	86,6
China	77,3
Frankreich	64,8
USA	50,6
Italien	49,2
Großbritannien	43,5
Russland	42,5
Belgien	38,4
Schweiz	37,7
Österreich	37,2
Polen	33,5
Tschechien	33,2
Norwegen	26,2
Spanien	22,3
Japan	21,8

5540 © Globus   Quelle: Stat. Bundesamt

Für eine Volkswirtschaft spielen Außenwirtschaftsbeziehungen eine große Rolle. Dies lässt sich allein schon an den vielen Handelsbeziehungen Deutschlands mit anderen Staaten erkennen. Von **Außenwirtschaft** wird gesprochen, wenn alle wirtschaftlichen Beziehungen mit dem Ausland gemeint sind, z. B. Geldbewegungen, Dienstleistungen und Warenbewegungen. Wenn nur die Warenbewegungen, d. h. Warenimport und Warenexport, betrachtet werden, dann spricht man vom **Außenhandel**.

Der ursprüngliche Grund für den internationalen Handel liegt in der ungleichen Verteilung der Rohstoffvorkommen und den unterschiedlichen land- und forstwirtschaftlichen Produktionsmöglichkeiten.

Ein weiterer Grund für den Außenhandel liegt darin, dass bestimmte Güter in einigen Ländern günstiger als in anderen produziert werden können. In diesem Zusammenhang wird vom **absoluten Kostenvorteil** gesprochen. Für den absoluten Vorteil gibt es verschiedene Gründe: bessere klimatische Bedingungen, billigere Arbeitskräfte, kürzere Transportwege, höher entwickelte Produktionstechnik usw. Durch die Nutzung der absoluten Kostenvorteile können die Staaten ihren Wohlstand mehren. Dies ist ein wichtiges Argument für den internationalen **Freihandel**.

Weitere Informationen zur Außenwirtschaft finden Sie beim Bundesministerium für Wirtschaft und Technologie: www.bmwi.de

Freihandel
Internationaler Güterhandel, der keinerlei Zoll- oder sonstigen Beschränkungen unterliegt.

8.2 Terms of Trade

Während ein Wechselkurs die wertmäßige Beziehung zwischen Gütern aus verschiedenen Ländern anzeigt, kann mit den Terms of Trade das reale Austauschverhältnis zwischen exportierten und importierten Gütern eines Landes dargestellt werden. Die Terms of Trade zeigen an, wie viele Einheiten an Importprodukten ein Land für die Herausgabe einer Einheit an Exportprodukten anschaffen kann.

$$\text{Terms of Trade} = \frac{\text{Exportpreisindex}}{\text{Importpreisindex}}$$

Die Terms of Trade für Deutschland verbessern sich, wenn die **Exportpreise** steigen, da dann mit einer Einheit an Exportgütern mehr Importe als vorher erworben werden können. Umgekehrt verschlechtern sie sich bei steigenden **Importpreisen.** In diesem Falle muss Deutschland mehr exportieren, um die gleiche Menge an ausländischen Gütern importieren zu können.

Veränderungen der Terms of Trade zeigen damit auch die Vor- und Nachteile auf, die sich für ein Land aus dem Außenhandel ergeben können. Außerdem wirken sich Veränderungen der Terms of Trade auf die binnenwirtschaftliche Wohlfahrt einer Volkswirtschaft aus.

Beispiel Die beiden Länder F-Land und K-Land unterhalten Außenhandelsbeziehungen. F-Land produziert Fleisch und K-Land Kartoffeln. 1 kg Fleisch kostet 5 € und 1 kg Kartoffeln 0,50 €. Beim Tausch zwischen den beiden Ländern ergibt sich folgendes Tauschverhältnis: Für 1 kg Fleisch erhält F-Land von K-Land 10 kg Kartoffeln.
Angenommen, der Preis für 1 kg Fleisch steigt auf 6 € und der Preis für Kartoffeln bleibt gleich, so erhält F-Land für dieselbe Exportmenge 12 kg Kartoffeln anstatt zuvor 10 kg. Die Außenhandelsposition von F-Land hat sich also verbessert, die von K-Land hat sich verschlechtert, denn für 1 kg Fleisch muss es jetzt 12 kg Kartoffeln exportieren. Damit haben die Terms of Trade auch Auswirkungen auf die binnenwirtschaftliche Wohlfahrt eines Landes.

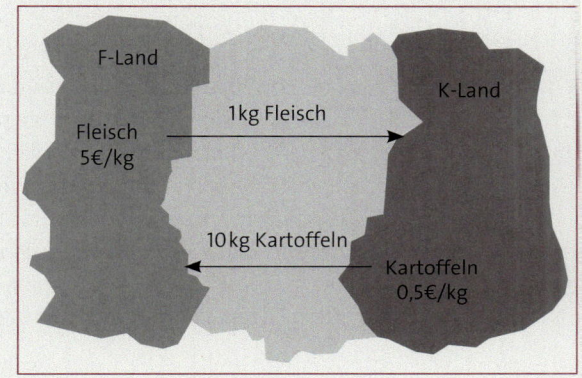
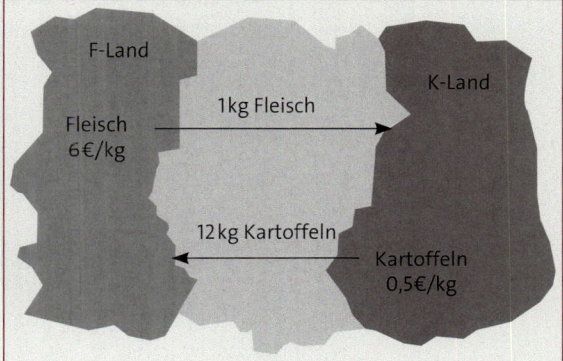

8.3 Warum sich Länder vor Außenhandel schützen

Die Vorteile des Außenhandels können für die beteiligten Länder sehr unterschiedlich ausfallen. Manche Länder nehmen nur unter bestimmten Bedingungen am internationalen Handel teil. Wenn ein Land versucht, den freien Handel in einem gewissen Umfang zu unterbinden, geschieht dies z. B. mit der Zielsetzung, bestimmte Branchen und Nachfragegruppen vor ausländischer Konkurrenz zu schützen oder aber gezielt zu fördern. Eine solche Außenhandelspolitik bezeichnet man als **Protektionismus**.

Handelsbeschränkungen werden oft mit folgenden Argumenten begründet:

1. Sicherheitsargument: Die Gegner des Freihandels behaupten häufig, dass eine bestimmte Industrie für das Land lebensnotwendig sei, um die nationale Sicherheit zu gewährleisten, z. B. kann die Stahlindustrie diesbezüglich sehr wichtig sein. Wenn ein Krieg ausbrechen sollte, muss sichergestellt sein, dass genügend Waffen zur Verteidigung hergestellt werden können.

2. Beschäftigungsargument: Es wird befürchtet, dass durch den internationalen Handel inländische Arbeitsplätze zerstört werden, weil sich die Wettbewerbsbedingungen verschärfen. Denn wenn das Ausland ein Gut billiger anbieten kann, geraten die inländischen Produzenten unter Preisdruck, was letztlich auch den Verlust von Arbeitsplätzen bedeuten kann. Tatsächlich kann Deutschland z. B. Textilien aus China günstiger erwerben als bei einer Produktion im eigenen Land. Dies gefährdet Arbeitsplätze in der deutschen Textilindustrie. Im günstigen Fall werden die deutschen Arbeitskräfte jedoch zu den Industrien wechseln, bei denen Deutschland einen relativen Vorteil hat. Fazit: Im Freihandel werden zwar Arbeitsplätze zerstört, aber letztlich auch wieder neue Beschäftigungen geschaffen.

Globalisierung, vgl. **8.5**

3. Schutzargument: Junge Unternehmen sollten in der Aufbauphase gegenüber der Konkurrenz aus dem Ausland geschützt werden. Dazu wird ein Schutzzoll verlangt. Wenn nach einer bestimmten Zeit die Unternehmen konkurrenzfähig sind, kann der Schutz aufgehoben werden. Auch Vertreter der „alten" Industrien argumentieren, sie müssten für eine bestimmte Zeit geschützt werden, um sich den veränderten Marktbedingungen anzupassen. Viele Ökonomen weisen jedoch darauf hin, dass eine Protektion nicht notwendig sei, da junge Unternehmen gerade in der Anfangsphase Verluste mit einkalkulieren müssten, die durch zukünftige Gewinne ausgeglichen würden.

internationale Organisationen, vgl. **8.6**

4. Argument vom unfairen Wettbewerb: Oft wird auch argumentiert, dass der internationale Handel unfair sei, da unterschiedliche Regierungen unterschiedliche Gesetze anwendeten. Richtig ist, dass unterschiedliche gesetzliche Regelungen zu internationalen Wettbewerbsverzerrungen führen und damit auch handelshemmend wirken können. Im Sinne eines freieren Handels ist es jedoch sinnvoller, derartige Handelshemmnisse abzubauen, anstatt ausgleichende Schutzmaßnahmen zu ergreifen. Im Rahmen internationaler Abkommen wird z. B. versucht, gleiche und damit auch fairere Bedingungen für Handelspartner zu schaffen.

8.3.1 Tarifäre Handelshemmnisse

Zu den tarifären Handelshemmnissen zählen staatliche Abgaben wie z. B. Zölle. Zölle werden auf eingeführte, ausgeführte oder durchs Land geleitete Güter erhoben. Ziel der Zollerhebung ist einerseits die Erzielung von Einnahmen durch den Staat (finanzpolitisches Ziel). Andererseits dienen Zölle zum Schutz der inländischen Industrie (wirtschaftliches Ziel). Die EU gewährt einer Reihe von Entwicklungsländern Zollvergünstigungen (Zollpräferenzen) mit dem Ziel, die internationale Wettbewerbsfähigkeit dieser Länder zu verbessern. Mit der Erhebung von Einfuhrzöllen verteuern sich die importierten Güter. Damit kommt es zu einer Verzerrung des internationalen Handels.

8.3.2 Nichttarifäre Handelshemmnisse

Nichttarifäre Handelshemmnisse können mengenmäßige Beschränkungen (Kontingente), aber auch Subventionen, bürokratische oder technische Vorschriften sein. Wie tarifäre Handelshemmnisse führen sie zur Verzerrung zwischen den Weltmarktpreisen und inländischen Güterpreisen.

Unter einem **Kontingent** wird die wert- oder mengenmäßige Begrenzung für bestimmte Erzeugnisse verstanden. Kontingente können sowohl für Importe als auch für Exporte festgesetzt werden. Üblicherweise werden aber Einfuhrkontingente (Importquoten) verhängt. Es besteht die Möglichkeit, den Import für einen festgelegten Zeitraum auf eine Höchstmenge (sog. Mengenkontingent) oder auf einen Höchstwert (sog. Wertkontingent) zu beschränken. Den inländischen Produzenten wird so ein bestimmter Marktanteil bzw. ein bestimmter Marktwert gesichert. Daraus ergibt sich, dass das betreffende Gut preislich über dem Weltmarktpreis liegt. Es kann aber im internationalen Handel auch Ausfuhrkontingente geben. Die Länder legen sich selbst eine bestimmte Exportquote auf, z. B. die ölexportierenden Länder der **OPEC**.

Unter **Subventionen** werden staatliche Begünstigungen verstanden. Sie können durch direkte Geldleistungen und steuerliche Ermäßigungen vom Staat an eine bestimmte Gruppe geleistet werden. Hierzu können Unternehmen, aber auch private Haushalte gehören. Subventionen verlangen keine Gegenleistungen. Mittels Subventionen wird der Außenhandel beeinflusst, da subventionierte Unternehmen eines Landes Güter auf dem Weltmarkt kostengünstiger anbieten können als andere Länder. Die Wettbewerbsposition der subventionierten Unternehmen verbessert sich dementsprechend. Subventionen an private Haushalte werden als Transferzahlungen bezeichnet.

Handelshemmnisse, die auf unterschiedliche technische und bürokratische Vorschriften zurückzuführen sind, können den internationalen Handel genauso behindern wie geschlossene Grenzen. **Technische Vorschriften** können sich auf das Produkt selbst (Beschaffenheit, Normen), auf die Produktionsverfahren (Herstellung, Transport, Hygienevorschriften usw.) oder auf die Bewertung von Produkten (Prüfung, Zertifizierung, Zulassung) beziehen. Technische Vorschriften sind oft unüberwindbare Handelshemmnisse. Die Kosten zur Umrüstung der Güter, damit sie den Vorschriften des Landes entsprechen, sind oft so hoch, dass sich der Handel gar nicht mehr lohnt.

> **Beispiel** In Deutschland besteht seit 1516 eine Vorschrift, nach der Bier nur aus Malz mithilfe von Hefe, Wasser und Hopfen gebraut werden darf (Reinheitsgebot). „Biere", die u. a. mit Geschmacksmanipulatoren und Konservierungsmitteln versetzt sind, dürfen auf dem deutschen Markt nicht vertrieben werden.
> Das Reinheitsgebot gilt nach wie vor für in Deutschland gebrautes Bier. Aufgrund eines Urteils des Europäischen Gerichtshofes können seit 1987 aber auch Biere aus EU-Ländern in Deutschland vertrieben werden, die nicht nach dem Reinheitsgebot gebraut wurden.

Bürokratische Regelungen können sich z. B. aus Vorschriften und internen Verwaltungsanweisungen ergeben. Wenn jedes Land unterschiedliche technische und bürokratische Vorschriften erlässt, wirkt sich dies negativ auf den internationalen Handel aus. Es kommt zu einer Verzögerung und Verteuerung der Produktion, und der grenzüberschreitende Handel wird erschwert.

OPEC
Abkürzung für Organization of the Petroleum Exporting Countries. Die OPEC betreibt eine gemeinsame Erdölpolitik.
www.opec.org

Transferzahlungen, vgl. **3.3**

8.4 Außenwert des Geldes und Wechselkurssysteme

AB → Lernsituation 83   ### 8.4.1 Außenwert des Geldes

Binnenwert des Geldes, vgl. 7.1

Da für den Export und Import von Waren finanzielle Transaktionen erforderlich sind, ist der Außenwert des Geldes für den internationalen Handel von besonderer Bedeutung.

Der Exporteur hat ein besonderes Interesse daran, dass er für seine Leistung seine Inlandswährung erhält. Er ist Zahlungsempfänger und gibt daher das Geld in der Regel im Inland aus. Der Importeur möchte in der Regel seine Zahlungsverpflichtung nicht in einer Fremdwährung, sondern in seiner Inlandswährung begleichen. Exporteur und Importeur müssen sich in diesem Fall auf eine Währung einigen. Währungen werden auf dem sogenannten Devisenmarkt gehandelt. Der Preis für eine Währung wird in Form eines Wechselkurses dargestellt. Durch den Wechselkurs kann der Außenwert einer Währung bestimmt werden. Der Außenwert gibt an, wie viele Einheiten ausländischer Währung man auf dem Devisenmarkt für eine Einheit inländischer Währung erhält. Erhält man für 1,00 € am Devisenmarkt 0,90 US-$, so beträgt der Außenwert des Euro 0,90 US-$.

Mit diesem errechneten Wert weiß man aber noch nicht, wie hoch die Kaufkraft des umgetauschten Geldes im Ausland ist. Bekommt man für das Geld mehr oder weniger Waren als im Inland? Oder anders ausgedrückt: Sind die Güter und Dienstleistungen im Ausland teurer oder billiger als im Inland?

Warenkorb, vgl. 2.3

Möchte man den Wert des Geldes im Ausland messen, muss man die Preise sämtlicher Güter des inländischen Warenkorbs (z. B. repräsentativer Warenkorb eines 4-Personen-Haushalts in Deutschland) im betreffenden Ausland ermitteln. Den ermittelten Wert des Warenkorbs in der entsprechenden Fremdwährung (z. B. US-$) rechnet man zum aktuellen Wechselkurs in inländische Währung (z. B. Euro) um. Ist der Warenkorb im Ausland (USA) teurer als im Inland (Deutschland), hat die inländische Währung im Ausland weniger Kaufkraft.

Diese beschriebene Vorgehensweise scheitert an einem Problem. Den inländischen repräsentativen Warenkorb wird man in einer identischen Zusammensetzung niemals im Ausland kaufen können. Selbst in europäischen Nachbarländern, deren Kulturen nahe beieinander liegen, ist das nicht möglich. Unmöglich wird es beispielsweise, einen deutschen Warenkorb im fernöstlichen Ausland zu packen, da die meisten Waren unseres Warenkorbes dort nicht in identischer Art gekauft werden können.

Das Problem der unterschiedlichen Warenkörbe brachte die Redakteure der britischen Wochenzeitschrift The Economist auf eine Idee. Sie suchten nach einem Produkt, das weltweit identisch zu kaufen ist. Sie entwickelten im Jahr 1986 den sogenannten **Big-Mac-Index**. Der Big Mac ist ein Produkt, das es fast überall auf der Welt in standardisierter Größe, Zusammensetzung und Qualität gibt. Der Big Mac stellt sozusagen einen Mini-Warenkorb dar, den man in über 140 Ländern der Erde kaufen kann. Vergleicht man den Preis des Big Macs im Inland mit dem Preis des Big Macs im Ausland, kann man sagen, ob die inländische Währung im Ausland mehr oder weniger Kaufkraft hat. Vergleichbar werden die Preise natürlich erst durch die Umrechnung zu dem zu der Zeit herrschenden Wechselkurs der zwei verglichenen Landeswährungen.

8.4.2 Wechselkurssysteme

Werden Verträge in **Fremdwährung** (**Devisen**) abgeschlossen, so muss der Schuldner die Devisen beschaffen. Gläubiger hingegen verkaufen erhaltene Devisen wieder, um inländische Währung zu bekommen. Devisen werden zum Handelsgut, wenn sie grenzüberschreitend übertragbar sind. Der Devisenhandel wird über spezielle Devisenmärkte abgewickelt. Marktteilnehmer sind im Regelfall die Notenbanken. Die EZB errechnet täglich für eine Reihe von gehandelten Währungen Euro-Referenzkurse.

Im System **freier Wechselkurse** gelten die Gesetze der freien Preisbildung. Die Marktteilnehmer handeln den Preis für jedes einzelne Geschäft aus. Da freie Wechselkurse dem Marktgeschehen unterliegen, können starke Schwankungen auftreten. Im Extremfall können sie sich im Stundentakt oder sogar in kürzeren Zeitabschnitten ändern. Starke Kursschwankungen erschweren vor allem die langfristige Kalkulation im internationalen Güterhandel und bei der grenzüberschreitenden Kapitalanlage. Durch entsprechende Gegengeschäfte wie z. B. **Devisentermingeschäfte** lassen sich die Risiken absichern.

Neben den freien Wechselkursen gibt es noch das System der festen Wechselkurse und das System der Wechselkurse mit Bandbreiten. Im System **fester Wechselkurse** vereinbaren die Staaten einen festen Wechselkurs. Damit ist allerdings das Problem verbunden, dass der Kurs möglicherweise nicht dem aktuellen Marktpreis entspricht. Der feste Kurs muss daher von Zeit zu Zeit angepasst werden.

Die **Wechselkurse mit Bandbreiten** weisen sowohl Elemente des Systems freier Kurse als auch fester Kurse auf. Um einen festgelegten Wechselkurs sind Kursschwankungen in einer gewissen Bandbreite möglich.

Devisentermingeschäfte
Geschäfte, bei denen der Tausch von gehandelten Währungen zu einem bestimmten Termin in der Zukunft vereinbart wird. Der Tauschkurs wird bereits bei Geschäftsabschluss vereinbart.

Wechselkurse

Wechselkurse
– geben den Preis von x Einheiten Inlandswährung für eine Einheit Fremdwährung an
– sind Kurse für ausländisches Buchgeld (Devisenkurse) oder ausländisches Bargeld (Sortenkurse)
– werden auf der Basis unterschiedlicher Wechselkurssysteme gebildet

Freie Wechselkurse	**Feste Wechselkurse**	**Leitkurse mit Bandbreite**
– Marktpreise durch Angebot und Nachfrage – Gefahr starker Schwankungen (unsichere Kalkulationsgrundlage und Kursrisiken) – Automatische Anpassung an veränderte Rahmenbedingungen – Abbildung des realen Außenwerts – Gegensteuerung durch die Zentralbanken nur im Ausnahmefall	– Festlegung durch Währungsbehörde – Keine Schwankungen – Problem der Über- und Unterbewertung – Neufestsetzung des Wechselkurses als Anpassung an veränderte Marktverhältnisse – Problem: Abwertungswettläufe	– Bestimmung des Leitkurses und der Bandbreite durch die Teilnehmerländer – Interventionsverpflichtung der beteiligten nationalen Notenbanken – Bremsender Effekt auf Kursausschläge durch die Bandbreite (Begrenzung des Kursrisikos) – Neufestsetzung des Wechselkurses nur im Ausnahmefall

Beispiel Freier Wechselkurs zwischen Euro und US-Dollar (US-$)

Ausgangskurs 1 € = 1,25 US-$

Annahme

Die Attraktivität des Dollar steigt, alle Rahmenbedingungen sprechen für das Dollar-Währungsgebiet. Die Nachfrage nach Euro sinkt.

Annahme

Die Attraktivität des Euro steigt, alle Rahmenbedingungen sprechen für das Euro-Währungsgebiet. Die Nachfrage nach Euro steigt.

Abwertung des Euro; Kurs: 1 € = 1,20 US-$
– Dollar-Besitzer muss weniger für den Euro ausgeben (Euro wird billiger).
– Euro-Besitzer muss mehr für den Dollar bezahlen (Dollar wird teurer).
– Im Umkehrschluss ist die Abwertung des Euro mit einer Aufwertung des Dollar verbunden.

Aufwertung des Euro; Kurs: 1 € = 1,30 US-$
– Dollar-Besitzer muss mehr für den Euro ausgeben (Euro wird teurer).
– Euro-Besitzer muss weniger für den Dollar bezahlen (Dollar wird billiger).
– Im Umkehrschluss ist die Aufwertung des Euro mit einer Abwertung des Dollar verbunden.

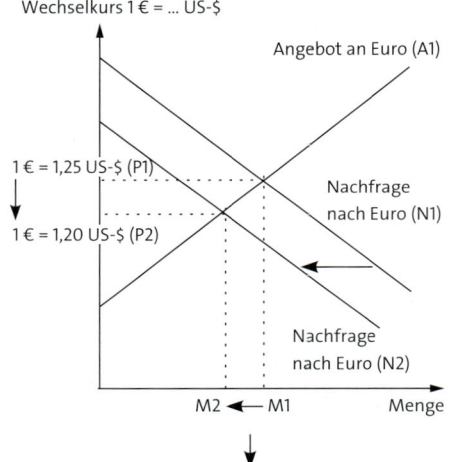

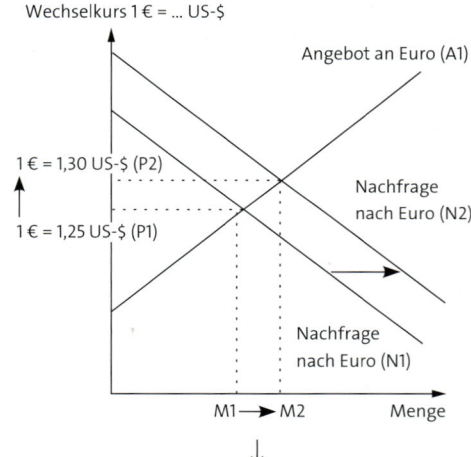

Folgen
– Exporterlöse in Euro steigen
– Exportinduziertes Wachstum mit Beschäftigungseffekten
– Ausgaben für Güterimporte steigen
– Höhere Preise für Importe (negativ bei Importabhängigkeit von Vorprodukten)
– Höhere Preise für Auslandsreisen
– Wachstumseffekte durch verstärkten Kauf inländischer Produkte
– Tendenziell steigender Außerbeitrag zum BIP
– Tendenziell steigende Kapitalimporte und sinkende Kapitalexporte
– Problem:
Trendverstärkung durch Spekulanten, die auf eine weitere Abwertung setzen und Euro gegen Fremdwährung verkaufen (Kursgewinne bei Verkauf nach Abwertung)

Folgen
– Ausgaben für Importe in Euro sinken
– Bremseffekt für Wachstum und Beschäftigung
– Exporterlöse sinken
– Niedrigere Preise für Importe (positiv bei Importabhängigkeit)
– Niedrigere Preise für Auslandsreisen
– Wachstumsverlust durch verstärkten Kauf ausländischer Produkte
– Tendenziell sinkender Außenbeitrag zum BIP
– Tendenziell steigende Kapitalexporte und sinkende Kapitalimporte
– Problem:
Trendverstärkung durch Spekulanten, die auf eine weitere Aufwertung setzen und Euro gegen Fremdwährung kaufen (Kursgewinne bei Verkauf nach Aufwertung)

8.5 Globalisierung

AB → Lernsituation 84

Da sich die Globalisierung der Wirtschaft als sehr komplex darstellt, werden hier lediglich die wichtigsten Aspekte der Globalisierung dargestellt. Schlägt man im Duden das Wort „globalisieren" nach, so findet man als Erklärung „auf die ganze Erde ausdehnen". Die Globalisierung kann es somit in verschiedenen Bereichen geben, wie z. B. in der Wirtschaft, der Musik, dem Sport und der Kunst. In diesem Abschnitt wird nur die **Globalisierung der Wirtschaft** genauer betrachtet.

Die Globalisierung ist wahrscheinlich so alt wie die Menschheit selbst. Bereits in der Antike haben die verschiedenen Länder „globalisiert", indem sie ihren Einfluss und ihren Handel bis an die Grenzen der damaligen Welt ausgedehnt haben. Im Laufe der Zeit erhielt die Globalisierung durch die Verselbstständigung von Handel und Recht immer mehr Auftrieb. Mit der **industriellen Revolution** im 18. Jahrhundert wurde auch der internationale Handel entscheidend vorangetrieben. Ein weltweiter Warenaustausch ergab sich schließlich, als sich Staaten über ihre Grenzen hinaus ausweiteten und Kolonien in Afrika gründeten (Imperialismus 1870–1918). Dennoch hatte die Globalisierung noch nicht die heutigen Ausmaße erreicht.

Die **Globalisierung im heutigen Sinne** wurde vor allem durch die Neuen Informations- und Kommunikationstechnologien (NIKT), das Informations- und Transportwesen, neue Organisationsformen der betrieblichen Produktionsprozesse sowie Liberalisierungs- und **Deregulierung**smaßnahmen vorangetrieben. Sie bewirkte die Entstehung weltweiter Märkte, wie z. B. für Güter, Arbeitskräfte, Finanzen und Dienstleistungen. Die Globalisierung der Wirtschaft hat sich in den letzten Jahren deutlich beschleunigt. Die Hauptakteure sind Unternehmen und Finanzinstitute, die in vielen Staaten vertreten sind und als „Global Player" auftreten.

Industrielle Revolution
schneller und sozial spannungsreicher Übergang von der Agrar- zur Industriegesellschaft. Die industrielle Revolution begann in Großbritannien und wurde z. B. möglich durch die Erfindung der Dampfmaschine.

Deregulierung
Verringerung des staatlichen Einflusses auf die Wirtschaft und Schaffung von Entscheidungsspielräumen für Unternehmen

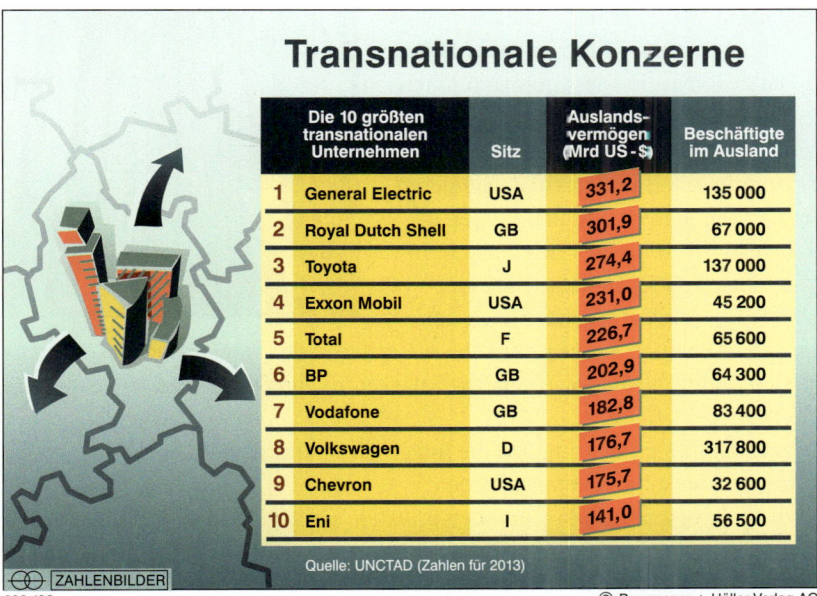

Transnationale Konzerne

Die 10 größten transnationalen Unternehmen	Sitz	Auslandsvermögen (Mrd US-$)	Beschäftigte im Ausland
1 General Electric	USA	331,2	135 000
2 Royal Dutch Shell	GB	301,9	67 000
3 Toyota	J	274,4	137 000
4 Exxon Mobil	USA	231,0	45 200
5 Total	F	226,7	65 600
6 BP	GB	202,9	64 300
7 Vodafone	GB	182,8	83 400
8 Volkswagen	D	176,7	317 800
9 Chevron	USA	175,7	32 600
10 Eni	I	141,0	56 500

Quelle: UNCTAD (Zahlen für 2013)

ZAHLENBILDER
632 126

© Bergmoser + Höller Verlag AG

Die wirtschaftlichen und politischen Beziehungen zwischen Einzelstaaten, internationalen Organisationen, Global Players und NGOs bilden somit ein sehr komplexes Netz der Weltwirtschaft. Die Weltwirtschaft zeichnet sich überdies durch eine hohe internationale Arbeitsteilung und eine gegenseitige Abhängigkeit aus.

NGOs, vgl. **1.1**

Arbeitsteilung, vgl. **TAF 11.4, 2.2**

8.5.1 Antriebskräfte der Globalisierung

Es sind vor allem drei Entwicklungen, die die Globalisierung vorantreiben:
- Liberalisierung der Märkte
- technologischer Fortschritt
- politische und wirtschaftliche Entwicklungen

Liberalisierung der Märkte

GATT, WTO, vgl. **8.6**

Handelshemmnisse, vgl. **8.3**

Seit Gründung des GATT (1947, heute: WTO) wurde die Globalisierung auf den internationalen Märkten mehr und mehr vorangetrieben. Zunächst kam es durch die Vereinbarungen des GATT zum Abbau von Handelshemmnissen für den internationalen Güteraustausch. Erst in den 70er-Jahren setzte dann auch die Liberalisierung von Devisen- und Kapitalverkehr ein. Die Kapitalmobilität hat sich durch die globalen Finanzmärkte, die seither entstanden sind, immer mehr erhöht. Auf dem Dienstleistungssektor kam es zur Deregulierung und Privatisierung, z. B. in den Bereichen Bankdienstleistungen, Transport, Telekommunikation und Versicherungen.

Die NIKT sorgt dafür, dass **Dienstleistungen** verstärkt international ausgetauscht werden. Zu den Dienstleistungen zählen z. B. die Bereiche Wirtschaftsprüfung, rechtliche Beratung, Transport, Bankdienstleistungen, Wertpapierhandel, Versicherung. Der Handel mit Dienstleistungen ist sozusagen ein „unsichtbarer" Handel, denn er erfolgt überwiegend über Computer. Zurzeit entfallen gut zwei Drittel der Produktion und der Beschäftigung in den Industrieländern auf den Dienstleistungssektor.

Kennzeichen für die Globalisierung auf den **Finanzmärkten** (Geld- und Kapitalmarkt) ist die erhöhte Mobilität des Kapitals. Hier geht es nicht nur um Geldkapital, das blitzschnell von einem Börsenplatz zu einem anderen bewegt werden kann, sondern auch um Sachkapital. Für die starke Expansion des Umsatzvolumens an den internationalen Finanzmärkten sind mehrere Faktoren verantwortlich:

Sachkapital
Realkapital ist die Summe aller Güter, die neben den Produktionsfaktoren Boden und Arbeit für die Güterproduktion eingesetzt werden, z. B. Maschinen, Gebäude und Werkzeuge

- Die Unternehmen wollen auf expandierenden Märkten präsent sein und tätigen Direktinvestitionen. Diese Vertiefung der internationalen Arbeitsteilung zieht eine Ausweitung der Finanzströme nach sich.
- Länder und Regionen, die bisher keinen Zugang zu den internationalen Finanzmärkten hatten, werden wirtschaftlich stärker und hoffen auf zinssenkende Effekte.
- Die weltweite Deregulierung hat die Integration nationaler und regionaler Finanzmärkte bedeutend vorangetrieben.
- Durch das Investmentsparen und den privaten Vermögensaufbau wird vermehrt Kapital auf den internationalen Finanzmärkten angelegt.

Zölle, vgl. **8.3**

Infolge sinkender Transport- und Kommunikationskosten sowie der fortschreitenden Marktöffnung (z. B. Abbau von Zöllen und Einfuhrbeschränkungen) ist die Globalisierung der **Gütermärkte** weiter vorangeschritten. Langfristig bedeutet dies eine weltweite Ausweitung des Warenangebot verbunden mit sinkenden Preisen. Einheimische Unternehmen können dem Preisdruck oft nicht standhalten und geben die Produktion ganz auf oder verlagern sie ins Ausland.

Der Produktionsfaktor Arbeit ist bei Weitem nicht so mobil wie bei Gütern und Kapital. Daher werden die **Arbeitsmärkte** durch die Globalisierung nur teilweise durchlässiger. Gleichwohl hat die Globalisierung gravierende Auswirkungen auf den Arbeitsmarkt. Hochqualifizierte, leistungsmotivierte und flexible Arbeitnehmer können gewissermaßen weltweit eine Anstellung finden. Weniger gut qualifizierte Arbeitnehmer geraten in eine schwierige Situation. Ihre Arbeitsplätze werden wegrationalisiert und sie treten in direkte Konkurrenz mit Arbeitnehmern aus Niedriglohnländern.

Technologischer Fortschritt

Durch die **NIKT** sind die Transport- und Kommunikationskosten in den letzten Jahren beachtlich gefallen. Erst durch die NIKT ist es möglich geworden, dass Unternehmen ihren Tätigkeitsbereich weltweit koordinieren und beim Transport von Gütern, Personen und Informationen in dramatischem Ausmaß Kosten einsparen können. Das gilt inzwischen für alle Bereiche unternehmerischen Handelns, für Produktion, Marketing und Finanzierung ebenso wie für Forschung und Entwicklung.

Politische und wirtschaftliche Entwicklung

Auch die politischen Entwicklungen der 90er-Jahre haben einen entscheidenden Beitrag zur Globalisierung geleistet. Nachdem die Marktwirtschaft gegenüber sozialistischen Planwirtschaften an Überlegenheit gewonnen hat, verwischen sich zunehmend auch die Grenzen unterschiedlicher politischer und wirtschaftlicher Systeme. Durch den fortschreitenden Transformationsprozess in Mittel- und Osteuropa liegen die Niedriglohnländer z. B. für Deutschland direkt vor der Haustür. Die Unternehmen können in den Ländern mit niedrigen Lohnkosten billiger produzieren. Aber auch Länder in Asien, Südamerika und Afrika versuchen ihren materiellen Wohlstand durch zunehmende Exporte in die Industrieländer zu erhöhen

Produktionsfaktoren, vgl. **TAF 11.4**, **2.2**

Arbeitsmarkt, vgl. **3.4**

Arbeitslosenquote, vgl. **2.2**

NIKT
Neue Informations- und Kommunikationstechnologie

8.5.2 *Die Auswirkungen der Globalisierung*

Die mit der Globalisierung einhergehenden wirtschaftlichen und sozialen Entwicklungen auf den Güter-, Finanz- und Arbeitsmärkten beeinflussen die Lebenssituation jedes Einzelnen. In den privaten und öffentlichen Diskussionen ist die Globalisierung ein kontroverses Thema.

Wirtschaftsordnung, vgl. **TAF 11.4**, **7**

Positive Auswirkungen

- Die Öffnung von Märkten fördert den Handel. Es entstehen neue Unternehmen und neue Arbeitsplätze. Dies bewirkt einen Wohlstandszuwachs der Länder.
- Es kommt zu einer Technologieübertragung von hoch entwickelten Ländern zu Entwicklungsländern.
- Durch die Verlegung von Unternehmensstandorten in Niedriglohnländer erhöht sich dort das Einkommen und das Wohlstandsniveau steigt. Die Wohlstandsunterschiede zwischen den Ländern können so langfristig ausgeglichen werden.
- Multinationale Unternehmen haben die Möglichkeit, neue Produkte und Ideen in vielen verschiedenen Ländern anzubieten. Ohne diese Unternehmen würden Erzeugnisse zumeist nur in den Ursprungsländern angeboten werden.
- Der Zwang zum Strukturwandel kommt letztlich allen Ländern zugute.

Negative Auswirkungen

- Die multinationalen Unternehmen haben die Möglichkeit, ihre Gewinne in Regionen mit niedrigen Steuersätzen zu verlagern.
- Der harte Wettbewerb um Investoren, Kapital und Arbeitsplätze bereitet der Politik immer größere Schwierigkeiten, soziale Sicherheit und soziale Gerechtigkeit zu gewährleisten (Gefahr des „Sozial-Dumpings").
- Weltweit agierende Unternehmen lassen sich kaum mehr ökonomisch und politisch kontrollieren.
- Entwicklungsländer stehen in einer zunehmenden Abhängigkeit von den multinationalen Unternehmen.
- Unternehmensstandorte werden in Länder mit geringen Umweltvorschriften verlagert.
- Durch Zunahme internationaler Transporte erhöht sich die Umweltzerstörung.
- Letztlich sind die Nationen Gewinner, die über moderne Techniken, flexible und billige Arbeitskräfte verfügen.
- Die nationale Politik verliert Handlungsspielräume und damit an Möglichkeiten, die Märkte zu regulieren.

Der Prozess der Globalisierung ist gestaltungsbedürftig, da viele Probleme international verursacht und mit nationalen Mitteln nicht zu beherrschen sind. Erforderlich sind daher internationale Regelungen, die die Grundlage einer **Weltwirtschaftsordnung** darstellen können.

8.6 *Internationale Organisationen und Abkommen*

Vor allem seit den 70er-Jahren verschmelzen immer mehr nationale und internationale Märkte zu Weltmärkten und immer größere, multinationale Unternehmen entstehen. Diese Entwicklung führt zu neuen Anforderungen an die weltweiten Regeln für den Handel.

Eine tragfähige **Weltwirtschaftsordnung** sollte mit ihren Vorschriften den grenzüberschreitenden Handel von Waren, Dienstleistungen, Kapital und Arbeit regeln. Das erweist sich allerdings als außerordentlich schwierig, weil kein geschlossenes Regelwerk existiert. Vielmehr besteht die derzeitige Wirtschaftsordnung aus vielen verschiedenen Organisationen und Abkommen, die die Handelsbeziehungen und die wirtschaftliche Zusammenarbeit zwischen den Mitgliedstaaten regeln.

Deutschland ist seit 1973 Mitglied der UNO.

UNO: www.un.org und www.unric.org

Die **UNO** (United Nations Organization) mit Sitz in New York hat die Entwicklung der Weltwirtschaft bisher mit ihren Unterorganisationen entscheidend gefördert. Sie hat u. a. die Aufgabe, den Weltfrieden zu wahren, freundschaftliche Beziehungen zwischen den Nationen zu entwickeln sowie den Lebensstandard und die Menschenrechte zu fördern. Im Laufe der Zeit entstand eine Reihe von internationalen Einrichtungen zur Förderung der Weltwirtschaft, z. B. Welthandelsorganisation, Internationaler Währungsfonds und Weltbank.

Die **UNCTAD** (United Nations Conference on Trade and Development) wurde als ständiges Organ der UNO gebildet. Die Gründung der UNCTAD entsprach vor allem den Wünschen der Entwicklungsländer, die ihre Interessen in den bestehenden internationalen Institutionen nicht genügend berücksichtigt sahen und ein spezielles Forum für den Nord-Süd-Dialog verlangten. Ziel der UNCTAD ist die Förderung der Umstrukturierung des Welthandels zugunsten der Entwicklungsländer und die Förderung des Handels zwischen den Entwicklungsländern.

UNCTAD: www.unctad.org

Die Internationale Arbeitsorganisation **ILO** (International Labour Organization), gegründet 1919, ist eine Sonderorganisation der Vereinten Nationen mit Hauptsitz in Genf. Sie ist zuständig für die Formulierung und Durchsetzung internationaler Arbeits- und Sozialstandards. Die ILO verfügt über eine dreigliedrige Struktur, die im UN-System einzigartig ist: Die 187 Mitgliedsstaaten sind in den Organen der ILO durch sowohl von Repräsentanten der Regierungen als auch von Repräsentanten der Arbeitnehmer und Arbeitgeber vertreten. Dies für Deutschland ganz selbstverständliche Konstrukt ist für viele Mitgliedsstaaten fremd und gewöhnungsbedürftig.

www.ilo.org

Schwerpunkte der Arbeit der ILO sind die Formulierung und Durchsetzung internationaler Arbeits- und Sozialnormen, insbesondere der Kernarbeitsnormen, die soziale und faire Gestaltung der Globalisierung sowie die Schaffung von menschenwürdiger Arbeit als einer zentralen Voraussetzung für die Armutsbekämpfung. Die weltweit geltenden Mindeststandards sollen die Rechte bei der Arbeit und damit menschenwürdige Arbeit für alle Menschen auf der Welt sicherstellen.

Bis 1994 war das Allgemeine Zoll- und Handelsabkommen **GATT** (General Agreement on Tariffs and Trade) das maßgebliche Instrument zur Regulierung des Welthandels. In der Anfangsphase bestand das Hauptziel des GATT im Abbau von internationalen Zollschranken. Später wurde der Abbau aller Handelshemmnisse zum Hauptziel, da der zunehmende Abbau von Zöllen von der Errichtung neuer, nichttarifärer Handelshemmnisse begleitet war. 1995 wurde das GATT durch die Welthandelsorganisation WTO (World Trade Organization) abgelöst.

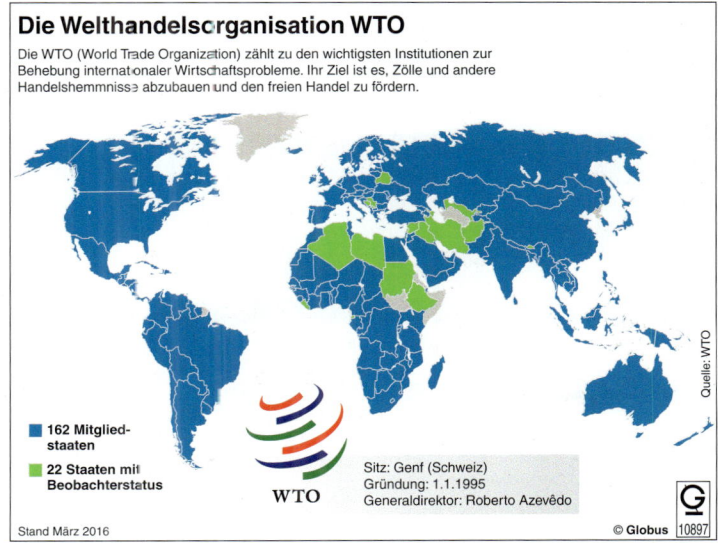

Die WTO soll im Gegensatz zum GATT die Handelspraktiken der Mitgliedstaaten überwachen, da sie über mehr Entscheidungskompetenzen verfügt. Zu den Aufgaben der WTO zählt die Überwachung der Einhaltung des Allgemeinen Zoll- und Handelsabkommens sowie der Beschlüsse der einzelnen GATT-Runden.

Seit 1951 ist Deutschland Mitglied der WTO (zuvor GATT).

WTO: www.wto.org

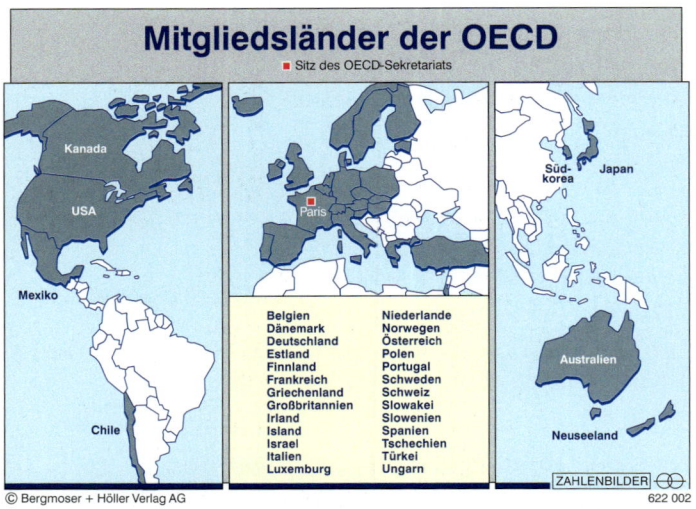

Mitgliedsländer der OECD

OECD: www.oecd.org

Deutschland ist seit 1949
Mitglied der OECD.

Die **OECD** (Organization for Economic Cooperation and Development) wurde zur Förderung der wirtschaftlichen Zusammenarbeit und Entwicklung gegründet. Mitglieder sind vor allem die westlichen Industrieländer. Die Aufgaben der OECD sind:

- Koordination der Konjunktur- und Währungspolitik
- Koordination der Entwicklungshilfe für Entwicklungsländer und bedürftige OECD-Länder
- Förderung und Ausweitung des Welthandels
- Beobachtung der Wirtschaftsentwicklung ihrer Mitglieder, Veröffentlichung von umfangreichen Statistiken und ökonomischen Empfehlungen

In Bretton Woods (New Hampshire, USA) wurden 1944 die Verträge zur Gründung des Internationalen Währungsfonds und der Weltbank beschlossen. Die Mitglieder des **Internationalen Währungsfonds** (IWF) haben sich dazu verpflichtet,

- mit dem IWF und den anderen Mitgliedsländern zusammenzuarbeiten, um geordnete Wechselkursregelungen zu gewährleisten und somit ein stabiles Wechselkurssystem zu fördern;
- enger zusammenzuarbeiten in Fragen der internationalen Währungspolitik und des zwischenstaatlichen Zahlungsverkehrs (z. B. Beseitigung von Devisenverkehrsbeschränkungen);
- Hilfe bei Zahlungsbilanzdefiziten eines Mitgliedstaates zu leisten.

Jedes Mitglied bekommt aufgrund seiner wirtschaftlichen und finanziellen Lage eine Einzahlungsquote zugewiesen. Nach ihr bemisst sich das Stimmrecht in den IWF-Organen und die Zuteilung der Sonderziehungsrechte. Benötigt ein Land Devisen, um ein Zahlungsbilanzdefizit zu decken, hat es aufgrund des Sonderziehungsrechtes das Recht, Devisen gegen eigene Währung zu erwerben. Sonderziehungsrechte können so als Kunstwährung des IWF bezeichnet werden. Die vom IWF gewährten Devisenkredite müssen vom Mitgliedsland verzinst und zurückgezahlt werden.

Die Zugehörigkeit von Staaten zur **Weltbank** (Internationale Bank für Wiederaufbau und Entwicklung) ist an die Mitgliedschaft im IWF gekoppelt. Ursprünglich

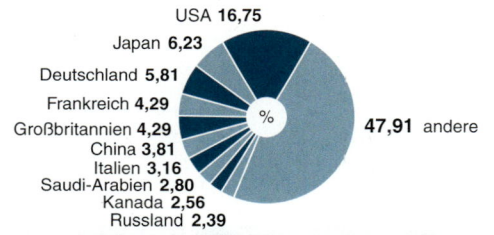

So funktioniert der IWF

Der Internationale Währungsfonds (IWF) überwacht die weltweite Geldpolitik und vergibt Kredite an Staaten. Ihm gehören 188 Mitgliedsstaaten an.

Das Stimmengewicht in den Führungsgremien (Gouverneursrat und Vorstand) hängt vom Kapitalanteil ihrer Länder und von Basisstimmen ab. Der Stimmenanteil beträgt:

USA **16,75**
Japan **6,23**
Deutschland **5,81**
Frankreich **4,29**
Großbritannien **4,29**
China **3,81**
Italien **3,16**
Saudi-Arabien **2,80**
Kanada **2,56**
Russland **2,39**

47,91 andere

Gouverneursrat
- je 1 Vertreter der 188 Mitgliedsländer (in der Regel der Finanzminister oder der Chef der Notenbank)
- trifft sich einmal pro Jahr

bestimmt und wählt

Vorstand
- besteht aus 24 Vertretern und Mitgliedern

5 ernannte Vertreter aus USA, Japan, Deutschland, Frankreich, Großbritannien

19 gewählte Mitglieder, die zum Teil mehrere Länder vertreten

wählt und kontrolliert

Direktorium

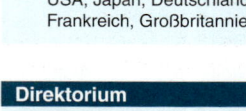

Direktorin
seit Juli 2011
Christine Lagarde

sowie 3 Stellvertreter

dpa•20592   Stand: Juni 2014   Quelle: IWF

setzte die Weltbank ihre finanziellen Mittel für den Wiederaufbau Europas nach dem Zweiten Weltkrieg ein. Ab 1950 wandte sie sich der Kreditgewährung für Entwicklungsländer zu. Zur Weltbankgruppe gehören vier weitere Tochterorganisationen, u.a. die Internationale Entwicklungsorganisation (IDA). Das gemeinsame Ziel dieser Organisationen ist die wirtschaftliche und soziale Entwicklung weniger entwickelter Mitgliedsländer durch finanzielle Hilfen, Beratung und technische Unterstützung.

Die Weltbank

Jim Yong Kim

- gegründet 1945
- 188 Mitglieder, größter Anteilseigner: USA
- Präsident seit 2012: Jim Yong Kim (KOR, USA) gewählt für 5 Jahre
- Hauptaufgaben: Entwicklungshilfe, Armutsbekämpfung, Klimaschutz

Wichtigste Organisationen

IBRD Internationale Bank für Wiederaufbau und Entwicklung	**IDA** Internationale Entwicklungsorganisation
vergibt günstige Kredite für Entwicklungs- und Schwellenländer	vergibt zinslose Kredite und Zuschüsse an die ärmsten Länder der Welt
erwirtschaftet nötige Mittel auf dem Kapitalmarkt	finanziert Hilfe durch Beiträge der Mitgliedsländer

Kreditnehmer
Im Jahr 2013 vergaben IBRD und IDA zusammen **Kredite** in Höhe von **31,5 Milliarden Dollar.** Davon in Prozent für diese Regionen:

- Naher Osten und Nordafrika: 7
- Südasien: 14
- Afrika*: 26 %
- Lateinamerika und Karibik: 16
- Ostasien und Pazifik: 20
- Europa und Zentralasien: 17

*ohne Nordafrika   Stand September 2014   Quelle: Weltbank   © Globus 6657

8.7 Krisenerscheinungen

Die globalen Finanzmärkte sind besonders krisenanfällig und im Rahmen der nationalen und internationalen Institutionen kaum zu kontrollieren. Die Anleger auf globalen Finanzmärkten entscheiden sich für solche Anlagemöglichkeiten, die ihnen im internationalen Vergleich die höchste **Rendite** versprechen. Überdies spekulieren internationale Anleger auf Kursschwankungen für Wertpapiere sowie Währungen und Preisschwankungen für Rohstoffe.

Aus Sicht der Kapitalnehmer ist Kapitalbeschaffung auf globalen Finanzmärkten mit geringeren Geldbeschaffungskosten verbunden. Werden internationale Kredite jedoch nicht verlängert, können Liquiditätsprobleme auftreten. Ferner ist es von Nachteil, wenn internationale Großaktionäre auf die Geschäftspolitik einwirken, Standorte verlagern oder ihre Anteile für Übernahmezwecke weiterverkaufen. Darüber hinaus ist die Aufnahme von Finanzmitteln in Fremdwährung mit Währungsrisiken verbunden, zumal die Tendenz zu reinen Finanztransaktionen aus spekulativen Gründen steigt. Gefahr droht den globalen Finanzmärkten, wenn Länder ihre Zahlungsfähigkeit verlieren und Kapitalanleger ihre Gelder zurückziehen. Auslöser dafür können konjunkturelle Schwierigkeiten oder instabile politische Verhältnisse sein. Der Abzug von Kapital aus Krisenregionen kann das Vertrauen in die internationalen Kapitalmärkte so erschüttern, dass auch andere Länder von der Kapitalflucht betroffen werden. Es droht ein weltweiter Zusammenbruch der Kapitalmärkte.

Im Jahre 2008 kam es zu gravierenden Turbulenzen auf den internationalen Finanzmärkten. Ausgangspunkt war der US-Wohnimmobilienmarkt, auf dem es massive Übertreibungen gab. Die Hauspreise stiegen von Anfang 2000 bis zu ihrem Höchststand im Sommer 2006 um gut 100 %. Damit entstand eine klassische **Spekulationsblase**. Viele Bürger der USA entschlossen sich, ein Haus zu kaufen, da zunächst für die Kreditaufnahme keine oder nur sehr niedrige Zinsen zu zahlen waren. Leisten konnten sich viele dies aber nicht, die Verschuldung der privaten Haushalte stieg ins Unermessliche. Dass es in den USA keine oder nur eine unzureichende staatliche Aufsicht gab, erleichterte die Kreditvergabe zusätzlich. Das Kreditrisiko erschien den Gläubigern gering, weil sie davon ausgingen, dass die Preise am Immobilienmarkt immer weiter steigen würden.

Rendite
Jährlicher Gesamtertrag eines angelegten Kapitals

Spekulationsblase
Überkaufter Markt, der von der realen Wirtschaft abgekoppelt ist

Die Banken bündelten die Kredite und verkauften das Risiko der Kreditrückzahlung an andere Banken. Dabei packten sie geschickte „Kreditpakete", sodass nicht mehr ersichtlich war, wie groß das Risiko tatsächlich war. Überdies verkauften sie diese gebündelten Kreditprodukte nicht selten über sogenannte Zweckgesellschaften im Ausland. Mit der Zeit konnten immer weniger Hauskäufer ihren Kreditverpflichtungen nachkommen. Die Banken blieben auf ihren Krediten „sitzen" und mussten hohe Abschreibungen vornehmen. Dadurch wurde eine Negativspirale ausgelöst, die schließlich über Ländergrenzen hinaus wirksam wurde. Das führte sogar dazu, dass Großbanken nicht mehr zahlungs- und kreditfähig waren und eine weltweite Finanzkrise ausbrach. Die Finanzmarktkrise erfasste im vollen Umfang auch Europa und Deutschland, sodass der Staat gezwungen war, Maßnahmen zur Rettung einiger Banken zu ergreifen. Ziel dieser Maßnahmen war, das Finanzsystem wieder zu stabilisieren und Schaden von der Gesamtwirtschaft abzuwenden. Auf die Finanzkrise 2008 folgte die Griechenlandkrise und mit ihr die Eurokrise. Die hohe Staatsverschuldung Griechenlands und weiterer europäischer Länder zählen seit dem Jahre 2009 zu den Krisenerscheinungen, deren Ende auch auf längere Sicht noch nicht abzusehen ist.

Viele Staaten sind sich einig, dass die Krise nur durch einen grundlegenden Umbau der globalen Finanzsysteme bewältigt werden kann. Zu den Vorschlägen gehören ein strengeres und effizienteres Kontrollsystem, mehr Eigenkapitalunterlegung für Banken und Finanzgeschäfte, mehr Transparenz, die Gründung einer internationalen Kontrollorganisation sowie eine radikale Neuordnung des Währungssystems.

Übersicht: *Internationale Organisationen und Abkommen*

Weltwirtschaftsordnung Sie ist kein einheitliches Regelwerk, sondern eine Kombination aus verschiedenen Organisationen und Abkommen für verschiedene Bereiche:					
Frieden und Sicherheit	Handel	Entwicklung	Arbeit	Währung	Transfer
– UNO	– WTO (früher GATT) – Regionale Abkommen	– OECD	– ILO	– IWF – Weltbank – Zentralbank	– Weltbank – UNCTAD

Alles klar?

1 Erläutern Sie kurz die Grundidee der antizyklischen Fiskalpolitik. Kapitel 1

2 Nennen Sie die vier Teilziele, die gemäß Stabilitäts- und Wachstumsgesetz zum Erreichen eines gesamtwirtschaftlichen Gleichgewichts notwendig sind.

3 Beschreiben Sie, welche Träger und Akteure neben den staatlich legitimierten Organen Einfluss auf die Wirtschaftspolitik haben.

4 Beschreiben Sie die drei großen Handlungsfelder der Wirtschaftspolitik. Nennen Sie jeweils zwei Beispiele.

5 Erläutern Sie anhand von drei Beispielen, warum das Bruttoinlandsprodukt nur bedingt als Indikator zu Messung des Wohlstandes der Gesellschaft geeignet ist. Kapitel 2

6 Erläutern Sie, welche Berechnungen hinter der monatlich von der Bundesagentur für Arbeit veröffentlichten Arbeitslosenquote stecken.

7 Im Internet lesen Sie folgende Meldung: „Inflationsrate steigt auf 1,5 %". Erläutern Sie, wie das Statistische Bundesamt mithilfe der Warenkorbmethode die Preissteigerungsrate misst.

8 Unterscheiden Sie Handelsbilanz und Dienstleistungsbilanz.

9 Zur Beschreibung der funktionellen Einkommensverteilung werden häufig die Lohnquote und die Gewinnquote herangezogen. Erläutern Sie diese beiden Kennzahlen. Kapitel 3

10 Unterscheiden Sie die primäre und die sekundäre Einkommensverteilung.

11 Beschreiben Sie vier Arten der Arbeitslosigkeit.

12 Erläutern Sie drei Prinzipien, an denen man sich bei der Gestaltung umweltpolitischer Maßnahmen orientieren kann. Kapitel 4

13 Häufige Ursache von Umweltverschmutzungen sind sogenannte externe Effekte. Erläutern Sie, wie es zu negativen externen Effekten kommt.

14 Unterscheiden Sie planungsrechtliche, ordnungsrechtliche, marktwirtschaftliche und informelle Instrumente der Umweltpolitik. Nennen Sie jeweils zwei Beispiele.

15 Beschreiben Sie, warum Umweltqualitätsziele durch die Ausgabe von Emissionslizenzen besonders marktwirtschaftlich erreicht werden können.

16 Beschreiben Sie ausführlich die vier Phasen des Konjunkturzyklus. Kapitel 5

17 Erläutern Sie, wie mithilfe von Konjunkturindikatoren Prognosen für die zukünftige Konjunkturentwicklung erstellt werden können.

18 Nennen Sie jeweils fünf Ausgaben- und Einnahmenposten, die im Haushaltsbuch des Bundes aufgeführt sind. Kapitel 6

19 Erklären Sie den Unterschied zwischen Finanz- und Fiskalpolitik.

20 Die berühmteste und meistzitierte Aussage Keynes' lautet: „In the long run, we are all dead." Erläutern Sie die Bedeutung dieser Aussage vor dem Hintergrund seiner Ideen.

Kapitel 7 **21** Welche Aufgaben hat die EZB im Europäischen Wirtschafts- und Währungssystem?

22 Nennen Sie die drei geldpolitischen Instrumente der EZB.

23 Erläutern Sie Funktion und Wirkung der ständigen Fazilitäten.

24 Erklären Sie den Unterschied zwischen expansiver und restriktiver Geldpolitik

25 In der Zeitung lesen Sie: „Europäische Zentralbank beschließt Erhöhung des Leitzinses von 1,0 % auf 1,25 %." Erläutern Sie die Wirkung dieser geldpolitischen Maßnahme.

Kapitel 8 **26** Erläutern Sie vier Gründe, warum sich viele Staaten durch sogenannten Protektionismus vor Außenhandel schützen.

27 In den News lesen Sie folgende Meldung: „Der Dollar wird immer teurer." Erläutern Sie vier Folgen für das Euro-Währungsgebiet.

28 Nennen Sie drei Vorteile und drei Nachteile der Globalisierung, einmal aus Ihrer ganz persönlichen Situation und einmal aus Sicht eines Unternehmens.

29 Interpretieren Sie das unten stehende Diagramm, indem Sie das Zustandekommen der angegebenen Größen nachvollziehen und deren Bedeutung für die deutsche Wirtschaft erklären.

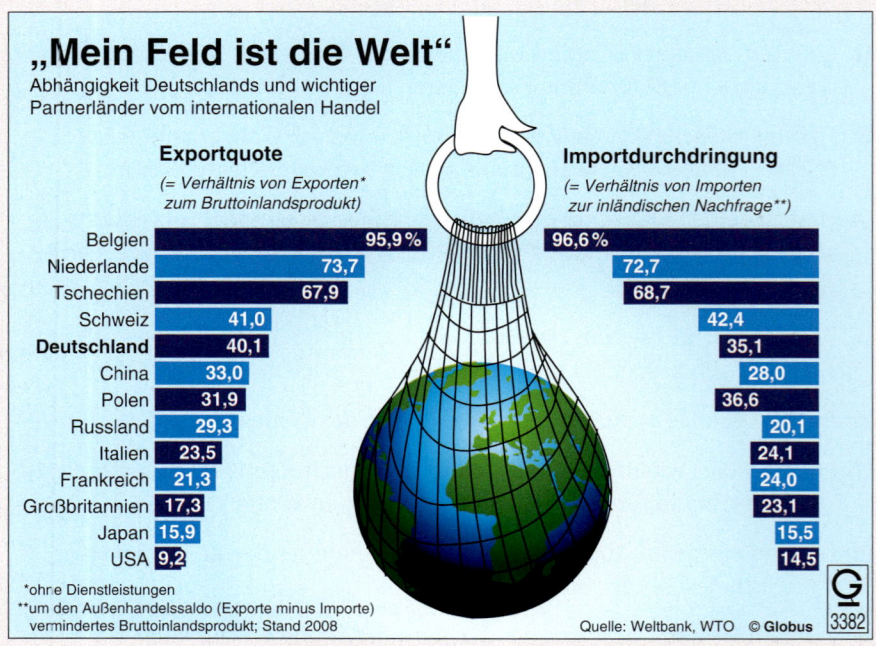

Stichwortverzeichnis

Bildquellenverzeichnis

S. 15: Fotolia / alex.pin; S. 19: Fotolia / undrey; S. 21: Fotolia / peshkova; S. 33/1: Shutterstock / Pradit.Ph; S. 33/2: Fotolia / Robert Kneschke; S. 33/3: Fotolia / baranq; S. 34: Technische Universität Darmstadt, Department of Computer Science, © SECUSO – Security, Usability and Society; S. 38: Fotolia / Dmitry Vereshchagin; S. 40: Fotolia / Dmitry Vereshchagin; S. 43: Fotolia / highwaystarz; S. 47: Fotolia / Torsten Lorenz; S. 51: Fotolia / detailblick-foto; S. 55: Fotolia / stnazkul; S. 57: Fotolia / kelifamily; S. 58: dpa / picture-alliance / Ole Spata / dpa; S. 60: Beuth Verlag GmbH, Berlin; S. 63: Umweltbundesamt FG III 1.3, Ökodesign, Umweltkennzeichnung, Umweltfreundliche Beschaffung, Dessau; S. 74 Fotolia / annanahabed; S. 77/1: Fotolia / industrieblick; S. 77/2: Fotolia / highwaystarz; S. 79: © Reinhold Löffler, Dinkelsbühl; S. 83: Fotolia / digitalstock; S. 84/2: Fotolia / Robert Kneschke; S. 86: Anette Schamuhn, Berlin; S. 87: Fotolia / tiero; S. 90: Fotolia / VRD; S.92: Picture-Alliance / Globus; S. 94/1+2: Fotolia / Robert Kneschke; S. 95/1+2: Cornelsen-Redaktion; S. 96/1: Cornelsen-Redaktion; S. 97: Fotolia / Kenishirotie; S. 98/1: Fotolia / guruXOX; S.98/2: Mastercard Representative Office Frankfurt, Frankfurt/Main; S.99/1+2: relatio PR GmbH, München; S.99/3: Handelsverband Deutschland – HDE – e.V., Berlin; S. 99/4: relatio PR GmbH, München; S. 103: Fotolia / Antonioguillem; S. 145: Foto Anima Berten; S. 153: picture-alliance / dpa-infografik 23931; S. 163: Fotolia / Syda Productions; S. 165: © Erich Rauschenbach, Berlin; S. 166: Fotolia / Ivan Kurmyshov; S. 167/1: Fotolia / Carlos André Santos; S. 167/2: Fotolia / Martina Berg; S. 167/3: Fotolia / Nataliya Hora; S. 168: Fotolia / EvrenKalinbacak; S. 176/1: Fotolia / detshana; S. 176/2: Fotolia / Anton Maltsev; S. 176/3: Fotolia / mahey; S. 180: Shutterstock / Rawpixel.com; S. 183/1: bok / Hanns Hubmann; S. 183/2: picture-alliance / dpa; S. 185: Fotolia / neirfy; S. 194: © Bergmoser + Höller Verlag AG / Zahlenbild; S. 197/1: Fotolia / stockphoto mania; S. 197/2: Fotolia / sonsedskaya; S. 198: Fotolia / blende11.photo; S. 199: © Walter Hanel, Bergisch-Gladbach; S. 200: © Bergmoser + Höller Verlag AG / Zahlenbild; S. 205: Fotolia / contrastwerkstatt; S. 208: RPM – revolutions per minute Gesellschaft für Kommunikation mbH, Berlin / Procter & Gamble-Aktion mit UNICEF; S. 210: Fotolia / Daniel Berkmann; S. 212/1: Ergoneers GmbH, Geretsried; S. 212/2–5: Media Analyzer Software & Research GmbH, Hamburg; S. 215/1: Fotolia / tumsasedgars; S. 215/2: Fotolia / DDRockstar; S. 216: © Thomas Plaßmann, Essen; S. 217: Fotolia / ramonespelt; S. 219/1: PLAYMOBIL geobra Brandstätter Stiftung & Co. KG, Zirndorf; S. 219/2: NIKE AGS, Berlin; S. 219/3 BMW Group, München; S. 220: Procter & Gamble Germany GmbH & Co Operations oHG, Schwalbach am Taunus; S. 224: MARS Holding GmbH, Verden; S. 227: Fotolia / jemastock; S. 229/230: © SINUS-Institut; S. 240: Fotolia / Syda Productions; S. 243: © Reinhold Löffler, Dinkelsbühl; S. 251: Fotolia / vege; S. 252: Statista/EHI; S. 254/1: Anette Schamuhn + Fotolia / tolstnev; S. 254/2: Anette Schamuhn + Fotolia / ARochau; S. 256/1+3: Anette Schamuhn + Fotolia / ARochau; S. 256/2: Anette Schamuhn + Fotolia / BillionPhotos.com; S. 258: picture alliance / The Advertisi; S. 260: Fotolia / industrieblick; S. 261/1: Fotolia / good uz; S. 261/2: action press filmfotos / EVERETT COLLECTION, INC. NEW YORK; S. 262: © Statista 2016 / Ipsos; S. 263: Shutterstock / hanss; S. 264: Statista/Bitcom; S. 267/1: Stiftung Warentest, Berlin; S. 267/2: Bundesanstalt für Landwirtschaft und Ernährung (Abtlg. 5 Ökologischer Landbau), Bonn; S. 268: Fotolia / Gina Sander; S. 269: Fotolia / oneinchpunch; S. 272: Fotolia / milamon; S. 278: Euler Hermes Versicherung, Hamburg; S. 283: Fotolia / contrastwerkstatt; S. 284: Shutterstock / canbedone; S 284: Shutterstock / canbedone; S. 285: Fotolia / vectorfusionart; S. 292: Fotolia / Gina Sanders; S. 298: Fotolia / vege; S. 305: Fotolia / contrastwerkstatt; S. 321: © Bergmoser + Höller Verlag AG / Zahlenbild; S. 324: © Bergmoser + Höller Verlag AG / Zahlenbild; S. 326: Fotolia / Stockfotos-MG; S. 345: Fotolia / Dan Race; S. 352: Fotolia / Alexey Stiop S. 357: Fotolia / .shock; S. 358: Fotolia / industrieblick; S. 360/2 + S. 361: Bundesministerium für Wirtschaft und Energie, Berlin; S. 362/363: © Bergmoser + Höller Verlag AG / Zahlenbild; S. 367: Fotolia / fotodo; S. 368: © Bergmoser + Höller Verlag AG / Zahlenbild; S. 370: Picture-Alliance / Globus; S. 372: © Bergmoser + Höller Verlag AG / Zahlenbild; S. 373: © Bergmoser + Höller Verlag AG / Zahlenbild; S. 375: © Bergmoser + Höller Verlag AG / Zahlenbild; S. 376: © Bergmoser + Höller Verlag AG / Zahlenbild; S. 377: Fotolia / Björn Wylezich; S. 378: © Bergmoser + Höller Verlag AG / Zahlenbild; S. 391: © Bergmoser + Höller Verlag AG / Zahlenbild; S. 392: Picture-Alliance / Globus; S. 405: Fotolia / Jacob Lund; S. 407/1–3: Foto: Anima Berten; S. 407/4: Fotolia / animaflora; S. 420/1: imago stock&people; S. 420/2: bpk; S. 469: Picture-Alliance / Globus; S. 470: Fotolia / Africa Studio; S. 472: Picture-Alliance / Globus; S. 481: Fotolia / stockpics 112604965; S. 486: © Reinhold Löffler, Dinkelsbühl; S. 493: Fotolia / goodluz; S. 495: Picture-Alliance / Globus; S. 497: © Burkhard Mohr, Königswinter; S. 500/1: Fotolia / Boggy; S. 500/2: Fotolia / Picture-Factory; S. 500/3: Fotolia / industrieblick; S. 502/1: Picture-Alliance / Globus; S. 502/2: © Horst Haitzinger, München; S. 504: Picture-Alliance / Globus; S. 508: © Bergmoser + Höller Verlag AG / Zahlenbild; S. 513: Fotolia / blueringmedia; S. 515: © Bergmoser + Höller Verlag AG / Zahlenbild; S. 517: Picture-Alliance / Globus; S. 518: imago; S. 520: imago / ZUMA / Keystone; S. 522: © Erich Rauschenbach, Berlin; S. 523/1: Picture-Alliance / Globus; S. 523/2: © Bergmoser + Höller Verlag AG / Zahlenbild; S. 527: Picture-Alliance / Globus; S. 530: Picture-Alliance / Globus; S. 531: Fotolia / thomaslerchphoto; S. 532: Fotolia / Kzenon; S. 537: © Bergmoser + Höller Verlag AG / Zahlenbild; S. 538: Fotolia / maskalin; S. 539: Picture-Alliance / Globus; S. 541: Picture-Alliance / Globus; S. 542/1: © Bergmoser + Höller Verlag AG / Zahlenbild; S. 542/2: dpa; S. 543: Picture-Alliance / Globus; S. 546: Picture-Alliance / Globus

Illustrationen Joachim Gottwald, Berlin: S. 16, 23, 35, 41 (mit freundl. Genehmigung von Schulz von Thun, Institut für Kommunikation, Hamburg), 46, 56, 63, 70, 72, 75, 81, 88, 124, 128, 134, 156, 206, 228, 231, 236, 244, 255, 265, 271, 291, 295, 309, 319, 322, 329, 339, 360, 387, 399, 427, 455, 457, 465, 471, 482, 484, 511, 521, 540

Hinweise zum Webcode-Bereich

Im Webcode-Bereich, der zu der vorliegenden Fachkunde **W plus V · Schwerpunkt Wirtschaft und Verwaltung** gehört, finden Sie einige offizielle Dokumente sowie umfangreiches Zusatzmaterial zur Fachkunde und zu den zwei Arbeitsbüchern:

Offizielle Dokumente
- Lehrpläne zur Fachoberschule (FOS) Hessen, zur FOS Rheinland-Pfalz und zur HBFS Rheinland-Pfalz
- zwei Musterprüfungen zur zentralen FOS-Abschlussprüfung in Hessen
- Liste der in den zentralen FOS-Abschlussprüfungen in Hessen verwendeten Operatoren (Verben) u. Ä.

Zusatzmaterial zur Fachkunde
- zusätzliche **Fachkundekapitel** zu den Lernbereichen 3 „Leistungserstellungsprozesse planen, steuern und kontrollieren" und 5 „Personalwirtschaftliche Prozesse planen" der FOS Wirtschaft in Rheinland-Pfalz, Fachrichtung Wirtschaft und Verwaltung
- einen umfangreichen **Methodentrainer** zu dem Themen- und Aufgabenfeld 11.5 „Methodenkompetenz" des Wahlpflichtbereichs der FOS in Hessen, Fachrichtung Wirtschaft, Schwerpunkt Wirtschaft und Verwaltung
- einen umfangreichen **Heimtrainer** mit zusätzlichen Übungsaufgaben und Lösungen zu allen Themen- und Aufgabenfeldern des Pflichtbereichs der FOS in Hessen, Fachrichtung Wirtschaft, Schwerpunkt Wirtschaft und Verwaltung
- **Korrekturseiten** zur Fachkunde u. Ä.

Zusatzmaterial zum Arbeitsbuch 11
- **zusätzliche Materialien** zu den Themen- und Aufgabenfeldern 11.1 bis 11.4 der FOS Hessen, Fachrichtung Wirtschaft, Schwerpunkt Wirtschaft und Verwaltung
- **Korrekturseiten** zum Arbeitsbuch 11 u. Ä.

Zusatzmaterial zum Arbeitsbuch 12
- **zusätzliche Lernsituationen** zu den Lernbereichen 3 „Leistungserstellungsprozesse planen, steuern und kontrollieren" und 5 „Personalwirtschaftliche Prozesse planen" der FOS Wirtschaft in Rheinland-Pfalz, Fachrichtung Wirtschaft und Verwaltung
- **zusätzliche Materialien** zu den Themen- und Aufgabenfeldern 12.1 bis 12.6 der FOS Hessen, Fachrichtung Wirtschaft, Schwerpunkt Wirtschaft und Verwaltung
- **Korrekturseiten** zum Arbeitsbuch 12 u. Ä.

Alle diese Dateien stellen wir Ihnen als Download zur Verfügung: Geben Sie in Ihrem Internetbrowser www.cornelsen.de ein. Wählen Sie im Feld rechts oben die Option „Webcode" und geben Sie dann den folgenden Code ein:

451261-0_W+V_Fachkunde

Bitte beachten Sie: Auch die im Webcode-Bereich zur Verfügung gestellten Dateien sind geistiges Eigentum der Autoren, sie unterliegen dem Urheberrecht der Autoren und dem Verwertungsrecht des Cornelsen Verlags.